香格里拉年鉴

2010
（总第8卷）

中共香格里拉县委员会
香格里拉县人民政府
主办

中共香格里拉县委党史研究室
香格里拉县地方志编纂委员会办公室
编

云南出版集团公司
云南科技出版社
·昆明·

图书在版编目（CIP）数据

香格里拉年鉴. 2010 / 中共香格里拉县党史研究室，香格里拉地方志编纂委员会办公室编. — 昆明：云南科技出版社，2010. 10
ISBN 978-7-5416-4210-4

Ⅰ. ①香… Ⅱ. ①中… ②香… Ⅲ. ①香格里拉县—2009—年鉴 Ⅳ. ①Z527.44

中国版本图书馆CIP数据核字（2010）第206327号

云南出版集团公司
云南科技出版社出版发行
（昆明市环城西路609号云南新闻出版大楼 邮政编码：650034）
云南雅丰三和印务有限公司印刷 全国新华书店经销
开本：889mm×1168mm 1/16 印张：26.25 字数：590千字
2010年11月第1版 2010年11月第1次印刷
印数：1~1000册 定价：198.00元

《香格里拉年鉴》编纂委员会

《香格里拉年鉴》编辑部

第六届康巴艺术节暨迪庆州民族团结节

2010年9月13日，《香格里拉——梦开花的地方》晚会会场。（石显尧摄）

文艺演出（石显尧摄）

文艺演出（石显尧 摄）

文艺演出（石显尧 摄）

2010年9月13日，《香格里拉》特种邮票首发式在独克宗古城月光广场举行。（石显尧 摄）

2010年2月16日，中共中央政治局委员、中央书记处书记、中组部部长李源潮(右一)到香格里拉县调研。（石显尧 摄）

2010年 5月21日，国务院扶贫开发领导小组副组长、国务院扶贫办党组书记、主任范小建（左二）一行到香格里拉县尼西乡汤堆村调研。（李清填 摄）

2010年4月1日，中共云南省委常委、省委组织部部长辛桂梓（左一）深入到香格里拉县小中甸镇联合村木鲁谷村民小组调研。（李清填 摄）。

2010年7月13日，中共云南省委常委、省委统战部长黄毅（前左一）深入到东旺乡跃进村普丁村民小组调研。（李清填 摄）

2010年4月25～29日，云南省人大常委会副主任、省总工会主席江巴吉才（左三）到香格里拉县东旺乡调研。（普自林 摄）

2010年8月15日，省委常委、迪庆州委书记齐扎拉（右三）在香格里拉县调研期间，深入到县城周边的各个砂石料场，研究县城周边治理规划。（李清填摄）

2010年6月19日，中共云南省委常委、迪庆州委书记齐扎拉（右一）在建塘镇尼史村角茸村民小组，就生态养殖、草场管理保护调研期间，同当地群众座谈。（李清填 摄）

2010年9月5日，省委常委、迪庆州委书记齐扎拉（右三）在州委常委、香格里拉县委书记彭耀文等陪同下，到小中甸镇调研集中办学。（普自林摄）

2010年1月14～15日，中共香格里拉县委十届八次全委（扩大）会议在县委五楼会议室举行。
（石显尧 摄）

2010年3月10～15日，香格里拉县第十三届人民代表大会第三次会议在县城召开。（王政摄）

2010年4月10日，香格里拉县第十三届人民政府第七次全会暨廉政工作会议在政府二楼会议室召开。（王政 摄）

2010年3月9～13日，政协香格里拉县委员会第十三届三次会议在县城召开。（王政 摄）

2010年3月5～6日，中共香格里拉县纪委十届五次全体（扩大）会议在县委五楼会议室召开。（齐中生 摄）

2010年5月19日，香格里拉县2010年宣传思想文化广电工作会议在县委五楼会议室召开。（黄向荣 摄）

2010年4月29日，全县政法综治工作会议在县委五楼会议室召开。（赵国钧 摄）

2010年4月20日，香格里拉县“千名干部进村入户促民族团结进步”第三批社会主义新农村建设工作队“总结表彰大会在县委五楼召开。（王政 摄）

香格里拉县委理论中心学习组活动 （石显尧 摄）

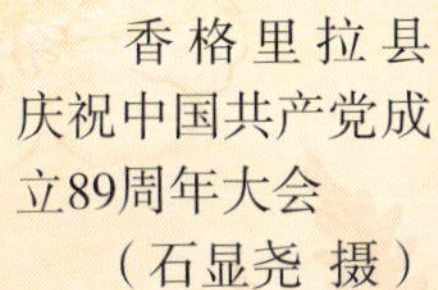

香格里拉县庆祝中国共产党成立89周年大会 （石显尧 摄）

2010年7月9日，“民族团结进步宣讲活动香格里拉县专场报告会”在县委五楼会议室举行。（黄向荣 摄）

2010年8月10日，香格里拉双拥工作表彰先进暨创建“全国双拥模范城（县）”启动大会在县委五楼会议室召开（陈云 摄）。

2010年3月14日，香格里拉县人民政府县长肖徐在水电等部门的陪同下深入三坝乡调研。（杨卫军 摄）

2010年6月3日，瑞士阿罗萨市市长克瑞斯丁·蒙奈特一行赴香格里拉县考察座谈会在天界神川酒店举行。（段卫华 摄）

2010年9月10日，香格里拉县与美国卡拉巴萨斯市缔结友好城市座谈会暨签字仪式在天界神川酒店举行。（石显尧 摄）

第二届全民健身日活动

开幕式会场

健身气功系列展示

社区群众表演

（李俊成 摄）

编 辑 说 明

一、《香格里拉年鉴》是由中共香格里拉县委员会、香格里拉县人民政府主办，中共香格里拉县委党史研究室、香格里拉县地方志编纂委员会办公室编辑出版的综合性资料年刊，国内公开发行。它是香格里拉县各级领导进行科学决策的县情依据，是续修香格里拉县地方志的可靠资料，是国内外人士认识香格里拉县的重要窗口，同时也是搞好工作必备的资料工具书。

二、《香格里拉年鉴》（2010）以邓小平理论，“三个代表”重要思想为指导，全面详实记述2009年香格里拉县经济社会的基本面貌和发展情况，是全县最新的地情资料总汇，具有较强的资料性，信息性和权威性。

三、《香格里拉年鉴》（2010）为第8卷，采用分类编辑法。全书设特载、专文、大事记、概况、政治、群众团体、军事·法制、经济管理、农牧·林业、水利·交通、城建·环保、旅游·文化·卫生、财政·税务、教育·科技·气象、金融·保险、邮电·通信、社会、附录等18个部类，全面、客观、系统地记录和反映2009年香格里拉县经济和社会发展实绩。除特载、专文、附录外，以条目为主要信息载体和基本撰写单位，条目标题用黑体加粗加【 】表示。为便于检索，特在卷首设中文目录，卷末设索引。特载中载入了中共香格里拉县委十届八次全会工作报告、香格里拉县第十三届人民代表大会第三次会议政府工作报告；专文中载入了香格里拉县人大、政协、纪委的年度工作报告；附录中载入香格里拉县2009年国民经济和社会发展统计公报等，供读者使用查阅。

四、《香格里拉年鉴》（2010）主要由县属各部门、省、州属单位供稿，专人撰写，所采用的稿件经部门审阅签章。

五、《香格里拉年鉴》（2010）中有关全县主要经济指标数据均采用香格里拉县统计局年报数，个别数据由于统计口径不同而表述不尽相同，应以香格里拉县统计局的统计资料为准。

六、《香格里拉年鉴》（2010）在编辑过程中，得到了全县各级各部门领导的重视和各部类撰稿人的支持，在此表示诚挚的感谢！

七、由于水平有限，书中粗浅疏漏在所难免，诚望广大读者予以斧正。

《香格里拉年鉴》编辑部

2010年10月10日

《香格里拉年鉴》各部类撰搞人员

（按部类顺序排列）

和桂华	李仕挺	尹光红	袁润康	和世君
王燕林	孙甸鸣	孙习良	冯学军	高中平
农　布	杨永昌	胡建中	杨志中	胡珍琼
和兴华	王　政	武泽英	史向英	吴　仕
赵婷婷	黄刚跃	彭　慧	李秋云	杨跃生
和玉芳	杨艳珍	杨玉凤	张正翎	李春华
李金花	胡红英	巴　叁	杨卫军	张　碧
和文山	马学东	杨卫华	杨文瑞	赵红生
吴卫平	杨志高	松志龙	和丽娟	牛月仙
赵治洋	史卫云	杨晓燕	刘素珍	杨少琴
马国伟	和正中	王绍琴	杨正文	苗月春
吴晓松	吴正文	曹鉴嫄	中国美	鲁志君
杨成义	王贵仙	李赖先	董存军	易　彬
刀　飞	吴玉强	王丽芝	彭正光	夏建琼
黄向荣	高盼星	段应灼	戴桂生	陈　云
李汝芳	李建菊	郑东平	黄　燕	和祖姚
杨丽琼	李永康	和爱菊	张　波	贾　婷
赵永红	陆金成	和正勤	邓清丽	
李俊成	阿金刚	黄文才	曹丽兵	

《香格里拉年鉴》总目

目　录

特　载

专　文

大事记

概　况

政 治

群众团体

经济管理

农牧·林业

水利・交通

城建・环保

旅游·文化·卫生

财政·税务

教育·科技·气象

气象

金融·保险

人民银行

工行香格里拉支行

建行迪庆州分行

农行迪庆分行

农业发展银行迪庆州分行营业部

社　会

附　录

特 载

认真贯彻落实党的十七届四中全会精神
努力开创香格里拉县党的建设和改革发展
稳定工作新局面

——中共香格里拉县委十届八次全委（扩大）会议上的报告

中共迪庆州委常委 香格里拉县委书记 彭耀文

（2010年1月14日）

各位委员、同志们：

这次全委会的主要任务是：**深入学习贯彻党的十七届四中全会、中央经济工作会议、省委八届八次全会和州委六届八次全会精神，总结2009年工作，部署2010年任务，审议通过《中共香格里拉县委关于加强和改进新形势下党的建设的意见》，动员全县广大党员干部和各族群众，更加坚定自觉地深入贯彻落实科学发展观，更加积极主动地应对各种困难和挑战，以更加扎实的工作努力开创香格里拉县党的建设和改革发展稳定工作新局面。**

下面，我受县委常委会委托，向全委会作工作报告。

一、坚持科学发展，促进社会和谐，各项事业不断取得新成效

2009年是新中国成立60周年，也是我们全力应对国际金融危机挑战，全力推动经济社会平稳较快增长的关键一年。一年来，县委常委会团结带领全县各族干部群众，深入贯彻落实科学发展观，紧紧围绕“农业稳县、工业强县、旅游兴县、生态立县”发展主题，深入实施“科教兴县、城镇化、可持续发展”三大战略，培育“矿产业、文化生态旅游业、水电产业、生物资源开发创新”四大支柱产业，坚定信心保增长、坚持不懈保民生、坚定不移保稳定、坚持不渝抓党建，全县继续保持了经济平稳较快增长、社会和谐进步、文化繁荣发展、民族团结共荣、边疆稳定安宁、生态环境改善、人民生活水平逐年提高的良好局面。

(一) 坚定信心保增长，经济实力持续增强。一年来，我们坚决贯彻落实中央、省、州应对国际金融危机的一系列重大决策部署，坚定信心、迎难而上、顺势而谋，始终把加快发展县域经济、实现县域经济的整体跃升作为工作的重中之重，把扩内需、调结构、促改革、上水平结合起来，注重科技创新，加快转变发展方式，大力培育特色优势产业，着力解决发展中带全局性、根本性和基础性的问题，全力做好强基础、调结构、增后劲的各项工作，不断夯实发展基础，保证了国家宏观政策的贯彻落实。在战胜

严重困难和严峻挑战中，全县经济得到了长足发展，以新农村建设为主的农业农村工作稳步推进，矿业、旅游、水电、生物四大支柱产业效益持续提升、招商引资成效明显、城镇化建设步伐加快、改革开放不断深化、金融运行良好、基础设施建设全面加强、人民生活水平逐年提高，圆满完成了年初确定的各项目标任务。年末，县级地区生产总值预计完成23.73亿元，同比增长22%；全县财政一般预算收入完成1.66亿元，同比增长25.35%；县级固定资产投资预计完成40.46亿元，同比增长22.94%；城镇居民可支配收入预计实现15950元，同比增长9%,农民人均纯收入预计实现3000元，同比增长11.3%。

（二）坚持不懈保民生，社会事业持续发展。以解决各族群众最关心最直接最现实的利益问题为重点，保障和改善民生工作力度不断加大。加快推进“生态立县”战略，落实环境保护目标责任制，加快天然林保护、退耕还林、退牧还草、荒山荒地植树造林、城市美化亮化等生态重点工程建设，积极发展生态农业、生态旅游、生态城镇，深入实施“七彩云南香格里拉保护行动”，加强对自然保护区、天然林的管护，启动了6个乡（镇）集体林权制度主体改革工作，生态建设和环境保护得到加强，生态和人居环境得到进一步改善。坚持教育优先发展，巩固提高“两基”成果，加快中小学危房改造步伐，教育基础设施进一步改善。按照“小学办在乡镇、中学办在县城”的集中办学思路，出台了全县教育改革方案，开展了集中办学示范点4个，撤并小学61所，集中办学步伐逐步推进。加强卫生基础设施建设，县、乡、村三级卫生网络医疗条件得到改善，食品药品监督管理工作取得实效，新型农村合作医疗制度全面推行，农民看病难、看病贵问题有效缓解，人民群众健康水平不断提高。严密部署和实施甲型H1N1流感及口蹄疫等牲畜疫病防控工作，避免了聚集性病例的暴发。农村综合改革成效明显，粮种补贴、民房保险、农家卫生室等各项支农惠农政策得到落实，“藏区高原农牧民学生救助工程”、“农民健康工程”、“高原游牧民定居工程”、农村民居地震安居工程和廉租住房建设等民生工程全面推进。扎实做好以高校毕业生、就业困难人员、农民工为重点的就业工作，加大金融、税收、财政、市场准入、培训等方面创业扶持力度，就业形势保持总体稳定。加快建立覆盖全县的农村公共文化服务体系，推进基层文化基础设施两馆一站、千里边疆文化长廊、民族民间传统文化保护、广播电视村村通等重点工程建设，加强互联网新兴媒体建设和管理，成功举办了“云南省2009—2010年科技文化卫生三下乡集中示范活动”，面向基层、面向群众、面向农村的群众性和谐文化建设扎实推进。进一步扩大社会保险覆盖范围，临时性救助制度不断健全，新型农村社会养老保险试点扎实推进。着力推进人口和计划生育工作，人口出生质量不断提高。史志、档案、地震、国土资源管理等工作进一步加强。

（三）坚定不移保稳定，安定和谐的局面得到巩固。认真贯彻执行党的民族宗教政策和中央、省委、州委在新形势下对藏区工作提出的新要求，全面落实中央维护西藏与其他藏区社会稳定工作领导小组第44次会议和省、州维护藏区稳定指挥部会议精神，扎实开展了“千名干部送法进村（寺）促和谐活动”、“反对分裂、维护稳定、促进发展”主题教育活动、寺庙爱国主义教育和平安寺院、安居寺院、团结寺院创建活动，严密防范和打击境内外邪教组织和敌对势力的渗透破坏活动，抓好工商联、党外人士和民族统一战线工作，进一步巩固和发展了平等、团结、互助的社会主义民族关系，推进了民族团结进步事业的发展。坚持县委政府领导分片包干寺庙定点联系制度和民族团结目标管理责任制，把责任书签订到全县11个乡（镇）和19个宗教活动场所。严格按照省、州关于综合整治行动的安排部署，制定下发了香格里拉县综合整治行动方案，突出的社会治安问题得到有效治理。贯彻落实好社会治安综合治理目标责任制，加强人民调解等治安综合治理组织网络和治安防范体系建设，抓好“五五”普法宣传教育工作，推进依法治县进程。层层落实《矛盾纠纷排查调处工作制度》和《维护稳定工作联席会议制度》等制度，认真开展好县委书记大接访、党政领导干部大下访活动，高度重视和强化信访工作，妥善处理新形势下的人民内部矛盾，有效防范和化解了大量影响社会稳定的矛盾隐患问题。高度重视安全生产，认真贯彻落实安全生产责任制，防范和杜绝了重大事故的发生。深入开展“双拥”工作，民兵预备役建设和国防教育工作不断深化，完成多样化任务的能力不断提高。通过卓有成效的工作，维护了我县安定、团结、发展的大好局面，确保了今年“3·10”、“3·14”、“3·28”、“6·4”、“7·5”等敏感时期和国庆期间全县社会政治稳定，实现了“确保不出大事，力争小事也不出”的目标要求。

（四）坚持不渝抓党建，党的建设全面加强。认真抓好党的思想政治建设，根据中央、省、州的总体部署，紧紧围绕“促进科学发展、维护边疆安宁、增进民族团结、构建和谐香格里拉”的目标要求，扎实抓好第二、三批“深入学习实践科学发展观活动”和“个人形象一面旗、工作热情一团火、谋事布局一盘棋”主题教育活动，全县广大党员干部贯彻党的各项政策、推动科学发展、促进社会和谐、保持党的先进性的能力得到了进一步增强。高度重视宣传思想工作，广泛进行社会主义、爱国主义、集体主义和社会主义公德、职业道德、家庭美德教育，不断推进社会主义核心价值体系建设。认真贯彻落实中央四个长效机制和我省十八项基层党建工作制度，继续巩固“云岭先锋”、“农村党员书屋”、“边疆党建长廊”等活动。抓好“香格里拉县基层组织建设年”活动各项工作，组织开展了“三建三带三创”活动，将全县原61个村（社区）支部全部改设为党总支，新组建基层党支部255个，消除了党员空白村，实现了95%以上的村民小组长由党员担任，党在农村的领导核心地位得到进一步强化。加快基层组织阵地建设，新建农村基层党组织活动示范点3个，解决农村基层党支部活动场所160个，解决了农村党支部书记每人每月100元的生活补助和60岁以上农村困难老党员每年人均360元的生活补助。机关、事业单位、社区和非公有制经济组织继续加强。工会、共青团、妇联、残联等工作有序推进。严格执行《党政领导干部选拔任用工作条例》，认真开展好“中组部科学规范和有效监督县委书记用人行为试点县”和“云南省深入整治用人上不正之风示范县”的各项工作，坚持重素质、重业绩、重公论的选人用人导向，做到以发展论英雄，凭实绩用干部，努力打造“开拓型”、“公认型”和“潜力型”干部班子，一大批政治坚定、能力突出、作风过硬、善于领导科学发展的年轻干部选拔进了各级领导班子。加大培训力度，举办了2006年来新任领导干部培训班，完成了农村新建255个基层党支部书记培训工作。按照“坚持标准，保证质量，改善结构，慎重发展”的方针和“三培养”的要求，积极做好党员纳新工作。认真落实党风廉政建设责任制，切实提高各级领导干部“一岗双责”的责任意识。反腐倡廉教育和廉政文化建设进一步深化，制度建设更加完善，农村基层党风廉政建设扎实推进，治本抓源头工作稳步推进。案件查办力度进一步加大，全年共立案查处两件两人。坚持加强党的领导和发扬民主、依法办事有机结合，积极支持人大及其常委会依法履行职责，实施法律监督和工作监督，支持政协正确履行政治协商、民主监督和参政议政职能，全方位、多层次推进基层民主政治建设。

同志们，过去的一年里，我们始终保持清醒头脑，坚持解放思想、科学发展，创新发展思路，完善发展举措，弘扬求真务实的作风，在应对金融危机等诸多困难和挑战的情况下，实现了经济社会又好又快发展。所取得的这些成绩令人鼓舞，催人奋进。但我们应清醒的认识到香格里拉经济社会发展还面临着很多困难和问题，实现保增长、保民生、保稳定、促党建的任务还很艰巨。如：我县农业产业化水平不高，农民组织化程度低，农民增收缓慢；龙头企业规模化水平低，对县域经济的带动作用没有充分发挥；城市建设与管理上还存在诸多不足；党的思想、组织、作风、廉政勤政建设方面还存在薄弱环节；部分干部抢抓机遇的意识不浓，工作不主动，全局观念不强；国内经济回升的基础还不牢固，社会投资不够活跃，保持投资较快增长压力较大;非公有制经济发展不足，经济发展方式转变和经济结构调整的困难较大等。对于这些困难和矛盾，我们要心中有数、高度重视，举措有力、认真解决。

二、凝心聚力，抢抓机遇，确保经济社会平稳较快发展

2010年，是应对国际金融危机冲击的关键之年，也是“十一五规划”的最后一年，我们面临的形势依然十分复杂。有挑战就有机遇。国家继续实施积极的财政政策和适度宽松的货币政策，继续深入实施西部大开发战略，不断强化对边疆民族贫困地区发展的扶持，加快发展生物产业、新能源、新材料和旅游等战略性产业，这些为我们进一步打基础、转方式、调结构，培育新的经济增长点，加快经济社会发

展，提供了极为有利的条件，孕育了机遇。香格里拉最大的问题仍然是发展不充分、发展不平衡、发展质量不高。机遇稍纵即逝，时不我待。我们要把思想认识和行动举措统一到中央、省、州的决策部署上来，深刻认识国际国内形势，深刻认识自身发展的有利条件和积极因素，深刻认识经济发展的客观规律，坚定必胜信心，全面贯彻落实科学发展观，善于在变化的形势中抢抓机遇和创造机遇，善于在困难和挑战中培育有利因素，转“危”为“机”，迎接挑战，好中求快、稳中求快、全面发展。我们一定要把实现县域经济的整体跃升作为工作的重中之重，作为破解各种难题的首要工作，在调结构、转方式上下更大功夫，在增加财政收入、不断改善民生上下更大功夫，在扩大城乡就业、促进群众增收上下更大功夫，推动科学发展上一个新台阶。同时全县各级各部门要超前谋划、精心组织，着手做好“十二五”规划编制工作。

2010年经济社会发展目标任务是：**高举中国特色社会主义伟大旗帜，以邓小平理论、“三个代表”重要思想，深入学习实践科学发展观，全面贯彻党的十七大、十七届三中、四中全会、省委八届八次全会、州委六届八次全会精神，认真按照省委“四个走在前列”的要求，紧紧抓住中央扩大内需和中央支持藏区发展的重大机遇，围绕实现经济跨越发展和社会长治久安、与全省同步实现小康社会和建成全国藏区第一强县奋斗目标，全力以赴把保增长、保民生、保稳定、促党建的各项任务落到实处，全面完成“十一五”规划的各项目标任务，努力开创香格里拉县党的建设和改革发展稳定工作新局面。**

2010年经济和社会发展目标建议为：**生产总值增长18%；地方财政一般预算收入增长20%；固定资产投资20%以上；城镇居民人均可支配收入增长8%；农民人均纯收入增长10%。**

要实现上述目标，重点抓好以下六个方面的工作：

（一）加强农业农村工作，努力在“三农”工作上取得新突破。要切实按照十七届四中全会、省委八届八次全会、州委六届八次全会的要求，高度重视“三农”问题，把发展现代农业、繁荣农村经济放在首位，以增加农民收入为核心，在发展规划、产业布局、基础设施、公共服务和社会管理等方面加强城乡统筹，逐步形成城乡经济社会发展一体化新格局。加强农业农村工作，稳步推进新农村建设，加大农田水利、道路、电力、通信等基础设施建设，实施好“兴地睦边”农田整治工程，推进中低产田改造和农业产业化建设，加快发展农业特色产业，提升传统优势产业，落实好耕地保护责任制和各项支农惠农政策，确保农业增效、农民增收。以市场为导向、科技为支撑、疫病防治为重点，加大农业产业结构调整，抓好优势畜禽、中药材、花卉、林果、蔬菜、蚕桑、木本油料等产业培育。严格保护耕地，增加农业科技投入，促进农业科技进步，增强农业综合生产能力。继续推进以整村推进为重点的扶贫工作，提高扶贫开发水平。继续深化农村综合改革，稳步推进集体林权制度主体改革和农村金融体制改革，不断激发农业农村的发展活力。探索集体经济有效实现形式，发展农民专业合作组织和服务业，支持农业产业化经营和龙头企业发展。切实抓好乡村环境卫生整治，促进村容整洁。培育有文化、懂技术、会经营的新型农民，发挥农民建设新农村的主体作用，扎实推进新农村建设。加大农村生态保护、农村劳务输出力度、农村基础组织和干部队伍建设，扎实抓好旅游文化村、生态文明村、安居温饱村建设，着力推进农村社会全面进步。

（二）做大做强支柱产业，努力在经济发展上取得新突破。矿产业要立足资源优势和市场前景，进一步规范开发秩序，加大矿产资源整合力度，继续加快推进普朗铜矿开发建设，加快工业园区建设，构筑加速工业发展的平台。大力发展轻工业，积极承接产业转移，重点发展绿色食品加工、旅游产品加工、藏药、肉类、乳制品等轻工业。加快培育新兴产业，加大新材料、新能源、节能环保等产业发展步伐。深入实施创新型云南行动计划，组织实施一批重大项目，大幅提升科技进步对经济增长的贡献率。水电产业要继续完善规划，加快小水电开发，抓好农村电网改造和三坝安南以电代燃料等项目以及在建小水电的协调推进工作，实现水电开发快速协调发展。生物产业要坚持“打基础、育龙头、重科技、创品牌”的发展思路，以培育和发展葡萄、核桃、青稞、药材、油菜等基础为重点，积极争取产业化扶持项目，注重保护传统优势生物资源，培育壮大生物龙头企业，提高科技含量，提升产品市场竞争力，在规模和效益上取得新进展。巩固提升旅游交通网络建设，加快松赞林寺等景区改造提升步伐，强化旅游行业管理，大力开发旅游商品，加强旅游人才队伍建设，加强旅游法制建设，提升旅游综合效益，加快旅游国际化进程。大力发展循环经济，扎实推进天然林保护、退耕还林、水土流失治理等生态工程建设，抓好群众反映强烈、社会影响恶劣的环境污染问题整治，开展农村生态示范创建活动，实施好“七彩云南香格里拉保护行动”，让良好的生态环境成为香格里拉发展的宝贵资源和最大的优势，努力为未来发展打好基础、积蓄力量。

（三）抢抓扩大内需的机遇，努力在基础设施建设上取得新突破。不断增强抢抓机遇的意识，突出重大项目，抢立项、抢开工、抢进度。全力做好适合国家产业政策项目的储备，争取更多的项目进入国家和省州“盘子”，力争在生态环保、道路交通、文化卫生、城市建设、能源建设、农田水利、小流域水土保持综合治理等基础设施建设上取得重大突破，千方百计保持投资较快增长。注重投资方向、优化投资结构，调动民间投资积极性，进一步把投资重点向农业农村、边远贫困地区、中小企业、民生领域倾斜，防止重复建设，加强项目跟踪管理，发挥好投资对经济和调整结构的重要作用。加快在建和备建项目的推进和落实力度，认真配合做好丽香铁路、214线改造升级和梨园电站等协调推进工作，抓好小中甸水库、康斯水库、城市供暖、城区三河治理工程建设，努力改善城镇道路、供排水、供电、通信、城市环境整治等市政基础设施条件。抓好通乡公路、通村公路、通边公路建设。切实提高城乡居民收入水平，特别要认真研究增加农民、城镇居民低收入群体的收入，不断提高消费能力。深入研究培育新的消费热点，进一步完善家电和汽车、摩托车等工业品下乡的渠道和办法，拓展消费市场，确保国家刺激消费政策落到实处。

（四）着力改善民生，努力在发展社会事业上取得新突破。在经济发展的基础上，着力保障和改善民生，扩大公共服务，完善社会管理，在公共资源的配置上体现城乡一体化。要以特色产业为支撑，提高规划水平，加强城区基础设施建设和城市管理，放宽城镇户籍限制，把符合条件的农业人口转移到城镇就业和落户。加快推进城镇化建设步伐，努力建设一批特色鲜明的旅游小镇、民族文化小镇、商贸小镇、生态园林小镇。继续巩固和提高“两基”成果，加快发展高中阶段教育，推动中等职业教育发展，抓好中小学危房改造，加强师资培训，全面落实“两免一补”政策，实施好“藏区高原农牧民学生补助工程”，推进城乡教育均衡发展。按照“小学办在乡（镇），中学办在县城”的集中办学思路，加快推进教育体制改革。要以逐步实现人人享有基本医疗卫生服务为目标，积极推进医疗卫生体制改革，加快建设覆盖城乡的公共卫生服务体系、医疗服务体系、医疗保障体系、药品供应保障体系。加强基层医疗卫生设施建设，提高基层卫生人员素质，落实新型农村合作医疗制度，逐步建立覆盖城乡居民的基本医疗卫生制度。加强流动人口计划生育管理，全面落实“奖优免补”政策，推进优生优育。实施“食品药品放心工程”，强化水源、食品、药品等安全监管，确保人民群众健康安全。完善农村最低生活保障、贫困救助、失地农民生活保障机制，抓好“农村养老保险试点”工作，建立健全社会保障体系。大力发展以扶老、助残、救孤、济困、赈灾为重点的社会福利事业，搞好应对地震、洪涝、滑坡、泥石流等自然灾害工作。实施更加积极的就业政策，发挥好政府投资和重大建设项目带动作用，发挥服务业、中小企业、非公经济吸纳就业的作用，大力支持和鼓励自主创业，认真做好高校毕业生、农民工和城镇就业困难人员、零就业家庭的就业工作，完善就业援助制度。广泛开展群众性精神文明创建活动，抓好乡(镇)综合文化场所建设，健全公共文化服务体系，繁荣发展群众文化。实施好广播电视村村通直播卫星覆盖工程，加快推进香格里拉电视台开播各项工作。

（五）深化改革开放，努力在对外开放水平上取得新突破。坚持改革放活、开放引进，加快推进财政、投融资、国有企业、政府机构、文化管理体制等改革，继续优化投资、创业、发展环境，积极帮助企业排忧解难，加快消除制约非公有制经济发展的各种体制机制障碍，切实帮助解决资金、技术、人才等发展瓶颈制约，为经济发展提供有力的体制保障。要统筹对外开放，一方面加强同省内外其他地区的横向经济联合和协作，采取更加积极有效的激励措施，加大招商引资力度，力争在引进大企业、大集团和资金、技术、人才上取得新突破。另一方面要充分利用“世界的香格里拉”这一品牌，拓展对外开放的广度和深度，加大对外的交流与合作，不断提高开放的质量和水平。

（六）强化社会稳定工作，努力在构建和谐社会上取得新突破。全面贯彻党的民族宗教政策，牢牢把握各民族共同团结奋斗、共同繁荣发展这一新时期民族工作主题，坚持宗教信仰自由政策，依法管理宗教事务，巩固和发展平等、团结、互助、和谐的社会主义民族关系，壮大广泛的爱国统一战线。深入开展好马克思主义民族理论、党的民族政策、民族区域自治法等相关法律法规和“三个离不开”思想宣传教育，严密防范和坚决打击境内外敌对势力的干扰破坏活动，积极引导宗教与社会主义相适应。坚持以民为本的新时期群众工作理念，注重从源头上化解人民内部矛盾，努力把问题解决在基层，解决在萌芽状态。充分发挥党委总揽全局、协调各方的领导核心作用，支持人大、政协更好地履行职能，切实推进民主法制建设。坚持党管武装，大力提高正规化建设水平。加强“双拥”工作和老龄工作，支持工会、共青团、妇联等人民团体依照法律和各自章程开展工作。认真抓好“五五”普法工作，推进依法治县进程。发展农村基层民主，以扩大有序参与、推进信息公开、健全议事协商、强化权力监督为重点，规范村民自治，切实保障农民民主权利。积极开展创建“平安和谐香格里拉”活动，加强人民调解、民事审判、信访和基层治安防控体系建设，强化社会治安综合治理。加大反邪教力度，打好“禁毒防艾”人民战争，依法严厉打击各类刑事犯罪活动，高度重视除黑打恶专项斗争，全力维护社会和谐稳定。加强安全生产监管，强化隐患排查整治，完善应急管理体系，提高突发事件处置能力。

三、以党的十七届四中全会精神为指导进一步加强和改进党的建设，为全县经济社会又好又快发展提供坚强保证

近几年来，我县通过开展“先进性教育”、“学习实践‘三个代表重要思想’”、“解放思想大讨论”、“深入学习实践科学发展观”等活动，党员素质有了明显提高，干部作风有了新的转变，党组织的保障作用和党员的先锋模范作用得到了进一步发挥。但我们也要清醒地看到，整个党建工作与加快发展和保持党的先进性的时代要求还存在不少差距，各级党组织和党员队伍也还不同程度存在一些突出问题。主要是：部分党员理想信念不坚定，宗旨意识不牢固;一些党员干部学风不正，理论联系实际的能力不强；少数党组织贯彻民主集中制不到位，对上级决策部署执行不力；个别领导班子内耗严重，形不成团结干事的合力;部分党员干部综合素质不高，推动科学发展、促进社会和谐的能力不强；少数基层党组织软弱涣散，不能有效发挥战斗堡垒作用；一些地方党的领导和党的工作不到位，农村党员发展工作滞后，基层党组织覆盖面不广;一些部门对干部管理不严、教育不够、监督不力;一些领导干部形式主义、官僚主义较重，对人民群众缺乏感情;少数党员以权谋私、生活腐化，败坏了党的形象等。这些问题不解决，党的先进性就不可能真正得到体现，党的执政地位就会受到严峻挑战，各级党组织就会失去人民群众的信任和支持，就不能成为全县各项事业的坚强领导核心，香格里拉全面建设小康社会的美好愿望就难以实现。

党的十七届四中全会是在国际形势继续发生深刻变化，我国处在进一步发展的重要战略机遇期召开的一次重要会议。会议审议通过的《中共中央关于加强和改进新形势下党的建设若干重大问题的决定》，是指导当前和今后一个时期党的建设的纲领性文献。加强党的建设是提高党的执政水平、巩固党的执政地位、优化经济发展环境、建设高素质干部队伍、促进社会全面进步的需要。要在新的更高起点上更好更快发展，实现香格里拉发展宏伟蓝图，关键在加强党的建设。全县各级党组织要切实增强新形势下加强和改进党的建设的责任感和使命感，认真贯彻落实好党的十七届四中全会精神，按照《党章》的要求，着眼于继续解放思想、坚持改革开放、推动科学发展、促进社会和谐，着眼于提高党的执政能力、

保持和发展党的先进性，着眼于增强全党为党和人民事业不懈奋斗的使命感和责任感，着眼于保持党同人民群众的血肉联系，突出重点，突破难点，全面推进党的思想建设、组织建设、作风建设和反腐倡廉建设，不断提高党的建设科学化水平，进一步把党建设成为立党为公、执政为民，求真务实、改革创新，艰苦奋斗、清正廉洁，富有活力、团结和谐的执政党，为全县改革发展稳定提供坚强保证。本次全会我们还将审议通过《中共香格里拉县委关于加强和改进新形势下党的建设的意见》，各位委员一定要站在加快全县经济社会发展大局和推动全县党的建设的高度审议好。

（一）全面推进党的思想政治建设。要坚持用科学的理论武装各级党员干部，组织党员干部深入学习马克思主义、毛泽东思想、邓小平理论、“三个代表”重要思想以及科学发展观，系统掌握中国特色社会主义理论体系，坚定理想信念。认真总结开展深入学习实践科学发展观的成功经验，扎实抓好第三批学习实践科学发展观活动，加快建立健全贯彻学习科学发展观的政策导向、舆论导向、用人导向和体制机制，推动学习实践活动向深度和广度发展。加强党的意识形态工作和思想政治工作，继续深入开展“忠诚教育”、“感恩教育”，广泛开展文明社区、文明行业、文明单位、文明户、平安村等创建活动，不断推进社会主义核心价值体系建设。坚持中心组学习制度，完善在职干部培训制度，扎实推进学习型党组织建设，努力把各级党组织和党员干部队伍建设成为贯彻落实科学发展观的坚强堡垒。不断完善学习制度，狠抓理论学习，并把学习融入到具体工作中，体现在思想行动上，努力使党的各项工作不断与时俱进、不断向前发展。

（二）全面推进党的组织建设。基层组织是党执政的基础。要办好香格里拉的事，关键在全县各级党组织。加强和改进新形势下我县党的建设，必须紧紧围绕“促进科学发展、维护边疆安宁、增进民族团结、构建和谐香格里拉”这一主题，坚持以党建基本经验和科学理论指导党的建设、以科学制度保障党的建设、以科学方法推进党的建设，着力提高党的建设科学化水平，着力增强各级党组织的创造力、凝聚力、战斗力，着力把各级党组织建设成为立党为公、执政为民，求真务实、改革创新，艰苦奋斗、清正廉洁，富有活力、团结和谐的战斗集体。要以“三级联创”为抓手，继续推进“三建三带三创”活动，开展党员“三培养”、“双培双带”活动，不断提高基层组织建设水平。要按照十七大的总体要求，大力推进基层民主政治建设，特别是注重用党内民主带动人民民主，重点建立符合法律、符合民意、符合程序的开放式的基层干部选拔、培训、考核、监督机制，规范基层重大事务的民主管理法制化、民主监督程序化。切实推进基层党组织工作创新、观念创新、机制创新和方法创新，更好地发挥基层党组织推动发展、服务群众、凝聚人心、促进和谐的作用。农村党组织的建设要以创建“五好”村党支部为目标，深入开展“农村党员电教科技示范基地”和“党员科技示范户”创建活动，全面推进党员活动阵地规范化建设。机关党建要以创建学习好、团结好、纪律好、作风好、政绩好“五好”班子为目标，以开展为基层服务、为经济建设服务、为群众服务“三服务”和“党员服务示范岗”活动为载体，努力建设一支政治强、业务精、纪律严、作风正、讲奉献，勇于开拓创新的高素质干部队伍。加快推进“两新”党组织建设步伐，实现党组织和党的工作全覆盖。加强基层组织政权建设，认真抓好村两委换届工作。

（三）全面推进党的干部队伍建设。党的路线确定后，干部就是决定因素。我们要坚持党管干部原则，全面贯彻干部队伍“四化”方针，坚持德才兼备、民族团结、群众公认、多岗锻炼、五湖四海、科学发展“六把尺子”，深化干部人事制度改革，培养造就善于推动科学发展、促进社会和谐的高素质干部队伍。要切实加强领导班子建设，把领导班子和广大党员干部的思想统一到党中央的重大部署上来，做到思想和行动绝对统一，执政能力和水平全面提高。各级领导班子必须充分认识执政条件和社会环境的深刻变化，充分认识新形势新任务的紧迫要求，不断加强学习，在掌握新知识、积累新经验、增长新本领上下工夫，不断提高科学判断形势的能力、驾驭市场经济的能力、应对复杂局面的能力、依法执政的能力和总揽全局的能力，强化整体素质的提高。全面贯彻落实《2009～2020年云南省党政领导班子后备干部队伍建设规划》和培训选拔优秀年轻领导干部行动计划，完善干部选拔任用机制，强化干部日常管理和监督，创新人才培养机制。要坚持以提高素质和能力为重点，加强对党员的教育培训，扩大挂职锻炼范围，构筑多载体、全方位的育人体系，努力打造一支毫无保留地忠诚于党和人民、忠诚于事业和“开拓创新、求真务实、公正廉洁、和谐共事”的高素质党员干部队伍。

（四）全面推进党的作风建设。党的作风关系党的形象，关系人心向背，关系党的生命。加强党的作风建设，要从密切党同人民群众的血肉联系做起，从塑造领导干部的良好形象做起，从解决在思想作风、学风、工作作风、领导作风和生活作风中存在的突出问题着手，紧紧围绕密切党同人民群众的血肉联系这个核心，牢记“两个务必”，按照“八个坚持、八个反对”的要求，说实话、办实事、讲实干、重实效，努力做到“情为民所系、权为民所用、利为民所谋”。要切实按照“讲党性、重品行、作表率”的要求，深入开展“个人形象一面旗、工作热情一团火、谋事布局一盘棋”主题实践活动。创造性地开展民主评议行风活动，认真纠正部门和行业不正之风，切实解决群众反映强烈的问题。重要工作要限时办结，加大督查督办力度，重大建设要规划到点（户），责任到人。狠抓节约型机关建设，勤俭办一切事宜。加大治慵、治懒、治奢力度，完善并落实好问责制度，在作风上问题突出的、影响恶劣的要实行一票否决，绝不姑息。要牢固树立和坚持正确的事业观、工作观、政绩观，进一步增强宗旨意识、公仆意识、服务意识，始终保持心系群众安危冷暖的深厚感情，始终保持为民排忧解难的满腔热情，始终保持为人民利益奋斗的奔放激情，为人民说话，为人民负责，自觉把个人奋斗融入到党和人民的事业中，在践行党的宗旨、推动科学发展中当好先行者、执行者、实践者、示范者、保障者，做一名合格的党员干部。

（五）全面推进党风廉政建设和反腐败斗争。胡锦涛总书记指出，在和平建设时期，如果说有什么东西能够对党造成致命伤害的话，腐败就是很突出的一个。要坚持标本兼治、综合治理、惩防并举、注重预防的方针，认真贯彻落实《建立健全惩治和预防腐败体系2008～2012年工作规划》、《关于加强地方县级纪检监察机关建设的若干意见》和党风廉政建设责任制，全面推进教育、制度、监督并重的惩治和预防腐败体系建设。要切实抓好反腐倡廉宣传教育工作，有针对性地开展示范教育、警示教育、岗位廉政教育和新任领导干部廉政教育。努力推进廉政文化“六进”活动，不断加强廉政文化建设。坚持和完善领导干部报告个人住房、投资、配偶子女情况等有关事项制度，加强对权力的监督和制约。实施好重大决策听证、重要事项公示、重点工作通报、政务信息查询制度，严格执行和完善领导干部述职述廉、廉政谈话、诫勉谈话以及函询、质询、罢免、撤换等制度，深入开展纠风和专项治理，加大领导干部离任审计，强化对项目资金、国有资产运营等重点领域的有效监管。认真执行民主集中制，维护党的团结统一，保证政令畅通。建立健全查办案件组织协调机制，加大查办违纪违法案件力度，坚决遏制一些领域腐败现象易发多发势头。要通过坚持不懈的努力，使各级党组织更加具有凝聚力、创造力和战斗力，成为带领全县各族人民团结奋斗的坚强领导核心，使广大党员更加自觉地担负起党和人民赋予的重任，牢记宗旨、不辱使命，在各行各业体现先进性，真正发挥先锋模范作用。

加强和改进新形势下党的建设，是全党的重大政治责任。全县各级党组织要增强“抓好党建是本职、不抓党建是失职、抓不好党建是不称职”的理念，把党建工作摆在全局工作的重要位置，全面落实党建工作责任制，全面推进党的思想建设、组织建设、作风建设、制度建设和反腐倡廉建设，确保党的建设各项部署落到实处。

同志们，新的历史使命催人奋进，新的发展机遇时不我待。2010年是新形势下加强党的建设、推动科学发展的关键一年，也是完成十一五规划的最后一年。认真做好各项工作，任务艰巨、责任重大。让我们紧密地团结在以胡锦涛同志为总书记的党中央周围，深入贯彻落实科学发展观，坚定信心、扎实工作，同心同德、不遗余力，努力开创香格里拉党的建设和改革发展稳定工作新局面，为实现香格里拉经济跨越发展和社会长治久安、与全省同步实现小康社会和建成全国藏区第一强县而努力奋斗！

政府工作报告

——2010年3月11日在香格里拉县十三届人民代表大会第三次会议上

县长　肖　徐

各位代表：

现在，我代表县人民政府，向大会作工作报告，请予审议，并请县政协委员和列席人员提出意见。

一、坚定信心，应对挑战，实现了经济社会平稳较快发展

刚刚过去的2009年，是“十一五”以来我县经济社会发展最为困难的一年，也是我们以昂扬的精神状态砥砺奋进并取得较好成就的一年。在县委的坚强领导下，在县人大和县政协的有效监督和全力支持下，全县上下以深入学习实践科学发展观为动力，以加快建设全国藏区第一强县为目标，以推进经济平稳较快发展为首要任务，立足于保增长、保民生、保稳定，着眼于打基础、管长远、增后劲，果断实施了应对危机的一系列政策措施，努力化挑战为机遇，变压力为动力，较好地完成了县十三届人大二次会议确定的年度目标任务。全县国内生产总值完成23.63亿元，增长22.5%；地方财政一般预算收入完成1.66亿元，增长25.35%；全社会固定资产投资完成40.46亿元，增长22.94%；实现社会消费品零售总额6.82亿元，增长23.6%；城镇居民人均可支配收入16040元，增长9.6%；农民人均纯收入达3026元，增长12.2%；城镇登记失业率控制在3.5%以内；人口自然增长率控制在5.96‰以内；单位生产总值能耗下降4.45%。

全县呈现出经济运行整体平稳、社会事业全面加强、民计民生继续改善、生态文明持续向好的发展态势。

（一）坚持抢抓机遇，加大项目建设力度，发展后劲进一步夯实。

始终把握中央扩大内需的重大机遇，积极主动争取上级支持，想方设法筹措配套资金，实现了新增投资规模的重大突破。2009年，全县固定资产投资完成40.46亿元，完成年计划的102.4%，全县共安排重点项目建设计划34.16亿元，计划重点项目107项，组织实施计划外新增项目102项，新增项目投资达8.58亿元，实际开工建设项目209项，（其中：续建项目43项，新建项目59项，改扩建6项），全县公路建设完成投资6.66亿元，其中，丽香铁路4亿元，国道214线香德二级公路6500万元，香乡公路2320万元，香木公路3500万元，洛吉公路1819万元，旅游北环线300万元，农村公路5000万元，木鲁公路2000万元，上游公路630万元，安乐公路1200万元。全县新增油路里程264.97千米，新增村社公路及人马驿道300千米，已有10个乡（镇）27个村委会驻地的路面得到硬化。水电开发完成投资12.06亿元，其中，梨园电站建设4亿元，尼汝河木星土电站建设1.45亿元，220千伏香格里拉输变电工程5144万元，无电地区电网建设工程2277万元，农村电网完善工程2130万元，城市电网工程4465万元，小中甸水利枢纽1.63亿元。市政建设完

成投资6.76亿元，其中：城市垃圾处理厂改扩建1400万元，县城供排水管网改扩建563万元，县城集中供热2.1亿元，县城环境综合治理2亿元，廉租房建设1100万元，香巴拉旅游小镇开发7800万元，小龟山片区开发5500万元。社会事业项目完成投资2424万元，其中，教育基础设施1407万元，乡（镇）文化基础设施建设235万元，乡（镇）计划生育服务站161万元。

（二）坚持统筹发展，稳步推进结构调整，农业基础地位进一步巩固。

按照科学发展观的要求，以农业发展、农民增收、农村稳定为主线，大幅度增加了“三农”投入，保持了农业农村稳定发展，农民持续增收。2009年，发放农资补助1355.65万元，人均补贴118元。发放扶贫到户贴息资金1100万元，受益农户1200户。全年实施农业项目44项，完成投资3亿元，其中，游牧民定居工程一期3846万元、二期1.78亿元，定居房2045户243985平方米，贮草棚面积67485平方米，棚舍建设面积167690平方米，农业综合开发861万元，生猪标准化规模养殖小区建设518万元，骨干水利1442万元，蔬菜、油菜、中药材、种桑养蚕等种植基地建设197万元，沼气池建设1968万元，安全饮水工程890万元。按照“生产发展，生活宽裕、乡风文明、村容整洁、管理民主”的社会主义新农村建设要求，共投入资金550万元完成了11 个新农村示范村建设任务。投入资金2912万元，在全县11个乡（镇）实施了整村推进项目，其中，财政扶贫整村推进1450万元，以工代赈509万元，上海帮扶整村推进480万元，易地扶贫搬迁473万元，受益农户达3250户14539人。转移农村富余劳动力18316人，实现转移劳务收入1.06亿元。全年农业总产值完成4.43亿元，较上年增长3.4%；粮食总产量达6.33万吨，较上年增长6%。

（三）坚持好中求快，强化产业发展优势，经济实力进一步壮大。

1．工业经济企稳向好。2009年是我县工业经济发展最为困难的一年，由于全球金融危机的波及，以矿产业为主的工业经济一直处于低迷状态。面对严峻的产业发展形势，我们采取了召开企业发展座谈会、为企业协调银行贷款、方便和规范企业审批程序等一系列有效措施，帮助企业渡过难关。通过努力，全县现价工业总产值完成7.16亿元，其中，轻工业3.81亿元，重工业3.35亿元，国有经济861万元，集体经济8118万元，其他经济6.11亿元。县规模以上工业企业完成增加值2.91亿元，完成主营业务收入3.65亿元，完成税金2799万元，完成利润额5222万元。全年矿业开发项目实际开工20项，共完成投资7.05亿元。其中，普朗铜矿一期工程建设1.99亿元，华新水泥厂1.99亿元。充分利用水力资源丰富的优势，加快推进水电产业发展步伐。全年实现新增水电装机容量9.85万千瓦，完成总发电量11.65亿度，全县已开发水电装机容量达49.08万千瓦。

2．第三产业增速加快。以旅游业为代表的第三产业呈现出良好发展态势。全年共接待国内外游客394.59万人次，比上年增长20%，其中海外游客49.18万人次，实现旅游社会总收入40.97亿元，增长34.1%，完成旅游门票总收入2.06亿元。旅游开发完成投资4.11亿元，其中，松赞林寺景区建设2000万元，巴拉格宗景区建设5630万元，虎跳峡景区建设8000万元，普达措景区建设820万元，纳帕海景区建设700万元。由于各景区景点投资力度的加大，景区设施的不断完善，去年普达措国家公园、虎跳峡景区、松赞林寺景区、巴拉格宗景区和石卡雪山景区顺利通过了国家旅游局4A级景区终评。围绕“一个集散中心，三大国家公园，两个重要景区，一条精品线路”的总体布局，通过举办第二届香格里拉“毕克”国际滑雪节、欢乐香巴拉民俗文化活动、香格里拉赛马节和云南省科技、文化、卫生“三下乡”等重大活动，加大了旅游宣传促销力度。2009年我县在世界旅游精英博鳌峰会中被评为“国际王牌旅游目的地”，香格里拉大峡谷、巴拉格宗景区被评为“国际王牌旅游景区”，建塘镇独克宗古城和霞给民族生态旅游村被推荐申报为全国旅游特色景观旅游示范名镇（村），从而进一步提高了香格里拉的知名度。

（四）坚持改革开放，加快区域合作和招商引资步伐，发展活力进一步增强。

一是集体林权制度改革进展顺利。2009年，全县6个第一批林改乡（镇）中，共涉及林改面积275.38万亩，涉及林改户数14337户60631人，至2009年底，已顺利完成第一批外业工作。二是有序推进了以粮食企业改制为重点的国有企业改革工作，虎跳峡粮油工贸公司改制工作顺利完成。三是非公有制经济快速发展。全年实现非公有制经济收入8.41亿元。四是招商引资工作取得新进展。通过参加昆明进出口商品交易会、泛珠三角区域合作经贸洽谈会和延边州龙井市松茸节等活动，不断加大项目推介和宣传促销活动，全年共实施招商引资项目43项，完成招商引资27.2亿元，增长22%。五是对外交流合作进一步拓展。滇沪合作、昆迪合作项目有序推进。先后与土耳其的凯末利耶市、深圳腾讯公司、广东省云南商会和吉林省延边朝鲜族自治州龙井市达成友好合作协议，并缔结了友好关系。去年，在深圳腾讯公司的无私帮助下，以教育、扶贫开发为重点的“腾讯新乡村行动”项目在尼西乡正式启动。

（五）坚持以人为本，深入实施民生工程，人民生活进一步改善。

始终把国计民生作为政府工作的根本任务，认真组织实施了八项惠民工程，全年共投入资金3500万元。加大就业再就业政策落实和工作力度，发放小额贷款138万元，新增城镇就业1762人，帮助297名城镇失业人员和困难群体实现再就业。加强社会保障体系建设，社会保障投入达1600多万元。城镇基本养老、医疗、失业、工伤和生育保险参保人数分别达4212人、8500人、4810人、6498人和5393人，企业退休人员养老金按时足额发放。全面完成了农村低保提标扩面任务，城市低保对象实现应保尽保；农村“五保”对象集中供养率提高到了39.47%，84户城镇住房困难家庭解决了廉租住房；700户农民在农村民居地震安全工程中受益。积极做好“家电下乡”工作，共销售家电产品2677台（件），销售金额达368.01万元，兑现家电补贴31.47万元，兑现汽车、摩托车下乡补贴87.97万元。城乡困难群众医疗救助实现全面覆盖，新型农村合作医疗参合率达到96.63%，全年共补偿医疗费用1137.95万元。全年共解决了3650人的温饱问题。深入开展农民健康工程，强化了全县203名农家卫生员的技能培训，按照乡村一体化的要求，在全州率先配齐配强了56名在职在编的村医，进一步建立健全了农村基层医疗卫生防疫体系。

（六）坚持可持续发展，加大生态建设力度，生态环境进一步改善。

始终将生态建设作为立县之本，以改善生态环境为目标，认真实施天然林保护和退耕还林工作。去年完成了退耕还林荒山造林1万亩，补植补造2500亩；完成了特色经济林任务14000亩，补植补造2250亩；完成人工种草5000亩。加大了农村能源开发，建设沼气池2141口，完成了太阳能建设1333户，节柴灶改造1000眼。加大野生动植物保护力度，累计向全县及保护区群众发放补偿费10万元，303户农民领到了野生动物肇事补偿金。高度重视水源、高原湖泊、湿地生态建设和环境保护。实施了纳帕海和碧塔海国际重要湿地建设项目。结合“七彩云南香格里拉保护行动”，深入开展了环境保护专项整治工作，“禁白”成果得到了有效巩固。环境污染治理和水土保持工作不断加强，全年治理水土流失12.45平方千米。第二次土地调查工作顺利实施。高度重视节能减排工作，突出做好重点企业节能减排和监督管理。全县生态环境继续改善，可持续发展能力进一步增强。

（七）坚持全面协调，不断加大公共投入，社会事业进一步发展。

始终把社会事业与经济建设放在同等重要的地位，实现了经济发展与社会事业发展的“双赢”。先进实用技术的引进，科普宣传力度的加大，云南边疆“解五难”惠民工程的实施，使全县科技进步与创新力度有了显著增强。通过教育资源整合，优化教育资源配置，合理调整中小学校点布局等有效措施，全县“两基”教育成果得到进一步巩固。按照“州办高中、县办初中、乡（镇）办小学”的集中办学思路，2009年共撤并小学校点64所，建塘、尼西、五境3个乡（镇）已基本实现“一乡一校”集中办学；抓好“两免一补”政策的贯彻落实，投入了2600万元用于高原农牧民子女学生生活补助，享受学生达15790人，初步解决了农牧民学生生活困难问题。投入1600万元，全面实施了全县教育系统义务教育阶段教师绩效工资改革，同时启动了其他事业单位人员的绩效工资改革。突出农村和社区文化建设两个重点，以“两馆一站”建设、“千里边疆文化长廊建设”工程为载体，大幅提高了公共文化产品的供给能力。突出民族特色和民族文化，以民族规范舞的推广普及为重点，丰富了群众的精神文化生活。认真实施广播电视“村村通”工程，基本解决了人民群众“看电视、听广播难”的问题。完成了全县768个通电自然村21120户工程建设任务，全县广播电视综合覆盖率提高到了93.86%。香格里拉电视台节目恢复播出工作顺利推进，并于近期开播。公共卫生体系建设和食品、药品安全监管机制不断完善，口蹄疫、甲型H1N1流感防控诊治迅速、处置得当，三聚氰胺等非食用物质彻查有力，切实保障了全县广大人民群众的身体健康和饮食安全。2009年我县先后被省人民政府授予“云南省甲级卫生县城”、“云南省灭蟑先进县”荣誉称号。以“新农村、新家庭——大香格里拉地区人口健康促进项目”为载体，计划生育优质服务创建工作进一步加强。统计、气象、档案、史志、质监、消防、工商等工作不断加强，与各人民团体的联系进一步密切，工会、妇女、儿童、青少年、老龄、红十字、慈善、残疾人等事业健康发展。

（八）坚持稳定是第一责任，加大工作力度，不断巩固和谐安定的社会局面。

始终把维护社会稳定，促进社会和谐作为全县工作的重大任务，努力为人民群众营造了安居乐业的良好环境。以加强社会主义核心价值体系建设为核心，以“千名干部送法进村（寺）促和谐”活动为载体，深入开展了以和谐社区、和谐村镇、和谐单位、和谐企业、和谐家庭为主要内容的精神文明创建活动。高度重视信访工作，以领导干部大下访、大接访活动为契机，全县矛盾纠纷排查调处工作逐步迈上了常态化、规范化管理。全面贯彻执行党的民族宗教政策，实现了省委、省政府“大事不出，小事也不出”的维稳工作要求。强化安全生产监管，2009年共发生各类安全生产事故30起、死亡12人，同比分别下降67.14%和40%，全年无重特大安全事故发生，安全生产形势日趋好转。社会防控和社会管理机制明显完善，违法犯罪活动的打击力度不断加大，禁毒防艾工作取得新成绩，公安“三基”建设初见成效。增进军政军民团结，国防动员、人民防空和后备力量建设进一步加强。

（九）坚持把加强政府自身建设作为重要保障，依法行政能力进一步提高。

深入推进依法行政。自觉接受人大工作监督、法律监督和政协民主监督。定期向人大及其常委会报告工作、向政协通报情况，认真办理了人大代表议案建议和政协委员提案，不断提高办理质量。坚持推进基层民主法制建设，村民自治、厂务公开、村务公开等工作深入开展，各项制度逐步完善。行政复议、人民调解、法律援助工作得到加强。审计、监察等部门和新闻媒体的监督职能得到进一步发挥，各项廉政制度和政府工作得到较好落实，机关素质有了新的提高。

重视抓好政府制度建设。认真贯彻实施《行政许可法》和国务院《全面推进依法行政实施纲要》，积极稳妥地推行“阳光政府四项制度”，开展了行政机关政务信息上网工程，主动公开政府信息，开通了“96128”政务查询专线，政府行政行为的透明度进一步提高。巩固和推进法制政府、责任政府建设，政府工作法制化和决策民主化取得新成效。切实加强公务员队伍建设，全年先后对3名干部职工进行了行政问责。

健全完善政府管理体制。开展了新一轮行政事业收费的清理工作，共取消行政事业性收费项目132项，变更6项。不断转变政府职能，改进工作作风，落实听证、公示、通报、网上发布四项制度，加大了政务公开力度。简化行政审批手续，提高行政效率，政府决策机制进一步完善，科学、民主决策水平有了新的提高。

各位代表，回顾过去的一年，我们在危机中抓机遇，在困难中求突破，在逆势中保增长，在竞争中显特色，牢牢把握了工作的主动权，经济社会发展取得了明显成效。在应对危机，推动全县经济社会跨越发展和长治久安的实践中，我们也积累了一些非常宝贵的经验：一是任何时候都必须坚定不移地贯彻执行党中央、国务院、省委、省政府、州委、州政府和县委的部署。二是任何时候都必须坚持以中国特色社会主义理论体系为指导，深入贯彻落实科学发展观。三是任何时候都必须坚持解放思想、实事求是、与时俱进的思想路线。四是任何时候都必须坚持上下同心、团结协作。五是任何时候都必须坚持察实情、说实话、出实招、求实效，始终保持深入扎实的工作作风。

各位代表，过去一年所取得的成绩，是州委、州政府正确领导、关心支持的结果；是县委统揽全局、科学决策的结果；是县人大和县政协大力支持、有效监督的结果；是全县广大干部群众团结奋斗、辛勤劳动的结果；是社会各界关心支持、无私奉献的结果！在此，我代表县人民政府向全县各族群众、各级干部职工、驻地部队、武警官兵、政法干警、人民团体以及关心支持我县发展的社会各界人士致以衷心的感谢和崇高的敬意！

在看到成绩的同时，我们也清醒地认识到我县经济社会发展过程中仍然存在一些矛盾和问题：在经济建设上，主要是投资、产业、城乡结构还不尽合理，农业产业化水平还不高，中心城市带动力和县域经济竞争力还不强，生态保护的压力还很大，经济发展方式尚未得到根本转变。在社会建设上，统筹城乡发展的难度加大，改善就医条件、提高办学质量以及困难群体住房保障、城市建设和社区管理等方面的问题还很多，防灾抗灾、安全生产、市场监管等工作仍存在一些不足。在自身建设上，少数干部思想解放不够，发展意识不强，能力水平不高，服务观念不浓，研究谋划不深，工作作风不实，难以适应新形势新任务的要求。所有这些困难和问题，我们将引起高度重视，并在今后的工作中切实加以改进。

二、解放思想，科学发展，推动经济社会发展实现新跨越

今年是全面完成"十一五"规划的最后一年，又是检阅"十一五"成果、衔接"十二五"发展的关键一年，做好今年的政府工作既面临压力，又充满机遇。总体上看，经济发展的大环境将会好于去年。就全国而言，我国经济在全球率先实现回升向好，宏观调控取向"总体稳定、稳中有调"。就区域而言，中央召开的第五次西藏工作座谈会再一次体现了党中央、国务院对西藏和川滇甘青四省藏区工作的高度重视和对藏区各族人民的特殊关怀，为我们加快发展提供了更多的有利条件和发展机遇。只要我们抓住这一历史机遇，切实增强机遇意识、主动意识、责任意识，加倍努力做好各项工作，就一定能够把党中央的特殊关怀转化为实现跨越发展和长治久安的巨大推动力。

根据县委十届八次全会精神，今年政府工作的总体要求是：**以邓小平理论和"三个代表"重要思想为指导，深入贯彻科学发展观，紧紧抓住国家扩大内需和中央支持藏区发展的重大机遇，牢固树立稳增长、打基础、惠民生、保稳定、抓生态的思想，千方百计保持全县经济平稳较快发展和社会和谐稳定，全面完成"十一五"规划目标任务，为"十二五"发展奠定坚实基础。**

根据这一总体要求，综合各种因素，今年经济社会发展的主要预期目标是：**生产总值增长18%；地方财政一般预算收入增长20%；固定资产投资增长20%以上；城镇居民人均可支配收入增长8%；农民人均纯收入增长10%；社会消费品零售总额增长18%；居民消费价格总水平涨幅控制在6%以内；城镇登记失业率控制在3.5%以内；人口自然增长率控制在7‰以内；单位生产总值能耗降低4%。**

为实现这一工作目标，今年要重点做好以下八个方面的工作：

（一）以"十二五"规划编制工作为中心，努力营造投资拉动的工作局面。

基础设施建设对加快县域经济的发展具有决定性的作用。今年，一定要把加快基础设施建设作为全县发展的重中之重。特别是当前我县正处于"十一五"规划即将全面完成，"十二五"规划又要提早谋划的关键时期，全县上下必须始终不渝地以科学发展观为指导，准确把握国际国内宏观经济形势，以推动我县经济社会转型升级、实现率先跨越发展为目标，突出导向性、宏观性、政策性和针对性，深入研究"十二五"时期事关我县全局和长远发展的重大课题，推出一批有深度、有影响、高水平、高质量的研究成果，为"十二五"规划编制工作提供有力支撑，为建成全国藏区经济跨越发展和社会长治久安示范区打下坚实基础。为此，一是要认真做好"十一五"规划执行情况评估。要全面总结成功经验，找准存在的突出问题和主要矛盾，为编制"十二五"规划提供依据。二是要突出规划重点。要科学界定规划编制领域，把规划重点放在政府履行公共职责的基础设施、重要资源、生态环境和公共服务等领域。三是要加强重点项目的前期研究工作。要尽早启动拟建项目的前期研究工作，提出一批关系全局、意义深远、带动作用强、政府组织实施的重点项目，明确"十二五"期间需要建设的基础设施、可持续发展的重点项目，积极建立"项目库"，同时做好论证工作。四是要加强规划间的相互衔接。必须要以州级重点专项规划与县级规划相衔接，州级总体规划与国家宏观经济政策及国家、省各类规划相衔接为原则，

充分体现国家、省对云南藏区的有关扶持政策和具体措施，保证规划思路的统一和规划的可行性，使我县规划的重点项目获得国家及省级的大力支持。五是要增强规划编制的民主性和科学性。要广泛听取社会各界意见，集思广益，增强规划工作透明度和公众参与度，使政府决策能更好地反映民情，提高决策科学化和民主化水平。

要认真做好丽香铁路、国道214线香德二级公路、小中甸水利枢纽工程三项重点工程的征地、拆迁、协调服务工作，保证不因我县的协调工作而延误工期。城市集中供暖、县城综合治理（三河治理）、纳帕海和碧塔海国际重要湿地治理、亚洲旅游论坛等事关城市发展的重点项目必须按照州委州政府的要求，稳妥推进。香木路、香格里拉旅游北环线、洛吉公路、香乡路等公路在建项目要保证如期完工并交付使用。香稻公路、香宁公路等通边工程要加快前期工作。对涉及全县旅游品牌提升的香格里拉大酒店、萨金（阿弥达）酒店、中信酒店、希尔顿生态城建设等已签署合作开发协议的项目，要在对开发商提供优质服务的前提下，敦促其尽快开工建设。

（二）以“农业产业结构调整”为方向，努力增加农民收入。

要在充分尊重农民意愿的前提下，围绕农业增效，农民增收，加快农村产业结构调整步伐。一是认真抓好游牧民定居工程。围绕建设万亩无公害蔬菜基地、万亩高原油菜基地、万亩优质桑园基地、万亩优质核桃种植基地的建设任务，加快农产业结构调整步伐。二是要逐步完善农业补贴制度和市场调控机制。坚持对种粮农民实行直接补贴。增加良种补贴，启动青稞良种补贴。进一步增加农机具购置补贴，扩大补贴种类，把牧业、林业和抗旱、节水机械设备纳入补贴范围。落实和完善农资综合补贴动态调整机制。加强对农业补贴对象、种类、资金结算的监督检查，不准将补贴资金用于抵扣农民交费，确保补贴政策落到实处。三是以退耕还林基本口粮田建设项目为重点，加快农田改造和田间渠系建设。动员社会各级力量，全力做好抗大旱、防大灾的各项抗灾救助工作。进一步建设和完善尼西鸡特色禽养殖基地、生猪标准化建设基地、藏猪养殖基地、牦牛养殖基地。力争到全年实现大小牲畜存栏40万头（只），年均增长率1.2%。积极做好口蹄疫、猪蓝耳病等重大动物疫情的防控工作，确保我县畜牧产业健康发展。四是坚持“稳定面积、提高质量、巩固成果”，稳妥推进农技推广体制改革，发展市场化运作的农技推广服务组织。五是要统筹城乡协调发展，鼓励农村剩余劳动力向非农产业和城镇转移。狠抓专业技能培训，提高劳务人员素质，加速劳务输出组织化进程，多渠道增加农民收入。六是要努力改善农村生产生活条件。继续实施好整村推进和新农村建设项目。七是抓好以农村沼气池建设和部分太阳能建设为重点的农村新能源建设。

（三）以“矿电开发”为核心，努力做大做强矿电产业。

按照州人民政府“做大做优水电产业、做大做精矿产业”的要求，始终把工业放在培育县域经济发展后劲的战略高度，充分发挥我县矿产资源丰富、水电开发潜力巨大的优势，加快矿电产业发展，推进全县经济增长、财政增收。在提速增效上下工夫，大力发展壮大电力、矿产业，以节能、降耗为重点，加快全县新型工业化进程，既要注重做大规模，更要注重提高效益。矿产业方面：继续推进工业园区格咱片区、和旺池卡片区建设；在注重好环境保护和安全生产的前提下，要全力推进普朗铜矿前期建设，支持现有的格咱神川矿业、安乐铅锌矿、虎跳峡镇钨矿等矿山企业做强做大；加快企业技术改造步伐，努力提高工业经济运行的质量和效益；继续整顿和规范矿产资源开发秩序，加大动态巡查执法力度，依法加强资源勘查。水电方面：进一步加强城乡电网的改造和建设；要继续抓好康思水库、小中甸水利枢纽的前期工作，加快梨园电站、尼汝河流域、浪都河流域、格基河流域等电站的建设进度，积极主动做好在建电站的服务协调工作。非公有经济方面：要加快非公有制经济发展平台，引导非公企业做大做强，努力为非公企业发展提供政策支持，积极帮助企业建立现代企业制度，完善内部管理，争取非公扶持资金，提高企业竞争力。

（四）以“香格里拉品牌”为依托，努力实现旅游提质增效。

要进一步强化“旅游兴县”意识，加强旅游基础设施建设，加大旅游宣传促销力度，完善旅游行业管理。一是紧紧围绕“一个集散中心，三大国家公园，两个重要景区，一条精品线路”的总体布局，切实做好普达措国家公园、香格里拉大峡谷、虎跳峡等景区景点的建设，着力改善旅游基础设施，打造精品、提升品牌、提高服务，把核心景区景点做精做实。二是进一步理顺和规范旅游行业管理体制，加大宣传促销力度，拓展海内外旅游市场。三是进一步推动旅游业与农业、文化的结合，大力发展生态旅游、生态农业、生态文化，提升旅游文化内涵，提高产业效益，增加农民收入。四是抓好旅游服务标准化、规范化和法制化建设。加强对旅游及相关行业的有效管理和市场监控。健全旅游执法监督管理机构，加大旅游市场秩序整治力度，认真受理游客投诉，及时查处整改，以良好的法治环境和市场秩序，促进旅游业健康发展。

（五）以“增收节支”为手段，努力做好财税工作。

加大税法宣传力度，提高全民纳税意识。依法加强税收征管，突出重点税种和税源监管，抓好大户跟踪服务，完善税收稽查和协税护税机制，做到依法治税、应收尽收。着力培植和挖掘新的财源增长点，建立稳定增收机制。不断优化收入结构，提高一般预算收入比重，力争2010年全县财政一般预算收入突破2个亿。紧紧抓住国家继续实施扩大内需、西部大开发战略以及中央第五次西藏工作座谈会等一切有利因素，始终坚持“跑上与跑下”相结合，积极主动争取上级的支持和帮助，力争在争取上级支持上有新的突破。

压缩财政支出。深化公共财政支出改革，逐步实施综合财政预算，加强财政支出管理。坚持“一要吃饭、二要建设”，统筹安排各项支出，依法增加对农业、维稳和科教文卫等方面投入。坚持勤俭办事原则，压缩各类公用支出和非生产性支出，提高财政资金使用效益。严格执行政府采购，扩大采购范围，逐步推行预算执行审查制度。

（六）以“开发与保护并举”为指针，努力改善生态环境。

一是要按照《“两江”流域生态屏障功能区保护与建设规划》，做好“两江”流域生态屏障功能区生态保护与建设。二是紧紧抓住中央在财政转移支付中增加对生态脆弱和生态保护重点地区支持力度这一机遇，继续向上争取生态补偿政策和项目。三是要在总结好第一批集体林权制度改革初步经验的基础上，认真做好第二批实施乡（镇）的林改工作。四是严格执行环境影响评价和环境保护“三同时”制度，全面实施污染物排放总量控制和排污许可证制度，确保州政府下达我县的环保目标任务完成。五是逐步淘汰和取缔生产工艺落后、产能低、高污染的中小企业，积极引进环保型、节能型的大企业，从源头上抓好、抓实节能降耗减排工作。六是继续深入开展“七彩云南香格里拉保护行动”，推进“森林云南”建设，认真实施天然林资源保护工程，切实加强森林资源林政管理，严厉打击乱砍滥伐和非法盗卖行为。加快推进纳帕海和碧塔海国际重要湿地生态建设和保护工作。以生物多样性保护为重点，按照《迪庆州生物多样性保护实施方案》要求，有步骤、分阶段、规范有序地推进全县生物多样性保护工作。加大非法捕涉野生动物的查处力度。七是认真贯彻执行迪政发〔2006〕25号文件精神。继续做好城市面山破坏和县城周边垃圾污染的治理，切实加强环境监督管理，巩固“禁白”成果。八是加强农村替代能源建设，大力推广沼气池、节柴灶和太阳能等项目建设。九是加强矿产资源开发的管理力度，合理、有偿、规范、有序地依法进行开采，严禁掠夺性开采，把资源开发对环境的破坏减少到最低限度。让香格里拉的天更蓝、地更绿、水更清、空气更清新，全县人民的生活质量有一个新的提高。

（七）以“和谐稳定”为根本，努力促进经济社会协调发展。

坚持以人为本、以民生为重，发展社会事业，强化就业保障，完善社会管理，在努力解决好维护好民计民生的基础上，建设和谐美好香格里拉。一是发展教育卫生事业。坚持教育优先发展，完善义务教育免费政策和经费保障机制，抓基础、抓质量、抓保障、抓职教，进一步合理调整中小学布局，加大教育资源整合，优化教育资源配置，推进城乡基础教育均衡发展。按照“州办高中、县办初中、乡（镇）

办小学”的集中办学思路和教育改革要求，提高教育教学质量，最大限度地满足群众享受优质教育的需求。把降低初中辍学率作为巩固提高义务教育普及程度和加大帮扶力度控辍保学的重要措施，迎接“两基”项目的国家检验。认真落实“两免一补”政策，继续实施藏区高原农牧民学生生活补助工程。以社区卫生服务体系建设为重点，优化卫生资源配置，巩固和完善新型农村合作医疗制度和医疗救助制度，完善农家卫生室，不断提高农村医疗卫生服务质量，让农民人人享受初级医疗服务。加强对艾滋病、肝炎、手口足等重大传染病的预防和控制工作。强化食品药品安全监管，确保无重特大食品安全事故发生。大力开展爱国卫生运动。二是完善就业和社会保障体系。实施更加积极的就业政策，深入开展就业援助和就业服务，统筹做好高校毕业生、下岗失业人员就业和退役军人安置工作。广泛开展农民培训和农民工技能培训。健全劳动合同和劳动用工登记制度。全面落实被征地农民养老保险政策。全面落实农村低保、农村医保政策。推进和完善城乡最低生活保障制度，建立健全城镇职工住房保障体系，继续推动农村民居地震安全工程、农村危房改造和廉租房等建设。加快社会保险制度改革。认真组织开展好新型农村社会养老保险试点工作。进一步完善防灾减灾体系建设，提高应对自然灾害和突发事件的处置能力，妥善解决城乡困难群众的生产生活。强化生活必需品市场监管，确保正常供应和价格基本稳定。三是加强社会管理工作。支持工、青、妇等人民团体及志愿者队伍广泛参与社会管理及公共服务。扎实做好新形势下的民族宗教工作，全面贯彻党的民族宗教政策，认真开展爱国主义教育，依法强化对宗教教职人员、信教群众的日常管理，实施好宗教活动场所基础设施建设，解决宗教教职人员的实际困难，认真组织开展“千名干部进村入户促民族团结进步”活动。巩固发展军政军民团结，落实优抚政策，加强国防教育、国防动员和民兵预备役及人防建设，巩固好全省双拥模范县，并积极做好全国双拥模范县的创建工作。全面落实安全生产责任制，加大对重点行业及领域的隐患排查治理和重大危险源防控力度，严防重特大事故发生。继续搞好“五五”普法，拓展法律援助和法律服务。进一步增强信访工作的预见性、主动性，畅通群众诉求渠道，建立信访工作责任制。提高矛盾纠纷发现率和调处成功率，积极预防群体性事件。提高应对处置突发公共事件的能力，强化社会治安综合治理，加强公安基层基础工作。严厉防范和打击各类违法犯罪活动。要切实加强第四届村“两委”换届选举工作的领导，保障村“两委”换届选举工作顺利进行，确保选好配齐配强新一届“两委”班子，切实加强基层组织建设。

（八）以“责任落实”为手段，努力营造投资环境。

大力推进招商引资工作，进一步激发活力、扩大影响、增强发展后劲。一是要突出行政审批这个重点，进一步减少审批程序和环节，提高工作效率。二是要充分利用好资本市场，不断扩大直接融资，强化政银、银企合作，积极支持金融改革和发展。三是要坚持以“招商引资为第一手段”，高度重视招商引资项目库的建设，要根据我县实际，深入研究自身优势，在充分调研、论证的基础上，多储备一些符合国家政策，有资源、有市场、有效益、有操作性的项目，加大招商引资项目的储备和开发力度。继续实施“走出去”战略，积极建立与上海、昆明等发达地区的对口帮扶和友好合作关系，高度重视并认真做好昆迪合作、滇沪合作的有关工作。精心组织好各类重大活动，形成参与国内外经济合作和竞争的新优势。四是要加强区域社会经济合作。积极组织参加国内外各种经济协作和经贸交往活动，推进区域合作。放开本地市场，放开投资领域，鼓励省内外各种经济成分的投资者到香格里拉设厂、办公司。鼓励和支持县内企业引进和输出技术、人才、资金。邀请外地州、外省市党政或企业代表团到香格里拉参观考察，推动缔结友好市县的工作，扩大经贸往来和文化技术交流与合作。

三、恪尽职守，牢记使命，加强政府自身建设

加快转变经济发展方式，促进经济社会平稳较快发展，对政府工作提出了新的更高要求。我们一定要切实加强政府自身建设，不断优化执政环境，做到“人人有激情，时时在状态”，努力建设一个无愧于使命、让人民满意的政府。

第一，真抓实干促发展。必须进一步牢固树立科学发展理念，强化发展第一要务意识，增强时不我待的紧迫感，保持勇争一流、奋发有为的精神状态，一心一意抓发展、聚精会神搞建设。要不断学习、善于学习，深入调研、系统调研，不断增强政府工作的创造力。要弘扬求真务实的作风，要继续巩固和推进法制政府、责任政府、阳光政府建设成果，立即启动并深入实施好效能政府建设，全面完成好政府机构改革的各项工作，积极转变政府职能，努力构建“服务型”政府。减少不必要的应酬和开会发文，腾出时间和精力，一线推动、一抓到底，敢于动真、敢于碰硬，努力形成层层衔接、环环相扣、事事落实的工作格局，切实增强政府工作的执行力和公信度。加大对经济运行的监测和分析，提高对市场风险的防范能力。

第二，倾心尽力为人民。倾心尽力，就是要把勤政为民的理念融入思想情感里。在思想上尊重群众，在感情上贴近群众，始终把群众当做自己的亲人，时刻把百姓的冷暖挂在心头，真正做到权为民所用、情为民所系、利为民所谋。倾心尽力，就是要把勤政为民的情感体现到政策措施上。必须完善科学民主决策机制，问政于民、问需于民、问计于民，深入基层体察民情、深入一线了解民意，切实提高政策措施的针对性、具体性和实效性。倾心尽力，就是要把勤政为民的措施落实在具体工作中。政府工作无戏言，凡是对人民的重托、对基层的表态、对投资者的承诺，一定要掷地有声、言而有信、坚决兑现。必须加大督查督办和责任追究。

第三，风清气正树形象。风清气正，就是要从严律己、拒腐防变。要在政治生态建设上做好榜样带好头，真正成为干事创业的模范、清正廉洁的表率。同时，在推进惩治和预防腐败体系建设上毫不懈怠，在严肃查处违纪违法的人和事上毫不手软，要坚决杜绝不作为、乱作为，严厉查处失职、渎职行为。风清气正，就是要依法行政、规范行为。我们要自觉接受人大及其常委会的法律监督、工作监督和政协的民主监督，认真办理人大代表议案建议和政协提案，不断提高办理质量和水平。主动听取无党派人士、工商联、各人民团体和人民群众的意见，及时加强和改进政府相关工作，提高执政水平和执政能力。必须充分保障人民群众的知情权、参与权、表达权、监督权，办好电子政务，广开言路、广纳谏言，让权力始终在阳光下、在法制的轨道上运行。风清气正，就是要珍视团结、形成合力，倍加珍惜共事的缘分，干事的机会。工作中既要坚持民主，又要善于集中，既要本位思考，也要换位思考，既要摒弃私心，更要出于公心，真正做到相互宽容、相互理解，相互补台、相互支撑。坚决做到同事同心，干净干事，与广大人民群众共克时艰，共创辉煌。

各位代表，新的一年，孕育新的希望。新的征程，召唤新的奋斗！我们深知责任重大，使命光荣。让我们紧密团结在以胡锦涛同志为总书记的党中央周围，高举中国特色社会主义伟大旗帜，坚持以邓小平理论和“三个代表”重要思想为指导，深入贯彻落实科学发展观，在党的十七大、十七届四中全会精神引领下，在州委、州政府和县委的正确领导下，与时俱进，继往开来，求真务实，埋头苦干，为实现全面建设小康社会和建设全国藏区第一强县两大目标而努力奋斗！

专　文

香格里拉县人民代表大会常务委员会工作报告

——2010年3月13日在香格里拉县第十三届人民代表大会第三次会议上

香格里拉县人大常委会主任　杨学明

各位代表：

我受香格里拉县第十三届人民代表大会常务委员会的委托，向大会报告工作，请予审查。

2009年的主要工作

2009年是新中国成立60周年和地方人大设立常委会30周年，也是应对国际金融危机冲击、经济发展最为困难的一年。县人大常委会在中共香格里拉县委的正确领导下，高举中国特色社会主义伟大旗帜，以邓小平理论和“三个代表”重要思想为指导，深入学习实践科学发展观，全面贯彻落实党的十七大、十七届三中、四中全会及县委十届六次、七次全会精神，始终把推动和促进保增长、保民生、保稳定作为首要任务，紧紧围绕完成县十三届人大二次会议确定的目标任务，认真履行宪法和法律赋予的各项职权，解放思想、求真务实、与时俱进、开拓进取，全面地完成了各项工作任务，为保持我县经济平稳较快发展与社会和谐稳定做出了积极贡献。

一、围绕全县工作大局，依法行使监督权，增强监督实效

常委会认真履行宪法和法律赋予的监督职权，本着突出重点，讲求实效的原则，紧紧围绕全县经济社会跨越发展和长治久安目标，把监督与支持“一府两院”工作更好地统一起来，不断规范监督方式和监督程序，努力增强监督实效，着力推进“一府两院”依法行政和公正司法。全年共听取和审议县人民政府工作报告11项，作出决议和决定4项，提出审议意见11项。

（一）突出监督重点，促进全县经济健康发展。常委会以确保计划、财政预算的执行为重点，审查和批准了县人民政府关于2008年地方财政决算情况的报告以及2009年县本级财政预算调整方案；听取和审议了县人民政府关于2009年1～8月国民经济和社会发展计划执行情况的报告、关于2009年1～8月财政预算执行情况的报告以及2008年县本级财政预算执行和其他财政收支的审计工作报告；听取和审议了县人民政府关于国民经济和社会发展“十一五”规划纲要实施情况的中期评估报告，做出了相应的审议意见，提出了意见和建议，督促县人民政府及有关部门采取有力措施，确保我县经济社会平稳较快发展。

（二）突出以人为本、重视改善民生，促进和谐社会建设。常委会坚持以人为本，切实关注维护好和实现好人民群众最现实、最关心、最直接的利益问题，高度重视民生问题，紧抓我县改革发展稳定中的重大问题、关系人民群众切身利益和社会普遍关注的热点难点问题开展监督工作。听取和审议了县人民政府关于2009年项目落地情况、廉租房建设情况和全县民政工作情况的报告以及森林资源林政管理工作情况的报告。对进一步加强我县重点项目的落实和推进、加大廉租房建设的力度、高度重视民政工作提出了审议意见。为加强教育督导评估工作，接受省政府对我县教育工作的督导评估，审议通过了县人民政府关于教育工作督导评估的自评报告和关于进一步合理调整学校布局优化教育资源推进城乡基础教育均衡发展实施方案的议案。常委会还组织部分县、乡（镇）两级人大代表对县城周边环境卫生、扶贫整村推进项目实施等情况进行了专题视察。为加强和改善县城环境卫生、进一步加强对扶贫整村推进项目的实施提出了意见和建议。同时，常委会对公务员录用、事业单位人员招考多次派员参加监督，确保招考工作的公开、公平、公正。

（三）高度重视信访工作。人大信访工作是人大及其常委会监督工作的重要内容，是密切联系群众、了解和体察民情民意、倾听群众呼声、接受群众监督的重要渠道。一年来，常委会始终坚持“群众信访无小事”的原则，把做好人大信访工作作为联系群众，推动“一府两院”解决实际问题的重要渠道，认真负责的受理人民群众的来信来访。全年共受理人民群众来信28件，来访24批93人次。通过加强对信访件的督办，密切了同人民群众的联系，为化解矛盾、维护社会稳定发挥了应有的作用。

二、坚持党管干部和依法任免相统一，做好人事任免工作

一年来，常委会始终坚持党管干部的原则，把认真落实县委人事意图与依法任免有机结合起来，不断改进人事任免工作程序。在充分酝酿讨论的基础上，严格依照法定程序行使任免权。全年共任免国家机关工作人员26人次，其中任职17人次，免职8人次，接受辞职1人。通过依法任免国家机关工作人员，保证了我县国家机关的正常运行，为推动全县各项工作提供了组织保障。

三、加强和改进代表工作，充分发挥代表作用

人大代表是国家权力机关的组成人员，密切联系本级人大代表、切实做好代表工作、发挥代表作用，是常委会的一项重要职责，是实现人民当家做主的根本保证。一年来，常委会切实加强和规范代表工作，努力为代表依法履职创造条件，提供保障。

（一）密切与代表的联系，积极为代表执行职务提供服务。常委会始终把代表工作作为一项基础性的工作来抓，充分尊重代表的主体地位，不断增强为代表服务的能力，积极拓宽代表知情、知政渠道，通过采取邀请部分代表参加视察和调研、列席常委会议、通报经济运行情况等措施，为更好地发挥代表作用搭建了平台。加强了对代表的培训，活跃代表小组活动，聘请县委党校教师对部分县级人大代表进行了培训。进一步增强了人大代表用科学发展观指导人大工作的自觉性和坚定性，使人大代表更好的熟悉掌握相关法律法规和人大业务知识，履行好代表职务打下了思想基础。同时，坚持为代表订阅《云南人大》杂志等学习资料及编印寄送了县第十三届人民代表大会第二次会议公报和7期县人大常委会公报，为代表知情知政，履行职务提供了服务。

（二）认真做好代表建议督办工作。做好代表建议批评和意见的办理工作，是代表工作的重要内容，也是人民行使管理国家事务和对“一府两院”进行监督的重要形式。常委会始终把代表建议批评和意见的交办和督办工作作为尊重代表民主权利、密切与代表联系、保证代表履行职务的一项重要工作来抓，坚持交办与督办并重，不断规范了代表建议批评和意见办理的机制。县十三届人大常委会第12次会议听取和审议了县人民政府关于县十三届人大二次会议代表建议批评和意见办理情况的报告并作出了审议意见。在县十三届人大二次会议上，代表提出的74件建议批评和意见到年底已经全部办理完毕。在各有关

承办单位的共同努力下，通过对代表建议批评和意见的办理工作，切实解决了一些人民群众关心的实际问题。

（三）切实做好代表辞职和补选工作。常委会坚持在实践中探索，在探索中实践，依法规范了代表辞职机制，首次开展了县级人大代表辞职及补选工作。依法接受了7名县级人大代表的辞职，依法补选了7名县级人大代表。通过接受代表辞职和开展补选工作，确保了县级人大代表的广泛性和代表性。同时，许可对1名县十三届人大代表采取强制措施并暂停执行代表职务。补选了州十一届人大代表3名。

四、加强自身建设，努力提高常委会及其机关履职能力和工作水平

常委会坚持以适应新形势的需要为出发点，始终高度重视自身建设，努力提高整体素质，为不断提高常委会及其机关依法履职的能力奠定了基础。

（一）坚持党的领导。坚持正确的政治方向是做好人大工作的根本。常委会始终把高举中国特色社会主义伟大旗帜贯穿于人大工作全过程，坚持党的领导，强化党的意识和维护党的权威，始终不渝把坚持党的领导、人民当家做主与依法治国有机统一，坚持重要工作和重大问题及时向县委请示汇报，使人大作出的各项决议和决定以及审议意见体现县委的主张，体现科学发展主旋律，真正代表人民的根本利益，确保了人大工作正确的政治方向，从而不断提高了依法履职的能力和水平。

（二）认真开展深入学习实践科学发展观活动。按照县委的部署和要求，常委会扎实开展了深入学习实践科学发展观活动，紧扣主题，突出重点，结合机关干部职工的思想和工作实际，认真查找存在的问题，深刻反思和剖析，制定常委会领导班子贯彻落实科学发展观整改落实方案，并在《迪庆日报》进行公布。精心组织召开常委会领导班子专题民主生活会暨年度民主生活会，做到工作与活动两不误、两促进。通过开展深入学习实践科学发展观活动，进一步坚定了理想信念，增强了以科学发展观为指导做好新时期人大工作的责任感和使命感。常委会还认真组织全体机关干部职工集中学习党的十七届四中全会精神，撰写心得体会19篇，并开展了学习交流活动。

（三）切实加强制度建设。常委会在认真总结经验，深入调查研究的基础上，依据监督法、代表法等有关法律规定，制定出台了执法检查、代表建议批评和意见处理以及县级人大代表辞职等三个暂行办法。为加强监督工作，规范执法检查，保证宪法和法律法规在本行政区域内的遵守和执行；保障县级人大代表依法行使提出建议批评和意见的权力，做好代表建议办理工作，发挥代表作用，增强人大代表的事业心和责任感，保持代表的广泛性、先进性和代表性，充分发挥常委会职能作用奠定了基础。

（四）加强作风建设。常委会坚持把深入基层、深入实际、调查研究作为开展各项工作的基础和前提，进一步加大了下乡调研和工作指导的力度。围绕常委会议题和人民群众普遍关心的热点难点问题，先后组成11次调研组深入实际调查研究，形成调研报告11篇，为提高常委会议审议质量提供了保障。

五、其他工作取得新进展

（一）围绕县委中心工作，服从和服务于全县工作大局。按照县委的统一安排，积极参与重点项目建设、社会稳定等工作，共抽调3位副主任分别负责小中甸水利枢纽工程、城区环境综合治理项目和香德公路改扩建项目的征地拆迁协调工作，并抽派2位科级干部参与指挥部的工作。还抽调6位处级和3位科级干部参加送法进村（寺）促和谐活动，为支持改革发展稳定发挥了作用。同时，深入扶贫挂钩点为群众尽力解决一些实际困难和问题，取得了一定成效。

（二）认真完成上级人大常委会交办的工作。积极配合州人大常委会到我县开展的体育工作、小学集中办学试点工作情况的调研和基层卫生工作、县城周边生态环境保护工作情况的视察以及林政执法检查；藏传佛教寺院管理条例座谈会；完成了云南省预防未成年人犯罪条例草案和集体林权制度改革工作情况的征求意见书面材料。

（三）加强工作联系和对外交往。常委会始终注重与省、州人大常委会沟通衔接，主动争取工作指导和帮助。积极参加上级人大常委会组织的各种座谈会和研讨会。不断加强对乡（镇）人大主席团的工作联系和指导力度，为常委会各项工作顺利开展奠定了基础。同时，不断加强与省内外县市区人大常委会的交流联系，共接待省内外县市区人大常委会人员到我县学习考察39批500多人次。

各位代表，我们深深地感到，常委会各项工作成绩的取得是县委正确领导的结果，是“一府两院”密切配合和各乡（镇）人大主席团大力支持的结果，也是全体代表、常委会组成人员、常委会各工作机构和工作人员辛勤工作的结果，在此，我代表常委会向大家表示衷心的感谢！

回顾过去一年的工作，在看到成绩的同时，也清醒地认识到，我们在工作中还有不少困难和不足。主要表现在：一是对“一府两院”的工作监督和法律监督有待进一步加强和改进，特别是督促落实的力度要进一步加大；二是代表工作还需进一步创新，对代表建议批评和意见的办理工作的督促检查有待进一步加强；三是常委会自身建设要加强，依法履职的能力和水平要进一步提高。对于这些问题常委会要在今后的工作中引起高度重视，不断加以改进和解决。

2010年工作意见

2010年是实施“十一五”规划的最后一年，保持经济社会平稳较快发展的任务仍然艰巨而繁重。常委会工作的总体要求是：**高举中国特色社会主义伟大旗帜，坚持以邓小平理论和“三个代表”重要思想为指导，深入学习实践科学发展观，全面贯彻落实党的十七大、十七届四中全会和县委十届八次全会精神以及中央第五次西藏工作座谈会议精神，在中共香格里拉县委的领导下，紧紧围绕“十一五”规划目标和全县工作大局，把坚持党的领导、人民当家做主和依法治国有机结合起来，切实履行宪法和法律赋予的职权，着力提高监督水平，着力发挥代表作用，着力加强自身建设，扎实做好人大各项工作，为推进我县经济跨越发展和社会长治久安建设做出新的贡献。**

一、加强和改进监督工作，推进经济社会又好又快发展

按照《中华人民共和国各级人民代表大会常务委员会监督法》的要求，进一步加强和改进对“一府两院”的监督工作。要贯彻落实科学发展观,紧紧围绕我县改革发展稳定大局,坚持以人为本,切实关注民生,紧紧抓住社会普遍关注、影响社会和谐的突出问题，依法规范监督形式，严格执行监督程序，努力增强监督实效，着力推进“一府两院”依法行政和公正司法，推动我县经济社会切实转入科学发展的轨道。要更加重视社会发展和改善民生方面的问题，积极督促“一府两院”解决人民群众最关心、最直接、最现实的问题，维护社会公平与正义，让全县各族人民共享改革发展成果。把保增长、保民生、保稳定作为重要任务，更加注重保障科学发展，更加注重促进改善民生，更加注重发挥代表主体作用。

常委会要在依法审议好财政预算执行情况和决算以及财政收支的审计工作报告，把好预算执行和决算关。在开展对全县国民经济执行情况监督工作的同时，将听取和审议县人民政府关于新型农村社会养老保险试点工作情况的报告；对《中华人民共和国残疾人保障法》进行执法检查，并适时组织代表视察和开展调研工作，加大对常委会审议意见、决议和决定贯彻情况的跟踪监督力度。加强信访工作，督促有关部门切实解决群众反映的问题。努力使常委会监督工作与县委的思路合拍，与“一府两院”的工作合力，与人民群众的愿望合心。

二、依法行使好人事任免权和重大事项决定权

坚持党管干部和人大依法任免相统一的原则，认真履行法律赋予的人事任免权，进一步规范和完善人事任免工作程序。逐步形成科学规范的人事任免工作机制，依法加大对被任命的国家机关工作人员的监

督力度，督促被任命人员真正为人民掌好权、用好权，忠于职守，依法行政，公正司法。积极行使重大事项决定权，对带有长远性、全局性和关系人民群众根本利益的重大事项适时作出决议和决定，更好地为促进我县经济社会发展服务。

三、进一步加强代表工作，发挥代表作用

代表工作是人大及其常委会各项工作的基础，人大工作能否有所作为，关键在于是否充分调动人大代表依法履行职责的积极性和人大代表是否具备依法履职的能力和水平。因此，要不断加强对代表以及人大机关工作人员的培训力度，进一步提高代表依法履职的能力。要继续坚持邀请代表和乡（镇）人大主席团主席列席常委会会议以及常委会组成人员联系代表活动小组制度，逐步扩大邀请代表列席常委会会议的范围，不断拓宽代表知情知政的渠道，为代表依法履行职责创造有利条件。要严格执行代表建议批评和意见的办理工作机制，努力提高代表建议批评和意见办理的质量。要切实做好代表在人代会闭会期间的活动，增强代表小组活动的实效，积极组织代表参加视察、调研和执法检查，不断扩大代表对常委会工作的有序参与。

四、不断加强自身建设，着力提高工作水平

人大及其常委会作为国家权力机关、代表机关和工作机关，要依法履行好职权就必须进一步加强自身建设。要以创建学习型机关为重点，认真学习邓小平理论和“三个代表”重要思想，深入学习实践科学发展观，学习十七大、十七届四中全会和县委十届八次全会精神，学习宪法和法律知识，巩固深入学习实践科学发展观活动成果，不断提高贯彻落实科学发展观的能力，自觉坚持正确的政治方向。要抓好常委会及其机关各项议事规则和管理制度的完善和落实，进一步明确职责、规范程序，不断促进常委会及机关各项工作的规范化、制度化，努力提高保障能力和服务水平。要加强作风建设，注重调查研究，深入实际、深入基层、深入群众，了解真实情况，听取群众意见，不断提高依法履行职责的质量。要以素质建设为重点，切实加大机关干部队伍建设。牢固树立正确的世界观、人生观和价值观，正确对待和行使人民赋予的权力。要积极争取上级人大常委会的指导，切实加强对乡（镇）人大主席团的监督指导，保证我县人大工作的整体推进和深入发展。积极开展对外联系和交往，借鉴有益经验，不断开创我县人大工作新局面。

各位代表，坚持和完善人民代表大会制度，做好新时期的人大工作，是时代赋予我们的神圣职责和崇高使命，让我们紧密团结在以胡锦涛同志为总书记的党中央周围，在中共香格里拉县委的坚强领导下，高举中国特色社会主义伟大旗帜，以邓小平理论和“三个代表”重要思想为指导，深入学习实践科学发展观，紧紧依靠全体代表和全县各族人民，依法履行各项职责，为推进我县经济跨越发展和社会长治久安做出新的更大贡献！

中国人民政治协商会议香格里拉县第十三届委员会常务委员会工作报告

——2010年3月10日在政协香格里拉县第十三届委员会第三次会议上

主席　汪国忠

各位委员：

我代表中国人民政治协商会议香格里拉县第十三届委员会常务委员会，向大会报告工作，请予审议，并请列席会议的同志提出意见。

2009年工作回顾

2009年，是中华人民共和国60华诞和中国人民政治协商会议成立60周年，是我县积极有效应对国际金融危机冲击，紧密衔接国家扩内需、调结构、保增长政策，攻坚克难，保持经济社会平稳较快发展的重要一年。一年来，在中共香格里拉县委的坚强领导和县人民政府的大力支持下，在社会各界的积极配合下，县政协及其常委会自觉以科学发展观统领工作全局，自觉紧紧围绕全县工作大局，团结、带领全体政协委员，按照“保增长、保民生、保稳定”的工作大局要求，以实现跨越发展和长治久安为动力，充分发挥人民政协的独特优势和职能作用，着力探索创新，充分履行职能，加强自身建设，履职水平持续提升，为实现经济社会平稳较快发展作出了新的积极贡献。

一、加强理论学习，进一步夯实履行职能的思想基础和制度保障，增强履行职能的主动性和自觉性

思想决定行动，学习更新观念。县政协常委会始终坚持把加强学习放在首要位置，深入开展学习实践科学发展观活动，着力抓好了中共十七届三中、四中全会和胡锦涛总书记在庆祝人民政协成立60周年大会上重要讲话、《中共中央关于加强人民政协工作的意见》中发〔2006〕5号精神的学习，推动学习不断取得实效。

面对国际金融危机的严重冲击，县政协常委会充分运用全体会议、常委会议、主席会议、专委会会议，职工学习日、给委员编印《政协理论知识学习材料》等多种形式，为委员履职提供理论指导，充分调动广大政协委员的学习热情和工作干劲，组织广大委员深入学习中央、省委、州委、县委会议精神，着力在认清形势、把握大局上下工夫，在统一思想、增进共识上下工夫，进一步坚定了应对危机、战胜困难的信心和决心，增强了履行人民政协职能的自觉性和坚定性。

胡锦涛总书记在庆祝人民政协成立60周年大会上的重要讲话，是指导新形势下人民政协事业发展的纲

领性文献。讲话发表后，常委会及时召开会议进行传达学习，要求政协职工和广大政协委员结合《中共中央关于加强人民政协工作的意见》和省委《实施意见》精神的学习，认真学习领会文件和讲话的精神实质和丰富内涵，准确把握新时期人民政协工作的方向和工作原则、工作范围，进一步增强做好人民政协工作的责任感和使命感，提高履职能力和水平。

全力协助县委谋划部署新形势下全县政协工作。结合学习实践科学发展观和庆祝人民政协成立60周年，县政协就贯彻落实中发〔2006〕5号文和云发〔2003〕18号文、云发〔2006〕17号文精神情况进行了认真总结，并向县委专题汇报了政协工作情况。县委对政协工作高度重视，及时批准县政协党组关于筹备召开县委政协工作会议的建议。在各方面充分准备的基础上，7月24日，县委政协工作会议隆重召开，全面研究部署了新形势下我县政协工作，县委书记彭耀文等领导同志分别在会上作了重要讲话，出台了《中共香格里拉县委关于进一步加强人民政协工作的实施意见》（香发〔2009〕14号）。这是我县政协组织成立以来层次最高、规模最大的一次县委政协工作会议，对县政协和广大政协委员是一个极大的鼓舞和鞭策。县委《实施意见》在深化认识、完善制度、自身建设、加强领导、制度保障等方面作出了明确规定，提出明确要求，是指导我县政协工作的重要文件，为今后政协开展工作提供了坚强的制度保障和政策支持，形成了党委领导、政府支持、政协主动、各方配合的良好工作态势。

按照县委的部署要求，县政协机关和广大政协委员在2008年的基础上，进一步把学习实践科学发展观活动引向深入，按照“一面旗、一团火、一盘棋”活动要求，认真落实好学习动员、分析检查评议、整改提高三个阶段的“规定动作”，诚心诚意做好“自选动作”，集中全力抓好整改落实工作，使常委会机关形象、机关作风、职工面貌明显转变。

通过开展各种类型的学习实践活动，进一步增强了县政协贯彻落实科学发展观的自觉性和坚定性，提高了政协干部和广大委员队伍的思想境界，政协组织关心发展、参与发展、服务发展的能力和水平有了新的提升。

二、紧紧围绕党政工作中心，立足保增长、保民生、保稳定扎实履行职能

2009年，县政协深入实践科学发展观，紧紧围绕县委、县政府的中心工作，以深入学习实践科学发展观活动为引领，以纪念新中国和人民政协成立60周年为契机，把协助县委、县政府做好保增长、保民生、保稳定工作作为履行职能的主线，把各级党委的要求转化为推进政协工作的实践举措，选择事关改革发展稳定全局的重大问题组织议政建言。按照全委会整体协商、常委会专题协商、主席会议重点协商、专门委员会对口深入协商的格局，不断深化政治协商质量，强化民主监督实效，优化参政议政成果。

围绕全局性问题协商议政，推动香格里拉应对金融危机冲击。一年来，县政协积极配合县委、政府的重大决策和部署，抓住综合性、全局性、前瞻性问题，认真开展调研视察、专题议政，为推动香格里拉又好又快发展建言献策，全年共组织召开3次常委会，6次主席会。在十三届二次全体会议上，委员们联系工作、界别和本地区发展的实际，围绕政府工作报告进行了热烈讨论，围绕化危为机、克难奋进、加快发展畅所欲言；组织委员就我县经济社会发展中的重大问题与县委、县政府领导及党政有关职能部门负责人互动交流；组织委员围绕扩内需保增长促和谐、保持经济平稳较快增长、转变发展方式和调整产业结构、保障和改善民生、维护社会和谐稳定等关系香格里拉经济社会发展的重大问题和人民群众普遍关心的热点难点问题进行协商讨论。常委会专题议政是政协全年履职工作的重中之重，在第五次常委会议上，听取并协商了我县上半年经济社会发展情况，形成了专题协商意见；在第六次常委会议上，听取并协商了县政府办理政协十三届二次会议以来提案的工作情况，加大了对民生工程督办落实力度。通过大协商、大讨论，把全县各界人士的智慧和力量凝聚到县委的决策上来，形成了我县挑战危机、共克时艰和推进“跨越发展和长治久安”发展目标的共识和合力，许多协商意见建议为县委、县政府从容应对

经济运行困难环境，自加压力，千方百计保持经济社会平稳较快发展提供了重要决策参考，凸显了协商议政实效，“智库”作用得到了进一步发挥。

调查研究是政协为党委政府谋事有据、决策为本的主要工作。去年，围绕经济发展中的重大课题、群众关注的热点和工作中的难点问题，按照精选课题、重视调研、突出建议质量、谋划和推动发展的工作思路，努力增强调研质量，突出调研成果转化。常委会把直接关系群众切身利益的矿产资源开发利益补偿机制问题、高原农牧民子女学生生活补助情况等民生大事，作为专题调研议政课题。我县是一个资源富集县，但资源开发的各方利益问题，尤其是群众利益补偿、生态补偿问题一直是困扰我县经济建设的大问题，甚至在局部地方已影响了社会的稳定和团结。为探索解决办法、途径，以政协常务副主席李贵阳为组长的矿产资源开发补偿机制专题调研组历时一年，在深入实地调查、多方询问、各地借鉴参考的基础上，形成了调研意见。高原农牧民子女学生生活补助政策的实行，对我县基础教育工作产生了深远的影响。为全面了解这一重大惠民政策执行情况，进一步完善补助机制，以李跃芳副主席为组长的专题调研组历时一个多月，在深入学校、农村调查，深入把握政策精神的基础上，形成了调研意见。在去年12月召开的县十三届政协六次常委会议上，就矿产资源开发补偿机制问题和高原农牧民子女学生生活补助情况两个议题进行了专题协商议政，提出了许多有前瞻性、建设性、可操作性的高质量意见和建议。县政府常务副县长格桑纳杰出席议政会并作出有效回应。议政会形成的常委会《关于矿产资源开发补偿机制》、《关于高原农牧民子女学生生活补助情况》两个调研报告，为县委、县政府和职能部门科学决策和改进工作提供了参考，得到县委、县政府的高度重视。

以规范完善提案办理工作为切入点，充分发挥委员主体作用和专委会基础作用，提高提案质量和督办成效。形成了“主席亲自抓、分管副主席具体抓，各专委会组织委员积极参与”的良好局面。十三届二次会议以来，共收到提案44件，立案14件，另30件转为委员意见。主席会议从中确定了4件重点提案，分别由主席、副主席督办。采用与委员约谈面商、现场办公等“提”、“督”“办”面对面互动交流的方式促进提案办理落实；在县委政协工作会议上，以县委名义对4个提案承办先进单位及4个先进个人进行表彰，鼓励先进，发挥示范带头作用；在六次常委会议上听取并协商政府提案办理工作，总体上进行查缺补遗，跟踪复检。通过各方努力，提案答复率为100%，提案办理效果有了新的提高。许多提案得到采纳和落实，产生了明显的经济效益和社会效益，实现了委员提案为挑战金融危机服务、为经济社会建设服务的直接效能作用。

发挥政协言路畅通、位置超脱的优势，促进阶层关系团结和谐，凝聚人心、汇聚人力，发挥“智库”作用助推科学发展。加强与工商联、人民团体和县级各部门、各乡（镇）的联系和合作，形成了推动人民政协有效履职的强大合力。坚持主席、副主席、专委会对口联络委员制度，利用中秋节走访政协委员和各界别人士，利用民族宗教节日走访慰问民族宗教界代表人士，进一步密切了与各方面的联系和沟通，收集了解了社情民意，重点掌握政协委员、各界人士和城乡居民群众对我县经济社会工作的反映和要求；及时宣传县委、县政府的决策主张和工作部署，促进各族各界人士大团结、大联合。把收集到的意见建议整理后报送县委政府领导参考，及时沟通情况，着力维护了社会和谐稳定、民族团结和睦、宗教规范有序的良好发展局面，进一步巩固了团结民主、体谅包容、求同存异、合作共事的政治基础。进一步促进了经济发展、社会进步、民族团结、宗教有序、和谐稳定的良好局面。

坚持广泛交往联谊，凝心聚力促和谐。充分发挥人民政协上下联系沟通、横向交流合作的重要优势，请进来、走出去，广泛开展与兄弟县（市、区）的交流合作，扩大香格里拉对外影响，提升和拓展我县对外开放的层次与领域。申请参加了全国15省（区）31市政协联谊组织，就地区间经济协作和政协工作经验等达成广泛共识；参加了云南省18县政协横向联谊会组织，积极推进了省内县（区、市）之间的区域交流合作；全年共接待省内外赴香格里拉访问考察团30余批，350余人次；县政协主席汪国忠随省政协考察团出访了英国、瑞士，扩大了对外交往的范围和领域。

主动探索制度创新和工作创新，把务虚和务实有机结合起来，不断拓展履职领域，不断提升政协履职为民的亲和力。年初，配合县委政府“千名干部送法进村（寺）促和谐”活动，县政协机关抽调了副科以上领导参与，广大政协委员踊跃参与其中，政协领导还担任了相应驻村（寺）工作组长，共同维护了“大事不出、小事也不出”的维稳工作要求；支持州、县重点建设项目“丽香铁路”建设，政协副主席李贵阳担任了“丽香铁路”建设协调工作指挥长，负责制定的铁路建设赔偿标准实施方案已获州政府批准，铁路施工工作正在筹备当中；抽调政协副主席李跃芳为香乡油路建设协调组长，历时两年完成了协调任务；政协副主席陈有礼兼任工商联合会会长；政协副主席克斯活佛担任松赞林寺扎仓大殿保护性拆除重建工程指挥长，扎仓大殿重建工作正在进行中；县政协紧密配合县委统战部，抽调民宗委主任参与了东旺和松赞林寺寺院法制教育和寺院维稳工作；紧密配合我州重点项目国道214线二级油路改造，抽调办公室主任担任香格里拉县段建设工程专职指挥长；入冬以来，我县部分城区学校发现甲型H1N1流感疫情，县政协领导对部分校点和医院、隔离治疗点进行看望慰问，对稳定人心，战胜疫情发挥了鼓劲作用；着力打造政协“公益慈善品牌”是十三届县政协亲民近民为民服务履职观的突出体现，全年共筹集扶贫帮困资金10万余元，解决了部分贫困群众的燃眉之急。积极引导和发动委员关心贫困大学生，建立政协励志助学金，在2009“金秋助学”活动中，共发放助学金70600元，全县59名考取二本以上的农村贫困大学生得到了生均不低于1000元的资助；积极参与新农村建设，组织县政协常委、部分委员深入东旺乡中心村开展扶贫帮困工作，制定挂钩扶贫计划，向村民捐送了由政协职工自发捐助的2650元现金和政协常委、县民贸公司总经理曹华勋同志捐助的高压电饭锅15口。同时捐助了东旺乡中心村两台农用拖拉机，共计14700元。政协工作形象得到新的提升，人民政协的社会影响力日益增强。

三、夯实基础，激发活力，持续提升政协工作的整体水平

抓住新中国成立60周年、人民政协成立60周年的契机，以教育引导为目标，以庆祝活动为载体，把回顾历史、把握当前与展望未来相结合，按照“主题突出、内容丰富、特色鲜明、隆重简朴”的要求，精心筹划实施了庆祝人民政协成立60周年系列活动：开展“我与政协”征文活动，在《迪庆日报》开设了“政协风采”宣传专栏，刊登了宣传文章16篇；与县委、政府联合举办了建国60周年及人民政协成立60周年招待会；与县委宣传部联合，开展了纪念建国60周年及人民政协成立60周年《歌唱祖国》歌咏比赛活动；开展了政协委员“进社区、进乡村”活动，中秋节组织政协委员、机关职工深入农村、深入生产一线，走访慰问群众，了解社情民意，力所能及地为民办实事好事；开展了组织收看庆祝人民政协成立60周年大会实况活动，及时学习胡锦涛总书记的重要讲话。系列庆祝活动充分调动和激发广大政协委员的政治热情和工作积极性，进一步彰显了人民政协的社会影响力和工作感召力，营造了良好的社会舆论氛围，形成了全社会关心支持政协工作的良好氛围。

过去的一年，是县政协积极构建和谐机关，自身建设取得重大进展的一年。常委会以深入学习实践科学发展观活动为契机，认真贯彻十七大对政协工作提出的新要求，落实中央《关于进一步加强人民政协工作的意见》和县委《实施意见》精神，认真组织、精心筹备每周五的职工学习日活动，突出学习实效，在发挥委员和界别作用、加强机关各项建设、推进政协履行职能“三化”建设等方面取得了新进步。

着力加强委员队伍建设，提高了委员联络、服务和管理工作水平，努力为委员履行职责创造有利条件。在工作实践中，重视发挥委员的主体作用，在支持委员做好本职工作的同时，积极支持他们在全会和常委会期间或通过提案发表见解和意见，为促进经济社会平稳较快发展出实招、献良策。

政协机关是做好政协工作的重要保障。常委会着眼于推进人民政协事业的新发展，着力加强了政协机关的组织、工作、学习、生活的制度和作风建设。在十三届二次会议上，增补任命了六名常委，增强了政协常务委员会领导班子工作活力；完善了专委会组织开展调研视察、督办提案、联系界别委员等工

作机制，各专委会围绕县政协常委会工作部署和年度工作要求，积极开展各种履职活动，有效发挥了履行职能的基础作用；从管理和服务工作入手，着力修订完善了机关服务管理的一系列规章制度，大力推进了县政协履行职能的制度化、规范化和程序化步伐；加强了机关后勤管理和服务工作，多渠道争取资金，改善了机关工作条件和学习条件，完成了政协机关电子政务局域网建设，促进了整个机关协调高效运转，机关面貌、工作效率有了新的提高。

各位委员，上述成绩的取得，是中共香格里拉县委坚强领导的结果，是县人大、县政府大力支持的结果，是全体政协委员团结奋斗的结果，也是全县上下通力合作、奋力拼搏，社会各界多方关心的结果。在此，我代表县政协及其常务委员会，向县委、县政府，向所有关心支持人民政协事业发展的各级党委、政府和职能部门及社会各界人士表示崇高的敬意和衷心的感谢！

在回顾过去一年工作的同时，我们也清醒地看到，与新形势新任务新要求和广大人民群众对政协工作的新期望相比，我们工作中还存在一些不足。主要是：建言咨政水平还需要进一步提高，发挥作用的方式还需要进一步创新，参政议政的实效还需要进一步增强，民主监督的力度还需要进一步加大，委员提案办理实效有待进一步提高等。我们要进一步增强责任感和使命感，正视存在的差距和不足，在今后的工作中采取积极有效措施，切实加以改进和解决。

2010年工作意见

2010年是全面完成“十一五”规划的冲刺之年，也是进一步应对国际金融危机冲击，保持经济社会平稳较快发展，为“十二五”规划启动实施创造良好条件的关键一年。县政协将紧紧围绕县委十届八次全会精神和县委、县政府的中心工作及重大决策部署要求，全面贯彻落实中共十七届三中、四中全会和中央西藏工作座谈会议精神，深入学习胡锦涛总书记在庆祝人民政协成立60周年纪念大会上的重要讲话精神，认真落实县委香发〔2009〕14号文件精神，进一步认清形势、明确任务、坚定信心，切实有效履行政治协商、民主监督、参政议政职能，多思富民之计，多谋惠民之策，多办利民之事，为全面推进香格里拉跨越发展和长治久安进程，推动我县经济社会又好又快发展作出新的贡献。

政协工作是党和国家全局工作的一部分。常委会要自觉主动地树立大局意识，找准自己在大局中所处的位置，善于从大局出发安排部署工作，围绕大局履行职责，为经济发展、社会发展、和谐稳定想实招、鼓实劲、办实事，在服务于大局的各项工作中体现政协的价值，发挥政协的作用。

一、深入学习贯彻中央、省委、县委文件精神和胡锦涛总书记在人民政协成立60周年纪念大会上的讲话精神，用科学发展观统领政协工作实践，着力提高思想武装水平

《中共中央关于加强人民政协工作的意见》（中发〔2006〕5号）和胡锦涛总书记在庆祝人民政协成立60周年大会上的重要讲话，明确提出了推进人民政协事业发展的方针原则和工作要求，是在新的起点上指导人民政协工作的纲领性文献。省委《实施意见》（云发〔2006〕17号）和《中共香格里拉县委关于进一步加强人民政协工作的意见》（香发〔2009〕14号）是结合香格里拉实际制定的明细化了的具体实施意见。我们要把学习贯彻文件精神和讲话精神作为当前和今后一个时期县政协的一项重大政治任务，切实增强做好政协工作的使命感、紧迫感和责任感，切实把思想认识统一到中共中央和省委、州委、县委的决策部署上来，具体以贯彻落实县委《意见》，协助县委、县政府建立相关运行机制，增强可操作性为抓手，准确把握新时期政协工作的新理论、新观点、新要求，认真归纳总结政协工作的新思路、新经验，积极探索履行职能的新途径、新方法，真正把学习的成效转化为运用科学理论分析和解决实际问题的能力，转化为做好政协工作的过硬本领。

切实开展探索创新，努力提高工作实效。要把坚持在县委领导下开展工作作为基本政治纪律，明确

和清晰工作思路，自觉围绕中心、维护核心、汇聚人心，同党政中心工作保持高度一致，始终做到与县委、县政府全局工作思想上同心合拍、行动目标上同向、工作上同步，从而获得更多的关注度和重视度。要立足县级政协的特点和定位，组织开展“小型、多样、有效”的活动，把县委的重要决策充分落实到政协各项工作中，探索科学的工作方法，把握大局，突出重点，做到“有所为、有所不为”，要坚持“少而精、专而深”，把专题做细、做深、做透，保证工作质量，确保政协工作有的放矢，事半功倍。

二、坚持把推动科学发展作为第一要务，切实履行政协职能，着力为全县经济社会又好又快发展献智出力

“围绕中心、服务大局、凝心聚力、共促发展”，是政协工作必须坚持的基本原则。当前，县政协要在县委的领导下，根据中央关于推动藏区实现跨越式发展、确保长治久安和保增长、保民生、保稳定的重大部署，立足实际，发挥优势，选准角度，切实有效地开展履行职能的各项活动。要以完善和改进政协全会整体协商、常委会专题协商、专门委员会对口协商为重点，切实把政治协商贯穿于决策前与决策落实的全过程，全面提升协商水平。根据县委、县政府的总体部署，着眼于年度全县工作重点和社会热点，要善于把握经济社会发展趋势，密切关注人民群众的利益需求，精心选择协商议题，拟定协商计划。今年将着重就我县“十一五”规划实施中的薄弱环节和重点问题、“十二五”规划布局、“保增长、保民生、保稳定”措施制定和落实等事项进行协商，提出对策建议。全会整体协商，要注重协商广度和深度，突出实效。重点突出常委会专题协商，适当扩大参会人员范围，增加界别代表、专家学者的发言和与党政领导的协商对话，丰富协商内容，活跃协商形式，力求解决问题，推动工作。专门委员会对口协商，要发挥专业对口的优势，将对口通报情况、对口协调调研结合起来，既要知情，也要出力，实现协商经常化。要从我县实际情况出发，紧紧围绕我县“十一五”规划实施中的薄弱环节和重点问题、制定“十二五”规划开展协商议政活动，提出具有前瞻性、针对性、可操作性的意见和建议，为县委、县政府科学决策提供依据和参考。要紧密跟踪县委、县政府重大决策部署的贯彻实施情况，针对存在的突出问题，及时提出意见和建议，协助县委、县政府把有关决策部署落到实处，确保全年年度工作目标的实现。

坚持把调查研究作为履行政协职能的基础性工作，把多层次政治协商作为转化调研成果的重要载体。围绕落实县委十届八次全会确定的目标任务，选择县委、县政府重视，人民群众关心，政协有条件做好的题目，组织委员开展综合性、全局性、前瞻性的调查研究。坚持完善调研工作机制，提高调研成果质量，以课题为纽带，密切专门委员会、界别组与团体及党政有关部门的合作，形成调查研究的整体合力。要紧紧围绕 “十一五”规划完成、研究制定 “十二五”规划，坚定不移地实施优势资源转换战略，转变经济发展方式、加大经济结构调整力度、提高经济发展质量效益、不断增强经济社会发展后劲，加快发展现代农业、千方百计增加农民收入，加快新型工业化进程，发展第三产业，扩大对外开放力度，加强基础设施和生态环境建设，就业再就业、乡村文化建设、社会保障等重要问题，充分运用调查研究、座谈讨论、委员视察、提出提案、反映信息等形式，提出意见和建议，力争更多有水平、有价值的建议能够发挥决策参考作用，使政协履行职能的各项工作能够更好地融入到全县全局工作中去，切实发挥好政协的优势和作用。加强与有关部门的联系协作，加强工作交流与沟通，联合开展调研、视察活动，形成协商议政合力；要在服务民生改善上积极开展工作，着重就民生政策的落实、民生问题的解决、民生事业的发展建言献策，努力推动全体人民共享改革发展成果；注重开展同上级政协组织之间的联合调研视察，不断提高视察调研的质量和水平。

要在加强民主监督力度和营造良好的监督氛围上下工夫。适应扩大人民群众有序政治参与的新要求，围绕全县工作重点和民计民生，努力变被动监督为主动监督，主动了解情况，主动发现问题，主动

反映和跟踪监督，在完善监督性专题视察、建议案、调研报告、提案、反映社情民意在履行民主监督职能方面的作用的同时，进一步探索新的民主监督形式和途径，要在进一步学习借鉴其他政协组织经验成果的基础上，稳步开展对党政职能部门工作的民主评议工作，促进相关部门贯彻落实县委政府的重大决策部署和政府实事工程，提高工作绩效、改进政纪行风、提高提案办理质量，促进党政部门提高公信力和公众满意度。要组织召开政情交流会、咨政会、座谈会等形式，邀请政府领导、部门负责人与委员面对面交流，寓监督于交流沟通之中；充分发挥政协委员在履行民主监督职能中的独特优势，提高委员开展民主监督的积极性，加大对涉及民生要事、重点建设项目、依法行政及群众关心的热点难点问题等方面的监督力度，把协调关系、解决问题、化解矛盾寓于监督之中，努力在知情环节、沟通环节和反馈环节上发挥民主监督作用。

要在参政议政广度深度和质量效果上下工夫。就我县经济社会发展中的一些重大问题，特别是在经济社会改革发展和改善民生等方面，深入开展调查研究，积极建言献策。着力提高提案工作水平，突出提案工作实效。提案办理的质量和效果，是提案的生命力所在。要深入研究，积极探索提高提案工作水平的体制机制，在巩固政协领导总体督办、提案委专门督办的基础上，继续实行将已提交相关部门办理的提案归口划分，由各专门委员会直接对口督办，着力提高提案的督查督办力度和委员对提案办理工作的满意率，着力推进提案工作由数量型向质量数量型转变、由答复型向采纳落实型转变，重点突出提案为经济社会发展服务的效能作用。

要结合政协工作特点，围绕党政中心工作，把政协工作务虚与务实紧密结合起来。切实按照党委、政府的分工安排，完成各项交办的工作。积极创造条件、营造氛围，配合、支持抽调人员完成各项专职和兼职工作。

三、突出“团结、民主”两大主题，把全力促进“保稳定、保民生”工作贯穿于政协工作全过程，增强人民政协工作的亲和力和感召力

政协要把凝聚人心、汇聚力量作为政协工作的主基调，进一步丰富和完善人民政协大团结大联合的内涵和形式，正确认识和处理发展与稳定的关系，正确认识和处理各种利益关系，积极协助党委和政府做好协调关系、理顺情绪、凝聚人心、增进团结、化解矛盾、维护稳定的各项工作，齐心协力谋发展，努力为维护全县团结稳定大局作贡献。坚持和完善政协领导联系工商联、人民团体和政协委员制度，高度重视为各团体和各族各界人士搭建知情明政、议政建言平台，营造更加浓厚的团结民主氛围，调动和凝聚各界人士的智慧和力量，为建设更加繁荣文明和谐新香格里拉献计出力。

协助党委政府做好民族宗教工作，宣传党和国家的民族宗教工作方针政策，进一步加强同少数民族、宗教界代表人士的联系，做好宗教界人士和信教群众的工作，不断促进民族团结、宗教有序、社会稳定；切实发挥好民族、宗教界政协委员的作用，配合做好依法管理宗教事务工作，要重点围绕民族地区经济社会发展方面的重大问题和宗教工作中的突出问题开展专题调研视察，为推动维稳工作多献良策，努力为促进政党关系、民族关系、宗教关系、阶层关系、海内外同胞关系的和谐发挥积极作用。

要更加体现政协广泛性、包容性的特点，着力反映来自各个界别有代表性的群众意见，要把关注和反映经济社会发展的重大问题、关系群众利益的突出问题和带有苗头性、倾向性问题作为政协反映社情民意信息工作的重点。要进一步发挥提案和社情民意信息的重要作用，激发委员反映社情民意的责任感和主动性，鼓励委员深入基层，倾听民声，及时了解社会生活中群众关注的热点问题，切实反映群众的意见和要求，协助党委、政府把准社会脉搏，推进决策的科学化、民主化。要加强对影响社会稳定因素的舆情汇集和分析，畅通民意表达渠道，广辟信息来源，积极反映不同界别、不同群体特别是特殊困难群众的愿望呼声、利益诉求，协助做好新形势下维护稳定工作。

要不断扩大政协对外交往交流工作水平，热情接待省内外来访宾客，不断扩大香格里拉对外开放领域

和范围，提升香格里拉在国内外的知名度和美誉度。

发挥政协优势和职能作用，积极引导和促进各方力量的互动配合，继续组织开展各种慈善公益活动，鼓励和支持委员积极参与扶贫开发、光彩事业、希望工程等社会公益慈善活动，多为人民群众办实事、做好事、解难事，做建设和谐香格里拉的积极推动者和实践者。政协机关要继续重点实施好资助城乡特困家庭大学生圆梦大学活动，管好用好励志助学金。积极开展扶贫济困，尤其是帮扶对口挂钩扶贫点等公益活动。

四、切实抓好自身建设，致力提升履职能力

自身建设的力度和成效，决定着履行职能的质量和水平。要把思想理论建设摆在政协自身建设的首要位置，发扬政协注重学习的优良传统，积极探索符合时代特点和政协性质的新思路、新方法，深入推进政协“三化”建设，提高履职的科学化水平。一要发挥常委会的核心领导作用。要充分发挥政协常委会的领导作用，尤其是不驻会常务委员的作用，不断增强政协自身的凝聚力和吸引力。二要发挥委员主体作用。结合县情实际，积极探索创新，形式多样地组织开展各种委员活动，充分调动委员参与政协工作的积极性，不断活跃和充实政协工作。加强对委员的管理和服务，要研究制定简明规范的委员履职信息库，动态地掌握委员履职情况，激发委员履行职责的积极性和主动性，使政协委员既有荣誉感，又有事情干，为政协更好地履行职能、开展工作奠定坚实基础。三要发挥专门委员会的基础作用，不断提高组织委员开展活动的能力，不断提高调查研究的质量，不断提高建言献策的水平。不断丰富专委会的各项活动，切实增强政协工作的活力。要加强与政府有关部门的对口联系和合作，争取获得更多的支持，发挥更大的作用。四要发挥界别的纽带作用，更加注重根据界别的特点和要求去组织开展活动，认真探索发挥界别作用的方法和途径，使广大政协委员在本职工作中发挥好带头作用，在党和政府与群众之间发挥好桥梁纽带作用，增强政协工作的亲和力和影响力。五要加强常委会机关自身建设，发挥政协机关的服务保障作用。要结合新形势新要求，继续加强履行职能的制度化、规范化、程序化建设，努力建立更加完善的规章制度体系和工作规范。继续围绕建设“学习型、服务型、研究型、创新型”机关的目标，完善机关委(室)职能和岗位职责，不断改善工作条件，积极营造风清气正、奋发有为的团结干事氛围，实现机关效能建设常态化，积极推进机关思想、组织、作风、制度建设，进一步增强政务性服务能力和统筹协调能力，提高为政协委员服务、为政协履行职能服务的质量，保证政协工作协调统一、规范有序、精干高效的运行。

各位委员、同志们，走过了60年的光辉历史，人民政协事业发展已经站在一个新的历史起点上。做好新形势下的人民政协工作，责任重大，使命光荣。今年是完成“十一五”规划、谋划布局“十二五”发展的关键一年，我们一定要主动作为，以科学发展观统领政协工作全局，始终把县委的部署要求贯彻到政协的各项工作中去，把智慧力量凝聚到全县的发展要求上来，认清形势，明确任务，着力在调结构、保增长、优环境、惠民生、保稳定上下功夫，全力保持经济社会平稳较快发展，全面完成“十一五”各项任务。让我们更加紧密地团结在以胡锦涛同志为总书记的党中央周围，在中共香格里拉县委的坚强领导下，同心同德、群策群力，锐意进取，为进一步开创香格里拉县人民政协工作新局面，在推动香格里拉跨越发展、长治久安进程中作出新的更大的贡献！

全面贯彻党的十七届四中全会精神 深入推进我县党风廉政建设和反腐败斗争

——在中共香格里拉县纪委十届五次全会上的工作报告

中共香格里拉县委常委、县纪委书记　张玉清

（2010年3月5日）

同志们：

我代表中共香格里拉县纪委常委会向十届五次全体会议作工作报告，请予审议。

这次全会的主要任务是：**深入学习贯彻落实党的十七届四中全会、中纪委五次全会、省纪委五次全会、州纪委五次全会精神，以邓小平理论和“三个代表”重要思想为指导，深入贯彻落实科学发展观，按照县委十届八次全会和州纪委六届五次全会的部署，总结2009年党风廉政建设和反腐败工作，安排部署2010年反腐倡廉建设工作任务，以改革创新为动力，加大监督检查力度，努力推进反腐倡廉建设取得新成效。**

一、2009年党风廉政建设和反腐败工作回顾

2009年是新中国成立60周年，也是我们深入学习实践科学发展观，以改革创新的精神积极探索新形势下反腐倡廉建设新路子的重要一年。在县委、政府和州纪委的正确领导下，香格里拉县纪委带领全县纪检系统干部队伍，深入贯彻落实科学发展观，紧紧围绕县委、政府的中心工作，坚持党委统一领导，党政齐抓共管，纪委组织协调，部门各负其责，依靠群众支持和参与的反腐倡廉领导体制和工作机制，进一步明确各级领导班子和领导干部在党风廉政建设和反腐败斗争中的领导责任，扎实推进惩治和预防腐败体系建设，全面推动全县党风廉政建设和反腐败斗争深入开展，为我县的经济建设和社会发展提供了强有力的纪律保障。

（一）加强监督检查，确保中央、省委各项支农惠农政策的贯彻落实

围绕中央、省委各项支农惠农政策的落实，结合“保增长、保民生、保稳定”的政治任务，迅速果断地采取了一系列有力措施，为保持经济平稳较快发展发挥了至关重要的作用。为切实开展好减轻农民负担和落实各项强农惠农政策的专项检查工作，县纪委下发了《关于开展全县农村党风廉政建设专项检查工作的通知》（香纪通〔2009〕11号），通过对我县农村党风廉政建设基本工作情况，中央、省委和州委州政府强农惠农政策落实情况，农村集体资金、资产、资源管理情况，解决损害农民利益突出问题的情况，推进农村民主管理制度建设情况，加强农村基层党员干部作风建设的情况，查处涉农案件的情况，建立健全农村党风廉政建设工作机制的情况等八个方面的专项检查监督，切实加强了我县基层农村党风廉政建设工作。协助县委、政府切实做好了维护改革发展稳定、抗灾救灾、关心群众生产生活等工作。配合有关部门对整顿和规范市场经济秩序，深化国有企业改革等重大决策的贯彻落实情况进行监督

检查。加强对救灾、扶贫、国债、社保、农用、禁毒、防艾等专项资金管理使用情况的监督检查。

（二）加强反腐倡廉宣传教育，拓展从源头上预防和治理腐败工作领域

2009年，我县纪委监察局从抓教育入手，不断提高各级领导班子和领导干部抓党风廉政建设的责任意识。一年来，我们坚持以县乡两级党校为教育阵地，把党风廉政建设责任制的学习教育纳入各级党组织学习的重要内容，充分利用广播、电视、报刊、新闻媒体，开展多种形式的宣传教育工作。以“深入学习实践科学发展观”活动为契机，按照《党风廉政建设责任制》要求，把加强思想教育与强化监督管理结合起来，增强廉政教育的针对性和实效性。一是贯彻落实中共中央《建立健全惩治和预防腐败体系2008–2012年工作规划》，结合县情把贯彻落实《实施意见》纳入全县整体工作统一部署、统一规划、统一检查。二是抓好学习，强化反腐倡廉理论建设。坚持理论中心组集中学习与个人自学相结合，做到学习有记录，学习有心得，学习有成效。认真组织县委、政府领导班子学习《中共迪庆州委迪庆州人民政府党风廉政建设责任制量化考核责任书》，组织全县各乡（镇）、各部门学习《香格里拉县党风廉政建设责任书》，使各级领导干部进一步明确《责任书》内容及承担的责任，切实履行“一岗双责”职责。结合开展学习实践科学发展观活动，围绕怎样深化对科学发展观的认识，用发展的思路和改革的办法解决反腐倡廉建设中存在的突出问题，树立正确的党政领导干部工作业绩观，把解决人民群众最关心、最直接、最现实的问题作为反腐倡廉的工作重点，大胆探索惩治和预防腐败工作新思路、新举措，针对存在的问题撰写了全县党员干部在党性、党风和党纪方面存在突出问题的调研报告。三是狠抓警示教育及先进事迹教育，强化领导干部党风廉政建设责任意识。把“反面典型以案说法说纪”活动列入重要议事日程，先后在全县范围内组织学习了警示教育专题“阳宗海事件”、“孟连7.19事件”、“盈江县交通局挪用中央扩大内需资金购买公务用车等事件”。组织全县干部职工观看了王瑛、李龙伟、汤杨等同志的先进事迹。通过多种形式的教育活动，增强了广大党员干部对落实党风廉政建设责任制重要性的认识，进一步强化了各级领导班子和领导干部抓党风廉政建设的责任意识。

（三）加强作风建设，领导干部廉洁自律意识进一步增强

党风问题是关系党和国家生死存亡的重大问题，县纪委监察局坚持以领导干部为重点，以树立正确的权力观、地位观、利益观为核心，认真抓好廉洁自律各项工作。一是深入贯彻落实有关廉洁自律的各项规定。认真贯彻落实各项党风廉政建设条例，严格执行省、州对党风廉政建设的规定和办法。认真贯彻《关于严格禁止利用职务上的便利谋取不正当利益的若干规定》，进一步健全完善了领导干部廉政档案，严格执行领导干部收入申报、礼品礼金登记、个人重大事项报告等制度，针对容易滋生腐败的领域和环节，开展了领导干部廉洁自律专项治理工作，坚决纠正各级领导干部的不廉洁行为。二是全面推动全县农村基层党风廉政建设向纵深开展。逐步完善乡（镇）干部管理监督机制和基层站所财务管理制度，强化村级组织的民主监督，积极推行和完善村级财务委托代理服务制度，加强对中央支农、惠农政策落实情况，农村集体资金、资产、资源管理使用，农村土地政策落实情况的监督检查，及时纠正少数农村基层干部挥霍浪费、侵犯群众合法权益等不良作风，促进农村基层党员干部作风建设。三是狠刹奢侈享乐、铺张浪费歪风。教育引导广大党员干部保持艰苦奋斗、勤俭节约的作风，对个别部门存在的楼堂馆所建设手续不完备、超建筑面积和投资概算，个别单位以个人名义贷款“私贷公用”，少数干部公款出国（境）旅游，以及超编制、超标准配备使用小汽车和私立“小金库”等问题继续进行清理。

（四）切实加强党风廉政建设责任制工作，进一步落实领导责任

坚持实行“一岗双责”目标管理，形成了“一把手”负总责，分管领导各负其责，一级抓一级，层层抓落实的良好格局。一是坚持把落实党风廉政建设责任制作为“一把手”评定业绩和提拔使用的重要依据，按照“谁主管、谁负责”的原则，明确规定了党政“一把手”的责任范围、责任内容、责任目标，对各级“一把手”提出了“六个必须”的要求：即“一把手”必须亲自签订党风廉政建设责任书，必须亲自研究部署反腐倡廉工作，必须亲自深入基层了解党风廉政建设情况，必须亲自协调查处重大案件，必须亲自检查考评党风廉政建设责任制落实情况，必须亲自落实重大问题的责任追究。在年初全县党风廉政建设工作会议上，州委常委、县委书记彭耀文代表县委、政府分别与11个乡（镇）和县直（省属）74个部门签订了党风廉政建设责任制目标管理责任书，对2008年度党风廉政建设和反腐败工作表现突出的13个单位给予表彰奖励，并对全县2009年度反腐倡廉工作进行了部署。二是坚持领导班子成员各负其责，签订了《县委、政府领导班子党风廉政建设责任书》、制定了《县委、县政府领导班子成员党风廉政建设责任制岗位职责》，对领导班子成员在落实党风廉政建设责任制工作中的责任界限进行了明确分工，解决了“抓什么”、“怎么抓”的问题。各个领导班子成员分别与分管的部门签订了责任书，从而形成了从县到乡（镇）到村的责任体系。三是坚持“两手抓、两手硬”的方针。将党风廉政建设工作与经济建设、部门工作结合起来，一起部署、一起检查、一起落实、一起考核，形成了党政齐抓共管的工作格局。

制度建设是责任追究的前提和依据。县纪委牵头深入到各乡（镇）、各部门进行调研工作，进一步充实完善了《香格里拉县党风廉政建设责任制目标管理责任书》、《香格里拉县党风廉政建设责任制目标管理量化考评实施细则》、《香格里拉县反腐败协调小组建立案件查办工作联席会议制度》、《香格里拉县农村党风廉政建设联席会议制度》等。在学习实践科学发展观教育活动中，各部门注重制度建设，完善各项管理制度，使领导干部和广大党员深刻认识贯彻落实党风廉政建设责任制的重要性和使命感。

（五）完善对权力的监督制约机制，确保权力的正确行使

认真贯彻执行党内监督条例，加强对领导机关和领导干部特别是班子主要负责人的监督以及重点环节和重点部位的监督，建立健全依法行使权力的制约机制，不断拓宽监督渠道，切实提高监督效果。完善领导干部个人重大事项报告、述职述廉、民主评议、廉政谈话等制度。抓住重点部门重点环节，会同组织部门抓好述职述廉、诫勉谈话和领导干部个人重大事项报告等制度的贯彻落实。加强对领导机关和领导干部特别是各级领导班子主要负责人的监督。2009年纪委负责人同下级党政负责人谈话40人次，新任领导干部廉政谈话140人次，诫勉谈话56人次，行政问责1件3人，领导干部述职述廉85人次，对有苗头性问题的9个单位负责人进行了谈话。认真落实地方党委委员、纪委委员开展党内询问和质问的制度。以学习实践科学发展观活动为契机，充分发挥纪工委职责作用，做到监督窗口前移，加强对领导干部的监督管理，切实防范权力失控，决策失误，行为失范。积极发挥行政监察职能作用，加大执法监察力度，督促行政机关及其工作人员严格按照法定权限和程序履行职责。加强廉政监察，督促政府机关建立健全监督制度，强化对重要领域和关键环节权力运行的监督。积极开展效能监察，推动政府机关改善行政管理，提高行政效能和服务水平。

坚持以发展的思路和改革的办法，健全防范腐败的体制机制，不断拓宽防治腐败的工作领域。一是深入贯彻落实“四项制度”，严格执行问责。把阳光政府“四项制度”与“深入学习实践科学发展观活动”结合起来贯彻落实，以强化机关内部管理、加强政府自身建设为抓手，不断推进法制政府、服务政府、责任政府、效能政府、廉洁政府、阳光政府建设，努力实现全县干部作风明显转变、责任意识明显增强、工作效率明显提高、人民群众满意率明显提升、各项工作健康有序开展，切实提高了政府工作效率；二是深化政务公开、厂务公开、村务公开，加强了对政府信息公开条例实施情况的监督检查。重点对人民群众关心和关系人民群众切身利益的政策法规等事项进行公开，保障群众的知情权、参与权和监督权，进一步建立和完善了政务公开工作制度以及评议、考核、责任追究等制度，将三公开工作纳入政府工作报告任务分解的重要内容，明确了责任人和责任部门，一抓到底；三是深入开展商业贿赂专项治理。重点围绕工程建设、土地出让、产权交易领域、医药购销、资源开发与经销、政府采购和贷款发放、教辅资料出版发行等领域，认真开展自查自纠工作，对查找出来的突出问题，认真进行了整改，并研究制定了防治商业贿赂的长效机制；四是认真开展清查“小金库”回头看工作。

（六）加大查办案件工作力度，严格依纪依法办案

坚决查处违纪违法案件，严厉惩治腐败，是纪检监察机关履行职责的关键所在，是维护党的纪律和社会主义法制的重要途径。我县纪检监察机关坚持把严格依纪依法办案的要求贯彻到查办案件的各个环节，把查处党员干部违纪违法案件作为从严治党、惩治腐败的重要举措。2009年，我县进一步加大办案工作力度，以有案必查、标本兼治的方针指导查办案件工作。2009年共受理信访举报18件，信访了结9件，初查核实9件，其中失实4件，适当处理2件，正办理3件；立案2件3人，给予党政纪处分3人，其中党纪处分2人，政纪处分2人，双重处分1人。在查办案件上，继续抓好查办领导干部和国家工作人员违反政治纪律、贪污、受贿、挪用公款，以及建设工程招标投标、经营性土地使用权出让、物资采购等领域发生的案件，着重在反腐制度的建立和完善上下工夫，建立长效机制。在信访工作方面，认真搞好群众来信来访的接待和受理工作，做好案件线索的分析和初核，严格按照法律法规办事，搞好转办和交办信访问题查处的督促指导，主动排查信访案源，注重结案反馈，努力把问题和矛盾化解在基层，把群众稳定在当地。

在查办案件中,首先做到严肃执纪,依纪办案,贯彻落实从严治党的方针,其次本着惩前毖后,治病救人的方针,该严则严，应宽则宽,坚持宽严相济,注重查办案件的法纪效果、政治效果和社会效果有机统一，维护党纪政纪的严肃性。

（七）加大纠风工作力度，切实解决损害群众利益的突出问题

围绕县委、政府中心工作，用科学发展观指导工作，坚持以人为本，关注民生，加大对中央扩大内需政策措施落实情况的监督检查，抓紧抓实工程建设、政府采购工作，继续抓住教育乱收费、医药价格、扶贫救灾救济物资管理使用等群众反映强烈的热点问题，加大治理力度，完善领导体制，规范工作机制，认真开展执法检查和专项治理，切实纠正损害群众利益的不正之风。全年县监察局签订建设工程廉政合同38份，其中公开招投标33项次，邀标2项次，涉及资金11693.3万元，节约172.2万元。参加香格里拉县2008～2009年新增中央投资建设天然林保护公益林建设、农村沼气池、游牧民定居工程、“长治”七期小流域治理、香格里拉污水处理厂排水管网改扩建、香格里拉建塘镇至东旺岔路口油路改造、廉租房建设、乡（镇）综合文化站建设、乡（镇）卫生院基础设施建设、农村基层计划生育服务体系建设等十个项目专项督查工作。积极参与香格里拉县政府“地震居民工程”的督查验收工作。

建立健全民主评议政风行风监督体系，深入开展民主评议政风行风工作。2009年重点对教育、卫生、公安、建设等四个系统进行民主政风行风评议，共发放社会问卷调查表461份，收回461份，回收率100%。发放职工问卷调查表426份，收回426份，回收率100%，满意率75%。向被评部门（单位）提出存在问题和整改建议15条。责令意见建议较为集中的部门和单位限期作出整改。通过认真整改，进一步提高了依法行政、依法办事的能力，切实转变工作作风，杜绝了工作人员滥用职权，在具体办事中态度“冷、硬、横、推”和“吃、拿、卡、要”等不良现象的发生，真正做到热情服务、文明执法。

（八）加强自身建设，提高了纪检监察干部队伍的整体素质和工作水平

认真贯彻落实中央、省委、州委《关于加强地方县级纪检监察机关建设的若干意见》的文件精神，加强组织领导，成立工作领导小组。加强纪检监察机关建设，是党风廉政工作的必然要求，县委、政府高度重视，大力加强纪检监察机关领导班子建设和队伍建设，2009年，配备了一名非党监察局副局长，提拔任用了7名纪检监察干部，进一步充实了办案力量。改善了办公办案条件，解决了经费问题，为深入推进反腐倡廉建设提供了强有力的保障。

切实加强学习，组织广大纪检监察干部认真学习党的十七大精神和《党章》、《实施纲要》、《严格禁止利用职务上的便利谋取不正当利益的若干规定》等党政纪法规，认真开展深入学习实践科学发展观活动，定期举行了纪检监察系统理论中心组学习活动，举办了形式多样的培训会，全县2009年反腐倡廉教育培训共78次，培训人数达3771人。

按照“政治坚定，纪律严明，公正廉洁，业务精通，作风优良”的要求，对纪检监察干部严格教育、严格管理、严格监督，提高遵纪守法的自觉性和积极性。加强党性修养，树立和弘扬良好作风，切实做到对党和国家无限忠诚，对腐败分子和消极腐败现象坚决斗争，对广大干部和群众关心爱护，对自己和亲属严格要求，做到“个人形象一面旗、工作热情一团火，谋事布局一盘棋”，努力践行“做党的忠诚卫士、当群众的贴心人”的承诺。

加强了对派出纪工委监察分局的管理，充分发挥了派出机构的作用。进一步明确了领导班子分工，对派出机构的具体工作进行了检查指导，制定了《派出纪工委监察分局的工作联系与管理办法》，规范了派出机构的履职行为，发挥了应有的作用。

同志们，过去的一年，我们始终保持昂扬的精神状态，坚持解放思想、科学发展，振奋精神、坚定信心，以创新的精神全面推进了反腐倡廉建设，在取得成绩的同时，我们也要清醒地看到当前我县反腐败斗争的形势仍然十分严峻，新形势下党和人民对纪检监察部门寄予的期望很高，我们的工作还存在很多不足之处：一是少数领导干部对党风廉政建设和反腐败斗争的艰巨性、复杂性、长期性认识不够；二是对新形势下如何进一步从源头治理腐败特别是如何加强监督，研究探讨不够，源头治理的力度还需进一步加大；三是个别乡（镇）、部门的领导干部执行廉洁自律的自觉性不高，公车私用、“六类”客事等违规行为有所反弹；四是少数纪检监察干部与新形势下反腐倡廉的要求还有所差距；五是少数领导干部党性锻炼和作风养成的自觉性不高，形式主义、官僚主义、享乐主义、铺张浪费等问题还较为严重，以作风建设为主的反腐倡廉建设还需进一步加强；六是完善纪检监察派出机构统一管理改革后，工作思路和工作方法还有待于进一步探索、创新。对存在的问题和不足之处我们要引起高度重视，并采取有力措施，切实加以解决。

二、2010年的工作任务

2010年，是深入贯彻落实科学发展观、应对国际金融危机的关键一年，也是全面贯彻党的十七届四中全会精神、加强和改进新形势下党的建设的重要一年，切实做好党风廉政建设和反腐败工作，意义十分重大。今年工作的指导思想和总体要求是：**高举中国特色社会主义伟大旗帜，坚持以邓小平理论和“三个代表”重要思想为指导，全面贯彻落实党的十七大、十七届三中、四中全会、十七届中央纪委五次全会、省委八届八次全会、省纪委八届五次全会、州委六届八次全会、州纪委六届五次全会、县委十届八次全会精神，全面贯彻落实科学发展观，紧紧围绕县委、政府中心工作，牢牢把握全面履行党章赋予的职责，坚持标本兼治、综合治理、惩防并举，注重预防的反腐倡廉战略方针，紧紧抓住构建教育、制度、监督并重的惩治和预防腐败体系这条主线及跨越发展和长治久安两件大事，以科学发展观为统领，以提高党的执政能力建设和拒腐防变能力为目标，以学习、遵守、贯彻和维护党章为重点，努力拓展从源头上防治腐败的工作领域，建立健全惩治和预防腐败体系工作规划，努力形成有效防止腐败的新机制，全面推进我县党风廉政建设和反腐败工作，为实现香格里拉跨越发展和长治久安提供坚强的政治和纪律保证。**

（一）认真学习贯彻党的十七届四中全会、十七届中央纪委五次全会精神和省委八届八次、省纪委八届五次、州纪委六届五次全会精神，确保各项工作落到实处

全县纪检监察机关要把学习贯彻党的十七届四中全会精神作为当前和今后一个时期的首要政治任务来抓，切实加深对中央《决定》、省委《实施办法》、州委《意见》的精神实质的领会，进一步明确任务要求。要严格按照建设马克思主义学习型政党的要求，加强党性党风党纪教育和反腐倡廉教育，深刻认识党风廉政建设和反腐败斗争的艰巨性、长期性、复杂性；按照坚持和健全民主集中制的要求，加强党内民主建设，保障党员民主权利；按照深化干部人事制度改革的要求，匡正选人用人风气，坚决整治跑官要官、买官卖官、拉票贿选等问题，更加有效地从源头上治理腐败；按照抓基层打基础的要求，扎实

推进基层党风廉政建设；按照弘扬党的优良作风的要求，协助党委抓好党的作风建设；按照加快推进惩治和预防腐败体系建设的要求，在坚决惩治腐败的同时加大教育、监督、改革、制度创新力度，更加有效地预防腐败。全县各级纪检监察机关要认真履行党章赋予的职责，加强监督检查，严明党的纪律，督促各级各部门切实抓好职责范围内的党建工作，及时发现和纠正落实工作不到位、工作不得力等问题，保证县委重大决策落到实处。

（二）围绕中心、服务大局，加强对县委、政府各项重大决策部署的监督检查

全县各级纪检监察机关要以科学发展观为统领，紧紧围绕中心工作，始终坚持把服务科学发展、保障科学发展、促进科学发展作为纪检监察工作的重要任务，教育和引导广大党员干部特别是领导干部牢固树立科学发展观，增强用科学发展观指导各项工作的自觉性和坚定性。采取有力措施，会同有关部门继续加强对中央、省委、州委和县委重大决策部署贯彻落实情况的监督检查。一是加强对中央扩大内需项目建设的监督检查，促进项目建设进度。二是加强对市场价格调控政策执行情况的检查，维护正常的市场经营秩序。三是加强对节能减排工作落实情况的检查，严肃处理违反国家能源管理和环境保护法律法规的问题。四是加强对固定资产投资政策执行情况的检查。五是加强对土地管理法律法规和节约集约用地政策执行情况的检查。六是加强对房地产调控政策执行情况的检查。重点要抓好四项工作：加大对在建项目和续建项目的监督检查力度；加强对已批准但尚未开工项目的监督检查；督促有关部门分解和落实责任；继续抓好对财政支出的监督检查。另外，着重加大贯彻落实第五次西藏工作会议精神落实情况的监督检查。

（三）全面落实党风廉政建设责任制

实行党风廉政建设责任制，是从制度上保证全党抓党风廉政建设的一项重大举措，是惩治和预防腐败体系建设的一项全局性、基础性的重要制度。要进一步完善党风廉政建设责任制的考核办法，加大责任追究力度，把责任制考核结果作为领导干部职务晋升、年度评优、选拔任用干部的一项重要依据，对一些重点领域和重要部门，逐步开展“百姓评干部”活动，努力形成全社会参与和关注党风廉政建设工作的良好局面。全县各级各部门要进一步深化认识，切实增强落实党风廉政建设责任制的自觉性和坚定性，根据各自实际，把党风廉政建设责任制与业务工作紧密结合起来，按照“谁主管、谁负责”的原则，一级抓一级，层层抓落实。全面深化农村基层党风廉政建设，加大对强农惠农政策落实情况的监督检查，有效遏制虚报浮夸、作风粗暴、与民争利等问题，切实维护人民群众的合法权益。

（四）切实加强党员干部的作风建设，进一步密切党同人民群众的血肉联系

按照“讲党性、重品行、做表率”的要求，切实加强领导机关和领导干部的作风建设，大兴密切联系群众、求真务实、艰苦奋斗、批评与自我批评的优良作风，加大作风方面突出问题的整治力度。坚持领导干部定期接访、定期下访，对群众反映的问题及时反馈、限时办结。坚决制止搞劳民伤财的“形象工程”和沽名钓誉的“政绩工程”。继续严格控制各种名目的节庆、达标评比活动，精简会议和文件，认真执行会议、公务接待和差旅费管理有关规定。加强对作风建设情况的监督检查，及时发现和纠正少数领导干部在社会交往、休闲娱乐、生活作风方面存在的突出问题。配合有关部门深入推进规范津贴补贴工作，坚决查处顶风违纪行为。加强监督检查，坚决制止公款出国（境）旅游，严格控制党政机关修建楼堂馆所，切实纠正违规新建和装修办公用房等行为。

（五）深入开展专项治理，坚决纠正损害群众利益的不正之风

坚决纠治群众反映强烈、矛盾突出的热点、难点问题。配合有关部门加强监督检查，重点解决生态环境保护、食品药品质量、安全生产、征地拆迁等方面群众反映强烈的问题。进一步规范工程建设项目招投标、土地使用权出让、政府采购等行为。协调有关部门加强对救灾救济款物的专项检查，加强审计和财政监督。继续治理教育乱收费、医药购销和医疗服务中的不正之风，查处侵害农民利益问题。继续巩固治理公路“三乱”工作成果。认真落实纠风工作责任制，加强部门和行业作风建设，做好民主评议政风行风工作，逐步开展好政风行风热线。认真开展对中央和省、州支农惠农政策以及农村综合改革措施落实情况的监督检查。

（六）保持查办案件的强劲势头，坚决惩治腐败

进一步畅通信访举报渠道，不断加强和改进查办案件工作，上级交办或批示要结果的信访件以及署实名举报的信访件必须做到件件有结果，进一步提高初信初访的首办率、信访举报初核率和立案件的按期办结率，继续执行“乡案县审”和案件月报告制度。继续做好治理商业贿赂工作，严肃查办重点领域和重点环节的商业贿赂案件。

坚持严格依纪依法查办案件，不断提高执纪办案的能力和水平。切实加强自办案件工作力度，完善办案协调机制，坚持纪委常委带头办案制度，进一步发挥香格里拉县查办案件联席会议的作用，拓宽案件线索渠道。坚持惩前毖后、治病救人，做到宽严相济，努力取得惩治一个人、教育一大片的政治效果和社会效果。

（七）深入开展反腐倡廉宣传教育，增强领导干部廉洁自律

以党性党风党纪教育为重点，加强对党员干部特别是领导干部的理想信念教育和廉洁从政教育，深入开展岗位廉政教育、道德教育、示范教育、警示教育。切实解决好党员干部“为谁当官、为谁掌权、为谁服务”的根本问题。要把反腐倡廉教育列入干部教育培训规划同领导干部培养、选拔、管理、使用结合起来。要运用反面案例开展警示教育，增强教育的针对性和有效性，营造良好的社会舆论氛围。

认真贯彻落实县委关于在全县实行领导干部问责制的决定，进一步落实行政问责等四项制度，加强对落实我县重大决策听证制、重点工作通报制、重要事项公示制、政府信息查询制的监督。完善领导干部个人重大事项报告、述职述廉、民主评议、廉政谈话等制度。严肃查处领导干部利用职权和职务上的便利为本人或特定关系人谋取不正当利益、公车私用等问题，严禁领导干部违反规定为配偶、子女及其他特定关系人在就业、投资入股、经商办企业方面谋取不正当利益，严禁大操大办婚丧喜庆事宜或借机敛财。着力抓好监督检查，把党内监督、法律监督、舆论监督、群众监督和媒体监督结合起来，加强对领导干部的监督管理，切实防范权力失控，决策失误，行为失范，增强党组织工作透明度。进一步落实党员权利保障条例，开展专项检查，切实保障党员参与党内日常生活、维护自身权益、对党组织和其他党员进行监督等权利。

（八）加强自身建设，提高纪检监察干部队伍素质

继续深入开展好“思想、纪律、作风”教育活动，把“做党的忠诚卫士、当群众的贴心人”作为纪检监察机关自身建设必须长期坚持的目标要求，加强思想建设、业务建设和作风建设，进一步强化中心意识，切实改进工作作风，不断提高工作水平，全面履行党章赋予纪委的职责和任务，切实抓好党风廉政建设和反腐败工作，为全县经济社会全面发展，构建和谐社会做出积极的贡献。进一步完善派驻纪检监察机构的管理工作，加大教育和培训力度，努力建设一支政治坚定，纪律严明，公正清廉，业务精通，作风优良的纪检监察干部队伍。

着力推进县级纪检检察机关建设。认真贯彻落实中央、省委、州委《关于加强地方县级纪检监察机关建设的若干意见》，保证县级纪检监察机关人员编制、干部配备、办公办案装备和经费保障等各项政策措施落实到位，不断提高纪检监察机关的履职能力和工作水平。

同志们，面对新形势新任务，反腐倡廉建设责任重大、使命光荣。让我们更加紧密地团结在以胡锦涛同志为总书记的党中央周围，高举中国特色社会主义伟大旗帜，振奋精神，锐意进取，求真务实，扎实工作，以更加坚定的信心，更加积极的态度，更加有力的措施，不断开创我县党风廉政建设和反腐败斗争新局面，为香格里拉县的跨越发展和长治久安作出更大的贡献。

大 事 记

香格里拉县2008年大事记

1 月

1日，迎接“中国毕克香格里拉滑雪节”，2009年元旦穿城赛跑活动在香格里拉县城举行，2000多人参加了赛跑活动。

4日，省委常委、省委统战部部长黄毅在迪庆调研期间，在齐扎拉、陈建国、杜永春、彭耀文、马文龙的陪同下，深入小中甸镇和平村走访农户与归国藏胞。黄毅强调，要认真总结以往维护稳定、促进发展的工作经验，贯彻落实国务院关于支持建设藏区发展的决策部署，继续保持稳定繁荣局面，全面推进把迪庆建设成为全国藏区跨越发展和长治久安示范区的步伐。省委统战部副部长杨光海、省扶贫办主任王智、省发改委副主任李承宗陪同调研。

4日至6日，国际雪联越野滑雪中国巡回赛——香格里拉站暨中国“毕克”香格里拉滑雪节在香格里拉滑雪场隆重举行。国际雪联越野滑雪中国巡回赛——香格里拉站暨中国“毕克”香格里拉滑雪节是香格里拉连续第二年举办的高级别国际滑雪赛事。州委常委、香格里拉县委书记彭耀文，州委常委、州委组织部部长杨铭书，州委常委、州委秘书长马文龙，州体育局负责人出席颁奖仪式并为获奖选手颁奖。

8日，香格里拉县四套班子领导开展春节前走访慰问驻香部队活动，慰问组一行前往迪庆军分区、武警迪庆支队、州公安消防支队、森警迪庆大队等驻香格里拉部队慰问，把党和政府的温暖送到了部队官兵中。

11至12日，香格里拉县委十届六次全委（扩大）会议在香格里拉县城召开。会议的主要任务是：深入贯彻党的十七大、十七届三中全会、中央经济工作会议和省委八届六次、州委六届六次全会精神，认真总结2008年工作，全面分析和准确把握当前我县加快发展面临的形势，动员全县党员和广大干部群众，坚持以邓小平理论和“三个代表”重要思想为指导，更加自觉地贯彻落实科学发展观，进一步解放思想，深化改革，扩大开放，不断开创香格里拉经济社会跨越发展和长治久安新局面。会上，中共迪庆州委常委、香格里拉县委书记彭耀文代表十届县委常委会作了题为《继续解放思想，坚持科学发展观，不断开创香格里拉经济社会跨越发展和长治久安新局面》的工作报告。《报告》回顾了香格里拉县2008年的工作，充分肯定了一年来香格里拉县在经济、政治、文化、社会、科学、生态文明和党的建设等各项工作中取得的成绩；客观分析了全县经济社会发展中存在的问题、困难和面临的发展机遇，明确提出了2009年全县工作的总体思路和发展目标。香格里拉县委副书记、县长肖徐总结了全县2008年经济社会发展基本情况，安排部署了2009年经济发展目标和任务。香格里拉县县委委员、候补委员出席会议，县纪委委员、县处级领导、各乡（镇）、各部门负责人及驻城区处级离退休老干部等列席会议。

11日，州委书记齐扎拉到香格里拉县尼西乡就基层党组织建设进行专题调研，他强调，要切实加强农村基层党组织建设，夯实迪庆跨越发展和长治久安的政治与组织基础。调研当天，先后深入到尼西乡新阳村党支部、汤满村汤堆村民小组党员活动室了解党员活动场所建设，察看党员致富带头人生产学习情况，与基层党务工作者和党员代表座谈，倾听他们对加强农村基层党组织建设的意见和建议，并听取了州委组织部、州民政局以及三县组织部门的工作情况汇报。

12日，中共迪庆州委书记齐扎拉到香格里拉城区慰问困难职工。并强调，各级各部门要切实关心困难群众的冷暖，让全州各族人民过一个欢乐祥和、文明和谐的春节。

14日，中共香格里拉县委、县政府召开会议，对北京残奥会冠军获得者香格里拉籍运动员高明杰进行表彰。高明杰是香格里拉县上江乡人，于2008年9月参加了北京残奥会，获得F42–44级标枪金牌，并打破该级别世界纪录，被中共中央、国务院评为北京残奥会先进个人，获国家级“五四”青年奖章及“五一”劳动奖章。

同日，中共迪庆州委常委、香格里拉县委书记彭耀文以及香格里拉县有关部门负责人一行，代表县委、县政府走访慰问了香格里拉县企事业单位部分困难职工，并给困难职工送去了慰问金和春节的祝福。

27至29日，2009年“欢乐香巴拉”迎春民俗文化活动在古城月光广场举行。2009年“欢乐香巴拉”迎春民俗文化活动由香格里拉县政府主办，香格里拉县文体局、县旅游局、建塘镇人民政府承办。在活动期间，开展了盛大的团拜会、精彩的文艺节目和舞龙狮表演等，内容丰富、贴近群众、特色突出、成效显著，充分展示了香格里拉县经济发展、社会和谐、文化繁荣、各族人民团结和睦、安居乐业的新气象。

2 月

16日至17日，中共香格里拉县纪委四次全会在县城召开，县纪委委员、各部门纪检组长，省属各部门纪检组长、监察分局局长，不是县纪委委员的各乡（镇）纪委书记，县纪委机关及各纪工委全体干部职工参加会议。

18日，香格里拉县党风廉政建设工作会议在县委五楼会议室召开，全县副处以上领导；乡（镇）党委书记、乡（镇）长；县委及县级国家机关各部、委、办、局主要负责人及参加纪委十届四次全委（扩大）会议全体人员参加会议。会上，中共迪庆州委常委、香格里拉县委书记彭耀文作了题为《加强党性修养，转变工作作风，努力开创我县反腐倡廉工作新局面》的讲话。会议上，对2008年度党风廉政建设工作中涌现出的建塘镇党委、政府等13个先进单位进行了表彰。

20日，香格里拉县“千名干部送法进村（寺）促和谐”活动动员大会在县委五楼会议室召开。中共迪庆州委常委、县委书记、县委千促活动领导小组组长彭耀文作了题为《送法进村，维护稳定，统筹发展，努力打造平安和谐香格里拉》的讲话。州、县级千促活动工作组全体成员、各乡（镇）千促活动领导小组组长、县级被抽调工作队员的单位领导、县委千促活动领导小组办公室全体工作人员共计200余人参加了会议。

3 月

1日，州委副书记李邑飞，在州委常委、县委书记、县“千促”活动领导小组组长彭耀文等的陪同下，深入到格咱乡就“千名干部送法进村（寺）促和谐”活动及稳定工作情况进行视察指导。

3日，三坝纳西族民族乡人民政府举行“东巴文化节艺术节”暨乡政府驻地搬迁庆典。

6日，由香格里拉县妇联、香格里拉县总工会女工委和迪庆军分区联合主办，主题为“军民联欢、共建和谐”的庆祝“三八”国际劳动妇女节99周年文艺联欢会在坛城文博中心举行。

9日，迪庆州人民政府副州长、洛吉乡“千名干部送法进村（寺）促和谐活动”指导组组长李学林，在乡党委书记赵军及浙江殴能集团尼汝河流域水电开发有限公司负责人的陪同下，深入到岔河电站（洛吉民用电站）施工现场及殴能尼汝河流域水电站大坝（木星土电站）淹没区进行实地调研。

7日至10日，云南省委书记、省人大常委会主任白恩培和省委常委、省委统战部部长黄毅，省委常委、省委政法委书记孟苏铁一行，在州委书记齐扎拉、州委副书记李邑飞等领导的陪同下，深入到香格里拉县，走村寨、进寺院、到部队，看望和慰问各族干部群众，就促进经济社会发展、改善各族群众生活进行调查研究。

9日至11日，香格里拉县计生委在县委党校举办了香格里拉县流动人口PADIS系统培训班。全县11个乡（镇）计生办主任、社区流动人口协管员共22人参加了培训。

10日，云南省委常委、省委统战部部长黄毅深入到香格里拉噶丹·松赞林寺，与宗教界人士进行亲切座谈，并送上慰问金，看望慰问寺管会成员、僧众，代表省委、省政府向藏传佛教界人士致以藏历土牛新年的祝福和问候。

12日，云南省委统战部副部长杨光海、省藏胞办主任夏永红、藏区工作处副处长李海明、州法院院长、“千名干部送法进村（寺）促和谐”活动东旺指导组组长鲍顺明在县委常委、统战部长、副县长格桑纳杰、州委统战部副部长焦再安的陪同下到东旺乡视察指导工作，就东旺乡民族宗教工作开展调研。

14日，中共迪庆州委常委、州委政法委书记、州公安局局长、“千名干部送法进村（寺）促和谐”领导小组成员兼办公室主任李灿光到香格里拉县小中甸镇和平村检查指导“千名干部送法进村（寺）促和谐”活动。

15日至16日，中共迪庆州委常委、香格里拉县委书记彭耀文到格咱乡浪都村检查指导工作。在浪都村委会与“千促”工作组队员、村党支部和村委会干部进行座谈，走访了村民小组，并深入民和水电站进行座谈调研，了解格咱乡“村村通”工程进展情况。

24日，迪庆州人民政府州长陈建国到香格里拉县调研城市环境卫生和基础设施建设，实地察看了香格里拉县城及周边旅游环线的环境卫生和基础设施建设；州委常委、香格里拉县委书记彭耀文，副州长余胜祥、李学林，州政府秘书长吾金丁争陪同调研。

27日，香格里拉县召开深入学习实践科学发展观活动动员大会，州委常委、香格里拉县委书记彭耀文出席会议并作动员讲话。彭耀文指出，认真搞好第二批学习实践活动，对用科学发展观武装党员头脑、指导工作，把科学发展观贯彻落实到经济、政治、文化、社会建设以及生态文明建设和党的建设各个领域；对提高党员素质，增强广大党员干部驾驭复杂局面、应对突发事件、推动科学发展的能力；对弘扬党的优良作风，加快解决党员干部队伍中存在的突出问题，密切党群、干群关系都具有十分重要的意义。全县参学单位和部门的广大党员干部要不断加强对科学发展观精神的学习和领会，进一步增强用科学发展观指导发展、谋划发展、推进发展的自觉性和坚定性，真正把科学发展观转化为各级领导班子和党员干部的思想方法、工作指南和行为规范，真正成为贯彻落实科学发展观的坚定组织者、推动者和实践者。

4 月

1日至5日，中国人民政治协商会议香格里拉县第十三届委员会第二次会议在县城召开。

2日至6日，香格里拉县第十三届人民代表大会第二次会议在县城召开。

7日，香格里拉县召开“千名干部送法进村（寺）促和谐”活动总结表彰会。中共迪庆州委常委、香格里拉县委书记彭耀文在会上作了题为《总结经验，巩固成果，夯实基础，促进发展》的讲话。并在会上要求，全县各级各部门要进一步巩固活动成果，以求真务实的作风切实抓好各项工作。

7日，香格里拉县政法工作会议召开。会议传达了全国、全省政法工作会议精神，回顾总结了香格里拉县2008年政法工作，安排部署了2009年全县政法工作。州委常委、香格里拉县委书记彭耀文出席会议。

15日，香格里拉县家电下乡启动仪式在县城县民贸大楼前举行。县人民政府副县长李树龙，县商务局，县家电下乡领导小组成员单位、各乡（镇）人民政府领导以及家电下乡销售企业代表出席了启动仪式。

15日，由香格里拉县民贸大楼有限责任公司申报建设的香格里拉民族商品物流中心举行奠基仪式。香格里拉民族商品物流中心项目建设地点选址在香格里拉县城国道214线，距县城中心区仅三千米处。项目计划总投资 5660万元，建设大型仓储配送面积11000平方米。项目4月开工，计划建设期为 8个月，2009年12月项目竣工并交付使用。

16日到18日，中共迪庆州委书记齐扎拉在州委常委、香格里拉县委书记彭耀文，州委常委、州委秘书长马文龙和州县相关部门负责人的陪同下，深入到香格里拉县尼西乡幸福村巴拉村民小组等地详细了解党组织建设、党员队伍建设、党组织活动阵地建设等情况，与基层党务工作者座谈，询问农村基层党建工作面临的困难和问题，并听取了乡（镇）党委、政府的工作情况汇报。

17日，中共迪庆州委学习实践科学发展观活动指导检查组到香格里拉县，就全县学习实践科学发展观活动情况进行检查指导。

24日，香格里拉县委中心组召开专题学习会议，集中学习《白恩培同志在迪庆调研时的讲话》重要精神，并围绕全县经济社会发展形势组织“科学发展大家谈”活动。县学习实践科学发展观活动领导小组部分成员参加了学习。

25日，香格里拉县十一届人民政府第五次全体会议召开。会议认真贯彻落实州委六届六次全会、州十一届人大五次会议、州政府全会和香格里拉县“两会”等一系列会议精神，总结分析第一季度经济社会发展情况，部署全县今后一段时间的工作，动员各乡（镇）、各部门进一步认清形势，理清思路，积极应对挑战，不断开拓创新，狠抓工作落实，开好头，起好步，确保全年各项目标任务完成，为顺利实现“建成全国藏区第一强县”的奋斗目标奠定坚实的基础。

26日，云南省人大农业工作委员会主任、省委学习实践科学发展观活动指导检查组组长杨骏一行莅临香格里拉县，就学习实践科学发展观活动情况进行检查指导。中共迪庆州委常委、县委书记、县委深入学习实践科学发展观领导小组组长彭耀文同志就全县学习实践活动的基本情况、主要做法、取得的成效、存在问题及下一步工作打算向省委指导检查组作了认真汇报。

27日至28日，为丰富广大人民群众的精神文化生活，繁荣社会主义文化事业，营造金江镇稳定、发展的社会主义新农村建设和谐环境，积极为开发“乡村旅游”打下基础；为充分挖掘传承的民族民间文化艺术；为加大金江的对外宣传力度，由金江镇党委、政府举办的首届“金江镇龙潭民族民间文化艺术节”在吾竹龙潭举行。整个艺术节“体现特色、重点突出”，参加人员数累计达19000多人。

30日，香格里拉县总工会八届二次全委（扩大）会议在县委五楼会议室召开。香格里拉县工会第八届委员、常委、经审委员和第四届女职工委员和各基层工会主席（工会小组长），共123人参加会议。会上，香格里拉县委常委、宣传部长杨美琼代表县委在会上作了重要讲话，就如何开展好新时期工会工作提出了指示和要求。县人大副主任、县总工会主席尼玛顿珠就全县工会组织深入学习实践科学发展观，努力做好今年的工会工作提出了要求。

同日，香格里拉县召开“科学发展大家谈”暨全县基层党建工作经验交流会。会议由县委常委、组织部长胡志祥主持，州委常委、香格里拉县委书记彭耀文到会并听取了与会同志讨论意见。全县11个乡（镇）部分党委书记、团委书记、组织干事，机关7个党委部分党委书记及组织部全体干部职工40余人参加会议。

5月

12日，香格里拉县召开《香格里拉县志》编纂委一次全体会议，编纂委全体成员单位领导23人出席会议。会上，听取了县史志办对第二轮修志工作情况汇报和《香格里拉县志》篇目设计情况说明，提交审议了《香格里拉县志》篇目，并就《香格里拉县志》篇目设置展开了讨论。会议原则上通过《香格里拉县志》篇目设置。

12日至13日，陈建国在州委常委、香格里拉县委书记彭耀文，副州长余胜祥，州政府巡视员董继荣、余文元，秘书长吾金丁争以及相关职能部门负责人和云南设计院有关专家的陪同下，实地调研香格里拉至德钦二级公路建设选线工作。调研时强调，要综合考虑，科学决策，加快推进香格里拉至德钦二级公路建设前期工作进度。

18日，中共迪庆州委副书记、州人民政府州长陈建国到深入学习实践科学发展观活动联系点香格里拉县尼西乡调研。强调，要全面落实科学发展观，按照“党员干部受教育，科学发展上水平，人民群众得实惠”的要求，推动农村经济又好又快发展。

19日，全省建设工程招投标暨有形市场工作会议在香格里拉县城召开。

同日，香格里拉县总工会全面启动鼓励创业“贷免扶补”工作，以创业带动就业。

20日，云南祥鹏航空有限公司昆明—香格里拉航线首航成功。祥鹏航空公司的昆明—香格里拉航线LKE9991航班将每天飞一班（早上7：20昆明起飞，于8：20到达香格里拉机场，8：55飞回昆明）。

同日，大自然保护协会绿色建筑示范基地在香格里拉高山植物园挂牌。香格里拉高山植物园是世界上第一个低纬度、高海拔地带的高山植物园，是被列为云南省政府滇西北保护与发展计划首批启动的示范项目,是国际自然和自然资源保护联盟、世界自然基金会、保护国际、国际鸟类生物学组织、波恩大学等国际机构研究公认的全球生物多样性最丰富的热点地区之一。

同日，香格里拉县格咱乡翁上村遭遇历史罕见的霜冻灾害。霜冻对农业生产造成较大损失。据统计，霜冻灾害造成的农作物成灾面积达到2355亩（其中，白芸豆600亩、玉米555亩、洋芋405亩、油菜350亩、青稞445亩）。此外，翁水、那格拉等村也不同程度受灾。

21日，全省基层审计工作会议在香格里拉召开。会议传达学习了《省政府关于加强基层审计工作的意见》文件精神，就落实阳光政府四项制度，在新一轮审计机构改革中做好审计工作进行了安排部署。

20日至22日，以内蒙古自治区政协主席陈光林为组长，国土资源部原党组成员、国家测绘局原局长、党组书记陈邦柱为副组长的中央第五巡回检查组在中组部干部教育局副局长张家声，省委组织部部务委员、副巡视员杜敏生，以及州县相关领导等陪同下，深入到香格里拉县尼西乡汤堆村等村社，实地查看农村党支部，全面了解基层组织建设，与村民座谈交流，倾听农民所需所想；看望困难群众，把各级党委政府的关怀送到困难群众心中；召开工作汇报会，听取经济社会发展和深入学习科学发展观活动的专题汇报。

22日，香格里拉县三坝乡东坝村三星 Anycall希望小学奠基仪式在东坝小学举行。在省、州、县三级团组织的积极争取下，三星电子公司与中国青少年发展基金会从携手设立的“希望工程三星Anycall基金”向东坝小学提供了25万元的援建资金，并提供全套设施以及后续扶持。

23日，由全国人大教育科学文化卫生委员会副主任委员徐荣凯策划的《普达措——美丽的姑娘》MV在普达措国家公园、依拉草原、松赞林寺等景点开拍。

20日至24日，云南团省委书记饶南湖在州委常委、香格里拉县委书记彭耀文等领导的陪同下，深入到香格里拉县部分乡（镇）和村民小组调研，实地察看了乡（镇）、村申请“贷免扶补”的一些典型项目。同时就基层团建工作及“青春彩云南·扬帆工程”鼓励创业贷免扶补项目工作的开展情况进行调研。

27日，文化信息资源共享工程香格里拉县支中心揭牌仪式在香格里拉图书馆举行。

28至29日，2009年香格里拉赛马节在五凤山迪庆香格里拉民族体育中心举行。

6 月

1日，香格里拉县委副书记、县长肖徐，副县长赵红春，县交通局局长金永祥，县环保局局长王建荣，县林业局局长松建华，县发改委主任郭东生等一行到格咱乡香木公路施工建设点检查施工建设情况就香木公路建设存在的问题召开了现场办公会。

同日，武警8753部队向香格里拉县民族小学捐赠了价值32万余元的课桌椅、电脑、书架及一批教学用品，与25名少数民族特困学生签订了《结对助学帮扶协议》。州委常委、香格里拉县委书记彭耀文，武警8753部队政治部主任吴俊义出席捐赠仪式。

2日，全省水土保持工作会议在香格里拉县城举行。

4日，云南省人民检察院检察长王田海、副检察长肖卓一行在州委常委、州委政法委书记、州公安局局长李灿光，州委常委、香格里拉县委书记彭耀文，州人民检察院检察长王江华的陪同下，深入到香格里拉县人民检察院进行调研与指导工作。听取了香格里拉县人民检察院工作汇报，议定了解决香格里拉县人民检察院“两房建设”缺口资金等问题。

5日，深圳邦德教育第11所希望小学（仓觉完小）在香格里拉县五境乡建成。新教学楼占地面积310平方米，总投资40万元，其中深圳邦德文化发展有限公司捐资35万元。

8日，齐扎拉在州委常委、州委统战部部长杜永春，州委常委、香格里拉县委书记彭耀文以及香格里拉县政府、州县统战、宗教以及松赞林寺管理局负责人的陪同下，专程到松赞林寺就扎仓大殿工程进展情况进行视察。视察当中详细了解景区运营情况，对景区建设中存在的不足提出了改进意见；到周边社区小街子广发希望小学看望师生，到扎仓大殿施工现场询问工程进展，并与松赞林寺管理局和寺民主管理委员会成员进行座谈，听取他们对工程实施的意见建议。

9日，深圳市第四届政协港澳委员捐助香格里拉县第三中学教学楼奠基。深圳市第四届政协港澳副主席廖军文先生和深圳市第四届政协常委、港澳台侨委副主任马鸿铭先生向香格里拉县第三中学捐赠125万元港币支票及六台电脑。

10日，铁道部、云南省人民政府在建塘镇尼史村召开新建丽香铁路建设动员大会。省委常委、常务副省长罗正富，铁道部原总工程师王麟书，省政府原副省长、省铁路建设督导组组长梁公卿，中共迪庆州委书记齐扎拉，中共丽江市委书记和自兴，中共迪庆州委副书记、州长陈建国，昆明铁路局局长宋修德，昆明铁路局党委书记刘柏盛，省政府副秘书长黄立新，省发改委副主任、省铁建办主任李文冰出席并为工程奠基。丽江至香格里拉铁路南起大丽铁路丽江车站，向北跨越金沙江，经小中甸至香格里拉，全长约139千米，工程总投资约92亿元，建设工期为6年，设计时速为每小时120千米，全线设置拉市海、虎跳峡等12个车站。建成后，近期每天开行11对客车，年货运能力达到120万吨；远期每天开行客车15对，年货运能力达到320万吨。

11日，州人民政府州长陈建国在州、县相关部门负责人的陪同下视察了香木、香乡公路建设情况，听取了路段负责人有关工程建设的详细介绍，同时对施工现场进行了认真检查。香木公路工程全长96.91千米，起点原香乡公路k19+000处，止点为四川木里克拉坝子，该工程于2008年11月17日刚开工建设。香乡公路全长141千米（香格里拉建塘镇至东旺岔口）。

15日，香格里拉县农村党支部书记培训工程在香格里拉县委党校正式启动。县委副书记孙红军在首期培训班启动仪式上作了《适应新形势，提高素质，推动农村各项工作迈上新台阶》的动员讲话，县委常委、组织部长胡志祥参加并主持启动仪式。88名农村党支部书记参加了第一期培训。全县 255个农村党支部书记将分三期在县委党校进行集中培训，整个培训工作至6月26日结束。

21日至22日，交通部常务副部长翁孟勇、云南省人民政府副省长刘平、交通厅厅长杨光成及铁道部、民航总局、成都军区副司令等相关领导到香格里拉县视察交通运输工作。

25日，香格里拉县庆祝中国共产党建党八十八周年大会在坛城文博中心举行。中共迪庆州委常委、香格里拉县委书记彭耀文在庆祝大会上作了题为《铭记党的历史，履行党的使命，以改革创新的精神全面推进党的建设新的伟大工程》的讲话。

29日，香格里拉县便民投资服务中心推进会暨更名庆典会议在县政府二楼大会议室举行。

同日，香格里拉县城市环境综合治理项目开工。香格里拉县城市环境综合治理项目计划建设年限为三年，总投资为71426.66万元，建设项目主要包括：纳赤河4.59千米、龙潭河0.88千米的河道疏浚、堤防工程；奶子河3.15千米河道原生态风貌维护以及防护绿地827400平方米、滨河公园176610平方米、市政道路13.9千米，截污管网46千米。

30日，香格里拉县城市环境综合治理项目听证会召开，听取了被征地拆迁代表、社区代表以及各有关部门的意见和建议。

7月

1日，全国供销合作总社党组书记、理事会主任李成玉在副省长孔垂柱等省、州级相关部门领导的陪同下，实地考察了建塘镇供销社农贸市场、综合服务社、香格里拉县供销社万德福超市等，就新时期基层供销合作工作进行深入调研。

2日，云南省副省长孔垂柱率省农业厅、省水利厅等省直相关部门负责人，在州委副书记、州长陈建国等州委、州政府相关领导的陪同下，先后深入到香格里拉县建塘镇、尼西乡走农村、访农户，深入田间地头，就农牧民安居工程、农业基础设施建设和农业产业发展等工作进行调研。

4日，云南省宗教局局长熊胜祥听取了香格里拉县工作汇报。

6日至7日，云南大学法律援助站、云南润泽律师事务所在香格里拉县开展了《中华人民共和国土地管理法》宣传活动。活动共发放土地法律知识笔记本等2000余册，法律法规宣传单1500余份。

7日，国家人口和计划生育委员会主任李斌在副省长高峰等领导陪同下，就新农村、新家庭——大香格里拉地区人口健康促进项目工作实施情况深入到香格里拉县尼西乡进行调研。并在尼西乡召开了新农村、新家庭——大香格里拉地区人口健康促进项目工作座谈会。

8日，香格里拉县人民政府在县城召开了全县村级会计委托代理服务工作会议，各乡（镇）主要领导、财政所所长、农经员及各成员单位参加了会议。会议的主要任务是：贯彻落实上级文件及会议精神，统一思想，提高认识，明确任务，进一步安排部署村级会计委托代理服务工作，确保按时全面完成全县村级会计委托代理服务工作。

9日，为进一步营造城市良好形象，香格里拉县人大视察组对县城及垃圾处理场、纳帕海、桑那水库、松赞林寺、龙潭河、纳赤河等地环境卫生状况进行视察。

同日，香格里拉县东旺乡发生洪涝、泥石流、滑坡等灾害，交通基础设施等严重受损。

11日，噶丹·松赞林寺“扎仓”大殿保护性拆除重建工程开工暨“善法”学校开学典礼在噶丹·松赞林寺举行。

13日，香格里拉县城市集中供热工程建设项目听证会在县政府二楼会议室召开。

16日下午，为全面深入贯彻落实科学发展观，庆祝新中国成立60周年，香格里拉县举办以“迎国庆、讲文明、树新风”为主题的第七届“红土地之歌”演讲大赛。参赛选手以“爱我香格里拉”为主线，以热情而饱满的激情，演绎了新中国成立以来，特别是改革开放以来，香格里拉的巨变。大赛共评出一、二、三等奖7名。

24日，中共香格里拉县委在县委五楼会议室召开政协工作会议。会上，中共迪庆州委常委、香格里拉县委书记彭耀文作了题为《同心同德、群策群力、共谋发展，为实现香格里拉经济跨越发展和社会长治久安献计献策》的讲话。

25日，新东方教育科技集团向红卫小学捐赠150万元仪式在香格里拉县红卫小学举行。新东方教育科技集团董事长俞敏洪表示在今后的工作中将与红卫小学一同致力于教育事业。州委常委、县委书记彭耀文代表香格里拉县委、县政府向俞敏洪及新东方集团表示感谢，并表示在今后的教育工作中再接再厉，使全县教育事业再上新台阶。

28日，香格里拉县廉租房首期入住启动仪式在香巴拉旅游观光小镇举行。来自城区的57户最低收入家庭领取了各自的廉租房钥匙，圆了住房梦。

29日至31日，国家财政部副部长李勇、财政部行政政法司司长李林池一行在省人大常委会副主任程映萱、省财政厅副厅长张云松等的陪同下就政法工作经费保障及司法体制改革等工作进行专题调研，并深入到香格里拉县公安局、建塘镇红坡村进行实地调研。

30日，具有“中国水泥工业摇篮”美誉的华新水泥股份有限公司宣布投资2.5亿元，在香格里拉县上江乡建设日产2000吨的新型干法水泥熟料生产线。

同日，由香港轩辕教育基金会投资34万元援建的金江镇车轴侨爱小学落成验收仪式在车轴村完小举行。

31日，云南省供销社信息宣传工作会议在香格里拉县城召开。

同日，香格里拉县全面推进集体林权制度主体改革工作部署会议在县委五楼会议室召开。会上，中共迪庆州委常委、香格里拉县委书记彭耀文作了题为《加强领导、精心组织、周密部署，稳妥推进集体林权制度主体改革各项工作》的讲话。全县将利用18个月的时间，全面完成（小中甸镇以试点完成）全县10个乡（镇）共计548.37万亩集体林权主体改革任务。

7月，香格里拉县正式列入第二轮全国艾滋病综合防治示范区，示范区工作周期5年。

8月

2日，“雪花啤酒勇闯天涯挑战香格里拉哈巴雪山训练营”活动在香格里拉启动。

6日，香格里拉县宣传思想工作暨通讯员培训会议在县委五楼会议室召开。

11日，以“弘扬民族文化、展示彝族风情、促进民族团结、构建和谐社会”为主题的虎跳峡镇彝族火把节在虎跳峡镇宝山村冲江河隆重举行。

12日，州、县广电局、工商部门联合对香格里拉县城区非法销售、安装和使用卫星地面接收设施进行集中清理整治。

13日，《迪庆藏族自治州香格里拉大峡谷旅游区总体规划》通过评审。

14日，香格里拉大气本底站揭牌。

17日，国家科技部科技基础性工作专项澜沧江中下游与大香格里拉地区野外科学考察在迪庆香格里拉正式启动。

18日，“腾讯新乡村行动”香格里拉县尼西项目揭牌奠基仪式在香格里拉县尼西乡中心完小举行。

19日，团中央书记处书记、全国少工委主任罗梅率领的团中央调研组，深入到香格里拉县尼西乡汤堆村及县红旗小学开展工作调研。

同日，香格里拉县第二批深入学习实践科学发展观活动总结会在县委五楼会议室召开。

19日至20日，由省民政厅副厅长姚国华率领的省第八届省级“双拥模范县”创建检查考核工作组对香格里拉县自2006年以来的双拥工作开展情况及其优抚工作落实情况、军民共建情况等进行了检查。并深入香格里拉县金江、上江等乡（镇）农村，走访优抚对象，实地调查了解在农村的退役军人、现役军人家属、烈士家属以及军烈属优抚安置、军民共建点情况，慰问了退役军人、现役军人家属和烈士家属。20日，在县政府会议室听取了香格里拉县政府和驻地部队双拥工作情况汇报。

20日，金源生物科技开发有限公司正式入驻金江镇吾竹村格古一组，投资黑木耳产业开发。

26日，香格里拉县政协在县委五楼会议室举行2009“金秋助学”资助仪式，来自全县各乡（镇）的56名贫困大学生接受了捐助。

27日，中共迪庆州委常委，迪庆州集体林权改革领导小组副组长鲁永明及州集体林权制度改革领导小组成员一行15人到香格里拉县林改办调研香格里拉县林改进展情况。

9 月

1日，香格里拉县人大调研组召集县林业局及县森林公安局领导在县林业局会议室听取了林政资源管理及林业行政执法工作情况的汇报。

1日至3日，世界华人工商促进会经济考察团一行在总会长李农合的带队下，对香格里拉县部分旅游资源、农村经济及教育事业发展进行了实地考察与评估，并与香格里拉县达成了战略合作伙伴关系，签署了合作框架协议。

2日，上海市企业家考察团一行在上海市工商联副主席金亮、云南省工商联副主席刘可杰的率领下，到迪庆州光彩事业项目点——香格里拉县第一中学考察。

4日，州委副书记、州长陈建国在香格里拉县政府负责人，州县农牧等部门负责人陪同下，深入三坝乡调研。实地察看了富一方肉牛合作社肉牛养殖繁育基地，听取了相关产业发展情况汇报。强调：要积极调整农业产业结构，走种养殖专业化、规模化、科技化之路，促进农民增收、农业增效。

5日，州人民政府州长陈建国在州政府秘书长吾金丁争及香格里拉县负责人的陪同下，到虎跳峡调研景区建设情况。调研时强调，景区在规划、建设与经营过程中一定要以游客为本，依托丰富的自然人文资源及在全球享有的知名度，努力把景区建设经营成为世界级旅游胜地。

7日，香格里拉县食品安全工作整顿协调会在香格里拉县人民政府一楼会议室召开。

8日，为更好地解决农村群众出行难、出行贵和出行不安全的问题，香格里拉县推广“丘北经验”试点暨“县乡平安出行”创建活动启动仪式在小中甸镇举行。

9月初，毕业于香格里拉县第五中学的和湘云以572分居文科第一的成绩，成为香格里拉县第一个国家公派留学生前往古巴哈瓦那大学开始为期五年的留学生涯（攻读西班牙语）。

10日至11日，中共香格里拉县委十届七次全委（扩大）会议在县城召开。会议的主要任务是：以邓小平理论和“三个代表”重要思想为指导，深入贯彻落实科学发展观及胡锦涛同志《在云南考察工作结束时的讲话》精神，紧紧围绕“一个目标、一个主题、四项任务”的总体要求，认真总结上半年的工作，全面分析和准确把握当前全县加快发展面临的形势，动员全县党员和广大干部群众，进一步解放思想、坚定信心、科学发展，不断推进香格里拉经济社会平稳较快发展，确保完成2009年各项工作目标任务，以优异的成绩向新中国成立六十周年献礼。会上，中共迪庆州委常委、香格里拉县委书记彭耀文作了题为《解放思想 坚定信心 科学发展 为推动香格里拉经济社会平稳较快发展而努力奋斗》的报告，县长肖徐作了题为《认清形势 树立信心 突出重点 狠抓落实 确保完成全年的各项目标任务》的全县上半年经济运行情况的报告。

13日，香格里拉松赞林景区、香格里拉蓝月山谷景区和香格里拉大峡谷巴拉格宗景区通过了省旅游景区质量等级评定委员会A级评定小组的AAAA级旅游区初评。

16日，云南省总工会慰问组到香格里拉县看望慰问困难职工和困难劳模，慰问组一行在香格里拉县城召开了座谈会，与部分困难职工和困难劳模交心谈心，尽工会所能，解职工所需，帮他们谋划发展，尽快走出困境。

17日，中共迪庆州委宣传部文明办对香格里拉县“创建省级未成年人思想道德建设先进县”工作进行了考核验收。

25日，由中共香格里拉县委、县人民政府举办的县直机关庆祝建国60周年歌咏比赛在坛城文博中心举行，共有17支合唱队参加了比赛。

同日，中共迪庆州委书记齐扎拉先后到建塘镇纳赤塘小学、小中甸中心完小就农村教育资源整合工作进行专题调研。

27日，香格里拉虎跳峡4A景区挂牌仪式举行。

10 月

12日，香格里拉县第一支城市民兵应急分队组建。

14日，中共迪庆州委书记齐扎拉先后到香格里拉城区的部分学校和香格里拉人民医院查看甲型H1N1流感防控救治情况，亲切看望慰问一线的医务工作者和工作人员，代表州委、州政府向他们付出的辛勤劳动表示感谢，并听取了卫生和疾控部门的工作汇报。

16日，晚19：30分，香格里拉县人民政府召开关于甲型H1N1流感防控工作专题会议，会议由县长肖徐主持，州委常委、县委书记彭耀文出席会议并作了重要讲话。

17日，香格里拉县政府组织召开了香格里拉金沙江文化旅游带旅游项目策划征求意见会。

19日至21日，中共迪庆州委常委、香格里拉县委书记彭耀文，州人大常委会副主任杨凤喜一行深入香格里拉县尼西、五境、上江、金江、虎跳峡等乡（镇）检查指导林改工作，并对下一阶段工作进行安排部署。

21日，香格里拉县妇联到香格里拉县小中甸镇团结村开展“拒绝毒品、抗击艾滋、防治结核、保护家园、共创平安”主题活动。

20日至22日，全国政协副主席李金华在省人大常委会副主任程映萱、省政协常务副主席管国忠等陪同下到迪庆调研，在州委常委、州委秘书长马文龙，州人大常委会副主任白嘎，州政协副主席阿青等州县有关部门负责人陪同下，先后到香格里拉普达措国家公园、噶丹·松赞林寺、巴拉格宗大峡谷景区、独克宗古城等地参观考察，详细了解了旅游发展、生态环境保护和民族文化艺术保护开发工作。

22日至24日，香格里拉县乡（科）级新任领导干部培训班在在县委党校举行。

23至24日，中共云南省委常委、省委统战部部长黄毅在学习实践科学发展观活动联系点香格里拉县建塘镇调研时指出，深入学习贯彻党的十七届四中全会和省委八届七次全委会精神，扎实开展好学习实践活动，以学习实践活动取得的实际成效，促进和推动云南藏区经济社会全面发展。

29日，新建丽江至香格里拉铁路征地拆迁动员大会在香格里拉经济开发区举行。

11月

2日至6日，由清华大学主办，香格里拉县委组织部牵头组织，县委党校清华远程站协办，为期5天的“中国富强教育精英——清华（教育扶贫）中青年后备干部远程培训班在香格里拉县委党校举办。

4日，国家、省、州大香格里拉项目终期评估组到香格里拉县尼西乡等“新农村新家庭——大香格里拉地区人口健康促进” 项目试点进行调研。

6日，迪庆州委副书记、州长陈建国在州委常委、香格里拉县委书记彭耀文，州政府巡视员余文元，州政府秘书长吾金丁争及州国投公司、香格里拉县政府、县国土局、县建设局等部门负责人的陪同下深入香格里拉县检查州级重点项目——香格里拉县城三河治理及城市集中供暖项目。

9日，2009年全球旅游度假论坛在香格里拉县举行。

12日，纳帕海国际重要湿地综合治理项目工程竣工，并通过验收。

16日，由省委宣传部、省文明办等16个省直部门、单位组织的全省文化科技卫生“三下乡”集中示范活动在香格里拉县城举行。

17日，云南省第二届“兴滇人才奖”表彰大会上，香格里拉县少体校教练员、运动员高明杰受到表彰，荣获“兴滇人才奖”。

19日至20日，国家四A级景区终评会在香格里拉县城举行，香格里拉松赞林、香格里拉蓝月山谷及香格里拉大峡谷巴拉格宗三大精品景区顺利通过国家四A级评审。

26日至27日，香格里拉县农业局举办基层农技推广体系改革与建设培训班，全县42名农技推广工作人员参加了培训。香格里拉县被农业部列为国家2009年“基层农技推广体系改革与建设示范县”，成为云南27个“基层农技推广体系改革与建设示范县”之一，项目总投资100万元。香格里拉县根据项目已确定了10个项目实验示范基地：上江乡良美村蚕桑试验示范基地、金江镇仕达村蚕桑试验示范基地、小中甸镇和平村青稞试验示范基地、洛吉乡尼汝村牦牛养殖试验示范基地、建塘镇诺西村青稞试验示范基地、东旺乡中心村青稞试验示范基地、格咱乡下格咱村马铃薯试验示范基地、小中甸镇联合村马铃薯试验示范基地、金江镇吾竹村玉米试验示范基地、尼西乡幸福村玉米试验示范基地。

11月，在全省未成年人思想道德建设工作先进县、先进单位和先进工作者表彰会上，香格里拉县被评为“全省未成年人思想道德建设工作先进县”。

12月

11日，由云南电网公司迪庆供电局建设的尼汝河梯级水电站220kv送出工程通过省级验收。概算投资超过9000万元的尼汝河220kv送出工程线路全长71.776km，全线按单双回路建设，其中双回路架设长度4.959km，单回路架设长度66.817km，共用铁塔172基。该工程最高塔位海拔达4172米，工程沿线高山峻岭占38%。

12日，在纳帕海湿地保护区内首次发现“紫水鸡”，拍摄到紫水鸡清晰的照片与高清视频记录。在纳帕海观测到紫水鸡，属于这一区域水鸟种类新纪录。紫水鸡是鹤形目>秧鸡科>紫水鸡属GRUIFORMES>Rallidae>Porphyrio porphyrio，体大(42厘米)而壮，除尾下覆羽为白色外，整个体羽蓝黑色并具紫色及绿色金属光泽，头顶与喙之间有一红色的额甲，显得非常美丽鲜艳，被誉为“世界上最美丽的水鸡”。

24日，根据《国务院关于开展新型农村社会养老保险试点的指导意见》（国发〔2009〕32号）和《云南省人民政府关于印发云南省新型农村社会养老保险试点实施办法（试行）的通知》（云政发〔2009〕193号）等文件精神，香格里拉县人民政府办公室于2009年12月24日印发了《香格里拉县新型农村社会养老保险试点实施方案（试行）》，标志着香格里拉县新型农村社会养老保险试点工作正式启动（香政办发〔2009〕248号）。

25日，《普达措国家公园总体规划》顺利通过了省级评审。规划的编制完善，为国家公园开展生态保护、实现可持续发展及生态旅游业形象定位、旅游宣传、资源整合提供了科学合理的依据，为云南省国家公园试点建设起到很好的示范作用。

29日，腾讯网2009星光行动之香格里拉的传说活动在香格里拉县尼西乡中心完小举行。

概 况

县情概貌

【历史沿革】 香格里拉，原名中甸，藏名“结塘”，即唐代樊绰《云南志·名类》所载之“剑赕”。明代，以纳西语称其地为“主地”，意为酋长之地，汉译名为“中甸”；后历代沿用。1950年5月10日，中甸和平解放，归属丽江地区行署；1957年9月，迪庆藏族自治州成立，设州府于中甸县城；至2001年12月17日，经中华人民共和国国务院批准，更名为“香格里拉县”。

【自然概貌】 香格里拉县位于云南省西北部、青藏高原东南缘横断山脉腹地，迪庆藏族自治州东部。东与四川省稻城县相连，东南与云南省丽江市玉龙县、迪庆州维西县、德钦县隔金沙江相望，西北与四川省德荣县、乡城县为邻。位于东经99° 22′ ~100° 19′，北纬26° 52′ ~28° 52′ 之间。县境两头窄，中间宽，东西最宽距离88千米，南北最长距离218千米。鸟瞰全貌，宛然一襁褓中的婴儿，静卧在万里长江第一湾怀抱之中。全县国土总面积11613平方千米，其中山地占全境面积的93.5%，是云南省129个县、市、区国土面积最大和山地面积最大的县。

香格里拉境内，雪山耸立，河谷深邃。沙鲁里山脉从四川甘孜州延入县境北端，分东西两支沿县境东西两侧逶迤连绵，汇合于县境两端，有海拔3000米以上雪山507座纵列其间；金沙江从西部尼西乡幸福村土照壁入境，南流至金江镇兴文村撒苏碧与玉龙县石鼓镇之间，突然以125° 大拐弯，掉头东向，至洛吉乡洛吉村吉函再转向东南出境，绕境流程375千米，形成“雪山为城、江河为池”的雄伟气势。

地势西北高，东南低。最高点位于尼西乡境内的巴拉更宗雪山，海拔5545米；最低点位于洛吉乡境内的吉函金沙江边，海拔1503米；海拔高差4042米，平均海拔3459米。

地处高海拔、低纬度地带，气候随海拔升高而变化。依次有河谷北亚热带、山地暖温带、山地温带、山地寒温带、高山亚寒带、高山寒带等6个气候带。气候幅宽，气候带窄，垂直立体气候特征明显。2009年平均气温7.5℃、年最高气温25.7℃（出现日期为7月20日）、年最低气温-13.9℃（出现日期为12月26 日）；年日照时数2198.3小时，年降水量606.6毫米，日最大降水量45.5毫米（出现在8月14日）；全年无霜期143天、初霜日出现在本年度10月13日、终霜日出现在上年度5月22日；汛期6月12日开始至9月30日结束。主要气象灾害：泥石流、干旱、连阴雨、雪灾、冰雹、雷电等。由于受气候和地形影响，香格里拉境内植被、土壤、植物、农作物、畜禽品种乃至世居民族均呈垂直立体分布。

【资源优势】 “群山蕴宝、众水流金”，孕育了香格里拉六大资源优势：香格里拉县境内有大小河流244条，主要一级支流13条，总长545千米，多年平均产水量48.69亿立方米，水能资源理论蕴藏量达209.84万千瓦（不含金沙江）。香格里拉县林业用地面积达950911.7公顷，占全县国土总面积的83.3%，其中有林地面积757105.2公顷，占林业用地面积的79.61%，林木蓄积量达12522.104万立方米。香格里拉县森林覆盖率达74.99%。香格里拉为云南亚热带常绿阔叶林植被区向青藏高原高寒植被区过渡地带，南北走向的横断山脉和金沙江河谷，为北温带生物区系成分与东南亚热带生物区系成分的交流汇聚创造了独有的条件，让南北相距仅2个纬度的香格里拉高原几乎包罗了从中国南部亚热带地区到北半球极地约70个纬度水平带的植被类型，生物资源极为丰富，使这里成为“动植物王国”和“天然高山生物园”。这里有菌类、藻类、苔藓类、蕨类、种子植物类植物289科3870种；有哺乳类动物26科97种、两栖类5种，爬行类18种；有鸟类40科170种；有鱼类75种。这里有以云、冷杉为主的225种乔木；有以冬虫夏草、贝母、熊胆、麝香为首的830种药材；有以杜鹃花为冠的1241种观赏植物可供开发利用；以栎松茸、羊肚菌为首的菌类享誉日本及海内外。云南八大名花山茶、杜鹃、龙胆、报春、玉兰、百合、兰花、绿绒蒿，香格里拉不仅样样有，而且是除玉兰、山茶外的六大高山花卉分布中心和分化中心，素以“世界花园之母”而驰名中外。同时，香格里拉还有“天然动物园”之誉，动物以雪豹、小熊猫、黑颈鹤、白鹇、锦鸡最为驰名。

香格里拉地质构造复杂，地处三江褶皱系与扬子准地台交接地带，居于“三江并流”有色金属成矿带腹心区，岩石破碎，岩浆及热液活动频繁，成矿条件良好，已知有金、银、铁、钨、铍、钼、锌、锰、滑石、石棉、水晶、白云石、大理石、褐煤、泥炭等金属、非金属矿种25个，120个矿床、矿点。已探明大型矿床1个，中型矿床5个，小型矿床15个。

香格里拉地处举世闻名的“三江并流”风景区腹地，雪山雄奇，草原广袤，河谷深邃。这里有地质史上最奇特的长江第一湾，江上普陀鸡公石；“一线中分天作堑，两山夹斗石为门”的世界著名峡谷虎跳峡与西北部翁水河流域的香格里拉峡谷群是境内“V”型谷的典型代表；在雪山深处，草原腹地及茫茫林海之中，有高原明珠碧塔海、属都湖、黑颈鹤的乐园纳帕海，神女千湖三碧海等近300个清幽、宁静、神秘的高山湖泊点缀其间；中国最大的冷泉华奇观白水台以及夏给温泉、天生桥彩泉构成一幅幅名泉流溪图；5～9月，雪山草原，莽莽林海，200多种山花竞相开放，到处都是花的海洋，绿的世界，山美水美，胜景迭出。

香格里拉境内从旧石器时代以来就有人类活动，新石器时期即有人类定居；由于它地处甘、青、川、藏、滇民族走廊的交汇部，各种民族在这里南来北往，东进西出，使这里的民族结构十分复杂；25个民族中，至今已在这里居住了百年以上，千人以上的世居民族有藏族、纳西族、彝族、傈僳族、白族、回族、苗族、普米族。在这里世居的九种民族，能操七种语言、会写五种文字；各民族都保持了既相对独立又和谐发展的传统习俗。有琳琅满目的民族服饰、民族歌舞、各具特色的民居；有多种民族特色饮食、民俗风情、婚俗礼仪、传统节日。

香格里拉，自古就是理想的“如意宝地”，藏族民歌唱到：“太阳最早照到的地方，是东方的结塘；人间最殊净的净土是奶子河畔的香格里拉”。

香格里拉县是一个典型的以藏族为主体，多民族聚居，地域辽阔，资源富积的高寒山区农业贫困县。

【行政区划】 香格里拉县隶云南省迪庆藏族自治州，辖4镇7乡（建塘镇、小中甸镇、东旺乡、格咱乡、尼西乡、五境乡、上江乡、金江镇、虎跳峡镇、三坝乡、洛吉乡），63个村民（社区）委员会，688个村民小组，818个自然村。县城驻地——建塘镇，海拔3300米，为迪庆州府和香格里拉县政府所在地，距省会昆明706千米。

【人口民族】 2009年末总人口162487人，其中：户籍人口143380人，非农业人口26540人，占总人口16.3%；少数民族人口122404人，占总人口75.3%。人口死亡率4.77‰,比上年同期下降7.2%；出生率10.73‰,比上年同期下降8.0%；人口自然增长率控制在5.96‰，比上年同期下降8.6%。全县居住着藏族、汉族、纳西族、傈僳族、彝族、白族、回族、苗族、普米族等9个世居民族，共有25种民族。有7种语言、5种文字。

【综合】 2009年，国民经济持续快速发展，综合经济实力明显增强。据核算，香格里拉县实现县域生产总值422175万元，按可比价计算，比上年增长21.2%。其中：第一产业实现增加值30984万元，增长5.0%，对GDP增量的贡献率为2.0%，对县域经济增长的拉动力为0.4个百分点；第二产业实现增加值180387万元，增长12.0%，对GDP增量的贡献率为26.4%，对县域经济增长的拉动力为5.6个百分点，其中：工业实现增加值103106万元，增长1.8%，对GDP增量的贡献率为2.6%，对县域经济增长的拉动力为0.5个百分点；建筑业实现增加值77281万元，增长30.4%，对GDP增量的贡献率为23.8%，对县域经济增长的拉动力为5.1个百分点；第三产业实现增加值210804万元，增长33.9%，对GDP增量的贡献率为71.6%，对县域经济增长的拉动力为15.2个百分点，第三产业对全县经济的快速增长起着支撑作用。

香格里拉县实现县级生产总值236266万元，按可比价计算，比上年增长22.5%。其中：第一产业实现增加值29984万元，增长5.0%，对GDP增量的贡献率为3.3%，对全县经济增长的拉动力为0.7个百分点；第二产业实现增加值84819万元，增长17.9%，对GDP增量的贡献率为29.8%，对全县经济增长的拉动力为6.7个百分点，其中：工业实现增加值32221万元，增长7.4%，对GDP增量的贡献率为5.3%，对全县经济增长的拉动力为1.2个百分点；建筑业实现增加值52598万元，增长26.0%，对GDP增量的贡献率为24.5%，对全县经济增长的拉动力为5.5个百分点；第三产业实现增加值121463万元，增长31.5%，对GDP增量的贡献率为66.9%，对全县经济增长的拉动力为15.1个百分点，同样，第三产业对全县经济的快速增长起着支撑作用。

产业结构调整取得新进展，布局更趋合理，县域的一、二、三产业增加值占全县生产总值的比重由上年的8.4 ：47.3 ：44.3调整为7.3：42.7：50.0；县级一、二、三产业增加值占全县生总产值的比重由上年的14.8 ：37.9 ：47.3调整为12.7 ：35.9 ：51.4。

按年末总人口计算的人均生产总值达到26168元，比上年增加3389元，增长14.9%。

【农林牧业】 2009年县委、县政府切实加强农业和农村工作的领导，深化农村改革，落实党在农村的各项政策措施，加强农业和农村经济发展，一年来，农、林、牧、渔业全面平稳发展。现价农林牧渔业总产值44305万元，比上年增长3.4%。其中：农业总产值18946万元，增长0.8%；林业产值4010万元，增长25.1%；牧业产值14056万元，增长2.4%；渔业产值68万元，增长13.3%；农林牧渔服务业产值7225万元，增长2.0%。

全年农作物总播种面积19450公顷，比上年增长3.4%。其中：粮食作物播种面积16971公顷，增长3.8%，油料播种面积1230公顷，下降2.5%，主要农产品获得丰收。主要农产品产量为：粮食总产量63279吨，比上年增长6.0%。其中：稻谷产量6094吨，比上年增长10.4%；小麦产量13935吨，比上年下降1.2%；玉米产量25906吨，比上年增长15.7%；青稞产量6448吨，比上年下降3.1%；豆类产量3036吨，比上年增长5.8%；薯类产量5461吨，比上年下降9.8%。油料产量28514百公斤，比上年下降9.8%；烟叶产量360百公斤，比上年增长11.5%；药材产量9371百公斤，比上年增长5.3%；蔬菜产量106436百公斤，比上年增长7.9%。蚕茧产量116吨，比上年下降23.7%。

2009年，进一步加强天然林资源保护工程建设和退耕还林工程建设，加强城市绿化建设，林业生产取得好成绩。全年造林面积9333公顷，比上年增长11.2倍；零星植树30万株；苗木产量418.6万株；年末实有封山育林面积48539公顷，比上年增长15.9%，退耕还林667公顷。主要林产品产量为:水果产量29083百公斤，比上年增长5.7%；核桃19765百公斤，比上年增长3.4%；板栗产量575百公斤，比上年增长4.5%；花椒产量1919百公斤，比上年增长15.8%；棕片产量840百公斤，比上年增长3.7%；村社木材产量25691立方米，比上年增长7.5%。

畜牧业生产稳定发展,由于受口蹄疫等疫情影响，牛羊出栏数有所下降，主要畜产品产量及牲畜存栏数为：肉类总产量12129吨，比上年增长6.9%。其中：大牲畜肉产量3027吨，比上年下降-12.9%；牛肉产量2392吨，比上年下降18.8%；猪肉产量8239吨，比上年增长16.6%；羊肉产量429吨，比上年下降8.5%。奶类产量7893吨，比上年增长2.8%。大牲畜存栏138637头，比上年增长0.5%，其中牛存栏120296头，比上年下降0.2%。大牲畜出栏20158头，比上年下降13.6%，其中牛出栏15936头，比上年下降18.8%。猪年末存栏225525头，比上年增长22.6%；猪年内出栏128410头，比上年增长11.3%。羊年末存栏71168只，比上年增长6.6%；羊年末出栏21274只，比上年下降

9.0%。

【乡镇企业】 由于受到金融危机的影响，乡（镇）企业出现下滑趋势。2009年乡（镇）企业总收入61550万元，比上年下降44.6%；乡（镇）企业总产值67316万元，比上年下降44.9%。

【工业】 2009年,全县工业企业克服金融危机带来的不利影响，生产逐步恢复正常，各项指标逐月走强，但全年工业生产小幅下滑。全年县域工业总产值完成158625万元，比上年下降6.9%，其中：规模以上工业总产值完成126657万元，下降9.1%；在县域工业总产值中，轻工业产值完成71528万元，增长33.0%；重工业产值完成87097万元，下降25.3%。

全年县级工业总产值完成71601万元，下降1.7%，其中：规模以上工业总产值完成29107万元，下降8.0%。县级轻工业产值完成38131万元，增长14.7%；重工业产值完成33470万元，下降15.5%。

工业经济效益下降,由于各种工业产品，特别是矿产品市场萎缩，工业产销率下降，致使效益下滑。规模以上工业企业18家，有7家亏损，利税总额7942万元，下降68.6%。工业主要产品产量为：白酒（县域）10834千升，增长10.7%，其中县级1008千升，增长29.2%；水泥（县级）76100吨，下降36.6%；发电量119809万度，增长14.9%，其中：县级20866万度，增长35.0%；自来水（县域）450万吨，增长75.1%，其中：县级334万吨，增长30.0%；铁合金（县域）40789吨，增长6.2%；铜精矿含铜量（县级）6212吨，增长9.5%；铅精矿含铅量（县级）238吨，下降70.1%；锌精矿含锌量（县级）421吨，下降88.2%；钨精矿（县级）402吨，增长10.1%。

2009年，各级政府和企业都加大了技改资金对节能技改项目的支持力度，节能降耗工作开展顺利。全年工业企业产值能耗为0.4456吨标准/万元，比上年下降3.8%，综合能源消费量下降12.5%，全社会能源消费单位GDP下降4.45%。

【固定资产投资】 2009年，香格里拉县紧紧抓住中央扩大投资机遇，在保增长、扩内需、调结构的各项政策措施激励下，加大了固定资产投资力度，全县投资建设取得了显著成效。全年县域固定资产投资总额完成594648万元,比上年增加154921万元，增长35.2%，其中：城镇固定资产投资完成541139万元，增长58.7%；房地产投资完成21200万元，下降10.9%；农村固定资产投资完成3291万元，下降94.7%；农村私人投资完成29018万元，增长1.19倍。

全年县级固定资产投资完成404600万元，比上年增加75487万元，增长22.9%。

【重点项目建设】 重点项目进展顺利：城市供热工程投资完成21000万元，纳帕海国际重要湿地综合治理项目投资完成6800万元，机场扩建投资完成10100万元，雪鸡坪一、二号矿山工程投资完成6500万元，游牧民定居一、二期工程投资完成10037万元，香木公路投资完成3500万元，香乡公路投资完成2320万元，梨园电站投资完成40000万元，浪都河电站投资完成12473万元，尼汝河电站投资完成24897万元，普朗铜矿一期工程投资完成19921万元。

【交通、邮电】 2009年底，全县公路里程有1865千米，其中：县道291千米，乡道859千米，专用公路42千米，村道673千米。按等级分：一级公路2.0千米，二级公路5.6千米，四级公路1256.7千米，等级外公路600.5千米。全年公路运输客运量486318人次，旅客周转量106989520人千米。年底固定电话用户20917户（含农村致富通2675户），比上年减少4923户，下降19.0%；互联网宽带接入用户6628户，比上年增长2670户，增长67.4%。

2009年，邮政通讯业平稳发展。全年邮政业务总量完成880万元，比上年增长30.4%，其中函件业务量157万元，增21.1%，包裹业务量2万元，增长61.7%。报纸累计份数3775683份，增长6.3%；杂志累计份数89320份，增长3.7%。储蓄期末余额15712万元，增长24.7%。

【国内贸易】 在中央“家电下乡”等一系列刺激消费的扩大内需政策的引导下，消费品市场继续繁荣。全年县域社会消费品零售总额完成121017万元，比上年增长21.1%，按经济成分分，公有经济实现36906万元，增长27.4%；非公有经济实现84111万元，增长18.5%。按行业分，住宿业零售总额完成6864万元，增长38.3%；餐饮业零售总额5391万元，增长44.0%；批发业零售总额19811万元，增长8.4%；零售业零售总额49418万元，增长17.5%；其他行业零售总额完成39533万元，增长27.8%。

全年县级社会消费品零售总额完成68208万元，增长23.6%。

【科技、教育、文化】 2009年，加强科技示范项目实施、管理，完善科技服务网络，加大实用技术培训力度，科技事业进一步发展。全县共有农技协会有31个，会员有10030人，比上年增加3个协会，会员增加330人。全县共举办培训143期，参训人员达19248人，发放使用教材、科技书籍21000份，赠送农村实用技术光盘600张，播放实用技术录像309场次，观看人数达3000人次。着力抓好农函大培训工作，多渠道、多形式地开展科技培训，2009年，香格里拉县科协农函大在4个乡（镇）招收了“种桑养蚕”、“核桃的栽培技术”、“尼西鸡的养殖”3个专业，4个教学班，学员365人。

教育事业坚持实施“科教兴香”的发展战略，加强成人教育，提高教育质量，教育事业有了新的进展。全县拥有幼儿园5所，其中：县镇教育部门办的有2所，县镇民办的有2所，农村教育部门办的有1所。在园幼儿数1440人，教职工数102人，其中园长7人，专任教师61人。小学90所，教学点数92个，在校学生数13028人，教职工数1129人，其中专任教师1066人，比上年增长1.2%。中学校数 7所，初高中在校学生数7063人，其中初中在校生5821人，高中在校生1242人；中学教职工611人，其中专任教师437人。小学学龄儿童入学率99.1%，比上年上升0.35个百分点；小学辍学率0.70%，下降0.34个百分点；小学毛入学率110.11%；小学巩固率99.50%，上升0.25个百分点；小学升学率90.25%。初中毛入学率101.09%，上升2.17个百分点；初中入学率77.86%；初中升学率54.56%，上升3.48个百分点；普通初中巩固率98.73%，普通初中辍学率1.53%，普通高中辍学率2.72%。

加强文化行业管理，积极开展群众文化活动，文化事业有了新的进展。群众艺术馆、文化馆从业人员8人，组织文艺活动3次，文化站有11个，从业人员11人，举办展览个数23个，组织文艺活动次数57次，举办训练班班次25次，培训人次2518人次，藏书50171册；文化产业增加值达26582万元，占生产总值的6.3%。

【卫生、体育】 卫生事业进一步发展。以农村和社区为重点，推进覆盖城乡居民的基本卫生保健制度建设，公共卫生和医疗服务体系不断完善。2009年末，全县拥有15个卫生机构数，从业人员有350人，其中卫生技术人员数289人，执业医师120人，执业助师30人，检验师4人，药师6人，注册护士49人；门诊总诊疗311150人次；病床使用率为65.96%住院人数4316人次，实有床位125张；村卫生室个数51个，人员58人。

体育事业取得新的业绩，学校体育、竞技体育、群众健身活动继续发展。体育系统从业人员有3人，省级运动比赛中，获得田径金牌4枚、田径银牌6枚，击剑银牌1枚。

【财政、金融】 2009年，县域地方财政收入完成33288万元，比上年增长29.9%，地方财政支出173593万元，增长23.9%；县级地方财政收入完成16606万元，增长25.3%，地方财政支出76040万元，增长19.1%。

年末，金融机构各项存款余额302182万元，比上年增长36.7%，其中：储蓄存款余额125617万元，增长20.3%；金融机构贷款余额390254万元，增长27.3%。全年现金投放稳步增加，累计现金收入449358万元，累计现金支出512719万元，收支相抵后，累计投放现金63361万元，增长1.05倍。

【旅游、招商引资】 2009年，全县旅游业实现了稳中有升的良好局面。旅游总人数达394.59万人次，比上年增长20.0%，其中：国内旅游总人数345.41万人次，增长20.2%。全年旅游总收入达409749万元，增长34.1%，其中：国内旅游总收入235159万元，增长68.4%。旅游门票收入2.06亿元。

2009年，招商引资工作进展顺利，全年招商引资实际到位资金271983万元，比上年增长22.0%。其中：引进州外资金263328万元，增长24.2%。

【人口与人民生活】 2009年末总人口162487人，其中户籍人口143380人，乡村人口115751人。人口死亡率4.77‰,人口出生率10.73‰,人口自然增长率5.96‰。

2009年，随着职工工资的调整以及城乡居民低保工作的逐步完善，城镇登记失业率逐步降低，农村劳动力转移输出规模不断扩大，城乡居民收入稳步增长，人民生活进一步提高。县域全部单位在岗职工有17276人，比上年增加13.9%，其中：县级全部单位在岗职工9471人，增长13.8%。县域全部单位在岗职工工资总额57338万元，比上年增长26.1%，其中县级全部单位在岗职工工资总额31268万元，增长18.6%。县域全部单位在岗职工年平均工资34668元，增长12.0%，其中县级全部单位在岗职工年平均工资34807元，增长9.2%。城镇居民人均可支配收入16040元，增长9.6%。农民人均纯收入3026元，增长12.2%。

2009年，扶贫工作取得一定成效。年内解决温饱人口0.356万人，解决饮水困难人数4090人。城市居民最低生活保障人数5921人，农村居民最低生活保障人数35870人。

乡镇概况

建塘镇

【概况】 建塘镇地处州、县政府所在地，是全县乃至全州政治、经济、社会、文化交流和发展的中心；是"香格里拉"腹心地，地形为高山盆地，四周群山环绕，中间地势平坦，总面积为1614.6平方千米，海拔3300米。

【行政区划】 全镇辖尼史、诺西、红坡、解放、吉迪五个村民委员会和建塘、北郊、金龙、仓房、北门五个社区委员会，有86个村民小组和23个居民小组。86个村民小组以发展农牧业生产为主，23个居民小组以从事非农产业为主。

【人口与民族】 2009年，全镇人口有54000多人，其中2009年底农业人口有3583户17505人。以藏民族为主体，其他多种民族聚居。

【综合经济指标】 2009年全镇国内生产总值完成75601万元，增长11%；财政一般预算收入完成1583.69万元，增长38.37%；固定资产投资完成7099万元，增长8%；粮食总产350. 61万千克，增长-9%；转移培训输出农村劳动力2800人次，创劳务经济收入682万元；农民人均纯收入达3373.6元，增长19.5%；人口自然增长率控制在6.35‰以内。

【农业】 以"新农村建设、农业增效、农民增收"为目标，进一步深化农业农村改革，加大农村产业结构调整力度，狠抓农业基础设施改善和农村二、三产业的发展，切实延长农业产业链。年初遭遇了冰冻雨雪灾害，四月又遭受到了严重干旱灾害，面对严峻的农业生产形势，广大干群万众一心，集思广益，扎扎实实开展灾后生产自救工作，种植业因灾而未成害。全年完成青稞规范化种植15496.38亩,总产量达2275504.6千克，完成青稞良种种植 15496.38 亩。完成马铃薯丰产栽培5399.4亩，总产量达 5672577千克。推广优质油菜种植7306.4亩，总产量达980439千克。因地制宜调整产业结构,努力为农业增收增效开辟途径，在尼史村建立无公害蔬菜种植基地534.5亩；建立科技示范户70户，科学技能培训5500人次；农田科技推广得到进一步认可，推广平衡施肥1.5万亩；推广机耕机耙1万亩；全面实现病虫害综合防治；积极引导农民向多元化产业发展，绿色无公害蔬菜和优质油料作物生产基地建设进一步优化，吉迪村生态农业示范区得到进一步支持和发展。农民人均纯收入3373.6元，较上年增长19.5%。各项涉农资金全部发放到位，切实减轻了农民负担，确保了农民增收。

【畜牧业】 加大畜牧疫病防治工作，针对口蹄疫疫情的发生，采取各种有效应急措施，严格对患病牲畜进行排查，做好大牲畜的强制免疫工作及疫病牲畜的灭杀、消毒工作，共扑杀牛496头、猪119头，强制口蹄疫疫苗免疫牛26730头、猪13622头、羊6340只。同时做好全镇大小牲畜的存栏数的统计工作，目前全镇牦牛、犏牛、黄牛存栏数为28030头，猪13620头，羊6430只。

【林业】 进一步加大林政执法力度和天然林保护的力度，努力做好森林防火工作，成立护林防火领导小组和义务消防队，进一步做好社会护林防火宣传，张贴森林防火标语500余幅，发放传单1500份，张贴《云南省政府森林防火命令》40余幅，发放防火户主通知书6000份，不断提高全民防火意识，划片包干、层层签订防火责任书，一年来全镇没有发生大的森林火灾。同时，认真做好退耕还林、退牧还草工程实施，充分实现“退得下、稳得住、不反弹”。加强农村太阳能等新能源建设，切实加强生态建设和保护；对沙石等乱挖乱采现象进行治理整顿；将林权制度改革与生态环境保护紧密结合，做好生态区区域功能调整。

【财政、税收】 做好财政收支预、决算，完善税费改革配套文件，切实减轻农民负担，对全镇86个村民小组全面实施了财务会计委托代理服务工作，村级财务管理进一步规范，财政支出得到有效控制。2009年镇政府努力压缩债务规模，化解财政风险，提升项目管理，在镇财力十分紧张的情况下，努力筹措各种资金，按照“一要吃饭，二保发展”的原则，全年完成一般预算收入1583.69万元（即税收收入），完成上级下达收入任务数的120%，完成一般预算支出743.61万元（含专款支出），完成上级下达数的123%。做好粮食直接补贴、粮种补贴及退耕还林补助等各项专项资金的管理统发。全年通过“一卡通”共发放粮食直补资金130.3万元，发放油菜补贴资金9.18万元，发放退耕还林补助及管护费189万元。积极贯彻落实国家家电、汽车下乡工作的补贴工作，全年共发放家电下乡补贴306户，兑现补贴资金6.9万余元，发放汽车下乡补贴47户，兑现补贴资金16.2万余元。认真做好专项资金的管理使用，做到专款专用，严格执行政策、提高专项资金的运行质量和使用效益；不断规范政府采购行为，提高采购质量和效率。全年完成固定资产采购54.8万元。

【招商引资】 狠抓机遇，紧紧围绕以招商引资为重点的经济发展思路，突出以项目建设为抓手，创优招商环境，招商引资工作取得了较快发展，项目建设取得了较好成绩，有力地推动了全镇经济发展。全年招商引资8400万元，其中松赞林寺扎仓大殿建设投资1500万元；石卡雪山景区修建山顶古城堡的氧吧、客房、观景台投资800万元；亚洲旅游论坛建设会展中心、超五星级酒店、休闲商务区投资5000万元；普达措国家公园建设环保车库、厕所、环保车修理车间投资700万元；纳帕海景区修建景区栈道、休闲购物街、餐饮、城堡等基础设施投资400万元。

【基础设施建设】 整村推进项目投资250万元，建设完成宽4米、长6.3千米尼史村通村柏油公路；修复人畜饮水管道1500米、新建蓄水池4个,安装太阳能200套，高原油菜基地沟渠建设2000亩；游牧民安居工程完成第一期投资237.6万元，建设108户，第二期投资650万元，建设260户；完成吉迪村新农村建设项目投资35万元，修建宽4米、长900米村内水泥道路，修建垃圾池3个，房屋改造44户，科技培训80人次；完成吉迪村7个村民小组的农网改造项目；完成红坡村几吕、吓浪片区人畜饮水安全建设，修建修复了78户人畜饮水工程，解决了397人、798头大小牲畜的饮水安全；完成北门社区全部农业人口50万元的太阳能建设项目；同时加强了改水改电改厨改厕的“四改”工程进程。

【教育文化】 2009年建塘镇被列为州、县教育改革、撤校并点、集中办学试点的重点乡（镇），在州、县党委、政府及教育主管部门的关心、支持下，盘活了香格里拉县第一中学北院的校舍，改建为建塘镇纳赤塘寄宿制小学。并按州、县集中办学的工作部署，除镇属尼史完小继续存续外撤销了所有的村级完小及小学。归并后把诺西完小的所有师生纳入香格里拉县民族小学，把红坡、吉迪、解放三个村的所有师生纳入纳赤塘小学，全镇只设纳赤塘小学、逸夫小学、红军小学（原红卫小学）、尼史完小等四所镇级小学。顺利完成全镇各校点的校舍改造及师资力量的调配优化工作，初步达到了州、县提出的“把全镇所有小学办到镇上，所有适龄儿童到县城就学”的集中办学条件。并对各村、社区分派工作组进行宣传动员，确保9月份新学年开学时如期将全镇所有适龄儿童全部送达集中办学点就学。

“两免一补”政策得到进一步落实，高原农牧民子女生活补助得到保障和提高，全年共发放补助资金244万元，受益学生1525人。

【卫生事业】 香格里拉城北城市卫生服务中心举行“奠基仪式”，门诊综合大楼总建筑面积为2009平方米，总投资300万元，预计2010年10月完工投入使用；城南城市社区卫生服务中心完成土地征用，面积为1.8亩，总投资63万元；并对现有3个社区服务中心进行了改造装修和购置了医用设备，同时通过内部激励机制，狠抓医疗质量，改善了就医环境，提高了医疗质量；积极开展甲型H1N1流感的防控工作，严格按照疫情防控预案，认真做好医务人员培训及发热病人的治疗，为疫情防控工作做出了积极贡献。镇卫生院全年实现医疗业务收入168万元，比去年增长44%；接种各类疫苗4450人次，发放传染病防控宣传画册和各类资料15000余份；为广大患者建立健康档案2183份。

【计生服务】计生办、计生服务站、流动人口管理办统一认识、共同协作，不断加强宣传，做好婚育统计工作，全年新生儿出生266人，计划生育率达90.03%；认真贯彻实施“奖、优、免、补”政策，宣传普及率100%，兑现各项资金11.84万元；全镇人口自然增长率控制在6.35‰以内，避孕节育落实率达87.45%；抓好妇检到位、农村计划生育家庭奖励扶助对象和独生子女死亡、伤残家庭扶助对象的确认落实，独生子女父母奖金兑现率达100%；完善了计生利益导向机制，确认并及时发放了14个独生子女奖励扶助对象的扶助金15750.00元、兑现独生子女教育奖学金2000元；加强婚姻登记管理工作，严格执行《婚姻法》和《婚姻登记办法》，严格控制早婚现象，使法定年龄领证率达100%；进一步加大了人口出生缺陷干预实施方案和艾滋病防范知识宣传力度，培训2期24班5276人，发放叶酸161份，艾滋病基本知识手册562份；加大婚育排查力度和加强对流动人口的管理。

【社会事业】 全年共发放救灾资金7万元、民房恢复重建资金15万元，救灾粮80吨；认真落实五保、低保政策，继续认真做好低保和五保户供养工作；开展农业人口信息采集工作，新增农村低保人口480人，基本实现应保尽保。目前全镇农村低保对象3526人，全年共发放低保资金189万元；发放城镇低保对象625户1379人的城镇低保资金262万元；五保供养19户21人全部免费纳入新型农村合作医疗；大力推进城乡医疗救助水平，全年共救助134人，累计发放资金36.77万元；全面做好双拥优抚工作，全镇共有优抚对象306人，召开优抚对象座谈会10场次，发放优抚金6.12万元；全年共发放优抚金、抚恤金、伤残定补21.33万元；同时，认真做好全镇老龄工作和其他工作。

【维稳工作】 结合“千名干部送法进村（寺）促和谐”和学习实践科学发展观活动，进一步巩固“千名干部入户促小康”活动成果。镇维稳办、司法所、派出所及各挂村副科以上领导、新农村建设指导员、大学生村官以及各村、社区干部，组成矛盾纠纷排查小组，对各村（社区）进行“拉网式”全面排查，开展大走访、听取民意、重点摸排，对一些社会矛盾纠纷和群众关心的热点、难点问题进行深入的调研，对长期存在未能妥善处置的地界纠纷进行矛盾化解，力争将矛盾纠纷化解在基层，同时切实加强了对不稳定因素的掌控。全年共调处各类矛盾纠纷164起，调解成功率达99%以上。“五五”普法工作进一步深入人心，人民调解委员会工作卓有成效。通过努力工作，使广大群众自觉抵御境外敌对势力和分裂分子渗透和分裂，在外部维稳环境压力很大的情况下，做到了“坚持和谐发展，努力在维护社会稳定上走在前列”的任务要求，促进了全镇和谐安宁、民族团结和睦。

【民兵工作】 人武部带领民兵队伍，出色完成民兵训练任务，圆满完成一年一度的征兵工作，为部队输送合格新兵。在爆发“口蹄疫”疫情时，镇人武部带领广大民兵做好扑杀牲畜的消毒、深埋等疫情防控工作。

【文化广电】积极配合州、县文化部门开展“欢乐香巴拉”、端阳赛马节等群众性文化、体育活动，做好民族服饰及其制作工艺等非物质文化遗产保护调查工作；完成全镇“村村通”广播、电视工程建设工作。

【自身建设】 立足工作实践，全面抓好干部职工及广大党员的学习活动，不断更新知识，提高办事效率。严格按照法定权限履行职责、行使权力，增强政府行为的公信力。加强机关效能建设，全面推行机关规范化建设，提高行政效率。进一步加强便民服务中心的服务功能，坚持以民为本、以民为重、以民为先，用群众高兴不高兴、满意不满意作为衡量工作的根本尺度，努力把人民群众的利益维护好、实现好、发展好。大力推行政务公开、村务公开，扩大干部群众的知情权和监督权，提高决策的透明度和公众的参与度。严格执行廉政建设各项规定，突出抓好干部廉洁自律、查处违法违纪案件、纠正部门与行业不正之风等重点工作，以良好的政府形象赢得群众的信赖和支持。

【深入开展“千名干部送法进村、社区促和谐”活动】 2月23日，镇党委正式启动开展主题教育“千名干部送法进村、社区促和谐”活动。州、县下派34名及镇24名工作队员全部深入全镇10个村（社区）、105个村（居民小组）18000多农户中，开展了为期40天的送法进村（社区）促和谐活动，认真宣讲了党的十七届三中全会精神和法律法规知识，积极开展矛盾纠纷排查化解工作和基层党组织建设的“三建三创”活动，各项工作取得很好成效。

【领导名录】

党委书记：康建华

人大主席：史光明

镇　长：松云龙

副书记：孙　诺

纪委书记：杨　杰

副镇长：梁元秀、陈建明、杨继祖

武装部部长：和　堂

【尼史村委会】 尼史村委会辖16个村民小组，农业人口710户3879人，全年粮食总产768500千克，大小牲畜存栏7644头（只），农业经济总收入16139169.00元，人均收入3548.00元。

村党总支书记：追　玛

村委会主任：孙建忠

【诺西村委会】 诺西村委会辖12个村民小组，农业人口573户2960人，粮食总产747191千克，大小牲畜存栏9082头(只)，农业经济总收入8403687.00元，人均2613.00元。

村党总支书记：李继红

村委会主任：小　陆

【红坡村委会】 红坡村委会辖12个村民小组，农业人口418户2266人，粮食总产606502千克，大小牲畜存栏9772头(只)，农业经济总收入9215997.00元，人均2670.00元。

村党总支书记：肖知诗

村委会主任：七林培楚

【解放村委会】 解放村委会辖12个村民小组，农业人口589户2936人，粮食总产632308千克，大小牲畜存栏9346头(只)，农业经济总收入8863571.00元，人均2728.00元。

村党总支书记：鲁红光

村委会主任：甲　巴

【吉迪村委会】 吉迪村委会辖17个村民小组，农业人口500户2714人，粮食总产655147千克，大小牲畜存栏6852头(只)，农业经济总收入8682143.00元，人均2575.00元。

村党总支书记：陈胜国

村委会主任：陆　春

【建塘社区委员会】 建塘社区居委会辖2个村民小组，农业人口110户376人，粮食总产12400千克，大小牲畜存栏223头(只)，农业经济总收入6008586.00元，人均11297.00元。

社区党总支书记：汪学成

社区主任：肖龙平

【北郊社区委员会】 北郊社区居委会辖3个村民小组，农业人口174户822人，粮食总产131896千克，大小牲畜存栏3241头(只)，农业经济总收入5573550.00元，人均6019.00元。

社区党总支书记：农　奴

社区主任：格茸七林

【金龙社区委员会】 金龙社区居委会辖3个村民小组，农业人口205户667人，粮食总产24100千克，大小牲畜存栏329头(只)，农业经济总收入4208963.00元，人均5933.00元。

社区党总支书记：和树跃

社区主任：恩德生

【仓房社区委员会】 仓房社区居委会辖3个村民小组，农业人口142户479人，粮食总产0千克，大小牲畜存栏96头(只)，农业经济总收入179824.00元，人均3690.00元。

社区党总支书记：马秀英

社区主任：余建忠

【北门社区委员会】 北门社区居委会辖3个村民小组，农业人口152户406人，粮食总产17050千克，大小牲畜存栏241头(只)，农业经济总收入2700507.00元，人均6369.00元。

社区党总支书记：熊原琳

社区主任：牛文义

（和桂华）

小中甸镇

【自然概貌】 小中甸镇位于香格里拉县南部，东经99°36′~99°59′，北纬27°20′~27°43′之间，北与建塘镇毗邻、南连金江镇、东与三坝乡、虎跳峡镇接壤、西界上江乡、五境乡，面积1054平方千米。地处高寒坝区，地形北稍高南稍低，周围群山环列，硕多岗河从北向南流经全境，国道214线贯穿全境，驻地海拔3207米，最高海拔4985米，平均海拔2830米，年最高温26.5摄氏度，最低气温零下19.4摄氏度，年平均气温5.8摄氏度，年降雨量849.8毫米，无霜期120天。

【行政区划】 辖联合、和平、团结3个村民委员会，共50个村民小组，83个自然村。

【人口与民族】 2009年小中甸镇总户数为2245户、其中农业户数为1868户，人口总数为10444人，其中农业人口9495人，民族有藏、纳、白、回、彝、傈僳等8个民族，藏族占总人口的96.3%。

【经济】 小中甸镇气候严寒，属半农半牧地区，农作物仅一年一熟，主产青稞、洋芋、蔓菁等。2009年全镇经济总收入达到3627.79万元，其中：农业收入559.84万元、畜牧业收入1429.58万元、林业收入255.27万元、交通运输业收入1324.06万元、商饮业收入11.22万元、服务业收入5.6万元、其他收入42.22万元，人均纯收入3500元，比上年增720元，完成财政收入190.67万元，完成固定资产投资3527.7万元。

【农业】 2009年农田综合防治面积达36120亩，科技培训2150人次，良种推广青稞5300亩、青稞规格化种植12135亩、马铃薯良种种植6200 亩、马铃薯规格化种植2500亩、优质油菜种植2000亩、油菜高产栽培2800亩、病虫防治24270亩、青稞试验示范100亩、马铃薯不同肥效实验2亩、地膜马铃薯615亩。2009年，农业虽然受到霜冻天气、旱灾、大风倒伏和各种虫灾的影响，但收成比去年有了较大的提高，全年粮食总收入3635吨，比上年增加80吨，人均有粮241千克。

【畜牧业】 小中甸镇地域辽阔，草场资源丰富，牲畜品种较多，拥有得天独厚的自然条件，全镇可利用草场面积90多万亩，退化面积24万亩、人工草场改良12万亩、退牧还草15万亩，发放退牧还草资金356.33万元。2009年完成大牲畜防疫5670头，猪瘟防疫2.97万头，家禽防疫2450多只，实现全年无重大疫情发生。全年共完成大牲畜改良牛3439头、猪6817头、羊560只。销售药品金额1.56万元，市场检疫317头，下乡综合服务1421次，种植青贮饲料 2800亩，青贮饲料加工1362吨，氨化料2500吨，饲料秸秆储备2800吨。全年大小牲畜存栏36037头（只），其中大牲畜存栏 19097头，小牲畜存栏16939头，为发展畜牧业奠定良好的基础。

【林业】 加强林业工作，正确处理资源开发和环境保护的关系；开展宣传动员工作，严厉打击盗砍盗运者；严格把好民用材指标和柴火指标的分配手续关，加大对木材管理，重视野生动植物保护和抓好森林防火工作，与三个村委会签订《小中甸镇林业资源管理责任状》、《环境保护责任状》等各种责任状，加大林业的管理力度。2009年共查处各类林政案件16起，实现罚没收入35500.00元。

【教育文化】 2009年，教育工作坚持以“发展经济、教育为本、科技兴镇”的方针，在原有的基础设施上多方筹措资金，进一步改善办学条件，极大程度的改善全镇教育教学的硬件和软件设施，推动了教育事业的发展。根据《迪庆藏族自治州人民政府关于印发藏区高原农牧民子女学生补助方案（试行）的通知》（迪政发〔2007〕15号）文件精神，按照标准，及时兑现资金、按时足额的发放到学生手中，做到专款专用，严禁资金挤占、截留、挪用、确保资金的安全使用，进一步做好“普九”的巩固工作，帮助失学儿童及困难学生实施“留得住”、“学得好”的方针，并对“普九”工作突出的村、村民小组及家庭给予表彰，有力地支持了“普九”的巩固工作。根据香格里拉县委、县政府实施“两基”工作的计划，结合实际，镇党委、政府按照“两基”目标及全县教育工作会议精神，全面加强对教育工作的领导，把教育摆在优先发展的战略地位，牢固树立“再穷不能穷教育”的思想。为努力实现基本普及九年义务教育的目标，镇党委、政府多次召开会议研究讨论此项工作，制订出切实可行的《实施方案细则》，与各村委会签订了《目标管理责任书》，村两委与各小组签订了《入学保证书》，并与正在实施的各种项目挂钩，做到一级抓一级，层层抓落实。全镇有小学专任教师69人，学历合格率达98%。2009～2010学年度7～12周岁适龄儿童891人，在校学生883人，入学率达到99.1%，小学辍学率为0.90%。13～15周岁少年431人，在初中以上就读的有301人，初中阶段的毛入学率达70%，初中辍学率为30%。

【卫生事业】 2009年，镇卫生院共设有4个医疗点，其中村卫生室3个、综合门诊住院部1 个，并设有11个农家卫生室。全年门诊人数为21889人，住院人数为29人，医疗总收入82.03万元，其中药品收入59.01万元，医疗收入23.02万元。

新型农村合作医疗截止2009年12月，镇合作医疗管理办公室统计下一年参合人数9386人，共计筹资金额达10.82万元，民政代缴2170人，共计3.25万元，参合率为99.14%。2009年新型农村合作医疗资金总补偿14915人次，总补偿金额为55.23万元，其中门诊补偿17858人次，补偿金额24.84万元；住院补偿185人次，补偿金额29.47万元，住院分娩23人次，补偿9200元。

【民兵工作】 2009年，在县人民武装部的领导下，以民兵基层规范化建设和年度民兵整组工作为主，搞好民兵工作“三落实”。加强民兵组织建设，提高国防意识，组织民兵完成了为期10天的军事训练任务，同时开展了民兵的政治教育，为全镇各项事业建设工作中发挥了保驾护航的作用，在发生各种灾害时，小中甸镇民兵应急分队积极投入，出色的完成了上级赋予的任务，表现出民兵组织“拉得出、用得上、打得响”的战斗作风，为社会主义各项事业发挥了重要作用，同时全面完成了年度征集新兵工作任务。

【基础设施建设】 2009年，完成固定资产总投资3527.70万元，其中：上级扶持资金2415万元，群众自筹1112.70万元。其中：团结村整村推进项目共投资397万元，整合资金 270万元，群众投工投劳折资127万元。项目架设人畜饮水管道7300米、太阳能安装376套、改造沙石路面68400米、修建两个活动场所，现已基本完成项目建设任务并投入使用；联合村唐安谷新农村建设项目内容包括安全饮水改造43户、太阳能安装43户、硬化道路3000米、危房改造和墙体粉白15户，修建民用桥等，项目总投资50.7万元，其中上级扶持35万元，群众投工投劳折资15.7万元。现已完成投资并通过县级部门验收；2009小中甸镇“一事一议”项目，计划投资30万元，上级扶持15万元，群众投工投劳折资15万元，主要建设联合村吴古村民小组通村公路2.3千米，项目正在实施当中；小中甸镇团结村完小集中办学改扩建项目，2009年计划投资154万元，已完成各项投资并通过验收，并于09年9月份实现了集中办学。积极争取资金，计划投资600万元，建设小中甸镇中心完小教学楼、生活区、宿舍等设施，争取在2010年6月份实现全镇集中办学；小中甸镇中心卫生院建设项目，投资179万元，主要建设700平方米业务用房及门诊综合楼，已通过验收投入使用；镇文化站建设项目，总投资30万元，其中中央投资20万元，自筹10万元，主要建设内容为300平方米文化站建设、室外活动场所及相关配套设施建设，现已通过验收投入使用；镇计生服务站建设项目总投资30万元，中央投资25万元、自筹资金5万元，建设项目为300平方米计生服务站业务用房及相关配套设施建设，现已通过验收投入使用；小中甸镇水库建设项目，完成投资950万元，主要用于移民房屋搬迁赔偿；“村村通”广播电视工程项目，投资42万元，完成全镇1401户广播电视接收机安装，现已通过验收投入使用；“上海帮扶”建设项目，项目投资50万元，其中上海帮扶资金40万元，农户自筹10万元，到目前10个蔬菜大棚的建设已完成投资；2009年高原游牧民定居工程建设项目，国家投资670万元，主要用于建设260户农牧民房屋、圈舍和贮草棚建设；党建活动室建设项目计划投资59万元，2009年完成投资15万元，主要建设内容为8个支部活动场所及相关配套设施建设，现已完成一个支部活动室场所建设并通过验收。

在加强基础设施建设的同时，进一步加强对农民，农村党员、残疾人的劳动技能、养殖、农业技术等方面的培训，全年共培训了8期，为解决群众的贫困问题奠定了基础。

【精神文明建设】 坚持“两个文明”一起抓，积极配合县计生委促进 “独生子女奖励办法”的有序开展。体育、文化事业得到进一步发展，在重大节日开展丰富多彩的群众文体活动，一年一度的“达拉节”、“浪拉节”的庆祝活动丰富了当地群众的文化生活。

【民政】 2009年，共解决240人的贫困人口温饱问题，其中解决绝对贫困人口100人、低收入人口140人，发放救灾粮30吨，有力地确保了困难户的正常生产生活。

【劳务输出】 为增加农民的收入，2009年以镇社保办为中心，统计农村剩余劳动力，进行劳务输出。全年劳务输出1300人，劳务输出收入达到265万元，有力地确保了困难户的正常生产生活和促进全镇的经济发展。积极推动精神文明建设，鼓励广大人民群众发家致富，走出一条属于自己的小康之路。

【计划生育】 2009年，加强对计划生育工作的同时，抓好《人口与计划生育》、《计划生育技术服务条例》和《云南省人口与计划生育条例》的学习和宣传教育作，并将一法两条例纳入镇“五.五”普法规划，使人口与计划生育工作步入依法管理的轨道。2009年全镇已婚育龄妇女2292人，生育124人，死亡34人，年内有136人领取《独生子女父母光荣证》；进一步加大流动人口的管理，常住人口违法多生育超出指标0人，流动人口违法多生育0 人，本年度无违反计生条例的行为发生。

【司法调解】 认真开展了社会治安综合治理工作，与各站所、各村委签订了《小中甸镇社会治安综合治理目标管理责任书》，并调整充实了社会治安领导小组、安全生产领导小组、消防安全领导小组、社会矛盾调处、人民调解委员会等组织。镇政府经常组织干部职工下乡结合“五五”普法工作的开展进行宣传党的路线、方针、政策，同时对社会稳定方面的相关法律法规知识作为重点宣传。全年全镇共发生各类纠纷88起，调解成功88起，其中婚姻纠纷31起、邻里纠纷13起、土地纠纷2起、其他42起，调解成功率达100%，结合“千名干部送法进村（寺）促和谐”活动开展法制培训和法制宣传会48场，受教育人数达到9161余人次，实现了无重大刑事案件，无集体上访，无群众性纠纷械斗的良好局面。

【大事记】 2月15日，小中甸镇团结村吉沙村民小组境内发生特大森林火灾，全镇干部群众经过八天九夜的奋力扑救，终于取得了扑火工作的胜利。

4月8日，小中甸镇第二届人民代表大会第二次会议召开。

5月26日，小中甸镇地方志编纂工作部署会议召开，对全镇的地方志编纂工作进行了部署安排。

5月26日，小中甸镇220千伏输变电工程协调工作会议召开。

7月6日，小中甸镇水利枢纽工程协调会召开。

7月14日，小中甸镇扩大内需项目检查工作会议召开。

9月14日，小中甸镇森林资源及林政管理协调会召开。

9月28日，小中甸镇深入学习实践科学发展观活动动员大会召开。

10月27日，小中甸镇H1N1流感防控工作会议召开。

10月30日，小中甸镇整村推进和新农村建设项目汇报会召开。

11月19日，小中甸镇护林防火工作会议召开，对全镇护林防火工作进行安排部署。

12月16日，小中甸镇水利枢纽工程工作会议召开。

【领导名录】

党委书记：孙红梅

人大主席：林朝红

镇　长：周世全

副书记：汪　扎

纪委书记：史小松

副镇长：汪国强、唐建国、农振华、杨晓英

武装部长：马　鑫

【联合村委会】 2009年，村委会辖21个村民小组，765户，总人口3960人，全年粮食总产量为1413吨，人均有粮356.82千克，大小牲畜存栏总数14425头（只），农村经济总收入1448.87万元，农民人均纯收入3658.77元。共有完小1所，小学7所，教师20人，在校生2015人。村卫生室2个，医生2人，农家卫生员5人。2009年安装电视卫星接收器535套。

村党总支书记（兼村委会主任）：陆　三

村委会副主任：农　布、旺　丹（兼文书）

【和平村委会】 2009年，村委会辖17个村民小组，641户，总人口3269人，全年粮食总产量1193吨，人均有粮364.95千克，大小牲畜存栏总数11792头（只）；农村经济总收入1273.35万元，农民人均纯收入3895.23元。共有完小2所，小学8所，教师38人，教学班29个，在校生143人。村卫生所1个，医生2人，农家卫生员4人，2009年安装电视卫星接收器478套。

村党总支书记（兼村委会主任）：林秋生

村委会副主任：李建华、白　聪（兼文书）

【团结村委会】 2009年村委会辖12个村民小组，463户，总人口2266人，全年粮食总产量1029吨，人均有粮454.11千克；大小牲畜存栏总数9819头（只）；农村经济总收入905.57万元，农民人均纯收入3996.34元。共有完小1所，小学4所，教师13人，教学班15个，在校生891人；卫生室1个，医生1人，农家卫生员2人；2009年安装电视卫星接收器336套。

村党总支书记（兼村委会主任）：齐建国

村党总支副书记：邓学益

（王燕琳）

东旺乡

【概况】 东旺乡地处香格里拉县北部，介于东经99°23′～99°53′，北纬28°22′～28°52′之间，其北部与四川省乡城县洞松乡、白依乡接壤，西部与四川省得荣县八日乡、奔都乡、古学乡、子庚乡相邻，东面和南部与香格里拉县格咱乡、尼西乡毗邻，面积为1338平方千米。

东旺是农林牧并重的贫困乡，至今尚处于自给自足的自然经济。全乡共有耕地面积28922亩，人均有地1.39亩，在总耕地中水浇地占40%，其余均为旱地、转歇地。农作物主要有青稞、小麦、玉米、土豆；畜牧业主要饲养毛牛、犏牛、黄牛、马、骡、驴、山羊、藏猪等。

东旺乡是属滇西北典型的横断山脉纵谷地带，境内雪峰林立，河谷纵横，素有雪山峡谷之美誉。硕曲河流入东旺境内，贯穿东旺全境，从东旺乡西南部新联境内的色仓大峡谷出境，流入四川省得荣县境内。该河全长近300千米，其中东旺境内60千米，其在东旺境内有33条支流，其中有季节性河流13条。东旺境内北部与西部与四川省乡城县、得荣县接壤的地带有大片的高山牧场，是香格里拉县名贵中药材——冬虫夏草的主产地，这里雪山、森林、草地、牧场掩映在蓝天白云下，自然风光辽阔壮美，是一块亟待开发的宝地。河谷地区的农田村舍大多修建在东旺河两岸的山腰台地、谷底冲积平台和附近的高山深谷之中。全境海拔最高点为乡驻地西北方胜利村与跃进村交界处的永念纳茸雪山（5050米），最低点为硕曲河下游新联村境内川滇交界处（2180米）。相对高差2870米。全年最高温度29℃，最低温度-11℃，降雨量400毫米，无霜期194天。由于降水多集中在7、8月份，加之植被稀少，岩石土壤风化、沙化严重。洪水、泥石流等自然灾害肆虐。

独特的地域环境孕育了东旺集雪山，峡谷和藏文化风情交融一体的自然、人文景观，境内有林海苍穹的东彩雪山，有雄奇险峻的色仓大峡谷，有庄重典雅的藏家土掌房，有傲视苍穹的喇嘛庙，有清碧的东旺河。但与此同时，特殊的地势、地貌也造成境内岩石大山连绵不断，造成“有山无树、有石无矿、有水无用”的状况。群众的衣食住行除农牧业外，只能靠检点松茸、虫草来维持生计，冬季大雪封山，雨季泥石流横行，交通不便、信息闭塞，形成基本与世隔绝状态，社会经济各项事业发展缓慢。全乡人均纯收入为1217元，人均有粮266千克。

【历史沿革】 “东旺”系藏语“丢麻绒”之音变，有多种解释，一为地下宝库之意，因境内高山林立，河谷纵横，农田村舍淹没其间，故名。其次，从藏传佛教的角度讲，“丢麻”是“伏藏”之意，“伏藏”是埋在深山老林中的佛教典籍，后人发现挖掘出来称为“伏藏”，“丢麻绒”就是曾经发现伏藏的河谷之意。再次，“东旺”又系藏语“多玛”之言变，“多玛”是佛教徒制作的供品。因东旺的地形，特别是雪山象供品，所以称之。按藏族传统的地理划分，东旺曾经是藏区有名的四大绒之一，“绒”是藏语干热河谷之意。其他三处“绒”是指四川省甘孜州中部的新龙、道孚两县（藏史称娘绒），滇藏交界的澜沧江流域，（藏史称察瓦绒）；西藏自治区林芝地区工布江达县一带，（藏史称其为工布绒）。据在新联村委会比吓村民小组发现的石棺墓遗址考证，远在2000多年前，古老的氐羌人就在境内活动。唐时，兴起于青藏高原的吐蕃奴隶主政权经略滇西北，其地也为吐蕃所辖，当地土著人被吐蕃民族所同化，同当时迪庆其他地方一样，形成了藏族。元时，南征大理的蒙古军队经过东旺，现在胜利村委会花拉村民小组之“花拉”，新联村委会霍茸村民小组之“霍茸”等地名，都与当时蒙古人的行踪有关，“花”，“霍”属藏族对元代蒙古人的称呼。明朝时期，世居丽江的纳西族地方势力木氏土司在明王朝支持下北进康南藏区，由于东旺特殊的地理位置，木氏土司曾着力经营东旺，派官设治，移民屯兵，现今新联村委会满布江村、跃进村委会堆布江村，（“江”系藏族对纳西族的称谓，“堆布”“满布”系藏语上下之称谓），都是纳西族先民曾经居住繁衍的地方，几百年过去了，他们已经同化于当地的藏民族当中。明末清初，青海蒙古和硕特部势力到达现今的香格里拉，东旺归属西藏地方政府管辖。清雍正二年（1724年），归纳设治后划归中甸格咱境土千总管辖，俗称东旺“八书”，相当于八个行政村，设制上、中、下三个把总。1906年川滇边务大臣赵尔丰派清兵进入东旺，鱼肉乡民；1918年当时四川乡城的农奴主武装抢掠东旺，烧毁了东旺全境的大部分民房，从此东旺境内匪患不断，广大人民深受其害；1921年因不堪忍受繁重的苛捐杂税，东旺发生属民三百抗捐起义。1950年香格里拉和平解放后，在现今的中心村委会丁春村民小组设立了东旺办事处；1958年民主改革后建立了东旺区人民政府，区政府驻现今中心村委会习开村民小组，同年底改名为东旺公社；1962年复称东旺区，1968年又改称东旺公社，1984年又改称东旺区，同年区政府驻地至中心村委会白玉村民小组的萨哈；1988年区改乡后称为东旺乡，同时把上游、跃进、中心、新联、胜利5个乡改称村公所，生产队改称合作社；2001年村级体制改革后，原先的5个村公所都改为村委会，并把合作社改称村民小组。现辖5个村委会，54个村民小组，58个自然村。

【行政区划】乡政府驻地中心村白玉，海拔2540米，距县城185千米。全乡共有5个村民委员会（上游、跃进、中心、新联、胜利），54个村民小组。

【人口、民族】 全乡总人口6528人（含非农业人口），1230户（含非农业人口），99%为世居的藏民族，还有汉、纳西、白、傈僳等其他民族，主要是在政府机关、事业单位、校区工作的干部职工和教师。

【国民经济】 2009年，全乡国民生产总值达1989.4647万元，其中农业收入740.0015万元，牧业收入达442.7193万元，林业收入69.148万元,其他副业产值201.6874万元，农民人均有粮266千克，农民人均纯收入1217元,比去年增长9.1%。

2009年全乡农业总产值现价达1275.91万元，粮食总产量2181吨，大牲畜存栏10980 头（只），出栏2430头（只），小牲畜存栏12562头，出栏3895头；家禽存栏7377头，出栏3725头；畜产品商品化得以提高；全乡共推广杂交玉米3885亩；马铃薯良种690亩；小麦良种2505亩；玉米地膜覆盖栽培技术2805亩；完成农田化除2000亩，播前种子处理面积达85%以上。

财政方面，综合直补面积8605.24亩，补贴金额431380.83元。良种补贴面积3083.8亩，补贴金额30833.00元，退耕还林面积2441.11亩，补贴金额634660.00元。财政收入稳步，金融运行平稳。全年财政预算收入完成47万元，全乡实现税收73万元，实现地方财政支出530万元，财政运行基本平稳；农村信用社会存款达到818万元，比上年同期增长21%，经济状况逐年改善，全年累计支持“三农”各项贷款达261.5万元，较好的支持了农村经济的发展。

民营经济发展迅速，人民生活水平明显提

高。全乡个体私营杂货店发展到42户，比2008年增加31%，从业人员达到105人，上缴税款4万元，有力地推动社会经济的发展。

【基础设施建设】在各级党委、政府的关心支持下，紧紧抓住历史机遇，开拓进取，埋头苦干，使一大批事关全乡经济社会发展的基础设施建设项目得以实现，进一步增强发展后劲，为全面建设小康社会迈出更坚实的一步。2009年，全乡基础设施建设项目全面推进，主要完成了以下项目：香格里拉北环线农村公路开工建设，预计建设周期为18个月，总投资1.8亿元；完成投资35万元的新联茸比大沟修建建设；完成投资15万元的新联江社自来水建设；完成投资220万元新联农开项目建设；完成投资30万元的新联比吓一事一议项目建设；完成投资150万元的新联比茸公路建设；完成投资8.5万元的新联边两村“望金桥”投资；完成新联村村容村貌改建10万元；完成东旺乡第一期游牧民定居工程50户，100万元；完成投资50万元的跃进村普丁水池建设；完成投资22万元的新联衣咀公路及水池建设；完成投资15万元的胜利村阳都党员活动室建设；完成投资20万元的上游色央小学楼建设。

【社会稳定】由于全乡地理位置独特，自然环境恶劣，历史宗教文化背景特殊，造成各种宗教、家庭矛盾突出，山林草场资源纠纷不断的现状，随着改革开放的深入和经济社会的发展，各种经济利益调整，深层次矛盾总是凸现，各种群众纠纷、群体性事件、群众集体上访事件呈上升趋势，维护和确保社会稳定的任务日益繁重。一年以来，名种社会矛盾纠纷并发，群众轮番上访，有些矛盾纠纷已到了极端严重的地步，全乡工作重心基本上陷入社会稳定而使全乡经济社会各项事业建设受到了极大影响。因社会不稳定的因素致使年内在社会基础设施和各项事业建设的投入力度大幅度减少。同时在外也造成了不良的影响，对今后在争取项目，赢得各级党委政府和社会各界的扶持带来了极大的负面影响，面对各种矛盾纠纷并发的挑战，全乡投入了大量的人力、财力、物力确保了全乡社会大局稳定。

【生态环境建设】2009年度完成公益林建设任务5000亩封山育林和扩大内需6000亩，并每月派工作人员与护林员对以往项目进行跟踪管理。林业产业建设完成了2000亩核桃，发放核桃苗9万9千株。集体林权制度改革工作顺利完成。年内组织人员对2008年至2009年2年内退耕还林情况进行了全面的检查验收。并及时组织工作组深入村社按文件要求发放了2009年度退耕还林折现补助款。进一步推进天然林保护和退耕还林（草），退牧还草工程，重点遏制和治理区域生态恶化，促进农村产业结构调整，以点带面，整体推进。严格林政执法，严厉打击盗伐林木现象，加强护林防火指挥应急系统的建设，层层落实护林防火责任制，有效保护了全乡生态资源。

【产业结构调整】始终把农业和农村工作作为维护社会稳定和发展经济的基础来抓，紧紧围绕”农业增产，农民增收，农村稳定”这个中心，全面正确地贯彻落实中央和州、县有关农业农村工作的各项方针政策，以“稳粮、增效、调结构”为目标，加大农业基础设施建设、科技投入的同时，积极开展农村产业结构调整，加大农业科技的推广和投资力度，全年共调进地膜6吨，化肥3吨，农药800千克，推广玉米地膜覆盖2500亩，药剂拌种3500亩，青稞良种推广1000亩，良种玉米推广2765.48亩，小春条播3010亩，其中人工条播200亩，有力地推动了农业生产力水平的提高。另外，通过政府的引导和扶持，部分农户办起了具有探索性的种养殖场，为下一步建立商品交易市场打下了基础。

【文教、卫生】2009年，全乡有中心完小1所，村完小5所，一师一校13所，两师一校2所，教职工75人，上游、跃进村完小实施集中办学。教育工作成绩显著，学生的入学率到达了99.8%,巩固率达100%。

全乡有文化站1个，工作人员1人，2009年全乡电视收视率达93%，发放卫星电视接收器1050套，广播新闻收视率达90%。

2009年，全乡有卫生院1个，村卫生室5个，职工12人，其中卫生技术人员10人，护士2人，设有病床6张，有内、外等科室，能医治一般常见病和一般传染病。全乡有计划生育服务站1个，有医护人员1名。2009年全乡新农合参加5985人，参合率 95.4%，适时开展卫生科普宣传，发放宣传单

2000张；孕产妇住院分娩42人，享受中央财政项目补助金42人金额16800元。

【领导名录】

党委书记：肖江初（2007年3月起）

人大主席：苏志新（2008年3月起）

乡　长：康向东（2008年3月起）

副书记：江小军（2008年10月起）

纪委书记：孙建军（2009年7月起）

副乡长：张玉龙（2008年3月起）

副乡长：鲁茸达瓦(2008年3月起)

武装部长：鲁雪东（2009年7月起）

【上游村委会】 位于东旺乡北部，全村共辖10个村民小组，共194户，1259人。全村经济总收入为182.7万元，农民人均收入480元。粮食主产：玉米、青稞、小麦、荞麦、蔓茎、土豆等，人均有粮176千克。

村党总支书记：周建红

村委会主任：央　批

村委会副主任：秦　森

【跃进村委会】 位于东旺乡中上部，全村辖9个村民小组，共251户，1485人。全村经济收入为166.33万元，农民人均纯收入500元。粮食主产玉米、青稞、小麦、土豆等，人均有粮220千克。

村党总支书记：刘　佳

村委会主任：鲁茸次称

村委会副主任：丹　增

【中心村委会】 位于东旺乡中部，全村辖14个村民小组，共234户，1448人。全村经济收入为167.13万元，农民人均纯收入490元。粮食主产玉米、青稞、小麦、土豆等，人均有粮254千克。

村党总支书记：木正文

村委会主任：汪　堆

村委会副主任：亚　敏

【新联村委会】 位于东旺乡东部，全村辖11个村民小组，共201户，1273人。全村经济收入为185.2万元，农民人均纯收入608元。粮食主产玉米、青稞、小麦、土豆等，人均有粮304千克。

村党总支书记：齐建林

村委会主任：娘　念

村委会副主任：高　明

【胜利村委会】 位于东旺乡西部，全村辖10个村民小组，共127户，788人。全村经济收入为152万元，农民人均纯收入390元。粮食主产玉米、青稞、小麦、土豆等，人均有粮239千克。

村党总支书记：曲　批

村委会主任：洛桑益西

村委会副主任：格茸培楚

（农　布）

格咱乡

【概述】 格咱乡是一个地域辽阔、资源丰富、群众居住十分分散的半农半牧高寒贫困藏族聚居乡，地处香格里拉县北部。分别与本县东旺、尼西、洛吉、建塘四个乡（镇）及四川乡城、稻城两县接壤，国土面积2868平方千米，是全省国土面积最大的乡，全乡资源丰富，有矿产、畜牧、水电、旅游、森林、生物等六大优势资源，生态植被完好，森林覆盖率为97.6%，民族文化厚重，被喻为“群山藏宝、众水流金、特色浓郁”之如意宝地。全乡地势北高南低，峰峦连绵，峡谷纵横，最高海拔5090米，最低海拔2500米，农田村舍多分布于峡谷两岸之冲积台地，年平均气温6.6度，年降水量600毫米，日照数2203个小时，无霜期142天。全乡境内大小企业共有30多家。

【行政区划】 2009年，全乡辖格咱、翁上、翁水、纳格拉、浪都、木鲁6个村委会，34个村民小组。

【人口民族】 2009年全乡总人口1175户，6636人，藏族人口占总人口的97%。

【基层组织建设】 2009年，全乡共有6个党总支部，23个支部，其中：20个农村支部，3个机关支部；共有党员589名，男党员456人，女党员133人；农村党员531人，机关党员58人，离退休老党员38人，年龄最大的90人，最小的19岁，大专以上文化74人，占总人数的12.56%，高中中专学历34人，初中以下的481人，占总人数的81.66%。

全乡以“千促”活动为载体，加强党组织建设，开展“三建三创”和“五好党支部”活动，大力加强支部建设，将党小组改设为党支部，行政村改设为党总支部，“因地”“因时”“因人”制宜，在党员人数10人以上的村民小组设立党支部，并逐步落实党支部活动场所，建立和完善“三会一课”、民主议事制度等及党员学习、教育、管理、监督制度，党组织的战斗堡垒作用得到进一步发挥。在2009年的“三建三创”活动中共吸收了172名优秀的入党积极分子，补充了新鲜血液，不断壮大了党员队伍。在狠抓党组织建设的同时，发挥群团作用，充分发挥工、青、妇组织的优势，充分调动他们的工作主动性和积极性，进一步增强了党组织的号召力和凝聚力。结合实际，积极推进基层组织活动场所的建设，对各支部活动场所建设进行认真摸底调查，采取有效措施，充分利用“一师一校”的空闲校舍加快各村的活动场所建设。对于没有现成可以利用的房屋的支部，活动场所暂由乡党委、总支部“就近、就便”的原则，通过借用农户住房等方式也进行了妥善的安排，把20个农村支部活动场所分别挂靠或借用到一师一校的7个，总支的5个，借用农户的8个。并在2009年3月底前完成挂牌，制度上墙等工作。9月底，在在县委组织部门的关心支持下，又完成的6个新建活动场所的主体建设，修缮了5个基层活动场所。

根据《迪庆州农村深入开展学习实践科学发展观活动的实施意见》、《中共香格里拉县委开展第三批深入学习实践科学发展观活动的指导意见》的相关要求，认真组织贯彻落实学习实践活动各个阶段的工作部署和要求，认真履行规定程序，切实做好活动中的各项工作，实现了推进当前各项工作与学习实践活动“两不误、双促进”。在学习实践活动中，坚持从实际出发，把认识统一到科学发展观上来，在抓好自身学习的同时，党政班子成员分工包片抓指导，大力破解发展难题，有效做好了甲型H1N1流感、口蹄疫的防控工作。由于措施得力，未发生任何疑似病例。在学习调研阶段，领导带队深入基层、深入一线、深入群众，开展专题调研活动，带着问题下去，找出对策回来，确定需要解决的具体问题，形成一篇高质量的班子调研报告。在突出领导班子这个点、覆盖全体党员这个面这个题，在抓好自身学习的同时，班子成员分工包片抓指导、抓推进、包进度、保质量，确保了活动的有序推进，从而使机关支部的参学率达到了100%，农村支部93.9%。

【党风廉政建设】 2009年，将党风廉政建设与开展“千促”主题教育、深入学习实践科学发展观活动的有机组成部分，全面贯彻《中国共产党党内监督条例(试行)》、《中国共产党纪律处分条例》、《廉政准则》和廉洁自律的各项规定。坚持开展廉政规范教育、廉政形象教育和廉政警示教育，切实增强领导干部廉洁自律的自觉性。进一步强化民主监督、专项监督、互相监督和舆论监督的作用，集中围绕“权、钱、人、物”四大关键部位，按照谁主管谁负责的原则，积极推进村级会计委托代理工作，规范农村财务管理，筑牢防治“小金库”的防线，推进源头治理工作。

2009年11月23日至29日，对全乡的各项惠民政策的落实情况进行视察和调研工作。视察工作组由人大主席带队，抽调部分人大代表，财政、学校、卫生、民政等工作人员，对近几年来的高原游牧民子女补贴、高原游牧民定居工程、退耕还林还草、农村低保、贫困医疗救助等惠民政策资金的落实情况进行了认真的督察。对6个村委会进行全面的督察。在督察工作期间，工作组分别采取座谈、到农户家中抽查等多种形式，听取村社、学校、卫生、“村两委”等各方面的汇报，收集所提出来的意见和建议。通过这一举措，使科学发展观得到了进一步的落实，筑牢防腐防线，获得了群众的好评。

【稳定工作】 稳定是大局，稳定压倒一切。格咱乡由于地理等因素，稳定工作任务重。2009年抓经济发展的同时，以百倍的精力抓稳定，集中力量，扎实推进“平安和谐格咱”建设，按照中央、省委、州委和县委开展“反对分裂、维护稳定、促进发展”主题教育活动的有关要求，及“千名干部送法进村（寺）促和谐”主题教育活动安排部署，以西藏、迪庆和格咱新旧历史对比、新中国成立前后农奴制与社会主义制度优越性的对比，用通俗易懂的语言、藏汉双语相结合的方式大张旗鼓地宣传中国共产党为民造福的丰功伟绩，宣传社会主义制度的巨大优越性，宣传党的民族宗教政策在迪庆的成功实践。积极召开“反分裂 保稳定 促发展”深刻揭批达赖反动本质、认清达赖真实面目等为主要内容的爱国主义主题教育活动。千促工作期间，乡党委政府还与6个村、11站所和辖区内的16家企业签订了维护社会稳定目标责任书，形成一级抓一级，一级对一级负责，层层抓落实的责任体系。敏感时期维稳工作，全乡做到了“零发生”。

格咱乡辖区内有众多矿电企业，在目前社会转型、经济转轨的关键时期，社会经济领域存在大量矛盾和问题。对此，积极深入开展矛盾纠纷排查调处工作，努力消除社会不安定因素。排查调处工作以乡副职领导分片保村为主，尽管许多因开发资源引起的矛盾和隐患问题，但由于责任明确落实到位，遇事主动想办法，妥善处理了各方面问题，维护好格咱的社会政治稳定。

【农业和农村经济】 2009年全乡农村经济生产总值达到3372.22万元，比上年增长14.2%；农民人均纯收入3736元，比上年增长10.04%。

农业结构进一步调整。大力发展脱毒马铃薯、油菜和反季大棚蔬菜，突出发展经济作物种植，今年共种植脱毒马铃薯1635亩，总产量为218吨；油菜种植1275亩，总产量127.5吨；种植小麦1728亩，总产量为115.2吨，其中，春小麦播种面积为495亩，产量为79.2吨，冬小麦播种面积为600亩，产量为36吨；种植青稞6255亩，产量为1000.8吨；种植秦艽、木香等药材430亩。

林业工作扎实有效。森林防火工作落实到位，护林防火工作宣传到位，责任到位。林业林政管理到位，生态资源保护得力，生态能源补偿机制健全。

畜牧业稳步发展，年末存栏猪7246头，比上年同期增长943头，能繁母猪1500头，绵羊673只，山羊389只，牦牛存栏7847头，比上年同期增长299头，犏牛存栏4652头，比上年同期减少6头，黄牛存栏3388头，比上年增长266头，马存栏1350匹，骡存栏212匹，鸡存栏7321羽，比上年增长203羽，全乡大牲畜出栏895头，猪出栏2652头，牦牛、犏牛养殖户有498户，其中规模在20头以上的有247户，30头以上的181户，50头以上的62户，100头以上的8户，山羊养殖重点户3户，绵羊养殖户15户，养鸡专业户200羽以上的14户，1000羽以上的1户，养猪重点户50头以上的2户，畜产品奶酪加工厂一户，全年共产酥油145823.5千克，奶渣543874.4千克，由于畜产品知名度进一步提高，价格有所提升，出现供不应求的良好现状，为农民实现了进一步增收。8月底，在接到县重大动物防控指挥部关于做好全县防控“五号病”的通知后，对6个行政村，1175户农户的大小牲畜进行了疫苗注射，共对23634头大小牲畜进行了疫苗注射，在所有兽医工作人员的共同努力下，把“五号病”控制在乡境外，确保了畜牧业的稳定发展。

各项惠农政策落到实处。2009年共发放综合直补资金442202.53元，粮种补贴10050元，种植补贴18453元，油菜补贴15300元，发放08年退牧还草资金434968.60元，发放退耕还林资金39万元；发放农村低保资金1687300元，惠及1950人，发放民政救助金158510元，发放2008年游牧民定居工程款110万元，惠及50户，发放2009年游牧民定居工程款475万元，惠及190户。

年内解决了300人的贫困温饱问题；劳务输出816人，共创收163.2万元。

【新农村建设】 全乡34个村民小组都实现了五通(通电、水、路、电视、电话)。另外，木鲁、那格拉、翁水三个行政村已完成整村推进工作，三个行政村450户已拥有太阳能热水器。总投资280万元的那格拉村土改项目也正在建设中。

【综合经济】 2009年，地方财政收入达到1700万元，比年初任务数增长880万元，增长了2倍多。围绕经济建设这个中心，全面加强对经济工作的领导，积极实施“工业强乡”战略，始终把走出困境作为全乡中心工作来抓，加大对企业的协调力度，创新招商方式，积极应对金融危机，2009年全乡完成招商引资36326万元。工业生产总值达到21500万元；完成固定资产投资46081.8万元（不含香乡、香木公路），比年初目标责任书增长0.05%；实现招商引资44152万元，比年初目标责任书增长0.05%；年内累计还历史债务达100万元。

【基础设施建设】 2009年，完成投资为35万元的乡文化站建设项目；完成投资为30万元的乡客运站建设项目；完成乡集镇篮球场建设项目，投资为11万元；完成投资25万元政府暖气设施改造；完成总投资100万元的中心卫生院主体工程建设项目；完成格咱村宗都村名小组50万元的新农村建设任务，其中上级投资35万元，群众自筹15万元；完成投资250万元的那格拉村整村推进项目，其中上级投资180万元，群众自筹70万元，包括全村人畜饮水、太阳能建设、地震安居工程、道路建设及农网改造等项目；完成翁上上村，翁水泽央、下村安全饮水工程，项目总投资78万元，其中上级投资58万元，群众自筹20万元；那格拉易地搬迁工程，总投资为100万元，目前已完成70%的建设任务，包括全村田间沟渠建设7处、道路建设、人畜饮水建设等项目；翁水村昌格社异地搬迁项目，总投资为194万元，目前已完成投资96.36万元，已完成项目建设包括：水、路、电“三通一平”，房屋主体建设任务；翁水村整村推进项目，项目总投资为280万元，其中上级扶持200万元，群众“三投”80万元，目前上级已投入100万元，群众投入40万元（完成上村、泽央卫生路及下村桥、道路、全村太阳能建设）；完成投资280万元的那格拉村土改项目，资金由上级支持，项目包括新增农田300亩、修建田间道路10千米、修建农田灌溉水池11个，管道900米；完成翁上村全村，格咱村宗巴、丛古，翁水村仔比、昌格，木鲁村尺土仙人洞的农网改造项目，总投资为395.116万元；完成格咱村格丛、贝母古一事一议项目，总投资为76万元，其中上级扶持38万元，群众自筹38万元；完成浪都村日丁一事一议项目，总投资为32万元，其中上级扶持16万元，群众自筹16万元；完成了那格拉村委会建设项目，投资为29.5万元，其中10万由县卫生局扶持，19.5万由乡政府投入；完成投资为15万元的翁上村铺上大沟建设项目，其中10万元由上级扶持，5万元由村民自筹；完成那格拉村进村公路改造项目，总投资为96万元，包括砂石路面改造14千米，桥梁建设6座，修建涵洞35个；完成投资为22.6万元的木鲁村卫生室建设项目；完成浪都村进村公路改建项目，总投资为60万元，项目由民和、华西、卓玛铜矿3家企业协调及共同投资建设；完成总投资4200万元的香乡公路建设，完成总投资4000万元香木公路协调任务。

【社会事业】 计生工作扎实有效。围绕“争先创优”工作目标，在稳定低生育水平、强化依法行政、扎实开展宣传教育、优质服务活动、积极推行村民自治等方面均取得了显著成绩，计划生育各项指标均控制在责任指标内。

社会保障体系不断加强。农村低保、社会保障资金按标准落实到位；2009年共发放1950人的农村低保金168.73万元，83人的城镇低保金188398元；特别扶助家庭及养老补助65520元。

卫生事业蒸蒸日上。新型农村合作医疗运转良好，截止12月23日，已为13571人次办理补偿手续，补偿金额达526783.6元（其中：住院321304.7元，门诊197078.9元，其他补偿8400元），缓解了农民“看病难，看病贵”的难题；12月15日前已全面完成参合费用收缴任务，2010年参合人数达到6233人，参合率为98.7%，比上年增长0.3%；乡卫生院积极实施母婴关爱“一对一”工程，住院分娩率达到60%，卫生院门诊人数13200人，住院人数74人，总收入69万元。

教育事业蓬勃发展，2009年12月底，格咱校区共有595名学生，小学年度巩固率一直保持在100%，入学率保持在100%，“普九”成果稳中求进。发放高原农牧民子女生活补助595人，共47.6万元。

通信、农电、统计、邮政、电信、广播、国土等各项工作均取得全面进步。

【武装】 不断加强国防后备力量建设和“双拥”工作，2009年输送1名优秀青年入伍。2009年10月25日，举行了2009年民兵半专业训练开训大会。县人武部、县防火办派人现场指导。此次参训的民兵共有57名，其中机关干部7人，进行为期3天的民兵训练，训练的内容有队列、射击、专业灭火知识 、国防知识等科目。成立民兵应急常备分队是格咱乡创建“平安格咱”和应对突发火灾等建设中的一件大事，也是党委、政府、人武部学习实践科学发展观活动的一项重要成果。民兵应急常备分队的成立，标志着民兵组织建设进一步走向制度化、规范化。

【大事记】 2009年3月1日下午，州委副书记李邑飞，在县委书记、县“千名干部送法进村(寺)促和谐”活动领导小组组长彭耀文的陪同下到格咱乡视察“千名干部送法进村(寺)促和谐”活动暨稳定工作情况。

3月15日，中共迪庆州委常委，香格里拉县委书记彭耀文到格咱乡浪都村检查指导工作，慰问“千名干部送法进村促和谐活动”工作组。

4月16日，翁上村普上社51千米处发生森林火灾，过火面积达430亩，成灾37.5亩。

5月20日，遭遇历史罕见的霜冻灾害，其中翁上村最严重，受灾面积达到了2355亩，白云豆600亩绝收；玉米250绝收，成灾555亩；洋芋成灾405亩；油菜350亩；青稞445亩，直接经济损失达38万元。

5月21日，木鲁村浪史社西部(北纬28.2度、东经99.6度)，发生3.6级有感地震,共造成21户民房不同程度受损，无房屋倒塌和人员伤亡，直接经济损失达12万元。

6月1日，县委副书记、县长肖徐一行就香木公路协调工作到格咱乡进行考察调研。

6月11日，州委副书记、州长陈建国就香木公路及香乡公路（翁上—翁水段）进行调研和工作指导。

7月2日上午，县委副书记孙红军一行到格咱乡进行上半年经济指标和重点工作进展情况督察。

8月10日，格咱乡信用社举行迁址开业庆典。

9月30日，格咱乡召开深入学习实践科学发展观活动动员大会。

10月21日，州人民政府副州长农布央宗在州农牧局局长泽仁农布、县长肖徐和相关领导的陪同下到格咱乡视察游牧民安居工程建设工作。

10月25日，举行了2009年民兵半专业军事训练开训大会。此次参训的民兵共有57名，其中机关干部7人，进行为期3天的民兵训练，训练的内容有队列、射击、专业灭火知识 、国防知识等科目。

11月23日，由人大主席带队，抽调部分人大代表，财政、学校、卫生、民政等工作人员，对全乡的各项惠民政策的落实情况进行视察和调研工作。

【领导名录】

党委书记：龙　甲

人大主席：孙世光

乡　长：杨　林

副书记：郭丰尚

纪委书记：杨勇崎

副乡长：郭建华、刘春梅、李树坤
鲁茸农布（挂职）

【格咱村委会】 格咱村位于香格里拉县北部，距县城43千米，辖宗都、格丁水、格丛、南丛、贝木古、木叉、古打、拉嘎、阿更、古瓦、宗巴、从古等12个村民小组，411户，2189人。农作物有土豆、青稞、油菜和蔓菁等，耕地面积281.96公顷；2009年大小牲畜5195头。矿产资源丰富，格咱村境内有普朗、红山、雪鸡坪、洪鑫、华西、神川等众多大型开发企业。

村党总支书记：袁润才

村委会主任：知　诗

村委会副主任：张长寿

【翁上村委会】 翁上村位于香格里拉县北部，距县城60千米，为原乡政府驻地，全村辖大严、亚古、全心、中心、上村、普上6个村民小组，201户，1039人。农作物有土豆、青稞、玉米、油菜和蔓菁等，耕地面积112.4公顷；2009年大小牲畜3079头。

村党总支书记：丹　增

村委会主任：央培楚

村委会副主任：张　飞

【翁水村委会】 翁水村位于香格里拉县北部，香乡公路贯穿境内，距县城110千米，全村辖上村、昌格、泽央、央仲、下村5个村民小组，191户，1162人。农作物有土豆、青稞、油菜和蔓菁等，耕地面积105.42公顷；2009年大小牲畜存栏4210头，是格咱的畜牧大村。

村党总支书记：杨清庭

村委会主任：三千弟弟

村委会副主任：杨庆生

【那格拉村委会】 那格拉村位于香格里拉县北部，藏语意为“大山深处腰带般的村落”距县城125千米，全村辖归巴、克鲁、左里、种松4个村民小组，138户，720人。是一个以农牧为的典型的藏族村落。全村农作物播种总面积1762亩，其中水浇田188.45亩，而绝大部分田都是25度左右的坡耕地，劳作极其不便，主要作物有土豆、青稞、玉米、油菜和蔓菁。

村党总支书记：鲁　茸

村委会主任：王肖华

村委会副主任：木　结

【浪都村委会】 浪都村位于香格里拉县东南北部，距县城101千米，全村辖义瓦、阿嘎、日丁3个村民小组，108户，600人。农作物有土豆、青稞、玉米、油菜和蔓菁。耕地面积57.23公顷；大小牲畜存栏2335头。境内雪山耸立，峡谷深邃，高原、山地、河谷自然环境垂直差异明显。

村党总支书记：刘东洋

村委会主任：吴正林

村委会副主任：李春荣

【木鲁村委会】 木鲁村位于香格里拉县西南部，距县城90千米，全村辖浪史、次卡、尺土、阿姆4个村民小组，103户，515人。农作物有土豆、青稞、玉米、油菜和蔓菁等，一年两季。耕地面积63.6公顷；大小牲畜存栏800头；典型的藏族聚居村落。以优质的松茸驰名。

村党总支书记：李文才

村委会主任：干　玛

村委会副主任：张　龙

（和兴华）

尼西乡

【概述】 尼西乡位于香格里拉县西北部，介于北纬27°57′～28°25′，东经99°20′～99°37′之间，国道214线和香维公路通过乡境内，乡驻地崩书塘，海拔3160米，距县城37千米，尼西乡地处二半山区和干热河谷地带，1月平均气温-2.9℃，7月平均气温13℃，年降水量503毫米，无霜期124天，形成较为明显的立体气候。据土地详查，全乡土地面积845平方千米，其中耕地面积15781亩，林地面积984582亩，牧草地面积35169亩；尼西东北群山横列，西部金沙江环绕，水低田高，较为干旱，修建有向阳、红旗、跃进、革命等七条大沟，全长93千米，可灌溉土地面积达1350亩。随着香格里拉旅游品牌的培育、树立和民族文化的开发，尼西鸡、尼西情舞、民间木制品和黑陶成为尼西乡具有优势的地方土特产业和民族文化特产。

【行政区划】 2009年末，尼西乡辖江东、汤满、新阳、幸福四个村委会，47个村民小组。

【人口民族】 2009年末全乡共有1282户6681人，劳动力3202人。人口自然增长率为3.9‰，人口密度每平方千米7人。境内居民以藏族为主，其他居民有汉族、纳西族、傈僳族等民族，藏族占总人口的98.8%。

【综合经济指标】 2009年底，农村经济总收入2003.79万元，比上年增529.31万元，增长率为35.8%。其中农业经济收入为501.7万元，牧业收入为392.02万元，林业收入为203.39万元，交通业收入为382.49万元。农民人均纯收入为2551元。全年农作物耕地面积7536亩，全年粮食总产量为3647.3吨，其无公害蔬菜栽培750亩，尼西小树辣栽培种植210多亩，推广杂交玉米种植5366.03亩，地膜玉米3587亩，完成大白云豆种植300亩；共调运销售大春玉米杂交5500千克和24吨地膜；完成冬早马铃薯4200亩，平均亩纯收入在3780元。

【财政、金融】 2009年，全乡财政收入达210.9万元，超收42.9万元，超额完成收入任务。严格按照“退牧还草、退耕还林”项目资金管理办法及补助标准，把2009年度退牧还草补助资金437382.00元，退耕还林补助资金共计598000.00元，有力保障人民根本利益。2009年度乡信用社各项存款余额达1250万元，比上年同期增长250万元，其中集体存款达556.4万元，占总存款的45%。各项贷款余额达750万元，其中农户贷款共发放742.5万元。本年营业利润为8.6万元，发卡量达153张。

【教育、文化、卫生】 2009年，尼西乡共有28个校点，其中完全小学2所，四年制两师以上小学10所，16个一师教学点；共有教职工78名，其中行政人员3人，在编教职工57人，临时代课教师12人，后勤临时人员6人。全乡7～12周岁适龄儿童495人，入学率100%；13～15周岁适龄少年357人，入学率98.59%。为改善教学环境和教学质量，多渠道筹措资金，学校硬件建设步伐加快，尼西乡实施“腾讯新乡”集中办学活动，加大投入，全面改善办学条件，按时足额发放高原农牧民学生生活补助74.96万元。

全乡文化站1个，工作人员1人，2009年在县委宣传部大力支持下，全乡广播电视收视率达到100%。2009年3月底，完成云南省“村村通”广播电视工程，完成了卫星电视转星调整工作。

全乡卫生院1所，有4个村卫生室，医务人员12人，2009年全乡参合人数达6347人，参合率达99%。全年补偿金额441971.9元，（其中，门诊补偿160227.5万元，住院补偿281744.4万元）。

【民政优抚】 2009年度，全乡共发放救灾资金14万元，发放救灾大米60吨，民房恢复重建25户，每户发放4000.00元，共计10万元；全乡共办理城市低保51人，发放资金95904.00元，农村低保2211人，发放资金1732355.00元；发放五保最低生活保障52人，共计120240.00元；发放退伍军人定期补助共计64230.00元。

【计划生育】 截止2009年12月 31日，全乡人口出生率为11‰，死亡率为6‰，孩次比例较为合理,一孩率为67.7%，二孩率为32.2%，违法多生育人数为0,持证生育率达90.4%。自新修订的<云南省人口与计划生育条例>颁布后,以及农业人口独生子女”奖、优、免、补”政策的实施，全乡领取《独生证》家庭逐年上升，累计领证人数达106户，当年领取《独生证》人数达6户，共发放独生子女一次性奖励3000元整，教育三免费7140元，独生子女保健费5290.00元整，2009年共发放独生子女养老生活补助66人，发放资金47520.00元；奖优免补特别扶助对象84人，总资金100080.00元。全乡落实各种节育措施人数逐年增加，1470人已婚育龄妇女中采取各种节育措施人数达1355人，综合节育率为92%，长效节育人数达1261人，长效节育率为86%。今年6月，在四个村进行循回培训，参加培训人数达3400人次。

【交通、电信、邮政】 2009年全乡实现了99%村民小组通公路，全乡大小车辆300张，程控电话、移动电话基本覆盖全乡，小灵通通到政府所在地，程控电话装机已达到500部，全乡共有移动电话发射基站10座。邮政全年完成业务总量46000.00元，报纸杂志征订费20000元。

【基础设施建设】 2009年，尼西乡在县委、政府正确领导下，在上级有关部门的关心和支持下，高举邓小平理论和“三个代表”重要思想伟大旗帜，认真贯彻落实党的十六大、十七大精神，以科学的发展观为指导，牢固发展第一要务，切实发挥自然资源、民族文化和区位三大优势，围绕建设社会主义新农村要求，牢固“强化基础、优化结构、培育市场、壮大支柱、改善生态”二十字发展思路，壮大特色农产品业（尼西鸡、反季蔬菜）、文化生态旅游业（巴拉格宗景区、民族工艺品、尼西情舞）、水电产业、个体民营产业（私车协会运输业、民营经济）等四大支柱产业，通过实施退耕还林（草）项目和能源替代项目改善生态环境。把尼西建设成为民族文化特色窗口乡为目标，促进全乡经济社会又好又快发展。全乡呈现出经济高速发展，固定资产投资快速增加，社会全面进步，宗教有序，民族团结的良好局面。2009年，在上级有关部门的关心和支持下，从3月份开始，全面实施了民生工程建设：新阳村、幸福村分别实施了以工代赈项目（其中新阳村投资资金为145万，幸福村投资资金为152.92万元）；投资343万元，实施汤满村整村推进项目并顺利完成；投资31万元维修江东村国光公路；投资18.6万元新修汤满村崩吃南当进村路；投资60万元修建新阳村山后公路；投资60万元新建汤满河大桥；投资33.2万元实施08年民居地震安全工程；投资150万元实施08年重点退耕还林地区基本口粮田建设，该工程正在建设中；投资30万元实施新阳村州财政扶贫项目；投资51万元实施尼西乡饮水工程；投资30万元实施幸福巴拉村人饮工程，工程已完工；投资7万元实施西藏扶贫基金会藏区援助项目。此外，乡计生服务所办公楼投资31万元，工程完工以投入使用；乡卫生院办公楼投资156万元，工程已完工；乡农科站办公楼投资30万元，工程完工已使用；乡土管所办公楼投资50万元，工程已完工。4月中旬，三个村全面启动农网改造工程，现已完成。通过这些项目的实施，全乡农村基础设施建设取得了极大的完善 ,广大农民逐步脱离了贫困，经济条件有所改变；村容村貌、农村卫生医疗条件、农民的整体素质、思想观念也得到了极大的改善。积极推进就业和再就业工作，加强了农村剩余劳动力输出服务工作，输出劳动力708人，创收141.6万元。

【基层党组织】 2009年底，全乡共有1个党委、4个总支、23个党支部，党员426人，其中女68人，平均年龄为46岁。

尼西乡现有农村党总支4个：有10人以上党员的共6个村民小组，有7人以上党员的共13个村民小组，有3人以上党员的村民小组共34个。总支下设个19个党支部，其中江东村4个支部、汤满村设5个支部、新阳村设5个支部、幸福村设5个支部，全乡无党员空白村组。

【大事记】3月，云南省委书记白恩培到尼西乡视察。

4月25日，尼西乡十届人民代表大会第二次会议顺利召开。

4月，尼西乡顺利开展了“千名干部送法进村（寺）促和谐活动”。

6月，云南省团委书记罗梅到尼西乡视察团建工作。

2009年，云南省林业厅副厅长王德祥到尼西乡视察林改工作；云南省人民政府副省长孔垂柱到尼西乡视察；国家计生委主任李斌到尼西乡检查计生工作。

【表彰】4月，尼西乡政府被表彰为防范和处理邪教工作先进乡（镇），2009年，尼西乡被表彰为“平安乡镇”、行政执法优秀单位、迪庆州开展“主题教育 千名干部送法进村（寺）促和谐”活动先进集体、“两基”目标先进乡（镇）、民族团结工作优秀单位、先进基层党组织、党风廉政建设先进单位、全州民族团结进步模范集体、2009年度先进集体、云南省第三批新农村建设工作队及指导组工作先进派出单位。

【领导名录】

党委书记：松永丽

人大主席：孙诺七林

乡　长：旦从文

副书记：陆少华

纪委书记：胡正东

副乡长：汪　新、汪冬梅

【幸福村委会】　位于香格里拉县西北部，大部分村民居住在河谷和二半山区。2009年全村辖15个村民小组，共421户2132人。其中女1112人，劳动力1061人，总播种面积3555亩，其中小春1290亩。农作物以玉米、小麦为主，全年粮食总产量为913321千克，人均有粮428千克，比上一年增长23%。其中小春产量221吨。农村经济总收入为6201306.00元，人均纯收入为2521.00元，比上年增36%。大小牲畜存栏11668头（匹）。共有7个校点，村卫生室一个，医生2人。

村党总支书记：廖学勤

村委会主任：格

【新阳村委会】　位于尼西乡东北部，分为山前，山后两大片区,山前7个村民小组,山后5个村民小组.村委会位于乡政府所在地崩书塘。平均海拔在3160米左右，2009年全村有12个村民小组，共288户1603人，其中女381人，劳动力707人。总播种面积245公顷，其中小春121895千克，农作物以青稞为主。全年粮食产量为629745千克，比上年减16.3%，人均纯收入为2505.00元，比上年增34.1%，大小牲畜存栏9649头（匹），共有9个校点。

村党总支书记：廖振兴

村委会主任：农　布

【汤满村委会】　汤满村位于香格里县西南部。平均海拔在2800米。全村辖13个村民小组，共410户2161人，劳动力1039人。总播种面积为2887亩，农作物以青稞、玉米为主。全年粮食产量为1007吨，比上年减7%，其中小春产量153吨。农村经济收入为6870507.00元，人均纯收入为2560.00元，大小牲畜存栏6000头（匹），共有校点9个，村卫生室1个，医生1人。

村党总支书记：李建华

村委会主任：邓　亮

【江东村委会】　位于尼西乡西南部金沙江旁，香维公路贯穿境内，地广人稀，分布不均匀，平均海拔1700米，2009年底全村辖7个村民小组，共162户784人，其中女188人，劳动力395人。总播种面积706亩，其中小春播种面积为41公顷。农作物以玉米、小麦为主。全年粮食产量为146135吨，比上年减5%，其中小春产量95吨。农村经济收入为2341975.00元，人均纯收入为2502.00元，大小牲畜存栏1003头（匹），共有村卫生室1个，医生1人。

村党总支书记：肖　李

村委会主任：才新民

（赵婷婷）

五境乡

【自然概貌】 境乡位于香格里拉县西部，地处金沙江峡谷，背靠群山，前临金沙江，东与建塘镇、小中甸接壤，南与上江乡连接，和玉龙县隔江相望，北与尼西乡毗邻，西与金沙江为界，与德钦县拖顶乡和维西县塔城镇隔江相望，地处玉龙、维西、德钦、香格里拉县四县结合部，素有“鸡鸣四县”之美誉，是藏文化与其他民族文化大融合的地方，有香格里拉县西大门的重要地理位置。

全乡总面积334平方千米，辖泽通、霞珠、仓觉3个村民委员会，平均海拔2300米，气候温和，平均气温12.3℃，极端最高气温31.5℃，最低气温-8.1℃。年降水量630毫米，无霜期221天，主要河流有吉仁河、麦地河，水能理论储藏量89219千瓦。较大的饮水渠有吉仁大沟、申听兰大沟、仓觉大沟，总长42千米，可灌溉2000亩耕地。主要农作物为玉米、大豆、小麦、稻谷等。乡政府所在地农温塘，海拔1960米，是全乡政治、经济、文化中心。

【民族和人口】 2009年末，全乡总户数801户，4284人，其中农业户760户，3783人，占总人口的88%，人口密度为每平方千米12人。境内以藏族为主，傈僳族、纳西族、汉族等民族共同杂居。

【综合经济】 2009年末，全乡农村经济总收入达到1149.9778万元，比上年增长10%。其中，第一产业965.8478万元，第二产业0.5567万元，第三产业38.1428万元，其他收入145.4305万元。

农民人均纯收入达2330.9元，人均有粮600千克，全年固定资产投资完成2299.2万元，比年初与县政府签订的目标责任（40万元）超额完成2259.2万元；解决贫困人口温饱300人；完成招商引资60万元。

全乡耕地总资源6906.84亩，常用耕地面积为5941.41亩，农作物播种面积为11464亩，实现粮食总产量3103吨。全乡鸡存栏18194只，猪存栏8013头，牛存栏4724头，马存栏447匹，羊存栏1064只。

【财政、金融】 2009年财政收入达312.3404万元，乡级财政总支出307.5157万元。乡信用社年内各项存款余额1854万元，净增771万元，各项贷款累放205万元，累收208万元，年末余额554万元，存货比例30%，比上年年初减少2万元，各项业务收入51万元，各项业务支出及费用12万元，实现利润39万元，吸收股本金3万元，股本金余额为18万元。

【个体工商业】 个体经济持续健康发展，目前全乡共有40家个体工商户。

【邮电】 乡邮政所职工1人，全年完成进口平函件1635 件，出口101件。挂号信进口220件，出口92件。包裹进口97件，出口38件。特快专递进口291件，出口3件。征订报纸116份，杂志27份，价值分别为12442.72元和2204.40元，共计14647.12元，邮购34份。汇兑方面：收汇91笔，金额67710.38元,兑付159笔,金额153463.53元。办理二代居民身份证邮寄数113件，合计1659元。

【农业科技】 2009年，供玉米良种6500千克，油菜良种10千克，小麦良种3200千克,供应优良蔬菜品种10个。

年内推广杂交优良玉米品种有海禾一号、会单4号、罗单3号、鲁三3号、长城779等优良杂交玉米5651亩。其中新引进长城799示范60亩，引进早熟玉米新品种宣单5号实验4亩。宣黄单5号早熟玉米新品种在最高海拔2850米地膜栽培实验获得成功，平均亩产可达400千克。

全年推广水稻旱育稀植拉线条栽丰产栽培技术205亩；玉米地膜覆盖栽培推广1890亩；玉米双行条栽推广2000亩；小麦规格化种植1085亩；无公害蔬菜栽培推广50亩；豆类高产栽培300亩；地膜马铃薯栽培推广50亩；电脑农业专家系统样板示范田95亩；推广平衡施肥及配方施肥3000亩；推广一肥两剂2000亩；绿肥推广50亩。

全年共完成科技培训2500人次，指导科技示范户20户。在病虫预测预报和综合防治上，重点放在小麦及青稞锈病、蚜虫防治、白粉病、黑穗病、玉米地下害虫防治，水稻稻瘟病防治上，使病虫害综合防治率达到90%以上。

【农业机械】 2009年，认真贯彻执行国家的各项惠农政策，开展了“家电下乡”等一系列惠农政策，得到了广大农民群众的支持及好评。全年完成农用车落户24台，驾驶员培训共50人。

【林业】 1月份组织完成了2000亩的中央投资新增公益林项目，3月份组织完成了2000亩的核桃产业项目，发放了4.5万株的优质泡核桃苗木，7月份组织完成了2008年度8000亩的公益林封山育林项目，9月份组织完成了1000亩的红豆杉产业项目，11月份对全乡3300亩的退耕还林及历年来所实施的公益林和产业项目进行了自检自查，合格率达85%。

2009年的民用材采伐指标为3000立方米，通过严格审批开出344份采伐证，方数为1567立方米，到12月底收回344份，达到了严格限额控制采伐的目的。根据香格里拉县资源林政管理专项整治会议精神，在7月份成立了专项整治领导小组，进行了1个月的专项整治。一年来共查处一般林政案件15起，其中批评教育的5起，处理10起，共计罚没款3750元。发放天然林资源保护管理办法760份。与全场职工及护林员签订了管护责任状21份，把全乡42万亩林地按林班分配到个人头上，实行分片管理。对其春桥值勤点的工作做到一车一登记，对没收的木料做到注册登记，账目明细，实行24小时轮班制。

进入护林防火期后，乡党委、政府与各所、站及村委会签订了10份护林防火责任状，林场与职工签订了20余份护林防火责任状，村委会又与各村自己所管辖的社长签订了30份护林防火责任状。同时，加大火源的管理和节假日期间巡护、排查工作，深入每个村、每个社、每个户进行宣传教育。11月26日召开了全乡的护林防火会议，发放了护林防火户主责任书760余份。10月份组建了30多人的半专业扑火队，并进行了5天的培训。林场职工开展不定期巡山检查，制止了2起违法用火现象，出动车辆30台班进行护林防火宣传，在林区的各个路口设置4块永久性防火宣传碑，10条半永久性标语，零时性标语20条。

2009年8月14日，全乡集体林权制度改革工作全面启动，于2010年4月13日全面完成了踏勘确权，林改相关配套改革及资料归档、林权证颁发等各项内、外业林改工作。此次林改共涉及3个村29个村民小组，涉及林改面积168356.4亩，涉及林改户数746户3766人。通过改革，林木林地产权得到了明晰，实现了“山有其主，主有其权，权有其责，责有其利”的目的，林农的根本利益得到了保障，群众爱林护林造林的积极性得到提升。

【畜牧兽医】 全年共计改良黄(犏)牛1662头，猪274窝，黑山羊778只，尼西鸡2674羽。

加强防疫、检疫、诊治工作。春防猪常规5426头，蓝耳病600头,牛常规3250头，羊718只,鸡常规7681羽,禽流感7681羽；秋防猪常规6920头,蓝耳病600头,口蹄疫(加强补种)共5770头次,牛常规1946头,口蹄疫(加强补种)共3100头次,羊常规1431只,口蹄疫(加强补种)共1208只,鸡常规6318羽,禽流感5621羽,霍乱5000羽。

严禁病死、毒死和死因不明的畜禽及其产品上市，全年共检疫猪胴体218头，鸡1276羽，蛋400千克。

随着畜牧扶贫示范项目的实施，畜牧科技示范户不断增加。现有养猪示范户69户，养牛示范户4户，牦牛改良户4户，养羊示范户9户，养鸡示范户8户。全乡示范户生猪出栏1464头，经济效益159.06万元；羊出栏654只，经济效益26.16万元；鸡出栏7674羽,经济效益30.7万元。

【教育】 不断加强教师队伍建设，积极争取培训、参观、学习的机会，2009年上半年选派李卫国、王丽荣、韩丽香到深圳学习46天，派哈巴竹玛到昆明参加骨干教师培训和学习；鼓励教师用多媒体教学及用多种形式进行学历进修。

2009年，全乡共有教职工44人（包括9名后勤，5名代课教师，3名支教教师），教师学历合格率为100%。在校学生有449人，其中泽通完小有104人，中心完小221人，仓觉完小124人，适龄儿童入学率为99.8%，在校学生的巩固率为100%。

2009年度香格里拉县建设局安排给2850m^{2}的廉租房建设面积，共计57套，全部安排给了学校。并实施了总投资40万元的中心完小教学大楼建设项目。

2009年3月撤并了春独小学，校点中的学生都已就近集中到三村完小中，目前只保留了三村完小，全面实现了村级集中办学工作。2009年8月，根据学校的实际情况，提交了办一乡一校试点的办学思路，得到了州、县党委、政府及州、县主管部门的大力支持，现已动工。

【卫生】 全乡有卫生院1所，村级卫生室2所，职工17人。农家卫生室12个，共有卫生员12名。卫生基础设施不断完善，防疫保健得到了加强，农村合作医疗见实效。全年业务总收入95万元，其中：西药房收入68万元，泽通村卫生院收入13万元，春独卫生院收入14万元。药品收入占总收入的74%，医疗收入占总收入的26%。门诊人次20173人次，门诊收入68.02万元，平均门诊处方价格为33.72元。住院病人119人，共住院1190天，平均住院天数10天，病床使用率40.7%，住院收入18.03万元。

加强各种预防工作，认真接种十种疫苗以及突击补种、查漏补种、强化普种的各种疫苗。全乡七种疫苗覆盖率达100%，扩大免疫接种率达95%。对全乡学龄前儿童及小学生进行甲流疫苗普种397人，教师及医务人员普种67人，有效杜绝了相关传染病的发生。

认真实施《母婴关爱》健康项目，进一步加强孕产妇、儿童系统管理，提高住院分娩率，降低孕产妇死亡率，消除新生儿破伤风。全年有产妇39人，儿童出生数39人，孕产妇系统管理37人，死胎死产0人，婴幼儿死亡2人，新法接生38人,住院分娩38人,住院分娩率97%，孕产妇系统管理率95%，高危孕产妇系统管理8人，健康宣教818人次，健康体检618人。降消项目补偿36人，共7670.85元。年内孕产妇HIV筛查39例，婚前HIV筛查22例，筛查肺结核痰检80例。

食品卫生执法工作，年内完成2次食品卫生安全检查。办理卫生许可证5份，审查43份，从业人员健康体检58人。开展食品从业人员卫生培训1次，共51人，有效提高了他们的卫生健康知识。

在县主管部门的大力支持下，卫生院附属设施建设工程现已竣工投入使用，极大改善了卫生院的工作条件和环境。年内选定了12名农家卫生员，进行了1期农家卫生员专业知识培训，进一步提高了他们的医疗服务水平。

【新型合作医疗】 年内，全年门诊补偿人次223039.2元，住院补偿165270.4元。全乡参合3699人，参合集资55485 元，参合率为99.2%。截至12月12日，户籍在五境的农业户共有775户，农业人口3766人，参加新农合户数775户，人数达3699人。

【劳动和社会保障】 乡劳动保障所在上级劳动部门的大力支持下，积极推进农村富余劳动力外出就业工作。大力宣传《劳动法》、《劳动合同》、《就业促进法》、《劳动争议调解仲裁法》等劳动保障法律、法规及政策宣传。2009年度，县农牧局下达劳务输出任务600人，全年完成输出605人，占任务的100.8%，其中有组织输出150人。全乡外出打工实现经济收入达120.6万元。全乡城镇居民总数75人，享受最低生活保障的有26人，愿参加医疗保险的有30人，离退休人员36人，没有零就业家庭。

【民政救济】 2009年是全乡遭受自然灾害较为严重的一年，旱灾、火灾等自然灾害频繁。受灾涉及29个村民小组、3600人次受灾、1800人次成灾。全乡农作物总播种面积5560亩，因旱成灾面积为5560亩，其中重灾4560亩（绝收2000亩）。小春农作物受灾面积4560亩，其中小麦受灾3600亩，青稞受灾960亩。全乡范围内缺粮户达到50户。年内发放救灾粮85吨，自然灾害救助款 10万元，民房恢复资金19.8万元，共计29.8万元。救灾资金做到专款专用，确保把资金及时、准确、足额发放到受灾群众手中，确保灾区人心和社会稳定。

2009年享受农村低保的有753户1328人，其中退伍军人61人全部纳入低保，共发放低保金107.496万元。

城市居民最低生活保障标准由180元提高到209元，实现月发保障金1.6万元，月人均补差20元，截至年末全乡低保对象达57户95人，全年累计发放低保金19.824万元。

农村困难群众大病救助工作：年内申请大病医疗救助的有56人，解决资金12.37万元，其中城镇2人，解决资金3200元，优抚对象2人，解决资金3600元。

婚姻登记工作严格按照《婚育管理目标责任书》进行登记，年内结婚登记31对62人，离婚登记5对10人。

全乡优抚对象情况：全乡现有优抚对象73人，其中伤残军人1人，带病回乡退伍军人19人，三属5人，义务兵家属6人。发放各种定补和抚恤金58365.00元，一次性生活补助2160.00元，现役军人优待金5655.00元，春节慰问金4800.00元。共安排复退军人民房恢复重建25户，解决资金10万元。

【计划生育】 2009年全乡育龄妇女996人，已婚育龄妇女768人，其中采取长效节育措施人数为695人，可不采取措施人数共66人，优选节育措施率达77.6%，综合节育率达90%，避孕及时率达57.5%。2008年10月1日–2009年9月30日，全乡人口出生40人，其中政策内生育38人，政策外生育2人，符合政策生育率为95%，人口出生率10.2%，其中男孩26人，女孩14人，死亡34人，死亡率5.71%，人口自然增长率为1.53%。

2009年，紧紧围绕“母婴关爱”“关爱女孩”“出生缺陷干预”“预防艾滋”等工作，全年共开展各类妇女检查128例，开展婚前培训49次，发放叶酸40份，孕前检查33例，产前筛查32例，对目标人群发放婚前培训率、孕前检查率、产前筛查率分别为100%、67%、65%。放置宫内节育器11例，取出宫内节育器6例，皮下埋置1例，取出皮埋1例，“二查”2人，“四查”156人。

【电视广播】 坚持以基础建设为重点，积极组织实施“村村通”工程，加强西新工程的手续跟踪服务。认真搞好全乡广播电视“村村通”工作，2009年建设完成691户的村村通工程任务，入户率达到92.6%，并做好村村通工程实施地点的检查和维修工作，切实解决了全乡广大人民群众看电视难的问题，确保了群众收看到高质量的广播电视，加大广播电视宣传力度。

【文化】 4月份，文化站积极参与了州、县文化馆的文物普查工作。9月份，为迎接世界华商会来考察及投资建设一乡一校，五境乡组织表演了很多精彩节目，参加人数共有800余人。10月份，根据上级文件精神，认真对乡文化站进行了评估，按时上交了评估报告。11月份，乡文化站工作人员参加了省文化厅组织的业务学习班，提高了自己的业务能力，为做好本职工作打下了良好基础。

根据上级文化主管部门的要求，通过乡党委、政府的高度重视和大力支持，综合文化站站址得到落实。

【基层组织建设】 坚持以科学发展观为指导，以“千名干部送法进村（寺）促和谐”为契机，完成了3个行政村党支部改设村党总支的任务，在此基础上，因地制宜，下设了16个村党支部；首次使用党员信息管理系统对党员信息进行管理，进一步加强党员队伍建设；下派锻炼了3名村党总支专职副书记，进一步加强了对村党总支党建工作的指导，使党建工作走上了规范化的道路；做好了全乡10个党支部组织活动场所建设项目；并在农村党总支及支部中推行“四议两公开”工作法，进一步完善了党总支和党支部各项管理制度，制定了《五境乡村党总支部建设十项制度》及《五境乡农村党支部党建工作制度》，并完成装框上墙。

【群团组织】 工会、共青团、妇联是党联系群众的桥梁和纽带，为更好地发挥群团组织的自主性、积极性，乡党委非常重视对青年、妇女的教育，督促工、青、妇创造性地开展好各种群众喜闻乐见的活动，充分发挥他们在三个文明建设中的作用，先后组织了春节、“三八”、“五一”、“全民健身日”等文化活动，丰富人民群众文化生活。今年，通过妇联和团委“贷免扶补”创业小额贷款的发放，为4名青年提供了强有力的资金支持，带动他们走上了创业的道路。

【综治维稳】 把维护社会稳定，促进社会和谐作为全乡工作的重大任务，努力为人民群众营造安居乐业的良好环境，以“千名干部送法进村（寺）促和谐”活动为载体，深入开展了以和谐社区、和谐村镇、和谐单位、和谐家庭为主要内容的精神文明创建活动；深入开展农村矛盾纠纷排查、法律服务、法律援助工作，认真开展好重大疑难纠纷和社会不安定因素的排查化解工作，认真做好邢释解教人员的安置帮教工作，做好全乡“五、五”普法法制宣传教育工作；全面贯彻执行党的民族宗教政策，实现省委、省政府“大事不出，小事也不出”的维稳工作要求；强化安全生产监管，全年无重特大安全事故发生，安全生产形势日趋好转。社会防控和社会管理机制明显完善，违法犯罪活动的打击力度不断加强，全年没有发生一起县以上有严重影响的恶性群体性

米左右，山顶与谷底高差1500米，年平均气温13.3℃，极端最高气温32.4℃，最低气温-5.8℃，无霜期240天，年降雨量650mm。正常年雨季一般从5月下旬开始，10月中旬结束，其余时间为干季，6月至10月降雨量占全年的88%以上，干季日照充足，盛行北风，雨季多为东南风，年平均风速3.7米/秒。

【行政区划】 上江乡辖木高、良美、福库、格兰、士旺五个行政村，上江乡辖五个行政村，58个村民小组。

【民族、人口】 上江境内居住有汉、纳西、傈僳、白、藏、苗、彝、回、普米族9种民族。是一个集山区、半山区、河谷为一体的多民族聚居的农业贫困乡。全乡农业人口11047人。

【综合经济指标】 2009年农村经济总收入为5413.3万元，比上年增1968.8万元，增长 64 个百分点，其中出售产品收入2738.9万元，农业收入2334万元，其中种植业收入2110万元，其他农业收入224万元；林业收入1500万元；牧业收入1500万元；渔业收入10万元，农民人均所得3068.00元，当年生产粮食9464000千克，人均有粮856千克。

【农、林、牧业】 2009年，全乡农作物总播种面积2100.4公顷，粮食作物播种面积1747.4公顷。全乡粮食总产量达到9464吨，其中谷物播种面积1589.7公顷，产量9014吨，小麦播种面积497公顷，产量为2283吨，青稞播种面积为100公顷，产量为336吨，豆类播种面积135.7公顷，产量312吨，油料播种面积90.7公顷，产量1588百千克。

2009年实际可利用桑园面积3157.5亩，比上年减少357.5亩，养蚕 265户，较上年减少 50户，共计养蚕1320张，较上年减550张，总产量66吨，较上年减17吨，总产值104.5万元，较上年减7.5万元，平均每张产量34.1千克，平均每张产值580元，全乡人均因养蚕增收106.5元。

药材种植135公顷，主要品种有白术、桔梗、木香、秦艽。总产值336.4万元。

全年完成封山育林项目6000亩，发放民用材许可证890份，共2309.9立方米，张贴护林防火标语480余幅，并与各村层层签订护林防火责任书共2380多份。

2009年末猪存栏44382头，出栏30030头，肉产量960吨，大牲畜存栏7216头，出栏1647头，肉产量247吨，其中牛存栏5980头，出栏1287头，肉产量193.05吨，羊存栏4949头，羊出栏2106头，肉产量52.33吨，家禽存栏数50106只，出栏数31380只，肉产量62.76吨。

【乡镇企业】 2009年，全乡有乡（镇）企业351个，从业人员507人，其中个体工商户347个，从业人员466人，全年营业收入843万元，总产值达881万元，工业总产值196万元，利润总额323万元，上交税金97万元，劳动者报酬153万元，资产总额10108万元，固定资产原值9884万元，固定资产净值9608万元，负债总额47万元。乡（镇）企业骨干企业总产值372万元，营业收入368万元，利润总额135万元，劳动者报酬71万元，固定资产原值年末数9884万元。

【交通、邮电】 金江公路贯穿全乡，境内里程35千米。五个村委会均通公路，均已建成卫生路面，58 个村民小组均通公路，2008年全乡有大中型拖拉机73台、载重汽车52辆、手扶拖拉机340辆、客车1辆，士旺、良美均有渡口与玉龙县相通。2009年我乡邮政完成总收入 34.8万元，其中：函件 28000 元、汇款180万元，年底储蓄余额为1037.31万元。2009年全乡固定电话用户650户。

【财政、金融】 2009年乡本级一般预算收入完成131.54万元,完成年初预算收入任务数101万元的130%。一般预算支出情况，一般公共服务支出2063030.00元，其中：政府办公厅（室）及相关机构事务：1858917.00元。财政事务：107206.00元，税收事务：30000.00元，人口与计划生育事务：66907.00元。小学教育：60000.00元。文化体育与传媒支出：78674.00元。老龄事务：50000.00元。医疗卫生管理事务支出：42026.00元。退耕现金：83490.00元。农林水事务支出1435496.00元。

本年财政供养人数 46人，半供养人数17人，全年完成经费支出3813716.00元,同比增长652462.00万元，比上年增长20%，增长的主要原因是补发公务员实施津补贴规范等因素的影响，导致支出在一定幅度内增长。

年初各项存款余额2742053.71元，本年各项存款余额达34140657.42元，各项贷款上年初余额为9800716.00元，本年各项贷款累放数11952339.2元，累收数4293276.8元，本年累放644900.00元，上年初股本金余额285500.00元，年末股本金余额323500.00元。

【科教文卫】 全乡共设3个农业畜牧科技指导站，分别是农科站、兽医站、畜种改良站。全乡5个村委会都配套了农业畜牧科技服务专职技术人员。全乡农业畜牧专职科技人员共10人。2009年共举办科技培训班30场次，受训人数2780人（次）。立科技示范户120户。

小春良种推广：本年度示范推广小麦良种7200亩，主要品种是由农科站自己引进试验示范的优质良种绵麦39、西昌17、18、19、引11—12、云麦42等品种；推广青稞良种1200亩，主要推广品种是青海黄，最高单产达到675千克/亩，平均产量达到475千克/亩；油菜良种推广850亩，主要推广应用的品种是花油五号、八号、九号；其他良种推广1200亩，主要品种是中甸红、凤豆九号等。良种使用率达到95%以上； 小麦平衡施肥示范700亩；参与云南省配方施肥项目3414小麦、油菜正规试验各一组，为三因素、三水平、三重复、42小区处理正规试验；引进品种试验：小麦：川麦36、宜麦8、9号、云麦51、52、53；油菜：云油杂二号、花没九号；青稞：云青二号；小麦条锈病、青稞条纹叶枯病发病率控制在10%以内，损失控制在5%以内。

大春项良种推广：本年度示范推广大春水稻良种4800亩，主要品种是楚粳26、28、04—5138；推广玉米良种14000亩，主要品种是海禾一、二、十七号，会单四号、鲁叁三号、北玉二号、长城799等；其他良种1000亩。良种使用率达到98%以上；水稻旱育稀植，拉线条栽，抛摆秧技术推广4800亩，平均产量达到650千克/亩以上；引进品种试验：水稻：楚粳29号、云糯八号、滇粳优15号、滇杂31号；玉米：登海11号、登海3622、东单4142、宣黄单2、5号等；参与完成云南省万亩玉米高产创建活动百亩核心区示范，主要示范品种是海禾一、二、十七号，会单四号、鲁叁三号、北玉二号等。争取项目配套资金8万元，建设田间硬化路面两条，长820米、田间沟渠250米；参与云南省配方施肥项目3414玉米正规试验两组，为三因素、三水平、三重复、42小区处理正规试验；完成全乡农田土壤布点取样150+25+42分项取样和室内内业资料，并送迪庆州土壤肥料工作站进行分析化验；种桑养蚕项目完成1420张，数量和产量均超过金江镇；水稻稻瘟病、玉米大小斑病发病率控制在10%以内，损失控制在5%以内。

畜牧业：在春秋两季生猪免疫注射二联苗12000头（次），猪蓝耳病免疫接种4800余头，注射仔猪副伤寒疫苗4000头（次），注射猪脾淋苗16000头（次），禽类霍乱疫苗接种13000羽，鸡新城疫苗接种15460羽，注射禽流感疫苗8660羽，注射羊口蹄疫疫苗6000mil，注射生猪口蹄疫疫苗6000mil，免疫生猪45526头（次），注射牛口蹄疫疫苗800mil，免疫牛3783头（次），免疫羊2835只（次），流感疫苗接种13200羽，全年对各类畜禽驱虫34500（头、只），其中：全年生猪驱虫29851次（头），牛羊驱虫1521头（次），禽类驱虫11200羽。有短角公牛种4头，美利努种绵羊6只。全年配种牛12头，利用种羊10只，全年配种120只，有种猪42头，全年共改良生猪5428窝（人工授精167窝），全年进行上市产品检验猪酮体846头，检出黄镖1头，疫苗、药物残留152头，牛酮体30头，均作了无害化处理。产地检疫牛1头，猪2056头。全乡共死亡能繁母猪160头，按照能繁母猪保险的相关要求及时发放能繁母猪保险金10万元。

上江境内设有初级寄宿制中学一所（香格里拉第六中学），2009年学校有教学班12个，学生总数达541人，在校教师38人，在校职工19人，本年度初中毕业生184人，高中上线数72人，上线率39.1%。

上江小学校区全乡合计30个教学班，在校生764人，其中食宿生350人，走读生414人。全乡一年级137人，二年级138人，三年级134人，四年级111人，五年级115人，六年级129人。学校占地面积44953平方米，生均占地面积58.8平方米，校舍占地面积10957平方米，生均占有校舍面积14.3平方米。其中：木高完小设6教学班，在校生188人，其中食宿生136人，走读生达52人；良美完小设6个教学班，在校生155人，其中食宿生40人，

学生217人。电视收视率达100%。格兰村是有名的“金鸡马鹿”舞的发源地。

村党总支书记：和秀山

村委会主任：和秀山

村委会副主任：唐贵华

【士旺村委会】 辖5个村民小组，总人口1350人，共334户。全年粮食总产量1233.1吨，人均有粮913千克，农村经济总收入805万元，农民人均纯收入3317元，共有完小1所，教师12人，在校学生106人。有村卫生室1个，医生1人，电视收视率达100%。

村党总支书记：周　钧

村委会主任：孙占全

村委会副主任：毛志明

（李金花）

金江镇

【概述】 2009年金江镇政府在县委、县政府的正确领导下，在县级各部门的大力关心帮助下，在镇党委的直接领导下，在镇人大的监督支持下，带领全镇各族人民群众高举中国特色社会主义伟大旗帜，以科学发展观统领全局，突出项目建设重点，围绕发展与和谐两大主题，切实抓好“三农”工作，完成财政收入、农民人均纯收入、招商引资、固定资产投资四个重点指标，全面推进政治、经济、文化、社会、廉政五大建设，进一步解放思想，实事求是，与时俱进，开拓创新，在遭受了罕见的旱灾、国际金融风暴等不利影响下，依然实现了全镇经济社会的持续发展，圆满完成了镇第二届人民代表大会第二次会议确定的各项工作目标和任务。

【地理位置】 金江镇位于香格里拉县南部，镇政府驻地吾竹距县城香格里拉188千米，介于北纬26° 52′ ~27° 21′，东经99° 39′ ~100° 01′之间。地处西藏高原东南缘，滇西北横断山脉腹地纵谷地带沙鲁里山脉南部，地势北高南低，地形属低热河谷或低热坝区。最高海拔2700米，最低海拔1820米，相对高差820米。东南与虎跳峡镇及迪庆州经济开发区接壤，北连上江乡，西与丽江市玉龙县的巨甸、金庄、黎明、石鼓等乡（镇）隔江相望。全镇人口沿金沙江畔（东面）分布而居。

【行政区划】 金江镇由北至南由新建村、兴隆村、安乐村、吾竹村、车轴村、仕达村、兴文村等7个村民委员会和89个村民小组构成。

【人口与民族】 2009年，全镇人口自然增长数为67人，合计出生人数177人(出生率10.5‰)，长效节育率达84.2%，综合节育率达99.2%，计划生育率达100%，领取独生子女证书25对，使全镇独生子女父母光荣证办证数达340对。年末全镇人口总数17534人，其中农业人口16343人，非农业人口1191人，特殊地理位置形成多民族大杂居和小聚居的状况。境内主要居住纳西、汉、白、苗、傈僳、藏、彝、回、普米、黎族等十种民族。

【土地面积】 金江镇土地总面积627平方千米，2009年年末耕地面积34055亩，水田21856亩，旱地12199亩，农民人均占有耕地2.1亩。

【农村经济】 全年全镇工农业总产值达10520.39万元（现价）；其中农业总产值8215.39万元；工业总产值2305万元，人均纯收入达3300元，全镇财政总收入达到814万元，完成计划的101.7%；固定资产投资5516.56万元，完成计划的212%。

【农、林、牧业】 2009年全镇大小春农作物播种面积55140亩，粮食总产量1799.5715万千克，人均有粮1101千克，人均纯收入达3300元，引进推广农作物良种27吨，农膜6吨；推广新技术5000亩，小麦化除10000亩；水稻地膜育秧30亩，玉米地膜覆盖栽培1200亩，水稻抛秧2000亩。

2009年全镇桑园面积达5668亩，春蚕、夏蚕、秋蚕、晚秋蚕四季养殖张数达1031.5张，产量达37735.5千克,产值达76.11万元；完成药材种植近300余亩，并相应成立协会。

扩大油菜、药材、蔬菜、木耳等经济作物种植；一年来发放杂交玉米、水稻、小麦、油菜补贴资金49.5万元；发放粮食综合直补47318.39亩，补贴资金191.4万元；兑现退牧还草补贴108万元；兑现能繁母猪补贴42.28万元，受惠农户3980户，15920人；兑现退耕还林资金1043169.4元，受益面积4000亩，受惠农户1382户；争取扶贫贴息贷款750万元，并已成功还贷，实现户均增收300余元。拟定金江镇核桃产业发展规划，实现种植和改良面积2500亩。加大节能方面的探索，结合社会主义新农村建设，农村的燃料能源从木材消耗型向发展煤、液化灶、太阳能、沼气池等节能型转变，全镇一年来完成1200口沼气池建设，太阳能建设320套，加快实施退耕还林、模拟飞播等改善生态环境。

进一步加强肉牛基地和生猪养殖基地建设，加大对畜牧业的扶持力度，同时确立“以点带面”的思路，新建了一批有一定规模的生猪养殖标准化养殖场，如兴文村的肉牛养殖示范点，兴隆打芝坝三组的生猪养殖小区建设，吾竹格古一组的生猪标准化养殖等；有力地推动了畜牧业的发展。全镇全年大牲畜存栏10648头，出栏1478头，生猪存栏63415头，出栏41600头，家禽存栏61688只，出栏58353只，肉牛已接近万头的养殖规模。

【乡镇企业】 矿业资源主要有铅锌矿、滑石、磷镁矿、大理石、红石、白云岩等。铅锌矿储量丰富，现已由两家州外企业入驻开发，吸纳农村富余劳动力500余人就业。从事采矿业的企业主要有兴林工贸金江安乐铅锌矿厂、荣华安乐大理石材厂、仕达石材厂、兴隆电站、吾竹电站。主要的电力企业兴隆发电站正在引资扩建当中，吾竹发电站装机640千瓦，年发电量172万千瓦时。

【财税金融】 2009年全镇财政总收入完成814万元；县农村信用合作联社金江信用社截至12月31日止，各项存款达6279万元，比2008年增长1054万元，增长17%，其中：社员储蓄4708万元，比2008年增753万元，增长16%，各项贷款余额为2391万元。

【基础设施建设】 2009年，投入850万元完成10.6千米金安公路工程建设；投资55万元完成镇文化站建设；投资300万元完成1200口沼气池建设；投资29.76万元完成政府办公楼修缮和职工厨房建设；投入150万元完成兴隆村以工代赈项目；投入148.8万元完成3558户20户以上村村通工程；投入1780万元（其中上级补助500万）完成200户游牧民定居工程；投入181.5万元（其中上级补助48.4万）完成121户安居工程；投入116.5万元（其中上级补助51万）完成115户地震民居工程；投入460万元（其中上级补助资金240万元）完成兴文村整村推进；投入80万元完成新建村、仕达村2所小学改造；投入78万元（上级配套35万元）完成吾竹格瓦二组新农村示范点建设；投入100万元完成全镇10个点人畜饮水工程；投入1000万元完成24个生产组农村电网改造；加强农田水利设施建设，投入13万元完成仕达村三级提灌泵站抗旱工程，投入252万元完成金上“长治”小流域治理建设项目。以上基础设施建设实际形成固定资产5516.56万元。共完成村组道路硬化路建设13080米，完成田间沟渠建设8210米。

【集镇建设】 经过多年的努力，全镇的交通、能源、通讯等基础设施得到加强，初步形成连接四方八面的交通网络，小城镇建设取得明显成效。以镇政府所在地吾竹村为核心，以县际油路为主干，连接村、组的道路框架基本形成。小城镇建设面积由原来的1平方千米扩大到4平方千米。

【民政优抚】 2009年，全镇共发放五保、城镇、农村低保资金633.6327万元（其中五保、城镇低保63.4217万元，农村低保570.2110万元）；发放“优抚对象”定补款27.5211万元，退伍军人建房款48.4万元；发放军属优待金及退伍军人座谈会费4.081万元；累计发放救灾救济资金8.92万元，粮食55吨，涉及贫困和受灾群众等3510户，14040人。全年已解决390人的贫困人口温饱，已超额完成了320人的任务。安排资金5.5万元，救助大中专学生100余人。

【交通 通讯】 全镇贯通86千米县乡公路，村村通公路。全镇安装程控电话1500部（其中开通致富通500部）当年电话通信收入达61万元，当年金江各站（所）、社会各界在金江邮政所征订各类报刊费总计7.64万元，全年邮政所投递信函11164件，境内设有移动电话接收机站，全镇村村通移动电话。

【文教卫生】 2009年全镇有9所完全小学，教学点23个，一师一校9个，在校学生1069人，教职工131人；县级中学1所，在校学生819人，教职工74人；进一步加强基础教育，在巩固“普六”的基础上，以“普九”为契机，加强师资队伍建设，教育管理、教育质量不断提高，教育基础设施逐年改善；香格里拉县第二中学在2008年中考中，上600分学生达23人，上500分学生达87人，上450-499分学生达30人；全面落实“高原农牧民子女学生生活补助”政策，加大对贫困生的救助力度，全年共发放藏区农牧民学生生活补助资金241.3万元，上学年小学入学率达99.83%，辍学率控制在0.2%以下；初中毛入学率达108.7%，辍学率控制在2.5%以下；切实把教育放在优先发展地位。

医疗卫生服务工作成效明显。加强和推进农村医疗健康工程，进一步巩固新型农村合作医疗成果，2009年全镇参加合作医疗人数达15738人，占常住农业人口的99.5%以上。全年全镇共减免25713人次,共补偿资金1276299.9元,在此基础上加大农村合作医疗政策的宣传和征收力度。认真组织开展甲型H1N1流感防控工作，确保疫情得到严密防治，无一病例在镇内发生。各村卫生室建设进一步完善。通过实施农民保健工程，培训15名农家卫生员下派到离村卫生室5千米以外村民居住集中的15个点为农民服务，形成镇村一体化管理，医疗卫生服务明显扩大。

计生工作进一步加强。全镇出生177人，人口自然增长数为67‰,计划生育率为 100% ，长效节育率为84.2% ，综合节育率为99.2%。奖、优、免、补取得实效。全镇2009年办理独生子女父母光荣证有25对，获得一次性奖3万元，使全镇农业人口独生子女父母光荣证办证数达340对，兑现独生子女保健费257人，兑现金额28970元，兑现独生子女奖学金初中63人，小学143人，兑现金额39260 元；60岁以上享受老人补贴有 76人，享受金额48000元，享受计划生育家庭特扶对象的有10人，享受金额11520元，农村独生子女当年考上高中，国民教育全日制大学专科和大学本科的学生进行资格确认，共有7位学生符合条件，享受奖学金金额7200元。发放叶酸140份；产前筛查179人次；全年出生177人，均未出现出生缺陷。

精神文明建设广泛开展。以“科学发展观”、“千名干部送法进村入户（寺）促和谐”主题教育活动、“首届龙潭民族民间艺术节”、兴隆村首次傈僳族“阔时节”为主要内容，广泛开展了“十星级文明户”、“十星级党员户”等文明创建活动，积极倡导科学、文明、健康的生活方式，大力宣传社会公德、职业道德和家庭美德；在春节等重大节日期间，组织一些丰富多彩的文娱活动，特别是2009年4月27-28日，举办的金江首届龙潭民族民间艺术节及兴隆举办的阔时节等，有力弘扬了金江民族民间文化。安装3558户地面卫星接收机，全镇电视覆盖率达90%以上，在此基础上又在上级广电部门的大力支持下，11月份迪庆电视频道在金江落地，及时把州、县领导之声及相关动态、政策法规送入了千家万户。

【社会治安综合治理】 全镇切实加强社会治安综合治理工作，以维护社会稳定为重点，进一步落实维护稳定工作责任制和一票否决制度，建立健全应急预警机制、矛盾纠纷疏导化解机制和处置工作体系，高度重视信访工作，及时排查各类不稳定因素，切实加强对防范和处理邪教工作，确保金江的社会稳定。扎实推进“五·五”普法教育，开展禁毒专项行动,积极开展各种人民内部矛盾纠纷排查、调处工作，司法所全年共调解纠纷279件，调解成功276件，成功率达98%（其中村调委会调解215件，司法所调解64件。婚姻纠纷43件、邻里纠纷54件、合同纠纷12件、赔偿纠纷14件、村务管理4件、计划生育纠纷8件、房屋宅基纠纷21件、其他纠纷102件）。宣传14场次、受教育人数达14750人，充分利用三月综治宣传月、六月安全生产月；6·25土地日、12·1世界艾滋病日和12·4法制宣传日。在农村、集市、街道开展多层次、多形式、内容丰富的宣传教育活动，为“五五”普法验收与增强全体村民的法律意识方面做了一些工作。派出所全年共接处警111起（其中立刑事案件7起，破3起；立治安案件25起，查处25起；调解民事纠纷51起，公民求助28起；送强制戒毒6人）。法庭接待来信来访50件，已按规定处理，做到件件有答复（收案50件，调解35件，判决4件，执行案件11件），为社会的稳定和谐做了大量卓有成效的工作。

【自然灾害】 2009年1月至5月，金江镇遭受了严重旱灾，灾情发生后镇党委、政府及村两委及时奔赴各个受灾区域，采取有力措施积极抗旱救灾，此过程中，投入13万元完成仕达村三级提灌泵站抗旱工程，投入252万元完成金上“长治”小流域治理建设项目。使灾害损失降至最低，有效保障了农民的正常生产生活。

【新农村建设】 2009年3月，金江镇迎来第三批社会主义新农村建设指导员，他们在驻村期间充分发挥新农村指导员“六大员”的作用，推动了全镇社会主义新农村建设。协助村两委完成890米三面光沟渠，1.8千米乡村水泥卫生硬化路建设，一块篮球场建设，为学校赠送电脑等，驻镇新农村指导员无论在抗旱救灾或是在新农村建设指导工作中都切实发挥了应有的作用，为加快农村村容村貌改善及村文娱设施建设奠定了坚实基础。

【信息报送】 把握正确的舆论导向，加强新闻宣传工作。一年来，镇党政综合办公室和宣传办公室，紧紧围绕镇党委、政府的中心工作，向州、县电视台，县人民政府政务网报送党政工作和各机关、站所的工作信息，圆满完成了信息上报任务。报送信息有：金江镇组织开展“千名干部送法进村促和谐主题教育”活动、金江镇“落实各项惠民政策”、金江镇开展大型文艺活动、金江镇“学习实践科学发展观教育活动”、集体林权制度主体改革、各机关、站所开展的特色工作、好人好事的宣传报道、州、县级到金江镇开展各项工作情况简报等声像、图片文字新闻近100余条，其中：宣传办公室编辑56条，在州电视台播报40余条新闻、简讯，迪庆报社刊登40余条（含各机关、站所报道的部分信息）。

【大事记】 2月21日，州委常委、常务副州长，金江镇千名干部送法进村指导组组长和良辉同志带领州、县“千促”工作队员入驻金江镇。

3月6日至8日，金江镇第二届人民代表大会第二次会议胜利召开。

4月27日至28日，金江镇首届“龙潭民族民间艺术节”在吾竹龙潭成功举办。

8月14日，“金江镇集体林权制度改革启动暨业务培训会” 在金江镇中心完小多媒体教室召开。县林改工作技术指导组成员、金江镇各站（所）部门干部职工、各村两委负责人、村党支部书记、村民小组长、村护林员、大学生村官助理共计236人参加会议。

9月27日，“金江镇深入学习实践科学发展观活动动员大会”召开，镇政府干部职工、各部门、站所负责人、7个党总支、37个党支部书记及新农村指导员、大学生村官等103人参加会议。

12月20日，金江镇首届傈僳族阔时节在兴隆村隆重举办。

【表彰】2009年度金江镇受表彰的集体及个人一览表

名称 姓名	表彰单位	表彰内容	表彰日期
金江镇党委政府	中共云南省委 云南省人民政府	云南省第二批新农村建设工作队及指导员工作“先进派出单位”	2009年2月
香格里拉县第二中学	中共云南省委 云南省人民政府	省级文明单位	2009年12月
吾竹村堆满二组	中共云南省委 云南省人民政府	省级文明村	2009年12月
金江镇党委政府	中共迪庆州委 迪庆州人民政府	迪庆州开展主题教育千名干部送法进村(寺)促和谐活动“先进集体”	2009年4月
香格里拉县第二中学	迪庆州 州总工会	08–09学年度“工人先锋号”	2009年12月
香格里拉县第二中学	县教育局	08–09学年度责任考核“先进集体”	2009年12月
金江卫生院	县卫生局	2009年度卫生工作“先进集体”	2010年4月
金江卫生院	县妇幼保健院	2009年度妇幼保健卫生工作“先进单位”	2010年3月
金江卫生院	县疾控中心	2009年度预防控制工作“先进单位”	2010年3月
金江派出所	县公安局	2009年度“先进集体”	2010年1月
李继鹏	中共迪庆州委 迪庆州人民政府	迪庆州开展主题教育千名干部送法进村(寺)促和谐活动“先进个人”	2009年7月
和文山	中共州委办公室 迪庆人民广播电视台	2009年度全州党委系统信息工作“先进工作者”；2008–2009年度“优秀通讯员”	2010年5月 2009年11月
兰学平	中共香格里拉县委	2009年度防范和处理邪教工作“先进个人”	2010年5月
和永建	县卫生局	2009年度卫生工作“先进个人”	2010年4月
鲍国珍	县教育局	2009年度中考“数学单科第一”	2009年9月
李云妹	县教育局	2009年度中考“英语单科第一”	2009年9月
黄志强	县公安局	2009年度“先进工作者”	2010年1月
王翠华	县财政局	2009年度“先进工作者”	2010年1月

【领导名录】

党委书记：鲁志军

人大主席：和凤春

镇　长：和　雨

副书记：蔡永鑫

纪委书记：和学勇

副镇长：王绍强、史利平

武装部长：黄正昌

【全镇村民委员会情况】 金江自北至南由7个村构成，各村都具有自己的区位和资源优势。7个村两委班子主要成员中：村党支部书记7人，平均年龄40岁，少数民族6人，占86%，有高中以上学历的6人，占86%；村主任7人，平均年龄42岁，少数民族6人，占86%，有初中以上学历的3人，占43%；副主任8人，平均年龄42岁，少数民族7人，占88%，有初中以上学历的1人，占13%。党员8人，占主任、副主任成员总数的53%。

【新建村委会】 位于镇政府西北部。西与丽江市玉龙县的巨甸镇隔江相望，北与上江乡士旺村接壤，南同本镇兴隆村相连。由8个村民小组组成，共有耕地4300亩，其中：水田2580亩，旱地1720亩，总人口1800人，其中：农业总人口1748人，州农业科学技术局新建农科站设立在迪满村民生产小组。

村党总支书记：张进尚

村委会主任：和太松

村委会副主任：和树高

【兴隆村委会】 位于镇政府西北部。西与丽江市玉龙县的新明村隔江相望，北连新建村，南同本镇吾竹村相连。由12个村民小组组成，共有耕地4599亩，其中：水田2116亩，旱地2483亩，总人口2412人，其中：农业总人口2343人。是金江优质野生菌——黑木耳的生长地。

村党总支书记：和济洲

村委会主任：陈继红

村委会副主任：杨茂先

【安乐村委会】 位于镇政府东北部。西与吾竹村相连，地形属山区和半山区。由9个村民小组组成，共有耕地2173亩，其中：水田130亩，旱地2043亩，总人口1298人，其中：农业总人口1264人。是金江铅锌等金属矿产资源蕴藏丰富的地方。

村党总支书记：杨　虎

村委会主任：唐永全

村委会副主任：彭朝忠

【吾竹村委会】 镇人民政府驻地，西与丽江市玉龙县的金庄乡隔江相望，北连兴隆村，南同本镇车轴村相连。由20个村民小组组成，共有耕地5687亩，其中：水田5236亩，旱地451亩，总人口4829人，其中：农业总人口4052人。设有镇属机关——派出所、法庭、司法所、工商所、邮政所、粮油收储公司、卫生院、林业工作站、信用社、香格里拉县第二中学。是全镇政治、经济、文化、教育的中心。

村党总支书记：唐桂勋

支部书记助理：和振仙

村委会主任：李继宗

村委会副主任：杨贵红、和彦生

【车轴村委会】 位于镇政府东南部，西与丽江市玉龙县金庄乡的茨科村隔江相望，北连吾竹村，南同本镇仕达村相连。由16个村民小组组成，共有耕地5268亩，其中：水田3764亩，旱地1504亩，总人口2213人，其中：农业总人口2096人。文化三组建有金江镇最大的民营企业——康巴新民酒业有限责任公司，公司生产的酒远销其他地、州、县及省、市。

村党总支书记：史继龙

村委会主任：彭建诚

村委会副主任：饶　义

【仕达村委会】 位于镇政府东南部，西与丽江市玉龙县石鼓镇的四兴村隔江相望，北连车轴村，南同本镇兴文村相连。由12个村民小组组成，共有耕地5952亩，其中：水田3067亩，旱地2885亩，总人口2569人，其中：农业总人口2493人。金江良种肉牛——西门塔尔的改良基地建立于此。

村党总支书记：李志红（兼任新农村指导员）

村委会主任：徐世忠

村委会副主任：和英俊

【兴文村委会】 位于镇政府东南部，西与丽江市玉龙县石鼓镇隔江相望，北连仕达村，南与迪庆州经济开发区拉马落相接壤。由12个村民小组组成，共有耕地6076亩，其中：水田4963亩，旱地1113亩，总人口2413人，其中：农业总人口2347人。蕴藏有丰富的硅矿石、滑石等石料。

村党总支书记：李寿军

村委会主任：杨学勤

村委会副主任：和善明

（和文山）

虎跳峡镇

【概况】 虎跳峡镇位于香格里拉县境东南部，介于北纬26°54′~27°30′，东经99°39′~100°01′之间，东面隔金沙江与丽江市玉龙县龙蟠乡相望，南连迪庆经济开发区，东、北两面分别与三坝乡、小中甸镇接壤，西面与金江镇山脉相连,镇政府驻地下桥头，海拔1853米，距县城97千米，国道214线、硕多岗河从北向南穿境而过，是香格里拉县通往内地的门户，素有迪庆州南大门之称。虎跳峡镇地势西北高东南低，村庄坐落在金沙两岸和硕多岗河两岸，全境四分之一地区处于金沙江西畔为河谷地区，背山面水，农田村舍分布在狭长的偏坡上，其余四分之三地区为半山区和高寒山区，村庄坐落在硕多岗河两岸，镇内有雄伟的山峰，也有较平缓的斜坡和深邃的峡谷。特殊的地理环境蕴藏着丰富的水利资源和矿产资源，但陡峭的山地易被冲刷，雨水季节常发生泥石流。镇内气候主要受西南季风和南支西风急流的交替控制，形成亚热带气候，全年干湿季分明。年最高温度32.3℃，年最低温度-6℃，年平均温度13.2℃，年降雨量738.1毫米，无霜期238天。

【行政区划】 虎跳峡镇辖区原分属金江、三坝、小中甸区，1950年9月，原属小中甸的土官等15个彝族村建立土官彝族自治村，1958年实现人民公社化时，为便于管理，金江区划出东坡、松鹤、长胜、永胜、桥头五个乡与土官彝族自治村（分为金星、宝山两个民族乡）合并建立虎跳江人民公社，1962年改为虎跳江区，金江区新仁、礼仁两乡划归虎跳江区。1968年改为公社，1984年改为区，1988年区乡体制改革，经云南省人民政府批准设镇，因镇内有举世闻名的虎跳峡而更名为虎跳峡镇，沿用至今。1998年迪庆州成立经济开发区，虎跳峡镇划出新仁、礼仁两村归开发区。现虎跳峡镇下辖街道居委会和桥头、长胜、永胜、东坡、松鹤、金星、宝山、红旗8个村民委员会，107个村民小组。

【民族和人口】 全镇总面积831平方千米，总耕地面积3.44万亩，人口1.56万人，其中农业人口3621户，1.48万人，占全镇总人口的94.9%。有汉、彝、傈僳、纳西、藏、白、普米、苗、回等九种民族，是典型的多民族杂居区，少数民族占全镇总人口的90%。

【综合经济指标】 2009年镇各项经济指标稳步增长，全镇工农业总产值达到11275万元，比上年的9881万元增加1394万元，增长12%，其中农业总产值达到5709万元，比上年的5285万元增加了424万元，增长8 %；农民人均纯收入达3200.00元，比去年的2587元增加613元，增长24%；完成乡（镇）企业总产值11200万元，比上年的8600万元，增加了2600万元，增长30%；完成本级财政包干收入667万元，完成固定资产投资10522万元，实现粮食总产量6454吨，比去年增长337吨,人均有粮431千克。

【工业总产值】 2009年全镇实现工业总产值11200万元，比上年的8600万元，增加了2600万元，增长30%。

【乡镇企业】 2009年乡（镇）企业总产值11200万元，比上年的8600万元，增加了2600万元，增长30%。东坡电站完成发电量1100万度，实现销售收入72万元。俄迪电站完成发电量800万度，实现销售收入22万元。

【农业】 2009年全镇农业总产值达到5709万元，比上年的5285万元增加了424万元，增长8 %；农民人均纯收入达3200.00元，比去年的2587.00元增加613.00元，增长24%；2009年完成小春播种面积4725亩，完成大春播种面积29505亩，其中：推广小麦良种3650亩，玉米良种12012.8亩，推广地膜包谷1100亩，推广玉米健壮素2650亩，推广水稻旱育抛秧333亩，完成小麦化学除草1200亩，完成作物病虫害综合防治32100亩，基本在全镇的半山区形成了已核桃为主白云豆套种的新产业，及时更新优良白芸豆种，加大科技投入使得白芸豆产值达180万元。核桃种植面积已达6万亩，农民人均拥有量为4亩余。一批由农户自发性创办的规模性的养殖专业户口已掘起，以“公司+农户+协会”形式组建的养殖业不断发展。推广地膜包谷、地膜洋芋1047亩，推广杂交包谷8922亩，完成玉米双行条栽2300亩，完成水稻、玉米化学除草1340亩，完成种桑养蚕139张，秦艽种植300亩，实施无公害绿色蔬菜480亩。实现粮食总产量6454吨，比去年增长337吨,人均有粮431千克。

【交通、邮电】 依托国道214线、旅游东环线为骨架，大力修建通组公路，在全镇99.9%村庄通了公路的基础上，2009年在上级部门支持下，投入资金11.4万元完成东坡村松坪子2.2千米公路改建工程项目；投入资金50万元新修建桥头村五头山村民小组通组公路30千米；投入资金10万元完成桥头村五家仁5户通公路项目；投入资金373万元完成红旗村10个村民小组32千米的通组公路弹石路面建设项目；投入资金15万元完成金星村里俄扒通组公路4千米；完成宝山村关防二组、土官二组通组公路5千米；投入资金10万元完成松鹤村红石哨、阿普洛村民小组组内道路建设；投入资金10万元完成松鹤村白岩子村民小组公路维修；投入资金43万元新建东坡村黄草坝公路桥梁。投入资金200多万元完成长胜村全村的水泥路改造。全镇通组公路的通行能力大大提高。现全镇公路总长达600千米。其中油路90千米(国道214线)，乡村公路约500千米。便利的交通为今后全镇经济发展打下了基础。

镇内有邮政支局1个，电信支局1个，移动营业厅2个，联通营业厅1个，电话用户5000余户(含移动用户)。网络宽带用户240余户，移动网络覆盖全镇，电话普及率100%。

【商业】 虎跳峡镇政府所在地下桥头地处国道214线和东环旅游线交汇处，优越的地理位置使集镇市场日趋繁荣，市场年交易额达1000多万元。集镇街道内现有集贸市场1个、县民贸公司连锁店1家、酒店33家、食店45多家，各类商铺160家，国道214线和东环旅游线沿线、虎跳峡景区内从事餐饮服务的个体经营户达80多家，全镇个体工商户到2009年底达600余户，个体私营人员达1500余人。非公经济突飞猛进，2009年总收入突破4500万元。上交国家税金100余万元，解决和吸纳劳动力就业1500人。

【财政金融】 2009年虎跳峡镇完成本级财政包干收入667万元，国地税收入完成 2300余万元，比上年增长5%。信用社存款余额达3960万元，比上年的5800万元减少31%，贷款额完成2800万元，比上年的1200万元增长133%。营业所存款余额达万6745元，比上年的6040万元增加705万元，贷款额完成1070万元，与上年持平。

【科教文卫】 2009年完成州委、州政府提出的“一村一校”集中办学村级完全小学9所。全镇共有完全小学9所，小学在校生人数1550人，专任教师129人，适龄儿童入学率99.8%，县属中学一所，大力实施巩固“普九”成果措施,2009年在校生613人，专任教师45人,初中毛入学率100%。有私办幼儿园1个，农业职业技术学校1个、农业科学技术推广站1个,专业农技人员6人。文化宣传活动中心1个，省网电视用户达600户。卫生医疗体系日臻完善，现有一级甲等中心卫生院一个，各科室配备齐全，专业医务人员46人，后勤人员6人，病床40张，全院固定资产逐年增加，至2009年镇中心卫生院固定资产达1000多万元。全年业务收入达250万元,诊疗36000人次,住院2000人次,开展手术200人次。村卫生室8个，全部为卫生院下派的专业技术人员。全镇共有农家卫生员38名，基本覆盖全镇10千米范围有一名卫生员。计划生育服务指导站一个，专业医务人员2人，私人诊所1个。加快医疗卫生事业的改革发展，在全县率先做到新型农村合作医疗保险的百分之百。全镇3621户14846人的合作医疗筹次款由镇人民政府代缴，合作医疗参合率达到100%。

【旅游业】 2009年虎跳峡景区仍能保持与去年同期基本持平。全年共接待海内外游客60万人次，实现旅游总收入3000多万元。

【人民生活】 2009年虎跳峡镇继续完善社会保障体系，农村民生、民利、救济、救灾等工作稳步推进。

投入资金58.26万元解决桥头村古巴组饮水困难问题，实施杨家河安全饮水工程，完成东坡村老药山一、二组，宝山村邱家组、余思各组人畜饮水工程。投入资金163万元全面疏通、修缮街道居委会两个村民小组的灌溉沟渠，实施永胜村、桥头村农业综合开发项目。投入资金660万元完成松鹤村大坪子、阴朵里组，金星村鲁堆组丰蜜扒一、二组,宝山村土官二组的太阳能建设项目；实施完成宝山村、东坡村易地安置项目；实施东坡村岔古落组搬迁工程；实施完成农村民居地震安全工程120户；实施第一期游牧民定居工程200户。投入资金35万元全面完成东坡村黄草坝村民小组新农村建设：完成人畜饮水工程25户；新建通组公路1千米；完成房屋维修工程25户；实施完成产业培育、技术培育。文化体育方面投入92.87万元（文化站40万元、各村修建篮球场22.87万元、宝山村委会10万元、宝山村毕摩文化活动室10万元、金星村鲁堆村民小组文化活动场所10万元）。投入97万元对虎跳峡镇中心卫生院大楼改造和长胜村卫生室建设。投入202.58万元对宝山村完小和中心完小教学楼建设。投入40万修建金星村鲁堆组老年活动场所。投入60万元建设各村党员活动室。在全镇开展了“十星级文明户”、“县级文明村”、“州级文明村”和“省级文明村”评选和申报工作。评选出全镇7个村民小组为县级文明村，5个村民小组为州级文明村。组织举办了虎跳峡镇第六届“健康杯”篮球运动会、香格里拉彝族火把节活动，继续组织开展民族规范舞健身活动。认真搞好全镇广播电视“村村通”工作，实现全镇9个村107个村民小组中有电视机用户100%覆盖，切实解决了全镇广大人民群众看电视难的问题。

全年发放救灾款10万元、救灾救济粮食130吨、民房受灾资金1.6万元；低保工作实行规范化、制度化、网络化管理，根据《香格里拉县农村特困居民最低生活保障实施细则》将年人均收入低于683元的5289人纳入低保范围，发放低保、门诊救助等资金306.12万元；加强城市最低生活保障工作，对268户445人实行低保，发放低保金77.75万元；深入实施城乡贫困医疗救助，全年共救助116人，争取救助资金23.54万元；全面落实各项优抚安置政策,发放定期定量生活补助10.25万元、现役军人优待金1.32万元、复退军人优待金1.2万元，复退军人住房维修费42万元；依法进行婚姻登记工作；按期完成农业人口统计上报工作。

按照州、县关于深化集体林权制度改革的精神，结合虎跳峡镇实际，对全镇（包括开发区）的12个村（社区、居）委会的131个村民小组进行林权主体改革。至2009年底完成宣传发动和开展培训工作、摸底调查、全镇方案制定和报批工作，近50%的村、组完成了方案制定,近65%的村民小组完成外业勘界工作。

2009年，根据上级部门具体要求，结合实际，继续认真做好劳动力的劳务输出、劳动力就业培训等问题，多渠道，多途径实现就业再就业102人，全镇输出劳动力2313人，实现劳务输出460余万。认真开展好全镇城镇居民基本医疗保险参保工作。全年共有350余人参加保险，参保率达到80%。

全镇农民共享企业改制成果。2009年镇党委、政府从企业收益中，对金星村、宝山村、红旗村、松鹤村、东坡村、桥头村、居委会的农村户口人员发放了人均150元的生活补助金，对长胜村、永胜村的农村户口人员发放了人均400元的生活补助金,同时为全镇农民群众缴纳2009年度新型农村合作医疗农户应缴部分，使全镇人民共同享受到了企业改革带来的成果。

通过加大农业产业结构调整力度，大力加强农业基础设施建设，加大科技扶贫、旅游服务业、矿电业、小城镇建设的投入力度，活跃农村市场、转移农村剩余劳动力等措施，全镇农民人均纯收入达3200元，比去年的2587元增加613元，增长24%。

【表彰】虎跳峡镇中心卫生院被云南省人民政府评为2009年度文明单位。

虎跳峡镇武装部被香格里拉县武装部评为2009年度先进单位。

虎跳峡镇司法所被香格里拉县司法局评为2009年度先进集体。

虎跳峡镇被县委、县政府评为2009年度平安乡（镇）。

虎跳峡镇被县委、县政府评为开展“千名干部送法进村(寺)促和谐”先进单位。

虎跳峡镇被州委、州政府评为2009年度新农村建设工作队及指导工作先进派出单位。

虎跳峡镇被省委、省政府评为2009年度新农村建设工作队及指导工作先进派出单位。

虎跳峡镇文化站被县政府评为“广播电视村村通工作”先进单位。

【大事记】 2月23日，虎跳镇“开展主题教育千名干部送法进村促和谐活动”动员大会。州人大常委会主任虎跳峡镇千名干部送法进村促和谐活动指导组组长唐世华及州、县“千促”工作队员、虎跳镇干部职工、各村两委负责人、各站（所）负责人、大学生村官助理共50多人参加了。

3月2日，宝山校区发生疫情,千名干部送法进村促和谐活动工作组积极参与处理突发事件,工作组在专业技术人员中心卫生院派医生配合下,通过大家的共同努力，疫情得到有效控制。

3月6日，虎跳峡镇第八届人民代表大会第二次会议召开。虎跳峡镇开展千名干部送法进村（寺）促和谐主题教育活动的各村工作组组长应邀参加了会议。

3月6日开始，虎跳峡镇各村积极启动行政村党总支、自然村党支部组建工作，共新选举产生选举产生119名农村支部委员和组建35个农村党支部。

3月20日，虎跳峡镇“千名干部送法进村促和谐”文艺汇演在虎跳峡镇文化宣传活动中举行,州委常委、州委政法委书记、公安局长李灿光观看了演出。

3月31日虎跳峡镇举办农村党支部书记党务知识培训班。

4月8日上午，作为香格里拉县学习实践科学发展观第三批试点单位的虎跳峡镇，召开深入学习实践科学发展观活动动员大会，香格里拉县县长肖徐等领导参加了大会。

4月15日，为期两个多月的“千名干部送法进村(寺)促和谐”活动在县委的指导下在虎跳峡镇全面结束。

5月1日～4日，举办以喜迎国庆60周年为主题的第五届“健康杯”篮球运动。

7月9日，虎跳峡镇召开全体干部职工大会，香格里拉县县长肖徐、县纪委书记张玉清出席了会议。

7月，香格里拉县虎跳峡镇通电自然村广播电视“村村通”直播卫星覆盖工程建设已全面完成。全镇9个自然村、3237户的广播电视直播卫星节目地面接收设备安装全部完成。

7月23日，虎跳峡镇举行由昆明红十字会捐赠援建虎跳峡中心完小教学楼签字仪。

8月11日，以“弘扬民族文化、展示彝族风情、促进民族团结、构建和谐社会”为主题的香格里拉彝族火把节在宝山村冲江河隆重举行,州、县领导40多人参加了开幕式。

8月13日，虎跳峡镇召开集体林权制度主体改革领导小组第一次会议。

8月16日上午，虎跳峡镇全面推进集体林权制度主体改革工作部署暨培训会议在香格里拉县第三中学阶梯教室召开。

9月28日，虎跳峡镇第三批开展深入学习实践科学发展观活动动员大会召开。

9月，上海帮扶整村推进扶贫项目在长胜村全面展开。

10月20日，县委书记彭耀文一行到虎跳峡镇检查、指导虎跳峡镇全面推进集体林权制度主体改革工作。

11月14日，由省第一人民医院、第二人民医院、附一院、附二院、省中医院、省妇幼保健院组成的三下乡医疗专家组50余人，在省卫生厅党委书记的带领下到虎跳峡镇中心卫生院进行了大型义诊活动。

11月19日，虎跳峡镇松鹤村举办《松鹤村两委开展学习实践科学发展观活动、学习贯彻党的十七届四中全会精神暨农村实用技术培训班》。

12月2日，虎跳峡镇《“崇尚科学与文明，反对迷信与邪教”拒绝邪教进校园》宣传活动在香格里拉县第三中学举行。

【领导名录】

党委书记：马国忠

镇　长：敖绍东

副书记：和　铭

纪委书记：杨金兰（女）

副镇长：和耀忠、杨 民

武装部长：李贵生

【红旗村委会】 红旗村北接小中甸镇吉沙村，南连宝山村俄迪，西面与上江乡接壤、东边与宝山村官房相连，森林茂密，草场广阔，居住的民族有傈僳族、彝族、纳西族，共有洞举、万拉木、余你洛、一家村上组、一家村下组、傈僳地、万古、新社、层冷、海典等10个村民小组，其中3个小组主要居住着傈僳族，7个小组住有彝族。有404户1458人。全村总耕地面积8325亩，现人均有耕地5.7亩。

村党总支书记：马新强

村委会主任：张正坤

【宝山村委会】 虎跳峡镇宝山村位于香格里拉县东南六十千米处的冲江河畔，全村共有俄迪、余思各、牛场、邱家组、官房一队、官房二队、官房三队、松林坪、土官一队、土官二队、土官三队、支独一队、支独二队、支独三队等十四个村民小组，分布在国道214线两旁，居住较为分散，全村面积约60平方千米，该村除10000多亩荒山荒坡和耕地面积外，其余都是森林资源和高山草场，与红旗村、松鹤和金星村相邻，全村最高点牛场村和松林坪村海拔3300米，最低点冲江河村海拔2500米，属立体气候，气温较低，温差大，适应退耕还林。村内有丰富的旅游资源茶马古道、十二栏杆、俄迪溶洞、双海的千湖山和原始森林都等待着投资开发。村改委后，村委会理清了发展思路，确定目标，依靠上级部门扶持修通了14个村民小组公路；在冲江河建成集贸市场，并正式开业。全村2341人口中，彝族占95%，其他有汉族、傈僳族、藏族等，是全州彝族最集居的村。总耕地面积6690亩，现人均有耕地2.9亩。

村党总支书记：毛　君

村委会主任：和玉林

【松鹤村委会】 松鹤村位于冲江河东岸，哈巴雪山脚下的黄土高坡上，全村辖红石哨、阿普洛、阿黑洛、大鱼塘、阴朵里、娃里底、斯波洛、麻林坪、阴海、介牌一组、介牌二组、娃里别一组、娃里别二组、耍马等、娃里别三组、松坡、白岩子、东螺丝湾、冬瓜林、习家社、大坪子等21个生产小组,464户1874人，是全县、全镇特困村之一，主要以玉米、小麦、洋芋、荞子为主产，现有耕地3300亩，现人均有耕地1.76亩。由于95%的耕地都属45度以上的坡地，山高坡陡，广种薄收。

村党总支书记：和赵元

村委会主任：鄯从光

【金星村委会】 金星村位于虎跳峡镇西北部，东北隔冲江河与松鹤村相望，面积248平方千米，海拔2000米以上，气候温寒不一，山高坡陡，土地贫瘠水资源短缺，是一个少数民族杂居的二半山区。金星村因境内金矿遗址多而得名。共辖诗别、念渣洛、西螺丝湾（徐家社）、托扒、丰蜜扒一社、丰蜜扒二社、拖诗洛、史垮地、鲁堆、耍米一社、耍米二社、里俄扒、四奔子等13个生产小组,486户2160人。总耕地面积2505亩，现人均有耕地1.15亩。

村党总支书记（兼村委会主任）：段汝春

【东坡村委会】 东坡村东靠哈巴雪山，西与金星村隔河相望（冲江河），北与松鹤村相邻，南与长胜村永胜村相连，全村总面积约96平方千米，属山区，立体气候明显，最高点哈巴雪山顶峰海拔5396米，最低点海拔冲江河边2100米饭，形成典型的自然立体气候，气温偏低，温差大，山脚已春暖花开，山顶还在雪花飘飘。镇内有著名的哈巴雪山景区，终生积雪，有高山湖泊黑海及杜鹃花尚未开发。随着国家对生态环境的重点保护，天然林保护工程的实施，森林火灾得到了切实有效的控制，全村共辖海巴洛阳山一组、海巴洛阳山二组、海巴洛阳山三组、海巴洛阴山上组、海巴洛阴山下组、补洛上组、补洛下组、岔古洛、松坪子一组、松坪子二组、松坪子三组、黄草坝、彪水岩阴山、彪水岩上组、彪水岩下组、老药山中村上组、老药山中村下村、老药山上组、老药山下组、二台、干海子、高家坪、肥坪子等23个村民小组，522户2289 人。总耕地面积5295亩，现人均有耕地2.31亩。

村党总支书记：袁兴国

村委会主任：谷学义

【长胜村委会】 长胜村地处虎跳峡镇东面，金沙江北面，东面与本镇永胜村相邻，北面与本镇东坡村相邻，西面至冲江河边，是全镇内面积最小的一个村。海拔最高点2500米，最低点为1500米，是一个气候比较温和的村。全村共有郎巴山、冷独上队、冷独下队、上长坪、下长坪、核咱、上诺于、下诺于、中诺于等9个村民小组，

275户，1166人。总耕地面积1335亩，现人均有耕地1.15亩。

村党总支书记：杨虎全

村委会主任：吴海元

【永胜村委会】 永胜村位于镇驻地的东北方，南面与长胜村相连，西南方与东坡村相邻，东北与三坝乡江边村接壤。全村最高点哈巴雪山，海拔5396米，最低点金沙江边，靠近金沙江边都是河谷地区。全村也属横断山区，一山有四季，十里不同天。全年气温也没有大的变化，结冰期随海拔的升高也有所不同，高一点的本地湾组结冰期也只不过一个月，靠近金沙江边的组冰期也只不过半个月左右。山高坡陡、谷深、自然灾害频繁，大部分村民受到严重山体滑坡的威胁。全村分三个片区，辖核桃园一社、核桃园二社、核桃园三社、本地湾、丫叉角一社、丫叉角二社、丫叉角三社等七个村民小组，共201户982人。总耕地面积1050亩，现人均有耕地1.07亩。

村党总支书记：杨　斌

村委会主任：田永刚

【桥头村委会】 桥头村委会东至红桥村、西至镇政府所在地下桥头，东西长8千米。辖五头上、五家人、两头上、两家人、拉咱古、吉子洛、古巴、铁厂沟等八个村民小组，262户1117人。居住着汉、纳西、傈僳、彝族等五个民族，纳西族居住在沿金沙江一线，平均海拔2100米，傈僳族居住在2300米至2500米半山区，彝族同胞居住在海拔2700米以上高寒山区。总耕地面积1560亩，现人均有耕地1.4亩。

村党总支书记：蔡建勋

村委会主任：李忠红

【街道居委会】 居委会位于镇驻地下桥头，是香格里拉通往内地的南大门，辖3个村民小组，一个是居民小组，2个村民小组，蔬菜社和红桥社，共有180户，人口633人；其中，农业人口为318人，城镇人口315人。总耕地面积100亩，农业人口人均耕地面积0.44亩。

居委会党总支书记：虞富昌

居委会主任：唐丽刚

（吴卫平）

三坝乡

【概述】 三坝纳西族民族乡以东坝、白地、哈巴三块不平整的坝子而得名三坝，是全县唯一的以纳西族为主的民族乡，位于香格里拉县东南部。2009年底，全乡人口共计17266人，4199户，其中农业人口 16610人，下辖东坝、安南、白地、瓦刷、哈巴、江边6个村民委会，共75个村民小组，是典型的农业贫困大乡。乡境内居住着纳西族、汉族、回族、彝族、傈僳、藏族等六种世居民族和其他共11种民族，这里有世界闻名的“仙人遗田”白水台泉华台观，有被誉为“世界花园之母”的天然动植物园哈巴雪山，还有古人遗迹渣日岩画，黑海、九子海等自然景观都有很大的开发潜力。全乡森林覆盖率为65%，现有天然草场40万亩，得天独厚的气候和地理区位，禀赋了三坝纳西族民族乡丰富的旅游、生物、矿产、水能、土地等资源，加之丰富多彩的民族文化，共同组成了独特的自然和人文环境。

【综合经济指标】 农村经济总收入3590 万元，同比增长351 万元；地方固定资产投资完成73177万元，比去年增加了61579 万元；完成财政收入215万元，比去年增加52 万元；农民人均纯收入达2362元，比去年增加253元，同比增长12%。

【党组织建设】 加强思想建设，狠抓党员、干部及群众的思想教育。乡党委以“千名干部送法进村促和谐”活动为契机，结合实际，深入村组开展学习十七届三中、四中全会精神、各种涉农法律、法规和国家的各项方针政策，参加培训学习宣传的党员达643人，全乡95%以上的群众参加了学习培训活动。

按照州委“三建三创三带”的工作要求，及时将下辖的6个行政村支部提升为党总支，将75个自然村按党员数量、地域情况分为23个农村支部，并完成了相关的制度上墙及支部组建工作。目前，全乡已有37个党组织（其中23个农村支部、8个机关单位支部、6个党总支）促进了党建工作逐步走向规范化、制度化。

【人民武装】 认真做好人民武装工作。规范管理，加强基层武装组织建设，加强民兵思想政治教育工作，提高民兵队伍整体素质。科学编组，扎实推进民兵组织整顿工作。摸清底数，健康有序的做好了征兵工作，为部队输送11名合格的义务兵，其中10名为农村户口，1名为城镇户口，超额完成了今年的征兵任务。

【农牧业】 坚持立党为公、执政为民，切实关心好、维护好广大人民群众的根本利益，实现“三农”工作的新突破，为提高人民群众生活水平作出新的贡献，进一步增强跨越式发展的向心力。加快农业产业化进程，加快农民增收步伐。

加快推进农牧业结构调整。结合各村实际，重点发展瘦肉型猪、肉牛、干果、白云豆、药材等产业。随着各级政府对畜牧业重视程度的进一步提高，乡内涌现出一批具有一定规模的养殖合作社及养殖重点村、重点户，广大农民的养殖积极性得到进一步提高，养殖观念也从过去的自给自足逐渐向市场经济转变。逐步实现布局区域化，产业特色化。

全乡现有一个肉牛养殖专业合作社，一个养猪专业合作社，养牛专业村4个，养猪专业村1个。全乡存栏50头以上的养牛重点户有13户；存栏100只以上的养羊重点户有11户；存栏50头以上的养猪重点户有14户；存栏100只以上的养鸡重点户有17户。养殖数达到8600头（只）。

加强春秋两季动物疫病防治工作。加大动物防疫的宣传力度、组织力度和工作力度，按照“乡不漏村、村不漏组、组不漏户、户不漏禽、禽不漏针”的要求，切实把此项工作落到实处。乡境内没有发生任何重大动物疫情，为全乡畜牧业的稳步发展奠定了坚实的基础。

积极开展种桑养蚕项目，涉及4个村委会7个社，参与户数46户，全乡共示范养殖97张，平均每张产值966元，共计收入93700元。政府户均补助蚕具及蚕房933元，共补贴42900元。今年试点推广种植桑树780亩，分别在江边、瓦刷、白地三个村委会，为进一步增加农民收入奠定了基础。

提高科技服务水平。积极引进新品种、推广新技术，努力实现农业生产由片面地追求数量扩张向质量提高的转变。以农户对畜牧养殖的积极性有所提高为契机，组织指导群众制作各种饲料1155吨，着实提高了广大农民养畜的科技含量。

加快农村富余劳动力转移促进农民增收。转变观念，加大农村富余劳动力转移工作力度，努力实现农民收入的大幅增长。加快推进就地就近转移，使农民“离土不离乡”增加收入。乡、村两级进一步加大工作力度，主动搞好服务，积极搞好农民就业培训，增强农民从事非农产业的劳动技能和就业本领，并同有关部门结合，有计划地组织好劳务输出。鼓励农民“离土离乡”闯市场，年内农村劳务输出2400人，创收480万元。

严格落实各项惠农政策，调动农民的生产积极性。2009年全乡共发放能繁母猪补贴30.14万元，家电下乡补贴4万元，核实小麦、春玉米、油菜种植面积13580 亩。积极组织农民参加“三农”保险，有效化解农业风险。全乡能繁母猪参保4914头，参保率达到了100%。农村60周岁以上的老人在全乡范围内享受养老保险金的有1939人，发放养老保险金31.9935万元。

【基础设施建设】 投资85万元，建设哈巴村“退耕还林基本口粮田建设”项目，受益18个村社，完成沟渠硬化32千米；完成坡改梯200亩，覆盖5个村组，完成地力培肥1200亩；投资55万元完成江边村“退耕还林基本口粮田建设”项目，受益10个村组，包括坡改梯100亩，沟渠硬化15千米；投资90.7万元，完成江边村大沟建设沟渠硬化3249米；投资60.5万元，完成江边村和哈巴村共150户农户改厕；完成白地村恩土湾、中火山、恩水湾三个村民小组的人畜饮水建设项目；完成白地村恩水湾组道路硬化8050平方米、人畜饮水4.25千米及两个垃圾池；修缮完成哈巴村龙旺边清真寺；投资80万元，完成东坝村农贸市场及球场的建设；投资18万元，完成乡政府围墙、大门等附属设施；投资34万元完成计生站主楼、厕所、围墙、大门的建设；投资165万元完成卫生院住院部和门诊职工伙房、厕所、围墙、大门、院坝硬化建设；投资35万元文化站完成办公楼、围墙、大门建设；投资83万元完成兽医站搬迁建设项目；投资92万元完成财政所搬迁建设项目；投资280万元完成东坝村整村推进项目建设，其中整合资金为142.2万元，财政扶贫资金137.8万元。经项目领导小组积极协调动员，组织群众投工投劳，现已完成进村公路铺沙2200米，新建卫生路550米，垃圾池2个，公厕1个，人畜饮水28722米，水池120立方米，沟渠建设3.5千米等建设，并通过了各级相关部门的验收；投资270万元完成白地村整村推进项目，其中整合资金为124万元，财政扶贫资金146万元，实际到位资金136万元，还未到位10万元。根据上级相关文件精神，按照缺什么补什么的原则，现已完成安装太阳能337套，村内卫生路硬化13千米，修建进村公路桥梁1座，院坝硬化71户、安居50户等工作；安南小水电代燃料项目进展顺利。安南小水电代燃项目是惠及东坝、安南、白地三个村千家万户的一项惠民工程，乡里成立了协调领导小组，经多方协调反复做工作，认真做好项目区内人民群众的宣传工作，向项目区农户宣传小水电代燃料工程的性质、目的意义和产生的效益，目前完成了项目的前期赔付工作，项目建设正在实施当中；完成了广播电视“村村通”工程建设，覆盖全乡75个村民小组，3386户村民。使千家万户无偿收看、收听国家广播电视44套电视节目和43套广播节目，并做到了设备运输发放保障和技术力量保障，扫除了广播电视盲区；投资70万元，完成150户地震安居工程；投资550万元，完成将近300户的游牧民定居工程；投资48万元，完成了东坝村各迪村民小组村组公路7千米的建设；梨园电站、松八电站、下只恩电站、南方电网、东坝、安南农网改造等重点项目的协调工作进展顺利，进一步优化了投资环境，拉动了全乡经济的发展。

【计划生育】 计划生育工作成效明显。发放计划生育资金6万元，其中教育奖学金1.386万元，保健费用0.735万元，发放信息员补助0.9万元，宣传员补助2.562万元。2009年 1月 1日至2009年 10月1日，全乡出生人口182人，生育率达 92%。

【教育】 教育事业稳步发展，加大了教育资源整合，优化教育资源配置，逐步推进小学布局调整。巩固“两基”成果，抓好“两免一补”政策的贯彻落实。2009年小学在校人数为1497人，入学率为99.1%，辍学率为0.2%；初中在校人数为831人，入学率为95%，辍学率为2.44%，均达到预期目标，为三坝教育的全面发展奠定了良好的基础。

【卫生】 加快卫生事业发展。启动卫生院门诊楼建设，全面实现乡村卫生服务一体化管理。扎实抓好手足口病和甲型H1N1流感防控工作。组建宣传、督查、工作三大专班，明确各自分工及职责，共同抓好防控工作。建立健全快速反应机制，完善应急预案，组织相关部门进行演练，加强宣传。多渠道、多形式、全方位进行宣传，指导群众加强自我防范，提高防控能力，确保全乡群众知晓率100%。建立健全责任和信息网络，层层落实包干责任制，加强检查和督办。

广泛开展防艾宣传教育活动，扩大参与面。坚持“宣教为主，预防为先”的原则，结合农村实际广泛开展宣传教育活动。积极开展世界艾滋病日、禁毒日的宣传教育活动，乡防艾工作领导小组各成员单位联合组织开展了以禁毒防艾为主题的街天宣传、义务咨询活动。

周密组织安排，全力做好新型农村合作医疗工作。按照上级安排部署，认真宣传，周密组织，全面发动群众，把党的惠民政策真正落到实处。2009年全乡共有24756人次享受报销医疗费用670560.1元，2009年全乡农业人口中 16115人参加了新型农村合作医疗，参合率达到94%，比去年增长13%。

【社会事业】 民政、优抚等社会事务工作扎实有效开展。完成了农村低收入家庭的调查及建档工作，发放最低生活保障金671万元，受益5793人；发放城镇低保金31万元，受益人口157人；发放“五保”供养金36万元，受益人口238人；发放救灾救济粮食130吨；严格搞好婚姻登记，切实抓好“双拥”工作，截止2009年12月30日已为180对新人办理了结婚证书，晚婚率达到了66%。

【林业】 严格资源林政管理，依法履行职责。精心管理苗圃中现有的红豆杉、岷江柏树苗，促进长势良好，确保苗木质量。供应发放哈巴、东坝、白地、安南等村，退耕还林补植补种云杉苗45180株，组织各村组群众种植核桃5021亩，供苗165594株；经过认真开展森林资源林政管理专项整治，取得了阶段性成果，震慑了罪犯，最终形成了自查自纠报告。严厉打击境内的非法盗伐滥伐偷运私拉木材的行为。查处盗伐滥伐林木、无证运输木材案共计22起，收缴罚款4万多元，没收木材38立方米切实解决民用木材管理中存在的突出问题；新栽植优种核桃1730余亩，2.6万株，干果面积达2805亩，增加农民收入177.79 万元。

九月份组建了三坝乡森林防火半专业扑火队，队员40名，特邀中国武警森林部队迪庆大队教官前来集训，进行了森林防火基础知识、扑火区火灾发生和发展规律等业务知识培训，以及扑火机具使用操作、扑火技术与战术等技能培训。

【安全生产】 全面落实安全生产责任制。为确保安全生产和人民的生命财产安全，乡政府成立了安全生产及食品安全领导小组，并全面落实责任制，特别对矿山生产企业、水电建设项目、小食店、学校、小卖部实行定期检查和不定期的抽查，及时发现和排除安全隐患。建立安全生产台账和每月安全生产联查制度，发现安全生产隐患及违章操作行为，及时督促整改，有效地维护了全乡的社会稳定和人民生命财产安全。

【维护稳定】 2009年，乡党委政府进一步加强了对稳定工作的领导，始终把稳定工作列入党政议事日程，作为工作的重要内容切实抓紧抓好。乡党委政府多次召开信访工作专题会议，研究加强稳定工作的措施，整合全乡各个部门的力量，全力做好信访稳定工作。乡党委主要领导亲自处置信访疑难问题，主要领导亲自指导，亲自调度，亲自深入村指导工作，有效遏制了群众越级，集体上访的势头，确保小事不出村，大事不出乡。在此期间，乡政府成功举办了“东巴文化节暨乡政府驻地搬迁庆典”活动，促进了民族团结、社会和谐稳定。

随着改革开放和西部大开发步伐的加快，外来投资日益增多，因此带来的各种利益纠纷也不断增加。上半年，松八电站投资商与当地村民曾因利益冲突发生群体性事件。但是，乡党委政府及时成立了相应的工作组，积极调解处理，把矛盾及时化解，没有出现越级上访事件。

【表彰】 2月，三坝乡被州委、州政府评为第二批社会主义新农村建设指导员先进派出单位。

4 月，三坝乡被县人民政府评为2009年度人口与计划生育工作先进乡（镇）、2009年度环境保护工作优秀单位。

4 月，三坝乡被县委、县政府评为2009年度教育“两基”目标先进乡（镇）。

12月，三坝乡被县人民政府评为2009年度森林防火目标管理责任状过标奖。

12月，三坝乡被县委、县政府评为2006～2009年连续三年无森林火灾先进集体。

12月，三坝乡武装部被县武装部评为2009年度先进单位。

12月，三坝乡司法所被县司法局评为2009年度先进集体。

【领导名录】

党委书记：屈天荣

人大主席：和红宝

乡　长：墨立新

副书记：和文强

纪委书记：黄品华

人大副主席：陆继祥

副乡长：杨　军、和小龙

武装部部长：和红光

【东坝村委会】 东坝村位于三坝乡西北部，距县城90千米，距乡政府50千米，平均海拔2600米，农业人口4680人，1084户，是全县乃至全州农业人口最多的一个行政村。实有耕地面积5446亩，人均有粮为801千克，农民经济收入主要来源于牲畜饲养、种植业、外出务工等方式。该村主要以纳西族为主，其他彝族、藏族、汉族共同聚居。是全乡海拔相对较高、人口最多、面积最大的一个行政村。村委会设在科目村民小组，下辖关机、各迪、迪满、七洛、车拉八、科目、次恩之、松八、老炉房、日树湾、渣日上社、渣日下社、道谷、拉丁、布支15个村民小组。境内在建格基河流域松八、七洛电站，有“渣日”岩画，属省属重点保护文物，有正在开发的“白山九仙峰”景区，有铅锌、铜、银、硅等矿产资源，适宜种植药材。村内有完小1个，村小学4个，教师20人，在校生426人。卫生服务点1个，医护人员3人，农村服务站1个，服务人员1人。

村党总支书记：徐红军

村委会主任: 和立新

村委会副主任：杨　花、和成林

【安南村委会】 安南村委会位于三坝乡东北部，平均海拔2600米，距县城70多千米， 435户人家，1792人。全村耕地面积2351亩，居住着藏族、彝族、回族、普米族四种民族，其中彝族人口最多，五个彝族村民小组的人口占全村总人口的70%左右。村委会设在中心村民小组，下辖中心、水磨房、瓦厂、小羊厂、大羊厂、甲沟、变落7个村民小组。境内有安南电站建在中心自然村，电站年发电量为200千瓦/时，有“九子海”风景区，县旅游东环线贯穿全境，有金、铜、硅等矿产资源，适宜种植药材、青稞和发展畜牧业。村内有完小1个，村小学2个，教师13人，在校生196人。卫生服务点1个，医护人员1人。

村党总支书记：杨　康

村委会主任：罗国富

村委会副主任：罗正林

【白地村委会】 白地村属三坝乡政府所在地，距县城102千米，辖区内有旅游景区白水台，平均海拔2200米左右，全村下辖15个村民小组，874户，3551人，其中劳动力1777人，实有耕地面积4651.53亩，主要民族为纳西族，汉族与其他民族并存，境内有丰富的民族文化（东巴文化），人均有粮为550千克，人均纯收入为950元，大小牲畜存栏为3954匹（只）。村委会设在水甲村民小组，下辖恩水湾、补主湾、波湾、水甲、古都、上火山、下火山、中火山、勋洞、陆家村、马家村、阿鲁湾、恩土湾、陈家村、吴树湾15个自然村。境内有著名的“白水台”风景区，林间草坪，阿明灵洞，白水瀑布等旅游资源，县东环旅游线贯穿全境，适宜建设商品粮种植基地。村内有完小1个，村小学1个，教师31人，在校生314人。卫生院1所，医护人员13个，卫生服务点1个，医护人员2人，农业综合服务站1个，服务人员11人。

村党总支书记：杨云清

村委会主任：杨福东

村委会副主任：树金华、杨长青

【瓦刷村委会】 瓦刷村位于三坝乡西南部，总耕地面积2530亩，农业人口1830人，432户。该村主要以纳西族为主，其他藏族、汉族、回族共同聚居。村委会设在瓦刷村民小组，下辖瓦刷、普湾、坪子、奔马、吉那罗、中直恩、下直恩、母支8个村民小组。境内盛产红米，有正在建设格基河流域的下直恩电站。村内有完小1个，村小学2个，教师11人，在校生113人。卫生服务点1个，医护人员1人，农村服务站1个，服务人员1人。

村党总支书记：穷生旺堆

村委会主任：王　生

村委会副主任：杨文友

【哈巴村委会】 哈巴村位于三坝乡西南部，农业人口3728人，847户，实有耕地面积4450亩，农民经济收入主要来源于牲畜饲养、种植经济作物、外出务工等方式。该村居住着汉族、纳西族、回族、普米族、傈僳族等民族。村委会设在古鲁八村民小组，下辖古鲁八、彝族一、彝族二、龙汪边一、龙汪边二、歪巴支、俄自里、依腊湾、阴山、阳山、七支、告湾、海扎巴、迪古支、拉马足达15个村民小组。境内有被誉为“世界花园之母”的天然动植物园、“三江并流”国家级重点景区——哈巴雪山，有尚未开发的黑海风景区，有两座清真寺，其中，龙汪边清真寺是全县最大的清真寺，县东环旅游线贯穿全境。村内有完小1个，村小学8个，教师19人，在校生321人。卫生服务点1个，医护人员2人，农村服务站1个，服务人员2人。

村党总支书记：和继光

村委会主任：段海胜

村委会副主任：杨志雄、李世春

【江边村委会】 江边村位于三坝乡西南部，金沙江畔，与世界闻名的虎跳峡峡谷接壤，为全乡海拔最低点，气候温暖湿润。农业人口1733人，394户，劳动力975人；耕地面积2369.5亩，其中水田1362.1亩、旱地1007.4亩；大牲畜存栏4431头（只），全村人均有粮342.5千克，人均纯收入768.4元。村委会设在永壳村民小组，下辖本习、白马厂、阿美支、永壳、恒卡、恩努、阿板落、咱八、赖头支、达落、米洛、哈巴新村12个村民小组。境内有丰富的金、钨等矿产资源，县东环旅游线贯穿全境。村内有完小1个，教师9人，在校生129人。卫生服务点1个，医护人员2人，农村服务站1个，服务人员1人。

村党总支书记：和立全

村委会主任：赵成光

村委会副主任：杨学功

（赵治洋）

洛吉乡

【自然概貌】 洛吉乡位于香格里拉县城东部，东靠四川省木里县俄雅乡，东南与丽江地区奉科乡隔江相望，西与建塘镇毗邻，北与甘孜州稻城县东尼乡和本县格咱乡相连。介于北纬27°38′～28°06′，东经99°55′～100°19′之间。全乡国土面积1234平方千米，整个地势西高东低，南宽北窄，呈三山夹两沟状。乡政府驻地洛吉村中村距县城86千米，海拔2130米。尼汝村的能那布山是全乡海拔最高点为4495米，金沙江边吉函是海拔最低点为1503米。气候随海拔高差变化而变化。河谷区平均气温13～15℃，最高气温31.4℃，最低气温-7.9℃，北部高寒山区年平均气温5.5℃，年平均降雨量为760毫米。

【区划、人口民族】 洛吉乡辖洛吉、九龙、尼汝三个行政村，38个村民小组，其中农业人口4366人，占总人口数的95.8%，非农业人口190人，占总人口数的4.2%，人口密度2.8人/平方千米。

境内居住有汉、藏、纳西、傈僳、彝等五种世居民族。九龙村属纯彝族村，尼汝村属纯藏族村，洛吉村为汉、藏、纳西、傈僳、彝五种民族杂居村，形成“大杂居、小聚居”的局面。

【综合经济指标】 2009年全乡国民生产总值为1346.84万元，比上年增长8.83%。完成财政收入182万元，同比增长4.6万元。全年农村信用社发放贷款1700万元，收回贷款500万元，年末贷款余额1200万元，其中农业贷款1050万元，年末居民存款总计1920万元。全年累计完成固定资产36567.67万元。农民人均纯收入为2444元，与上年相比增加了278元。年末全乡农作物播种面积9267公顷，粮食总产量为1892.6吨，增长2.6%。

全乡有林地面积7.7万公顷，森林覆盖率70%，年内退耕还林总面积3500亩。

【工业、乡镇企业】 自2005年县人民政府水电开发招商引资项目——浙江瓯能集团尼汝河流域水电开发工程全面启动，到今年完成水电总投资2.0534亿元，主要完成了：金汉拉扎电站完成投资4618万元；木星土电站完成投资1.5282亿元，木圣土电站进入大坝建设阶段；洛吉乡岔河民用电站完成投资634万元。

九龙村花椒坪铜矿开采项目，项目业主为：香格里拉鼎力矿业有限公司，年内完成矿区三通一平工程和引进开采机械设备；完成矿区涉及村组利益的协调、兑现补偿资金、与村组签订开采协议等工作，年内完成总投资1600万元。

松脂开发项目年内实现收入340万元，并对松脂采脂作业区的社区利益补偿。

乡集体企业——洛吉电站，装机500千瓦，从业人员4人，年总产值216万元，营业收入16万元。年末个体私营及个体工商户有213户，总产值529万元。

【交通、通讯】 2009年末全乡公路里程225.6千米，其中县乡公路86千米，乡村公路139.6千米；共有汽车207辆、拖拉机137辆，全年货运量为32万吨。尼汝村不通电话。移动通信覆盖率九龙村100%、洛吉村80%，尼汝村80%。全乡共安装电话机196部。建有移动通讯机塔7座，联通通讯塔2座。

【社会事业】 教育基础设施进一步改善，全乡现有完全小学3所，13个教学点，在校学生416人，有教学班31 个，共有教职工岗位38个，实有36名教职工，其中合同制工人4人，开办有寄宿制食堂2个。历年来全乡7～12周岁适龄儿童入学率均达100%以上，13～15周岁适龄少年入学率均达95.6%以上，小学在校学生辍学率均控制在0%，初中在校学生辍学率均控制在4.4%以内，各项指标均符合国家和省定标准，继续落实了优师优教和“高原农牧民学生生活补助”、“两免一补”等政策。

卫生防疫、地方病防治工作卓有成效。疫苗接种率达100%，儿童保健管理率达100%，2009年共报销合作医疗费减免金额258566.1元（不含其他补偿机构减免余额）。同时进村入户宣传动员收缴2010年合作医疗农民集资款39885元（15元／人，政府补贴5元），全年参合人数达4301人，参合率达100%。加强了预防甲流的传播和治疗，并根据省、州、县文件精神认真治理了药品购销领域商业贿赂，强化了医德、医风和医技人员素质教育培训。

计划生育工作紧紧围绕县级下达的双向目标管理责任制，进一步完善了“依法管理，村民自治，优质服务，政策推动，综合治理”的人口与计划生育新机制，严格控制人口增长，积极倡导实行晚婚晚育，优生优育活动，全乡总人口为4556人，与去年相比增56人，全年出生70人，其中计划内66人，计划生育率达94%，加强了流动人口的管理，全年没有流动人口违法多生育现象发生。

民政优抚工作扎实开展。年内县民政局安排的各项定补优待金5.2845万元，民房恢复重建款16万元，民房保险损赔1.15万元，专项救灾救济款7万元，粮食 60吨，衣服 2000件，棉被50床，退伍军人座谈会慰问金1.3万元，全年贫困医疗救助12万元，全部按时足额发放到农户手中，对全乡1534人农村低保对象，发放农村低保资金151.872万元；城镇低保74人，发放资金12.5575万元。真正做到应保尽保，对复员、退伍军人、现役军人家属、贫困群众开展了慰问，全年按婚育目标管理办法依法登记结婚办证56对，并适时开展了婚育新风进万家活动。

认真开展兵员征集和民兵预备役建设工作，完成兵员征集工作，全乡年内共有4名优秀青年光荣加入中国人民解放军行列。

认真开展土地执法监察活动，加大基本农田保护力度，规范土地用途依法审批程序，对全乡正在开发的矿山、水电等重点项目的征占用土地进行严格审批管制，年内在国土资源局的指导下，在全乡开展了全国第二轮土地调查工作，使全乡土地管理工作走上法制化、规范化，强化和维护了土地市场正常运转。

安全生产工作常抓不懈，年初与乡属各单位签订安全生产责任状20份，明确责任，开展交通安全，年内工程施工安全检查各3次，全年未发生一起安全生产事故。

【社会治安】 民主法制建设不断深入，全民法制意识逐步增强，政府工作法制化和决策民主化取得成效。以巩固和强化基层治理组织职能为重点，扎实推进社会治安综合治理，为洛吉的经济发展创造了一个良好的社会环境。全年发生各类刑事案1起，移交县公安局刑警大队1 起；治安案件3起，查处率达 100%；共排查调处水电开发、九龙村花椒坪铜矿开发、县乡油路建设等项目建设引起的矛盾纠纷6起，调解成功率达100%。

【表彰】 2月，洛吉乡人民政府获州人民政府表彰为2008年度“无邪教乡（镇）”。

4月，洛吉乡人民政府获县人民政府表彰为2008年度食品安全工作“优秀单位”、2008年度新农合工作“良好单位”、2008年度人口与计划生育工作“良好单位”、2008年度安全生产工作“优秀单位”。

4月，洛吉乡人民政府获县人口和计划生育委员会表彰为2008年度人口与计划生育工作“良好单位”。

4月，洛吉乡人民政府获县委、县人民政府表彰为2008年度防范和处理邪教工作“达标奖”。

12月，洛吉乡人民政府获县人民政府表彰为2009年森林防火目标管理责任状“达标奖”。

2010年元月，洛吉乡人民政府获县劳动和社会保障局表彰为2009年度劳动保障工作“先进集体”。

【大事记】 2月22日，州、县“千名干部送法下乡促和谐”工作组进驻洛吉乡，进村入户进行法制宣传。

3月8日，洛吉乡第十届人民代表大会二次会议召开。

4月7日，投资30万元的洛吉乡农村客运站建设工程正式启动。

7月7日，洛吉乡人民政府出台“计划生育政策与惠民政策挂钩”的相关文件。

9月20日，投资96.3万元的洛吉乡机关干部职工周转房建设工程正式启动。

11月3日，投资109万元的以工代赈项目建设工程在洛吉村拉巴、对窝落、八角等五个村民小组启动实施。

11月15日，香格里拉县消费者协会洛吉乡分会及12315联络站和消费者投诉站成立。

11月17日，县人大调研组到洛吉乡对“整村推进项目”和“干果种植”项目进行调研。

12月8日，香格里拉县12个乡（镇）党委书记到洛吉乡对“基层农村党组织建设”进行调研。

12月16日，洛吉乡政府驻地发生民房火灾，4个商饮服务业个体户受灾，经济损失达400多万元。

12月21日，洛吉乡岔河民用电站顺利建设完成。

12月24日，总投资为2000万元的中国南方电力集团迪庆分公司在洛吉乡境内架设尼汝河流域电站220千伏输出电网工程全面竣工。

12月26日，投资50万元的新农村建设项目在洛吉村阴山坪村民小组全面竣工。

12月26日，投资10万元的财政一事一议奖补建设项目在洛吉村坪子村民小组全面竣工。

12月28日，总投资为422.5万元的游牧民定居工程项目在洛吉、尼汝、九龙三个行政村全面竣工。

12月30日，浙江欧能集体尼汝河流域水电开发公司投资建设项目——三级站装机5.8万千瓦的金汉拉扎水电站工程全面竣工。

12月30日，投资446.45万元的九龙村整村推进项目建设工程在九龙村的11个村民小组中全面竣工。

【领导名录】

党委书记：赵　军

人大主席：沈奇军

乡　长：郭正武

党委副书记：徐建宏

纪委书记：王振兴

副乡长：向红松、曹华强

武装部长：格桑扎西

【洛吉村委会】 洛吉村位于洛吉乡人民政府驻地，设有乡属机关派出所、财政所、邮政电信所、粮点、卫生院、林场、信用社、农科站、兽医站等，是全乡政治、经济、文化、教育的中心，东北与四川省俄亚乡交界，东南与丽江市玉龙县奉科乡隔江相望。距县城82千米，全村土地面积462平方千米，占全乡土地面积的37.4%。1977年由三坝乡划归洛吉乡，境内金沙江出口吉涵江边海拔1523米，为香格里拉县海拔最低点。全村有耕地面积2910亩其中，旱地面积2471亩，占耕地面积的85%；水田和水浇了439亩，占耕了面积的15%，林地面积63.838万亩，森林覆盖率为83%。

洛吉村是以傈僳、纳西、汉、彝等四种民族聚居村。辖壳租、坪子、拉巴、松坪子、中村、木圣土、对窝落、阴山坪、柒树湾、拉坡里、岩落、腊玛尼、丁章、八角、俄里、麦旺坪一组、麦旺坪二组、麦旺坪三组、孔家坪1～5组等23个村民小组，615户2067人。全村农户居住于河谷地区和二半山区，物产丰富，全村土地面积462平方千米，耕地面积2910亩，其中旱地2471亩，占耕地面积85%，水田和水浇地439亩，占耕地面积15%；林地面积63.838万亩，森林覆盖率为78%。2009年粮食总产量131.8873吨，人均有粮505千克。年末大小牲畜存栏4843头（只），出栏1617头（只），出栏率为33.4%。

全村有1所六年制完小，5所三年制小学，教职工23人，在校学生255人，适龄儿童入学率99%。

全村医疗卫生由洛吉乡卫生院承担，有医务人员16人。全村有电视接收器471套，广播电台1台。

境内理论水能蕴藏量丰富，浙江瓯能电力集团投资12亿元，装机总容量达24万千瓦的四梯级电站正在尼汝河流域及洛吉河流域开发建设，目前“金汉拉扎”电站（三级站）和岔河电站（民用电站）已建设完工，“木星土”电站（四级站）正处于紧锣密鼓的投资建设当中。

境内古岩画遗址较多，大多分布于木圣士岩不洛，居日岩不洛、雷打牛子、必子岩布花岩、孔家坪五社、干海子、马鹿塘、俄理仙人洞等共8处。

境内洛吉河、岩落河水产资源主要以“石花菜”、“裂腹鱼”为主，其中“洛吉河鱼”产量高，分布河道长，不分季节，鱼肉质鲜嫩、味道独特而著名，古时对洛吉有“好耍不过洛吉河、上山可打猪、下河可摸鱼”的美誉。

洛吉村四种民族具有自己地域特色和民族特色的民风民俗，传统节日有中村、木圣土的纳西族二月八、纳西新年；民歌民谣和传统故事有纳西族的《牧羊歌》、《鲁般鲁绕》、《创世纪》；傈僳族的《始歌》、《丧歌》；汉族的《山歌》；民族歌舞有中村纳西族的玛达咪、岩落傈僳族的葫芦笙舞等等。

村党总支书记：谷绍文

村委会主任：张全红

村委会副主任：张　全

批、签发等管理工作，严防法定不准出境人员和特殊身份人员出境。强化群防群治，构建防控体系，加强社会治安综合管理。认真贯彻“打防结合，预防为主”的方针，按照“属地管理”的原则，狠抓社会治安综合治理领导责任制和目标管理责任制，向各单位和部门签订了《社会治安综合治理目标管理责任书》。全面开展“打击、防范、建设、管理、服务”工作，建立并逐步完善了县、乡（镇）综治委、综治办机构，群防群治组织进一步发展壮大。完善矛盾纠纷排查调处工作机制，强化信访接待工作，加强情报信息工作，强化对重点部位和人员的控制。落实安全生产责任制，完善安全生产应急救援体系，坚决维护社会稳定和人民群众生命财产安全，确保了“3.10”“3.14”、“3.28”、“6.4”、“7.5”等敏感时期“确保大事不出、力争小事也不出”维稳目标任务，全县社会大局保持稳定。

【民生问题】 一年来，认真落实中央和省委、州委立党为公、执政为民的要求，切实解决好群众生产、生活中的实际问题，努力实现好、维护好、发展好人民群众的根本利益，教育、医疗、卫生、文化、就业和社会保障事业全面发展，人民生活水平不断提高。坚持把教育放在有限大战的战略地位，按照“州办高中、县办初中、乡办小学、村办学前班”的办学路子，全面推进教育体制改革，共撤并小学61所，中学教育体制改革正稳步推进，集中办学去得了较大进展。实施“藏区高原农牧民学生救助工程”、“农民健康工程”、“廉租房建设工程”、“广播电视村村通工程”、“游牧民定居工程”等一系列惠民工程扎实推进，并几级做好“加点下乡”等工程，广大人民群众的生产生活条件得到进一步改善。

重要决定、规定、意见

【北京残奥会冠军高明杰同志表彰决定】 在北京2008年第十三届残奥会上，高明杰同志在残奥会赛场上不畏强手，克服困难、顽强拼搏，勇夺男子标枪F42—F44级金牌，并打破世界纪录，实现了在国际赛事中金牌零的突破，为祖国争了光，为云南、迪庆、香格里拉赢得了荣誉。为激励先进、推动工作，县委、县人民政府决定对高明杰同志进行表彰，并给予一次性奖励20000.00元（贰万元整）。（香发〔2009〕1号）

【2009年度开展主题教育“千名干部送法进村（寺）促和谐”活动实施方案】 为宣传贯彻党的十七届三中全会、省委八届六次全会、州委六届六次全会和县委十届六次全会精神，进一步巩固“千名干部入户促小康”活动成果，扎实推进“平安和谐香格里拉”建设，按照中央、省委和州委开展“反对分裂、维护稳定、促进发展”主题教育活动有关要求，结合实际，制定“开展主题教育‘千名干部送法进村（寺）促和谐’活动实施方案”。（香发〔2009〕2号）

【2008年度平安单位、平安乡（镇）、平安企业、综治平安建设工作先进个人、通报表扬单位及610工作先进（达标）乡（镇）表彰决定】 2008年，全县认真贯彻落实党的十七大、十七届三中全会、县委十届四次全会和中央、省、州政法、综治工作会议精神，认真落实社会治安综合治理平安建设工作目标管理责任制和610工作的各项措施，全县各乡（镇）和单位、各部门切实担负起了“管好自己的人，看好自己的门，办好自己的事”、“为官一任，保一方平安”的责任。通过全县各级各部门、各综治维稳及610成员单位的努力，综治平安建设和610工作取得了阶段性成效并涌现出了一批先进集体和个人。为了表彰先进，激励后进，继续深化全县社会治安综合治理平安建设工作和610工作，经2009年2月10日十届县委第30次常委会议研究，决定对县委办等19个平安单位，松建华等18名综治平安建设先进个人以及610工作先进乡（镇）予以表彰，对农牧局等20个单位进行通报表扬。（香发〔2009〕3号）

【2008年度党风廉政建设先进单位表彰决定】 2008年，全县各级党组织坚持以邓小平理论和“三个代表”重要思想为指导，全面落实科学发展观，围绕加强党的执政能力建设和先进性建设，坚持“标本兼治、综合治理、惩防并举、注重预防”的方针，加强领导，突出重点，强化责任，狠抓落实，党风廉政建设和反腐倡廉工作取得了新成效，为全县经济和社会各项事业的快速健康发展提供了有效的政治和组织保障。根据

县委、县政府年初与各乡（镇）、各单位签订的《党风廉政建设责任书》量化考核要求，经2009年1月10日十届县委第29次常委会议研究，决定对2008年度党风廉政建设工作中涌现出的建塘镇党委、政府等13个先进单位予以表彰。（香发〔2009〕4号）

【“千名干部送法进村（寺）促和谐”活动先进集体、优秀工作组长、优秀工作队员及先进个人表彰决定】 “千名干部送法进村（寺）促和谐”活动在州委的领导下，各工作组突出重点，抓住难点，注重实效，紧紧围绕“反对分裂、维护稳定、促进发展”主题教育活动这条主线，深入各村(社区）、寺庙广泛宣传党的十七届三中全会精神和相关法律法规知识，积极排查化解矛盾纠纷，扎实开展“三建三创”工作，各项工作取得了显著成效。在整个活动中，涌现出了一批工作扎实、做法新颖、成绩突出、群众公认的先进集体和个人。为表彰先进，经县委研究，决定对建塘镇等5个先进集体，杨红英、杨玉钧等20名优秀工作组组长，李燕、杨世凯、和振仙等65名优秀工作队员，赵国钧等5名县千促办先进个人予以表彰。（香发〔2009〕9号）

【2008年度政法部门先进集体优秀政法干警、优秀保安表彰决定】 2008年，县政法部门在县委、县人民政府的领导下，以邓小平理论和“三个代表”重要思想为指导，坚决贯彻落实科学发展观，紧紧围绕维护社会和谐稳定、服务经济社会发展为主题，坚持以严肃公正执法为核心，以人民满意为标准，以构建“平安和谐香格里拉”为目标，充分发挥各职能部门的作用，严厉打击各类危害社会稳定的违法犯罪活动，认真处置各类影响社会稳定的矛盾纠纷，认真履行职责，同心协力，维护了香格里拉藏区和谐稳定。为进一步表彰先进，经县委研究，决定授予县公安局巡特警大队、检察院侦察监督科等8个部门为“2008年度政法部门先进集体”，授予县公安局张振全、检察院周荣、法院何光、司法局和建东、森林公安局马志军、交警大队和国盛等22位同志为“2008年度优秀政法干警”，授予雀志坚等3位同志为“2008年度优秀保安”。（香发〔2009〕10号）

【2008年度县政协委员会提案办理工作先进单位和个人表彰决定】 2008年，县政协提案工作在县委的领导下，坚持以邓小平理论和“三个代表”重要思想为指导，全面落实科学发展观，为全县经济和社会各项事业的快速健康发展提供了有力的保障。为总结成绩、激励先进，进一步推动县政协提案工作发展，对2008年度在县政协提案工作中做出显著成绩的单位和个人给予表彰。（香发〔2009〕15号）

【开展深入学习实践科学发展观活动实施意见】 根据州委统一部署，依照《中共迪庆州委关于开展深入学习实践科学发展观活动的实施意见》，结合全县实际，提出开展深入学习实践科学发展观活动实施意见。（香发〔2009〕8号）

【深化改革推进供销合作社“二次创业”实施意见】 根据《中共云南省委、云南省人民政府关于深化改革推进供销合作社“二次创业”的意见》（云发〔2008〕14号）和《中共迪庆州委、迪庆州人民政府关于深化改革推进供销合作社“二次创业”的实施意见》（迪发〔2008〕18号）文件精神，为加快全县供销合作社发展，发挥供销合作社在建设社会主义新农村中的重要作用，提高为“三农”服务的能力，推动“乡村流通工程”建设，就进一步深化改革，推进香格里拉县供销合作社“二次创业”提出实施意见。（香发〔2009〕12号）

【加强人民政协工作实施意见】 为深入贯彻落实《中共中央关于加强人民政协工作的意见》（中发〔2006〕5号）和《中共云南省委贯彻〈中共中央关于加强人民政协工作的意见〉的实施意见》（云发〔2006〕17号）以及《中共迪庆州委关于进一步加强人民政协工作的实施意见》（迪发〔2007〕8号）精神，进一步推进新形势下全县人民政协事业的发展，充分发挥人民政协的重要作用，结合全县实际，提出实施意见。(香发〔2009〕14号）

【加强纪检监察机关建设意见】 根据中央纪委、中央组织部、中编办、监察部、财政部共同印发了《关于加强地方县级纪检监察机关建设的若干意见》（中纪发〔2009〕9号）和中央纪委、监察部、财政部《关于县级纪检监察机关办公办

【信息】 信息是党委决策的基础和依据。一年来，在加强制度建设，制定出台了《关于进一步加强信息工作意见》、《全县党委系统信息目标考核任务及办法》等制度的基础上，注重增强信息工作的针对性，把热点、焦点、难点问题作为首选题材，着力挖掘有一定深度的信息，为县委、政府了解重要工作动态，掌握社情民意，以及各乡(镇)、县直各部门之间交流工作，相互学习，起到了积极作用。2009年编发《香格里拉信息》16期，《香格里拉信息专报》9期。全年办公室共上报信息655条，中央办公厅采用46条，省委办公厅采用98条，州委采用80余条，信息报送量和采用量在全州三县一区继续保持领先。

【机要和保密】 机要工作按照“密码绝对安全、密码通信绝对畅通”的目标要求，严格执行机要工作制度，认真坚守工作岗位，为全县党政领导和党政机关提供了机密、及时、准确的密码通信和信息传输服务，在电报办理中没有出现漏收、漏发、延误、错办、丢失电报等现象。保密工作按照“保安全、保发展”的相关要求，全面贯彻落实省、州保密工作会议精神，切实发挥好保密局各项职能作用，加大保密宣传教育，抓好“五五”保密法制宣传教育的规划落实。层层落实党政领导干部保密工作责任制，与全县各单位签订《保密承诺书》566份。加强保密各项工作的开展，召开了全县保密工作会议。认真做好涉密文件资料清退和集中统一销毁工作，共清退涉密文件760份。认真做好中考、高考、公务员考试等试卷保密工作，完成了2009年中考、高考、公务员考试等招录考试中的保密和巡视工作任务。

【关工委】 切实履行工作职责，充分发挥离退休老同志余热，切实加强青少年思想道德、科学文化和身心健康教育，有效地促进了关心下一代工作的开展。配合相关部门开展了“红土地之歌演讲比赛”、“祖国在我心中少儿书画比赛”等活动，丰富了青少年文化生活。关爱青少年弱势群体，开展助困、助学、助残、助孤活动，共资助学生78名，积极组织推荐优秀小学教师到京津参观学习。积极组建香格里拉“五老”网吧义务监督员，在州县“五老”人员中选配了7名监督员，配合文化、公安、工商等部门对网吧进行有效监督。

【综合协调】 充分发挥好办公室综合协调职能，围绕县委日常工作搞好事务服务。坚持原则性与灵活性相结合，及时向领导汇报情况，听取指示，统筹安排领导的活动，使各位领导之间的工作联结成一个有机整体。加强与县人大办、政府办、政协办之间的协调联系，及时就县级各大班子的重大决策部署和需要协调的问题进行沟通，取得理解与支持。以化解矛盾、加强协作、凝聚人心、聚合力量为目的，经常与部门交流情况，协调处理好各部门间的关系，推动全县形成团结一致求发展、齐心协力抓落实的良好氛围。利用发文、电话、会议等各种形式，及时把县委各个阶段的重大决策和重要部署传达到基层，确保政令畅通，把基层的工作情况、意见建议反映给县委领导，并根据领导的意见给予认真答复。

【后勤管理】 为县委机关创造一个安全、清洁、有序的工作环境是后勤工作的目标。办公室克服各种困难，把繁重的服务工作做到位，确保了办公区的安全保卫、环境卫生、绿化美化等工作不断迈上新台阶。一是改善办公条件和环境。通过多方争取资金，改造升级了县委大楼光纤网络，完成了县委大院围墙修建，加大院内绿化管理，办公条件和工作环境得到进一步改善。二是不断加强机关精神文明建设。组织干部职工积极参加庆祝新中国成立60周年大型歌咏比赛等文体活动，丰富了职工文化生活。同时，还发动干部职工参加无偿献血、扶贫帮困捐款捐物等活动，为弘扬无私奉献精神、倡导互帮互助美德，起到了良好的模范带头作用。三是切实加强安全保卫工作。认真抓好《社会治安综合治理平安建设目标责任书》的宣传学习和贯彻落实，积极创建安全单位。加强办公室内部安全管理，在县委大院安装了电子监控设施。坚持24小时领导带班和干部值班制度，全年无失盗、失火等事件发生。

【自身建设】 按照“建一流班子、带一流队伍、抓一流管理、树一流形象、创一流业绩”的目标要求，进一步完善内部管理制度，建立了以制度规范人、以制度管理人以制度约束人的管理机制，有效加强了干部职工的思想建设、组织建设和作风建设。坚持落实每周一次的学习制度，创新学习方式，努力创建“学习型”机关，切实提高了办公室干部职工的综合素质。严格实行量化工作考核责任制度，年初签订责任书量化安排各科室工作，并在年中进行督促检查，年末进行考核评比，明确奖惩制度，形成了各科室年度工作任务量化安排及绩效考评责任机制。切实加强党风廉政建设，把党风廉政建设工作列入领导班子的议事日程，做到党风廉政建设工作与办公室日常工作同部署、同落实。

（杨成义）

组 织

【综述】 2009年，中共香格里拉县委组织部在县委的正确领导和州委组织部的指导帮助下，始终高举具有中国特色社会主义的伟大旗帜，以邓小平理论和“三个代表”重要思想为指导，以科学发展观为统领，深入学习贯彻党的十七大和十七届三中、四中全会精神，围绕中心，服务大局，加强和促进领导班子、干部队伍和人才队伍建设；全面推进“深入学习贯彻科学发展观”工作，切实加强基层党组织和党员队伍建设；大力加强组织部门自身建设，不断开创组织工作新局面，为完成县委、县人民政府各项目标任务提供了人才支持和坚强的组织保障。

【党组织建设】 全县共有509个党组织，其中，县级委员会1个，县级派出工作委员会1个，党组10个，基层党组织497个。基层党组织中，党委18个，党总支62个，党支部417个。2009年，结合“三建三带三创”活动，不断优化组织设置，创新农村基层组织设置形式，将全县原61个村（社区）支部全部改设为党总支，新建农村基层党支部255个，“两新”党组织4个，全面消灭了党员空白村，实现了90%以上的村民小组长由党员担任，党员队伍进一步加强，党的基层组织设置得到了进一步优化。继续推进“边疆党建长廊”建设活动，按照“聚人心、固边疆”的要求，立足县情，着眼发展，今年积极争取盘龙区委组织部扶持资金29万元，并选派4名领导干部到盘龙区挂职锻炼，为有效地促进两地党建工作搭建了平台，在两地党建资源共享、信息互通方面取得积极进展，整个活动取得了较大成效。

【党员发展及管理】 认真做好党员发展工作，在发展党员工作中实行入党积极分子培养备案制、入党积极分子培训制、发展党员票决制、发展党员责任追究制，确保发展党员质量。2009年，在各级党组织的共同努力下，全县培训入党积极分子605名，发展党员1761名，其中预备党员134名。全县党员总数为6440名，其中：按性别分，男性6238名，女性1973名；按年龄结构分，35岁及以下党员3010名，36–59岁党员3848名，60岁及以上党员1353名；按学历构成分，大学专科及以上学历2165名，中专、高中学历871名，初中及以下学历5175名。为进一步提高党员向心力及凝聚力，在认真做好党费收缴工作的同时加强对党员关爱及教育工作，全年共发放60岁以上745名农村困难老党员生活补助26万元，发放19名农村困难党员慰问金9500元。认真开展好“三培养”和“双培双带”工作，极力做好基层党员队伍骨干力量建设，切实解决部分党员“有本色、缺本领”的问题，有效激发了广大党员干部干事业、谋发展的积极性。2009年“七·一”，经组织推荐，建塘镇诺西村党总支书记李继红被评为“全省优秀党总支书记”。

【干部队伍建设及教育培训】 始终坚持以思想政治建设为重点，全面加强各级领导班子建设，着力解决思想政治建设方面存在的突出问题。为抓好各级领导班子的作风建设，进一步树立良好的执政形象，大力结合深入学习实践科学发展观工作，引导广大党员干部特别是各级领导干部自觉加强政治理论学习，不断增强党性观念和宗旨意识，筑牢拒腐防变的思想防线，努力做到立党为公、勤政为民，大力倡行艰苦奋斗、谦虚谨慎的工作作风。不断从实践中锻炼干部，加大干部队伍建设及对优秀后备干部的培养。重点开展大规模的集中培训，先后举办了农村党支部书记培训班、新任科级领导干部培训班、清华大学远程教育骨干培训班、全县61个行政村党总支书记《十七届四中全会精神》专题辅导班、入党积极分子培训班和牧区流动党校农村实用技术培训班等一系列培训工程。全年完成县、乡科级干部培训668人次，村两委领导班子培训316人次，农村群众培训160人次。在此基础上，严格按照州委组织部的要求，选派了10名同志参加了上海对口帮扶干部异地学习培训。

【干部调整、任用】 干部选拔任用工作中，继续深化和拓展“科学规范和有效监督县委书记用人行为”调研试点县工作，结合开展 “深入整治用人不正之风示范县”工作，不断规范完善干部选拔任用工作。坚持德才兼备、以德为先用人标准，提高选人用人公信度。在干部培养选拔工作中坚持干部“四化”方针和德才兼备、以德为先的原则，认真贯彻执行《条例》和省委在科学发展观学习实践活动中提出的“三个一”要求，以及白恩培书记在迪庆调研时提出的“四个走在前列”的要求，坚持州委提出的德才兼备、群众公认、民族团结、五湖四海、多岗锻炼“五把尺子”标准。把“五把尺子”作为衡量干部的基本尺度，站在事关云南藏区经济发展和社会稳定大局的战略高度选拔培养干部，培养出一大批关键时候靠得住、拉得出、顶得上的干部，成为全县发展和稳定的骨干力量。通过树立正确的选人用人导向，全县干部选拔任用工作整体水平和选人用人公信度都得到了明显提高。2009年，全县共开展5批次共186人的干部调整工作。副科提任正科47名，其中主任科员17名，正科干部平级调整10人；提拔调整副科干部139人，其中副主任科员58人，副科级干部平级调整17人。在调整提拔的干部中，非党干部36人，占19%，其中，副科提任正科6人，科员提任副科30人；妇女干部53人，占28%；副科提任正科9人，科员提任副科44人。

【干部监督】 始终把干部监督贯穿于干部培训教育、考察考核、选拔任用、日常管理的各个环节，进一步加强对领导干部特别是主要领导干部的监督。加强对乡（镇）干部的管理，定期或不定期对乡（镇）进行督促检查，严肃工作纪律，转变工作作风；认真执行诫勉谈话制度，通过谈话，加强沟通，适时提醒，交换意见，密切联系，增强团结，使组织及时了解和掌握干部的思想状况和工作情况，正确判断干部的现实表现，使干部及时受到组织上的帮助教育，克服自身存在的问题，改进工作方法，提高思想政治素质。全年共组织离任审计2人次，共征求纪委意见函9批次，涉及干部154人，监督谈话（包括任职前谈话、干部监督巡视谈话）228人次。

【老干部服务】 通过举办离退休干部十七大三中、四中全会精神理论培训班等方式，切实加强老干部的思想政治工作。坚持老干部阅读文件、组织生活、政治学习、情况通报、领导干部联系老干部等制度，加强老干部活动中心和老年大学建设。认真组织好一年一度的春节慰问和“九·九”敬老节等活动，建立和完善相关保障机制。认真落实老干部待遇，帮助老干部解决实际困难，确保老干部“两费”发放落到实处，切实解决好老干部的生活待遇问题。全年共办理退休手续15人次，抚恤安葬费、遗属生活补助费7人次。

【深入学习实践科学发展观】 2009年，根据省委和州委关于开展深入学习实践科学发展观活动的安排部署，紧紧围绕党员干部受教育、科学发展上水平、人民群众得实惠和“一个目标、一个主题、四项任务”的目标要求，高度重视，积极参与，认真组织开展了第二、第三批学习实践科学发展活动。共涉及81个县级机关、人民团体、事业单位， 17个党委、62个村党总支、360个农村党支部、6178名党员。通过学习实践活动的开展，广大党员干部增强了走科学发展道路的自觉性和坚定性，解决了一批发展中的现实问题、一批事关民生改善的重大问题、一批影响和制约社会稳定的主要问题，有力地推动了全县科学发展的步伐。各单位把开展学习实践活动与落实保增长、保民生、保稳定的各项任务相结合，把积极应对经济形势、保持经济平衡较快发展、社会长期稳定作为学习实践活动最大的实践、最重要的实际、最需要取得的实效，做到早安排、早落实、早见成效，全县经济社会继续保持了良好的发展势头，实现学习实践活动和经济社会发展两促进、双丰收。

【来信来访】 坚持主要领导亲自阅批信访件，对信访举报坚持归口办理，严格遵守信访工作暂行相关规定，妥善解决上访问题，符合政策能解决的及时解决，不能解决的耐心做好解释工作，做到了件件有落实，事事有回音。全年共接待来访人员39人（次、件），处理上访信件7份。

【自身建设】2009年，结合深入开展“讲党性、重品行、做表率，树组工干部新形象”活动，始终把提高认识，明确目的作为首要问题、首要环节，坚持把“三个代表”重要思想学习贯彻始终，着力提高组工干部对“公道正派”内涵及开展活动的目的和意义的认识，使全体同志从个人和整体关系上、从工作和学习教育工作的关系上，正确把握学习教育的目的和意义。重视树立党员、干部之家的良好形象，做到谦虚谨慎，待人诚恳，用组工干部特有的人格魅力，增强“党员之家”、“干部之家”、“知识分子之家”的凝聚力和亲和力，积极为党员干部和群众服务，做党员、群众的知心人。继续完善内部管理制度，注重不断强化自律，增强纪律意识，自觉接受来自各方面的监督，规范工作运转程序。部门坚持每周五的学习日制度，及时传达学习中央、省、州有关党的路线、方针和政策，以及领导的讲话精神和组织干部工作业务知识。通过学习教育活动的开展，全面加强部门业务知识的培训，组工干部进一步增强了发展意识、开放意识、创新意识、为民意识，牢固树立了科学的发展观，为实现“模范部门、过硬队伍”目标打下了坚实的基础。

（刀　飞）

宣　传

【概述】2009年，县委宣传部坚持高举旗帜、围绕大局、服务人民、改革创新的总要求，按照“围绕党委政府中心工作更紧密，服务经济社会发展大局更主动，引导热点难点舆论工作更全面，宣传香格里拉效果更实在”的原则，为全县经济社会又好又快发展提供思想保证、精神动力、舆论支持和文化保障。

【理论宣传】求真务实，结合实际，高举旗帜，切实做好理论宣传工作。坚持按照理论武装头脑、指导实践、推动工作的要求，紧密围绕巩固马克思主义在意识形态领域的指导地位，加强党的执政能力建设，树立和落实科学发展观和构建和谐社会的历史重任，高举中国特色社会主义伟大旗帜，以邓小平理论和“三个代表”重要思想为指导，以深入学习实践科学发展观为主线，以学习宣传贯彻党的十七大、十七届三中、四中全会和省委第八次党代会、省委八届七次全委会、州委第六次党代会、州委六届六次全会、县委第十次党代会和县委十届六次全会精神为主题，不断推动理论宣传工作。

开展好深入学习实践科学发展观活动，用科学发展观武装广大党员干部的头脑。县委宣传部自开展深入学习实践科学发展观活动以来，严格按照县委的部署和指导检查组的要求，本着广泛动员、深入发动、把握重点、突出实践的原则，把这项工作作为当前压倒一切的政治任务来认真抓落实。自4月2日以来到8月中旬，认真开展了三个阶段的各项工作，着力在宣传发动、学习提高、统一思想、营造氛围、意见征求、问题查找、原因分析、整改落实、制度修订、成效总结等工作中突出创新，扎实推进科学发展观学习活动的深入开展。使所有的干部职工进一步理解和领会了科学发展观的深刻内涵，充分运用科学发展观指导和推动本职工作，在第二批深入学习实践科学发展观活动征文中两位领导的文章获奖；第二、三批深入学习实践科学发展观活动领导小组的成员单位，充分运用各级各类媒，及时宣传先进典型、创新举措、优秀个人，为全县的深入学习实践科学发展观活动营造浓厚、热烈、健康、向上的氛围。

把握正确的舆论导向，加强基础理论宣传。以加强和改进党委（党组）中心组学习为重点，结合“深入学习实践科学发展观”活动，进一步增强了对科学发展观的学习。认真完成下一年度的党刊党报征订工作，灵活、深入、扎实推进《理论热点面对面·2009》、《“六个为什么”》和各类党刊党报、理论书籍的学习，促进党员干部真学、真懂、真信、真用，在武装头脑、指导实践、推动工作上取得新进展。

围绕中心，服务大局。努力为“千名干部进村（寺）促和谐”活动和第二、三批深入学习实践科学发展观活动营造良好的舆论氛围，大力宣传这些活动中的先进典型、创新的工作方式和方法、先进人物等，有效地推动这些活动卓有成效地开展。2009年全县实施了6个乡（镇）的林权制度改革，宣传部专门派出一名领导负责抓好林权制度改革的宣传工作，在电台、电视台播出相关报道26篇，在《迪庆日报》登出相关消息48篇，并组织了形式多样、丰富多彩的宣传活动，使林权制度改革政策深入人心；2009年是新中国诞辰60周年，宣传部重点做好新中国60年来发生的翻天腹地变化和各行各业取得的巨大成就，让广大人民群众更进一步认识到新中国发展到现在的艰难历程。在国庆物资交流大会和全省“三下乡”集中示范活中开展60周年成就展。通过广泛动员、深入宣传，组织推荐了15名青年歌手参加迪庆州第三届青年歌手电视大奖赛，其中康巴雪山人组合荣获二等奖，并有两个节目的选手参加了全省的青年歌手电视大奖赛。宣传部牵头承办了庆祝建国60华诞和人民政协成立60周年歌唱祖国歌咏比赛，县级机关、企业单位、退（离）休干部等17支队参加了比赛，各参赛队都赛出了风格，赛出了各行业的精神风貌，极大地丰富广大干部群众的精神文化生活，在全县上下唱响共产党好、社会主义好、改革开放好、伟大祖国好和各族人民好的时代主旋律，激发了广大群众热爱党、热爱祖国、热爱社会主义、热爱家乡的美好情感。

【精神文明建设】 推进精神文明建设，为经济社会发展提供强大精神动力。以群众为主体，以活动为载体，以提高人们的思想道德素质和社会文明程度为目标，深入开展思想道德教育和实践活动，进一步增强了思想道德教育和精神文明建设的实效。

认真组织香格里拉县第七届“红土地之歌”赛讲比赛。通过两个多月的精心筹备，县级各单位、驻地部队、企业认真推选出21名优秀选手，参加了此次演讲大赛。有的选手以自己工作行业先进人物和感人工作事迹来进行演讲。有的选手以自己目睹城市、农村、企业等方面的变化来进行演讲。有的选手立意高远，从建党八十八周年、新中国成立60周年、改革开放三十多年来全社会发生的翻天覆地变化来进行演讲。通过组织此次演讲大赛，全县涌现出很多的演讲爱好者和具备一定综合素质的演讲人才，为下一步宣传好各级党委、政府的政策打下坚实基础。这次演讲比赛，涉及范围广、参赛选手多、层次水平高，亮点突出、特点明显。各位选手的演讲内容也紧扣“迎国庆、树新风、讲文明”这一主题，赛出了水平、赛出了风格、赛出了风采。同时，县委宣传部选送5名选手参加全州“迎国庆、讲文明、树新风”演讲大赛，郑建江同志荣获二等奖，彭晖同志荣获三等奖，县委宣传部被授予“优秀组织奖”。

抓好精神文明创建活动。宣传部严格按照文明村评选标准，深入11个乡（镇），从全县申报县级文明村的68个村民小组中，评选出58个村作为全县第四批文明村。继续在全县开展好“十星级文明户”创建活动。推荐了6个服务窗口单位为迪庆州第二批文明窗口。推荐上报12个省级文明单位、6个省级文明村。

搞好西部助学工程。通过认真调查了解本年度的高中毕业特困学生，严格按照西部助学工程要求，推荐了一名大学生享受西部助学工程。

创建全省未成年人思想道德教育先进县。认真组织好《香格里拉公民守则》、《香格里拉文明公约》的学习宣传活动和办好文明市民学校。弘扬道德建设新风尚，构建和谐人际关系，倡导诚实守信，树立荣辱观，深入推进公民道德建设工程。按照相关文件精神，分解各成员单位的具体工作任务，并逐项督促落实，在2009年11月份香格里拉县正式表彰为“全省未成年人思想道德教育先进县”。

落实好精神文明惠民项目。中央文明办为解决西部地区青少年上网难的问题，给香格里拉县赠送了40台电脑。宣传部严格按照上级文件精神，全面了解各乡（镇）和各中、小学情况，切实将这批电脑落实到实处。省文明办在云南省2009～2010年度文化、科技、卫生“三下乡”集中示范活动中给解决了10万元的资金，为县文明办改善了办公设备，为和谐文化村改善了文化活动场所和办公设备。

【对外宣传】 积极营造健康向上的舆论氛围，全力开展对外宣传工作。宣传部紧紧围绕打造“香格里拉”品牌，以“内聚人心，外树形象，抓载体、抓阵地”的外宣思路和“走出去、请进来”的外宣工作方法，充分利用各种节庆，挖掘外宣资源，扩大对外宣传。

以重大节庆为契机，打好文化旅游品牌宣传主动仗。通过成功举办“欢乐香巴拉”、“藏历新年”、“香格里拉赛马节”等大型活动，在不断对外展示独特民俗文化的同时，进一步向外宣传全县近年来在各行各业中所取得的优异成绩。为我们的外宣提供了更多更好的素材，更进一步增加了外界对香格里拉神秘向往。

以接待好国家和省级媒体记者，搞好对外宣传工作。2009年，共有包括新华社、中央电视台、香港凤凰卫视、云南电视台、云南日报、春城晚报等二十余家新闻媒体220多名记者来到香格里拉采访，播出和刊登相关报道62篇。协助拍摄了《金凤花开》电视剧，将香格里拉县优美的雪景、独特的民族风情展现给了全国的观众，对外宣传将起到较好的效果；中央电视台七频三次深入香格里拉县开展专题报道，《致富经》栏目两期，分别宣传松茸产业和致富带头人藏龙公司总经理陈树和。《乡约栏目》宣传报道了建塘古镇及锅庄舞；“雪花啤酒 勇闯天涯”入营队员集训哈巴雪山，16家国内媒体深入香格里拉县进行采访报道；“祖国好·云南红”采访团深入香格里拉县，全面报道了香格里拉县解放以来的发展变化。“云岭和声”大型主体宣传片的两个组来香格里拉县采访报道，充分反映香格里拉县开展“千名干部进村（寺）促和谐活动”。全国画报采风团60余人到香格里拉县采访，对香格里拉县优美风景、风土民情进行有效的对外宣传。

办好《迪庆日报〈香格里拉新闻〉》和《云南经济日报〈民生关注〉》专版。为了更好的、动态的宣传好香格里拉县的各项工作开展情况，各行各业中涌现出来的先进事迹和先进个人，在各项建设中取得的各项成功经验和先进典型。宣传部在办好《迪庆日报〈香格里拉新闻〉》的同时，节约各项办公经费开设了《云南经济日报〈民生关注〉》专版，全年该专版登出相关报道40篇，在全国范围更好地宣传香格里拉。

成功举办了“云南省2009～2010年度文化科技卫生三下乡集中示范活动”。在省委、州委的关心支持下，县委宣传部积极与省委宣传部沟通汇报工作、及时制订实施方案、成立领导小组，细化各项任务，使各项准备工作落到实处。同时协调县级14个部门与省级相关对口部门联系，争取314万元的物资、资金及设备。此次文艺活动在云南电视台录播，有效地对外宣传香格里拉。

严控负面影响，防止在舆论引导工作中处于被动。密切注视网络、报刊、电台、电视台等媒体对香格里拉县的不利报道，努力做到在第一时间内正面宣传，化解负面效应。谨慎搞好涉藏宣传和突发事件的新闻报道，为全县经济社会发展营得有利的舆论环境。

【文化产业和文联】 文化产业和文联工作良性发展。对香格里拉县的文化产业及有发展潜力的文化项目进行深入调研，并对其进行指导、争取列项工作。组织尼西黑陶公司参加2009年中国（昆明）国际民族民间工艺品及旅游文化商品博览会，给黑陶公司解决三千元易门学习考察经费，进一步为他们开阔眼界，开拓市场，打造品牌。并进一步培育了一乡一个文化节，如三坝乡的“二月八”和“七月敬酒节”，金江镇的“龙潭庙会”，五境乡的“热巴节”，尼西乡“情舞节”，洛吉乡“丹巴节”，小中甸镇的“达啦节”、虎跳峡镇的“火把节”、建塘镇的“属都牧场赛马会”等。通过积极向上级争取资金，给尼西乡解决5万元的非物质文化保护与传承经费；给三坝乡解决五千元资金开展东巴文化培训班，不断增强对东巴文化的开发；给金江镇三千元资金支持举办傈僳族阔时节；给上江乡解决1万元的宣传文化活动经费，给福库村解决两千元的农村文化活动经费，进一步加强基层宣传文化工作。积极向省委宣传部宣教处争取70套音响，全面解决县级基层文化活动设备紧缺的问题。

积极向州文联推荐上报德艺双馨、文艺新人的候选人和优秀文艺作品，使王正中被授予“德艺双馨”奖，杨正文的作品被授予“优秀作品”奖。协助杨正文、张志强积极申报全省文学艺术和电视艺术创作基金奖，不断推动全县的文学艺术创作良性发展。

【其他工作】 搞好艾滋病防治宣传，抓住节庆活动和“三下乡”活动等人口较为集中的机会，通过发放宣传单、宣传画24300份、开设宣传栏等方式，对广大的人民群众和农民工开展禁毒防艾宣传。

抓好内部管理工作，结合“深入学习实践科学发展观”活动，加强制度建设，健全完善宣传工作决策目标体系，执行责任体系、监督考核体系和四项制度等管理制度，把各项工作任务细化量化，层层分解，明确责任，确保各项任务落到实处。

党风廉政建设，加强学习教育，推进廉政效能建设。建立每周五理论学习制度，采取自由讨论、集中辅导等多种形式，不断提高宣传干部的思想政治素质。

组织建设，认真开展党组织活动，不断加强干部职工的作风建设，开展好宗旨意识教育和职业道德教育。在8月6日召开了全县宣传思想工作会议，并对各乡（镇）宣传委员和各县级单位的通讯员开展了新闻写作和摄像技能培训，不断增强做好新形势下宣传思想工作的能力和本领。

4月18日，县委宣传部所有干部职工深入纳格拉村开展调查研究，撰写了详实的调研报告，并将报告上报给发改委等相关部门，为该村的发展争取政策倾斜。为格咱乡纳格拉村委会解决4吨大米；积极向省财政厅争取15万元资金，为该村解决饮水难问题。为虎跳峡镇东坡村火灾农户解决五千元的重建资金。

新农村建设工作，在许啊不出啊不部工作繁重人员紧缺的情况下，派出一名工作人员担承新农村指导员，并向上级争取资金支持纳格拉村的新农村建设。

进一步完善宣传思想工作的硬件配备，为十一个乡（镇）配备了价值13万元的宣传设备，解决基层宣传思想工作战线的实际困难。

办公室工作，努力做好文件起草、打印、收发、传阅、归档和档案管理工作，搞好宣传部的内勤服务和财务工作，确保了部门各项机构、工作正常有顺运转。

（黄向荣）

统 战

【综述】 2009年是推进“十一五”规划顺利实施的关键一年。我们满怀豪情地迎来了新中国成立60周年，同时也将不可避免地经受了国际金融危机等各种困难和问题的进一步考验。统一战线始终坚持以邓小平理论和“三个代表”重要思想为指导，深入贯彻落实科学发展观，认真贯彻学习党的十七大、十七届三中、四中全会精神，增强忧患意识，坚定发展信心，迎接各种挑战，做好各项工作，为推进改革开放和现代化建设，保持经济平稳较快较好发展和社会和谐稳定凝心聚力，提供强大的力量支持，继续围绕“凝聚人心、汇聚力量、科学发展、共建和谐”的主题，坚持解放思想，更新观念，联系实际破解难题，改革创新、健全制度，统筹兼顾提高工作水平，不断增强统一战线服务科学发展和实现自身科学发展的能力。一年来，在县委的正确领导下，在迪庆州委统战部的指导下，统战部全体干部团结一心，并肩战斗，在部领导的带领下，紧紧围绕县委工作中心，充分发挥统一战线的职能和优势，针对性地开展了大量的统一战线工作，并取得了一定的成效。

【机构设置】 县委统战部是县委主管统一战线工作的职能部门，内设四个职能室（即：综合办公室；民族宗教四胞室；党外干部、党外知识分子、非公经济室；侨务、台湾事务办公室）。

【编制和人员结构】 2009年行政编制为5人，其中：部长1人（由县委常委常务副县长兼任，未占统战部编制），常务副部长1人、副部长兼工商联党组书记1人、主任科员1人、副主任科员1人、事业编制人员1人、工勤人员2人。总数中妇女3人，占38%；最大年龄54岁，最小年龄25岁，平均年龄39岁。本科学历3人，占38%，大专学历2人，占25%，中专学历3人，占38%。

【科学发展观专题学习实践活动】 根据中央、省委、州委、县委的统一部署要求，年初统战部制定了《学习实践科学发展观专题教育活动实施方案》，并按照《实施意见》的安排部署，按步骤、分阶段深入扎实地开展了学习教育活动。在学习实践科学发展观活动中，加强组织领导。抓好部门领导班子这个主题，从部门领导班子做起，党员领导干部做到带头深入学习，带头调查研究，带头解放思想，带头分析检查，带头整改落实；突出统战特色。一方面以科学发展观为指导，着重解决统战工作实践中存在的问题；另一方面注重发挥党外人士的作用，学习研究阶段，积极征求党外人士的意见建议，分析检查阶段认真听取他们的评议，整改落实阶段，虚心接受他们的监督；确保活动质量，学习实践活动的进度都讲求质量，注意各个环节间的相互联系和衔接，保证思想落实、组织落实、措施落实，以各个环节的高标准保证整个活动的高质量；促进本职工作，正确处理学习实践活动的开展推动业务工作的深入，以业务工作的实践体现学习实践活动的实效。通过教育活动总结出四条经验（即四个结合）：一要始终把发展作为第一要务，努力实现服务科学发展与自身科学发展的有机结合；二要始终坚持以人为本的执政理念，努力维护最广大人民群众的根本利益与照顾好同盟者利益的有机结合；三要始终树立全面协调可持续发展的观念，努力抓好当前工作与确保长远发展的有机结合；四要始终注重统筹兼顾的根本方法，努力促进整体上台阶与重点创品牌的有机结合。

【维稳工作】年初以来，统战部围绕稳定与发展这两大主题，充分认识，稳定与发展之间的关系，树立“以发展保稳定，以稳定促发展”的观念，发挥统战优势，深入扎实地做好全县的维稳工作。今年是拉萨“3.14”事件一周年，建国60周年大庆，藏区的维稳形势依然严峻。根据中央、省、州、县各级党委政府的要求，把稳定工作作为重中之重来抓，统战部的首要任务是做好藏传佛教寺院的稳定工作。统战部按照州委的统一部署，在去年“3.14”以来开展的寺庙法制宣传教育活动的基础上，巩固成果，深化教育，结合全县千名干部送法进村促和谐教育活动，积极开展了“送法进寺促和谐”以及“藏传佛教综合整治”工作。开展藏传佛教综合整治工作是同达赖集团长期斗争的需要；是实现香格里拉县长治久安的重要举措；是解决当前全县藏传佛教存在问题的有效途径。县委成立了藏传佛教综合整治工作领导小组和以统战部牵头的驻寺工作组，制定了相应的《实施意见》，工作组统一思想，统一认识，明确工作任务目标，按实施意见要求，分别到松赞林寺、承恩寺、东旺云登寺、归斯寺以及藏传佛教活动点驻寺开展工作：继续巩固法制宣传教育成果，深化教育，组成宣讲团入寺进行党的十七大精神、十七届三中、四中全精神以及法律法规的宣传教育，法律法规中重点宣传《云南省迪庆藏族自治州藏传佛教寺院管理条例》，宣传面达100%；结合宣传教育活动，协调各寺院的“三通工程”和广播电视进寺工作，争取和落实各方面资金197万元，扶持各寺院的基础设施建设；协助政府启动了松赞林寺，扎仓大殿保护性拆除重建工程和协助政府对景区、寺院和社区的利 益分配进行了合理的调整；全面督查各寺院寺外大型佛事活动情况以及活佛、经师、僧人的管理情况；落实各寺院僧人的定编定员问题，拟定了全县各寺院定员方案上报县委批复。五是对各寺僧人的登记进行再次复核。目前全县藏传佛教综合整治工作进入“回头看”，查缺补漏，完善制度，巩固成果阶段，工作进展有序；对城区非法私设教堂进行基督教活动的非法活动点进行了制止取缔工作；对全县藏传佛教寺院僧尼家庭住房困难情况作了专题调研；加强反分裂反渗透工作，查禁了寺庙中的十四世达赖像和宣传品，劝阻了国庆期间的出境人员；协助政府做好松赞林寺堪布和寺管会成员的留任协调工作。在从事民族宗教工作和维护稳定工作实践中，做到了“一个深入，两个到位，三个强化与提升”即“一个深入”就是深入爱国主义和法制宣传教育；“两个到位”就是服务到位和感情到位；“三个强化与提升”就是强化基础设施建设，提升寺院软、硬件水平；强化领导和机制建设，提升寺院管理能力；强化教育培训，提升僧尼综合素质。

同时总结出几条经验：全面贯彻执行党的民族宗教政策，是做好维稳工作的根本；正确处理发展与稳定之间的关系，是做好维稳工作的核心；求真务实，狠抓落实，是做好维稳工作的关键；以人为本，依靠群众，是做好维稳工作的保证；建立长效机制，完善管理制度，是做好维稳工作的有效途径。

【培训工作】积极组织全县藏传佛教、尹斯兰教教职人员参加省、州统战部组织的各种政策理论、法律法规的培训，截止12月份共组织参加了三期培训共59人次；积极推荐藏传佛教界僧人参加北京高级佛学院招生考试，2009年，松赞林寺扎雅康参的一名僧人考取了北京高级佛学院。

【藏胞工作】 对境外回流人员和西藏学经回流人员进行跟踪管理；接待回国探亲藏胞共7批42人次；对全县回国藏胞家庭困难情况作了专题调研；通过调研，县委统战部向州委提交了请示报告，解决归国藏胞的户籍问题。

【侨台工作】 统战部充分发挥侨办和台办的职能，招商引资开展“侨爱工程”：引进深圳海外政协委员捐资125万元，援建香格里拉县第三中学教学楼；引进上海非公经济界人士资金30万元援建尼西乡海联世盛培训学校，该学校已竣工交付使用；引进上海新东方集团有限责任公司资金150万元，援建建塘镇红卫小学；推荐了一名归国侨胞到北京参加全国侨联代表会议；积极协助政府协调化解涉台的矛盾纠纷两起；积极分别参加全国对台干部培训和全省侨办主任培训。

【调研工作】 2009年，统战部对全县的民族宗教工作情况，非公有制经济发展情况，基督教情况、伊斯兰教情况、2000年以来涉及民族宗教的群体性事件突发情况、建立藏传佛教寺庙管理长效机制浅析等进行了调研，并形成了书面调研报告，其中两篇被中央调研组采纳，一篇被省委调研组采纳，一篇在迪庆报和政府网站发表。

【其他工作】 协同县政协召开全县各界人士迎春茶话会；主持召开香格里拉县佛教协会二届二次会议；统战部李汝芳同志被抽调迪庆州委参与《云南省迪庆藏族自治州藏传佛教寺庙管理条例》的起草和审定工作以及全省统战部长会议的筹备工作；做好一年一度的统一战线各界人士的慰问工作（慰问对象共42人、慰问金12000元）。

【自身建设】 新时期、新阶段、党和政府对统一战线赋予了新的使命，提出了新的要求，寄予了新的希望。从而藏区的统一战线工作责任非常重大，任务十分艰巨，要完成好中央、省委、州委、县委交给的各项工作任务，有效履行职能，就必须切实加强自身建设，不断提高统战工作的能力和水平。一年来，统战部把部门的自身建设摆到全局工作的重要位置来抓。在年初的部委会上，格桑纳杰部长给部门班子和全体干部职工提出新的要求：班子领导要做到“五个带头”即带头维护党的形象；带头恪尽职守；带头维护团结稳定；带头改进作风；带头廉洁自律。全体干部职工要着力增强“六种意识”即增强政治意识，坚定理想信念。做到思想上始终清醒，政治上始终坚定，行动上始终与党中央保持一致；增强大局意识，提高业务能力。要在围绕中心上定位，在服务大局中尽责。掌握新世纪新阶段统战工作的特点和规律，努力在实践中不断提高自己的工作能力和水平；增强进取意识，抬高工作标杆。统战干部人人要有进取心，要有争先进位意识，努力提高工作标准和质量，打造香格里拉统战工作品牌；增强合作意识，提高整体工作水平，每个统战干部都要进一步增强集体荣誉感，加强自身修养，提倡协作精神，互相尊重，互相谅解，互相宽容，共同营造和谐共事的良好氛围；增强团结意识，提高统战部门的凝聚力和战斗力；增强自律意识，树立统战干部的良好形象，要做到对己清正、对人公正，对内严格，对外平等，确保各项工作规范、有序、到位的开展；深化对权力观、地位观、利益观的理解和教育，不断加强统战干部的党性修养，自觉做到拒腐防变。

（李汝芳）

党 校

【综述】 中共香格里拉县委党校始建于1953年7月，其前身是中甸县民族干部培训班。1968年，原中甸县革委决定将县委党校改为中甸县“五七”干校，1973年5月恢复党校名称。现实行县委党校、县民族干部学校、县行政学校、县社会主义学校、县职业技能培训中心、县人口理论学校、县市民文明学校“多位一体”的办学体制。是全县开展党的思想理论教育、初级公务员培训、职业技能培训、党的民族宗教理论和统战政策培训、人口理论教育培训、教师进修培训以及清华大学、中央党校远程教育培训相结合的“阵地”和“熔炉”。

学校位于阳塘路32号（原红旗路进修学校），占地面积10.08亩。总建筑面积5887.46平方米。内设校长室、副校长室、办公室、培训科、远程教学站、教研室、财务室、总务处、档案室、图书资料室10个科室。2009年全校教职员工

22人：高级讲师5人，讲师4人，助理讲师2人，教员1人，馆员2人，技师1人，高级工4人，初级工3人。

【学习实践科学发展观活动】 根据县委的统一安排和部署，县委党校按照《中共香格里拉县委关于在全县开展深入学习实践科学发展观活动的实施意见》，认真组织开展了深入学习实践科学发展观活动。

为切实担负起广大党员干部的“阵地”，“熔炉”作用，4月8日至15日，县委党校组织开展“学习一周”活动，全体教职员工围绕科学发展观的内涵和意义、县域经济发展对策、如何发挥本校党员的先锋模范作用、《中国共产党党校工作条例》及云南省贯彻条例的实施意见、《云南省迪庆藏族自治州自治条例》等专题进行学习。通过学习，全校教职员工进一步理解了科学发展观的内涵，增强了贯彻落实科学发展观的自觉性，使科学发展观成为了指导各项管理和教学工作的行动方针。

开展学习实践活动，关键在于贯彻落实。在开展深入学习科学发展观活动过程中，党校领导班子按照科学发展观的要求，积极查找影响和制约党校科学发展的突出问题，边学习边调研边实践边整改，把科学发展观的要求转化为谋划发展的正确思路，针对教职工和学员反映的一些问题，党校开通了10兆宽带网，提高了学习和办公效率；为解决党员干部和函授学员反映的“工学”矛盾问题，县委党校又争取建立网上党校和云大职业与继续教育学院函授远程教育。促进了党校的又好又快发展。

在开展好学校自己学习实践活动的前提下，县委党校坚持送教下乡、送教到支部。在开展第二批学习实践科学发展观活动的过程中，党校教师还先后到香格里拉县城区机关、事业单位、企业、学校共25个部门授课。有力地推动了全县科学发展观活动的开展。

“干部受教育，发展上水平，群众得实惠”是党校深入学习实践科学发展观活动的根本要求和重要举措。在开展学习实践活动中，县委党校积极为扶贫挂钩点争取资金和物资，让困难群众得实惠。2009年5月，向五境乡霞珠村陆六谷村民小组16户村民发放7.5吨大米，为该村提供1000元村民小组长工作经费，资助特困村民六斤5000元。同时，切实关心和改善在职人员和退休人员的生活，逢年过节坚持慰问退休人员。

【教学工作】 教学是党校的中心工作。党校的一切工作都围绕教学工作进行，为提高教学质量服务。党校教学直接服务于党的总路线、总任务。随着革命和建设事业的发展，不断培养和输送忠诚于马克思主义、德才兼备、坚决执行党的路线、方针、政策的党员干部。2009年，香格里拉县委党校高举中国特色社会主义伟大旗帜，全面学习贯彻党的十七大精神和《中共中央党校工作条例》，按照科学发展观要求，深化改革，提高办学水平，切实履行党校职责。全年组织主体班次教学3104人，函授和社会教学2000多人次。

县委党校严格按照县委的安排部署，积极发挥党员干部教育的主渠道和主阵地熔炉作用，充分利用清华大学远程教育和中央党校远程培训平台。结合深入学习实践科学发展观活动，在全县范围培训轮训干部1507人；5月20日至22日举办了第十九期入党积极分子培训班，培训城区机关、事业、企业积极分子23人；为促进和加强农村基层组织建设6月14日至26日，分三期培训全县农村基层支部书记207人；10月22日至24日，举办香格里县新任领导干部培训班一期，培训学员111人；利用清华大学远程教学网络和中央党校远程教育资源，于10月和11月，举办了两期远程教育培训班，参训人员268人；12月10日至11日，举办了香格里县农村基层领导干部学习党的十七届四中全会培训班一期，培训学员44人。

为适应市场经济的发展，县委党校结合市场需求，充分发挥设施环境良好的优势，积极联系和协助州县各部门在党校办学办班，先后与州劳动和社会保障局、县劳动和社会保障局、州安监局、团州委等部门合作办学，举办文秘、烹调、林业、保洁、保管、收银等技工培训，安全管理人员培训和青年马克思主义者培养工程培训，参训人员691人。同时组织云南大学函授教学20个班次的教学，1280名学员参加了函授学习。

在教学过程中，县委党校狠抓了以下几个方面的工作：一是对学习内容作了精心安排和准备，积极宣讲党和国家的方针政策、最前沿的管理知识，提高教学针对性。二是注重在培训管理上创新，把学员的学习、党性修养、遵守校规校纪情况作为考核内容。并把学员的调研报告、理论研讨及学习心得体会文章向当地主流媒体《迪庆日报》推荐发表，扩大了学习和宣传效果。三是组建后勤服务小组，为学员创造良好的学习环境，保证了培训班的顺利进行。四是通过发放测评表，让学员为讲课老师打分，不断创新双向式教学并取得明显成效。

在教学方法上，县委党校根据党员干部教育的新需求，积极整合州内外优质教育资源，采取“远程和近程相结合、专兼职相结合、请进来，走出去”的办法。在培训班中，经常邀请各部门理论功底深、工作经验丰富的党员干部到党校授课，给学员介绍一些针对性强的实用知识。另外，学校还经常给学员播放清华大学和中央党校一些优质的远程课件。值得一提的是，年内，党校与州县组织、宣传、等相关部门配合，邀请省、州县党政领导干部和知名学者、专家教授来香格里拉授课。先后邀请省发改委经济研究院院长段钢教授作了的题为“当前经济形势与云南战略”的专题讲座；邀请云南省高校德育研究会会长、昆明理工大学郑益生教授讲授《情商与管理》专题，省委党校副校长王国忠教授讲授科学发展观；邀请州委党校常务副校长史义讲解州情。通过参加专题讲座学习，使学员进一步了解当前改革开放形势，深刻领会科学发展观的精神实质，掌握了如何贯彻落实科学发展观的途径、方法。

【科研】 2009年党校组织教师到基层实地了解走访、调查研究，撰写调研报告，为农村发展出谋划策，为县委、政府决策提供决策依据，丰富了教师的授课内容。为使调研工作取得实效，县委党校制定了《中共香格里拉县委党校关于2009年度科研硬性任务奖惩实施办法》，使教研工作按计划、按组织有序进行。同时为了进一步加强教学人员的教学科研能力，跟上时代发展的步伐，学校先后出资近13000元为教师订购各种书籍。年内学校教职工共完成理论研讨论文26篇。其中在省级以上刊物公开发表4篇，州级以上刊物发表22篇，县级重点课题调研报告1篇。另外组织发表新任科级干部培训班学习心得体会3篇，新闻报道11篇。整理编辑了近30万字的2008年党校教师《调研文集》。

【管理及后勤保障】 2009年学校坚持行政后勤工作始终服从和服务党校教育教学工作这个中心原则，联系学校实际，对教职员工进行一天四次的签到签退。实行统一的上下班。对学员到学校学习期间大胆管理，加强党性锻炼和纪律要求，严格考勤管理制度，坚持每天两次的签到和班主任坐班管理制度。

【自身建设】 学校历来十分重视教职工的学历教育和素质教育。年内有1名教师在省委党校在职研究生班就读、1名职工在云南大学成人教育学院香格里拉办学点就读本科函授。先后有4名教师到省委党校参加师资培训和十七届四中全会培训。为了更好地完成党校的干部教育工作，找出差距、找出不足、不断改进。学校在每周五下午都要召开教职工会议，组织教职员工学习《党校工作条例》，总结一周的工作，找出不足，明改进方向。

【党风廉政建设】 党校作为县委的重要工作部门，从事党的理论宣传和党员干部教育培训工作，自身正才能引导和教育别人。学校党支部高度重视党组织、党纪和党风廉政建设，按照党务工作程序，认真开展“三会一课”、民主生活会、廉政警示教育，在党校管理和教学工作中认学习贯彻并建立健全了《教育、制度、监督并重的惩治腐败体系实施纲要》，深入开展教职员工政治纪律教育、理想信念教育、党章教育、社会主义荣辱观教育、廉洁自律教育，夯实党员干部廉洁从政思想道德基础，为党校开展各项工作营造了风清气正的良好氛围。

【大事记】 9月25日，应清华大学继续教育学院宣传片《梦圆清华》摄制组特别邀请，州委书记齐扎拉到香格里拉县委党校远程教学站，就迪庆与清华大学合作取得的成果等问题以远程交互的形式接受了采访。

4月23日，应香格里拉县委党校的邀请，省发改委经济研究院院长段钢教授，通过远程授课的方式，向迪庆州党员干部讲授 “当前经济形势与云南战略”专题。段钢教授在介绍了国际、国内以及云南省、迪庆州2009年经济形势的基础上，深入细致地剖析了云南省、迪庆州2009发展战略。

5月5日，香格里拉县委党校与州、县组织、宣传、等相关部门配合，邀请云南省高校德育研究会会长、昆明理工大学郑益生教授到香格里拉县委五楼会议室，讲授《情商与管理》专题，郑益生教授在分析情商重要性的基础上，生动介绍了提高情商的措施和办法。

6月11日，香格里拉县委党校与州县组织、宣传、等相关部门配合，邀请省委党校副校长王国忠到香格里拉县委五楼会议室，讲授“科学发展观”专题。王国忠副校长结合迪庆实际，全面深入地分析了领导干部应该怎样学习实践科学发展观。在新的历史时期，迪庆州又如何才能实现科学发展等一系列问题，为香格县科学发展奠定了思想基础。

3月到8月，县委党校按照《中共香格里拉县委关于在全县开展深入学习实践科学观活动实施意见》，认真组织开展了深入学习实践科学发展观活动。县委党校既是第二批学习实践科学发展观活动的参学单位，又是全县学习实践活动的组织者和服务者，在第二、三批学习实践活动中，香格里拉县委党校先后深入县级机关、乡（镇）、学校、企业26个部门授课，累计培训学员1002人。

（杨丽琼）

政策研究

【概述】 2009年，政研室坚持以邓小平理论和“三个代表”重要思想为指导，深入实践科学发展观，认真贯彻落实党的十七届三、四中全会精神以及各项方针政策，紧紧围绕县委中心工作，立足实际，强化服务，突出重点，适度超前，充分发挥参谋助手作用，不断提高决策咨询和服务水平，积极研究探索全县经济社会发展中出现的新情况、新问题，抓住全县农村经济社会发展的重大问题，有针对性地开展调查研究工作，切实抓好社会主义新农村指导员管理工作，扎实推进社会主义新农村省级重点建设村工作，各项工作呈现出良好的发展态势，为全面推进香格里拉经济社会跨越发展和长治久安作出了积极的贡献。

【政治理论学习】 为进一步做好新时期党的政策研究工作，努力提高广大干部职工的思想政治素养和业务技能。政研室始终把学习作为一项政治任务来常抓不懈，采取部门领导亲自抓，党支部协助抓，进一步完善和建立健全部门各项规章制度，并采用部门集体学习和个人自学相结合的方式来增强干部职工学习的自觉性和坚定性。以召开室务会议，干部职工大会、党支部大会等形式，有计划、有步骤地组织全体干部职工学习党的十七届三、四中全会精神、省委八届七次全会精神、州委第六届七次全会精神和县委十届七次全会精神。在抓好干部职工政治理论学习的同时，积极选派干部职工参加各类培训班，大力支持干部职工参加高一级函授教育学习；认真开展党风廉政教育活动，抓好财务、档案、综治、保密等工作，落实党委机关效能建设各项规定。一年来，累计组织集中学习22次，选派干部6人参加各类培训班和函授教育学习。

【调查研究】 调查研究是党委政研室的基本职能，是立室之基。政研室紧紧围绕县委、政府中心工作，坚持把调查研究作为开展好政研工作的重要基础，努力在深入实际、求真务实上下工夫，注重调研能力建设，不断强化责任意识、大局意识、发展意识，不断提高调研工作的质量和水平，充分发挥好参谋助手作用。

根据县委安排，精心组织，认真筹备，全程组织《中共香格里拉县委、县政府关于新形势下进一步加强农业农村工作的实施意见》起草、修改和定稿工作，完成《关于贯彻落实州委农业农村工作会议精神的报告》、《中共香格里拉县委、县政府关于2009年“三农”重点项目建设的情况汇报》、《香格里拉县核桃产业发展的情况汇报》、《香格里拉县培育特色产业的情况汇报》等材料，圆满完成了县委、政府交办的各项工作任务。

按照“服务决策、重在实用”的原则，创新工作思路，变被动应付为主动服务，变单项服务为决策过程全服务，围绕全县经济社会发展中出现的新情况、新问题及县委领导关注的热点、难点问题，组织人员45人次，深入各乡（镇）、村组进行调查了解，与基层干部、农民群众交流思想，了解他们的心愿和疾苦，掌握第一手资料，在扎扎实实的调查研究中改进作风，在扎扎实实的调查研究中探求解决问题、促进发展的答案，并结合全县实际先后形成《全县培育农村致富带头人的调查报告》、《香格里拉县农业和农村经济发展现状分析报告》、《香格里拉县农村集体经济发展的调查报告》、《香里拉县关于贯彻落实全省社会主义新农村建设指导员工作座谈会暨新农村省级重点建设村推进会议的情况汇报》、《全县社会主义新农村指导员工作情况汇报》。为县委、政府提供决策参考，做到了研究在领导之前，参谋在领导思考之中。

重视信息采编，拓展工作服务新领域。政研室始终本着为领导决策和基层提供有效服务，以编发《政研简讯》为重要抓手，努力创新信息工作方式，着力向党政领导提供信息资料。全年来，编发《政研简讯》6期。

根据县委、政府要求，由政研室牵头，积极组织、协调相关涉农部门，深入实际、深入基层，加大对实施的整村推进扶贫项目、新农村建设示范点、农村地震民居安全工程进行督促检查，充分发挥了“三农”工作的综合协调服务职能作用，为推动全县农村经济社会又好又快发展作出了积极地努力。

【新农村建设工作队及指导员工作】 为全面贯彻落实省、州第二批新农村指导员总结表彰暨第三批指导员欢送会议精神，确保全县新农村建设指导员工作稳步、协调、持续开展。县委按照省委组织部、省委农村工作领导小组办公室、省农业厅《关于下派社会主义新农村建设工作队的意见》的要求，精心组织，周密部署，迅速行动，抽调了一批政治素质好，有一定组织协调能力的驻村指导员，加上省、州下派的人员组成了11支新农村工作队共56名指导员队伍（其中：省级3名，州级8名，县级29名，乡（镇）16名），下派到全县11个乡（镇）的56村（居委会）开展社会主义新农村建设指导工作。

为确保全县新农村指导员工作的顺利开展，政研室担负了大量的日常事务工作，组织召开了动员下派大会，并对抽调的驻村指导员进行了基层组织建设、村民自治、农村工作等方面的培训。同时进一步充实完善了《香格里拉县社会主义新农村指导员管理办法》，向新农村指导员发放了《社会主义新农村指导员工作手册》等相关材料。县新农队办积极协同上级相关领导和派出单位到各乡（镇）对指导员开展工作情况进行督查，及时搜集、整理和挖掘在活动中涌现的先进典型，推广各乡（镇）、工作队好的做法和经验，报送新农村指导员工作进展情况，全面了解驻村指导员思想工作动态，力所能及地帮助他们解决工作、生活中遇到的实际问题和困难。在新农村指导员驻村期间，政研室切实承担起了新农村建设指导员办公室的领导、组织、协调、督促检查等职责，加强了对新农村指导员的跟踪和管理工作，为加快全县社会主义新农村建设起到了积极的推动作用。

【新农村省级重点建设村】 为认真贯彻落实全省社会主义新农村省级重点建设村推进工作会议精神，根据州委农村工作领导小组《关于印发2009年迪庆州社会主义新农村省级重点建设村实施方案的通知》的文件精神，进一步巩固党在农村的执政基础，加快社会主义新农村建设的步伐，在县委、政府的高度重视下，政研室在充分调查了解的基础上，制定下发了《2009年香格里拉县社会主义新农村省级重点建设村实施方案》，并在县农牧局的全力配合下，完成全县8个新农村省级重点建设村项目规划编制工作，促使全县新农村省级重点建设村工作于2009年7月，在全县8个乡（镇）全面启动实施。在省级重点建设村工作实施过程中，政研室全面担负起了对新农村省级重点村建设工作的领导、组织、协调作用，切实加强对省级重点建设村推进工作的统筹协调、管理指导、督促检查，及时掌握项目进度和资金兑现情况，解决存在的问题，确保省级重点村建设健康有序推进，为全县新农村建设工作全面开展奠定了坚实的基础。

【围绕中心，服务大局】 政研室在人少事多的情况下，服从服务于全县中心工作，以高度的责任心和强烈的责任感，全力以赴，正确对待，尽力从部门抽调骨干人员8人次积极参与相关部门做好各项工作。根据县委的要求，政研室分别抽调了人员先后到“千名干部送法进村（寺）促和谐”活动、安南矛盾纠纷排查组、州委农村工作会议筹备组、深入学习实践科学发展观活动办及指导组开展工作。在选派干部协助各单位开展工作期间，部门抽调人员充分发挥主观能动性，努力做到求真务实、团结协作，大力发扬甘于奉献、埋头苦干的工作作风，自觉遵守工作纪律，服从领导调度指挥，尽一切努力认真完成了各项工作任务。

【来信来访】 认真做好群众来信来访工作，是党和政府体察民情、了解民意、改进工作的重要渠道，也是解决农村社会矛盾的重要环节。政研室在充分履行部门职责的同时，一切从群众利益出发，热情对待每一位来办事的群众，真心实意的倾听他们的反映，帮助协调解决面临的各种问题。全年来，累计接待群众来信来访8件，其中涉及村改后遗问题的5件，涉及农村土地政策调整的3件。面对群众的来信来访，政研室以高度的责任感，积极的工作态度，热情接待来访群众，向他们认真解释有关文件精神，细致讲解法律法规，耐心做好思想工作，能现场答复的问题尽量当场解决，情况特殊的通过进一步调查了解，形成统一意见逐级上报。把出现的问题及时解决在萌芽状态，树立了部门良好形象。

【深入学习实践科学发展活动】 为深入贯彻落实中央、省委、州委开展深入学习实践科学发展观活动的有关文件精神，根据县委深入学习实践科学发展观活动领导小组的安排部署，政研室始终把学习实践活动作为推动部门科学发展、转变机关作风建设的有效载体，狠抓落实。在部门主要领导的高度重视下，紧扣县委提出的“一个目标、一个主题、四项任务”的总体要求，以不断提高思想认识、着力解决突出问题、大力推进改革创新、切实加强效能建设、全面提升服务水平为重点，严格按照《部门实施方案》，牢牢把握关键环节，坚持边学习、边实践、边整改，学习与工作相互促进的原则，认真组织全体干部职工集中学习，深入开展专题调研、案例分析、主题实践、学习大讨论活动，以征求意见、召开座谈会、召开组织生活会、召开民主生活会、撰写党性分析检查材料、组织群众评议等形式查摆问题，查找出了束缚干部职工发展观念、影响不利于部门工作发展的根源。并通过制定整改方案，落实整改措施，重新制定和出台了部门内部管理制度，建立健全了部门的长效机制。从而使广大干部职工增强用科学发展观统领政研工作的自觉性和坚定性，促进把解放思想、落实科学发展观贯彻到工作的各方面，为开创政研工作新局面提供了坚强的思想政治保障。

（赵永红）

史 志

【机构设置】 中共香格里拉县委党史研究室、香格里拉县地方志编纂委员会办公室是县委、县人民政府的地情研究、咨询、服务职能部门。内设综合办公室、党史研究室、县地方志编纂室、《香格里拉年鉴》编辑室。

【编制及人员情况】 2009年底，编办核定编制7名，其中6名自定编、1名工勤编。年底在职人员7人，其中行政公务员5名，工勤人员2名；正科领导1人，副科领导2人，副主任科员1人；男4人，女3人；本科文化6人，中专文化1人；藏族1人，纳西族5人，汉族1人。

【《中国共产党香格里拉县历史大事记》出版发行】 在征集资料的基础上，对所收集的大事记条目按要求进行逐一审定，并送交县委党史工作领导小组全体成员和部分老专家、老领导及州委党史研究室征求意见、建议，在此基础上再次对大事记条目资料进行补充、部分内容修改，并按出版相关规定要求规范操作，于2009年1月份送交出版社印刷。为充分发挥《大事记》一书的宣传教育作用，认真组织发行工作，遵照发行计划，于2月份将《大事记》一书送呈全县副处以上领导、县委党史工作领导小组全体成员；11个乡（镇）党委、7个县级党委、10个党组、217个党支部赠阅，总计932册。

【起草完成《中国共产党香格里拉县地方史》（党史正本第一卷）编写工作方案】 按照省委、州委党史研究室对党史工作的有关要求，为科学、系统、规范地组织开展党史正本的编写工作，结合全县党史工作实际，中共香格里拉县委党史研究室按照要求起草完成了《中国共产党香格里拉县地方史》（党史正本第一卷）编写工作方案。并于2009年11月10日向中共香格里拉县委上报了《关于开展香格里拉县党史正本编写工作的请示》（附编写工作方案），待该编写方案批准后，将按照方案开展《香格里拉县地方史》的编写工作。

【党史宣教】 党史宣教工作紧紧围绕党史工作为加强党的建设和促进经济社会发展服务的要求，深化对党史研究和宣传教育工作，达到以史鉴今，资政育人的目的。一年来，史志办除积极配合州委党史研究室、县级各部门做好党史的宣传教育外，抓住史志办是县委、县人民政府的地情研究、咨询、服务职能部门，是党史与地方志合二为一的部门，紧紧依托《香格里拉年鉴》、《香格里拉史志通讯》做好党史的宣传教育工作。《香格里拉年鉴》是县委、政府共同主办的地方性年鉴刊物，一方面在年鉴中尽量做到党委及党委部门工作资料应收尽收，另一方面，今年在以往工作的基础上，通过专题资料栏目的设置，增加收录党委主要工作和重点工作的内容，突出工作的重点和特殊性。《香格里拉史志通讯》以“积累资料、传递信息、交流经验、探研专题、培育人才”为办刊宗旨，一年来，为更好地服务于党史宣传教育工作，刊登党史党建的相关宣传文章6篇，分别为：《铭记党的历史，履行党的使命，以改革创新的精神全面推进党的建设新的伟大工程》、《适应形势，提高素质 推动农村各项工作迈上新台阶》、《总结经验 凝聚民心，夯实基础，促进发展》、《狠抓“三建三创”工作，努力推进格咱乡基层党建工程》、《解放思想求共识，科学发展谋新篇》、《记忆中的中甸平叛》；刊登县情论坛相关文章4篇，分别为《深入贯彻落实科学发展观，推动县级史志工作又好又快发展》、《努力践行科学发展观，强力推进香格里拉县生态文明建设》、《构建和谐香格里拉的思考》、《量的飞跃，质的提升》；刊登党史党建专题资料6篇（香格里拉县开展“千名干部送法进村（寺）促和谐”活动）；刊登红土地之歌演讲辞专题文章8篇，分别为《军人的忠诚》、《生命如花，人生无价》、《唱响祖国主旋律，雪域高原更繁荣》、《唱响发展繁荣文化之歌》、《变迁》、《爱岗、敬业，当好人民的健康卫士》、《榜样的力量》、《用爱熔铸师魂》。

这些文章，围绕党史宣传教育这一主题，从不同角度、方面深入探讨和研究新形势下党的建设这一主体工程，在广大读者群中引起了强烈反响，较好地完成了党史宣传教育平台所要实现的各种功能，实现了为党建服务，为现实服务的预期目标。

【地方志编纂委员会全体会议召开】 为认真贯彻落实《地方志工作条例》，2007年云南省地方志编纂委员一次会议和2007年迪庆州地方志工作3次会议，2008年迪庆州地方志工作会议暨督查会议精神，研究、部署全县下一步地方志工作，根据《香格里拉县第二轮地方志续修工作规划》的相关精神（香政办发〔2005〕111号）,为克期完成香格里拉县第二轮修志工作任务，在2008年6月份，县志办向县人民政府呈报了《关于召开香格里拉县地方志编纂委第一次会议和《香格里拉县志》（1978~2005年）编纂委一次会议的请示》，呈报了会议的相关材料，并对开好此次会议进行了各项筹备工作。2009年3月，根据县政府办公室的通知要求，县志办再次将召开“香格里拉县地方志编纂委员会全体会议”的会议准备材料提供给县政府办公室，并为召开好此次会议做好积极的筹备工作，使得召开“香格里拉县地方志编纂委员会全体会议”一并列入2009年度政府相关会议行列安排召开。

2009年4月26日，香格里拉县地方志编纂委员会全体会议召开。全县各部门、乡（镇）主要领导及部门志、乡（镇）志主纂人员参加会议。会议上，香格里拉县人民政府县长、县地方志编纂委员会主任肖徐作了《提高认识 ，明确任务，勇于创新，确保我县二轮修志任务如期完成》的重要讲话；迪庆州人民政府经研中心副主任、地方志办公室副主任周国星就香格里拉县第二轮修志工作发表了题为《攻坚克难，全力推进全面完成全县二轮修志任务》讲话，并对修志工作提出了要求。

会议认真贯彻落实《中华人民共和国地方志工作条例》和云南省地方志编纂委员会第一次全体会议及全州地方志工作会议精神；研究、部署下一步全地方志工作；确保全县二轮修志任务如期完成。会议上，县长针对全县目前部门志、乡（镇）志的完成情况，对各部门、各乡（镇）提出了要求：以《中华人民共和国地方志工作条例》为指导，进一步提高对地方志工作重要性的认识；进一步加强领导、落实责任，按质按量在2009年9月30日前完成部门志、乡（镇）志编修送审工作；会议进一步强调地方志队伍自身建设。会议的召开，在提高对地方志工作重要性认识的基础上，对部门志、乡（镇）志书的完成作出了明确的规定，将为《县志》的编纂提供基础性资料，确保全二轮修志任务的完成奠定基础。

【香格里拉县志编纂委员会第一次全体会议召开】为确保《香格里拉县志》（1978～2005年）按时进入编纂工作程序，县地方志办公室根据《香格里拉县第二轮地方志续修工作规划》和省、州地方志业务指导部门的要求，拟定了《香格里拉县志》（1978～2005年）篇目设置（草案），并于2008年6月5～25日送呈《香格里拉县志》（1978～2005年）编纂委员会各位领导、专家审查，征求修改意见、建议。共征求到肯定意见106条，建议意见32条。史志办对征求到的建议和意见非常重视，逐一进行分析研究，根据意见和建议对原稿再次进行修改，形成了《香格里拉县志》（1978～2005年）篇目设置。

2009年5月12日上午，香格里拉县《县志》编纂委一次全体会议召开，编纂委全体成员23位同志出席会议。会议主要任务是审定《香格里拉县志》篇目。会上，听取了县史志办对二轮修志工作情况和《县志》篇目设计情况说明的基础上，就会议提交审议的《县志》篇目展开了讨论。讨论中，县委、人大、政府、政协及编纂委成员单位与会的人员对《县志》篇目的设计给予充分肯定。认为：经县史志办集体研究，并书面提交编纂委全体成员征求意见，再行修改后提交会议的《县志》篇目，符合《县志》编纂的规范程序，符合县情实际。同时，就《县志》篇目中尚存在的不足，提出了许多很好的意见和建议。会议对《县志》编纂工作提出了明确的要求：要加强对《县志》编纂工作的领导；要拿出切实可行的帮助解决地方志办公室人力不足的实际困难，建议组织、人事部门用协商借调的方式予以解决；要切实解决部门志、乡（镇）志不能如期完成，给《县志》编纂带来的影响，建议县人民政府督察室对此项工作进行专项督查，以保证《县志》编纂顺利进行。

【《地方志工作条例》与《地方志书质量规定》的贯彻与落实】《地方志工作条例》既是地方志工作开展的重要依据，又是根本保障，也是地方志工作必须遵守的基本规范。年内史志办继续将《条例》列为部门专业学习的主要内容贯穿工作的始终，并以《条例》作为工作的准则，用《条例》来检查和推动全县的地方志工作。同时，在抓好《地方志工作条例》学习贯彻的基础上，抓好《地方志书质量规定》的贯彻与学习。2008年9月16日，为确保地方志书的编纂质量，中国地方志指导小组根据国务院《地方志工作条例》和国家关于出版管理的法律、法规，在总结修志经验，征求各地和各方面意见的基础上，制定了《地方志书质量规定》。对部门志、行业志、乡（镇）志等志书的质量要求，可参照本规定有关条文执行。为便于加强部门志书的行业管理，提高全县部门志书的质量，部门在组织学习的基础上，在《香格里拉史志通讯》上刊载了该《规定》,以及相关的志书质量的文章，供全县各部门学习参考。

【二轮修志工作的协调、指导、检查、督促】年内把工作中心放在二轮修志上，继续为各乡（镇）、各部门修志做好服务、开展好业务指导、协调工作，保证各乡（镇）、部门志编修工作的顺利开展。一年来，通过走出去、请上来、联系等方式，分别与各乡（镇）、县级各部门等单位负责人进行沟通协调，请各部门负责人加强对部门志书编修重视的基础上，并对志书编纂人员给予精神、时间、经费上的支持，把部门的志书编纂完成好。同时对全县各部门、乡（镇）志书进行检查、指导。在做好指导工作的同时，认真做好修志来访人员的接访工作，对来访人员提出的有关修志问题进行认真的讲解回答，并积极帮助来访人员查阅相关的资料和提供修志的相关资料。

【乡（镇）志、部门志评审】 在志书的评审过程中继续坚持部门规章制度，按照部门规章制度纳入正常管理和规范评审工作流程，努力把做好评审工作与指导修志工作紧密相结合。2009年送审的志书有31部（《乡镇企业志》、《发展改革志》、《工业志》、《扶贫志》、《农业志》、《建塘镇志》、《司法志》、《畜牧志》、《金江镇志》、《军事志》、《商品贸易志》、《外事招商志》、《文化志》、《供销社志》、《质量技术监督志》、《五境乡志》、《妇联志》、《安全生产监督管理志》、《国土资源志》、《工商行政管理志》、《检察志》、《共青团志》、《城乡建设志》、《法院志》、《环保志》、《档案志》、《公安志》、《工商业联合志》、《小中甸镇志》、《尼西乡志》、《格咱乡志》）。送审的志书经志办审验后向主撰人员反馈了意见、建议，并向主撰人员提出对该志书相关资料的补充和修改意见；同时要求按照《地方志工作条例》和《志书质量管理规定》的相关规定，要求对志书进行规范处理，对志书中的资料作进一步的核实、校对、补充，以确保志书的质量。送审的志书经过一审和向主纂人员反馈意见，经主纂人员修改二次送审后，由县志编纂委办公室下达终审验收意见的志书有11部，送审后返回要求进行资料补充的有6部，正在进行评审的志书有14部。

通过积极地与各乡（镇）、各部门沟通、协调，2009年全县送审的志书数量较上年有所上升，但根据《志书质量规定》和相关要求，志书一次送审合格的一部都没有，普遍存在一次送审后还需对志书资料内容进行补充，或者调整志书篇目设置等不同程度的不足或欠缺。到年底，尚有个别乡（镇）和县级部门未能按期完成乡（镇）志、部门志送审工作。

【《香格里拉年鉴》（2009卷）】 《香格里拉年鉴》2009卷，照编纂、出版发行的相关规定和编纂规划有条不紊的进行。2月份，按要求草拟了《关于编纂〈香格里拉年鉴〉（2009卷）的通知》，对编纂《香格里拉年鉴》（2009卷）所有撰稿部门提出了要求和在撰稿过程中应注意的问题，并以香格里拉人民县政府办公室文件形式（香政办发〔2009〕14号）下发全县执行。

9月份，按照《年鉴》编纂、印刷、出版的时间安排，提交印刷；在12月份完成出版发行工作。按照不断探索《年鉴》编纂方法，使之常编常新，并不断适应形势发展的需要，做好以《年鉴》为常规工作的县级地方使之部门工作。今年在编排设计上一改过去的传统做法，在往年的基础上增加了专文和专题两大部类栏目，全书由17个部类增加至19个部类，由45万字增加60万字。通过增加专文部类栏目，提升对年度人大、政协、纪委工作的重视力度；通过增加专题部类栏目，目的在于突显香格里拉相对特殊性和县情实际的特殊性。年鉴的编纂，为各级领导了解情况，提供决策依据；为各部门总结过去，分析现状，探索未来，提供借鉴；为横向联系，对外开放，提供信息；为进行社会主义、爱国主义和国民传统教育，提供生动丰富的教材；为编史修志积累宝贵资料。

【《香格里拉史志通讯》】 办好《香格里拉史志通讯》是为了充分发挥县委党史研究室、县地方志编纂委员会办公室作为县委、政府的地情研究、咨询、服务机构的职能作用；是为了使史志事业沿着史、志、鉴、刊，服务“一体化”科学发展，更好的宣传县情，指导修史、修志工作而创办的。

2009年编纂出版《香格里拉史志通讯》总计4期，在《通讯》编纂、出版、发行过程中，继续做好将编纂、出版、发行工作规范纳入部门《管理制度》，用制度管理的形式加强管理，做到明确责任，提高质量，进一步拓宽办刊领域，多方约稿，增加刊物的可视性。全年共采编刊登各类文章（简讯）56篇，总计约36万字，内容涉及党史党建、县情论坛、史志方园、培训园地、地方史话、今日探索、往事寻踪、民风民俗、志苑、民间故事传说、史志动态、政策法规、专题资料、香格里拉旅游、大事记、等方面。通过《史志通讯》的编纂出版发行，基本实现了积累资料、传递信息、交流经验、探研专题、培育人才的办刊宗旨，同时也为创建和谐香格里拉、展示香格里拉风采提供了服务。

【省、州年鉴撰稿情况】 香格里拉县史志办在搞好各项工作的同时，按照各级业务指导部门的要求，已完成2009年版《云南年鉴》、《云南经济年鉴》、《云南小康年鉴》、《迪庆年鉴》香格里拉县情资料的编写，为省、州各级年鉴提供香格里拉县情资料，按期、按质完成撰稿任务，在省级、州级年鉴宣传窗口宣传香格里拉。

【政府信息公开】 按照编写政府信息公开工作的相关要求，认真做好部门的政务信息公开工作。依托香格里拉县政府信息公开网站，全面建立了香格里拉县史志办信息公开平台，一年来，主动将部门业务工作完成的史志年鉴资料公布于政府信息公开网站，总计公布信息91条。通过政府信息公开网的建立，将香格里拉地方党史、地方志工作纳入全国、全省的宣传之中，努力扩大全党史、地方志的宣传面和研究的视野。为增进与行业系统、各有关单位的合作、交流，整合党史资料的研究起到积极的推动作用。

【挂钩扶贫】 按照《香格里拉县人民政府关于印发香格里拉县第三轮定点挂钩帮扶表的通知》（香政发〔2008〕53号）文件精神，县史志办轮定点挂钩帮扶点为虎跳峡镇长胜村核咱村民小组。在此期间，部门组织全体人员于5月16日到扶贫点进行调研，了解该村民小组群众的生产生活情况，并与长胜村民委员会、核咱村民小组达成了拟帮助该村民小组修建蓄水池2个（40立方米），架设引水管2000米的帮扶意向。除群众投工投劳，自备砂石料外，修建水池所需的水泥、钢筋、胶管等资金经史志办多方积极筹措。通过努力，县发改委在以工代赈零星工程项目建设中给予安排解决了该项目建设资金2.4万元，为核咱村民小组解决了发展中的困难。

【香格里拉县历史文化名城、名村申报材料的撰写】 根据《香格里拉县人民政府办公室关于成立香格里拉县历史文化名城名镇名村名街申报工作领导小组的通知》（香政办发〔2009〕232）文件精神，县政府成立了香格里拉县历史文化名城名村申报领导小组，领导小组办公室设在县史志办。根据11月17日领导小组召开的会议精神，为了确保在规定时间11月28日前完成申报材料的上报工作，根据领导小组会议精神，申报材料的征集、编纂由县史志办负责。根据文件和会议精神，史志办积极征集文字和图片资料，按时将香格里拉县城申报国家级历史文化名城，三坝乡白地村、洛吉乡尼汝村、建塘镇红坡村、尼西乡汤堆村申报历史文化名村5份文本申报材料，1份宣传画册设计编写完成，送交香格里拉县历史文化名城名镇名村名街申报工作领导小组通过评审，申报资料完整的送交县规划局，附相关建设规划设计后按程序上报。

【党支部建设】 2009年，史志办党支部在册党员5人，其中：男性党员3人、女性党员2人；其中2名党员（男1人，女1人）全年因病长期在外医病治疗，无法正常上班的情况下未能参加支部的各项活动。鉴于上述情况，为了使支部活动正常开展，达到以党支部带动和促进部门工作的开展，党支部于2009年3月30日召开党员大会，经支部党员会议选举，调整改选了支部班子，并对支部委员进行了分工，并行文上报县直机关工委，得到县直机关工委的批复，为党支部工作的正常开展奠定了基础。

一年来，党支部在认真贯彻落实《香格里拉县党组织建设工作目标量化考核责任书》的基础上，结合部门工作实际，制定了部门党支部年度党组织建设工作目标和考核责任书，与各位党员进行签订。通过制定部门党组织建设工作目标和责任书，明确党支部班子成员的分工，以及个人的工作。在工作的过程中，把党组织建设工作列入领导班子的议事日程，做到党组织建设与部门工作同时部署，同时检查、落实。并通过以深入开展学习实践科学发展观活动为契机开展好支部各项活动。经常性的抓好党建工作，开展好党建活动，通过抓党建工作和开展党建活动，完善制度建设，规范日常工作，形成科学有效的管理和机制，加强内部管理，提高工作水平，推进事业发展。

【党风廉政建设】 认真落实党风廉政建设工作，全面加强惩治和预防腐败体系建设。在第六纪工委的直接领导下，严格按照为贯彻落实中央纪委第三次全会精神和《中共香格里拉县委、香格里拉县人民政府党风廉政建设目标责任书》的要求，切实加强干部职工的思想作风、工作作风、学习作风和生活作风，树立新时期、新要求、新标准下党的领导和国家机关工作人员的良好形象。

在工作中积极做好党风廉政建设党报党刊的订阅，及时调整充实部门党风廉政建设领导小组，认真做好党风廉政责任书的贯彻、落实和部门责任书的签定，认真做好党风廉政建设相关政策、精神的传达学习及贯彻，按照经常性抓好部门党风廉政建设工作的要求，集中开展了党风廉政建设学习教育月活动，继续重申党委、政府的《关于禁止操办乔迁新居等客事的规定》等。通过学习活动的开展，一年来向纪工委上报部门党风廉政建设信息简报3期，上报调研报告1篇。

通过认真贯彻党风廉政建设的各项规章、制度，在抓好部门工作的同时，认真开展好学习活动，把党风廉政建设工作实实在在地摆在部门建设的重要位置，加以认真落实。一年来，部门始终保持良好的思想作风、工作作风和生活作风，没有任何违纪违法行为的发生。

【深入学习实践科学发展活动】 为深入贯彻落实中央、省委、州委开展深入学习实践科学发展观活动的有关文件精神，根据县委深入学习实践科学发展观活动领导小组的安排部署，在第六纪工委的指导下，县委史志办始终把学习实践活动作为推动部门科学发展、转变机关作风建设的有效载体，狠抓落实。在部门主要领导的高度重视下，紧扣县委提出的“一个目标、一个主题、四项任务”的总体要求，以不断提高思想认识、着力解决突出问题、大力推进改革创新、切实加强效能建设、全面提升服务水平为重点，严格按照《部门实施方案》，牢牢把握关键环节，坚持边学习、边实践、边整改，学习与工作相互促进的原则，认真组织全体干部职工集中学习、调研、案例分析、主题实践、学习大讨论活动、征求意见、召开座谈会、召开组织生活会、召开民主生活会、撰写分析检查材料等，并通过制定整改方案，落实整改措施。在开展学习实践活动中，积极行动，突出主题，结合实际，务求实效，确保了学习实践科学发展观活动扎实深入开展。通过开展学习实践活动，解放了思想、更新了观念，找准了问题、看到了差距，理清了思路、明确了目标，振奋了精神、激发了干劲，促进了部门各项工作的开展，学习实践活动取得了明显的成效。

在开展学习实践科学发展观活动中，结合部门工作实际，撰写的《深入贯彻落实科学发展观，推动县级史志工作又好又快发展》、《构建和谐香格里拉的思考》文章被《迪庆日报》刊登，并分别荣获“科学发展大家谈活动”征文一、二等奖。

（李俊成）

老干部管理

【概述】 2009年，全县离退休干部职工的基本情况是：离退休人员达2826人，其中：2009年行政机关退休干部16人，死亡7人，事业单位退休73人、死亡14人。企业退休45人，死亡14人（其中行政干部2人）现有行政事业单位离退休人员1383人，（其中离休34人）企业单位离退休人员1443人，其中企业行政干部159人，全县现健在机关、事业、企业离休干部共计61人；其中副厅级干部2名，正处级干部7人，副处级干部15人（含小中甸林业局）。

【离休干部政治待遇】 落实老干部的政治待遇，从政治上、思想上关心老干部是党中央的一贯要求，是老干部自身的需要，也是老干部工作的一项重要任务。一年来，具体做了以下工作：认真做好一年一度的春节慰问工作，县委、政府下发关于《香格里拉县2009年春节期间慰问老干部的通知》精神，根据通知精神，老干局发放了老干部春节慰问信2400张。在香格里拉县城区和丽江城区召开了2009年老干部迎春茶话会，会上县人大主任杨学明、县政协副主席李贵阳代表县委、人大、政府、政协作了县情通报，使老干部了解了本县的社会和经济发展。参加人员800多人次。

为丰富离退休人员精神文化生活，给老同志征订了云南老年报60份；迪庆报60份；支部生活4份；云南纪检2份；中国老年30份；退休生活3

份等必要的学习资料。认真落实省委《关于进一步加强和改进离退休干部支部建设工作的实施意见》，保证了党支部组织健全、制度规范、活动正常。

充分发挥老干部的政治优势，县委、政府在重要会议上邀请了10多位离退休干部参加，并征求了老干部的意见和建议。还聘请2位离退休干部当任香格里拉县关心下一代工作领导小组副组长和成员。各乡（镇）也成立了关心下一代领导小组离退人员中聘用。

按规定传阅文件，对副处以上离退休干部进行定期或不定期要求到本局看阅文件。

组织香格里拉县老年人门球队，参加了在维西举办的迪庆州老年人门球轮回赛，并获得了第二名。

5月份组织离退休干部党员在县委党校、培训全面落实科学发展观实践活动，参加培训老干部有60名。

【落实离休干部的生活待遇】 认真落实老干部的生活待遇，是老干部工作的重点，做到常抓不懈，切实从生活上照顾好老干部。县委、县政府始终把老干部视为特殊群体，宝贵财富，采取特殊政策，在发放离退休金上给予优先保证。

在新形势下“认真贯彻执行生活待遇，不定期要略为从优的政策原则”。进一步健全完善了离休干部“三个机制”（离休干部离休费，医药费保障机制和财政支持机制），做到按时足额发放老干部离退休费用和各项补贴，使38位离休干部各项待遇不拖欠，同时保证了退休干部的退休费，按时足额发放，使老干部晚年生活得到了保障。

【老干部活动中心的建设】 老干部活动中心，在县委、政府和上级主管部门的关心、支持下，是县委、政府对老干部们办的一件实事，是一项得民心、顺民意，事关老年事业发展的敬老工程，是对老干部老有所养、老有所为、老有所乐、老有所敬、老有所学的方针。从老干部局活动中心开业以来，加大力度，提高老干部“老有所乐”，每天参加人次数200人左右，积极提供了各项服务。活动中心建有门球场、台球室、篮球场、麻将室、会议室、阅览室、乒乓球室、健身室等，每周参加人员达1000人次。活动中心积极组织为老同志开展了丰富多彩的文体活动，上半年积极向州委老干局、县政府反映，要求解决重修活动中心门球场，得到了州委老干局及县政府的支持，政府给予解决了15万元，现已完工。

【老干部管理】 根据老干部工作的政策和要求，尽心竭力地为广大老干部服务，切实转变工作作风，接触老干部，关心和体察老同志的疾苦，实实在在地解决好他们的实际困难。一年来看望了离休干部特别困难的4人，适当的给他们解决了实际困难，看望了住院治疗的离休干部6人；协同有关部门料理了4位离退休干部的善后工作，落实了抚恤安葬和遗属补助；在老干部待遇上，凡是符合有关政策规定和要求的，做到不折不扣的全面落实，按要求调查提高了离休干部自雇费，护理费标准和无固定收入的已故离休干部配偶的生活补助标准；调整充实了老干部工作领导小组，建立了在职领导干部联系老干部制度。

【自身建设】 加强老干部工作部门的自身建设，是老干部门的一项重要任务，也是全面提升老干部工作水平的根本保障。当前要把学习党的十七大十七届三、四中全会精神，“三个代表”重要思想，科学发展观和老干部工作方面的方针政策为主，培养一支政治上靠得住，工作上有能力，老干部信得过的队伍。积极推行老干部目标管理责任制实施，提高了干部职工的政治素质和业务素质，从制定各项规章制度和三簿五册入手，扎扎实实做好基础工作。

积极参加各类学习培训班，通过学习与实践活动，不断提高队伍的思想政治素质和管理服务能力。进一步树立老干部工作队伍的新形象，以强烈的事业心和责任感做好本职工作。

强化内部管理，营造良好的工作环境，不断建立和完善内务管理制度，规范了工作、议事、重大事项决策、经费开支、车辆管理等制度，严格要求和教育干部职工，树立良好的老干部门形象，提高工作效率和办事效率，一年来认真做好党风廉政建设、老干部目标管理责任、社会治安综合治理、文秘、保密、档案、财务工作，及时完成上级交办的各项工作任务。

【老干部慰问】 在丽江召开了“九九”敬老节庆

祝活动。老年人80岁以上的县委、政府给他们送上慰问金、慰问品，让他们深深感到党和政府的温暖，享受到“九九”敬老节的快乐。

重大节日走访老干部已形成制度。“九·九”重阳节和春节期间，根据县委、政府的布置和统一安排，县委老干部局联系组织部、人事局、社保局、公医办开展慰问老干部工作。在春节前夕，以县委、政府的名义分别在香格里拉县城和丽江市不同形式的召开老干部迎春团拜会，并请县委、政府领导向老干部通报县情，认真听取老干部的意见和建议。采取各种形式，分片走访慰问老干部，召开座谈会，收集各种意见建议。

【来信来访】 2009年老干部来信来访99件，县老干部局对来信来访工作做到件件有答复，事事有回音，超出老干局管理范畴解决的则转交有关部门处理。

【学习实践科学发展观活动】 按照县委的要求，在学习实践科学发展观活动中，老干部局紧密联系自身实际，认真开展了“六查六看”，争做六个模范的活动。具体为：查学习，看理论和业务是否落到实处，是否把握党建理论和落实老干部政策的基本原则、基本观点、业务水平是否适应工作需要，人人争做刻苦学习的模范；查思想，看干部党员通过“学习实践科学发展观教育活动”有没有正确地树立人生观、价值观，有没有服务大局的意识，并从争做全心全意为人民服务的模范；查作风，看是否有敬业精神，是否深入调查研究，掌握本局党员、干部和全县老干部的各种情况，能否说实话、办实事、求实效，人人争做联系群众、联系老干部的模范；查纪律，是否按共产党员的行为规范，能否做到公道正派，人人争做遵守纪律的模范；查团结，看能否团结协作，人人争做团结干事的模范；查工作，看能否执行党的路线、方针、政策，能否结合实际开创性的开展工作，能够按质按量完成各项工作任务，人人争做勤于思考、求真务实的模范。在深入学习实践科学发展观活动中结合本局的实际，使全局同志深入查找自己在公道正派和为人处世方面的不足，把问题找准、找彻底，真正把老干部局建设成为学习实践“三个代表”重要思想的表率，力争做到积极进取，勇于创新、公道正派、清正廉洁的表率单位。

（李仕挺）

纪委

【综述】 2009年是新中国成立60周年，是深入学习实践科学发展观，以改革创新的精神积极探索新形势下反腐倡廉建设新路子的重要一年。在县委、政府和州纪委的坚强领导下，带领全县纪检系统干部队伍，深入贯彻落实中央、省委、省纪委、州委、州纪委和县委历届全会以及各级政府廉政工作会议精神，紧紧围绕县委、政府中心工作、服务大局，坚持党委统一领导，党政齐抓共管，纪委组织协调，部门各负其责，依靠群众支持和参与的反腐倡廉领导体制和工作机制，进一步明确各级领导班子和领导干部在党风廉政建设和反腐败斗争中的领导责任，扎实推进惩治和预防腐败体系建设，全面推动全县党风廉政建设和反腐败斗争深入开展，为全县的经济建设和社会和谐稳定提供了强有力的纪律保障。

2009年末有行政编制47人，工勤编制7人，实有54人。委局机关内设办公室、检查室、审理室、信访室、宣教室、干部室、执法综合室、纠风办，派出6个纪工委监察分局。

【纪委十届三次全会】 2009年2月1日，中共香格里拉县纪律检查委员会召开十届三次全会，会议审议通过了县委常委、县纪委书记张玉清同志所作的《深入贯彻十七大精神全面落实科学发展观继续推进全县党风廉政建设及反腐败工作》的工作报告。在全会上州委常委、县委书记彭耀文同志作了《深入贯彻落实党的十七大精神全面履行职能积极推进反腐倡廉建设》的重要讲话。县纪委委员出席会议，不是纪委委员的各乡（镇）纪委书记、县级机关纪委书记（纪检组长）、委局机关全体干部职工列席会议。

【纪委十届四次全会】 2009年2月17日，中共香格里拉县纪律检查委员会召开十届四次全会，会议审议通过了县委常委、县纪委书记张玉清同志所作《深入贯彻落实科学发展观为香格里拉县实现跨越发展和长治久安提供强有力的纪律保障》

的工作报告。县纪委委员20人出席会议，各乡（镇）纪委书记、县级各部门派驻纪检组长（纪委书记）、各纪工委监察分局和委局机关全体干部职工列席会议。

【党风廉政建设】 根据中共中央、国务院《关于实行党风廉政建设责任制的规定》的有关要求，切实加强香格里拉县党风廉政建设，确保贯彻落实党风廉政建设的决策和部署。

2009年，香格里拉县纪委到各乡（镇）、各部门（各单位）深入开展调研工作，结合实际，制度《香格里拉县乡（镇）2009年度党风廉政建设责任书》、《香格里拉县县级机关2009年度党风廉政建设责任书》，在香格里拉县党风廉政建设工作会议上与11个乡（镇）、县直（省属）74个部门签订了党风廉政建设责任书。2010年3月6日在县纪委十届五次全会上，对2009年度在党风廉政建设工作做出突出的23个先进单位给予表彰奖励。

香格里拉县纪委把党风廉政建设责任制的学习教育纳入各级党组织学习的重要内容，按照《党风廉政建设责任制》要求，把加强思想教育与强化监督管理结合起来，增强廉政教育的针对性和实效性。贯彻落实中共中央《建立健全惩治和预防腐败体系2008～2012年工作规划》，结合县情把贯彻落实《实施意见》纳入全县整体工作统一部署、明确工作目标、工作任务；认真组织学习，强化反腐倡廉理论建设。组织县委、政府领导班子学习《中共迪庆州委迪庆州人民政府党风廉政建设责任制量化考核责任书》，组织全县各乡（镇）、各部门学习《香格里拉县党风廉政建设责任书》，使各级党政领导班子、领导干部进一步明确工作任务和目标要求，切实履行“一岗双责”职责；组织全县干部职工观看了王瑛、李龙伟、汤杨等同志的先进事迹及警示教育专题“阳宗海事件”、“盈江县交通局挪用中央扩大内需资金购买公务用车等事件”，进一步增强了广大党员干部对落实党风廉政建设责任制重要性的认识，进一步强化了各级领导班子和领导干部抓党风廉政建设的责任意识。

党风问题是关系党和国家生死存亡的重大问题，县纪委监察局紧紧围绕县委政府中心工作、服务大局，认真履行党章赋予的各项职责。大力加强领导干部党性修养和作风建设，加大对严格执行《关于严格禁止利用职务上的便利谋取不正当利益的若干规定》，中央、省委、州委和县委《关于厉行节约若干问题的通知》落实情况的督促检查工作。针对存在的问题撰写了全县党员干部在党性、党风和党纪方面存在突出问题的调研报告。大力推行政务公开、厂务公开、村务公开的透明度，全面推动全县农村基层党风廉政建设。2009年纪委负责人同下级党政负责人谈话40人次，新任领导干部廉政谈话140人次，诫勉谈话56人次，行政问责1件3人，领导干部述职述廉85人次，对有苗头性问题的9个单位负责人进行了谈话。

【案件查处】 党要管党，从严治党，坚决查处违纪违法案件，严厉惩治腐败，是党章赋予纪检监察机关的神圣职责，是维护党的纪律和社会主义法制的重要途径。2009年纪委、监察局共受理信访举报18件，信访了结9件，初查核实9件，其中失实4件，适当处理2件，正办理3件；立案2件3人，给予党政纪处分3人，其中党纪处分2人，政纪处分2人，双重处分1人。

【执法监察和纠风治乱】 纪委、监察局围绕县委、政府中心工作，用科学发展观指导工作，加大对中央扩大内需政策措施落实情况的监督检查，抓紧抓实工程建设、政府采购工作，继续抓住教育乱收费、医药价格、扶贫救灾救济物资管理使用等群众反映强烈的热点问题，加大治理力度，完善领导体制，规范工作机制，认真开展执法监察和专项治理，切实纠正损害群众利益的不正之风。2009年，监察局参加香格里拉县2008～2009年新增中央投资建设天然林保护公益林建设、农村沼气池、游牧民定居工程、“长治”七期小流域治理、香格里拉污水处理厂排水管网改扩建、香格里拉建塘镇至东旺岔路口油路改造、廉租房建设、乡（镇）综合文化站建设、乡（镇）卫生院基础设施建设、农村基层计划生育服务体系建设等十个项目专项督查工作。深入开展民主评议政风行风工作。重点对教育、卫生、公安、建设等四个系统进行民主政风行风评议，进一步提高了行业依法行政、依法办事的能力，切实转变工作作风，杜绝了工作人员滥用职权，真正做到热情服务、文明执法。

2009年，监察局签订建设工程廉政合同38份，其中公开招投标33项次，邀标2项次，涉及资金11693.3万元，节约172.2万元。

【自身建设】 认真贯彻落实中央、省委、州委《关于加强地方县级纪检监察机关建设的若干意见》的文件精神，加强组织领导，成立工作领导小组。加强纪检监察机关建设，是党风廉政工作的必然要求，县委、政府高度重视，大力加强纪检监察机关领导班子建设和队伍建设，2009年，配备了一名非党监察局副局长，提拔任用了7名纪检监察干部，进一步充实了办案力量。改善了办公办案条件，解决了经费问题，为深入推进反腐倡廉建设提供了强有力的保障。

切实加强学习，组织广大纪检监察干部认真学习党的十七大精神和《党章》、《实施纲要》、《严格禁止利用职务上的便利谋取不正当利益的若干规定》等党政纪法规。在深入学习实践科学发展观活动中，突出实践特色，深入开展“做党的忠诚卫士、当群众的贴心人”主题实践活动。定期举行了纪检监察系统理论中心组学习活动，举办了形式多样的培训会，2009年，有2名同志参加了中纪委组织的纪检监察干部培训，有5名同志参加了省纪委组织的纪检监察干部培训，全县内组织反腐倡廉教育培训共78次，培训人数达3771人，促进了纪检监察干部队伍整体素质和工作水平的提高。

按照“政治坚定，纪律严明，公正廉洁，业务精通，作风优良”的要求，对纪检监察干部严格教育、严格管理、严格监督，提高遵纪守法的自觉性和积极性。加强党性修养，树立和弘扬良好作风，切实做到对党和国家无限忠诚，对腐败分子和消极腐败现象坚决斗争，对广大干部和群众关心爱护，对自己和亲属严格要求，做到“个人形象一面旗、工作热情一团火，谋事布局一盘棋”，努力践行“做党的忠诚卫士、当群众的贴心人”的承诺。加强对派出纪工委监察分局工作的指导，责任分解，明确任务，充分发挥了派出机构的作用。

（孙甸鸣）

人大常务委员会

【概述】 2009年，县人大常委会在县委的领导下，以邓小平理论和“三个代表”重要思想为指导，坚持以科学发展观统揽全局，深入学习党的十七大和十七届三中、四中全会以及县委十届六次、七次全会精神，紧紧围绕县十三届人大二次会议确定的任务和常委会工作要点，依法履行宪法和法律赋予的职责，不断加强和改进监督工作，提高监督质量，增强监督实效，各项工作取得新成绩，为促进全县经济社会平稳较快发展做出了应有的贡献。

【香格里拉县十三届人大常委会第6次至第11次会议】 1月13日，县十三届人大常委会举行第6次会议。会议听取和审议县人民政府关于全县民政工作情况的报告；审议通过县人大常委会2008年工作总结及2009年工作要点；审议通过关于召开香格里拉县第十三届人民代表大会第二次会议的决定。

3月6日，香格里拉县第十三届人民代表大会常务委员会举行第7次会议。会议审议通过关于县十三届人大二次会议就更召开时间的决定；审议通过县人大常委会工作报告；审议通过县十三届人大二次会议特邀、列席人员名单；听取县人大常委会代表资格审查委员会关于代表变动情况的报告；审议县十三届人大二次会议有关事项补选州十一届人民代表大会代表1名。

6月10日，香格里拉县第十三届人民代表大会常务委员会举行第8次会议。会议听取和审议了县人民政府关于香格里拉县2008年地方财政决算情况的报告及关于2008年县级财政预算执行和其他财政收支的审计工作报告；审议通过关于许可对县十三届人民代表大会代表和立新采取法律规定的强制措施并暂时停止执行代表职务的决定；决定任命杜晓杉、杨丽荣二同志为香格里拉县人民检察院检察员。

8月5日，香格里拉县第十三届人民代表大会常务委员会举行第9次会议。听取和审议县人民政府关于香格里拉县2009年项目落实情况的报告及廉租房建设情况的报告；听取和审议县人大常委会视察组关于组织部分县乡人大代表视察县城周边环境卫生情况的视察报告；决定任命和国新、陈桂英二同志为香格里拉县人民检察院检察委员会委员。

9月23日至24日，香格里拉县第十三届人民代表大会常务委员会举行第10次会议。听取和审议县人民政府关于香格里拉县2009年1至8月国民经济和社会发展计划执行情况的报告及2009年1至8月财政预算执行情况的报告；听取和审议县人民政府关于全县森林资源林政管理工作的报告；审议通过县人民政府关于请求审议香格里拉县人民政府教育工作督导评估自评报告的议案；审议通过香格里拉县县级人大代表辞职办法、香格里拉县人民代表大会常务委员会代表建议批评和意见处理办法及香格里拉县人民代表大会常务委员会执法检查办法；决定任命张宏才为香格里拉县人民法院执行局副局长。

11月26日至27日，香格里拉县第十三届人民代表大会常务委员会举行第11次会议。听取和审议县人民政府关于香格里拉县国民经济和社会发展“十一五”规划纲要实施情况的中期评估报告；听取和审议关于组织部分县人大代表视察扶贫整村推进项目实施情况的视察报告；表决通过部分县第十三届人大代表的辞职申请；审议通过关于补选县十三届人大代表的有关事项；决定任命和润天为香格里拉县人民检察院副检察长（主持工作）、检察委员会委员、检察员；决定免去和振东香格里拉县人民政府副县长、县公安局局长职务；决定免去李继华香格里拉县人民检察院检察委员会委员、检察员职务；决定任命李继华为香格里拉县人民政府副县长、县公安局局长；决定任命葛全孝、李建忠、和敬华三同志为香格里拉县人民法院人民陪审员；决定免去廖春雷香格里拉县旅游局局长职务。

【督促办理代表建议案】 香格里拉县第十三届人民代表大会第二次会议期间，代表提出议案、建议、批评和意见74件，按照《组织法》和《云南省县级以上地方各级人民代表大会建议批评和意见办理的规定》，会后由县人大常委会交有关机关和组织研究办理，由于县人大常委会认真督办及各承办单位对代表建议办理工作的重视，到年底已经办结并答复了代表。

【视察】 年内，先后两次组织县、乡（镇）两级部分人大代表对县城周边环境卫生情况及扶贫整村推进项目实施情况进行了专题视察，形成书面视察报告提交常发会审议通过，为加强和改善县城环境卫生，推进创建国家卫生县城进程；进一步加强对扶贫整村推进项目的顺利实施，提出了意见和建议，要求县人民政府引起高度重视并加以解决。通过视察，促进了政府工作。

【代表活动】 常委会始终把代表工作列入重要议事日程，紧紧依靠代表开展工作，增强闭会期间代表活动的实效，支持代表依法履职，代表作用进一步发挥。常委会组成人员分别联系代表小组，县乡两级代表活动经费足额拨付。聘请县委党校教师对县乡两级人大代表以乡（镇）为单位进行了培训。为进一步履行好代表职务打下了坚实基础。

【信访】 2009年，始终坚持“群众信访无小事”的原则，认真负责的受理人民群众的来信来访。共受理来访24批93人次，来信28件。通过加强对信访的督办，维护了群众的合法权益，化解了一些社会矛盾，树立了人大及其常委会的权威和形象，为产强监督实效发挥了积极的作用。

【代表辞职及补选】 常委会坚持在实践中探索，在探索中实践，依法规范了代表辞职机制，首次积极慎重地开展了县级人大代表辞职及补选工作。依法接受了7名县级人大代表的辞职，依法补选了7名县级人大代表。通过开展代表辞职补选工作，确保了县级人大代表的广泛性和代表性。同时，许可对1名十三届人大代表采取强制措施并暂停执行代表职务。补选了州十一届人大代表1名。

【制度建设】 常委会在认真总结经验，深入调查研究的基础上，依据监督法、代表法等有关法律规定，制定出台了执法检查、代表建议批评和意见处理以及县级人大代表辞职等三个暂行办法。为加强监督工作，规范执法检查，保证宪法和法律法规在本行政区域内的遵守和执行；保障县级人大代表依法行使提出建议批评和意见的权力，认真做好代表建议办理工作，充分发挥代表作用，进一步增强人大代表的事业心和责任感，保持代表的广泛性、先进性和代表性，规范代表辞职补选工作将起到重要的推动作用。

【学习实践科学发展观活动】 按照县委的部署和要求，认真开展了深入学习实践科学发展观活动，达到了预期的目的，有力促进了人大常委会各项工作全面、协调、可持续发展。为开展好学习实践科学发展观活动，常委会高度重视，制订实施方案，及时召开动员大会进行部署，深入学习党的十七大精神和关于开展深入学习实践科学发展观活动的有关精神，做到工作与活动两不误、两促进。精心组织召开了常委会领导班子专题民主生活会暨年度民主生活会。认真制定常委会领导班子贯彻落实科学发展观整改落实方案，并在《迪庆日报》进行公布。同时，集中力量抓整改、抓落实，取得了明显的成效。认真组织全体机关干部职工集中学习贯彻党的十七届四中全会精神，撰写心得体会19篇，并开展了学习交流活动。

【其他工作】 按照县委的统一安排，积极参与重点项目建设、社会稳定等工作，共抽调3位副主任分别负责小中甸水库、城区环境综合治理项目和香德公路改扩建项目的征地拆迁协调工作，并抽调一位工委主任和办公室副主任参与征地拆迁协调指挥部工作，还抽调6位处级和3位科级干部参加送法进村（寺）促和谐活动，为支持改革发展稳定发挥了作用。同时，深入扶贫挂钩点为群众尽力解决一些实际困难和问题，取得了一定成效。

【工作联系及对外交往】 常委会始终注重对人民代表大会制度的宣传，使社会各界了解和支持人大工作。积极主动与省、州人大常委会沟通信息，争取工作指导。积极参加各级人大常委会组织的各种座谈会和研讨会。不断加强与省内外县市区人大常委会的联系和交流，全年共接待省内外县市区人大常委会人员39批500多人次。

【自身建设】 按照各级党委的部署和县委的要求，深入学习党的十七大和十七届四中全会精神以及县委十届七次、八次全会精神，认真学习人民代表大会制度理论、法律法规和人大业务知识，始终不渝把坚持党的领导、人民当家做主与依法治国有机统一，确保了人大工作正确的政治方向，从而不断提高了依法履职的能力和水平。

（杨永昌）

人民政府

【综述】 2009年，在县委的坚强领导下，在县人大和县政协的有效监督和全力支持下，全县上下以深入学习实践科学发展观为动力，以加快建设全国藏区第一强县为目标，以推进经济平稳较快发展为首要任务，立足于保增长、保民生、保稳定，着眼于打基础、管长远、增后劲，果断实施了应对危机的一系列政策措施，努力化挑战为机遇，变压力为动力，较好地完成了县十三届人大二次会议确定的年度目标任务。全县国内生产总值完成23.63亿元，增长22.5%；地方财政一般预算收入完成1.66亿元，增长25.35%；全社会固定资产投资完成40.46亿元，增长22.94%；实现社会消费品零售总额6.82亿元，增长23.6%；城镇居民人均可支配收入16040元，增长9.6%；农民人均纯收入达3026元，增长12.2%；城镇登记失业率控制在3.5%以内；人口自然增长率控制在5.96‰以内；单位生产总值能耗下降4.45%。

【项目建设】 始终把握中央扩大内需的重大机遇，积极主动争取上级支持，想方设法筹措配套资金，实现了新增投资规模的重大突破。2009年，全县固定资产投资完成40.46亿元，完成年计划的102.4%，全县共安排重点项目建设计划34.16亿元，计划重点项目107项，组织实施计划外新增项目102项，新增项目投资达8.58亿元，实际开工建设项目209项，（其中：续建项目43项，新建项目59项，改扩建6项），全县公路建设完成投资6.66亿元，其中，丽香铁路4亿元，国道214线香德二级公路6500万元，香乡公路2320万元，香木公路3500万元，洛吉公路1819万元，旅游北环线300万元，农村公路5000万元，木鲁公路2000万元，上游公路630万元，安乐公路1200万元。全县新增油路里程264.97千米，新增村社公路及人马驿道300千米，已有10个乡（镇）27个村委会驻地的路面得到硬化。水电开发完成投资12.06亿元，其中，梨园电站建设4亿元，尼汝河木星土电站建设1.45亿元，220千伏香格里拉输变电工程5144万元，无电地区电网建设工程2277万元，农村电网完善工程2130万元，城市电网工程4465万元，小中甸水利枢纽1.63亿元。市政建设完成投资6.76亿元，其中：城市垃圾处理厂改扩建1400万元，县城供排水管网改扩建563万元，县城集中供热2.1亿元，县城环境综合治理2亿元，廉租房建设1100万元，香巴拉旅游小镇开发7800万元，小龟山片区开发5500万元。社会事业项目完成投资2424万元，其中，教育基础设施1407万元，乡（镇）文化基础设施建设235万元，乡（镇）计划生育服务站161万元。

【产业结构调整】 按照科学发展观的要求，以农业发展、农民增收、农村稳定为主线，大幅度增加了“三农”投入，保持了农业农村稳定发展，农民持续增收。2009年，发放农资补助1355.65万元，人均补贴118元。发放扶贫到户贴息资金1100万元，受益农户1200户。全年实施农业项目44项，完成投资3亿元，其中，游牧民定居工程一期3846万元、二期1.78亿元，定居房2045户243985平方米，贮草棚面积67485平方米，棚舍建设面积167690平方米，农业综合开发861万元，生猪标准化规模养殖小区建设518万元，骨干水利1442万元，蔬菜、油菜、中药材、种桑养蚕等种植基地建设197万元，沼气池建设1968万元，安全饮水工程890万元。按照“生产发展，生活宽裕、乡风文明、村容整洁、管理民主”的社会主义新农村建设要求，共投入资金550万元完成了11 个新农村示范村建设任务。投入资金2912万元，在全县9个乡（镇）实施了整村推进项目，其中，财政扶贫整村推进1450万元，以工代赈509万元，上海帮扶整村推进480万元，易地扶贫搬迁473万元，受益农户达3250户14539人。转移农村富余劳动力18316人，实现转移劳务收入1.06亿元。全年农业总产值完成4.43亿元，较上年增长3.4%；粮食总产量达6.33万吨，较上年增长6%。

【产业发展】 工业经济企稳向好。2009年通过努力，全县现价工业总产值完成7.16亿元，其中，轻工业3.81亿元，重工业3.35亿元，国有经济861万元，集体经济8118万元，其他经济6.11亿元。县规模以上工业企业完成增加值2.91亿元，完成主营业务收入3.65亿元，完成税金2799万元，完成利润额5222万元。全年矿业开发项目实际开工20项，共完成投资7.05亿元。其中，普朗铜矿一期工程建设1.99亿元，华新水泥厂1.99亿元。充分利用水力资源丰富的优势，加快推进水电产业发展步伐。全年实现新增水电装机容量9.85万千瓦，完成总发电量11.65亿度，全县已开发水电装机容量达49.08万千瓦。

第三产业增速加快。以旅游业为代表的第三产业呈现出良好发展态势。全年共接待国内外游客394.59万人次，比上年增长20%，其中海外游客49.18万人次，实现旅游社会总收入40.97亿元，增长34.1%，完成旅游门票总收入2.06亿元。旅游开发完成投资4.11亿元，其中，松赞林寺景区建设2000万元，巴拉格宗景区建设5630万元，虎跳峡景区建设8000万元，普达措景区建设820万元，纳帕海景区建设700万元。由于各景区景点投资力度的加大，景区设施的不断完善，去年普达措国家公园、虎跳峡景区、松赞林寺景区、巴拉格宗景区和石卡雪山景区顺利通过了国家旅游局4A级景区终评。围绕“一个集散中心，三大国家公园，两个重要景区，一条精品线路”的总体布局，通过举办第二届香格里拉“毕克”国际滑雪节、欢乐香巴拉民俗文化活动、香格里拉赛马节和云南省科技、文化、卫生“三下乡”等重大活动，加大了旅游宣传促销力度。2009年在世界旅游精英博鳌峰会中被评为“国际王牌旅游目的地”，香格里拉大峡谷、巴拉格宗景区被评为“国际王牌旅游景区”，建塘镇独克宗古城和霞给民族生态旅游村被推荐申报为全国旅游特色景观旅游示范名镇（村），从而进一步提高了香格里拉的知名度。

【区域合作和招商引资】 集体林权制度改革进展顺利。2009年，全县6个第一批林改乡（镇）中，共涉及林改面积275.38万亩，涉及林改户数14337户60631人，至2009年底，已顺利完成第一批外业工作。

全面推进了以粮食企业改制为重点的国有企业改革工作，虎跳峡粮油工贸公司改制工作顺利完成。

非公有制经济快速发展。全年实现非公有制经济收入8.41亿元。

招商引资工作取得新进展。通过参加昆明进出口商品交易会、泛珠三角区域合作经贸洽谈会和延边州龙井市松茸节等活动，不断加大项目推介和宣传促销活动，全年共实施招商引资项目43项，完成招商引资27.2亿元，增长22%。

对外交流合作进一步拓展。滇沪合作、昆迪合作项目有序推进。先后与土耳其的凯末利耶市、深圳腾讯公司、广东省云南商会和吉林省延边朝鲜族自治州龙井市达成友好合作协议，并缔结了友好关系。去年，在深圳腾讯公司的无私帮助下，以教育、扶贫开发为重点的“腾讯新乡村行动”项目在尼西乡正式启动。

【实施民生工程】 始终把民计民生作为政府工作的根本任务，认真组织实施了八项惠民工程，全年共投入资金3500万元。加大就业再就业政策落实和工作力度，发放小额贷款138万元，新增城镇就业1762人，帮助297名城镇失业人员和困难群体实现再就业。加强社会保障体系建设，社会保障投入达1600多万元。城镇基本养老、医疗、失业、工伤和生育保险参保人数分别达4212人、8500人、4810人、6498人和5393人，企业退休人员养老金按时足额发放。全面完成了农村低保提标扩面任务，城市低保对象实现应保尽保；农村“五保”对象集中供养率提高到了39.47%，84户城镇住房困难家庭解决了廉租住房；700户农民在农村民居地震安全工程中受益。积极做好“家电下乡”工作，共销售家电产品2677台（件），销售金额达368.01万元，兑现家电补贴31.47万元，兑现汽车、摩托车下乡补贴87.97万元。城乡困难群众医疗救助实现全面覆盖，新型农村合作医疗参合率达到96.63%，全年共补偿医疗费用1137.95万元。全年共解决了3650人的温饱问题。深入开展农民健康工程，强化了全县203名农家卫生员的技能培训，按照乡村一体化的要求，在全州率先配齐配强了56名在职在编的村医，进一步建立健全了农村基层医疗卫生防疫体系。

【生态建设】 始终将生态建设作为立县之本，以改善生态环境为目标，认真实施天然林保护和退耕还林工作。去年完成了退耕还林荒山造林1万亩，补植补造2500亩；完成了特色经济林任务14000亩，补植补造2250亩；完成人工种草5000亩。加大了农村能源开发，建设沼气池2141口，完成了太阳能建设1333户，节柴灶改造1000眼。加大野生动植物保护力度，累计向全县及保护区群众发放补偿费10.1万元，303户农民领到了野生动物肇事补偿金。高度重视水源、高原湖泊、湿地生态建设和环境保护。实施了纳帕海和碧塔海国际重要湿地建设项目。结合“七彩云南香格里拉保护行动”，深入开展了环境保护专项整治工作，“禁白”成果得到了有效巩固。环境污染治理和水土保持工作不断加强，全年治理水土流失12.45平方千米。第二次土地调查工作顺利实施。高度重视节能减排 工作，突出做好重点企业节能减排和监督管理。全县生态环境继续改善，可持续发展能力进一步增强。

【社会事业】 始终把社会事业与经济建设放在同等重要的地位，实现了经济发展与社会事业发展的“双赢”。先进实用技术的引进，科普宣传力度的加大，云南边疆“解五难” 惠民工程的实施，使全县科技进步与创新力度有了显著增强。通过教育资源整合，优化教育资源配置，合理调整中小学校点布局等有效措施，全县“两基 ”教育成果得到进一步巩固。按照“州办高中、县办初中、乡镇办小学”的集中办学思路，2009年共撤并小学校点64所，建塘、尼西、五境3个乡（镇）已基本实现“一乡一校”集中办学；抓好“两免一补 ”政策的贯彻落实，投入了2600万元用于高原农牧民子女学生生活补助，享受学生达15790人，初步解决了农牧民学生生活困难问题。投入1600万元，全面实施了全县教育系统义务教育阶段教师绩效工资改革，同时启动了其他事业单位人员的绩效工资改革。突出农村和社区文化建设两个重点，以“两馆一站”建设、“千里边疆文化长廊建设”工程为载体，大幅提高了公共文化产品的供给能力。突出民族特色和民族文化，以民族规范舞的推广普及为重点，丰富了群众的精神文化生活。认真实施广播电视“村村通”工程，基本解决了人民群众“看电视、听广播难”的问题。完成了全县768个通电自然村21120户工程建设任务，全县广播电视综合覆盖率提高到了93.86%。香格里拉电视台节目恢复播出工作顺利推进，并于近期开播。公共卫生体系建设和食品、药品安全监管机制不断完善，口蹄疫、甲型H1N1流感防控诊治迅速、处置得当，三聚氰胺等非食用物质彻查有力，切实保障了全县广大人民群众的身体健康和饮食安全。2009年先后被省人民政府授予“云南省甲级卫生县城”、“云南省灭蟑先进县”荣誉称号。以“新农村、新家庭——大香格里拉地区人口健康促进项目”为载体，计划生育优质服务创建工作进一步加强。统计、气象、档案、史志、质监、消防、工商等工作不断加强，与各人民团体的联系进一步密切，工会、妇女、儿童、青少年、老龄、红十字、慈善、残疾人等事业健康发展。

【稳定和谐】 始终把维护社会稳定，促进社会和谐作为全县工作的重大任务，努力为人民群众营造了安居乐业的良好环境。以加强社会主义核心价值体系 建设为核心，以“千名干部送法进村（寺）促和谐”活动为载体，深入开展了以和谐社区、和谐村镇、和谐单位、和谐企业、和谐家庭为主要内容的精神文明创建活动。高度重视信访工作，以领导干部大下访、大接访活动为契机，全县矛盾纠纷排查调处工作逐步迈上了常态化、规范化管理。全面贯彻执行党的民族宗教政策，实现了省委、省政府“大事不出，小事也不出”的维稳工作要求。强化安全生产监管，2009年共发生各类安全生产事故30起、死亡12人，同比分别下降67.14%和40%，全年无重特大安全事故发生，安全生产形势日趋好转。社会防控和社会管理机制明显完善，违法犯罪活动的打击力度不断加大，禁毒防艾工作取得新成绩，公安“三基”建设初见成效。增进军政军民团结，国防动员、人民防空和后备力量建设进一步加强。

【依法行政】 深入推进依法行政。自觉接受人大工作监督、法律监督和政协民主监督。定期向人大及其常委会报告工作、向政协通报情况，认真办理了人大代表议案建议和政协委员提案，不断提高办理质量。坚持推进基层民主法制建设，村民自治、厂务公开、村务公开等工作深入开展，各项制度逐步完善。行政复议、人民调解、法律援助工作得到加强。审计、监察等部门和新闻媒体的监督职能得到进一步发挥，各项廉政制度和政府工作得到较好落实，机关素质有了新的提高。

重视抓好政府制度建设。认真贯彻实施《行政许可法》和国务院《全面推进依法行政实施纲要》，积极稳妥地推行“阳光政府四项制度”，开展了行政机关政务信息上网工程，主动公开政府信息，开通了“96128”政务查询专线，政府行政行为的透明度进一步提高。巩固和推进法制政府、责任政府建设，政府工作法制化和决策民主化取得新成效。切实加强公务员队伍建设，全年先后对3名干部职工进行了行政问责。

健全完善政府管理体制。开展了新一轮行政事业收费的清理工作，共取消行政事业性收费项目132项，变更6项。不断转变政府职能，改进工作作风，落实听证、公示、通报、网上发布四项制度，加大了政务公开力度。简化行政审批手续，提高行政效率，政府决策机制进一步完善，科学、民主决策水平有了新的提高。

（王　政）

政府办公室

【综述】 2009年，政府办公室在县委、县政府的正确领导下，坚持以邓小平理论、“三个代表”重要思想、党的十七大、十七届三中全会精神为指导，大力实施机关作风效能建设，以促进全县经济社会全面发展为出发点和落脚点，认真履行工作职责，切实提高服务水平，狠抓各项工作落实，加强干部队伍建设，全面完成了各项工作，为促进全县经济和社会各项事业的健康发展发挥了积极作用。

【智力服务】 办公室始终坚持以为政府决策“参”在点子上、“谋”在关键处为追求目标，认真研究改革和发展中出现的新情况、新问题，增强工作的主动性、超前性和实效性，积极探索加快全县经济社会发展的有效途径和方法。

为政府工作分忧。针对当前经济社会中存在的突出矛盾和问题，主动协调部门、乡（镇）进一步理清发展思路，找准改革的突破口，制定切实可行的措施，推动部门和乡（镇）工作快速、协调、持续发展。

为领导挤时间。积极主动协助领导处理日常

事务，严格控制全县性会议，大力精简办文办事程序，尽力将政府领导从繁琐事务中解脱出来，确保领导有更多的时间谋大略、干大事。

【政府工作运转协调】 综合协调各方，努力保障政府工作正常运转是县政府办公室的重要职责。办公室坚持在高效、严谨、规范上下工夫，切实提高综合协调能力。

力求高效。在注重保证质量的前提下，尽量减少不必要的环节，加快工作节奏，提高工作效率，做到急事急办，特事特办。

务求严谨。在综合协调过程中，强化“办公室工作无小事”和“举重若轻”的意识，按照“百密而无一疏”的要求，周密安排，环环紧扣，做好衔接，认真协调，真正做到了周全细致，不出差错。

讲求规范。坚持严格依法办事，坚定地站在客观、公正的立场上，实是求事地搞好协调，尽量使参与协调的各方满意，努力推动所协调工作步入制度化、法制化轨道。

【政务督查】 督查督办是推动决策落实的重要手段，也是县政府办公室的一项重要任务。办公室围绕县委、县政府年初签订的各项目标责任书，围绕群众反映强烈的热点、难点问题，通过加强责任制度、督查制度、报告制度等制度建设，健全工作机构，完善工作机制，并进行督促检查，及时反馈情况，确保各项工作落在实处，使各项工作都做到了有布置、有检查、有落实，保证了各项重点工作和阶段性工作的顺利进行。

【文稿起草】 为全面、准确、系统、清晰地反映县政府的决策和工作部署，办公室牢固树立公文精品意识，进一步完善了材料起草、审校、审批签发、复印装订、签章、发文及存档等程序，明确了各环节的具体责任人，建立了公文处理失误责任追究制度，严格把关材料形成过程的各个环节。全年共发政府及办公室文件680余份，起草领导讲话及各种材料230余份，承办提案议案12件，收文处理41257份，办结率达100%。在起草文件及各种材料过程中，有效利用人力配置，争取最大限度地发挥每个职工的才能，实行各把一口，各负一责的办法，不仅做到了综合材料政策性、实用性强，而且观点明确，也更加体现了领导的意图，推动了工作的开展。此外，做好各种文件材料的收集、整理和归档及机要、保密工作，杜绝了文件的丢失和泄密。

【会务承办】 办公室严格控制会议次数和规模，大力精简各种会议，对可开可不开的会坚决不开，能小范围开的会从不扩大范围。对各种会议高度重视，精心组织、合理安排、保证效果。全年多次完成各类大型会议的筹备组织任务，承办的各种会议受到县主要领导的肯定，共承办大小会议130余次。在高质量办文办会的同时，尽量减少领导参加一般性会议次数，精简会议程序，有效地减少了领导事务性、应酬性活动，使领导能够集中精力谋全局，抓大事。在办事方面，坚持求真务实，强化服务原则。在保证质量的前提下，尽量减少办事程序，简化办事环节，提高了办事效率，受到了人民群众的好评。

【信息调研】 调查研究是了解真实情况、促进民主决策、科学决策的有效途径。一年来，办公室围绕全县总体工作部署和重点工作，要求工作人员，尤其是文秘工作人员对关系全县大局、有针对性的课题，进行深入调研，对基本县情，全县社会经济发展情况做到了然于胸。先后对全县矿电开发、树立“香格里拉”品牌和旅游开发、景区群众与社区利益、优化环境等热点、难点问题进行了专题深层次调研，探究问题症结，提出对策建议，为领导提供了充分的决策依据。对关系人民群众切身利益的热点、难点、重点问题，办公室进行了一系列调查研究，努力做到了调研到关键处，参谋到点子处，服务到决策中，充分发挥了自身职能和作用。与此同时，高度重视信息工作，认真贯彻省、州电子政务网络管理中心“统筹规划、统一标准、资源共享、服务便捷、讲求实效和保障安全”的原则，保证电子政务网络、视频会议系统和办公室内部办公局域网安全运行，推进横向网络建设，实现县委、人大、政协和政府四大部门的网络连接，全年共采编录入政务信息2300多条，向省政府门户网站报送信息250多条，向省政府办公厅信息技术处报送政务信息250多条，部分政务信息被全国各大网站采用。

【政务值班】 一年来，县政府办公室牢固树立政务值班无小事思想，从制度、人员、纪律等方面进一步强化了政务值班阵地建设，规范了值班政务处置程序，抓好了上情下达和下情上传工作，切实做好流动值班的交接工作，做到了值班工作不断档、值班信息畅通无误。

【信访】 热情接处群众来信来访，对群众反映的情况均做到详细记录，并分门别类地予以处置，能够办理的当即电话责成相关部门办理，不能办理的向上访人作出解释并进行疏导，基本做到使上访人员满意离去。全年共受理群众来信来访112件次。接待来访群众86批761人次，来信26封。办结107件，办结率为96%。及时深入基层采取有效措施，在“事要解决”上下工夫，努力把问题解决在萌芽状态，做到不把矛盾和问题上交。

【档案管理】 县政府办公室进一步加强档案管理，规范档案管理行为。严格档案查阅借阅制度，做到查阅有专人监管、借阅有专簿登记，切实保证了档案不丢失、不泄密，充分发挥了档案的参考、借鉴等价值。

【后勤服务】 后勤服务是办公室组织能力和工作作风的重要体现。2009年，进一步强化了值班措施，保证政令畅通。财务管理做到了严密科学、开支合理，日清月结，做到了少花钱，多办事。

【综合服务】 综合服务是办公室的一大服务职能，一年来，我办始终把综合协调工作渗透到政务服务的各个环节。对重大工作部署、重要会议、重大活动，办公室认真组织，多方协调，抓好落实，使各方面工作相互衔接，形成合力。完成欢乐香巴拉、香格里拉赛马节等大型活动的筹备、举办、接待等工作；除外，政府办公室还组织广大青年和干部职工积极参加各种活动，并选派职工参加文艺演出。

【队伍建设】 政府办领导班子成员坚持从自我做起，以身作则，以自己的人格魅力影响人、团结人、带动人，形成干事创业的浓厚氛围，带出了团结协作的办公室队伍。

抓好学习，强素质。2009年以来，政府办大兴学习之风，倡导终生学习理念，把理论学习列入干部日常管理内容之一。以深入贯彻学习科学发展观活动为契机，结合我办实际，认真学习了“三个代表”重要思想、十七大和十七届三、四中全会精神等重要理论文献和业务知识，不断提高办公室每位同志的理论素养和工作水平。通过学习树立了新型的学习观、正确的政绩观和科学的发展观，增强了认识问题、分析问题、解决问题的能力，提高了干部素质和行政效能，带出了一支高素质的干部队伍。

发扬民主，聚合力。重大事项和重大决策都通过会议研究解决，广泛征求意见，充分体现了决策的科学化和民主化，使每位干部职工都有发挥自己才能的空间，充分调动了办公室全体成员干好分管工作的主动性、积极性、创造性，使大家自觉维护集体领导，执行集体决策，同时也为每位同志发挥自己的聪明才智提供了公平竞争的工作环境。在用人上坚持公道正派，以成绩论英雄、定奖惩，营造了心齐、气顺、劲足的宽松环境，使每位同志时刻保持昂扬向上的工作状态，带出了一支团结协作求发展，凝聚合力干事业的过硬干部队伍。

健全机制，明职责。坚持用制度“说话”，用制度约束和规范行为。在办公室主任和副主任实行分工负责制、进一步规范了工作程序，建立了高效的办公室工作机制。

【服务】 政府办公室最主要的职责就是服务。为领导搞好服务。工作中坚持想领导之所想，想领导之未想的原则，注重超前谋划，主动服务，善于求变求新，积极为领导提建议、出主意，辅助领导决策，让领导全身心投入到谋发展、干大事上；为部门搞好服务。工作中充分发挥政府办公室联系上下左右的纽带作用，经常与部门多沟通勤联系，主动协调、帮助部门解决工作中的实际困难和问题，推进工作开展；为群众搞好服务。带头转变作风，强化立党为公、执政为民的理念，树立全心全意为人民服务的宗旨理念和真心实意对人民负责的公仆意识，做到心里装着群众，凡事想着群众，工作依靠群众，一切为了群众，为群众诚心诚意办实事，尽心竭力解难事，坚持不懈做好事，把为人民服务、为人民谋利益当做第一要务。

（王 政）

人 事

【概述】 香格里拉县人事局是县人民政府综合管理全县人事工作的职能部门。主要职能是：贯彻执行国家有关人事管理工作的政策、法规；组织实施公务员管理制度，综合管理全县公务员；综合管理全县专业技术人员；负责本县人才资源的规划、开发工作，建设人才市场，组织人才交流，提供人才人事服务；负责全县行政机关事业单位工资基金的管理，宏观调控国有企业的年度工资总额，负责审批全县行政机关、事业单位职工的退休；负责军队转业干部和随军家属的安置工作；负责全县职业技能开发工作；以及承办县委、政府和上级人事部门交办的其他工作。机构内部下设：办公室、公务管理股、编委办、工资福利退休股、专业技术管理股、人才交流中心6个职能股室。

【机构编制管理】 围绕发展大局，机构编制管理继续加强。切实加强机构编制的监督管理，为县委、政府及编委科学决策提供详细的机构编制数据资料，为进一步深化机构改革工作打下良好基础。继续深化机构改革工作。按照省编办要求，对全县进一步加强和完善机构编制管理，严格控制机构编制，采取实地调研、上网查询、借鉴的方式，结合全县实际情况，进行职能优化、整合，草拟了《香格里拉县人民政府机构改革方案》，及时上报省编办、州编办审核，为下一阶段具体工作的实施打下了良好基础；认真做好机构编制实名制工作，以2008年对乡（镇）机构编制、岗位设置及在职人员信息调查、摸底为基础，对乡（镇）出现的超编、混编情况摸清底数，从而进一步完善规范乡（镇）机构、编制、人员、岗位信息，实现全县乡（镇）机构编制实名制的系统化、程序化，为下一步实名制工作在全县推广奠定了良好的基础；进一步完善人员编制卡管理制度，严把人员“进口”关；做好机构编制统计上报工作。认真完成了2009年度全县机构编制统计上报工作，做到填报项目规范、数字准确，为公务员考录、事业单位人员招聘等新增人员工作提供重要依据；规范程序，完成了对全县136个事业单位法人登记管理工作。进一步坚持标准、加强管理，做到事业单位法人登记工作程序规范、资料齐全、登记合法；进一步明确要求和措施，积极推进全县事业单位法人年度检验工作，规范事业单位监督管理；完成了机构编制的审核审批等日常管理工作。

【公务员管理】 深入实施公务员法，公务员队伍建设不断强化。公务员法入轨运行进展顺利。按州人事局要求，结合全县实际，制定了全县事业单位参照公务员管理人员登记工作方案，组织完成了17家参照公务员管理单位的审核上报工作。公务员日常登记管理、监督、检查和指导的工作已基本理顺。公务员考录工作有序开展。坚持“凡进必考”制度，严把人员“入口”关，确保优秀人才充实进公务员队伍。不断完善了公务员招考录用制度，完善考试录用办法，实行网上报名和资格确认，加大面试监管力度，按年初的增人计划，完成了38名公务员的考录工作任务。完成了全县2008年招录的61名公务员的初任培训工作。完成了2009年全县公务员年度考核备案工作。按照《公务员法》“三年建制”的目标，以落实“四项制度”为契机，建立完善各项规章制度，对公务员进行严格要求、严格管理、严格考核，不断提高公务员队伍的整体素质，努力实现公务员工作作风大转变、服务态度大改善、服务水平大提高。严格执行《公务员法》的有关规定，进一步规范公务员职务任免工作。公务员队伍建设进一步加强。以能力和作风建设作为公务员队伍建设的重点，认真贯彻落实《省行政机关公务员队伍建设实施意见》。切实加强公务员队伍的学习培训工作，进一步强化政府机关学习制度的建立，完善公务员学习提高机制。积极开展公务员公共管理核心内容的学习培训工作，组织全县53个单位900多名公务员进行了《微机管理》的学习培训和考试工作。

高度重视，军转干部管理工作平稳发展。从维护地方稳定的实际出发，认真做好军转干部安置服务工作，完成了2009年州级下达的10名自主择业军转干部安置工作任务。一是加强军转干部政策的落实工作，按照省、州军转办关于军转干部的有关政策精神，落实好全县企业军转干部的生活困难补助。办理了27名企业军转干部职工医疗互助，向上级争取医疗补助金6.75万元；发放了全县27名企业军转干部生活困难补助金2万多元。二是完成自主择业军转干部医疗保险费的预测工作，认真核定军转干部享受医保范围，测算基数，规范管理医保工作程序，及时向政府请示汇报，按省州军转办要求，帮助解决了关系自主择业军转干部切身利益的医疗保险问题。

【专业技术人员管理】 实施人才战略，专业技术人才队伍建设继续强化。进一步加强人才选拔管理工作。继续强化专业技术职务“结构比”管理，规范评审、聘任程序，进一步深化职称制度改革。通过调研和测算专业技术人员职称结构比例，拟定并下达了2009年全县高、中级专业技术职务岗位指标控制计划，通过人事人才网向社会公布；继续坚持职称评审“四公开”制度，强化监督机制。全面启动全县各中、初级评委会活动，完成了教育、卫生、农业、文体、党校等系列的高职推荐和中专教师、中学教师、小学高级教师及农业、新闻、文体、党校、工程等系列的中职评审工作，全年审核推荐申报高级专业技术职务82人、申报中级专业技术职务197人，审核认定了186人初级专业技术职务任职资格，103名大中专毕业生见习期满考核认定专业技术职务工作。积极引导、支持和鼓励各类人才在各自领域开展创新型研究工作，认真做好各类专业技术人员的选拔工作，根据自上而下、民主公开、好中选优的原则，推荐了1名乡土人才。全面完成2009年度专业技术人才统计上报工作。进一步加强人才培训工作。组织完成了全县2008年事业单位新进人员初聘培训工作，共培训132人。配合各主管部门积极开展事业单位各类人才在职培训；开展《微机管理》等专业技术人员继续教育培训，共2203人参加了考试。通过各种培训，不断更新了人才知识结构，大力提升了人才素质。进一步加强对各类人事考试的管理，切实严肃考风考纪。组织完成了全县2009年资格或职业水平的报名考试以及专业技术人员计算机应用能力等级考试工作，共158人参加考试。根据州委州政府下发的《迪庆藏族自治州事业单位岗位设置管理实施意见》及州局的安排部署，积极组织实施全县事业单位岗位设置管理工作。

结合实际，事业单位人事制度改革继续深化。认真做好事业单位综合配套改革工作，继续推行聘用合同制度，进一步规范聘用程序，加强聘后管理工作。审核办理了广电局、教育局等所属事业单位职工聘用合同鉴定手续86份；续签并签订合同86份。

【人才交流服务】 认真贯彻大中专毕业生就业相关政策，为毕业生进行政策咨询等服务。共推荐470名毕业生到各类企业就业，为527名2009届毕业生办理了就业登记手续和数据录入工作。

认真做好人事档案管理和服务工作。共对3665名大中专毕业生的学籍档案进行了整理、登记并归档管理；办理了事业单位新进人员人事档案托管3675袋；为新录聘用公务员和事业人员办理档案转递手续172人次；转递到各县区人才市场的毕业生学籍档案共130袋。

加大推行公开招聘的力度，进一步规范事业单位进人行为。本着公开、平等、竞争、择优的原则，认真组织并做好2009年全县事业单位公开考试招聘工作，共960人参加考试，录用86人；进一步完善高校毕业生就业见习制度，组织高校毕业生参加见习，并提供了5个见习岗位。

完成了2009年度“三支一扶”招募工作，完成了2007年度三支一扶大学生服务期满考核管理和安置聘用工作；做好38名高校毕业生到村任职相关工作。

进一步加强人才培训工作。组织完成了香格里拉县2008年事业单位新进人员初聘培训工作，共培训132人。

【工资福利】 严格执行国家和省关于机关事业单位收入分配制度改革的政策规定，深化事业单位收入分配制度改革，切实做好县级义务教育学校实施绩效工资工作，用3个多月的时间，对全县1697名在职教职工实施了绩效工资，理顺了原执行的各类补贴，建立了新的绩效工资，绩效工资总量人均月水平达到1316元，人均月增水平633元。对义务教育学校的576名退休人员提高了生活费，人均月增水平358元。安排布置了全县2009年度机关年终一次性奖金和事业单位增发一个月基本工资的兑现工作；完成了全县2009年公务员滚动晋级、机关正常升档及事业单位正常晋升薪级工资工作，并完成了县直单位的审批工作。完成了事业在职人员的薪级工资晋级、机关在职人员2007、2008两年考核称职晋升工资档次、滚动晋级工作。全县事业在职人员2815人，符合2008年考核称职晋升薪级工资人员2712人，占96.34%，每月增资63391.00元，人均增资23.00元。全县机关在职人员1465人，符合滚动晋级人员183人，占12%，每月增资2925.00元，人均增资16.00元；符合2007、2008两年考核称职晋升级别工资档次人员17人，占1.1%，每月增资523.00元，人均增资30.76元。完成了工资数据管理和其他事业单位现行执行补贴的调查工作。完成取暖补贴、临时性补贴审批工作和财政贷发工资的审核工作。在十月一日前审批兑现了全县机关、事业单位在职、离退休人员5832人的取暖补贴（在职4249人，离退休1583人）。同时，对未实施绩效工资的事业在职、退休人员1440人审批兑现临时性补贴（在职1088人，退休352人）。与财政部门配合做好全县机关事业单位工作人员实行带薪年休假制度有关工作和全县事业单位一次性抚恤金相关问题的安排布置工作。认真处理全县关于规范津补贴的各类信访问题，确保规范机关事业单位津补贴工作的顺利进行。

【人事法制】 抓好法律法规的学习宣传。积极开展人事法制宣传教育，努力在全县人事系统形成学法、用法、守法的浓厚氛围；抓好人事行政执法监督检查工作，规范人事行政行为，切实维护人事政策法规的公正性和严肃性。进一步加强人事争议仲裁工作，切实维护事业单位和工作人员的合法权益；根据县政府办的要求，全面清理人事部门的行政审批事项，进一步促进了人事部门行政审批制度改革工作；认真贯彻落实《信访条例》，继续做好人事信访工作，及时排解人事工作中的热点、难点问题，化解社会矛盾，维护社会稳定。严格按照《人大代表建议、政协委员提案办理规则》，及时办理了2009年人大代表建议4件、政协委员提案10件。按照“限时办结制”的要求，在规定的时间内完成了提案议案答复，实现了面商率、满意率、办结率3个100%；同时注重建议、提案办理的“回头看”工作，对部分建议进行续复，收到了较好效果。

（黄刚跃）

劳动和社会保障

【概述】 2009年，香格里拉县劳动保障工作在各级党委政府的正确领导下，以党的十七大精神和科学发展观为指导，认真贯彻落实中央及省、州劳动保障工作会议精神和各项政策法规，进一步统筹城乡就业，加强技能人才培养，完善社会保障体系，维护劳动者合法权益，促进劳动关系的和谐稳定，开拓创新，狠抓落实，劳动保障各项工作得到全面稳步推进。

【就业与再就业】 2009年，登记各类求职人员2983人，介绍成功就业1690人，其中，城镇新增就业1762人，失业人员再就业135人，特殊困难群体就业162人，收集并发布用工信息700余条，劳动事务代理接收下岗失业人员档案475份，办理录用及转移手续94份429人，安置城镇零就业家庭18户27人，发放“4050”人员及弱势群体社保补贴54人12万元，办理《再就业优惠证》253本，享受优惠政策5612人次，减免税费38万元；城镇登记失业率为3.5%；举办各类培训班48期6877人，其中开展下岗失业人员再就业培训510人；组织农村富余劳动力转移就业7055人，其中有序组织输出1351人；为达到创业促进就业，年内认真组织开展鼓励创业“贷免扶补”工作，劳动保障部门对符合条件的26名创业申请人给予创业贷款帮扶，发放创业贷款130万元，全县共计发放123人创业贷款615万元；为积极应对国际金融危机对就业局势的影响，按照上级部门指示，采取一系列就业扶持政策，保持了全县就业局势的基本稳定。年内，稳定困难企业就业岗位479个，申请县内14家困难企业社会保险补贴51万元，组织开展困难企业职工在岗（转岗）培训4期358人，培训补贴12万元。

【社会保险】 养老保险：2009年，全县城镇职工参加养老保险252户4212人，其中，企业参保职工3663人，机关事业单位合同制工人549人，征收养老保险费1325万元。全年按时足额发放全县1259名企业离退休人员养老金1855万元，按时支付1573人机关事业单位离退休人员离退休养老金6168万元。

工伤保险：通过认真贯彻落实国务院《工伤保险条例》和云南省农民工参加工伤保险“平安计划”二期工作方案，加快推进职工工伤保险。2009年全县工伤保险参保职工达6498人，其中企业2150人，机关事业单位4348人，共征收工伤保险费96万元，受理工伤事故20件，事故认定18件，支付工伤保险待遇92万元。

生育保险：年内，按照相关规定，对全县机关事业单位、企业单位的生育保险医疗费包干标准进行了调整，同时提高了其他生育医疗费待遇，2009年全县生育保险参保职工5393人，征收生育保险费91万元，支付17万元。

失业保险：利用劳动保障执法年审和劳动执法综合检查的有利时机，积极开展以非公有制经济组织和个体工商户参保为重点的失业保险扩面征缴工作，全年失业保险扩面133人，参保人数4810人，累计收缴失业保险费218万元，全年共为111名下岗失业人员发放失业保险金27万元。

【医疗保险】 2009年，全县参加城镇职工基本医疗保险178户8500人（包括农民工150人）。征收基本医疗保险费1977万元，全年支付基本医疗待遇974万元，其中，住院医药费支出371万元、参保职工个人账户支出585万元、特慢病门诊支付18万元。稳步推进城镇居民基本医疗保险：2009年，全县城镇居民基本医疗保险参保人数达8906人，其中，低收入老年人221人、享受低保人员1003人、重度残疾人65人、学生儿童7617人。城镇居民基本医疗保险基金收入76万元，支付167人次住院费56万元。

【法制监察】 劳动保障执法年审：根据上级相关文件精神，审查用人单位263户，涉及劳动者5631人，年审合格261户，不合格2户。年审中，补签劳动合同201份；追缴养老保险费7.2万元、失业保险费2.4万元；补办农民工服务证750本。

劳动保障执法检查：年初，根据迪劳社〔2009〕1号文件精神，在全县范围内开展了农民工工资支付专项检查活动，在检查中对存在隐患的3户用工单位进行了监督检查，督促他们足额支付39名农民工工资7万多元；为整治非法用工打击违法犯罪行为，7月中旬，组织开展了为期7天的整治非法用工打击违法犯罪专项行动，对辖区内43户“四小场所”进行了排查，共涉及劳动者426人，检查中责令补签劳动合同308份，未发现用人单位限制人身自由、强迫劳动、故意伤害等恶性案件；为深入贯彻落实《劳动合同法》和《就业促进法》，构建和谐稳定的劳动关系，8月中旬，由局领导亲自组织并带领执法检查组深入全县用工单位，进行了为期40天的执法大检查，共检查用人单位64户，涉及劳动者2085人。检查中，下达《劳动保障监察调查询问通知书》2份、下达《劳动保障监察限期改正指令书》4份、下达《劳动保障监察行政处罚决定书》3份，收缴罚款8500元、清退风险抵押金24万元、督促补办用工33户、补签劳动合同910份。

投诉案件查处：2009年，劳动监察大队共受理投诉案件50件，立案查处50件，共追回劳动者工资260万元，涉及劳动者684人，清退风险抵押金7万多元。

【劳动工资与仲裁】 劳动争议仲裁：2009年，共受理劳动争议案件8件，结案8件，其中，调解结案7件，劳动仲裁裁决1件。

劳动合同：通过完善劳动合同管理，规范劳动合同内容，基本实现全县各类企业普遍与劳动者签订劳动合同，促进劳动合同的依法履行。2009年，全县企业劳动合同签订率98%，涉及职工8330人，农民工劳动合同签订率为95%，涉及劳动者2363人，新签劳动合同451人，解除430人，续签75人。

劳动用工登记：建立签订劳动合同为基础的劳动用工登记制度，是新形势下劳动保障部门加强劳动用工宏观管理，促进劳动合同制度全面实施，规范企业用工行为的重要手段。2009年，共登记企业153户，涉及职工8330人，做到登记1户，规范1户。

劳动工资：认真做好最低工资的宣传贯彻执行，按照州局发布的工资指导线，指导企业建立健全职工工资正常增长机制，促进企业普通职工工资合理增长。

三方协商工作制度：按照劳动关系三方协商工作机制，积极会同总工会、经济委组织三方协商工作机制，积极稳妥地处理劳动争议案件，定期召开会议，协商解决劳动争议案件的重大问题，切实发挥三方机制的重要作用。

【培训就业】 技能培训：组织开展了机关事业单位新增人员职业资格信息采集工作，采集并录入全县机关事业单位技术工人职业资格信息150份，全年组织开展全县工人职业技能培训380人，培训工种包括驾驶、汽修、文秘、保管等工种，审批认定初、中、高级工445人，认定炊事技师11人，组织审报并鉴定合格机关事业技师12人，企业技师5人。

年度工人考核：根据《迪庆州机关事业单位工人考核办法》，结合全县实际，坚持原则，严格掌握考核比例，全年共审批考核表1240份，下发批复文件76份，并进行认真立卷归档。

【社会保险基金监督】 为解决社会保险基金征缴、支付和管理中存在的问题，健全和完善基金长效机制，促进社会保险事业健康发展，在州社会保险基金专项治理工作领导小组的统一领导下，组织涉及社会保险基金经办和管理部门开展自查自纠，共涉及21个部门15个账户，涉及银行存款2亿多元，涉及整改金额2仟多万元，并于2009年6月初顺利通过州社会保险基金专项治理工作领导小组的检查验收。年内，县审计局对2008年度五项社会保险基金和就业资金的管理、使用情况进行审计，审计中未发现挤占、挪用和贪污社保基金的违法行为，各项社会保险基金安全完整。

【党风廉政建设】 2009年，局领导班子始终把党风廉政工作作为各项工作的重点，把党风廉政建设列入工作议事日程，做到党风廉政建设与全局其他工作一起部署、检查、落实。深入基层开展各项服务工作，建立健全单位内部管理制度，重大问题经局务会议讨论决定或支部会议集体研究决定。党组织制度健全，正常开展组织活动，不定期召开民主生活会，认真开展批评与自我批评、领导与领导之间、领导与职工之间、职工与职工之间团结一致，工作相互协调，能严守保密规定，严格遵照廉洁自律制度开展各项工作。局领导班子在抓好各项业务工作的同时不放松对干部职工的政治思想教育工作，带头学习，认真开展党风廉政建设和法律、法规，党的基本路线和基本知识教育。年内，组织全局干部职工观看了《铁人》、《真水无香》等优秀教育影片；积极参加县委组织的文艺汇演；为农村困难家庭和贫困学生捐资数万元；为扶贫点小中甸镇达拉社捐款4000元，并解决救灾粮食10吨。

【科学发展观活动】 根据县委、政府统一安排和部署，局支部及时成立了局科学发展观活动领导小组及其办公室，制定实施方案，并结合劳动保障工作实际，切实把学习实践活动作为一项重要工作抓实、抓好。期间，邀请县委党校马瑞波老师作题为《科学发展观的重大意义和指导思想》专题知识讲座，使全局党员、干部职工加深了对科学发展观认识，增强了做好学习实践活动的信心和决心。在调查研究阶段，通过座谈和发放调查表，征集各类意见建议20多条，在此基础上，局领导班子和全体党员深入开展批评与自我批评，并撰写出高质量的分析检查报告，进一步明确了今后的整改和努力方向。局学习实践活动领导小组共计上报信息12条、论文5篇，其中调研论文《关于我县机关事业单位编外用工的一些思考》在全县科学发展观论文评比中荣获三等奖。并在学习调研阶段先进典型交流会上做了交流发言。

【大事记】 4月，被州劳动和社会保障局评为“2008年度劳动保障工作目标任务完成”一等奖。

12月，香格里拉县被国务院列为全国首批新型农村社会养老保险试点县之一。

（杨艳珍）

信　访

【概述】 2009年，信访工作在县委、县政府的领导下，在州信访局的指导下，在各乡（镇）、各部门的支持配合下，高举中国特色社会主义伟大旗帜，以邓小平理论和“三个代表”重要思想为指导，深入贯彻落实科学发展观，全面贯彻党的十七大、十七届三中全会，紧紧围绕县委和政府的中心工作，积极应对新情况新问题，认真办理群众来信，文明接待群众来访，切实解决社会热点、难点问题，不断探索完善信访工作体制、机制，全面深入排查化解矛盾纠纷，从源头上预防和减少不和谐因素，进一步加大事要解决的力度，着力畅通信访渠道和规范信访秩序，切实维护群众合法权益，着力促进社会和谐。进一步增强以科学发展观指导信访工作的自觉性，深入研究做好新时期信访工作的新思路新举措，用发展的观点破解工作难题；进一步解决好如何让更好的服务于科学发展的问题，坚持“跳出信访看信访，站位全局抓信访”，在服务大局中找到定位、履行职责；进一步确立工作目标、提升队伍素质、强化工作责任、狠抓工作落实，全面提高贯彻落实科学发展观的能力；进一步落实“工作一流、群众满意”的要求，努力开创信访工作新局面。在各级领导的高度重视下，在全体干部职工的共同努力下，紧紧围绕全县改革、发展、稳定的大局，圆满完成了2009年工作任务。

【信访情况】 2009年，信访局共受理群众来信来访112件次。接待来访群众86批761人次，来信26封。办结107件，办结率为96%。从来访渠道看上访到省、州的9件，到县信访局103件（包括网上信访15件）。从来访规模看，集体上访39批671人，个人访47件90人。其中立案办理县委、县政府领导批示的重要案件11件。

【信访积案化解】 2009年，根据省委联席会议《关于转发中央联席会议开展“信访积案化解年”活动指导意见的通知》（云联办发电〔2009〕57号）文件精神的要求，对全县的信访积案进行全面梳理，深入分析核查案情，强化包案处理程序，因案施策、多措并举，把妥善处理信访积案作为全面深入排查化解矛盾纠纷的一项重要任务。通过调阅案卷、调查取证、听取当事双方意见，搞清搞准案件的来龙去脉，把造成信访积案的原因真正搞清楚。针对信访积案时间跨度大、处理难度大、案情复杂、久拖未决和来访人员合理与不合法诉求交织的情况，按照公开、公平、公正的原则，依照法律法规和政策有针对性的研究并处理。较典型案例如：湖北省荆州市防水材料总公司程文松《要求解决香格里拉县文体局体育馆大楼屋顶维修工程款足额未付》问题的来访。2003年11月，香格里拉县文体局体育馆大楼屋顶维修工程由程文松负责施工，该工程于2003年12月30日完工，由县文化局派出人员进行实地验收，维修结算工程款合计为281996.00元（大写：贰拾捌万壹仟玖佰玖拾陆元整）。到2008年2月为止，体育馆屋顶维修工程已支付工程款合计13万元，尚未支付工程款151996元（大写：壹拾伍万壹仟玖佰玖拾陆元整）。程文松曾多次上访到信访局及州、县各部门。按照信访处理程序及相关规定，县信访局及分管文化的副县长已答复：该案属于经济纠纷案，通过法律渠道进行解决。程文松也曾到过法院进行多方咨询，确却无法解决。2008年8月20日再次来到县信访局进行上访，为了切实解决好该问题，香格里拉县信访局及时将程文松的来访情况向香格里拉县人民政府县长肖徐、分管文化的副县长郭维平汇报。县长肖徐和副县长郭维平对该信访积案做了重要指示，香格里拉县联席会议办公室（县信访局）及时召集相关单位领导参加的联席会议，并形成会议纪要，最终一次性兑现资金彻底解决该信访积案，实现信访积案案结事了、息诉息访。

【网上信访业务】 2009年香格里拉县受理并办理网上信访案15件，其中要求解决问题类5件，意见建议类1件，揭发控告类2件，办结回复率为100%。一年来，“网上信访”坚持以公开透明的运行方式实现双向监督，把群众的诉求和办理情况在网上公开，置于群众和社会的监督之下，也为群众监督政府、参政议政提供了便利。

【信访监督】 信访工作是联系党和群众的桥梁和纽带，信访案件办理的质量直接影响到党和政府在人民群众中的形象，县信访局重视信访案件督查督办工作，凡涉及职能部门办理的信访案件，办案人员首先与职能部门领导联系，了解情况，事后按程序进行转办，实行不定时催办，使转办案件达到及时高效。

【部门联动】 信访工作是一个系统工程，信访问题涉及面广，有些问题单靠一个地方、一个部门，难以有效解决，需要各部门、各方面相互支持、密切配合、通力合作、齐心协力才能做好。2009年，县信访局以“部门联动”为支撑，先后顺利解决了多起涉及征地、拆迁等与老百姓生活息息相关的群体性上访事件。

【《信访条例》宣传】 为了使《信访条例》的宣传工作能够普及到群众中，县信访局于2009年12月2日与州、县610办、县国保大队、虎跳峡镇党委、政府等单位领导一同到香格里拉县第三中学召开宣传会议。参加会议的有县国保大队、虎跳峡镇党委、政府领导以及各站、所负责人、各村党总书记、机关全体干部职工、第三中学全体学生和教职工700多人。

【重大节日信访维稳】 根据中央和省委、省政府的部署要求，为深入贯彻落实8月13日全国、全省维护稳定暨信访工作第二次电视电话会议和《中共中央办公厅、国务院办公厅关于切实做好2009年国庆节前后有关工作的通知》（中办发电〔2009〕18号）及全州信访工作会议精神，香格里拉县成立了2009年国庆期间赴省进京劝返工作领导小组。2009年9月17日下午在县政府二楼会议室召开了全县信访维稳工作会议，会上县委常委、政法委书记、副县长张宏耀做了重要指示：按照省委、省政府和州委、州政府的部署，把迎国庆、保稳定作为当前压倒一切的头等政治任务。参会各单位按照会议精神，对国庆期间的信访工作进行了安排部署，确保了全县国庆期间信访、稳定工作顺利开展。

【阳光政府四项制度】 按照《云南省人民政府关于在全省县级以上行政机关推行重大决策听证重要事项公示重点工作通报政务信息查询四项制度的决定》(云政发〔2009〕40号)、《云南省人民政府办公厅关于印发重大决策听证重要事项公示重点工作通报政务信息查询四项制度实施办法的通知》(云政办发〔2009〕41号)、《香格里拉县人民政府办公室要求上报阳光政府四项制度工作计划的通知》（香政办发〔2009〕115号）的要求，成立了以信访局长孙建国为组长的阳光政府四项制度领导小组。根据本局工作实际制定了本局贯彻落实阳光政府四项制度实施方案，确保阳光政府四项制度推行组织有力、实施得当、执行坚决、落实到位。

【深入学习实践科学发展观活动】 根据《中共香格里拉县委关于在全县开展深入学习实践科学发展观活动的实施意见》（香发〔2009〕8号）文件精神，按照中央“党员干部受教育、科学发展上水平、人民群众得实惠”；省委“促进科学发展、维护边疆安宁、增进民族团结、构建和谐云南”和州委“一个目标、一个主题、四项任务”；县委“反对分裂、维护稳定、促进发展”这个主题，以“坚持科学发展，努力在经济社会发展上走在藏区前列；坚持可持续发展，努力在生态文明建设上走在前列；坚持和谐发展，努力在维护社会稳定上走在前列；坚持以改革创新精神全面推进党的建设新的伟大工程，努力在加强基层组织建设上走在前列”的任务，以开创香格里拉经济社会跨越发展和长治久安新局面为目标（以上简称“一个目标、一个主题、四项任务”）的总体要求。认真学习实践科学发展观，通过学习实践活动，全面理解、准确把握科学发展的科学内涵和精神实质，自觉联系工作实际，认真查找制约科学发展的问题和根源，进一步更新发展观念、转变思路、破解发展难题、完善体制机制，切实增强贯彻落实科学发展要求的思想观念，着力解决影响和制约科学发展的突出问题，着力构建有利于科学发展的体制机制，进一步提高推动科学发展、促进社会和谐的能力，使工作和自身建设更加符合科学发展观的要求。

（胡红英）

政务服务

【概述】 2009年，香格里拉县人民政府政务服务中心在县委、县政府的正确领导下，各窗口部门及社会各界人士的关心和支持下，全体工作人员认真学习党的十七大、十七届三中、四中全会精神、州委六届六次、七次全会、县委十届七次全会、十三届县人民政府五次全会精神，深入学习实践科学发展观活动，通过实行“一站式”政务服务，以打造阳光政府和服务性政府为目标，进行科学规范化管理，大力推行行政问责制，本着“便民、高效、廉洁、规范”的政务服务宗旨，强化政务服务意识，进一步解放思想，大胆探索，与时俱进，不断提高服务水平与质量，努力创新政务中心的运行机制和管理模式加强服务中心管理层内部自身建设和对各政务服务窗口的监督、管理。通过实行“一站式”服务，以打造阳光政府和服务性政府为目标，进行科学规范管理，认真贯彻落实“四项制度”，大力推行行政问责制，更好地体现政务服务中心“便民、利民、为民”的服务宗旨，坚持用制度管人，强化服务意识，责任意识、不断提高工作效率，使香格里拉县人民政府政务服务中心逐步走向正规化、规范化、制度化、阳光下操作的“政务超市”，为树立香格里拉县良好的投资环境和对外开放形象做出了积极的贡献。

【人员配置】 香格里拉县人民政府政务服务中心是县人民政府派出常设机构，属参公管理的正科级单位，2009年，共有工作人员25人，其中管理人员5人，政务服务窗口工作人员19人，后勤人员1人；文化结构：大学本科5人，大专16人，中专以下4人；工作性质结构：国家公务员11人，专业技术人员8人（事业单位专业技术人员7人，企业专业技术人员1人），机关合同制工人5人，聘请临时工1人。

【制度建设】 进一步健全和规范制度是保证政务服务中心工作正常运行的根本保证和基础条件，一年来不断完善内部管理制度和各项激励机制，加强完善对政务服务中心窗口的考核制度管理，从制度入手，用制度管理约束人，树立良好的政府形象。

政务中心管理层每周实行严格的轮流值班制，保证政务服务大厅日常工作的正常运行，方便公民、法人和其他组织办事，不让政务服务窗口出现空岗，规范管理好政务中心全体工作人员日常工作，从政务中心主任到一般管理工作人员轮流总值班，值班人员做好政务中心工作人员每天的考勤管理，对窗口工作人员请假、迟到、早退、外出办事、回单位办事、上班就位情况、挂牌上岗、办事效率等情况进行监督、检查和管理，并做好记录，周末下午政务中心管理层进行一周敬业情况汇总小结，总值班人员总结汇报一周来政务中心出现的情况及问题，通报全体工作人员本周敬业情况，提出相应的建议及对策，并将一周敬业情况通报至各政务服务窗口、政务中心办公室。

政务中心每月出一期政务公报，分析每月的工作开展情况，查找窗口与窗口之间，个人与个人之间的工作差距，将全体工作人员业务受理情况、工作动态、敬业情况、办件统计以政务公报的形式，上报人大办、政协办、县委办、政府办及政府分管领导，并抄送到各政务服务窗口单位的主管部门。从政务公报中体现本月各政务服务窗口工作人员受理各类行政审批事项情况；体现本月考核评选为“优秀窗口”的窗口单位；体现本月来全体工作人员的工作动态及存在的问题；体现本月来各窗口办件情况；体现本月来各窗口工作人员出勤情况。这样以来，不仅大大地提高了各政务服务窗口的办事能力，而且有力地纠正了个别政务服务窗口人员工作作风中出现的懒、散、松懈等现象。

同时每月召开一次月结会。主要总结一个月来政务中心整体工作的运行情况,学习相关理论知识和文件精神等，通过召开月结会，使全体工作人员不断查找各政务窗口之间存在的差距，学习优秀窗口的服务质量，从而充分调动各政务窗口工作人员的工作积极性和职业责任感。

建立立体式的激励机制。为了充分调动政务服务窗口工作人员的工作积极性和职业责任感，做到责任到位、奖惩分明，每月月底，对政务服务窗口工作人员进行考核，并将考核结果公布在每月月底政务中心的政务公报上，实行目标激励；按照考核结果发放服务窗口考核奖，实行物质激励；年终还要评比优秀政务窗口及优秀工作人员，实行荣誉激励和物质激励；同时也通过对工作人员关心爱护、尊重信任、体谅赞许实行了情感激励等。

【窗口服务】 2009年，香格里拉县人民政府政务服务中心共有工商局、国土资源局、规划局、地方税务局、建设结算、文体局、城建局（房产管理、房产交易）、卫生局、发改委、质监局、林业局、计生委等12个政务服务窗口，集中办理各类审批、审核、核准及办证办照项目78项。

【办公设施建设】 随着政务中心运行的不断规范，为适应“高效、便捷、规范”的服务需求，政务中心大多数窗口实现“无纸化办公”，办公效率得到极大的提高，为广大公民、法人和其他组织提供优质的服务，为满足高效的政务服务，政务中心正在建立和完善政务中心信息系统，提高政务服务窗口电子政务水平，云南省监察厅于12月底安装电子监察系统，政务中心努力建设网上查询、网上申报、网上受理、网上审批项目，逐步构建重点项目审批、特事特办及弱势群体绿色通道等政务服务体系。

【党建】 政务服务中心全体干部职工认真学习党的十七大、十七届三中、四中全会精神，州委六届六次全会、县委十届七次全会及政府五次全会精神，以解放思想大讨论活动及深入学习实践科学发展观活动为契机,加强落实党风廉政建设，加强党员干部职工理论知识和业务知识的学习，每周四利用一个小时时间作为政务中心党员学习时，每周五下午作为整个中心的学习活动日程，加强对党和国家颁布的路线、方针、政策、法律法规的学习和对县委、政府有关文件精神学习，广大干部职工能够在平时的工作中学以致用，政务中心扎实开展“党员示范窗口”和“诚信公正、真情服务”为主题的比、学、赶、帮、超等创建活动，使广大公民、法人和其他组织得到实实在在的实惠。政务中心党支部根据各窗口工作人员德、能、勤、绩、廉表现及每月量化考核，一年来共评选出优秀窗口28个，其中党员示范窗口21个，并给予一定物质奖励，做到责任到人，奖惩分明，充分调动和发挥党员的先锋模范作用。2009年服务中心共有党员13名，设党支部委员会1个。

【自身建设】 政务中心认真组织广大服务窗口工作人员进一步加强对《行政许可法》知识培训，加强对《香格里拉县人民政府政务服务中心内部管理制度》贯彻落实，要求各窗口工作人员严格遵守守则各条款，做到文明服务树形象。年度认真开展批评与自我批评，找准存在的问题和不足，并加以整改。注重抓党风带行风，抓机关带窗口活动，政务服务中心大厅设立评议箱，广泛征求和采纳群众和企业的意见和建议，在整个工作过程中始终围绕便民、利民、为民办好事、办实事的这一宗旨，得到广大来访者的一致好评。

【服务受理】 2009年政务中心共接件18174件，其中即办件受理13278件、承诺受理65件、补办件12件、退回件76件、联办件148件，所有接件全部按要求办结，办结率达100%；咨询件4595件。各类税费收入9698041.88元，其中地方税收4380517.8元，行政事业性非税收入5317524.08元，为前来办事的22620多人（次）提供了各类政务服务。

【年度考核评定】 2009年，根据《香格里拉县人民政府政务服务中心政务窗口考核暂行办法》和《政务窗口考核实施细则》，参照国家公务员、国家机关工作人员年度考核办法的有关规定，通过对各服务窗口的纪律规范、服务态度和质量，综合评议等方面进行严格考核、考核评选年度“优秀服务窗口”3个，分别是香格里拉县建设局（房管）政务服务窗口、香格里拉县地税局政务服务窗口、香格里拉县质监局政务服务窗口；考核评定授予杨勇、王朝周、苏芳、崔桂仙、马学东5位同志为 “先进个人”称号。

【大事记】 6月29日，香格里拉县人民政府政务服务中心工作推进会在县人民政府二楼会议室召开。并举行香格里拉县便民投资服务中心更名为香格里拉县人民政府政务服务中心庆典仪式及县城镇妇女“巾帼文明岗”的授牌仪式。

7月7日，省人民政府办公厅行政审批项目清理工作第五督查组，省政府法制办副巡视员费宁、省发展和改革委员会调研员金鸿缘，在州政府法制办主任李群尧的陪同下，一行6人到政务中心视察工作。

（马学东）

客运出租车管理服务

【概述】 2009年，在县委、县政府的正确领导下，香格里拉客运出租车管理服务中心以“三个代表”重要思想为指导，积极践行“三个服务”，解放思想，开拓创新，以科学发展观为统领。认真贯彻落实党的十七大和十七届三、四中全会精神、县委十届六、七次全会精神和县十三届人民政府四、五次会议精神及各级党委、政府的各项方针政策，以优质的服务为宗旨，以实现“率先”发展为目标，紧紧围绕全县的中心工作，充分发挥职能作用，严格办理，热情服务，使得各项工作都取得长足的进展。

【出租车管理】 香格里拉县客运出租车管理服务

中心承担着全县客运出租车行业的管理、监督、服务等工作。一年来，配合交警、运政部门组织审验年检个体经营260辆出租车驾驶员和车辆4次，达1000多人次；出租车达520辆车次。同时在检审过程中重点检查出租车的脏、乱、差及安全隐患问题等，同时监督管理国有投资公司出租车分公司的营运秩序，特别是加强出租车标识、标志的统一；及时处理乘客的举报投诉。出租车已成为香格里拉县道路旅客运输的重要组成部分，以它方便、快捷、直达的服务特色，大大改善了人们的出行条件，人们都把它誉为靓丽的城市“名片”。特别是近几年来，随着香格里拉县的旅游业日趋发展，出租车成为游客到香格里拉观光旅游的重要交通工具之一。然而，由于出租汽车驾驶员作为一个社会群体，其成员结构复杂，从业人员参差不齐，形成服务理念的差异，造成社会和乘客的不满和投诉。一年来，中心受理投诉事件40多起，来信来访达2130多件，其中有收费投诉的、遗忘物品和服务态度等。但中心对乘客的每一件投诉都认真处理，特别是对外来游客的投诉，每件都作为中心的重要工作来抓，投诉的游客每次都是沮丧而来，高兴而归。期间，通过电视、舆论加大对驾驶员的宣传，提高服务水平，弘扬拾金不昧的精神，维护了香格里拉的整体形象和行业形象。另外，针对出租车车辆档次低、车况差，达不到报废年限的车辆逐一登记，与车主直接面谈，动员车主提前更新车辆，在一年内提前报废更新车况较差的车辆达10辆，有效地消除了各类事故隐患，增强了安全意识。

【“爱心送考”活动】 6月4日上午10时，由出租车管理服务中心和迪庆广播电视台共同组织的“爱心送考”公益活动在县城坛城广场举行启动仪式。县委常委宣传部长杨美琼到会宣布“爱心送考”活动正式启动，州委宣传部副部长白玉新到会讲话，州教育局领导、州广电局领导，中心领导及50多名出租车驾驶员参加了启动仪式。这次“爱心送考”公益活动，掀起了出租车行业“争创文明行业，提升服务质量”的主题实践活动。

【扶贫帮困】 4月22日至23日，香格里拉县出租车管理服务中心结合深入学习科学发展观活动要求，结合出租车行业特点，深入开展出租车行业调研活动，并形成了出租车行业情况调研报告；深入到格咱乡浪都村依瓦组扶贫点开展调研主题实践活动，为扶贫点解决3000千克大米，资助在昆读大学的杨冬梅和王秀丽同学各1000.00元。通过深入调研，为下一步做好扶贫工作打下了基础。

【深入学习实践科学发展观活动】 按照《中共香格里拉县委关于在全县开展深入学习科学发展观活动的实施意见》和县委学教办的《实施方案》，中心结合自身实际并制定了《深入学习科学发展观活动实施方案》，根据《实施方案》的要求。中心领导为扎实开展好这次学习实践活动做了精心的安排部署。

中心领导对开展学习实践科学发展观活动高度重视。为进一步加强出租车行业流动党员管理体制，紧紧围绕科学发展这个主题，根据“两新”党建工作要求，并通过中共县委直属工委的批复，中心成立了党支部，目前中心有流动党员12名。通过党章的有关规定，选举产生了支部书记、组织委员、宣传委员，为了加强对学习实践活动取得有效成绩。中心成立了学习活动领导小组。以中心领导为组长、中心支部书记为副组长。认真完成了各个阶段、各个环节工作任务。从而使中心全体职工深刻的了解构建和谐社会必须首先要发展，深刻认识实现跨越发展必须创建首先要创优环境，使中心的全体人员对开展学习实践活动的认识更加深刻，从而更加积极主动地投身到客运出租车的工作中。

【党风廉政建设】 加强党风廉政建设，是从严治政的重要内容和迫切需要，是国家长治久安的需要，也是党和政府始终保持与人民群众血肉联系的重要保证，对于凝聚党心、民心有着极其重要的意义。中心严格按照签订的《党风廉政建设责任书》，加强学习，认真学习县纪委全会精神和党风廉政建设若干规定，建立健全组织机构，在党员干部中认真开展“加强作风建设，促进廉洁从政”为主题的教育活动，结合本部门的出租车管理工作，改进领导干部作风建设，搞好党风廉政工作。

【社会治安综合治理】 为深入贯彻落实中共中

央、国务院关于进一步加强社会治安综合治理的意见及省委、省政府、州委、州政府的贯彻实施意见。中心以邓小平理论和“三个代表”重要思想为指导，深入贯彻党的十七大和十七届三中全会精神，根据中央政法委，中央社会治安综合治理委员会《关于深入开展平安建设的意见》，坚持以“打防结合、预防为主”的方针，以排查调处矛盾纠纷和预防出租车司机违法犯罪为重点，进一步健全和完善出租汽车行业的治安综合治理长效工作机制，推动出租汽车行业治安综合治理各项措施的落实，积极稳妥的处理“6. 16”出租车罢运事件，努力维护治安秩序和社会大局的稳定。

【内部管理】 加强内部管理制度建设，提高服务和管理能力。结合本单位实际，管理中心制定了七项制度：学习制度，民主科学决策制度，党员领导干部联系群众制度，公开承诺制度，首问首办责任制度，责任追究制度，认真贯彻落实县人民政府有关重大决策听政、重要事项公示、重点工作通报、政务信息查询的阳光政府四项制度。强化内部管理、保证日常工作正常运行，为经济水平社会发展提供优质高效的客运市场服务，建立健全内部各种规章制度，做到年初有工作计划，年末有工作总结，扬长避短，不断提高本部的管理、服务水平。

【出租车行业管理】 2009年，针对出租车行业管理要求不严及标志不统一的现象，为提高城市品位，树立服务窗口形象，的经验，中心认真落实迪政复〔2007〕16号文精神（《关于统一出租公共汽车车身颜色的批复》），采取有效措施，通过深入细致地工作，圆满完成出租车、公共车车身颜色统一工作。

（杨志高）

档　案

【概述】 香格里拉县档案局、香格里拉县档案馆实行两块牌子一套人员管理，隶属于县人民政府的文化事业单位，经费由县财政全额拨款，业务上同时受上级档案主管部门的领导。目前共有编制数8人，年底在职职工8人，均为事业编制。知识结构：本科6人，大专2人；民族结构：藏族2人，白族2人，纳西族2人，汉族2人；专业结构：副研究馆员1人，馆员5人（其中管理人员1人），助理馆员2人；主要工作职责是对全县档案事业的宏观管理、馆藏档案的安全保管、提供查阅利用服务以及对全县档案工作的业务进行指导监督，整体推动全县档案工作的顺利开展。

【业务建设】 继续抓好全县机关综合档案室业务建设工作，共完成了2个县级机关综合档案室及1个乡（镇）机关综合档案室星级建设工作的业务指导和考核验收，其中：县外事招商局、金江镇人民政府达二星级；县委党校达三星级。

继续加强全县档案业务指导工作。年内共指导了金江镇、民政局（地名和勘界档案），建塘镇、县城规三号路、工商联、县政协、统战部、组织部、学教办、检察院、外事招商局、建塘派出所、县委党校、林改办、花椒坡水电站等15个单位的立卷归档，共立案卷3100余卷，其中文书档案2100余卷，其他专业档案1000余卷。

继续抓好一年一度的档案检查评比工作。根据年初制定的档案检查评比标准，4月份对全县县级机关及乡（镇）一级2007年至2008年两年度的档案立卷归档情况进行了认真细致的逐一检查，历时15天，完成了检查工作，检查面达到了百分之百，经过认真汇总共评比出15个先进单位及个人，并在年内进行了表彰。

【提供利用】 年内共接待利用者3785余人次，提供档案2510余卷，摘抄档案1000余页，复印档案1000余页，提供资料385册，接收现行公开文件127份，提供利用54份。为全县的经济建设、文化建设、工作查考、落实政策、编史修志等工作提供了大量翔实的档案资料，充分发挥了档案的凭证及参考作用。

【档案接收】 年内，共接收档案1022卷，其中：文书档案810卷，科技档案32卷，专业档案180卷，并按规范和要求排列上架。

【自身建设】 认真抓好全县档案专兼职人员的文化教育和业务培训工作，提高档案干部队伍的综合素质。年内，1人参加省委党校研究生班函授学习，1 人参加省委党校函授本科学历教育。举办了1期全县档案业务知识综合培训班；举办了1 期林改档案知识培训班；举办了2 期乡（镇）档案业务知识培训班。组织相关档案专兼职工人员参加了省档案局举办的继续教育培训班，并取得了合格证书。

根据县委、政府关于城市建设规划的要求，县档案局（馆）于2008年12月27日至29日搬迁至新单位，并将保存的档案资料4万卷（册）完好无损的搬至新库房上架有序排放。

根据云南省县级综合档案馆建设的标准要求，汇总编制了《县级综合档案馆建设规划汇总表》，研究提出了《香格里拉县综合档案馆舍建设规划（草案）》，并按要求及时上报。

完成了《香格里拉县档案志》一书续编工作。

（史卫云）

外事招商

【综述】 2009年，香格里拉县外事招商工作在“十七大”精神的指导下，在县委、政府及上级业务主管部门的正确领导和关心下，在县级机关各部门、各单位及各乡（镇）的通力合作下，香格里拉县外事招商局以进一步强化服务意识和创新精神，以更加振奋的工作态度，更加求真务实的工作作风，更加扎实有效的工作举措，不断深入探索具有实效的外事招商工作方式方法，经过全体工作人员一年来兢兢业业的共同努力，香格里拉县外事招商工作实现了新的突破。

【招商引资成绩显著】 2009年香格里拉县共实施招商引资项目42项，其中新签18项，上年结转24项，其中国外项目1项。完成招商引资实际形成固定资产投资27.1973亿元，其中国内资金27.0063亿元，国外资金1910万元。招商引资实际形成固定资产投资额比去年同期的22.3155亿元增长了22%，圆满完成了年初与县政府签订的完成招商引资实际形成固定资产投资24亿元的招商任务。在香格里拉县所实施的42个经济合作项目中，电力开发项目有12个，占总项目的29%；基础设施建设项目15个，占总项目的35%;矿业开发项目6个，占总项目的14%；旅游开发项目3个，占7%；房地产开发项目5个，占总项目的12%；加工业2个，占3%。项目及资金分别为：吉沙电站开发1946万元；岗曲河水电站9809万元；尼汝河水电开发19556万元；汤满河电站开发2290万元；安南河电站8483万元；浪都河流域三、四水电开发9150万元；浪都河浪他涌电站开发2500万元；香格里拉县金江镇兴隆河水资源开发620万元；上江良美河水资源开发项目700万元；上江士旺河水电开发项目3932万元；香格里拉格基河下只恩电站7400万元；梨园电站水电开发17699万元；电网建设项目14975万元；亚洲旅游论坛商务会址及商务休闲区建设9863万元；旅游商业区建设项目4800万元；圣洁商务会所300万元；小中甸枢纽工程5300万元；迪·谷山庄开发500万元；环太酒店二期工程建设项目680万元；迪庆紫金公司股权转让项目280万元；香格里拉机场扩建项目35700万元；香格里拉县家园商务酒店建设项目300万元；军洪麒麟商务酒店建设项目450万元；茂源酒店建设项目2200万元；天顺时代商业广场建设项目1800万元；香格里拉高山别庄酒店项目280万美元（折合人民币1910万元）。普朗铜矿24000万元；香格里拉郎都铜矿开发及选矿项目1540万元；雪鸡坪铜矿选矿厂扩建项目2000万元；香格里拉县格咱铜矿开发项目33000万元；格咱乡康特钼矿、铜矿开发项目11000万元；香格里拉尼西塘浪顶铜金属选矿厂二期项目1000万元；石卡雪山索道开发项目300万元；香巴拉小镇建设6500万元；迪庆大商汇开发项目2500万元；正泰龙苑房地产开发项目2000万元；日月星城酒店商贸区建设项目5000万元；坛城旺角项目3290万元；上江新型干法水泥生产线项目15000万元；康美乳业开发项目1700万元。42个项目涵盖了香格里拉县水电、矿业、旅游、房地产、加工、基础设施建设等产业，开发商主要来自加拿大、浙江、北京、福建、湖南、山东、四川、山西、广东、上海等区市。

【加大宣传，推进招商引资】 2009年在香格里拉县外事招商局的积极组织下共召开项目协调会4次，分别对香格里拉高山别庄酒店建设项目、香格里拉酒店建设项目进行认真的项目协调，从而为项目的尽早落户奠定了坚实的基础。

在县委、县人民政府的高度重视和正确领导下，按照“政府牵头，企业参与”的原则，结合香格里拉县实际，精心组织，周密部署，组织精干力量，精选参展商品，于2009年6月6日——6月10日，为期5天的2009年第十七届中国昆明进出口商品交易会及生物产业发展大会在昆明国际会展中心举行。6月9日至13日在广西南宁国际会展中心举行第五届泛珠三角区域合作经贸洽谈会（简称“泛珠洽谈会”）。9月份在吉林省龙井市举办的国际松茸节。此次昆交会等会的参会工作，通过各级各部门、全体工作人员的共同努力，香格里拉县的参会、参展工作取得圆满成功，达到了宣传香格里拉、介绍香格里拉、扩大香格里拉知名度、寻求商机、促成合作、树立香格里拉对外开放新形象的目的。此次参加两会一节，香格里拉县外事招商局做了充分的准备工作，从年初开始在全县范围内征集了大量的招商引资项目，通过筛选精心包装了31个项目，涉及项目资金116.815亿元，并把项目包装成精美的、彩色版的《香格里拉招商引资项目》一书，其中700本带到昆交会，300本带到南宁，由于此次的招商项目都比较好，加之包装精美，来到投资促进馆香格里拉县展位咨询、了解项目的客商络绎不绝，700本的《香格里拉招商引资项目》书，到昆交会第三天就被客商全部要走。2009年香格里拉县有一个项目在昆交会国内合作省级集中签约仪式上签约，协议引进资金2.55亿元。

为积极营造良好的投资环境，香格里拉县外事招商局多次通过对各个项目点的走访，认真了解外商在香格里拉的工作、生活情况及在开发项目过程中遇到的困难和问题，认真倾听外商的心声，并将外商所反映的问题及时上报给政府及上级部门，政府对外商存在的困难和问题给予了积极地帮助，不但稳定了外来投资企业的信心，还使外来投资企业真正成为推动香格里拉县经济发展的生力军之一。

【外事外宾接待】 一年来，香格里拉县外事招商局共接待外宾6批40余人次，3月份接待美国西藏扶贫基金会主席贺尔康先生一行5人；4月接待接待美国国家地理杂志社记者一行；5月参与接待大自然保护协会北亚理事会成员一行20余人；7月接待西藏扶贫基金会驻西藏总理事一行3人；8月，与州外办接待美国驻华大使馆一行3人；9月初接待西藏扶贫基金会负责人一行2人。

【推进和深化友好城市关系】 一年来，香格里拉县外事招商局继续加强与友城澳大利亚坎帕斯皮郡的沟通交流，2009年8月8日，由香格里拉县第五中学两名英语教师和九名学生组成的师生代表团赴澳进行“文化交流体验”，2009年8月23日返回昆明。在澳大利亚期间师生团得到了澳大利亚官方的热情接待，并圆满完成“文化交流体验”活动。

同时，积极做好推进与土耳其凯莫莉耶市就缔结正式姊妹城市关系的工作。2009年9月应土耳其凯末利耶市市长穆斯塔法·哈斯耐达先生的两次邀请，同时依据全国对外友好协会建立友好城市关系审批标准规定，香格里拉县与土耳其共和国埃尔津詹省凯末利耶市的交往时间尚未达到规定时间，仍需进一步加强交流，促进相互间的了解。两个拟建友好城市关系间的互访及相互交流是全国友协批准建立友好城市关系的重要条件。县委、县政府通过会议研究决定组建一支由香格里拉县私营企业赞助的商务代表团出访该地区。在香格里拉县外事招商局积极做好出国相关手续及准备工作下，由肖徐县长领队的香格里拉县商务代表团共六人于2009年9月23日正式出访土耳其共和国。通过这次商务访问，商务代表团看到香格里拉县与土耳其凯莫莉耶市具有各自的特点和优势，双方在区位、旅游业等方面有许多相似之处，这些特点使双方在很多领域都有很强的互补性。双方将本着互惠互利的原则，在手工艺品制作、食品加工、旅游、教育、人才等方面开展多方面多领域的交流与合作，促进共同的繁荣与发展。

【境外非政府组织的管理】 随着香格里拉县进一步对外开放，大量境外非政府组织进入本地，做好对国外非政府组织的监督管理，使之更好地服务于香格里拉县社会经济发展，一直是外事办工作的重点之一。外事办坚持对在本县的境外非政府组织活动进行监督并将其活动情况定期向上级部门汇报，并在州外事办的直接领导下走访了大部分在香格里拉设有办公室的非政府组织。

【涉外事件处理】 6月初，一名华裔澳大利亚公民在旅游途中遭遇车祸死亡，香格里拉县外事招商局人员在获悉后第一时间赶往现场，与公安、旅游、民政等部门共同协作，圆满地处理了各项善后事宜。

6月中旬，一批到迪庆旅游的日本游客被确认曾与一名H1N1病毒确诊者同乘一架航班，获得消息后，香格里拉县外事招商局工作人员积极参与了事件的应急处理工作。

7月，一名新加坡籍的外国友人来香探亲不幸病逝；10月一名美籍游客因高原反应住进迪庆州医院。在这两起事件中，外事办工作人员参与并配合相关部门进行事件处理。

【区域经济合作】 昆迪合作项目有序推进并创新绩。一年来，通过县外事招商局积极与昆明市教育局、昆明市投资促进局、官渡区、盘龙区、滇池度假区的对接，目前已经全部完成2008年项目7项、提前做完2009年迪昆合作项目1项，总资金205万元。项目及资金分别为：昆明市投资促进局援助20万元的香格里拉县东旺乡中心村公擦村民小组简易公路建设项目；官渡区人民政府援助20万元的香格里拉五境乡卫生院建设项目；官渡区人民政府援助20万元的香格里拉上江乡福库生态园建设项目；官渡区人民政府援助10万元的香格里拉格咱乡翁上村普上大沟修建项目；盘龙区人民政府援助50万元的香格里拉县第六中学综合大楼建设项目；昆明市教育局援助30万元的香格里拉县上江乡中心完小新建学生食堂建设项目；滇池度假区援助5万元的香格里拉尼汝生态旅游景区南波湖旅游线路建设项目；提前完成2009年盘龙区人民政府援助50万元的香格里拉县政府办公自动化建设项目。

通过云南省人民政府驻深圳办事处的牵线搭桥，在州、县外事招商局的积极努力下，深圳腾讯公司于6月20日至25日到香格里拉县考察。腾讯公益慈善基金会基于推动云南省教育发展、环境保护、乡土旅游及文化以及经济发展的愿望，经过学习其他中央和大型企业在云南定点帮扶的实践经验。通过实地考察，决定在云南省迪庆州开展长期定点挂钩帮扶工作。将香格里拉县尼西乡中心完小确定为“腾讯新乡村行动”云南迪庆一期启动项目来做；7月份在香格里拉召开了“腾讯新乡村行动”现场办公会；2009年8月17日在云南昆明举行“腾讯云南新乡村行动”项目启动仪式暨新闻发布会，并于19～22日在香格里拉举行2009年尼西项目的奠基仪式和项目参观考察活动。腾讯公司创始人之一、首席行政官、腾讯公益慈善基金会执行主席陈一丹先生参加了整个仪式，并邀请国内数十家媒体全程参与。2009年8月底应腾讯公益慈善基金会的邀请，香格里拉县尼西中心完小3名教师到成都参加了腾讯真爱梦想的教育培训。2009年10月20日，由腾讯公益慈善基金会、中国农业大学、人与人互满爱基金会及互满爱基金会玉溪市培训基地组成的尼西乡调研小组抵达香格里拉县。调研小组此行的目的主要是围绕农村发展的目标，通过对尼西乡全面科学的现状（人口、社会、文化、政治、经济、民族宗教等方面）了解，为腾讯公益慈善基金会开展“新乡村行动”后继分析工作提供准确的参考依据，并探讨中国现有的救济式扶贫方式如何向社区参与式扶贫和开发式扶贫相结合的模式转变。调研时间为10月21日～10月31日，调研涉及范围为尼西乡4个行政村47个自然村民小组。10月31日，“腾讯新乡村行动”尼西乡水利项目验收会议在尼西乡政府会议室召开，腾讯公益慈善基金会项目经理、州外事招商局副局长王莉萍，腾讯公益慈善基金会蔡王超、李劭，尼西乡党委书记、乡长，香格里拉县招商局局长、县水电局局长等相关人员参加了会议。水利项目历时两个月，总投资预算56万，其中腾讯公益慈善基金会投资21万元。该项目的顺利验收，从根本上缓解了尼西乡政府所在地，特别是中心完小用水的困难，尼西中心完小的学生洗浴室和冲水厕所均正常投入使用。11月4日～12月14日尼西中心完小一期项目先后进行了公开招标，监理开标、评标，施工队开标、评标，监理合同谈判，施工队合同谈判等工作，为施工建设做好了各项前期工作，学校布局调整建设工程将在2009年底开工建设，此项目的启动将缓解了香格里拉县教育基础设施薄弱的局面并促进了两地间教育的交流与合作。

深圳邦德文化发展有限公司一行11人在董事长、校长黄邦德的带领下，于2009年6月3日晚至6月6日到香格里拉参加“深圳市邦德教育第十一希望小学”教学楼竣工剪彩仪式，通过各部门积极努力，深圳邦得文化发展有限公司在2008年的基础上给五境乡苍觉完小带来了余下10万元的教学楼建设资金并向五境乡中心完小捐赠了10万元的学校教学设备购置款。向建塘镇一、二村尼史完小捐赠了10万元的学校围墙、教师厨房建设资金并出资安排了五境乡仓觉完小的3名教师和2名学生在深圳1个月的培训，为噶丹·松赞林寺扎仓大殿保护重建工程捐资6万元。目前建塘镇一、二村尼史完小学校围墙、教师厨房建设项目已经完成并通过验收。

【业务培训】 2009年8月初至9月底，云南省国内合作交流中心在上海培训中心举办两期为期13天的外事招商系统干部培训班，为提高职工的业务素质，香格里拉县外事招商局所有干部职工分批次参加了以上培训，培训内容主要有：《招商引资、产业聚集的理论与实践》、《完善投资环境、提高招商引资水平》、《政府服务与招商引资》、《招商引资谈判策略技巧与礼仪》、《现代服务业发展》等。

【大事记】 6月3日至6日，深圳邦德文化发展有限公司一行11人在董事长、校长黄邦德的带领下，到香格里拉参加“深圳市邦德教育第十一希望小学”教学楼竣工剪彩仪式。

8月17日，在云南昆明举行“腾讯云南新乡村行动”项目启动仪式暨新闻发布会。

9月23日，由香格里拉县委副书记、县长肖徐带领的香格里拉县商务代表团一行六人正式出访土耳其共和国。

（和正中）

移民开发

【概述】 2009年，香格里拉县移民工作始终坚持以邓小平理论和“三个代表”重要思想为指导，全面贯彻落实科学发展观，按照县委、政府的总体部署，紧紧围绕建成全国藏区第一强县的目标，以认真贯彻执行移民政策为主线，以促进库区繁荣稳定为目标，与时俱进，开拓创新，加快发展，以奋发有为的精神状态和求真务实的工作作风推动了全县水库移民工作又好又快的发展。

【政策法规学习】 结合新时期移民工作实际，深入学习贯彻党的十七大、十七届三中全会、十七届四中全会、十七届中央纪委三次全会精神。认真学习领会省委八届六次全会、省委八届七次全会、省纪委八届四次全会、州委六届六次全会、州委六届七次全会、州纪委六届四次全会和县委十届六次全会、县委十届七次全会和县纪委十届四次全会精神，更加深入学习贯彻落实《大中型水利水电工程建设补偿和移民安置条例》、《云南省人民政府关于贯彻落实国务院大中型水利水电工程建设征地补偿和移民安置条例的实施意见》、《云南省人民政府办公厅关于印发云南省完善大中型水库移民后期扶持政策实施方案及相关暂行办法的通知》、《云南省金沙江中游水电开发移民安置补偿补助意见的通知》、《迪庆州人民政府关于对小中甸水利枢纽工程大坝施工区移民搬迁安置补偿投资控制性实施意见的批复》文件精神，学习国家相关法律法规和移民政策。

【党支部建设】 经向县直属机关工委申请批准成立了香格里拉县移民开发局党支部，选举产生了支委，并制定《香格里拉县移民开发局党支部工作制度》，积极开展了各项活动。

【业务技能管理】 为了使移民资金和项目资金得到快捷、有效的使用及做好资金的安全控制和严格管理，在办公经费紧张的情况下，购置了移民资金管理软件和后期扶持资金管理软件及相应的硬件设备，并要求财务人员加强学习，提高业务水平，实现了对专项资金的会计电算化管理。

【党风廉政】 加强组织领导、健全组织机构。年初调整充实了领导小组，做到廉政建设与工作同部署、同落实，并与各股室签订了党风廉政建设责任书，由党支部督促落实党风廉政建设的各项具体工作，做到一级抓一级、层层抓落实的工作格局。

强化责任意识，做到学习宣传到位，落实责任到位，督促检查到位。移民开发局作为一个特殊部门，问题多、热点难点多，所涉及的移民群众(即服务对象）大部分处在贫困山区，地理位置偏僻，生活环境先天不足，移民群众对移民政策难于理解，工作难度大，领导班子非常重视移民干部队伍的建设，要求干部要树立良好的工作心态和吃苦耐劳的敬业精神，求真务实、永不厌倦的工作作风，做到了对掌握不准，理解不透的政策要点，及时相互学习；做到多请示，多汇报的工作方法；做到政策宣传解释到位。切实维护了移民群众对征地移民工作全过程的知情权、参与权和监督权。增强了干部的政治责任感，强化了责任意识、服务意识、廉洁意识，努力使干部做到理解政策不偏差，执行政策不走样。尽最大努力为移民服务。

强化廉洁意识，移民部门是管理移民的职能部门，为了保证移民干部队伍的纯洁性，局领导非常重视抓廉洁自律工作，特别对项目和资金管理的股室和项目负责人，经常进行检查和督促，做到资金的安全使用，教育职工树立正确的世界观、人生观、价值观，遵守党的纪律，遵守社会公德，做到警钟长鸣。

增强服务意识、团结意识，局班子十分重视维护班子团结，像保护自己的眼睛一样维护班子的团结，用每年二次民主生活会的形式积极开展思想教育工作，用批评与自我批评的方式，达到团结、务实、高效、清廉的目的，做到有事摆到桌面上，大事讲原则、小事讲风格、永葆共产党人的先进本色。

强化管理制度，结合县委深入学习开展科学发展观活动和作风建设活动，认真落实“四项制度”，制定和完善相关管理制度，做到用制度管人，有制度约束人的管理方式。促进了全局机关的勤政、廉政建设，在人民群众中树立了良好的移民干部形象。

【移民安置】 梨园水电站是金沙江中游水电开发“一库八级”的第三级，是国家和云南省“西部大开发”的重点项目之一。淹没影响区涉及三坝、虎跳峡两个乡（镇），共计5个村委会，12个村民小组。

在前期工作的基础上，2009年继续实施梨园水电站枢纽工程建设区移民安置工作。枢纽工程建设区涉及征地移民安置53户205人。其中：搬迁安置29户102人，已全部搬迁安置完毕；生产安置24户103人。

按照移民安置规划，建设完成了安置点人饮工程过滤池及350m^{3}的蓄水池和5781m的自来水管道，现在家家户户都用上了自来水；修建了一栋283.8m^{2}的两层框架结构教学楼，一栋117.85m^{2}的砖混结构教师宿舍，配备标准篮球场一个，39.14m^{2}的厕所一个，并配套了相关教育教学设施；修建了111.2m^{2}的砖混结构村卫生室一栋，111.2m^{2}的砖混结构村活动室一栋；按照新农村建设标准建设完成主干道宽4m，安置点宽8m的水泥卫生路面748m，并配套有排水沟、绿化带等相关设施。以上工程共投资306万元。并且都严格按工程建设的相关程序全程委托监理单位对工程进行监理，并委托质检部门进行质量检测，现已全部通过县验收小组总体验收，被评为合格工程，已交付该安置点村民小组及学校校区管理使用。

根据县人民政府与金沙江中游公司签订的《梨园水电站香格里拉县水库2009年下半年至2010年度移民安置工作任务协议》，适时启动了梨园电站库区的征地移民安置工作。梨园电站库区共涉及征地移民487人，其中：搬迁安置9户37人，生产安置450人，（包括集体）。搬迁户的补偿资金已全部兑付到户，已完成安置点的移民便道和宅基地平整，移民正在着手搬迁，按计划到明年五月份将全部搬迁安置完毕。

库区移民安置点的基础设施配套工程已启动，完成移民安置点人饮工程过滤池和20m^{3}的蓄水池以及3500m的管道安装。已完成下只恩和白马厂的汽车便道测设工作，准备进行招标，有望在明年完成改扩建。

截止2009年11月，梨园电站枢纽工程已启动实施以下工程项目：坝顶公路、高线公路及中线公路完成投资8291万元；石料场公路工程完成投资1276万元；混凝土生产系统工程完成投资190万元；大坝左右岸趾板开挖支护及左岸混凝土系统场平工程完成投资2083万元；上渣日沟渣场及左岸下游渣场工程完成投资2259万元；厂房开挖支护完成投资6571万元；金沙江大桥工程完成投资1851万元；截止2009年11月份，流域项目前期费用分摊11400万元。以上八项共计完成投资33911万元。根据梨园电站项目筹备处的工作计划，预计到年底可以完成4亿元的投资任务，已预缴纳县级地方税收500万元。

从完成的投资情况和税收征缴情况看，大项

目的投入可以直接或间接拉动地方经济发展，为增加地方财政收入作出较大贡献。

根据县人民政府与金沙江中游公司签订的《阿海电站香格里拉县水库征地移民补偿安置2009年下半年至2010年上半年工作任务协议》，已完成阿海电站库区移民搬迁安置2户10人，正着手开展生产安置的2户15人签订生产安置协议，以确保在协议时间内将阿海电站库区征地移民全部安置完毕。

小中甸水利枢纽工程淹没影响涉及小中甸镇2个村委会，17个村民小组，2011年规划搬迁人口150户800人左右，2011年设计水平年生产安置人口2090人；淹没影响房屋80176.82m²，另外还淹没部分附属建筑物；淹没土地16274.0亩。

由于得到了小中甸镇党委、政府的全力支持配合，通过对施工区实物指标的分解、复核、确认和公示后与施工区移民户签订了搬迁安置协议，共签订协议34份，支付补偿金额9917171.20元。到11月30日为止，34户施工区移民已全部动迁到了新的安置点，并按时兑付按期搬迁奖金24.3万元，至此施工区共支付移民安置资金10160171.20元，按协议内容和规划目标圆满完成了施工区移民的搬迁安置工作，满足了施工区正常进场施工的需要，并适时启动安置点部分基础设施建设。

在施工区移民搬迁安置工作取得阶段性成果的同时，从10月15日起，及时启动了库区征地移民前期实物指标复核、确认和公示工作。

另外，鉴于小中甸水利枢纽工程涉及的小中甸镇各村、组耕地面积较大的实际情况，为保障两村17个社移民今后生活水平不致降低和维护社会稳定，积极向政府申请城市最低生活保障，在民政部门的大力支持下，落实了500名城市最低生活保障名额。

【后期扶持】 根据《国务院关于完善大中型水库移民后期扶持政策的意见》（国发〔2006〕17号）和《云南省人民政府办公厅关于印发云南省完善大中型水库移民后期扶持政策实施方案及相关暂行办法的通知》（云政办发〔2007〕8号）的精神和规定，及时落实申报了县境内的大中型水库移民后期扶持人口核定确认工作，目前，全县有大中型水库后期扶持移民39人，其中吉沙水电站35人，迁入县内的移民4人。2009年发放后期扶持直补资金11,700元。

【小水电征地移民管理】 认真完成各中小型水电站征地移民大坝蓄水前和专项设施工程征地移民的审查验收工作。

【创新移民】 把“以人为本”的移民安置目标始终贯穿梨园电站征地移民工作。全面贯彻落实《云南金沙江中游水电开发移民安置补偿补助意见》（云政办发〔2007〕159号文精神，其主要内容简称“16118移民补偿安置方式”。此举是中国水电工程建设移民安置工作的深刻变革，云南省十一届二次人代会政府工作报告将“16118移民补偿安置方式”载入史册。也是移民补偿方式、安置方式和后期扶持方式的创新。其实质是把“相对封闭设计”发展成“移民参与设计”，把“单一实物补偿”发展成“长效货币补偿”，把“单一的以土安置”发展成“多渠道多形式安置”，目的是给移民群众带来更大实惠，为地方政府减轻了压力，推动国家水电工程建设。

强化移民规划设计的龙头作用，结束了规划设计滞后于移民安置工作的被动局面，使规划设计做到了“三结合，三到位，三满意”。即：三结合，水电项目业主单位、规划设计单位和地方政府紧密结合，全程参加实物指标调查，规划设计报告编制和规划设计审查工作，较好地解决了规划设计与实施的衔接问题；三到位，实际指标调查登记、公示确认、调解纠纷一步到位，较好地化解了水库淹没处理中产权纠纷不断，阻碍移民搬迁安置工作“老大难”问题；三满意，所编制的移民规划设计报告，基本实现了让广大移民群众、地方政府和水电项目法人满意。

上述工作方法，通过梨园电站“先走一步、典型引路”的模式，为全县水利水电征地移民安置工作必将起到示范作用，也为其他相关征地移民安置工作开了先河，实践证明“16118移民补偿安置方式”得到了广大移民群众的拥护和认同。

【结对帮扶】 2009年与民政部门协调大米5吨，干部职工积极捐款购买棉被20床，服装25套，向扶贫挂钩点三坝乡东坝村上下渣日村民小组进行了捐助慰问。

积极向项目法人争取上渣日村民小组通社公路10多千米，计300多万元，此项目的实施，解决了历史以来不通路的局面，极大的方便了群众出行，为地方经济发展提供了有利条件。

（吴正文）

政协香格里拉县委员会

【概述】 2009年，是中华人民共和国60华诞和中国人民政治协商会议成立60周年，是香格里拉县积极有效应对国际金融危机冲击，紧密衔接国家扩内需、调结构、保增长政策，攻坚克难，保持经济社会平稳较快发展的重要一年。一年来，在中共香格里拉县委的坚强领导和县人民政府的大力支持下，在社会各界的积极配合下，县政协及其常委会自觉以科学发展观统领工作全局，自觉紧紧围绕全县工作大局，团结、带领全体政协委员，按照“保增长、保民生、保稳定”的工作大局要求，以实现跨越发展和长治久安为动力，充分发挥人民政协的独特优势和职能作用，着力探索创新，充分履行职能，加强自身建设，履职水平持续提升，为实现经济社会平稳较快发展作出了新的积极贡献。

【政协十三届二次会议】 中国人民政治协商会议香格里拉县第十三届委员会第二次会议于4月2日至4月5日在香格里拉县城举行。会议听取和审议了《政协香格里拉县第十三届委员会常务委员会工作报告》、《政协香格里拉县第十三届委员会常务委员会关于提案工作情况的报告》，列席了香格里拉县第十三届人民代表大会第二次会议，听取并协商讨论了《政府工作报告》、法院、检察院工作报告和发改、财政书面报告。会议全面总结了十三届政协开局之年的工作，提出了2009年的工作目标和任务，选举充实了十三届政协常务委员会领导班子。

会议审议通过了汪国忠主席代表政协香格里拉县第十三届委员会常务委员会所作的工作报告和李贵阳副主席代表政协香格里拉县第十三届委员会常务委员会所作的关于提案工作情况的报告。

会议赞同肖徐县长代表县人民政府所作的《政府工作报告》，赞同县人民法院和县人民检察院的工作报告。

【政协十三届委员会第四次至第六次常委会议】 3月6日政协香格里拉县第十三届委员会第四次常委会议在县政协会议室召开。会议应到十三届政协常委22人，实到12人，因事因病请假10人。政府常务副县长格桑纳杰特邀参加，县政协各委室主任、副主任列席会议，县法院、县检察院、县财政局、县法改委等单位负责人参加了会议。会议由汪国忠主席主持，会议主要议题是：审议通过关于召开政协香格里拉县第十三届委员会第二次全体会议的决定（草案）；审议《政协香格里拉县第十三届委员会常务委员会工作报告》（草案）；审议《政协香格里拉县第十三届委员会常务委员会提案工作情况报告》（草案）；审议决定政协香格里拉县第十三届委员会第二次会议相关事宜；审议通过关于授权主席会议审定政协香格里拉县十三届委员会第四次常委会议未尽事宜的决定（草案）；协商《政府工作报告》（征求意见稿）、发改、财政书面报告和“两院”工作报告（征求意见稿）。审议决定部分十三届政协常务委员会委员任免事宜。

8月12日，政协香格里拉县第十三届委员会第五次常委会议在县政协会议室召开。十三届政协18名常委出席会议，县政府常务副县长格桑纳杰、县人大、州政协领导特邀参加，县政协各委室主任、副主任，发改委、经贸委、组织部等单位共30余人参加了会议。会议由李贵阳副主席主持，会议听取并协商了县人民政府2009年上半年经济运行情况的通报，会后形成香协〔2009〕7号文《政协香格里拉县委员会关于我县2009年上半年经济运行情况报告的协商意见》提交县人民政府，会议还研究并决定了县政协庆祝中华人民共和国建国60周年暨人民政协成立60周年系列活动的方案，最后会议进行人事任免。

12月29日，政协香格里拉县委员会第六次常委会议在县政协三楼会议室召开。十三届政协18名常委出席会议，县政府常务副县长格桑纳杰特邀参加，不是十三届政协常委的各委室主任、副主任列席会议，县检察院、县法院、县财政局、县国土局等单位领导参加了会议。会议由李贵阳副主席主持，会议研究了，筹备政协香格里拉县十三届委员会三次全会召开的有关事宜（研究十三届三次会议议程安排；研究十三届三次会议召开时间安排；研究十三届三次会议常务委员会两个报告的撰稿人安排；研究十三届三次会议大会发言安排情况；研究十三届三次会议筹备组分工安排）。会议听取并协商了县人民政府关于政协十三届二次会以来提案办理情况的通报；会议听取并通过县政协关于对全县高原农牧民子女学生生活补助落实情况的调研报告；县政协对全县矿产资源补偿机制调研报告；会议组织全体参会人员学习十七届四中全会精神及学习胡锦涛总书记在庆祝人民政协成立60周年大会上的重要讲话精神。

【县委召开全县政协工作会议】 为贯彻《中共中央关于进一步加强人民政协工作的意见》，落实好中共云南省委和迪庆州委的《实施意见》，全面推进香格里拉县政协工作的制度化、规范化和程序化建设，政协党组以促成县委召开香格里拉历史上首次全县政协工作会议作为今年政协自身建设的首要任务。在充分准备、充分调研、充分学习参考的基础上，县政协上报了《关于召开全县政协工作会议的请示》，得到了县委的同意。促成县委制定香发〔2009〕14号《中共香格里拉县委关于进一步加强人民政协工作的实施意见》，县委实施意见从充分认识新世纪新阶段加强人民政协工作的重要性、规范和完善人民政协的政治协商、支持和加强人民政协的民主监督、充分发挥人民政协的参政议政作用；切实抓好人民政协的自身建设；加强和改善党对政协工作的领导等方面做工作部署。并下发全县贯彻执行。经精心组织筹备，2009年7月24日，县委召开了首次全县政协工作会议，州委常委、县委书记彭耀文在会上作了重要讲话，指出了进一步加强人民政协工作的重要性，充分肯定了过去政协工作的成绩并对今后政协工作提出了新的更高的要求。他对保障人民政协全面履行职能工作提出了一系列保障措施和要求。县政协主席汪国忠通报了政协工作的情况，并对今后政协贯彻落实中央、省委、州委、县委会议精神，更好地发挥政协职能，更好地服务于全县经济社会发展作出了具体的安排部署。县委政协工作会议的召开，县委《进一步加强人民政协工作实施意见》的下发，为今后政协工作的开展奠定了坚实的组织保障、制度保障，必将极大地促进香格里拉县政协事业的发展。

【开展建国六十周年暨人民政协成立六十周年庆祝系列活动】 具体开展了几个方面的活动：组织各界人士参加由县委筹办的建国60周年及人民政协成立60周年招待会；组织职工积极参加县委组织的《歌唱祖国》歌咏比赛活动；开展2009的“金秋助学”活动，全县59名考取二本以上的农村贫困大学生得到了资助，并发放助学金额70600元；在《迪庆报》上开设《政协风采》专栏宣传活动，共刊登宣传政协工作和政协委员建功立业人奉献社会，宣传文章16篇，取得了良好的宣传效果，通过征文宣传活动，充分调动和激发广大政协委员的政治热情和工作积极性，不断提高人民政协的社会影响和工作感召力；结合深入学习实践科学发展观活动，深入基层、深入群众、利用中秋节，开展“进企业、进农村、进社区”活动；组织县政协部分常委、政协各委室主任到政协挂钩扶贫联系点东旺乡中心村开展扶贫调研活动，送去了慰问品及帮扶资金。

本次帮扶资金有县政协常委会机关全体干部职工自发捐资2650元，有政协常委、县民贸公司总经理曹华勋同志捐助慰问品高压电饭锅。制定扶贫帮困计划，经主席会研究解决了东旺乡中心村两台农用拖拉机，每台7350元，共计14700元。

【政协提案】 政协十三届二次会议以来，共收到提案44件，立案14件，另30件转为委员意见。主席会议从中确定了4件重点提案，分别由主席、副主席督办。采用与委员约谈面商、现场办公等“提”、“办”面对面互动交流的方式；在县委政协工作会议上，以县委名义对4个提案承办先进单位及4个先进个人进行表彰，鼓励先进，鞭策后进；在六次常委会议上听取并协商政府提案办理工作，总体上进行查缺补遗，跟踪复检。通过各方努力，提案答复率为100%，提案办理效果有了新的提高。许多提案得到采纳和落实，产生了明显的经济效益和社会效益，实现了委员提案为挑战金融危机服务、为经济社会建设服务的直接效能作用。

提高提案质量、办理质量，是提案工作的永恒主题。推进提案由数量型向质量型转变、提案办理由答复型向落实型转变，是提案工作的最终目的。因此，2009年，县政协分四个层次对提案进行促办：县政协常委会对县政府系统提案进行整体促办，也就是由政协常委会集体审议促办；对事关全局的重大问题或人民群众切身利益的重要提案，由主席会议促办；县政协的重点提案，由主席、分管副主席领衔促办；一般性的提案，由政协提案委促办。县政协服务于构建和谐香格里拉建设的大局，针对香格里拉实现全面建设小康社会宏伟目标过程中，人民群众普遍关心的热点、难点问题开展提案工作。

【围绕大局，服务中心】 为切实维护香格里拉社会稳定，积极配合县委政府“千名干部送法进村（寺）促稳定”活动，县政协常委会机关抽调了副科以上全部领导参与，广大政协委员踊跃参与其中，政协领导还分别担任了各驻村（寺）工作组长，确保了全县社会“大事不出、小事也不出”的工作目标；为支持省、州、县重点建设项目“丽香铁路”建设，政协副主席李贵阳担任了“丽香铁路”建设协调工作指挥长，完成并向州政府上报了铁路建设赔偿标准实施方案，筹备并举办了开工典礼；为加快香乡油路建设步伐，抽调政协副主席李跃芳为协调组长，解决建设中有关征地拆迁、补偿问题；为松赞林寺扎仓大殿的保护重建，由政协副主席克斯活佛担任指挥长，负责完成对扎仓大殿的保护重建工作；抽调民宗委主任王立学参与了东旺和松赞林寺寺院法制教育和寺院稳定工作；针对部分城区学校发现甲型H1N1流感疫情，政协常委会对部分校点甲流学生患者及医务人员进行了慰问。

【政协十三届第十一次至十二次主席会议】 12月8日政协香格里拉县第十三届委员会第十一次主席会议在政协主席室召开。会议研究并部署安排了参加全国15省（区）31市政协第33次工作研讨暨经济协作会议相关人员；安排关于召开第六次常委会议相关事宜；安排年终总结及筹备迎春茶话会相关内容。

12月23日政协香格里拉县第十三届委员会第十二次主席会议在政协主席室召开，会议研究并部署安排第三次全会两个报告的撰稿人员；研究三次大会发言人；三次会议分工情况；通报常委会机关工作总结。

【举办迎春茶话会】 2009年1月9日下午3：00时，政协香格里拉县委员会和中共香格里拉县委统战部在县城环太酒店举行香格里拉县2009年迎春茶话会。州政协、州委统战部主要领导、驻县城的县五大机关离退休老领导、民营企业及外商代表、各族各界代表人士、驻城区部分政协委员、县四套班子领导及县级国家机关各部委办局、各人民团体主要负责人，驻香人民解放军、武警、森警部队代表，共320多人欢聚一堂，共同欢度2009年新春佳节的到来。茶话会由政协主席汪国忠主持，州委常委、县委书记彭耀文在茶话会上致词，县人民政府通报了香格里拉县国民经济和社会发展情况，县委统战部长格桑纳杰在迎春晚宴上致祝酒词。茶话会还邀请迪庆州歌舞团的演职人员作了精彩的文艺表演。整个茶话会始终处于欢庆、民主、团结的氛围中，大家畅所欲言，各抒己见，踊跃建言献策，起到了沟通思想、求同存异、达成共识、团结奋进、凝聚人心、共谋发展的作用。

【矿产资源开发补偿机制调研】 根据政协第十三届主席会议安排，要求对全县资源开发补偿机制进行调研，政协副主席李贵阳及相关部门人员组成的调研组历时两年（2008～2009年），在分析全县资源开发过程中的旅游、水电、矿产等产业开发情况后，认为矿产业开发，应尽快建立生态补偿机制。调研组走访了全县大部分乡、镇、村，到矿业开发生产一线进行实地察看，和干部、群众就矿业开发专题进行了座谈，最终形成调研报告。在调研报告中提出五个方面存在的主要问题：生态补偿内容不够完整；补偿方式比较单一，没有建立良性投融资机制；各地方由于解决侧重点不同，缺乏一个全面、系统、长远的解决办法；还没有形成统一、规范的管理体系；地区资源优势不能充分体现为经济效益。针对调研中存在的问题提出了五个方面军的建议：通过建立多元化的补偿资金融资机制来解决资金需求问题；建立矿产资源生态补偿保证金制度由于长期实行粗放型的增长方式，造成了矿山生态环境破坏；建立矿山生态恢复治理基金；通过培育和完善探矿权和采矿权市场来真正体现矿产资源价值培育和完善探矿权、采矿权市场；建立社会监督机制。《调研报告》在十三届政协第六次常委会议上作了专题汇报，常委会以审议意见的形式提交县人民政府作决策参考。

【高原农牧民子女学生生活补助调研】 为积极稳妥，扎实有效地推进高原农牧民子女学生生活补助落实工作，进一步了解和掌握全县各乡（镇）学校三年来实施高原农牧民子女学生生活补助落实过程中存在的困难和问题。2009年11月16～20日，由政协教科文卫委牵头，政协四委一室主任、县级各有关部门组成，由李跃芳副主席为组长的调研组，对尼西乡、金江镇、建塘镇三个乡（镇）人民政府以及尼西中心完小、吾竹完小、建塘镇纳赤塘小学、香格里拉县一中、香格里拉县民族小学等校点广泛深入调研，听取了三个乡（镇）人民政府及各校点的情况汇报，召开专题座谈会等。在调研结束后，调研组认真查阅资料，了解高原农牧民子女学生生活补助政策规定，撰写了《政协香格里拉县委员会关于高原农牧民子女学生生活补助落实情况的调研报告》，肯定了补助落实取得的显著成绩，实事求是地指出了存在的问题，提出了初步意见和建议。调研情况和《调研报告》在十三届政协第六次常委会议上作了专题汇报，最终形成《关于高原农牧民子女学生生活补助落实情况的调研报告的审议意见》，拱县人民政府作决策参考。

【2009年度机关工作总结】 2009年12月30～31日，根据香格里拉县委组织部、县人事局、县劳动和社会保障局关于做好各单位国家公务员、机关工勤人员年度工作考核的相关要求，政协机关2009年度工作总结在县政协三楼会议室举行，机关全体职工参加。在进行个人和委室总结的基础上，审查了由办公室草拟的县政协机关书面工作总结《政协香格里拉县机关2009年度工作总结及2010年工作建议》，全面回顾总结了政协机关2009年度内开展的各项工作，充分地肯定了各方面取得的成绩，指出了存在的问题，提出了10年工作的建议。

根据县委组织部、县人事局、县劳动和社会保障局的相关规定，结合职工个人一年来的思想、工作、学习、生活的情况，以集体评议、民主测评的方式对全体职工进行认真考核，在副处以上领导中评选出优秀公务员1人上报县委，评选出机关年度优秀公务员2名，优秀工勤人员1名，其余为称职等次。并对2010年度机关工作提出了“加强学习、搞好服务、过好日子、加强团结协作”的要求。

【参加全国15省（区）31市联谊会】 为充分发挥人民政协上下联系指导、横向交流合作的重要优势，2009年5月政协香格里拉县委员会申请了参加全国15省（区）31市政协联谊组织，2009年11月下旬，由政协主席汪国忠带队，委室主任组成的学习考察团，首次参加了在广西北海举办的全国15省（区）31市政协联谊会，就政协工作研讨和地区间经济协作等达成广泛共识。为广泛宣传香格里拉起到了积极作用。

【国外学习考察】 2009年12月，县政协主席汪国忠随省政协考察团出访了英国、瑞士，扩大了对外交往的范围和领域。

【参加全省18县（市区）政协联谊会】 2009年7月县政协副主席李贵阳参加了在德宏州潞西市举办的全省18县（市区）政协联谊会。进一步加深了省（市）、县（区）之间相互了解，促进了区域间的团结稳定、经济文化交流与协作、互通信息与友好往来。

【外事接待】 2009年接待省内外赴香格里拉旅游考察县（市区）政协组织共30 批 350 人次。通过联谊活动，发挥人民政协独特作用，不断扩大香格里拉的知名度和感召力，在学习借鉴中全面提升香格里县政协的工作水平和质量，在构建小康社会、和谐社会，推动经济社会又好又快发展中发挥了人民政协的独特优势。

【自身建设】 思想决定行动，学习更新观念。县政协常委会始终坚持把加强学习放在首要位置，深入开展学习实践科学发展观活动，着力抓好了中共十七届三中、四中全会和胡锦涛总书记在庆祝人民政协成立60周年大会上重要讲话、《中共中央关于加强人民政协工作的意见》中发〔2006〕5号精神的学习，推动学习不断取得实效。

面对国际金融危机的严重冲击，县政协常委会充分运用全体会议、常委会议、主席会议、专委会会议，职工学习日、给委员编印《政协理论知识学习材料》等多种形式，为委员履职提供理论指导，充分调动广大政协委员的学习热情和工作干劲，组织广大委员深入学习中央、省委、州委、县委会议精神，着力在认清形势、把握大局上下工夫，在统一思想、增进共识上下功夫，进一步坚定了应对危机、战胜困难的信心和决心，增强了履行人民政协职能的自觉性和坚定性。

按照县委的部署要求，进一步把学习实践科学发展观活动引向深入，按照“一面旗、一团火、一盘棋”活动要求，认真落实好学习动员、分析检查评议、整改提高三个阶段的“规定动作”，诚心诚意做好“自选动作”，集中全力抓好整改落实工作，使常委会机关形象、机关作风、职工面貌明显转变。

通过开展各种类型的学习实践活动，进一步增强了县政协贯彻落实科学发展观的自觉性和坚定性，提高了政协干部和广大委员队伍的思想境界，政协组织关心发展、参与发展、服务发展的能力和水平有了新的提升。

（王贵仙）

群众团体

工　会

【**概述**】 2009年,香格里拉县总工会在州总工会、县委、政府的正确领导下，在有关部门的大力支持下，认真贯彻落实“三个代表”重要思想，坚持以邓小平理论为指导，全面落实科学发展观，认真学习党的十七大和十七届三中全会精神以及中华全国总工会第十五次代表大会，云南省第十次工会代表大会精神，认真贯彻“党政所谋、职工所需、工会所能”的工会工作要求，围绕县委工作中心，团结动员全县各族职工掀起“当好主力军、建功‘十一五’和谐奔小康”的热潮。坚持走中国特色社会主义工会发展道路，突出“组织起来，切实维权”的工会工作方针，团结动员全县各族职工为实现“十一五”规划建功立业，按照“扩大工会工作覆盖面、增强工会组织凝聚力”和“保增长、保民生、保稳定”的工作要求，切实履行维护、服务、稳定、协调、桥梁、纽带等职能，努力在加强基层工会建设，推动劳动关系和谐企业建设，创新工会维权机制，办好工会实事等方面取得了新的进展。

【**组织建设**】 加强组织建设，增强工会力量。2009年州总下达香格里拉县的会员发展任务数是543人，新增会员单位19个。县总工会经过认真的分析研究，将会员发展工作重点放在员工固定、各项制度健全的几家非公企业，经过多次做工作，新增会员单位4家，会员增加565人，超额完成了会员发展任务数，工会组织队伍得到壮大，力量不断增强。按照“三同时”要求，在新建会单位也同时建立了女职工委员会（工会女工小组）、经审会，做到了有人管事，有人做事。

【**工会经费收缴和管理**】 加强工会经费收缴和管理，为开展工会工作提供坚实的物质保障。一年来，全县各级工会财务认真执行财务制度，按照收支平衡，量力而出的原则，严格执行年初预决算，把好用钱关。未出现截留、欠解、挪用工会经费或违反财经纪律的行为。

工会经费地税代收工作进展顺利。2009年是工会经费地税代收的第一年，县总高度重视此项工作，按照州总工会的统一部署，在2008年完成了信息采集的基础上，不断完善基础数据，发现问题及时向州总汇报、与县地税局沟通，通过召开联席会议、部门负责人会议、经办人员沟通会议等形式，存在的问题得到了解决，为工会经费的及时收缴奠定了基础。在全县各基层工会的共同努力下，全年工会经费收缴顺利，地税机关已按照省级规定的分成比例足额将经费划拨到各基层工会。

全县行政事业单位工会经费实现由财政全额拨付。从2004年开始，香格里拉县党政、事业单位职工工会经费，财政按工资总额的2%列入了预算，将其中40%划拨给县总工会，基层工会留成60%列在各单位的公务费或公用经费中，但绝大部分单位以公务费紧张等条件为由，不按有关规定向单位工会提取工会经费，致使基层工会有机构无经费。县总工会针对这一情况，将工会经费作为重点工作向县委政府做了汇报，并以工会经费税务代收为契机，要求工会经费全额由财政划拨。县委政府对此项工作给予了高度重视，召开政府联席会议研究，同意工会经费按职工工资总额2%的比例，从2009年开始全额由财政划拨，各基层工会经费得到保障，为开展好工会组织各项工作奠定了基础。

加强基础设施建设，不断提升工会服务职工

能力。2009年3月20日县政府组织召开工会联席会议，专题研究了职工服务中心（困难职工帮扶、法律援助、医疗互助、技能培训四位一体的服务中心）建设问题。县政府及涉及职工服务中心建设的规划、国土、财政等部门对职工服务中心的建设给予了大力支持，县总工会也做好相关建设筹备工作。目前，职工服务中心建设工作完成了选址、可研、初步规划、立项及设计等工作。

【工会宣传报道】 为切实做好全县工会工作的宣传报道，县工会专门安排了信息员，利用电视报纸等媒体有力地宣传了全县的工会工作。全县工会工作简讯及理论文章分别被《迪工简讯》、《迪庆日报》、香格里拉政务公众网、《香格里拉信息》、《时代风采》、云南省总工会网站、《云南经济日报》、《中国工会信息》等报刊、杂志及政府网络采用，工会工作新闻被迪庆电视台采用2条。

【深入学习实践科学发展观活动】 开展深入学习实践科学发展观活动。根据省委州委的统一部署，按照《中共香格里拉县委关于开展深入学习实践科学发展观活动的实施意见》文件精神，为切实搞好县总机关的学习实践活动，结合县总工会实际，制定活动实施方案。在县委学习指导组的精心指导下，通过自学、集中学习、实地调研、撰写学习心得和调研报告、召开民主生活会等，按要求完成了各阶段的学习任务。

【党风廉政建设】 根据与县纪委签订的《香格里拉县党风廉政建设目标责任书》，结合工会实际，单位与全会职工签订了《香格里拉县总工会党风廉政建设目标责任书》，并定期不定期组织单位职工学习传达纪委下发的文件精神。

【工会七届六次全委（扩大）会议】 工会七届六次全委（扩大）会议。2009年4月召开了香格里拉县总工会八届三次全委（扩大）会议。会议全面总结了2008年工会工作,部署了2009年工会工作。会上传达了州总工会六届七次全委(扩大)会议精神，作了县总常务委员会七届五次全会以来的工作报告，经审委、女工委作经审工作报告和女职工工作报告。通过会议，全县各基层工会组织和广大工会干部责任意识进一步强化、做好工会工作的使命感进一步增强。

【建功立业】 女职工工作。以庆祝“三八”节活动为契机，组织县级机关、企事业单位女职工及离退休女干部、建塘镇五个社区妇女群众举办文艺汇演，各乡（镇）女工委结合开展的“千促”活动，以《送法进村促和谐，寓教于乐庆“三八”》为主题，通过召开群众大会、法律知识竞赛、文艺表演等形式，积极组织开展了丰富多彩、健康、文明、向上的庆祝活动。4月中旬女工委员会联合县卫生局、县妇联、县妇幼保健院在城区集中开展妇女病普查普治，为413名妇女进行了妇女病筛查。

组织职工参加全省职工才艺博览。根据省总和州总的统一安排，县工会积极筹备职工才艺博览工作，全县申请参展了民族民间工艺品一项、创新成果展一项、文化作品29件。其中，1件摄影作品获全省二等奖，1件美术作品获全省优秀奖。

开展职工安全知识竞赛。为进一步贯彻落实上级政府对安全生产工作的部署和指示精神，不断增强职工的安全健康意识和素质，掌握安全健康知识和安全健康技能，提高杜绝违章作业和违反劳动纪律、抵制违章指挥的主动性和积极性，促进安全生产，县总工会开展“云天化杯”职工安全知识竞赛，印发《安全生产百题知识问答》，内容涉及《工会法》、《安全生产法》、《职业病防治法》、《道路交通安全法》等相关法律法规，全县共有864名职工参加了竞赛活动。

做好《工会法》等法律法规学习宣传。为进一步加强职工对法律法规的认识，年内共举办1期以《工会法》、《劳动合同法》、《就业促进法》以及《女职工权益保护法》为主要内容的法律法规培训，全县125名基层工会负责人参加了培训。4月25日至5月1日，《职业病防治法》宣传周期间，县总同联合相关部门以走访和设立固定宣传点等形式对全县39家中小企业、农民工及全社会广泛宣传《职业病防治法》的相关知识，发放宣传单3000份，宣传小册子300份，张贴宣传画150份。

全面推进“贷免扶补”工作。为切实贯彻落实好省、州总工会鼓励创业“贷免扶补”工作的会议精神和“贷免扶补”相关工作总体要求，县总工会结合实际成立了工作领导小组，建立小额信贷工作站，制定了具体的实施方案，为创业人员提供了“一条龙、一站式、一体化”的服务。2009年全县工会系统共完成扶持成功创业者13人，配合农村信用社发放贷款65万元，使更多的下岗职工和农民工实现创业梦想，并以创业带动了就业，进一步缓解社会就业压力，推动和谐社会的建设。

开展职工技能比赛。2009年9月7日，县总工会、县卫生局联合举办了全县卫生系统护理技能大赛，12名经过基层初赛的职工参加了决赛。通过这次技能竞赛进一步夯实护理力量，激发了护士们的学习热情，达到了以赛促训，提高服务水平、服务技能和服务质量的目的。

开展各类立功竞赛活动。开展劳动关系和谐企业竞赛、工人先锋号和和谐家庭评比表彰活动。年内共有2个企业、5个班组荣获劳动关系和谐企业称号，9户家庭被省总州总工会授予和谐家庭称号，24户家庭被省总工会授予和谐家庭称号。云南环太酒店员工黄烽被评为“云南省十佳农民工”，并同时被授予云南省五一劳动奖章；县环卫站齐荣光同志获得云南省五一劳动奖章；全国总工会授予香格里拉县民贸大楼平价二超市为全国“工人先锋号”称号。

【维权帮扶】 组织开展第六期职工医疗互助活动。积极动员各单位参加全县第六期职工医疗互助活动，全县第六期医疗互助活动参加人数为7316人，比第五期增加501人，增长7.4%，其中在职人员5287人，占72.27%，退休职工2029人，占27.73%。参加单位124个，总缴费金额为380210元。截止12月17日，全年共补助因病住院238人，补助金额为103063元，个人单次最高补助金额为3305元，个人单次补助金额3000元以上的共3人。做好劳模工作，体现党和政府的关心。继续做好省部级以上困难劳模的调查上报和帮扶救助工作，2户困难劳模获改善居住条件补助金10000元并发放到位；看望慰问全国劳模2户、省部级劳模13户，共支出帮扶救助金3100元；看望重病住院的省部级劳模胡长友，为其筹措帮扶金1200元；县总工会积极筹措资金，于9月4日至10日，分批组织16名省部级以上劳模进行了全面体检；国庆中秋期间慰问全国、省部级困难劳模6人，共支出慰问金12700元。

加强对困难职工帮扶救助工作。县总工会对下岗职工、因大病大灾造成家庭特困的职工及农民工给予了帮扶救助，“两节”期间对困难职工进行了慰问，到2009年12月31止，帮扶困难职工223人，其中农民工23人，共支出救助金253450元；全县对19名考上大学而确因家庭困难无力供子女上大学的困难、下岗、单亲、农民工家庭实施了“金秋助学”，共支出经费55000元；对全县困难职工进行了动态管理，并把所有帮扶的困难职工及时录入全国工会帮扶管理系统；县总工会经请示县政府同意，将两节送温暖经费由2008年3万元提高到4万元并纳入财政预算，为困难帮扶救助提供了资金保障。

加强农民工培训。受国际金融危机的影响，县境内多数矿产等资源企业处于停产半停产状态，致使大批农民工返乡，就业形式十分严峻。县工会根据这一情况，联合县劳动局举办了首届服务行业从业人员职业技能培训班。此次职业技能培训，是加强农民工转岗、促进农民工进城从事二三产业、提高他们的素质和就业能力的具体举措。为使培训取得实效，特聘请省内专家授课，培训内容不仅以职业技能培训为重点，还涵盖政策、法律法规等相关内容，更注重安全常识和公民道德规范的培训。培训结束后进行了考核，颁发了《中华人民共和国职业技能资格证书》，来自全县各乡（镇）的110名农民工参加了为期十天的培训，县总工会筹集5.5万元资金用于此次农民工培训。

继续开展工会维权机制建设工作。健全和完善源头参与机制，充分利用与政府联席会议制度和劳动关系三方协商机制等，拓宽工会反映职工诉求领域，积极主动向县委、政府表达职工的愿望和诉求。积极参与国有企业改革改制工作，从维护职工合法权益角度，提出了工会的主张和建议，为涉及职工利益的许多问题的及时解决提供了决策依据。通过建立和推行职工代表大会制度，厂务（校务、院务）公开制度，集体合同制度，职工董事、监事制度，工资集体协商制度和企业劳动关系调解委员会和劳动法律监督委员会，有效促进了企业民主管理，拓宽了职工反映心声和提出意见建议的范围和领域，为切实维护职工合法权益提供了平台，保障了劳动关系双方的合法权益，促进了劳动关系和谐稳定，有效促进了企业的健康发展，有力地推动了创建“劳动关系和谐企业”活动的开展，为构建平安和谐香格里拉起到了积极的推动作用。

【工会经费审查审计】 县总经审委认真组织开展好本级工会经费预算执行情况(决算)、工人俱乐部年度经费执行情况等，对常规审计项目进行了认真的审计。同时还对2008年度中央财政补助专项帮扶资金执行情况及劳模慰问金及帮扶金进行了审查审计；对县总工会资产及俱乐部现有资产作了审计和清理。通过认真审计，在使用过程中未发现有截留挤占挪用、虚报冒领、自行改变资金计划和用途的现象，帮扶资金及时足额发放到了劳模、困难职工手中。

【围绕中心，服务大局】 县工会服从服务于县委政府的中心工作，做好对扶贫挂钩点的帮扶工作，为虎跳峡镇金星村要米一组筹集了2000千克大米；配合相关部门做好防艾、禁毒等工作。抽调工作人员到小中甸水利枢纽工程参加协调和政策宣传工作；根据县委的安排，县总工会牵头抽调县级职工200名，组成城市气功表演方队，参加端午赛马节开幕式表演；认真落实《保密法》、《档案法》等法律法规，做好保密和档案工作。

（吴玉强）

共青团

【概述】 共青团香格里拉县委在县委、县政府和团州委的正确领导下，在县级各有关部门的关心支持下，高举中国特色社会主义伟大旗帜，认真践行科学发展观，紧紧围绕全县中心工作和青年成长成才需求，以“服务大局、服务社会、服务青年”为核心，以“和谐社会、和谐青年、和谐行动”为载体，真抓实干，勇于创新，开展了思想政治教育宣传、青年建功新农村、希望工程助学、青年志愿者行动和领导少先队等工作。坚持党建带团建，以农村团建和社区团建为契机，切实加强团的自身建设，团的事业在创新中有了长足的发展，为推动香格里拉经济社会发展贡献力量。截止2009年底全县14～28周岁青年41371人，团员9534名，团青比例23%，少先队员15274名。全县共有15个基层团委，66个团总支，533个团支部，配备9个专职团干部，7个兼职团干部，其中女团干6人，少数民族14人，乡（镇）团委书记平均年龄为26岁，大专及以上学历有12人。全县共建成希望小学37所，希望卫生室2所，救助贫困学生5436人。到目前为止，全县已完成66个团总支的调整清理工作，团的组织网络已基本覆盖了全县所有机关企事业单位、乡（镇）、行政村、村民小组。

【思想道德建设】 团县委始终把开展“青春彩云南·雪域青年奋进主题教育活动”当作全县团员青年思想教育工作的重中之重来抓。组织青年深入学习宣传贯彻党的十七大、十七届三中、四中全会精神，大力开展各种纪念活动、实践活动和教育宣传活动，以开展“青春红丝带”、“永远跟党走”、“青年文明号”、“升国旗仪式”、“珍爱生命、远离毒品”、“知荣辱，树新风”等活动为载体，进一步坚定香格里拉县广大青年跟党走中国特色社会主义道路的信念；实施以“民族精神代代传、弘扬长征精神”为主题的爱国主义教育；根据团州委《关于组织我州青少年参与全国红色故事会征集评选活动的通知》，团县委同县史志办在全县范围内开展了青少年红色故事征集活动，并上报红色故事10个参加评选；在由全国少工委举办的“祖国发展我成长—畅想新生活”全国儿童画征集活动中，全县在6～14周岁的少年儿童中共征集27幅画参与全国比赛，进一步加强全年青少年爱国主义的思想教育，提高全县青少年艰苦创业、开拓创新、无私奉献的高尚情操及建设家乡与报效家乡的热情，不断完善香格里拉县青少年思想道德建设的形式和载体。

【团组织和团员队伍建设】 认真落实“党建带团建”的工作精神，进一步加强基层团组织建设，加强团干部和团员队伍建设。按照县委“三建三带三创”的具体要求，各级团组织从“四有”（即有组织、有班子、有制度、有活动）标准加强了基层团组织的建设，组织机构设置从乡（镇）到村（社区）、从村（社区）到村组，层层设置，机构健全。积极推进“青年马克思主义者培养工程”，切实提高团干部的整体素质。加大“两新”组织中团组织覆盖面，积极推进“两新”组织团建工作。积极向党政领导汇报反映，为全县61名村团总支书记解决了人均每月100元的工作补贴；8个乡（镇）团委书记及2个团县委干部提拔转岗。积极开展“乡乡”上网工程，启动“数字云青工程”培训，使用电子团务系统按时上报相关数据、收发文件，做好基层团组织“台帐”的数据填报和管理工作，全面实现全县共青团工作的整体联动。

根据团省委实施云南省农村基层团组织建设“双千双万”（千村建设、千村示范、万对帮扶、万堂团课）的要求，及时确定30个“千村建设”和30个“千村示范”农村基层团组织，并促成县第五中学团委与县第二中学团委成为帮扶对口团组织。各级团组织以各种形式多样的主题实践活动为载体，认真组织开展主题教育活动，深化“五四红旗团委、团支部”的创建活动，整顿松散、空壳团支部，以创建活动促进团的组织和队伍建设，增强团组织的吸引力和凝聚力，广大团员青年在社会和工作实践中增意识、亮身份、树形象、当先锋，团员青年队团组织的认同感和归属感不断增强，提高了“我是团员我光荣”的思想意识，广大团员立足本职、勤奋工作、无私奉献的模范带头作用更加突出。按照省、州、县相关精神，坚持“高进、严管、优出”的原则，采取上挂下派、培训学习等多种途径，切实加强团干部和团员队伍建设，共举办团干部培训班6期，受训团干部2274人次。加强和规范推优工作，有多个基层团组织和多名优秀团员青年受上级表彰，吸收了361名优秀团员加入党组织，进一步加大了团员发展力度，“推优”工作有新进展。

【制度建设】 团的制度建设是保证团青工作正常有序开展的关键。各级团组织进一步完善团建目标管理；积极探索团青工作定性与定量相结合的工作方式，继续与11个基层团委开展团内目标责任签订工作；进一步加强团内基础工作规范化、制度化、痕迹化建设，推行基层团委工作台帐制度，团青工作开展情况通过台帐统计的方式得以量化体现。做到会议有记录，制度能上墙，活动见成效，团的基础建设得到全面加强，工作积极、健康有序地开展，工作质量和成效不断提高。

【人力资源开发】 围绕建设蔬菜、粮食、畜牧、林果四大基地目标任务，组织全县各级团组织大力实施“青春建功新农村——三项实用技术培训，万亩科技示范”活动，积极争取和配合州县农牧局、科技局等部门为基层农村提供技术、信息、政策等支持，帮助农民解决生产中遇到的难题，为农民提供技术指导和技术服务。组织举办各类实用技术、扶贫技能培训班3期，参训人数达220余人次，发放有关资料500余册，建立青年科技示范户5户，推广“三项使用技术”10亩，推荐优秀团干部和农村青年创业致富带头人参加省青年使用技术培训，帮助大批农村青年发展现代农业，实现转移就业，多渠道增收致富，促进了农村青年的成长成才。

【青年创业就业】 全县拓宽思路，创新方法，全力推进青年就业创业行动，积极开展“青春彩云南·扬帆工程”鼓励创业“贷免扶补”工作和YBC 项目。2009年，成功扶持创业者60人，配合农信社发放贷款300万元，配合团州委（YBC）项目办已成功帮助全县12名青年加入该项目，为有志青年成就理想、就业创业搭建服务平台。一批有文化，有胆识，想干事、能干事的优秀青年在新农村建设中营氛围、造声势、添砖瓦、建基地、做示范、搞宣传，倡导生活新风，积极加入到村两委班子和各类产业协会中，为香格里拉县新农村建设献智、献力。

【未成年人思想道德建设】 强化落实以团带队的各项工作措施，加大少先队辅导员培训工作，规范少先队组织制度深化，丰富少先队组织活动内容。深入贯彻《公民道德建设实施纲要》、《中共中央国务院关于进一步加强和改进未成年人思想道德的若干意见》，坚持未成年人思想道德建设贴近实际、贴近生活、贴近未成年人的基本原则，发挥团队组织的主导作用和未成年人的主体作用。通过组织未成年人开展读书、演讲、征文、调查和参观等形式多样的体验活动，增进了未成年人了解香格里拉经济建设所取得的成就，从而增强了未成年人热爱家乡、热爱祖国的情感。将体验教育与思想道德建设相结合，提高了未成年人的思想道德素质。通过体验教育与学校素质教育相结合，积极开展环保教育、国防教育、艺术教育等活动，提高了未成年人的综合素质。通过体验教育和常项教育相结合，提高了未成年人和少年儿童与体验实践的兴趣。同时，通过广泛开展“三下乡”、“雏鹰争章”、“手拉手”、“亲子营”等富有时代特色、健康有益、充满活力的青少年文化活动，不断满足青少年日益增长的精神文化需求。继续抓好“青少年维权岗”、“社区青少年远离毒品行动”等工作载体，切实关注网络文化对青少年文化生活的影响，实施未成年人网络工程，用先进文化抢占网络阵地，引导青少年文明上网，上文明网。使团队组织全方位参与到学校、社会和家庭教育中，引导青少年大手牵小手，小手推大手，互相促进，共同进步，不断深入推进学校共青团和少先队工作健康发展。

【服务和谐香格里拉建设】 为进一步弘扬“奉献、友爱、互助、进步”的志愿精神，全县大力开展志愿者服务工作。在学习雷锋纪念日，组织300多名学生开展城区清扫卫生活动。同时组织广大青年团员利用节假日深入各乡（镇）开展为五保户和孤寡老人“送温暖”活动；开展禁毒防艾、法制教育、抵制邪教等宣传活动，共发放宣传材料4000余份；暑期“三下乡”、“手拉手”、城乡“一助一”、“雏鹰行动”、乡村青年文化节、校园社团文化等活动取得了新的成效；各级“青年文明号”集体已成为传播职业文明的窗口；在“七彩云南香格里拉·青春建功保护行动”中，广泛开展环保知识宣传、植绿护绿、生态监护活动，为香格里拉县“生态立县”的发展目标作出了积极贡献；在抗击雪灾、“千名干部送法进村（寺）”工作中，香格里拉县共青团员充分发挥了生力军和突击队作用。

全县以纪念五四运动90周年、建队60周年为契机，开展以“青春彩云南·爱我香格里拉”、“歌唱祖国迎六一、庆六一”为主题的系列庆祝活动，同时组织8名小学学生赴京参加“红军孩子心向党·向党中央汇报演出并走进星光大道”文艺汇演，向党中央领导及老红军展现了边疆藏区少年儿童风采。在云南省香格里拉县2009～2010年度“文化科技卫生”三下乡集中示范活动中，组织志愿者联同司法局、卫生局开展“法制宣传教育活动”和“禁毒防艾活动”，有效增强了青少年法律意识和思想政治素质，加强了广大团员青年建设家乡、服务社会的责任感和使命感。

【希望工程和捐资助学】 在团省委、省基金会、团州委和县委、县政府的关心支持下，团县委始终坚持“积极争取、严格实施”的工作方针，充分利用“香格里拉”的品牌效应，多方面筹集资金，认真做好希望工程资金收支管理，加强捐、受双方的交流与沟通，加强宣传工作，营造良好的工作氛围，对推动全县教育事业起到了积极的作用。2009年，共争取希望工程建校资金120.5万元，援建希望小学2所（其中香格里拉县中南海爱心学校60万元、东坝三星Anycall希望小学62.5万元）。希望小学已覆盖全县11个乡（镇），其中本土企业家援建2所希望小学和1所希望卫生室。

认真实施好香港中华基督教青年会“燃亮明天”助学行动和各种零星捐资助学活动，继续加强和完善贫困学生调查备案机制，进一步加强救助贫困学生工作。2009年，共资助贫困学生313名，其中小学生225名，高中、初中生66名，大学生22名，发放希望工程助学金102770元。通过团县委和社会各界的不懈努力，希望工程已成为政府分忧民心、德政施政的品牌工程。

做好结对帮扶工作。2009年，团县委广泛动员社会各界力量，以“香港苗圃行动”、中国、省青基会等组织为依托，大力开展“爱心圆梦大学”、“爱心成就未来”、“希望书库”等形式多样的公益关爱活动，为青少年的成长成才提供服务，不断增强希望工程的社会影响力和覆盖面。积极配合三星Anycall公司和邓禄普汽车公司捐建“希望书库”；在县城举行云南省希望工程“行万里路，送万双鞋”公益活动爱心鞋发放仪式，向贫困学生共送去1035双鞋。

（高盼星）

妇 联

【概述】 2009年，香格里拉县妇联在县委、政府的正确领导和上级妇联的指导下，以“三个代表”重要思想为指导，深入贯彻落实党的十七大精神，深入学习实践科学发展观，服从服务于县委、政府的工作大局，以“党政所急、群众所需、妇联所能”为工作切入点，积极推动落实男女平等基本国策和实施妇女儿童发展规划，坚持一手抓发展，一手抓维权，牢牢把握促进男女平等、实现共同发展、构建和谐社会这个主题，努力推动妇女儿童事业的持续发展，在全面建设小康社会、构建平安和谐香格里拉的进程中做出了积极的贡献。

【元旦穿城赛】 元旦节期间，县妇联联合州县总工会、团委、文体等部门组织开展了“迎国庆六十周年”穿城赛跑活动，机关、企事业单位干部职工、居民和学生共2000人参加，丰富了广大居民文化生活，营造了浓郁的节日氛围。

【“三八”节活动】 全县各级妇联把开展庆祝“三八”节活动作为城镇妇女“巾帼建功”活动的一项重要内容，在“三八”国际劳动妇女节期间，认真开展了各项方针政策宣传和“迎奥运·庆三八”活动。3月6日，县妇联、女工委联合迪庆军分区在坛城文博中心开展了以“军民联欢·共建和谐”为主题的庆祝“三八”妇女节文艺联欢会。县级机关、企事业单位女职工及离退休女干部、建塘镇五个社区群众共260人参加了文艺演出。舞蹈、相声、小品、诗朗诵、乐器独奏、独唱、大小合唱等25个节目的演出，充分展示了全县各族各界妇女在各条战线上巾帼不让须眉的飒爽英姿和崭新风貌，又反映了香格里拉军民鱼水情深、党政军民团结一致、共建和谐的社会环境。县委常委、宣传部长杨美琼出席联欢会并致辞。州妇联主席李秀珍、迪庆军分区副参谋长杨文华及县委、人大各部门领导同城区女职工和社区群众近600人一同观看了文艺表演。

各乡（镇）妇联结合“千名干部送法进村（寺）促和谐”活动，以“送法进村促和谐、寓教于乐庆‘三八’”为主题，通过召开群众大会宣传党和国家的方针政策、举办法律知识竞赛、文娱活动等形式，积极组织开展了丰富多彩、健康、文明、向上的庆祝活动，广大城乡妇女陶冶了情操、愉悦了身心，增强了团队协作精神和彼此之间的友谊。

【“双学双比”竞赛活动】 全县各级妇联围绕农村经济建设中心，不断深化农村妇女“双学双比”活动，通过技能培训、小额信贷、项目扶持等途径加大对城乡妇女发展的支持和服务力度，组织广大农村妇女积极参与产业结构调整，积极向“双学双比”成员单位争取农村妇女培训经费3万余元，在帮助农村妇女提高文化科技素质、增收致富、促进农村经济社会协调发展等方面发挥了积极作用，培养了一批批有文化、懂技术、会经营的新型女农民。

一年来，全县各级妇联共举办以法律、科技、卫生健康知识等为内容的各类实用技术培训班122期，培训农村妇女16383人（次）。通过举办形式多样的实用技术培训，使广大农村妇女掌握了党在农村的基本政策，学习了新技术，相互交流了科技致富的经验，更新观念、开阔眼界，求知欲变强了，脑子变活了，引导她们走出一条立足本地资源、形成特色农业、实现农业产业化经营的路子。同时涌现出了一批先进典型人物，虎跳峡镇赵秀英、建塘镇达瓦卓玛分别被授予云南省“百户学科技家庭”、“百户创新绩家庭”称号，女村官李学莲荣获云南省“三八红旗手”光荣称号。

抓好“三八绿色工程基地”的管理。县妇联积极向上级争取项目资金15万元，并多次到基地调研，督促基地负责人合理使用资金，如期完成种植面积，保证其成活率。

【妇女发展项目】 县妇联继续实施妇女发展项目，为农村妇女脱贫致富办实事、好事，为建设社会主义新农村发挥“半边天”作用。在各乡（镇）实施了“巾帼科技示范户”信用贷款业务，共为29户农户发放贷款27.1万元；在全县各乡镇18户农户中投放了11.3万元妇女发展循环金，积极为部分农村妇女发展科学种植、养殖和加工业提供了资金支持。县妇联领导干部多次深入基层，对一年来实施巾帼科技示范信用贷款户进行调研。

【“贷免扶补”项目】 为进一步贯彻落实《云南省妇联开展鼓励创业贷免扶补工作的指导意见》精神，充分发挥妇联组织自身优势，为广大妇女提供创业就业服务，更好地发挥妇联组织在社会主义新农村建设中的作用，开展好鼓励创业贷免扶补工作，县妇联结合实际制定了《香格里拉县实施鼓励创业贷免扶补项目实施方案》，深入到全县各乡镇进行了专题调研。在实地调研了解情况的基础上，尽量妥善安排项目实施户，用有限的资金发挥更大的效益，同时充分发挥妇联的组织优势，协调各级党委、政府及财政、农科等有关部门，为投身新农村建设的广大农村妇女提供政策、技术、资金、信息、项目、医疗、法律等有效帮助，努力在培养新型女农民、转变思想观念、生活方式上发挥作用；在增收致富、增加妇女收入上发挥作用；在构建和谐家庭、和谐村寨上发挥作用；在依法维护妇女权益上发挥作用；在引领妇女参与民主管理上发挥作用。

全县各级妇联组织以项目的实施为契机，积极组织、引导、鼓励城乡妇女“返乡创业、就近转移、居家就业”，着力扶持“巾帼创新业示范基地”，培育一批妇女创业带头人，扶优扶强“妇字号”创业经济组织，促进广大城乡妇女增收致富、创业创新，通过调研审核，县妇联完成了成功扶持14名女性创业的项目任务，共发放创业贷款70万元。其中有农村女能手，也有下岗女工和女大学毕业生，她们发挥各自的特长，利用有限的资金发展生态养殖、商品零售、民族特色餐饮和洗衣店等，获得经济效益的同时，实现了自我价值的提升。

【“巾帼建功”活动】 县妇联联合有关部门继续深入开展城镇妇女“巾帼建功”活动，以提高城镇妇女整体素质为重点，开展丰富多彩的行业竞赛活动，使广大女职工树立爱岗敬业、服务群众、奉献社会的信念。6月，县“巾帼建功”领导小组先后为县审计局、建塘镇林场苗圃站和县人民政府政务服务中心挂牌县级“巾帼文明岗”，全县“巾帼文明岗”的队伍不断发展壮大，使广大女职工更坚定了爱岗敬业、服务群众、奉献社会的信念。县国税局荣获全国“三八红旗集体”荣誉称号，中甸野生食品进出口有限责任公司荣获省妇联授予“巾帼创新业示范基地”荣誉称号，省妇联副主席和红梅亲自为其进行了授牌，公司负责人陈桂仙荣获全省“巾帼建功标兵”荣誉称号。在迪庆州妇女第七次代表大会上，有31人分别荣获“三八红旗手”、“巾帼建功标兵”、“先进妇女工作者”表彰，县国税局等2个单位荣获州级“三八红旗集体”荣誉称号。

【“五好文明家庭”创建活动】 全县各级妇联积极依靠各级党委、政府的重视，协调社会各有关方面的支持配合，开展了一系列创意新、群众乐于参与的社区及家庭文化活动，贯彻落实《公民道德实施纲要》，广泛开展群众性精神文明创建活动。端午节期间联合州县相关部门在香格里拉民族体育中心组织大型健身气功展演活动，举行了“拒绝邪教进我家”大型宣传教育活动签名承诺仪式，吸引了6000多名群众的热情参与，收到了良好的效果，加强了社会主义精神文明建设。

根据省、州妇联《关于开展“迎奥运、促和谐，百万家庭总动员”暨云南各族儿童庆“六一”系列活动的通知》要求，结合实际，积极动员组织广大家庭踊跃参与，充分展示和谐家庭与儿童的健康形象和风采：组织城区6所中小学共2000名学生通过答题卡和网上答题两种参赛方式参加了“迎奥运”知识竞赛活动；推荐了1户“十佳和谐家庭”上报至省妇联。开展了“廉政文化进家庭”活动，参加省妇联“百佳廉内助”评选，县人事局陈雪芹被授予“云南省百佳廉内助”光荣称号。

【“双合格”家庭宣传教育实践活动】 按照中央关于进一步加强和改进未成年人思想道德建设的相关要求，各级妇联继续开展以争做合格小公民的“五小活动”和“五心教育”为内容，以小公民道德建设进家庭为重点，“争做合格家长，培养合格人才”为主题的“双合格”家庭教育宣传实践活动，联合县教育局下文在全县挂牌40所家长学校，充分发挥家长学校的阵地作用，采用座谈、讲座、亲子互动、培训等形式开展家庭教育工作，2009年培训家长3588人（次），进一步加强和改进未成年人思想道德建设，推进“双合格”活动的深入开展。

【妇女健康普查与宣传】 6月份，县妇联邀请陕西西安妇科专家，深入到机关、社区和农村，先后举办了56期共5219人参加的女性保健知识讲座；联合卫生部门在小中甸镇实施西藏扶贫基金会的母婴保健培训项目；邀请县妇幼保健院、乡卫生院的妇科专家为三坝乡东坝、安南两村的452名妇女群众开展了以B超、妇检和化验为内容的妇女健康普查，减免各种费用15820元；积极协调香格里拉协和医院先后在小中甸、格咱、上江和五境四个乡镇开展免费妇女健康体检805人（次）。

【母婴保健培训】 5月下旬，县妇联联合县卫生局在小中甸镇、尼西乡实施了西藏扶贫基金会的母婴保健知识培训项目。培训分3期开展，每期为期5天，各村社妇女小组长、农家卫生员、村医、村委会干部、乡（镇）卫生院负责人、乡（镇）卫生防保人员共140人参加了培训会。

【维护妇女儿童合法权益】 一年来，全县各级妇联组织共接待涉及婚姻家庭类、家庭暴力等方面的群众来信来访95件（次），其中电话来访25件（次），处理率达96.8%，为化解矛盾、消除社会不安定因素起到了积极作用。群众的来信来访工作做到件件有着落，事事有回音。

【推动妇女参政议政】 截止2009年12月，全县有副科以上女干部135人，占副科以上干部总数的21.4%。其中副处级4人，正科级20人，副科级57人，主任科员8人，副主任科员46人。有5个乡（镇）分别配备2名女书记、1名纪委书记、3名副乡（镇）长。与此同时，全县各级妇联大力实施“三培养”工程（即：把女党员培养为致富女能手，把致富女能手培养成为女党员，把妇女党员致富能手培养成村级女干部），越来越多的女能人成为了新农村致富带头人，基层妇女干部成了带领妇女增收致富的领头雁。

【妇联组织自身建设】 全年县乡妇联干部参加全国妇联和省妇联举办的妇女干部培训班10人（次），副科以上领导干部积极参加领导干部时代前沿知识讲座和清华远程教育培训，1名副主席到昆明市盘龙区妇联挂职锻炼，从而提高妇女干部的工作能力和综合素质得到显著提高。

【对外宣传】 2009年，通过电视、报纸和网站等各类媒体，县妇联加大对外宣传力度，向社会公众宣传妇女儿童工作和邓翠珍等先进妇女人物典型事迹16次（篇）；积极协调联系电视台记者为虎跳峡镇松鹤村女能手赵秀英、尼西乡生态养殖女能手邓翠珍拍摄了专题宣传片，在迪庆电视台滚动播出。

【服务中心、服务大局】 全县各级妇联干部服从服务于县委、政府工作大局，致力于维护全县社会和藏区稳定，县乡妇联干部积极参加全县“千名干部送法进村（寺）促和谐”工作队，深入基层，面向群众，开展十七大精神、党的惠民政策、宗教政策及各项法律法规、爱国主义形势宣传教育活动，使广大群众进一步树立了法制观念，增强了法制意识，也认识到了只有国家和社会的稳定，才谈得上农业发展、农村繁荣和农民富裕。

【禁毒防艾】 全县各级妇联认真落实《艾滋病防治目标责任书》，充分发挥妇联组织的群众优势，广泛开展宣传教育活动，在广大家庭成员中普及禁毒和防治艾滋病知识。

一年来，全县各级妇联组织共开展预防艾滋病、结核病、法律法规等各类咨询宣传活动102场（次），发放各类宣传资料5700份，受教育人数达3.46万人（次）。各级妇联组织协调配合相关部门，广泛地动员广大家庭成员积极参与禁毒防艾的人民战争。

【社会帮扶】2009年，县妇联到扶贫联系点尼西乡汤满村开古村民小组调研，给村民们送去2000斤大米和一些生活用品；从紧张的办公经费中挤出10400元救助了拉茸竹玛等22名贫困妇女和次翁卓玛等11名贫困女学生；借省妇联开展“三下乡”活动契机，为香格里拉县一中、五中、七中的20名贫困学生发放人均200元学费和一个书包，同时在“三下乡”活动中还免费向近百名中小学生发放了文具盒、铅笔、作业本等学习用具。

【大事记】3月6日，县妇联、县女工委联合驻迪部队开展“军民共建和谐”联欢会。

4月24～26日，县妇联八届五次执委（扩大）会议暨鼓励创业就业“贷免扶补”工作启动会在顺源酒店会议室召开。

5月28日，县妇联联合州县相关部门在香格里拉民族体育中心组织大型健身气功展演活动，举行了“拒绝邪教进我家”大型宣传教育活动。

6月28日，省妇联副主席和红梅为中甸野生食品有限责任公司授牌“云南省巾帼创新业示范基地”

6月29日，云南省农村妇女“双学双比”暨妇女创业就业工作会议在香格里拉县城召开，县妇联全力协助省州妇联做好会议筹备及各项工作。

11月16日，县妇联全力协助省、州妇联做好全省科技文化卫生“三下乡”活动。

【表彰】 2009年9月，张秀新荣获迪庆州“先进妇女工作者”称号；夏志云荣获迪庆州“巾帼建功标兵”称号。

（李建菊）

工商联

【概述】 2009年香格里拉县工商联在县委、县政府及上级有关部门的正确领导和大力支持下，始终坚持以马克思列宁主义、毛泽东思想、邓小平理论、党的十七大精神和“三个代表”重要思想为指导，全面落实科学发展观，认真贯彻党的十七大、十七届三中、四中全会和中央经济工作会议精神，紧紧围绕县委工作中心，内强素质、外树形象，力求突破，争创一流，狠抓非公经济人士思想工作，强化全方位管理，在实践中运用科学发展观，团结一心，克服困难，趁势而上，不断进取，全面完成了2009年各项工作任务。

【职能机构和商会组织建设】 根据《云南省人民政府办公厅关于培育和发展行业协会的指导意见》（云政办发〔2006〕51号）文件精神，按照《社会团体登记管理条例》的规定，进一步完善管理机制，加强协调配合，切实提高归口管理的综合服务水平，进一步促进香格里拉县非公有制经济持续、健康发展。根据香格里拉县人民政府的批复（香政复〔2009〕1号）及香格里拉县民政局批复（香民复〔2009〕10号）成立了香格里拉县工商业联合会砂石行业商会；在商会组织建设方面，深入全县广大工商户中调研，并发展了新会员5家。

【党支部建设和自身建设】 2009年，工商联党支部认真贯彻学习县委各项决定及会议精神，深入学习实践科学发展观，加强党支部建设。

深入学习实践科学发展观。根据县委统一部署，在第三纪工委的指导下，深入组织学习党章，组织开展主题实践活动，开民主生活会，结合工作实际，开展“科学发展观大家谈活动”，为进一步推进深入实践科学发展观活动，经学习实践活动领导小组研究和州委、县委同意，决定开展“坚持科学发展、加强光彩事业工作，增强工商联号召力、帮扶困难职工”主题实践活动，突出“反对分裂、维护稳定、促进发展”这一主题。根据县委组织部统一部署下，在县委统战部组织下，与县工商局一起，在非公企业中深入开展党建活动。开展革命传统教育一系列活动：组织观看红色革命电影、党员先进事迹电教片、组织观看反腐倡廉教育片、组织参观考察会员企业党建工作。召开党员组织生活会，开展民主评议党员工作。严把党员入口关，依照程序发展新党员1名。

积极组织引导非公经济参与“双拥”共建工作。近年来，随着非公经济组织和社会组织的迅速发展，它们不仅成为建设小康社会、和谐社会的重要力量，而且逐渐成为双拥工作的新生力量。对此，香格里拉县工商联认真学习内地沿海地区在非公经济组织和社会组织中开展双拥共建取得的成功经验，并结合实际在这方面作了一些初步尝试，有效促进了非公组织参加双拥共建进程，夯实筑牢了双拥工作的群众基础和社会基础。开展双拥宣传和国防教育，激发新社会阶层和民营企业职工的爱国主义热情；发挥各自优势，互相支持共同发展，在政府的引导和组织协调下，民营经济组织发挥资源、技术、人才、设备优势，投入人力、物力、财力和技术力量支持部队建设；开展爱心公益活动，支持征兵优抚安置工作；积极协助开展军警民共建活动，建立现代军营和企业文化。

认真落实党风廉政建设工作，全面加强惩治和预防腐败体系建设。单位党支部在第三纪工委的直接领导下，严格按照为贯彻落实中央纪委第三次全会精神和《中共香格里拉县委、香格里拉县人民政府党风廉政建设目标责任书》的要求，按照省八届六次全会、省八届七次全会、省纪委第八届四次全会、州委六届七次全会、州纪委六届四次全会、县委十届六次全会、县委十届七次全会和县纪委十届四次全会精神，保证了党风廉政建设各项制度在单位得到有效实施，取得了比较好的成绩。

【鼓励创业“贷免扶补”工作】 为深入贯彻落实党的十七大、中央经济工作会议和省委八届六次全会精神，实施更加积极的就业政策，以创业带动就业，实现更加充分的社会就业目标，促进经济社会又好又快发展，按照云南省工商业联合会对香格里拉县的工作要求及云南省鼓励创业“贷免扶补”工作。在充分调研和总结经验的基础上，结合工商联实际，对创业人员申请的创业项目进行初评后，广泛动员有创业能力的各类人员参与创业，共扶持7名人员成功创业，其中大学生一名，大专生一名，中专生三名，初中生两名。

【表彰】 2009年2月，香格里拉县工商联被云南省人力资源和社会保障厅及云南省工商业联合会授予 “全省工商业联合会系统先进集体”荣誉称号。

【人事变动】 2009年8月，陈有礼同志任香格里拉县工商联主席， 李永康同志任常务副主席，牛钰霖同志任秘书长。

【调研活动】 2009年4月25日，与香格里拉县人民政府签订了2009年重点工作和项目督查管理责任书，工商联党组书记李汝芳到金江、上江、虎跳峡、香格里拉县城调研走访非公经济企业和人士，高质量撰写了《香格里拉非公企业调研报告》。

（李永康）

残疾人联合会

【综述】 2009年，香格里拉县残疾人联合会执行理事会现有人员8人，其中理事长1人，副理事长1人（残疾人），州残联副调研员1人，残疾人运动员以工人身份安置1人，职工4人（其中：驾驶员1人，财务档案管理人员1人，办公室工作人员2人），年龄结构40岁以上5人，30岁以下3人；本科生1人（属县委、政府吸引人才新举措安排的在职不在编人员），中专文化2人，专科文化2人，就读于本科3人，按职能设立有残疾人劳动就业培训中心1个，实行一套人员两块牌子的运行机制。11个乡（镇）设有专兼职残联理事长，全县1个街道办事处，5个社区，55个自然村都聘请了残疾人工作联络员，使全县残疾人工作做到层层落实，真正起到为全县残疾人代表、服务、管理的职能作用。

【慰问活动】 2009年元旦春节分别到虎跳峡镇、金江镇、上江乡、五境乡进行走访慰问，共走访慰问特困残疾人家庭28户、112人，送去慰问金8400多元。还从州红十字会争取到被子40床、鞋子100双，发放给特困残疾人。

【宣传】 借深入开展学习实践科学发展观活动之机，组织全体干部职工做读书笔记30万字，写心得体会40篇，调研文章2篇，工作简报4条，参加专题知识讲座7次，并在活动期间实地结办信访件12起，及时化解了残疾人和谐中的矛盾。

组织干部职工进一步学习了残疾人康复教育、劳动就业、文化生活、社会保障和无障碍环境建设等方面的法律法规，并深入到尼西乡、建塘镇、上江乡、五境乡实地调查，着力解决信访办证方式不便、康复救助力度不强等问题，并为2800多名残疾人换办了新证。

加大对残疾人事业的宣传力度。全年共上报各类新闻稿件6篇，并在《迪庆日报》上刊登残疾人工作动态。

成功举办了“全国第19次助残日活动”，展现了一批残疾人自强不息的精神风貌、表彰了一批残疾人先进典型，在电视台播出后，受到了社会各界的广泛关注和一致好评。同时，大力宣传省政府52号令、107号令，州政府19号文。以张贴标语等形式宣传相关残疾人法律、法规，增加了残疾人的自我保护意识，维护了残疾人的合法权益。

【残疾人维权】 高度重视信访维稳工作，进一步深入贯彻落实《信访工作条例》，推行理事长接待日制度，切实做到“有访必接，有访必处，有访必复”，使之“件件有回音，事事有着落”。

根据省、州残疾人优惠待遇规定，尽快拟

定出台《香格里拉县促进残疾人事业发展意见》初稿，请各相关人员迅速汇总，经集体商议后定稿，在不断完善残疾人优惠政策的基础上予以公平、公开、公正实施。

会同相关部门对企事业单位残疾人员工劳动合同、工作环境、工资待遇、职工福利进行执法检查，切实实现好,维护好残疾人合法权益。

根据中残联《关于制发第二代<中华人民共和国残疾人证>的通知》要求,按照审批程序、残疾类别和等级评定，严把办证质量关，做到符合标准的迅速办理，不达标准的坚决不办，始终维护残疾人群体的公平、正义。

【电子政务】 配合县人民政府推行电子政务工作过程中，进一步加强残疾人信息统计工作力度，加强残联政务信息工作和信息化建设，做好残联系统信息工作。认真贯彻《政府信息公开条例》，做好信息发布和报送工作，积极向各级政府门户网和省州残联网报送残疾人工作重要信息。强化了网络信息服务能力，强化了自动化办公和网络的服务功能，为基层和残疾人提供网上咨询和更多的在线服务；严格按照上级要求，规范了档案管理，配齐了相应设施，完善了相关资料，确保档案室达到省级二级标准，给各乡（镇）残联的档案管理工作起到示范作用；各乡（镇）残联加强了全县残疾人事业统计台帐建设，强化了台帐电子化、规范化管理，进一步调查核实了各乡（镇）残疾人基本情况，建档立卡，充实完善了残疾人数据库，更好掌握着残疾人动态状况。

【危房改造项目】 对2008年国家彩票公益金农村贫困残疾人危房改造项目的实施，投入一定的人力、物力，认真制作好标识，派专人到全县11个乡（镇）挂牌验收，使全县66户残疾人的危房得到改造和建设。在此基础上按照州残联下达的2009年农村贫困《残疾人危房改造和补助资金的通知》要求，县残联及时汇报政府分管领导，得到县委、政府的重视，安排60户特困残疾人危房改造为拆除重建户，在此基础上还争取到每户1000元的配套资金，使残疾人真正享受到普惠加特惠的政策待遇，并按时汇入各乡（镇）账户，做好督促、检查、上报工作。

【挂钩扶贫】 2009年，挂钩帮扶工作有序开展，通过对扶贫挂钩点尼西乡汤满村南当社进行调研，资金支持4000多元同时。结合2009年康复扶贫项目贷款及康复扶贫到户贷款拨付计划，积极向上申报残疾人康复扶贫贷款和到户贷款承贷人，帮助农村残疾人扶贫项目及贫困户落实康复扶贫贷款。根据申请人实际情况现已拨付康复扶贫项目贷款200万元，贴息6万元。切实解决了农村残疾人创业难、贷款难的两难问题。

【用品用具供应】 在省、州残联的关心帮助下，2009年赠给助听器20台，轮椅10辆，拐杖10副，均已按需要情况转赠给生活不能自理的残疾人，余下的用品用具正在零星配赠之中。

【白内障康复复明术】 2009年，共完成141例康复治疗任务，超额完成了州残联在年初下达的任务，为明年开展白内障复明手术打下了基础。同时，在香格里拉人民医院的牵头组织下，国际奥比斯协会在香格里拉人民医院开办了香格里拉县残联系统白内障筛查培训班。香格里拉县人民医院眼科专家向各乡（镇）残联理事长、村级联络员，讲授《白内障》、《防盲治盲》、《眼球解剖》、《与白内障相关的外眼疾病》等课程。提高了对白内障的认识，普及常见眼科疾病防治知识并能对白内障进行初筛，从而达到指导白内障病员筛查工作。确保各乡（镇）残联理事长、联络员在白内障病员筛查过程中确实掌握白内障病情、病例。

【保障金征收】 根据省政府52号令精神，在财政部门及各有关单位的积极支持和本部门工作人员的辛勤工作下，全年共按比例征收到残疾人就业保障金14.7312万元，并严格按照52号令的征收、使用、管理办法，上缴县财政局统一管理，严格按审批程序使用。

认真贯彻执行省政府52号令精神，全面了解残疾人就业情况，落实残疾人就业培训的有效途径。督促有条件的各级各部门合理安排残疾人就业，给符合条件的残疾青年提供就业机会，通过采取积极主动的措施，年内安置了2名符合条件的优秀残疾人运动员。

【劳动技能培训】 培训工作仍然采取县、乡（镇）培训相结合的办法举行。2009年共举办培训8期，培训人数557人、经费投入5.93万元。其中乡（镇）培训为：尼西乡1期50人；尼西乡养殖培训1期170人；三坝乡1期30人；上江乡1期80人；洛吉乡1期22人；五境乡1期55人；东旺乡1期60人；小中甸1期90人。

县残联组织的2009年残疾人劳动技能培训共投入经费2.8万元，培训科目是：农村实用技术。

【二代证换发工作】 为认真做好第二代残疾证的换证工作，确保全县各乡（镇）在规定时间内高质量完成换发证任务，结合实际，要求各乡（镇）残联要进一步提高对做好换发证工作重要性的认识，切实加强对换发证工作的领导，确定专人负责收回第一代《中华人民共和国残疾人证》，年内换发二代残疾人证2800多本，完成了省残联下达的换发证80%的任务。

【迪昆合作项目】 在州残联的牵头下，与昆明市残联搭成帮扶合作伙伴，总投资10万元，计划在建塘镇建塘社区投资建立一个康复站，传授康复工作经验。资金已到位，康复站项目已在建设中。

【资助贫困残疾人，大、中专学生】 根据云残发〔2003〕75号《关于开展资助贫困残疾人大中专学生工作的通知》精神，残联几年来不同程度的开展了助学工作。2009年完成资助贫困残疾人大、中专学生7人，其中残疾人学生2名，残疾人子女5名，本科生4名，专科生2名，中专生1名，共投入助学经费17000.00元。相关手续完备、备案表已如期上报州残联康复科。

彩票公益金助学项目投入经费13750元，资助30人。按上级残联要求，认真调查，如期完成各项手续。

【残疾人文体工作】 2009年残疾人文体工作硕果累累。在云南省第九届残疾人运动会暨第三届特殊奥林匹克运动会上，香格里拉县4名参赛队员分获自行车、标枪、跳高、铅球、铁饼4金6银。为残疾人体育事业争了光。依照有关文件精神，为切实维护残疾人合法权益，鼓励和发展残疾人体育事业。县残联向县人民政府提出对4名残疾人运动员进行表彰的请示，并对残疾人运动员进行了表彰（金牌3000元，银牌2000元，共计24000.00元）。同时，在第六届云南省残疾人艺术汇演中，残疾人歌手参演的三首歌曲《五彩哈达》、《玛尼石》、《喂打喂来》均获得声乐类银奖。

【法制建设】 为了贯彻落实党中央、国务院和全国人大关于加强社会治安综合治理的两个决定，坚持“两手抓，两手都要硬”的方针，全面推进社会治安综合治理各项责任制的落实。加强党风廉政建设方面与县委、政府积极签订责任书，并及时成立领导小组，把责任书签到各股室，把责任书的条文内容在全体职工会上认真宣传学习，认真贯彻学习《云南省国家公务员八条禁令》、学习《公民道德建设实施纲要》、《关于加强党风廉政建设的若干规定》、《公务员法》及《中华人民共和国公务员法学习纲要》、《中华人民共和国公务员法》等法规教程。正确引导职工牢固树立起全心全意为残疾人服务的思想，在人民群众中树立良好的形象，争做人民满意的公务员。统一思想、统一认识、明确职责，加强防范意识，节假日按要求认真安排好值班人员，按照责任书的内容要求做到有布置有检查，层层落实，人人遵守，一年来无违纪、违法现象发生。

【党支部建设】 残联党支部自成立以来，党的领导在残疾人工作中得到了充分的体现。全体党员干部认真开展各阶段的工作的同时，通过学习统一思想，查找不足，确定了今后的努力方向。建立健全各种规章制度，制定好股室工作六项制度和完善残联机关工作规则，使全体党员干部统一思想、明确责任、团结干事谋发展。严格财务、会计、收发文、档案制度，不定期进行检查。通过大家的努力，本会组织制度建设得到逐步完善。

（陆金成）

军事·法制

军 事

武 装

【概述】 2009年,香格里拉县人武部各项工作在迪庆军分区党委和县委、政府的正确领导下始终坚持以“三个代表”重要思想为指导，深入贯彻落实科学发展观，大力弘扬军队听党指挥、服务人民、英勇善战的优良传统，以军委新时期军事战略方针为统揽,着眼藏区维稳工作重点，扎实开展“坚定中国特色社会主义信念、全面履行军队历史使命”主题教育和学习贯彻科学发展观实践活动，按照“扎实打基础、认真抓落实，创新求突破”的工作思路，狠抓各项工作落实，各项工作取得了新的成绩。

【党委班子和干部队伍建设】 坚持用马列主义、毛泽东思想、邓小平理论、“三个代表”重要思想和科学发展观为指导，着力加强党委班子建设和干部队伍建设。以全面提升党委班子的能力素质为重点，严格按照《党委工作条例》和上级要求规定，认真解决党员和党组织在思想、组织、作风以及工作方面存在的突出问题。

注重发挥核心作用。贯彻落实《党委工作条例》，坚持民主集中制和“十六字”原则，增强“一班人”讲方向、讲大局、办实事的能力，不断提高党委的核心领导作用，完善党委议事和决策机制，提高党委的科学决策水平，增强战斗力和凝聚力。

注重加强团结。党委“一班人”做到在思想上坦诚相见，在工作上相互支持，生活上相互帮助，顾全大局，维护整体，树立了团结奋进的好形象。

注重教育引导。紧紧围绕学习实践科学发展观活动，大力开展“重事业、强素质、树形象”专题教育，进一步强化了党委班子和干部队伍的爱岗敬业精神，提升党员干部的能力素质，提高党委班子和党员干部解决实际问题的能力，教育引导广大官兵始终树立正确的权利观、地位观、利益观，打牢官兵政治思想基础。

注重清正廉洁。大力加强新形势下党风廉政建设，组织人武部官兵认真学习落实上级纪检工作会议精神，立足教育防范，突出监督检查工作，狠抓责任制落实，促进了党风廉政工作健康发展。坚持对人武部的财务管理、工程建设项目和征接兵等工作进行了审计和全程监督，保证了党风廉政建设责任制的顺利落实。

注重提高能力素质。坚持以提高能力素质为核心，加大培训教育的力度，把增强能力素质作为教育的重要内容，注重在工作实践中传帮带，干部队伍的综合素质明显提高。2009年省军区要讯上稿2篇，各种报纸杂志上稿26篇。

【民兵预备役队伍建设和国防潜力调查登记统计】 县人武部严格按照上级的安排部署，认真贯彻“控制数量、提高质量、抓好重点、打好基础”的方针，突出抓民兵应急分队、专业技术分队、民兵信息网和民兵预备役队伍建设。为适应当前国际、国内军事战略形势发展和“反台独”军事斗争准备的需要，紧紧围绕完成多样化军事任务和担负藏区维稳、抢险救灾等任务为牵引，加强国防动员建设，演练完善战备方案，扎实做好军事斗争各项准备工作。县人武部根据迪庆州人民政府、迪庆军分区关于2009年民兵预备役工作指示精神，把应急民兵分队进行重点编配在国道214沿线，加大了虎跳峡镇、建塘镇、小中甸镇、尼西乡等民兵维稳处突应急动员演练，取得了较好的效果。并对建塘镇、小中甸镇、尼西乡、五境乡、格咱乡、洛吉乡、东旺乡藏族聚居的乡（镇），组织民兵队伍学习藏传佛教发展史等，开展藏区维稳思想教育，按计划利用民兵整组、训练等时间节点，深入开展以“听党的话、跟党走”为主题的政治教育，并充分发挥民兵情况熟、语言通的优势，组织民兵积极参加新农村建设，宣传党的富民政策；利用民兵与僧尼的亲属关系，向广大僧尼宣传党的宗教政策，稳定僧尼思想，确保了民兵队伍政治上可靠、思想上纯洁、行动上听指挥，有力地提高了人武部首长机关和县国防动员机构组织指挥能力。并在2009年10月香格里拉县新组建了城市民兵应急分队，为完成维稳任务，抢险救灾加强了力量。经过调整，全县普通民兵达XXXX人，基干民兵达XXXX人（其中重点民兵应急营XX个，辖XX个连XX人，应急排XX个XX人，勤务保障队伍XX个XX人，其他队伍XX人），民兵总数达到XXXX人，调整后民兵组织的规模、分布和质量更加趋于科学化、实用化和技术化。

【机关和民兵预备役队伍军事训练】 2009年年度人武部机关、民兵军事训练工作在上级党委的正确领导下，在业务部门的具体指导下，以邓小平理论和“三个代表”重要思想为指导，按照胡主席大抓军事训练指示和全军军事训练会议精神，依据军事训练大纲，结合担负的任务，狠抓年度军事训练工作，结合今年藏区维稳形势严峻、任务繁重的特点，把工作重心放在维稳科目的训练上，重点进行目标警卫、设伏、堵卡、擒拿格斗和警棍盾牌术、防暴队形等维稳防暴训练，不断提高民兵队伍完成维稳任务的能力。年内，在完成人武部官兵训练任务的同时，完成了上级规定应急民兵营训练任务462人，训练总时间为49天，参训率达97%，占年度训练任务的96%，训练新入队民兵160余人，训练各科目经考核验收均达良好以上水平。 2月份，为全面加强全县民兵信息网建设，切实发挥民兵信息员情报收集第一线的作用，调动广大民兵情报信息员的工作主动性，提高民兵信息员收集、整理、传递情报信息的能力，结合全县实际情况，组织全县157名民兵信息员分两批利用6天时间进行了培训。3月份进入维稳敏感期后，全县藏区维稳形势异常严峻，充分发挥民兵信息员作用，共收集上报分区维稳、地方群体性事件等情报信息50余份，为上级首长正确决策提供了依据。10月份，根据年初县委议军会议要求，在全县各企事业、行政单位抽组18～28岁的青壮年组建一支以反恐维稳、抢险救灾为主要职能的城市民兵应急分队70人训练，主要进行了以反控维稳、抢险救灾为内容的训练。10月份本部机关参加了省军区组织的分区机关带人武部的室内网上战术演练。11月份，组织了格咱乡基干民兵连60人进行了点验，情况良好。11月份完成了分区对县人武部进行室内战术演练考核的相关作业文书，提高了人武部机关组织指挥民兵预备役遂行任务能力。

【修订完善战备方案】 紧紧围绕出现的新情况、担负的新任务，以完成维稳任务为牵引，积极探索民兵训练的新内容、新方法、新手段，演练完善战备方案，先后完善了《维稳作战方案》、《城市防空袭方案》、《抢险救灾方案》三套方案及40余份各类保障案的制定和修订，适时组织综合演练，进一步提高了首长机关的指挥能力和民兵预备役遂行任务能力，促进了人武部整体战备水平的提高，为遂行多样化任务打下了良好的基础。

【国防动员建设】 2009年县委、政府主要领导非常重视和关心国防动员工作，始终认真贯彻落实党中央、国务院、中央军委关于国防后备力量建设一系列方针、政策和指示，主要领导亲自抓，用实际行动认真履行党管武装的职责，积极为国防动员工作解难题，办实事，有力地推动了县国防动员工作的全面建设。国防动员工作始终坚持以党政干部、中学生和民兵预备役人员为教育重点，带动全社会的国防教育，积极开展“国防教育周”活动，把国防教育列入县委中心组学习的一个重要内容，年内在县委、政府的支持帮助下在全县61个行政村都建立了青年民兵之家，在五境乡泽通村、小中甸镇和平村建立了军民共建和谐村公约牌，加强了国防动员阵地建设，并在“八一”、春节等节日走访慰问部队，组织地方党政机关过军事日、观看国防教育片，参观红军长征纪念馆等，不断强化各级领导居安思危的国防观念。坚持在干部培训、学生军训、民兵整组、训练、征兵等活动期间，充分运用各种媒体，开展宣传造势活动，普及国防知识，增强全民国防意识。

【专武干部队伍建设】 2009年香格里拉县委、政府坚持党管武装，建设武装，坚决贯彻落实中办〔1999〕24号文件和云办发〔2000〕1号文件精神，加大人民武装工作力度，配强基层武装组织和人员。2009年全县11个乡（镇）中，应编专武干部29人，实编27人，还缺2名待下一步调整补充。在职专武干部平均年龄在35岁以下，大专本科文化4人，大专文化21人，中专（高中）2人，任专武工作10年以上的有8人，1至10年的有19人。在党委，政府的大力指示下，2009年新招专武干部6名，进一步增强了基层人武部力量。并于11月26日，组织全县11个乡（镇）武装部召开了向龚曲此里同志学习的安排部署会，号召全县专武干部、民兵预备役向龚曲此里同志学习。用他的先进事迹增强官兵、专武干部的事业心、责任感，推进人武系统的全面建设和科学发展。

【组织民兵抢险救灾】 2009年香格里拉县气候干燥，森林防火等级居高不下，全年境内发生了森林火灾5起，在县人武部的正确领导下，各乡（镇）人武部迅速组织发动民兵1146人参加了森林扑火，为老百姓挽回经济损失100多万元，得到了县委、县政府领导和当地群众的高度赞扬。具体扑火统计情况是：2月12日格咱乡格咱村岗龙山发生了森林火灾，动用民兵50人，动员民兵250人；2月16日上江乡良美村发生森林火灾，动用民兵50人；2月17日小中甸镇吉沙林场发生森林火灾，动用民兵240人；2月18日建塘镇吉迪村发生森林火灾，动用民兵56人；2月18日虎跳峡镇红旗村新村发生森林火灾，动用民兵500人。

【征兵工作】 香格里拉县2009年冬季征兵工作在州征兵办和县委政府的正确领导下，严格按上级的指示认真实行政府领导责任制，分管领导亲自抓的原则，顺利开展2009年度征兵工作。

党委高度重视，组织领导有力。为认真贯彻落实省、州征兵工作电视电话会议精神，香格里拉县人民政府、县人武部党委坚持把征兵工作作为一项政治任务完成，严格按上级的指示认真实行政府领导负责制，分管领导亲自抓，主动了解掌握情况，调整成立了县征兵领导小组和征兵办公室。并于10月27日召开县征兵工作会议，在传达州征兵工作会议精神的基础上，进一步强调和明确了今冬征兵工作的指导思想、新兵征集条件、征集程序、征集时限，对县所属各级征兵工作人员提出了具体要求，明确了分工。各级部门周密部署，精心组织，狠抓落实，在人力、物力、财力上给予了大力的支持和保障，在县征兵办的组织领导下相关部门各司其职，各尽其责，密切配合。由于职责明确，指导思想端正，措施得力，各级重视，组织保障有力，保证了征兵工作的顺利进行。

宣传教育工作深入扎实，适龄青年踊跃报名参军。近年来，由于经济社会发展，等诸多因素的影响下，部分青年参军入伍的积极性下降。针对这一情况人武部加大了宣传教育力度，采取多渠道，多内容，积极调动新闻媒体，社会团体利用电视、广播、标语、宣传板报等各种方法着力对适龄青年进行《国防法》、《兵役法》、《征兵工作条例》等法规知识的宣传教育，先后在各种媒体进行征兵工作宣传20多篇，营造了良好的氛围。使广大群众和适龄青年牢固树立了依法服兵役的意识，增强了国防观念，有效调动了广大适龄青年报名应征入伍的积极性。全县（含州直）共有384名应征青年积极报名应征，接受祖国和人民的挑选。

严格政审，体检标准。为使新兵质量得到保证，各级进一步强化质量意识，坚持把新兵质量放在第一位，采取了一系列行之有效的措施：认真做好准备工作，坚持从预征对象中征集，为保证新兵质量奠定基础；狠抓新兵政审关和体检关，实行谁审查、谁体检、谁签字、谁负责的责任制，并对体检项目中的内科、外科、五官科、耳鼻喉科安排在人武部进行“封闭式”体检，严格体检程序，确保兵员质量；按照公安部、总参谋部、总政治部颁发的《关于公民服现役的政治条件的规定》和《关于征兵政治审查组织实施规定》，充分发挥公安机关和有关部门的职能作用，严格执行政治审查标准，实行三级联审，保证兵员政治合格，确保征兵工作的顺利完成；严把审兵定兵工作，确保兵员质量。12月5日，组织征兵领导小组成员、接兵干部和部分乡（镇）武装部长召开定兵会议，对政审、总检双合格的应征青年实行择优确定，坚持“公开、公平、公正”的定兵原则，增强了征兵工作中的透明度，实行张榜公布接受社会监督等手段，从而保证了2009年度冬季兵员质量，圆满完成了61名新兵（含3名女兵）的征集任务。

【表彰】 2009年10月，香格里拉县人武部军事科参谋方军成被迪庆州征兵办公室表彰为2008年征兵工作“先进个人”。

2009年12月，香格里拉县人武部军事科被迪庆军分区表彰为“先进科室”；县人武政工科蔡晓春被军分区荣记三等功一次；县人武部军事科参谋阿金刚、张浩核，后勤科朱孝，分别受迪庆军分区嘉奖1次；建塘镇、金江镇、五境乡人民政府征兵办公室被县政府和县人武部表彰为“征兵先进单位”；虎跳峡镇武装部长李贵生、金江镇武装部长黄正昌、五境乡武装部长向巴被县人武部表彰为“优秀基层人武部部长”，小中甸镇武装干事李宏被县人武部表彰为“优秀基层人武部干事”。

（阿金刚）

消防

【概述】 2009年是消防工作跨越式发展的一年，香格里拉县消防大队始终坚持以邓小平理论、“三个代表”重要思想以及胡锦涛总书记“三句话”指示精神为指导，以科学发展观为统领，深入贯彻落实党的十七大精神，以深化“三基”工程建设（抓基层、打基础、苦练基本功）和全面实施《香格里拉县“十一五”时期消防工作发展规划》为主线，以坚决完成维护藏区和谐稳定及奥运安全保卫等重大任务目标，切实抓好领导班子和队伍建设，求真务实，锐意进取，有力推动部队正规化建设水平、消防工作社会化水平和火灾防控能力再上新台阶，确保全县火灾的基本稳定，努力为构建和谐香格里拉创造良好的消防安全环境。

【思想政治建设】 发挥政治工作优势，突出政治工作实效。香格里拉县消防大队认真制度2009年思想政治教育目标责任制，制定党委中心组及部队思想政治学习计划，深入开展“学习贯彻十七大、推动消防新发展”主题教育实践活动及解放思想大讨论活动。紧密结合藏区形势，扎实开展形势政策教育和执勤备战教育，要求全体官兵始终以高度的政治敏锐性和责任感来正确认识藏区和谐稳定的重要性和紧迫性。通过邀请州藏学研究院、州委党校等专家教授为官兵举办国家安全形势、民风民俗、学习十七大精神、解放思想大讨论、防震减灾知识等专题讲座20场次，切实为官兵执勤备战、灭火救援、监督检查等各项工作任务的完成提供了指导和保障。认真贯彻落实“浙江会议”精神和上级要求，在奥运火炬传递香格里拉站保卫、奥运安保等重大消防安全保卫期间，通过深入开展思想动员、官兵书写决心、网上开辟宣传专栏等形式有效发挥了思想政治工作保障作用，同时大队通过定期邀请迪庆州民族中专学校专业民族音乐、舞蹈老师为官兵教授歌舞，丰富警营文化生活，愉悦官兵身心，激发官兵以更高的热情投入到紧张的执勤备战。大队严格落实思想政治教育例会及廉政执法例会制度，与干部签订《党风廉政建设责任书》，干部家属被支队聘请为义务纪检监督员，积极深入开展树立和培养勤政廉政先进典型活动。

【执勤备战】 香格里拉县消防大队深入开展“百日安全竞赛”、“五月安全月”、“十月安全月”和“百日双防”活动，牢固树立安全工作只有起点，没有终点的理念，健全完善长效机制。不断调整督察手段、增加督察频次，加大督察力度，充分发挥视频监控系统、指纹查铺查哨系统的作用，加强官兵对“人、车、酒、赌、毒、色、权、利”重点环节和8小时以外的管理。按照支队修订出台《消防部队迪庆处突灭火救援作战方案》，组织大队官兵开展灭火拉动演练、辖区六熟悉等工作，对松赞林寺、独克宗古城等重点单位、场所开展灭火实战演练68次，与公安、武警等部门、警种联合演练8次。圆满完成藏区维稳、国庆60周年消防安全保卫及香格里拉赛马节等大型保卫活动12次，成功扑救“2.16”小中甸千湖山森林火灾、“3.05”小中甸交通事故事故等救援救助83起，抢救被困人员42人，抢救财产价值638.5万元。

【部队管理】 香格里拉县消防大队紧紧围绕“六化”建设要求，认真贯彻落实大、中队建设标准实施细则，不断提升基层建设质量。今年大队被团省委、省公安厅表彰为2008年度省级“青年文明号”，抢险救援班被总队荣记“集体二等功”一次，1人荣立“二等功”、四人荣立“三等功”；大队党委书记已进入县公安局党委班子；大队认真落实 总队、支队校官下基层帮扶攻坚领导小组要求，建立健全工作档案台帐建设，进一步规范各项基础工作。

【部队建设】 提升基础设施和装备建设水平。投资108万元，购买1辆载水12吨的大型水罐消防车，配齐了中队抢险救援器材装备及消防员基本防护装备；投入5万元配齐消防监督检查器材装备；投入16.2万元购置了心理拓展训练器材；投入15万元改造了体能训练室、消防车库，购买了部分乐器、音响设备，改善了官兵文化娱乐设施；投入6万元购置数码摄像照相机3台、激光打印机5台、台式电脑和笔记本电脑各6台，不断改善办公设施，推动信息化建设的发展；积极请示县政府在古城行政区内划拨30亩土地作为古城中队（特勤中队）建设用地工作正在请示中。

【后勤保障】 提升后勤保障能力。大队2009年业务经费由去年的72万元增至160万元，增幅为122%，按照目前大队编制逐步落实《云南省县级消防部队消防业务费保障标准》。

【消防监督】 香格里拉县消防大队结合维稳工作、奥运安保及全县实际，认真组织开展了红盾行动、奥运保卫和火灾安全隐患排查整治等10个专项治理工作，对全县范围内的消防安全重点单位、易燃易爆行业、公众聚集场所、学校进行消防安全大检查，共派出检查组213个，参加检查人数达683人次，并检查单位553家，发现火灾隐患203处，整改火灾隐患203处，共下发《责令限期改正通知书》106余份，《重大火灾隐患限期整改通知书》2份，整改重大火灾隐患5处。完成了香格里拉县民贸、迪庆州顺源酒店2家政府挂牌单位的火灾隐患整治工作；实施了三停处罚1起，当场处罚1起，共罚款3.25万元。大队严格建筑工程消防审验关，共审核项目36个，提出审核整改意见18条，实施施工中消防监督检查80次，查出并整改火灾隐患62条；参加工程验收19个，有效消除了建筑工程的先天性火灾隐患；大队加强多种形式消防队伍建设，及时招收20名合同制专职消防员，下派到各乡镇、着去、要害单位、为农村火灾预防和扑救奠定了基础；完成11个乡镇、5个社区和独克宗古城、噶丹·松赞林寺志愿消防队的组建，完成全县61个行政村和86个消防重点单位义务消防队的组建，初步形成了县、乡镇、村一体化的火灾救援体系。大队还大力开展农村房屋财产保险，公众聚集场所和易燃易爆场所火灾公众责任保险公司，2009年县人民政府投入50万元为辖区农村22190户购买了房屋火灾保险，80余家公众聚集场所和易燃易爆场所共投入9.6万余元购买了火灾公众责任保险，完成全县12个派出所安装调试公安派出所消防监督业务系统，并组织所有派出所消防监督员培训，完成公共消防设施普查，全县共有市政消火栓198个，在城市道路改扩建工程中，新增市政消火栓16个，确保了消防基础设施建设与城市建设保持同步。大队还举办消防安全培训班21期，培训重点单位消防安全责任人，管理人1893余次，其中培训持证上岗人员86名;将消防知识纳入学校教育，规定每学期不少于2个课时。

【消防宣传】 香格里拉县消防大队大力加强消防宣传工作，切实做好消防队（站）对外开放工作， 更好地向群众广泛宣传消防知识、消防法规，全面推进消防宣传工作社会化进程，进一步密切警民关系。大队结合开展一系列消防专项治理、消防宣传“五进”、消防站对外开放、“119消防日”等系列活动，把消防宣传工作引入各单位、企业、学校、社区和广大农村，期间共制作宣传标语150余条，散发宣传材料32000余份，受教育人员达48000余人次。

【火灾情况】 2009年全县共发生火灾15起，死亡0人受伤0人，直接财产损失986760元。均为一般火灾，同比去年，火灾起数上升了15.38%，死亡人数下降了100%，受伤人数下降了100%，直接财产损失下降了87.63%。

【重点工作落实】深入贯彻落实国发15号文件。在2007年制定“十一五”消防工作发展规划的基础上，认真制定了2009年度消防工作计划，及时调整了县、乡（镇）二级防火安全委员会，并进一步完善了相关职能，组织召开了防火安全委员会会议4次，队全县火灾形势和消防安全重大问题进行了分析研究；完成了乡镇，政府相关职能部门和重点单位的消防工作目标管理责任签订工作，责任落实到位，县政府于4月3日召开会议，兑现了2008年消防工作责任制奖惩工作，部署安排了2009年消防工作目标，将消防工作纳入了社会治安综合治理、创建文明城市和平安创建等考评范围，在年度社会综合治理考核中实行了发生较大火灾事故的“一票否决”制；按照《迪庆州公安派出所消防监督管理工作考核办法》，进一步明确落实了公安派出所和警务站消防监督管理职责；大队结合政府责任制考核和派出所考核，年内3次对乡（镇）专（兼）职消防员进行培训，使其具备了防火灭火的基本能力，大队积极与保安公司接洽，努力推动独克宗古城等各重点单位保安人员承担消防工作职责；制定下发了《香格里拉县重特大灾害事故应急救援预案》，为增强全县消防部队处置灾害事故能力奠定了基础。

（龙立宗）

法 制

政法委员会

【概述】 2009年，县委政法委在县委、县人民政府的正确领导下，在州委政法委的指导和各级各部门的大力支持配合下，以邓小平理论和“三个代表”重要思想为指导，深入贯彻落实科学发展观，认真贯彻落实党的十七大、十七届三中、四中全会和全国、全省、全州政法工作会议精神，充分发挥部门职能作用，紧紧围绕构建社会主义和谐社会目标和要求，以维护社会稳定为首任，全力推动藏区维稳工作各项措施的落实，扎实推进“平安和谐香格里拉”建设，紧紧围绕改革、发展、稳定工作大局，加强领导，采取措施，圆满完成了各项工作任务，维护了全县社会稳定大局，确保了“3·10”、“3·14”、“6·4”等敏感时期和国庆期间社会和谐稳定，为全县经济社会的健康发展创造了和谐稳定的社会环境。

【组织开展千促活动】 根据中央、省委和州委开展“反对分裂、维护稳定、促进发展”主题教育活动的总体要求，按照县委的部署，3月份，结合“综治宣传月”活动，县委政法委切实加强领导，精心组织，周密部署，成立了领导小组，从相关部门抽调31名干部成立了办公室，积极向县政府争取工作经费，从县、乡党政机关抽调了285名工作队员，组建了11个指导组、62个工作组，认真组织开展了“千名干部送法进村（寺）促和谐”活动。各工作组深入各乡（镇）村、社区，紧密结合各村实际，采取多种形式，通过开展法制讲座、召开宣传会议、发放法律宣传手册、张贴宣传标语、开展法律知识竞赛、组织文艺表演、出板报、墙报等生动活泼、通俗易懂的形式，广泛深入宣传、讲解党的十七届三中全会精神和相关法律法规，加强党的民族宗教政策和富民、惠民政策的宣传，强化基层党的组织建设，排查化解各种矛盾纠纷，全力维护全县社会稳定大局。活动中，共计发放法律知识手册19735册，张贴宣传标语6590条，召开宣传会779场次，受教育人数达146349人。针对各村（社区）基层党组织的实际，改设党总支61个，组建基层党支部255个，同时，认真做好党员纳新工作，鼓励农村优秀青年积极加入到党组织中来，共有2224名入党积极分子向组织递交了入党申请书。在“千促”活动中，5个先进集体、20名优秀工作组组长、65名优秀工作队员，5名先进个人受到县委表彰，3个先进集体、119名先进个人受到州委的表彰。

【严打整治】 为确保社会稳定，县委政法委狠抓对各类犯罪活动的打击工作，坚持“严打”方针不动摇，适时组织政法各部门开展专项整治行动，切实解决突出犯罪问题，加大对各种危害社会安定的犯罪打击力度，保持了对犯罪分子的高压态势，各类案件得到有效控制。先后组织政法部门开展了“打黑除恶”、“扫黄打非”、“整治校园及周边环境”、打击“两抢一盗”等区域性专项打击整治行动，保持了刑事案件发案率稳中有降。公安机关共立刑事案件311起，同比减少

27起，下降8%，比前三年发案平均数344件减少33件，下降4个百分点；破182起，破案率为59%；共立命案10起破10起，破案率达100%，连续三年实现现行命案全破的目标，共受理治安案件480起，查处414起，查处率为86%；检察院共受理公安机关和本院自侦部门移送审查起诉、上级院交办的刑事案件75件172人，所办案件全部在法定期限内终结，无错捕、错诉案件；法院共受理刑事案件72件，全部审结，受理各类民商事案件199件，审结165件，审结率82.9%，受理行政案件4件，全部审结，受理执行案件251件，执结173件；司法局共调处民间纠纷942件，成功调处940件，调处成功率99.7%，开展法律宣传276场次，受教育人数82703人次；森林公安局共立刑事案件22件，全部侦破，侦破查处率为100%，受理林业行政案件179起，查处179起，查处率为100%。消防大队成功扑救各类火灾23起，参加社会抢险救援18起，社会救助108起，营救人员5人，挽回经济损失140余万元，发现并整改火灾隐患178处；交警大队大力开展酒后驾车专项行动，处理交通违法案件6280起，检查车辆5277次，饮酒驾驶20起，醉酒驾驶6起，发放宣传材料15250份，交通事故起数、死亡人数、受伤人数、直接经济损失四项指标均大幅度降低，实现了“降事故、保安全、保畅通”的目标。

【综合治理暨平安建设】 高度重视综治暨平安建设工作，积极向县委、政府汇报平安建设工作，争取县委政府的支持，解决存在的问题，全面落实社会治安综合治理和平安建设的各项措施，确保了综治平安建设工作的顺利进行。工作中，层层签订社会治安综合治理平安建设工作目标管理责任书，狠抓社会治安综合治理领导责任制和工作责任制的落实，把各乡（镇）、各部门、各个体民营企业的综治维稳和平安创建工作纳入年度目标管理的量化考核内容，对在综治维稳工作和平安创建活动中成绩突出的单位、个人进行表彰奖励，对重视不够、责任不落实，工作失职，造成严重后果的，严格按照重大责任查究制度及一票否决权制度追究其责任，取消对单位和第一责任人年终评优和晋职、晋级资格；落实人防物防技防措施，强化对重点单位、重点场所和重点部位的监控和治理；构筑治安防范网络，加强社会治安防控体系建设。年内，公安机关110、119、122“三台合一”报警指挥中心及城市监控自动报警系统建设项目已顺利竣工并投入运行。监控区域覆盖整个城区，实现了对城区主要街道和路段24小时动态监控，使社会面流动犯罪防控体系建设迈上了新的台阶；广泛开展“平安乡镇”、“平安村（社区）”、“平安单位”、“平安校园”、“平安家庭”等创建活动，平安创建面不断扩大，公众参与意识不断增强。

【矛盾纠纷排查调处】 针对在资源开发中涉及利益分配的矛盾纠纷突出的问题，按照县委的统一部署，认真做好各种影响稳定的矛盾纠纷排查摸底工作，对年内排查出的28起重大矛盾隐患，实行重大矛盾纠纷领导挂钩、责任分解、工作督查、成效奖惩制度，强化对各级领导干部矛盾纠纷排查化解工作的责任意识。同时，认真开展“两项排查”工作，9月份在全县范围内组织开展了矛盾纠纷排查化解及治安混乱地区和突出治安问题排查整治专项行动，集中解决影响社会稳定和治安稳定的突出问题。在此基础上，针对全县范围内出现的重大矛盾纠纷，积极组织、协调，抽调相关人员组成工作组深入实地参与处置重大矛盾纠纷，先后处置化解了建塘镇红坡村“5.21”景区群众集会，虎跳峡粮贸公司改制纠纷，三坝犁园电站、安南电站赔偿纠纷、小中甸水库移民搬迁等重大矛盾纠纷，为维护全县社会稳定发挥了积极的作用。加强与周边地区的团结协作，维护边界地区治安稳定。4月20日至21日在四川省乡城县召开了毗邻地区平安边界稳定工作协作会，签订了《边际维稳协作协议》，实行边界矛盾纠纷及各种治安、刑事案件联查、联调、联治，努力维护边际地区的安定团结。

【队伍建设】 按照县委的统一部署，县委政法委带头组织全县政法部门深入学习实践科学发展观活动和“大学习、大讨论”活动，教育政法干警全面把握科学发展观的科学内涵、精神实质和根本要求，增强贯彻落实科学发展观的自觉性和坚定性，切实转变不适应、不符合科学发展观要求的思想观念，进一步深化县情认识，准确把握全县经济社会发展工作目标要求，把思想认识统一到科学发展观的要求上来；进一步处理好发展与稳定的关系，坚决维护民族团结、维护社会稳定，营造良好的发展环境。

不断强化业务学习，鼓励和支持广大干警参加各种形式的在职培训教育，干警的学历水平和执法水平得到了较大提高。

加强党风廉政建设，不断努力提高广大政法干警廉洁自律、勤政廉政意识。教育广大政法干警牢固树立起思想道德和党纪国法防线，增强了自警、自律意识。

积极主动地向县委、政府提出工作建议，争取县委、政府的支持。与县委组织部加强工作联系，紧密配合，认真履行协管干部职责，加强政法委机关和政法部门领导班子建设，加大了对政法干警提拔任用的管理力度，取得了显著成效。政法委机关2009年调配充实了2名综治维稳办工作人员，解决了1名副主任科员。在硬件建设上，在省、州政法委和县政府的关心支持下，配备了2架业务用车，配置了3台办公电脑，1台组合式打印机，物质装备建设取得了新的突破。全年共提拔任用政法部门干部60名，其中15名正科级干部，22名副科级中层领导干部，解决了6名正科级和17名副科级非领导职务待遇，调配充实了2名综治维稳办工作人员，极大地激发和提高了政法干警的积极性，增强了政法队伍的凝聚力和战斗力，确保了各项工作的圆满完成。

【大事记】 4月7日，2009年全县政法工作会议在县委五楼会议室召开。

4月20日至21日，香格里拉县由县委常委、政法委书记、副县长张宏耀领队到四川省甘孜州乡城县召开川滇两省甘迪两州六县边际维稳协作会议。

9月9日，由省政法委维稳办专职副主任赖玉华为组长、省政法委执法监督室副主任戴净、省政法委维稳办唐正平为成员的省委维稳工作督导组到香格里拉县检查指导国庆安保工作。

9月14日，县委政法委在县委四楼会议室组织召开全县社区矫正工作联席会议。

12月7日，由州委常委、州政法委书记李灿光任组长、州政法委专职副书记杨双辉、州综治办主任尼玛甲称、州综治办副主任李贤、州政法委办公室主任杨继武一行组成的州综治维稳及平安建设暨党政领导干部综治维稳政绩考核验收组到香格里拉县就2009年度综治维稳及平安建设暨党政领导干部综治维稳工作进行了考核验收。

（孙习良）

公　安

【概述】 2009年，香格里拉县公安局始终高举“维护社会稳定、维护社会法制、维护人民群众根本利益”的旗帜，坚决贯彻执行各级党委政府和上级公安机关的一系列决策部署，紧紧围绕公安部关于公安信息化建设，执法规范化建设，构建和谐警民关系化为主题内容，以建成“全国藏区跨越发展和长治久安示范区”为目标，恪尽职守，连续作战，有力地维护了社会政治稳定和治安安定。

【三项建设】 信息化建设：在县委、政府的重视支持下，投入资金创历史新高，共投资480万元。在重点部位、要害部位、复杂场所、重点路段，完成“纵横交错、相互策应”监控点167个，安装监控探头226个，出入城区车辆视频抓拍卡点5个，监控面涵盖整个县城实行24小时动态监控。其中投资285万元进一步加强指挥中心规范化建设，有效整合“110”、“119”、“122”报警服务台，24小时全天候受理报警、投诉和服务，形成以“110”为龙头，多警种协同作战的快速反应机制。另外，筹资20万元为一线部门配发电脑36台、数码相机12台。年内利用城区视频监控系统破获各类违法犯罪案件17起，抓获违法犯罪嫌疑人员6人。利用信息化自动预警平台破获各类案件10起，抓获违法犯罪嫌疑人员10人。上报维稳工作专报287期，综合信息146条，综合情报信息541条，完成简报57期。

执法规范化建设：各部门按照《公安机关法制部门工作规定》、《公安机关办理刑事案件程规定》、《公安机关办理行政案件程序规定》认真履行职责，实行逐级审批制度。进一步规范执法主体，年内共审核行政案件91起，行政拘留27人，罚款39人。审核刑事案件312起，审核破案180起，罚款39人。结案审核106起，涉案人员

75人。年内清退不具备执法主体资格的协勤人员16人。以停仿息诉为目标，认真开展“局长接待日”，年内接待来信来访3起，并作出现场答复，满意率为100%，提升了人民群众对公安机关的公信力度。全年共受理信访案件14起（其中省公安厅转送11起），办结14起，办结率为100%，信访案件数同去年比上升35.7%。

警民和谐化建设：年内，县公安局以“爱民实践大走访”活动（进村入户走访困难群众，征求群众的意见、建议，了解民情民意）为载体，围绕构建“平安藏区、和谐藏区”的要求。全年共接处警6852起，出动警力15721人次，出动警车5875辆次，调解各类纠纷579起，救助群众234人次，其中找回走失老人儿童29人，为群众挽回经济损失14万余元。走访企业13家，外资企业7家，常住外国人32家，涉外单位12家，走访群众5600户。送法服务1502次，发放宣传资料12400余份，进一步增强群众对民警队伍和公安工作的满意度。同时发放香格里拉县公安机关“公安民警大走访爱民实践活动统计报表”和“大走访征求意见表”共1600份，回收反馈意见、建议45类331条。积极开展“警营开放日”活动，让群众走进警营，接触警务装备，开展警务咨询，全局14个部门完成了“警营开放日”活动，参与群众5673人次，有效地促进和谐警民关系建设。

【社会政治持续稳定】 2009年3月确保了“3.14”、“3.10”、“3.11”、“3.28”等敏感日和国庆60周年等安保工作期间的社会政治稳定。没有发生群体性的跨县、跨州、跨省进京上访事件，保持了香格里拉地区的绝对安稳。继续严厉打击境内外敌对势力及“法轮功”、“门徒会”等邪教组织的破坏活动，遏制住邪教和非法宗教活动。建立健全横向到边，纵向到底的情报信息网络，为维护藏区社会政治稳定提供出准确的信息，进一步强化人民内部矛盾的排查，积极预防妥善处置由人民内部矛盾引发的群众性事件，规范完善处置各类突发性事件的预案，不断提高处突实战水平。全年上报综合情报信息534条、维稳专报307期、宗教工作类信息51条、农村邪教侦察工作类信息5条、社会动态和热点类信息214条、国保工作动态类信息10条。为县委、政府正确决策提供了重要依据。全年共检查涉藏车辆7017辆次，盘查涉藏人员1775人，境外人员83人。先后共排查出影响社会政治稳定的各类热点问题及矛盾隐患63起，协同有关部门成功调处30起。全年共发生群体性上访事件23起，化解18起，化解率为78.12%。特别是成功化解小中甸团结村尼西组与唐布组之间，长达一年之久的水资源纠纷事件，为香格里拉的社会稳定、经济发展、民族团结、宗教有序营造了安定和谐的社会环境。

【队伍建设】 胡锦涛总书记指出：“在全部公安工作中，队伍建设是根本，也是保证。”遵照这一指示精神，香格里拉县公安局始终把加强队伍建设作为永恒的主题，扎实开展学习实践科学发展观活动，全面加强思想、组织、作风建设，切实提高公安队伍的整体素质和维护社会和谐稳定的能力及水平，结合公安工作实际，以科学发展观指导公安工作，组织民警学习贯彻落实“五条禁令”、“六条警规”、“四条措施”等各项纪律作风规定，集中开展了纪律作风整顿学习教育活动，与全体民警签订“责任书”278份。通过教育整顿，大家增强了忧患意识和责任意识，树立起求真务实、真诚为民、为警清廉的良好警风。同时深入开展“大学习、大讨论”活动，经过考试278名民警的平均成绩在80分以上。另外，全面落实从优待警措施，完善民警体检、民警休假、困难民警救助制度，增加民警心理调运能力和适应工作能力。2009年慰问因公负伤民警10人4000元；慰问退休民警及民警家属34人10200元；探望父母去世的民警6人2000元；探望住院民警4人800元；慰问牺牲民警家属4人20000元；病故民警1人800元。其次，工会组织还积极为家在农村的困难民警子女争取“金秋助学金”8000余元。同年，在县委组织部门的关心支持下，加强一线部门的班子建设和民警待遇，为8个部门的11人科所队长解决高配正科级待遇，为5人民警解决待遇（主任科员1人，副主任科员4人），充分体现了从优待警的方针。再次，积极开展“争先创优”活动，大力表彰在60周年国庆安保和维稳工作中涌现出来的先进集体和先进个人，全年表彰先进集体11个，先进个人51人，优秀党支部2个、优秀公务员

35人，集体三等功2人，个人三等功12人，个人嘉奖21人，省级消防先进个人1人，优秀社区民警1人，维稳工作先进集体1个。同年新增民警36人，全局共有民警278人（含交警大队）。

【打击刑事犯罪】 2009年，以“打黑除恶”为龙头，以“命案必破”为目标，严厉打击刑事犯罪活动。全年立刑事案件311起，破182起，破案率为58%，与去年相比刑事案件下降8%。其中，故意伤害20起，破19起，强奸12起，破11起；抢劫18起，破15起；盗窃235起，破121起。圆满完成“命案必破”的目标，全年立命案10起，破10起，破案率达100%。成功破获性质恶劣社会影响极大的“1.28”、“2.05”、“11.3”等故意伤害致死的重特大案件，连续3年（2007～2009）实现命案全破的好成绩。另外，进一步完善网上追逃工作机制，年内抓获网上逃犯23人（省外4人、省内7人、本地12人），特别是成功打掉以赵某某为首的恶势力犯罪团伙1个，成员7人。查获“小口径步枪1支，子弹12发，自制仿‘五四’式手枪一支，子弹2发，使人民群众的安全度进一步提高。

【公安行政管理】 2009年，全力整治突出治安问题，开展专项整治行动10余次，接处警6852起，出动警力1572人次，出动警车5875辆次。清理各类场所36个，抓获各类违法犯罪嫌疑人37人，刑事拘留7人，治安拘留7人，依法取缔美容美发厅7个，净化了社会风气，为全县经济持续发展，治安稳定、社会和谐创造出强有力的保障。全年受理治安案件480起，查处414起，查处率为86%。与去年相比受理治安案件数下降7.5%，罚款434人，罚款金额11.81万元。全年办“二代证”（身份证）9625份、临时身份证464份、军人二代证336份、暂住证17758份；全年户口迁出297人，迁入288人。完成全县治保会112个，治保小组926个共1042人的培训工作。全年开展重点人员大排查工作，落实各项管控措施，管控涉藏人员87人、涉疆人员75人、重点人员90人、刑事解教人员76人，境外人员67人。全年完成排查涉爆单位112家，涉枪单位31家，有效开具工业炸药2286.992吨，管类153.185万枚、索类8.75万米。全年清查剧毒化学物品使用单位8家，共清查出过期硝铵炸药408千克、雷管37枚、引火线75米、导爆管1500枚；全年清查出仿制猎枪13支、火药枪6支、民用枪1支，军用子弹15发，各类管制刀具28把。另外，群众主动上交过期硝铵炸药16.4千克、引线4米，已全部安全销毁，安全隐患得到有效防控。

【禁毒】 2009年，按照《云南省新一轮禁毒人民战争实施方案（2008～2010年）》的要求，以“遏制毒品来源、遏制毒品危害、遏制新吸毒人员滋生”为目标，始终保持打击毒品违法犯罪活动的高压态势。年内吸毒人员在册数为132人，进行强制戒毒10人，社区戒毒4人，社区康复3人，逮捕吸毒人员2人。6月份开展易制毒化学品网上申购审批制度，开具审批易制毒化学品购买备案证明24份，其中，硫酸610.013吨、盐酸40.208吨、乙醚1升、高锰酸钾1千克、甲苯1.5千克、三氯甲烷2千克。

【出入境管理】 2009年，结合藏区出入境管理工作实际，以人民群众对出入境管理服务的需要出发，强化外国人管理，加大涉外旅店业的培训管理力度。年内共培训旅店业130家245人次。受理公民因私出国（境）申请393人次，办理出国护照189人，与去年相比出国人员下降5%。全年受理、移送各类涉外事案件22起，与去年相比上升39%，涉及人员22人。其中治安案件12起，涉案10人；刑事案件4起，涉案人员6人；交通1起，死亡1人；意外事件4起，涉及4人；其他1起1人；全年境外人员死亡4人；依法保障了人民群众和入境人员的合法权益。

【监所管理】 2009年，遵照云南省公安厅监场所打击整治“牢头狱霸”专项行动的部署，组织对在押人员进行集体教育933人次，个人谈话475人次，建立健全落实预防打击“牢头狱霸”的长效机制。全年关押各类案犯289人，其中上年结存人犯105人，新收人犯149人，投送监狱58人，羁押出所35人，执行死刑2人。

【后勤保障】 2009年，在县委政府的重视支持下，公用经费全部列入财政预算，公用经费保障达到100%，即31900元/人。并投资20万元，为一线部门配发电脑36台，摄像机12台，数码相机13台；增配“九件套”单警装备20套，新增业务用车5辆。另外，认真完成《香格里拉县公安志》一本，已上报史志办公室。

【道路交通】 2009年发生道路交通事故286起，死亡10人，受伤12人，直接经济损失150多万元。同时在全县大力开展酒后驾车专项整治行动，查处交通违法案件6280起，检查车辆5277辆次，饮酒驾驶20起，醉酒驾驶6起，发放宣传材料15250份，通过一系列的专项整治，交通事故基本保持平稳，达到了“降事故、保安全、保畅通”的目标。

【消防】 2009年，全面推进消防安全“百日行动”，扑灭各类火灾23起，社会抢险救援18起，社会救助108起，营救人员5人，挽回经济损失140多万元。制作宣传标语320条（幅），汉藏两语提示牌82块，消防警示标语牌320块。举办各类消防培训班35期，发出消防宣传材料32000份，并整改火灾隐患178处，行政处罚8起，罚款5.1万元。同时展开农村火灾财产保险购置工作，完成率达10%。另外，完成全县58个行政村志愿消防队的建设。全力扑救“2.16”小中甸千湖山森林火灾，救援处置“3.06”小中甸重大交通事故，圆满完成“3.11”松赞林寺迎佛活动安保工作，树立起“香格里拉消防卫士”的新形象。

【大事记】 1月份，公安部对全国公安机关展开了“三项建设”（信息化建设，执法规范化建设，构建警民和谐化建设）工作，香格里拉县公安局，认真贯彻落实“三项建设”，并收到明显效果。

9月15日至10月7日，在各级党委政府和上级公安机关的领导下，认真落实《香格里拉县公安局关于新中国成立60周年大庆安保工作方案》。

9月份，县公安局开展“纪律作风教育整顿活动”。整顿活动主要针对队伍中出现的违法违纪违规现象，参加活动民警278人，写出学习心得体会、剖析材料、整改措施278份，层层签订“五条禁令”、“六条警规”、“四条措施”《责任书》278份，制定出一套长效管理机制。

9月4日，《香格里拉县公安志》上报县史志办通过终审验收。

11月30日，李继华同志调香格里拉县公安局任局长，原局长和振东调迪庆州国家安全局工作。

（胡建中）

人民检察

【概述】 2009年，香格里拉县人民检察院在县委和上级检察机关的正确领导下，紧紧围绕维护云南藏区社会政治稳定和促进香格里拉经济社会跨越发展和长治久安两大主题，始终坚持党的事业至上、人民利益至上、宪法法律至上，全面贯彻落实科学发展观，认真履行宪法和法律赋予的职责，强化法律监督，维护公平正义，深入践行新时期检察工作的主题和总体要求，加强自身建设，检察工作在服务香格里拉经济社会发展中取得了新的发展和进步。香格里拉县人民检察院领导职位数设置为检察长1名，副检察长3名（其中一名为非党女性副检察长），政工科长、反贪局长按同级院副职配备，派驻纪检组长1名，按同级党组副书记配备。设有办公室、政工科、反贪污贿赂局、侦查监督科、公诉科、反渎职侵权局、控告申诉科、民事行政检察科、监所监察科、职务犯罪预防科、法警科、检察技术科、纪检监察组和人民监督员办公室。全院有政法专项编制40名、地方工勤编3名，实有检察人员40人，其中检察员24人、助理检察员1人，书记员7人、司法警察5人、工勤3人；研究生1人、大学本科以上学历28人、专科学历6人、中专学历1人、初中学历4人；藏族18人、汉族9人、纳西族4人、白族3人、傈僳族3人、彝族2人、回族1人；党员27人、非党员13人，男性检察人员27人、女性检察人员13人。

【服务大局，维护稳定】 2009年，县检院严格贯彻落实党中央和各级党委关于维护藏区稳定的一系列指示和要求，充分发挥检察机关职能作用，全力维护云南藏区社会的政治稳定。按照州委、县委的部署，围绕中心，服务大局，检察长亲自担任建塘镇建塘社区的工作组长，抽调21名检察人员参加“主题教育千名干部送法进村(寺)促和谐活动”，圆满完成了所担任的各项工作任务，为维护藏区社会政治稳定做出了积极的贡献。立足检察职能，严格执行特殊案件、事件专报制度，在执法办案过程中，切实增强政治意识，密切掌握影响社会政治稳定的因素和隐患。

【依法打击刑事犯罪】 2009年，共受理公安机关和本院自侦部门提请批准逮捕案件56件100人，与去年同期相比案件数下降12.5%，人数下降28.6%。经审查，作出批准逮捕决定的有50件89人，与去年同期相比案件数下降16.7%，人数下降61.5%。共受理公安机关和本院自侦部门移送审查起诉、上级院交办的刑事案件79件125人，与去年同期相比案件数上升5.33%，人数下降27.32%。经审查，依法向县人民法院提起公诉73件139人（含上年未办结的案件），与去年同期相比案件数上升8.95%，人数上升18.8%，按时办结率达到了100%。

【反贪污贿赂检察】 2009年，受理职务犯罪案件线索12件13人，摸排案件线索12件13人，初查4件5人，立案侦查4件5人，其中大案2件2人，要案1件1人，挽回经济损失56万余元。

【预防职务犯罪】 2009年，结合办案关口前移，预防职务犯罪工作深入推进。在坚决查办案件的同时，坚持党中央关于反腐倡廉的战略方针，教育、监督、制度、惩治“四项措施”多管齐下，个案预防、专项预防、系统预防、社会预防“四大预防”全面推进，认真贯彻标本兼治、综合治理、惩防并举、注重预防的方针，不断拓展预防工作领域，推进预防职务犯罪工作的规范化、专业化建设，充分发挥检察机关在预防职务犯罪工作中的职能作用。相继到县林业局、县国土资源局、县地税局开展警示教育、法治讲座，与县国税局、县地税局召开联席会议，使广大干部职工意识到正确行使人民赋予的权力，才能赢得长远发展，只有洁身自好才能成为一名党和人民拥护的好干部。针对这两年乡（镇）职务犯罪案件发案率高的情况，为开展一镇（乡）十村预防职务犯罪为载体的社会化预防专项工程活动打下良好的基础，结合实际，在虎跳峡镇成立预防职务犯罪领导小组，制定具体工作实施方案，开展对村委会人员的职务犯罪预防工作。

【诉讼监督】 2009年，县检院始终认真履行对诉讼活动的法律监督职能，不断强化监督意识，采取有力措施，改进监督方式，全面加强对刑事诉讼、民事审判和行政诉讼的法律监督，促进严格执法和司法公正，诉讼监督成效明显。

侦查监督不断强化。2009年，提前介入公安机关侦查活动、适时引导调查取证20余件次；受理公安机关提请批准延长羁押期限案件3件3人；证据不足不予批准逮捕6件10人；不构成犯罪不批准逮捕1件1人。

审判监督明显加强。在诉讼监督中，坚持“三结合”，即协作配合与监督制约相结合、打击犯罪与保护人权相结合、促进实体公正与程序公正相结合，保证刑事诉讼活动严格依法进行。

人民监督效果显现。对“三类案件”“五种情形”进行全面有效监督，使人民监督员工作各项制度得到有效落实。

刑罚执行监督深入推进。2009年，对县看守所进行安全防范检查10余次，个别谈话帮教40余次，向公、检、法等办案部门提前告知催办案件31件57人，对在押人员谈话45人次。此外，进一步完善了驻所检察室、看守所、武警县中队联席会议制度，坚持每月召开一次联席会议，真正做到查漏堵源、及时发现、及时纠正，有效地防止了“前纠后超，边纠边超”现象的发生。

积极开展民事行政检察工作。以化解矛盾为主线，加强与法院联系，多次到法庭旁听民事案件，并对审理过程进行了全程监督，按照程序，认真审查了7份判决书，21份裁定书及17份调解书，受理2件刑事附带民事案件，挽回经济损失36000多元，打破了设立民事行政检察科以来没有案件的记录。

【反渎职侵权检察】 检察机关反渎职侵权部门是反腐败体系中的重要职能部门，肩负着依法打击职务犯罪的重任。2009年，办案干警认清渎职侵权犯罪的严峻形势和所带来的危害，积极参加高检院组织的远程教育培训学习活动，学习了《反渎职侵权案件线索收集指引100条》等材料，通过学习，干警查找线索能力得到了提高，业务素质有所增强。全年共查找线索4件，立案1件1人，填补了反渎职侵权案件4年为零的空白。

【公诉、控诉检察】 2009年，检察院对符合条件的轻微刑事案件作出不起诉处理的有5件 6人，其中相对不起诉2件2人、存疑不诉3件4人，依法向人民法院提出适用简易程序审理案件19件21人，占起诉案件的26.3%，适用普通程序审理案件54件118人，向县法院提出量刑建议34件55人，县法院采纳24件32人，检察长列席县法院审委会2次，向有关单位发出《检察建议》2份，组织观摩庭审活动1次。

2009年，受理举报线索4件、来信5封，接待人民群众来访45人次，在工作中始终坚持有理推定的理念，牢记群众利益无小事，把执法为民落实到控申接待工作中，对来访的每一人，都做到了以礼相迎、热情接待、倾心聆听、耐心解答、妥善处理，使信访不流于形式、不走过场、不应付了事，真正解决群众上访问题，使群众理顺情绪，化解怨气，有效防止矛盾激化，以达到使当事人息诉罢访的目的。制定实施了《领导干部定期接待群众来访、定期组织干部下访和矛盾纠纷排查化解工作的实施意见》，积极开展涉检信访评估、预警工作。

【检务保障】 办公室在“服务领导、服务全院、服务检察工作”的原则下，站在全院的立场上，树立服务意识，在检察长的直接领导下，积极主动，努力协调好院内、院外关系，积极向县委、政府及上级院汇报工作、反映困难，争取支持和理解，保证了各项检察工作的有序开展。2009年，共编写简报36期，草拟、审核、印发本院公文、及各种材料90余份，共接收办理省、州、县三级公文760余份，整理归档文书、专业档案200份8盒，转发涉密文件35份，归档诉讼卷宗200卷52盒，报送报表128张，填写案卡192张。

检察技术科紧紧围绕检察机关关于信息化建设的有关要求和县检院工作的总体要求，以保障为中心，用检察信息工作全面支持全院中心工作的开展。2009年，完成了县检院局域网调试，并在电信部门的支持配合下顺利接入检察专网，完成了视频会议室的改造，按照省检院的要求，恢复了县检院拆迁租房期间暂时报停的“8202000”举报电话系统。

【教育培训】 县检院党组立足于基层检察工作实际需要，坚持“人才强检、素质兴检”的战略，着眼于新时期对检察队伍素质的要求，以专业化为建设方向，全面实施素质教育为主线，提高检察队伍整体素质和战斗力为目标，坚持学历教育与专业培训相结合、理论学习与实践锻炼相结合、高素质培训与岗位练兵相结合的原则，因地制宜，采取措施，制定实施了《关于大规模推进检察教育培训工作的具体实施意见》和《关于开展检察自侦业务技能培训考核的实施意见》，加大工作力度，狠抓教育培训工作，不断提高检察人员做好新时期检察工作的能力和研究新情况、解决新问题的能力。

【领导班子建设】 县检院党组一直以来都十分重视班子的领导能力建设和创新能力建设，始终按照政治坚定、求真务实、开拓创新、勤政廉政、团结协调的要求，采取积极措施，以深入学习实践科学发展观活动为契机，抓好院领导班子的思想、组织和作风建设，提高整体素质，进一步增强班子的执行力、创新力和凝聚力，不断提高院领导班子驾驭全局和处理复杂问题的能力，同时，注重培养年轻干部，积极争取县委组织部门和上级检察政治部门的支持提拔配备副科级中层领导3人，充分发挥中层负责人的作用，以一流的班子带一流的队伍，创造一流的检察业绩。

【党风廉政建设】 严格按照有关部署和要求，结合检察机关的实际，有针对性地开展自身反腐倡廉建设，培育良好的检风，推进检察工作科学发展，强化监督者先受监督的意识，实行党风廉政建设责任制，层层签订《党风廉政建设责任书》，进一步强化干警廉洁自律的自觉性；制定实施了《具有检察特点的惩治和预防腐败体系》，切实抓好党风廉政建设工作；在各个业务部门开展建立执法档案的纪检监督活动，建立了领导干部廉政档案；积极开展廉政教育、遵纪守法教育和诫勉谈话教育，预防违法违纪案件发生；建立“一岗双责”制、“一案三卡”制、“定期学习”制等制度，督促检查全院人员遵章守纪；督促检查本院规范和其他规章制度的执行情况，认真做好检查记录，通过狠抓制度建设，促进了党风、政风的端正，确保了队伍纯洁。

【队伍建设】 2009年，以深入学习实践科学发展观活动为契机，围绕检察工作主题，以为检察工作科学发展提供组织保证、思想保证和精神动力为中心，按照中央政法委、最高人民检察院以及州委、县委的有关部署和要求，结合实际，切实加强领导，精心安排部署，周密组织实施，突出检察特色。狠抓队伍思想建设，扎实有效地开展了深入学习实践科学发展观活动，为建设高素质检察队伍和一流的检察工作奠定坚实的思想理论基础；狠抓检察职业道德建设，认真组织学习高检院《检察官职业道德基本准则》、深入开展向杨竹芳同志学习活动，使“忠诚、公正、清廉、文明”的检察职业道德准则在全体检察人员脑中深深扎根；狠抓组织建设，2009年，经过积极争取，提拔正科检委会专职委员1人、提拔配备副科级中层领导3人、解决主任科员待遇2人、新招录公务员2名、定向招录少数民族大学生2名，争取政法专项编制6名（其中冲抵现有事业编1名），法警科更名为法警大队，上报晋升检察官等级4人、初任1人、增设检委会委员2人。

【检察改革】 2009年，坚持以“三个代表”重要思想和科学发展观为指导，积极探索推动检察工作发展的新方法、新机制。根据云南省高级人民法院、云南省人民检察院、云南省司法厅《关于将量刑建议纳入法庭审理程序试点工作会议纪要的通知》等相关文件精神，与香格里拉县人民法院召开联席会议，制定、审议通过了《关于香格里拉县开展量刑纳入法庭审理程序试点工作的实施意见》、《关于香格里拉县人民检察院检察长列席县人民法院审判委员会会议的实施意见》，结合工作实际，县检院、县法院就相关事宜进行了专门的讨论、研究，达成了共识。县检院于2009年5月27日第一次对量刑建议纳入法庭审理活动做了有宜尝试，并取得成功。

【表彰】 2009年4月，县检察院侦查监督科被县委、县政府评为“2008年度政法工作先进集体”；周荣、和国新二同志被县委、县政府评为2008年度政法部门优秀政法干警；饶兴、庄小平、李翠芳、吾金泽仁、钟裕禄五同志被县委、县政府评为“千名干部送法进村（寺）促和谐”活动优秀工作队员；杨中振同志被县委、县政府评为“千名干部送法进村（寺）促和谐”活动先进个人。

2009年7月，魏春仙同志承办的扎某非法采伐、加工、出售国家重点保护植物一案的《审查逮捕意见书》被云南省检察院评为“十佳审查逮捕意见书”。

2009年12月，县检察院被县委、县政府表彰为2009年度“党风廉政建设先进单位”；县检察院被州检院表彰为2009年度“党风廉政建设先进单位”；县检察院被省检院表彰为2009年度“全省先进基层检察院”。

【大事记】 2009年6月，云南省人民检察院检察长王田海在省检院副检察长肖卓、州委常委政法委书记李灿光、州检院检察长王江华的陪同下，到香格里拉县人民检察院检查指导工作、慰问全体检察人员。

（武泽英）

人民法院

【概述】 2009年，县人民法院在县委领导下，在县人大及常委会的监督下，在县政府、县政协、社会各界的支持和上级法院的指导下，以邓小平理论和“三个代表”重要思想为指导，认真贯彻落实科学发展观，坚持党的事业至上、人民利益至上、宪法法律至上的指导思想和“公正司法、一心为民”的工作方针，紧扣“人民法官为人民”主题实践活动，践行“司法为民”宗旨，忠实履行宪法和法律赋予的职责，为推动全县社会稳定、经济发展做出积极贡献。全年共办理各类案件619件，比去年增加302件，上升 96%。其中诉讼案件275件，审结241件，审结率达88%；执行案件（含旧存）251件，执结173件，执结率达68.9%；清理执行积案93件，执结93件，执结率达100%。

【刑事审判】 始终坚持严打方针，充分运用刑法武器，对故意伤害等暴力性犯罪、严重影响群众安全感的多发性侵犯财产和贩卖毒品犯罪、严重破坏市场经济秩序的犯罪，持续从严打击。全年受理各类刑事案件72件，比上年增加10件，上升17%，审结72件，审结率达 100%。坚持“严打”方针不动摇，对严重危害社会治安和破坏社会经济秩序的犯罪予以严厉打击，全年共审理各类暴力犯罪和重大盗窃案件40件70人；审结贪污贿赂案件3件6人。判处各类犯罪分子125人，其中判处7年以上15年以下有期徒刑18人，7年以下有期徒刑43人，拘役8人，缓刑51人， 坚持以挽救为主的未成年人犯罪审判工作，全年对7名未成年人判处非监禁刑；坚持罪刑法定原则，严把案件事实关、证据关、定性关、量刑关，对5名被告人免予刑事处罚；切实保护被害人的合法权益，加强刑事附带民事案件调解力度。全年办理此类案件14件，调解11件，调解率达76%，当庭兑现11件，向被害人兑现金额达46.48万元。

【民商事审判】 始终紧紧围绕构建和谐社会的目标，依法平等保护公民、法人和其他组织的合法权益，妥善化解民事纠纷，加强司法对社会经济生活的规范、引导和调节，妥善审理婚姻家庭、损害赔偿、劳动争议、经济合同、涉农等案件，有效防止矛盾激化，促进社会关系的和谐，规范经济秩序，保障公平竞争，保护人民群众的合法权益，为经济社会又好又快发展营造良好的法治环境。全年受理各类民商事案件199件，比去年增加43件，上升28%，诉讼标的520.2万元，审结165件，审结率达82.9%。其中婚姻家庭纠纷106件，债权债务纠纷48件，侵权及其他民事纠纷45件。立足化解和疏导矛盾，积极采用诉讼调解的方法解决纠纷，全年调解结案 90件，同时在审判人员的耐心劝说下，原告主动提出撤诉35件，调解和解率达69.7%；严格审限制度和案件流程管理，完善繁简分流制度，民商事案件适用简易程序审理达90%以上；加大巡回审理力度，全年巡回审理案件60件。

【行政审判】 始终围绕党和国家的工作大局，慎重开展行政审判工作，坚持监督与支持并重的原则，主动拓宽行政案件受理渠道，保护行政相对人的合法权益和维护行政机关依法行政。全年共受理行政案件4件，审结4件，审结率达100%，比去年增加2件，其中维持1件，撤销2件。通过一系列案件的审理，既有力地支持了行政机关依法行政，在整顿和规范市场经济秩序中与行政执法机关形成合力；又纠正了违法的行政行为，保障了公民、法人和其他组织的合法权益，赢得了广大人民群众的信任，加强了官民之间的沟通，提高行政机关的依法行政能力。

【执行】 全年共收执行案件（含旧存）251件，比去年增加154件，申请执行标的974万元，执结173件，执结率达68.9%，执结标的534.5万元，占总标的的55%。对有能力而拒不履行生效判决的被执行人，依法采取拘留等强制措施，坚决予以打击；对有部分执行能力的，积极促成当事人执行和解，实现案结事了，全年执行和解49件，自动履行44件。积极稳妥地推进执行体制和工作机制改革。党委领导、人大监督、政府支持、政法委协调、法院主办、有关部门联动、社会各界配合的执行工作新格局已初步建立；综合治理、协作联合、监督制约、高效执行、信息沟通、涉诉特困人员救助的长效机制基本形成。全力开展集中清理执行积案工作，共清理出各类积案93件，申请标的总金额282万元，执结93件，执结率100%。

【立案、信访】 立案作为法院工作的第一道环节，立案庭作为法院的窗口部门，一切工作都以方便群众为前提，全年共立案352件，其中派出法庭直接立案44件。为涉诉特困群体和困难群众开辟“绿色通道”，全年对24名当事人实行缓、减、免交诉讼费4.23万元，尽力保障困难群众不因经济原因丧失自己的合法权益。积极做好来信来访工作，坚持“有访必接，有信必回”，扎实做好信访工作，多次将可能激化的矛盾化解在萌芽状态。全年共接待来信来访、立案咨询240人次，处理上级转来的信访3件。未发生涉及审理和执行案件引发的集访、群访、越访事件。

【审判监督】 案件质量是法院审判工作、队伍建设和管理水平的综合反映，县人民法院在完善案件质量评查机制的基础上，按照审判工作的内在规律，努力构建“强审监”的格局，促进案件质量管理和法官队伍管理机制的不断完善，全年共评查各类案件148件240卷。进一步强化“质量就是生命，责任重于泰山”的质效意识。

【法警】 法警工作和司法政务工作始终紧紧围绕确保审判、执行工作进行。法警大队在工作繁重的情况下，仍一如既往地坚持以《人民法院司法警察押解规则》为准则，提押人犯191人，刑事执庭79次，民事执庭8次，行政执庭1次，协助中院刑事执庭2次，未发生一起押解、执庭事故；送达各类法律文书497件，充分保障了当事人的权利和审判工作的顺利进行。

【司法政务】 司法政务工作注重从出谋划策和服务审判、执行工作两个发面出发。充分发挥参谋、助手作用，认真做好调研工作，全年编写各类调研材料22篇；进一步规范车辆使用、公务接待等制度，认真落实相关财务、保密规定；加大办公现代化和物质装备更新力度，年内购买8台电脑、购置两辆业务用车配备到业务庭室，公文审批系统和案件流程化管理系统初步普及；加强新闻宣传工作，全年编写简报30期，在迪庆报上发表文章9篇，大力宣传在审判、执行一线涌现出来的先进人物和事迹，抒写人民法官的满腔爱民之情，弘扬司法公正、司法和谐。

【派出法庭】 2009年县法院两个派出法庭紧紧围绕“立足基层、服务群众、建设基层”的工作目标，开展以审判和执行为中心的各项工作。2009年两个派出法庭受理民商事、执行案件55件，审执结55件，审执结率达100%。大力开展巡回审理，91%以上的案件到案发地进行审理，真正做到审理一案，教育一片，结合法庭面向农村的实际，金江法庭在审判和执行实践中积累经验，推行“息诉指导”，在当地群众中产生良好的效果，突显人民法官为人民的真挚情感。

【纪检监察】 始终将党风廉政建设工作作为法院工作的重中之重，着力完善和落实廉政建设的各项制度，确保司法廉洁。认真贯彻“五个严禁”相关规定，广泛利用报纸、电视向社会宣传“五个严禁”规定，及时对外公布举报电话和电子信箱，在大厅、庭室悬挂“五个严禁”规定，加强对内警示作用；继续加大督查工作力度，发现问题及时纠正，严肃处理，从严治院、从严治警。对七名干警进行廉政谈话和诫勉谈话，案件超审限的两名法官和分管领导在全院大会上检讨，书记员在全院大会上检讨并进行通报批评；继续建设法院廉政文化，在坚持每季度一次的廉政专题教育的基础上，充分利用学习日的时间，组织干警学习《论法官的选择》、《良善司法的要义》、王英同志先进事迹报告，观看多部优秀影片和李龙伟同志先进事迹报告，撰写两篇专题调研报告，提高干警的工作责任心，确保队伍不出问题。

【队伍建设】 一支素质高、业务精、立场稳的队伍，始终是县人民法院队伍建设追求的目标。法院始终在为实现这一目标不懈努力。积极开展深入学习实践科学发展观活动的基础上，开展“人民法官为人民”主题实践活动，增强法官的职业认同感、荣誉感，强化法官的使命感、责任感，树立法官的大局意识、服务意识。以提升司法能力为根本，加强队伍的业务素质，年内共派出11人参加上级法院举办的各类业务培训，3名干警参加预备法官培训；组织全院书记员进行业务技能培训一次；为解决法官断层问题，加大国家司法考试支持力度，全年共有12名干警通过国家司法考试，为审判事业注入新鲜血液。

（彭　慧）

司法行政

【概述】 2009年，香格里拉县司法局领导职数设置为局长1名，副局长2名，政工科长1名。设有办公室、法制宣传教育科、基层工作科、政工科（加挂警务牌子，为副科级）、法律援助工作科（对外称法律援助中心）、“12348”法律服务工作科（对外称“12348”法律服务协调指挥中心）6个科室和一个律师事务所、一个公证处；在全县乡（镇）设有11个司法所和2个法律服务所。全局现有政法专项编制29名，地方工勤编2名，事业编5名；实有人数35人，局机关17人，司法所14人，律师2人，公证2人；男24人，女11人，少数民族31人，党员25人；大学本科学历13人，专科学历15人，中专及以下7人。

2009年，司法行政工作始终坚持以邓小平理论和“三个代表”重要思想为指导，认真学习贯彻落实党的十七届四中全会精神、县委十届七次全会精神，努力学习实践科学发展观，紧紧围绕县委、政府的中心工作，充分发挥司法行政机关在法制宣传、法律服务、法律保障和化解矛盾纠纷中的职能作用。同时，重视档案工作和信息、报表、简报上报工作，全年共完成各类简报42份，在《迪庆日报》上刊登发表通讯报到2份、理论文章1份。司法行政工作按照年初确定的工作目标和任务要求得到全面落实。

【人民调解】 全县十一个乡（镇）共有调解组织74个（其中乡、镇（街道）调委会11个，村（居）委会63个），调解人员912人。做好矛盾纠纷排查调处工作是事关社会稳定的一件大事，各级调解组织充分发挥职能作用，按照“调防结合、预防为主”的工作方针，强化和落实超前排查制度，及时了解本地区、本乡（镇）的矛盾动态，做到早发现，早控制，早化解，真正做到“小事不出村，大事不出本乡（镇），矛盾不上交”。2009年，全县共调解各类矛盾纠纷942件，成功调处940件，调处成功率达99.7%，防止民间纠纷引起自杀的3件，防止民间纠纷转化为刑事案件17件，制止群体性上访25件，制止群体性械斗22件，有力地维护了基层社会稳定。

【刑释解教】 认真开展刑释解教人员的安置帮教工作。不断完善了刑释解教人员安置帮教档案，建立台账。2009年，全县刑满释放解除劳教人员共22人，已安置22人，未出现重新犯罪情况。

【“五五”普法】 2009年继续开展 “法律五进”工作（即：法律进藏区、进社区、进农牧场、进寺庙、进家庭）。年内采用发放法律图书、双语讲解等不同方式把国家的方针、政策、法律、法规送到各大小寺院，送到高山牧场，使广大僧尼、牧民学到了许多法律知识，掌握了国家利民、惠民、便民政策，懂得用法律来维护自身合法权益，同时增强了自觉维护社会稳定的意识。

【“千名干部送法进村（寺）促和谐”活动】 从县级各机关部门抽调了285名干部深入社区、农村开展法制宣传教育工作。借助这一有利时机，充分利用各部门职能优势，大力宣传了宏观调控、资源环境、土地经营权流转、保护知识产权等经济社会发展方面的法律法规；宣传了社会治安管理、打击违法犯罪、依法信访、依法维权等维护社会稳定方面的法律法规；宣传了劳动就业、社会保障、食品药品安全等改善民生方面的法律法规。通过开展法制宣传学习、解答各种法律咨询等活动，使广大老百姓的法制观念、守法意识、维权意识得到明显提高，为全县农村经济发展、社会稳定奠定了良好的法制基础。活动期间共发放法律知识读本19735册，张贴宣传标语6590条，召开宣传会779场，受教育146349人次。

【法律援助】 充分发挥法律援助在扶贫困、暖民心、保民生中的重要作用，不断加强法律援助宣传，扩大法律援助覆盖面，让更多的困难群众平等享受法律保护。2009年法律援助中心有两个专职工作人员，工作运转正常，年内办理援助案件56件（其中：刑事辩护14件，民事诉讼代理32件，非诉讼调解8件，撤诉2件）；解答法律咨询635人次，代写各种法律文书148份。

【律师、公证】 2009年律师事务所积极开展法律顾问工作，参与政府研究和处理土地征用、拆迁补偿、国企改制、群众来信来访等涉及法律事务以及企业债权债务纠纷、拆讼事务等工作。年内共办理各类案件15件（其中刑事案件6件，民事诉讼案件9件），法律援助代理4件，代写法律文21件，担任法律顾问5家。

公证处严格依法办证，遵守规章制度，积极为产业结构调整、国有企业改革、非公有制经济、农村工作、城镇化建设等提供法律服务。年内公证处共受理各类公证事项525件，出证492件（其中经济公证事项185件，民事公证事项307件），未结33件，未出现错证、假证现象；接待群众来访3766人次，代写各种法律文书240份。

【司法所建设】 2009年，全县共有11个基层司法所，司法助理员15人，全县11个基层司法所长待遇问题得到了全面落实，彻底解决无人所及司法所长职级待遇上不去这一空白问题。

在司法所硬件建设中，已顺利完成2006年下达的司法所项目建设及2008年下达项目司法所建设用地或建设配套资金，2009年以独建、购买的形式完成三坝、五境、虎跳峡三个司法所的规范化建设。到目前为止，全县11个司法所已完成7个司法所的建设。

【队伍建设】 2009认真开展各种形式的学习培训工作，组织全体干部职工认真学习贯彻落实邓小平理论、“三个代表”重要思想和党的十七届三中、四中全会精神，学习法律知识和业务知识，始终把学习理论知识和业务知识与本地区本部门工作实际结合起来。按照工作需要，定期不定期地组织基层司法行政干警和法律服务工作者进行业务学习培训，积极为干警创造到外地考察培训条件的同时，选送干警参加上级业务部门的业务培训。年内组织干警到州外业务学习共4人次，州内系统学习培训5人次，县级各类学习培训20人次，组织基层干警业务培训共计28人次。另外，鼓励符合条件的干警参加国家司法考试，今年有2人顺利通过国家司法考试。

根据中共香格里县委关于在全县开展深入学习实践科学发展观活动的文件精神，结合实际，及时组织成立学习实践活动领导小组、制定《实施方案》并认真完成整个学习活动的所有规定内容。通过开展调查研究、“科学发展”大家谈、典型案例分析、民主生活会、为扶贫挂钩点办实事等一系列活动，使学习实践活动取得了较好成效，干部队伍的整体素质得到进一步提高。

【党风廉政建设】 强化队伍作风建设，全面落实党风廉政建设责任，始终把党风廉政建设工作提到重要议事日程，结合《党风廉政建设责任制》的要求，坚持从严治警，加强内部监督管理。在党员干部中深入开展警示教育，贯彻落实党风廉政责任制，要求干部职工严格遵守“四项制度”、《公务员法》和“公务员八条禁令”及各项规章制度，杜绝损害国家和人民利益、违反财经纪律、利用职务便利谋取私利、挥霍浪费、侵犯人民群众合法权益等不正之风的出现。在全体干警中开展经常性的法纪政纪教育，至今全体干警未发生一起违法违纪现象。

【表彰】 2009年，香格里拉县司法局被中华人民共和国司法部基层工作指导司表彰为“先进单位”；被县委、政府表彰为“香格里拉县2008年度平安单位”；被县委表彰为“2008年度政法部门先进集体”；建塘司法所被县委表彰为“2008年度政法部门先进集体”；局长张卫华被州委表彰为“迪庆州维护藏区稳定先进个人”；建塘司法所长汪杰同志被中华全国人民调解委员协会表彰为“我为和谐做贡献”人民调解主题实践活动先进个人；法律援助中心主任李萍同志被县妇女儿童工作委员会评为“2007～2008年度妇儿工委工作先进个人”；尼西司法所所长鲁茸、洛吉司法所所长和建东、建塘司法所杨丽琴三位同志被县委评为“2008年度政法部门优秀政法干警”。

（杨红新）

经济管理

发展和改革管理

【综述】2009年，香格里拉县发展和改革委员会设办公室、投资综合股（含项目办）、交通能源股、工业贸易股、经济体制改革股、农经股（含西部开发办）、社会发展股、地区股、价格管理股、物价检查所、价格认证中心10个职能股室。核定编制共29名，其中公务员编制28名，工勤编1名，年底在职职工28名。

【内部建设】 2009年，发改工作在县委、县政府的正确领导下，在州发改委的关心支持下，在人大、政协的监督和业务部门的通力合作下，坚持以邓小平理论、“三个代表”重要思想和科学发展观为指导，深入贯彻执行党的十七大和十七届四中全会精神及中央、省经济工作会议精神，紧紧围绕县十三届人大二次会议确定的国民经济和社会发展预期目标，强化措施，狠抓落实，围绕中心服务大局。切实加强内部建设，继续发扬发改精神，不断完善制度、强化作风、科学管理、搞好服务。坚持民主集中制，重大事项集体研究，发扬民主，深化政务公开，增强发改工作透明度。根据年初和县委、县政府签订的《党风廉政建设责任书》和县委组织部签订的《党组织建设考核责任书》，并结合全县上下全面开展的学习实践科学发展观活动，进一步加强党员干部的党性、党风、党纪教育，努力提高党员干部及干部职工抵御风险和拒腐防变能力，继续推动党风廉政建设和反腐败斗争深入开展。

全面贯彻落实科学发展观，加强学习，严格纪律，严格制度，严格遵守项目和资金的审批、落实，严格遵守财经纪律和资金运作，领导干部以身作则、清正廉洁，并教育好自己的家属和子女。把党风廉政建设形成制度写进单位的《岗位目标责任书》中。结合本部门工作实际，制定了发改委《党风廉政建设量化考核责任制度》、《廉政承诺书》、《家庭廉政承诺书》、《四项制度实施方案》，进一步规范和完善了各项规章制度。

始终高度重视职工的业务学习和培训工作：继续积极支持职工完成学历教育；积极参加上级业务部门举办的业务培训；积极参与县委党校等组织的各类培训；集中组织委内思想和业务学习，定期或不定期的组织职工学习相关政策及文件精神。

【编制和执行年度计划】 编制《香格里拉县2009年国民经济和社会发展计划》，提交县十三届人大二次会议审议通过后组织实施。

2009年香格里拉县国民经济和社会发展计划工作的指导思想是：以邓小平理论和“三个代表”重要思想为指导，全面贯彻落实党的十七大、十七届三中全会、中央经济工作会议、州委六届六次全会和县委十届六次全会精神，坚持以科学发展观为统揽，紧紧抓住国家扩大内需和中央支持藏区发展的重大机遇，更加坚定的以经济建设为中心，坚持保增长、扩内需、调结构，继续把“三农”工作摆在更加突出的位置，下大力抓好固定资产投资这个重点，全力抓好工业经济平稳较快发展这个关键，妥善处理各种矛盾保持社会稳定这个大局，切实改善民生和强化生态环境建设，解放思想，坚定信心，知难而上，真抓实干，千方百计保持全县经济平稳较快增长和社会和谐稳定，不断开创香格里拉跨越发展和长治久安新局面。

2009年经济社会发展计划的主要预期目标

是：县级生产总值231336万元，增长16%；全社会固定资产投资394936万元，增长20%；社会消费品零售总额61824万元，增长12%；农民人均纯收入2961元，增长10%；城镇居民人均可支配收入15801元，增长8%；地方预算内财政收入15633万元，增长18%；旅游社会总收入336013万元，增长10%；粮食总产量60370吨，增长11%；人口自然增长率控制在7‰以内；城镇登记失业率控制在4%以内；单位生产总值能耗降低4%。

2009年经济社会发展计划的主要任务是：抢抓机遇，促进经济平稳较快发展；夯实基础，加快建设社会主义新农村；做强产业，促进工业稳步发展；落实责任，保持固定资产投资适度增长；突出重点，切实抓好生态环境保护；深化改革，不断增强经济社会发展动力；保障民生，着力发展各项社会事业。

2009年国民经济和社会发展计划完成情况是：实现县级生产总值236266万元，完成年计划的102.1%，按可比价计算，比上年增长22.5%，其中：第一产业29984万元，比上年增长5%；第二产业84819万元，比上年增长17.9%；第三产业121463万元，比上年增长31.5%。县级全社会固定资产投资总额404600万元，完成年计划的102.4%，比上年增长22.9%。社会消费品零售总额68208万元，完成年计划的103.2%，比上年增长23.6%。农民人均纯收入达3026元，完成年计划的102.1%，比上年增长12.2%。城镇居民人均可支配收入16040元，完成年计划的101.5%，比上年增长9.6%。地方预算内财政收入16606万元，完成年计划的106.2%，比上年增长25.3%。旅游社会总收入达409749万元，完成年计划的121.9%，比上年增长34.1%。粮食总产量63279吨，完成年计划的104.8%，比上年增长6%。人口自然增长率5.96‰，控制在8‰以内，达到计划要求。城镇登记失业率3.5%，控制在4%以内，达到计划要求。单位生产总值能耗降低4.45%。

【固定资产投资项目管理】 编制并组织实施了2009年全县重点建设项目和重点前期工作计划。始终坚持以发展为第一要务，认真落实“发改服务进千家”，继续实施投资促进战略，坚持“向上争取与招商引资并举”的工作思路，按照项目投资“抓大不放小，充分挖潜力”方针，千方百计扩大投资规模，采取有力措施，创造建设条件，确保全社会经济较快增长，并向县人大常委会作2009年半年项目落地情况报告，编制了2009年香格里拉县1～10月固定资产投资情况报告。全年共争取国家、省级发改委建设项目资金14223.12万元，包括中央新增投资11333.9万元（其中：中央预算内资金10491.3万元、国债资金182.5万元、省预算内资金660.1万元）和常规项目资金2889.22万元（其中：中央预算内资金1930.62万元、国债资金96.6万元、省预算内资金862万元）。为重点建设项目的顺利推进提供了保障；根据县人民政府目标责任分解下达投资计划，积极督查落实各部门、乡（镇）投资分解任务，确保实现县级全社会固定资产投资增长20%，全年力争达到39.5亿元的目标，其中重点建设项目计划投资34.16亿元，共计107项，其中：续建45项、新建56项、改建3项、扩建2项、安装1项。严格按照项目招投标等“四制”要求，加强建设项目管理，积极组织协调项目资金筹措，重点抓好政府投资项目的督查，提高工程质量和投资效益。

根据对建设项目的跟踪统计，全年完成县级固定资产投资404600万元，比上年增长22.9%。全年共实施农业、市政、交通、水电、旅游、矿产等建设项目214项（新增111项）。其中：农业发展项目44项，完成投资34722万元；市政建设项目25项，完成投资66222万元；交通建设项目15项，完成投资74029万元；水电建设项目24项，完成投资117838万元；矿产项目20项，完成投资46500万元；旅游建设项目15项，完成投资39215万元；教育项目21项，完成投资1389万元；卫生项目12项，完成投资680万元；扶贫及其他项目38项，完成投资15255万元。

项目前期工作进一步优化，项目储备思路进一步理清，项目建设目标进一步明确。根据《项目库建设方案》和项目库管理若干制度，购置项目储备库库房设备，对项目文本重新进行分类入库，编制完成了《香格里拉县项目数据库》（2009版），在完善充实项目库的同时，建立项目综合数据库，推进项目库信息化建设；以全面协调可持续发展的战略要求谋划空间布局。按照党的十七大提出的推进形成主体功能区的要求，结合县情和云南省正在开展的主体功能区规划工作，积极配合州发改委大力推进《迪庆香格里拉生态建设与保护规划》编制，推进形成功能定位清晰、发展导向明确的生态建设与保护格局；以科学的战略眼光谋划中长期发展，认真组织编制国民经济和社会发展中长期规划，起草完成了《“十一五”规划〈纲要〉实施中期情况的报告》，实事求是地评估“十一五”规划中期实施情况，提出确保“十一五”规划主要目标任务顺利完成的新举措。同时，认真分析存在的主要矛盾、重大问题、重点环节和薄弱环节，以科学发展的战略思维着手开展“十二五”规划前期研究工作；重点开展了香木公路、乡村通村油路、香宁路、革命老区红色旅游基础设施建设、松赞林寺僧舍改造、金沙江梨园水电站、郎史水电站、格基河七洛水电站、姜塘永河水能开发、巴永河流域水能开发、丽香铁路、云铜红牛、三坝陆家村铅锌矿、格咱工业园区、格咱铜冶炼厂、格咱矿业耐磨材料厂、迪乐铅锌矿、以工代赈、易地扶贫等一批重大项目的前期工作。这些工作的开展有力地支持了2009年全县建设，也为今后向省州发改委衔接项目、争取资金并按规划分轻重缓急、滚动实施奠定了良好基础；紧紧抓住国家扩大内需的难得机遇，认真研究中央扩大内需的政策和投资重点，紧密结合香格里拉经济社会发展实际，进一步解放思想、拓宽思路，根据州发改委要求，认真组织编报了《2009~2012年香格里拉县固定资产投资项目规划草案》。全年共收集、整理、编写、包装项目272个，在争取上极支持、实现项目融资、引进外商投资等方面发挥了极为重要的作用，有力支持了全县经济社会发展。

【以工代赈项目管理】 以工代赈工作是一项以救济为手段，以加快贫困地区基础设施建设为内容，以解决贫困地区彻底摆脱贫困为宗旨的扶贫工程。同时它又是一项跨年度实施的工程，并由发改委直接参与主管及实施。按照“十一五”以工代赈规划确定的每年重点实施两个乡（镇）的要求，2009年度以工代赈项目乡（镇）为尼西乡和金江镇。经发改委实地调查研究，在充分征求乡村两级政府及受益群众意见的基础上，完备各项项目前期工作并结合实际组织实施，2009年，共实施了2008年度以工代赈项目37个，共完成投资464万元，其中国家以工代赈资金464万元。其中建设人畜饮水项目4个，建成引水沟渠940米，引水管线9440米，水池7座，蓄水量112m³。建设农田水利项目6项，建成三面光沟渠7132米，100m³灌溉水池一座，引水管线2900米（塑管）。建设乡村道路项目26个，共新建等外路9650米，改造路面19210米，弹石路695米，水泥硬化路4367米，水泥管涵74根，涵洞16个，浆砌挡墙4216m³，干砌挡墙2153m³，跨径4米水泥桥两座。37个项目中，在金江镇建设项目5个，投资150万元；在尼西乡新阳村和幸福村建设项目27个，投资290万元；在其他乡（镇）建设项目5个，投资24万元。所有项目已经全面完工并完成验收和报账手续。并完成了2007年度19个未完工项目的扫尾工程。

【易地扶贫搬迁项目管理】 易地扶贫搬迁项目是“十一五”期间国家对西部欠发达地区扶贫工作提出的又一项重要举措。它主要针对贫困地区山体滑坡、地质灾害、贫困等因素失去基本生存条件的群众，实施就近就地搬迁，完善综合基础设施，基本解决生产生活问题。根据上级发改委符合搬迁条件和标准，成熟一项上报一项的要求，2009年，实施了格咱乡纳格拉村和翁水村两个易地扶贫搬迁试点工程项目。项目到位资金224万元，完成投资400万元（含群众投工投劳折资）。其中格咱乡纳格拉村计划投资143万元，其中中央及省级补助投资100万元，群众自筹43万元，计划搬迁26户，198人，完成投资150万元；翁水村汤顶安置点项目计划投资236万元，其中中央补助投资124万元，扶贫办争取70万元，群众自筹42万元，计划易地搬迁34户，248人。完成投资250万元。两个项目均已完成各项建设内容。

【价格管理】 2009年，县发改委物价工作，全面履行价格管理、价格监督检查职能，紧紧围绕县委、政府工作重心和社会关注、群众关心的突出问题，大力整顿和规范市场经济秩序，依法行使价格行政执法权，全面推进各项工作。坚持以务实的精神，求实的态度，扎实的作风对待每一项工作，在整顿和规范市场经济秩序、清费治乱减负、维护消费者的合法权益等工作领域取得了较大成绩，对促进经济发展和社会稳定起到了重要作用。

价格检查：深化价格改革，整顿市场价格秩序，创造稳定条件，大力开展各项专项检查。2009年，开展了涉农收费专项检查，对县农资公司、格咱乡政府、乡中心完小、乡派出所的收费情况进行重点抽查，积极配合省物价检查组到香格里拉县开展收费专项检查，对在检查中发现的个别违法行为按《价格法》、《价格违法行为行政处罚规定》分别给予没收违价多收款、责令立即停止该项收费的处理；按照省州物价检查局统一部署，派员参加州发改委检查组到玉溪开展交叉检查，圆满完成省价格监督检查局交给的检查任务。开展涉企收费专项检查，根据省州价格监督检查局的安排，参加了全省涉企收费交叉检查，到怒江州环保局、州建设局、州交通局、怒江州交通集团、泸水县环保局进行检查并将价格违法案件卷宗移交省发改价格监督检查局处理，圆满完成任务；配合参加省检查组到香格里拉县土地管理局、州建设局、州交通局、州环保局等进行检查，并将卷宗移交省价格监督检查局，按程序进行处理。开展成品油价格专项检查，对香格里拉县各乡镇成品油经营网点价格进行了监督检查，对个别加油站没有及时按国家政策调整价格的行为进行了干预。加强节假日期间价格检查工作，对节假日游览参观点门票价格的监管实行24小时值班制，答复处理旅游投诉12件。开展医疗收费专项检查，在各医疗单位认真开展自查基础上，对县妇幼保健院、县疾病预防控制中心、格咱乡卫生院、东旺乡卫生院进行重点检查，并对存在问题责令及时整改。加强特殊时期价格检查，为保证全县甲流防控工作顺利进行，开展了注射甲流疫苗收费专项检查。县疾病预防控制中心截止11月6日共签收流感疫苗10000支，完成9883支接种任务，在接种过程中无收费行为。依法处理砂石价格波动，2009年3月初，香格里拉县砂石行业商会上报《关于要求审定批复香格里拉县砂石行业各品种砂石价格的申请报告》，迪庆州建筑业房地产业协会向迪庆州人民政府上报《关于请求给予协调处理迪庆州砂石等建筑地材大幅涨价的紧急请示》，根据属地管理原则，该件经州政府领导签批后由州发改委转至香格里拉县人民政府协调解决，根据《中华人民共和国价格法》、《中华人民共和国反垄断法》、《价格违法行为行政处罚规定》、《云南省定价目录》等法律法规规定分别召集砂石经营者、建筑行业协会相关负责人作了协调和答复，成功处理了砂石价格的波动，维护了正常的市场秩序。

价格举报：为适应新形势的发展要求，物价检查所根据《价格违法行为举报规定》，建立健全了价格举报的受理、登记、呈批、督办、存档、保密、反馈等各环节的制度，并落到实处。2009年接到投诉案件10起，其中涉及旅游门票减免门票的有9起，根据香政发〔2009〕24号文件有关规定给予答复；涉及医院收费的有1起，按照医院管理的有关规定给予答复。

价格认证：2009年，价格认证中心以加强法制建设和规范化建设为基础，进一步落实“四个服务”，在价格认证业务、价格认证行为规范等各方面都取得了一定成绩，在涉案物品价格认证、民事案件价格评估等方面较好地完成了工作任务。受理香格里拉县公安局刑侦大队涉案财物价格认证816件，涉案品种195个，鉴定金额1112828.50元。按照认证中心档案管理制度，做到一案一卷，年终结案，备案保管，永久保存。

价格监测：结合实际，开展市场价格监测，每月定期或不定期对县城主要商品市场价格进行监测，对民生关注的生活必需品的市场价格进行调查；全年完成市场监测简报14期，主要商品包括5大类61个品种。监测项目涉及蔬菜、肉禽蛋、粮油、能源、农业生产资料、建材、金属等，采价点达10个以上。认真收集监测数据，开展市场调查，分析市场价格走向和开展市场价格分析，按计划完成上级交办的价格监测工作，为各级领导科学决策发挥了积极作用，为制定和实施价格应急预案打下坚实基础。认真做好两疫期间价格监测工作。6月份以来，对防控甲型H1N1流感疫情对医药卫生用品及居民消费必需品市场供应和价格情况进行监测，并及时上报报表及相关材料；10月份，针对出现牲畜口蹄疫情，价格监测人员做到每天到市场监测，同时，公示举报电话，让消费者参与监督。

价格管理：深化价格改革，整顿价格秩序，充分发挥职能作用，努力保持价格总水平基本稳定。当前价格管理工作主要放在严格管理行政事业性收费和经营性收费上，逐步完善旅游景区价格管理审批和监管，扎扎实实做好各项价管工作；根据《云南省行政事业性收费管理规定》以及《云南省行政事业性收费许可证年度审验办法》，从2009年3月15日至5月20日对2008年度收费情况进行全面审验。对收费单位上报的自查表，对照各项收费票据进行认真审核，严格把关，全县应参加年度审验的《行政事业性收费许可证》共有111家；根据文件要求，共注销了5个单位（收回许可证正副本）的收费许可证，取消132小项，变更6小项，新增2小项，新办证1个单位。

（赵永梅）

经济贸易

【概述】 2009年，香格里拉县经济委员会紧紧围绕县委、县政府的中心工作，认真贯彻落实县委十届五次全会、政府十三届二次会议精神，按照《政府工作报告》中确定的目标任务和《香格里拉县人民政府办公室关于印发2009年经济社会发展目标、重点工作任务、重点项目任务分解方案的通知》的工作部署，结合县经济委的各项工作职能，突出重点，狠抓落实。在加强机关自身建设、培育工业经济、促进企业技术进步、推进国企改革、加快非公经济发展、完善市场体系建设等方面都取得了较好的成绩。

【内部建设】 2009年。经济委按照县委的统一部署和要求，深入开展学习实践科学发展观活动，活动从2009年3月25日开始，到8月30日结束，分3个阶段进行。在开展学习实践活动中，结合实际，积极行动，突出主题，务求实效，按照“一个目标、一个主题、四项任务”的总体目标和任务，进一步解放思想，提高认识，切实转变不适应、不符合科学发展要求的思想观念；进一步深化县情认识，准确把握全县经济社会发展工作目标，把思想统一到科学发展观的要求上来；进一步处理好发展与稳定的关系，坚决维护民族团结、维护社会稳定。确保学习实践科学发展观活动扎实深入开展，圆满完成了学习调研阶段、分析检查阶段、整改落实阶段的学习活动任务。通过开展学习实践活动，全委干部职工进一步解放了思想、更新了观念，找准了问题、看到了差距，理清了思路、明确了目标，振奋了精神、激发了干劲，有力地促进了全委各项工作的顺利开展。

在加强勤政廉政建设工作中,始终把党风廉政建设当做经济管理工作的一个重要环节,按照党风廉政建设目标责任制量化考核的内容和要求抓好落实。领导班子力求做到带头守纪、以身作则、办事公道、不徇私情,作风正派、勤政廉政,较好地发挥了示范作用,促进了全委党风廉政建设工作的不断加强。同时，认真抓好党支部的组织建设工作，充分发挥党支部在单位的核心作用。为顺利完成年度各项重点工作任务提供了坚强的政治保障。

【经济指标】 工业经济主要指标完成情况：现价工业总产值完成71601万元，比上年同期72855万元减少1254万元，下降1.72%，其中：轻工业完成38132万元，比上年同期33255万元,增加4877万元，增长15%；重工业完成33470万元，比上年同期39600万元，减少6230万元，下降15%；国有经济完成861万元，比上年同期1139万元减少278万元，下降24%；集体经济完成8118万元，比上年同期16871万元减少8753万元，下降52%；其他经济完成61146万元，比上年同期54846万元减少6300万元，下降12%。

规模以上工业主要指标完成情况：全年全县规模以上工业企业完成增加值17072万元，同比下降11 %；完成主营业务收入36537万元，同比下降30 %；完成税金2799万元，同比下降54% ，完成利润额5222万元，同比下降34%。

全年县级工业企业主要产品产量情况：钨精矿402吨，铜精矿6212吨，铅精矿238吨，锌精矿421吨，硫铁精矿22885吨，铜原矿1千吨，汉白玉石12000平方米，双飞粉1050吨，滑石粉550吨，大理石180立方米，发电量20866万度，水泥

8万吨，松茸698吨，肉制品675吨，粮食加工3000吨，粮食制品200吨，食用植物油350吨，酒类80吨，砖510万块，瓦207万块，中小农具1万件，日用陶瓷5万件，工艺美术品39万元，干酪素140吨。

【经济培育】 2009年全县工业增加值达32221万元，增长7.41%。完成技术改造投资5840万元，完成年初计划的146%。严格按照产业政策，狠抓项目工作，大力扶持优势企业。全年报送省级非公专项资金扶持项目8个（香格里拉县康美乳业开发有限责任公司干酪素生产线技改项目；香格里拉县祥和食品有限责任公司食品加工生产线技改扩建项目；香格里拉县藏龙生物资源开发有限责任公司牦牛良种扩繁、育肥基地建设及产业化开发项目；香格里拉县龙康民族工艺品开发有限责任公司藏民族工艺品厂改扩建项目；香格里拉县尼西黑陶有限责任公司生产线改扩建项目；香格里拉县虹都秸秆饲料有限责任公司秸秆加工项目；香格里拉县蓝月山谷旅游开发有限公司观光索道建设项目；香格里拉县康生资源开发有限责任公司牦牛骨髓壮骨粉流水线扩建项目）。

上报省级流动资金贷款贴息项目3户（香格里拉县虎跳峡汉白玉石厂石砖、石雕工艺品、石板材加工项目；香格里拉县富一方有限责任公司牛肉系列产品生产项目；中甸智园松茸加工厂松茸系列产品加工项目）。

上报乡（镇）企业发展扶持项目3户（香格里拉县富一方有限责任公司；香格里拉县虎跳峡钨矿厂；香格里拉县卡卓有限责任公司）。

上报技术改造贷款财政贴息项目6个（中甸野生食品进出口有限责任公司松茸冷藏加工、配送项目；香格里拉县康美乳业开发有限责任公司扩建1500吨干酪素加工厂技术改造项目；香格里拉县圣宝食品进出口有限责任公司野生菌加工生产线扩建项目；香格里拉县蚕丝茧有限责任公司桑蚕基地建设项目；香格里拉县虎跳峡钨矿厂生产厂房技改项目；香格里拉映象资源开发有限责任公司纯净水生产线改扩建项目）。

上报省级新型工业化建设项目1个：香格里拉工业园区香格里拉片区软环境建设项目。

上报州级新型工业化建设项目1个：香格里拉工业园区软环境建设和基础设施建设项目。

【企业扶持】 2009年，共争取到各项贴息扶持资金589万元，其中：省级技术改造项目贷款财政贴息资金380万元（香格里拉县祥合食品有限责任公司70万元、香格里拉县康美乳业开发有限责任公司150万元、香格里拉县圣宝食品进出口有限责任公司80万元、中甸野生食品进出口有限责任公司80万元）；省级非公企业固定资产贷款财政贴息125万元（香格里拉县虹都秸秆颗粒饲料公司35万元、香格里拉县虎跳峡汉白玉石花岗石总厂40万元、中甸智园松茸加工厂50万元）、重点乡镇企业投资项目扶持资金40万元（香格里拉县富一方有限责任公司）；州级资金44万元，其中非公经济扶持资金34万元（祥合食品进出口有限责任公司8万元、康美乳业开发有限责任公司12万元、藏龙生物开发有限责任公司14万元）；矿产品储备贴息资金10万元（虎跳峡鑫磊钨业开发有限责任公司）。

2009年由于受金融危机的影响，矿产品市场价格大幅度下跌，导致矿产企业一季度基本处于停产半停产状态。二季度开始，州委、州政府、县委、县政府采取了一系列恢复生产的措施，不断加强运行调节，工业经济总量有所恢复。松茸企业，尽管出口受阻，由于气候等原因，松茸产量好，进一步扩大内销，经济总量保持稳定。

【园区建设】 积极做好工业园区前期工作。托优势资源分布及县域工业经济发展需要，实施了“一园六片”的迪庆香格里产工业园建设项目，其中香格里拉县就占了三个片区（舞凤山松茸加工片区、旺池卡食品、药品、旅游商品加工片区和格咱有色金属工业片区），为全县工业经济的发展搭建了很好的平台。通过调研，向县委县政府提交《香格里拉县工业园区管理委员会设置方案》，《香格里拉工业园区旺池卡食品、药品、旅游商品加工片区建设标准厂房的方案》。县委、县政府进一步加大园区建设步伐，调整充实了园区管理委员会，为全县工业园区的进一步发展打下了坚实的基础。

【企业改革】 根据州经济委安排完成了第二轮国有企业改革目标责任制工作，并完成自查报告、总结报告等书面材料报州经济委；在粮食企业改革方面，根据县委、政府的工作安排，严格按照企改政策稳步推进粮油工贸公司的改制工作。在认真做好企业部分上访职工思想稳定工作的同时，进一步完善方案，力求做深、做细每一环节工作，切实维护好社会稳定。

【非公有制经济】 2009年，全县非公经济总量进一步增长，结构不断优化，运行质量明显提高，企业效益普遍提升，非公经济综合实力和竞争力正在增强。主要经济指标稳步增长，非公经济发展态势良好。截止12月底，全县中小企业户数450户，从业人员4574人；注册资金381654万元；非公企业上交税金12653万元。

【商务】 按照财政部、商务部、工业信息部《关于全国推广家电下乡工作的通知》（财建〔2008〕862号）和云南省财政厅、云南省商务厅关于印发《云南省家电下乡工作实施方案》和《云南省家电下乡补贴资金管理暂行办法》的通知（云财企〔2009〕3号）要求，积极做好家电下乡工作，建立与中标企业及销售网点的联系机制，及时帮助企业解决工作中遇到的问题，为企业做好服务。加强与财政、宣传、信用社、工商、质监、公安、税务、供销等部门的联系和信息沟通。制定出台家电下乡工作实施方案，组织召开家电下乡各种会议，承办家电下乡启动仪式，对11个乡（镇）业务人员进行业务培训，切实推进“家电下乡”工作的实施。截止到11月30日止，到县商务局备案并审核通过的销售企业有22户，可供乡（镇）一级农户购买家电产品的有8户（建塘镇、虎跳峡镇2户、上江乡3户、金江镇3户），县城有13户，销售网点已达22户；销售家电产品2677台（件），销售金额达368.0124万元，兑现家电补贴资金314707.89元。兑现汽车、摩托车下乡补贴资金879677.20元（共242辆，其中：摩托车17辆）。

按照“万村千乡市场工程”建设的总体部署，继续进一步做好2009年度“万村千乡市场工程”建设工作。2009年，州商务局下达分配给“万村千乡市场工程”建设指标任务是村级农家店20个，配送中心1个。为了切实做好此项工作，召开委务会议周密安排、精心部署，制订了实施方案。要求各承办企业按照分配指标数认真组织实施，力求在经营网点的覆盖面上有所突破。经各承办企业的实施，已全面完成了2009年的指标建设任务，并通过上级主管部门的验收。“万村千乡市场工程”自2005年开展以来，县民贸大楼、县农资土产公司、县民贸公司3家承办企业先后开展此项工程。五年来，承办企业开辟了11个乡（镇）的农村市场，累计改造规范了207个村级“农家店”，11个乡级店，建设了3个配送中心，发展各类农村综合超市6个，网点覆盖全县80%的村庄，受益人口达11万人以上，占全县农业人口的87.8%。其中：已通过验收合格的“农家店”207家，争取专项扶持资金223.10 万元。形成了以城区配送中心为龙头、乡镇店为骨干、村级店为基础的农村消费经营网络，为农村创造了方便消费、安全消费和实惠消费的良好环境。

为确保上市销售食品安全和经营安全，稳定商品市场供应，保证广大人民过上欢乐祥和的节日，利用元旦、春节、五一、十一黄金周等节日，对县城14家重点流通企业进行市场供应和食品安全法律、法规的宣传，完善节日市场供应应急预案，努力增加生活必需品供应，采取积极有效措施妥善处理市场异常波动事件，确保节日期间生活必需品不出现断档、脱销现象。

在生猪屠宰管理方面突出生猪屠宰专项整治工作。生猪屠宰专项整治工作按照商务部和州商务局的统一部署，坚持集中整治与抚优扶强相结合的原则，围绕重点环节、重点问题、重点对象，加大执法力度，开展专项治理，进一步巩固和发展近几年来治理整顿的成果，净化和理顺屠宰市场，不断促进全县畜禽屠宰业的规范发展。积极开展国务院《生猪屠宰管理条例》和商务部《生猪屠宰管理条例实施办法》的贯彻宣传工作。做到定期或不定期到屠宰企业进行调查、指导工作，及时上报生猪屠宰信息。9月底，针对口蹄疫疫情在县境内陆续发生后，根据上级业务主管部门以及县人民政府的通知精神，为保证县城市场肉品供应，认真做好与乡（镇）政府、畜牧兽医站、检验检疫人员、屠宰户的工作衔接，在近一个月的时间里积极组织猪源上市工作，同时做好伟松屠宰市场的稳定工作。并会同发改委、工商局不定期对食品流通、餐饮服务和生猪屠宰行业进行监管，做好食品安全宣传工作，坚决杜绝疫病在屠宰环节中再次传播，保障上市销售肉品的安全。

市场建设方面。投资建设“香格里拉民族商品物流配送中心”项目。围绕迪庆州建设东部藏区“物质集散中心”和“游客集散中心”的目标，按照《迪庆州商贸流通“十一五”规划》，香格里拉县民贸大楼有限责任公司在香格里拉县城建设了“香格里拉民族商品物流配送中心”项目。该项目占地面积19.41亩，建筑面积20000平方米，总投资5660万元。预计在2010年3月左右完成建设任务并投入运营。香格里拉民族商品物流配送中心的建成在满足迪庆州三县一区物流配送的同时可将物流配送辐射到周边四川、西藏等地区。

集贸市场建设。根据云商市〔2009〕89号文件要求，到2012年，在全省新建和改造1000个乡镇农贸（集贸）市场的通知要求，积极配合县财政局、三坝乡政府，争取将三坝乡集贸市场列入2009年乡（镇）集贸市场建设项目，并争取项目资金30万元。

抓好2009年度松茸交易市场的设立，确保松茸交易的顺利进行。2009年，由于原松茸交易市场被拆除，导致松茸交易暂时没有地点，为规范松茸交易市场行为，确保松茸交易的顺利完成，根据县政府的工作安排，经济委牵头负责协调做好松茸市场交易地点的设立及市场管理工作。通过部门领导及相关工作人员历时60多天的艰辛工作，圆满完成了松茸交易工作。松茸交易量达400多吨、交易金额达150多万元。

同时，做好酒类流通管理、加油站管理、农村市场监测、商务信息报送等工作。

商业流通贸易市场各项指标继续保持较大的增长幅度。2009年，全县社会消费品零售总额完成121017万元，比上年同期99956万元增长21%，其中:其中公有经济完成 36906万元,比上年同期28960万元增长27%;非公经济完成 84111万元,比上年同期70996万元增长19%。

【乡镇企业】 2009年，全县乡镇企业完成营业收入113614万元，比上年的111062万元增2552万元；完成现价总产值122689万元，比上年的122213万元增476万元；完成增加值45675万元，比上年45539万元增136万元；完成利润总额16082万元，比上年的17653万元减1571万元；上交税金4923万元，比上年的8275万元减3352万元；劳动者报酬14770万元，比上年的12941万元增1829万元；从业人员年末人数17304人，比上年的17219人增85人%；企业个数8074个，比上年的8010个增加64个。

【节能减排】 2009年与州政府签订的单位GDP能耗下降4%，完成能耗下降4.45%。2009年全县（县城）规模以上工业企业综合能耗56436.53吨标准煤，比上年同期减少8064.15吨标准煤，减少12.5%，产值126657.2万元，比上年同期减少12624.2万元，减少9.06 %，产值能耗0.4456吨标准煤/万元，比上年同期0.017吨标准煤/万元，减少3.78%。

（杨卫华）

安全生产监督管理

【概述】 2009年是“安全生产年”，香格里拉县安全生产监督管理局结合香格里拉县实际,认真落实“安全生产年”各项措施，全面开展安全生产“三项行动”和“三项建设”，加强组织领导，强化责任落实，广泛宣传教育，狠抓监督检查，深化专项治理，有效减少了各类事故的发生，保持了全县安全生产形势的持续稳定。

【安全生产基本情况】 2009年，州政府下达全县的安全生产事故死亡控制指标为19人，其中道路交通16人，工矿商贸生产企业控制指标为3人。较大事故起数1起。全县1～12月累计发生各类事故总起数为30起，死亡12人、受伤18人、直接经济损失133.1万元。与去年同期相比事故起数下降10起，降幅为25%；死亡人数下降8人，降幅为40%；受伤人数比上年下降10人，降幅为35.7%;经济损失比上年下降25万元，降幅为15.8%。其中：道路交通行业发生伤亡事故19起，死亡10人、受伤18人，直接经济损失27.7万元，与去年同期相比事故起数下降8起,降幅为29.2%；死亡人数下降6人,降幅为37.5%；受伤人数下降8人、降幅为

30.7%，经济损失下降10万元，降幅为26.5%；消防火灾发生事故9起，无伤亡人员，直接经济损失23.4万元，与去年同期相比事故起数下降1起，降幅为10%，死亡人数下降1人，降幅为100%，直接经济损失下降5万元, 降幅为17.6%；工矿商贸行业发生安全生产事故2起，死亡2人，无受伤人员，直接经济损失82万元。与上年同期相比事故起数下降1起,降幅为33.3%;死亡人数下降1人，降幅为33.3%；受伤人数下降2人，降幅为100%，直接经济损失下降10万元，降幅为10.8%。1～12月县境内没有发生10人以上的重大安全生产事故。从以上数据不难看出，2009年全县安全生产各类事故均呈现较好的发展态势，各类控制指标数均控制在州人民政府下达的指标控制范围内，受到州人民政府的表彰和奖励。

【安全生产责任落实】 及时召开全县安全生产工作会议，在全县安全生产会议上，与十一个乡镇、十个县级部门、十七个重点企业签订了09年度安全生产责任状，进一步明确了全年的安全生产工作重点、目标和任务，做到指标层层分解，责任层层落实。

【安全宣传】 在今年“六月安全生产月”活动期间。组织县交警队、消防队，交通局、建设局、质监局、供电公司、总工会等十七家安委会成员单位以及县内17个企业在坛城广场开展了以“关爱生命、安全发展”为主题的安全生产宣传咨询日活动。活动日当天县人民政府领导作了重要讲话，并散发宣传资料共19000份，横幅20多条，出动宣传车5辆，参加活动人员达500余人。通过“六月安全生产月”的宣传，引起了社会各界对安全生产的关注，增强了人民群众的安全意识和自我保护能力，推进了安全生产法制建设、安全生产文化建设，让更多的人民群众知法、守法、学法、用法，活动达到了预期的效果。

进一步提高企业安全生产管理水平，防范安全生产事故，帮助从业人员提高安全技能，有计划、有重点地组织开展几次安全生产教育培训活动。4月份对矿山、建筑等行业的100多名特种作业人员进行了上岗培训。 10月份组织11个乡镇安监站站长及安全管理人员一共26人参加了州局组织的安全生产监管工作业务培训会议。

【“安全生产年”活动】 安全生产年活动是国务院、省、州政府今年确定的一项重要活动，是贯穿全年安全生产的工作部署。县政府对此精心安排布置了各阶段的具体事项，各部门和各乡镇围绕安全生产“三项行动”全面开展活动，取得了明显成效。

及时成立了以副县长为组长，各安委会成员单位主要领导为成员的安全生产年活动领导小组，制定了《香格里拉县2009年安全生产活动实施方案》下发到各乡镇、各相关职能部门。各乡镇、各部门迅速传达贯彻、安排布置安全生产年活动的有关工作，成立了以主要领导任组长的专项工作领导小组，制定了具体的实施方案，层层落实责任，推动了安全生产年活动的深入开展。

县政府相关部门按照总体工作部署，依法履职，协作配合，大力开展专项治理，促进了三项行动的深入开展。

对非煤矿山专项整治工作。重点以防冒顶、防爆破伤害、防坍塌垮塌以及局扇通风情况、安全生产责任制落实情况、职工安全教育情况、特种作业人员持证情况等进行了排查，查出隐患105条，下达整改指令书22份，整改复查意见书9份。行政处罚告知书3份。做到检查不留死角，整改不留后患；对尾矿库的专项整治工作。在去年进行专项整治的基础上，今年继续加大了对尾矿库的专项治理整治力度。根据去年省尾矿库专家对全县11个尾矿库存在的安全隐患提出的意见，对2个库容小于10万立方米的尾矿库依法给予关闭；对2个重大隐患尾矿库和1个重大危险源尾矿库依法责令企业及时停止违法行为，下达了限期整改指令书。对其他尾矿库，根据安全生产“三同时”及《安全生产许可证条例》的要求，责令企业及时办理相关手续及申领尾矿库《安全生产许可证》；截止2009年12月25日已验收并发放《安全生产许可证》的尾矿库有两个。对危险化学品经营企业专项整治情况工作主要在去年整治的基础上，继续加大整治力度，查处事故隐患36条，下达整改指令书9份。统一组织还没取得《危化品经营许可证》的12家乡级加油站进行安全评价，做好领取《危化品经营许可证》的重要工作。烟花爆竹行业的专项整治工作。重点检查了安全生产责任制、安全员资格、储存、安全生产许可证等情况。对零售业，在元旦、春节烟花爆竹销售高峰期，组织公安、消防、工商、质检等部门联合开展了专项治理工作，严肃查处了一批违规销售、无证经营的单位和个人。

县交通局以道路运输安全管理、水上安全监管、交通基础设施建设项目安全监管为重点，认真开展了隐患排查和治理工作。定期或不定期对全县县乡公路进行了安全大检查，对发现的路基缺口、水毁等公路灾害及时进行处理，不能及时处理的及时设置警示标志牌，确保公路的安全畅通；对公路建设项目，各指挥部加强施工现场安全管理工作，增设交通安全警示标志，尽量减少施工对交通的影响。对下属的工程指挥部定期进行安全检查，各指挥部都与施工队签订了安全责任书，都按施工程序施工，没发现违章施工，多次对正在施工的香木公路、洛吉公路和香乡公路施工工地进行了安全生产大检查，对影响车辆通行有安全隐患的路段要求指挥部在期限进行处理，要求施工队完善施工标志标牌，要求各项目部及时对影响行车安全的有关塌方及时进行清理。要求在路面狭窄或弯道较急的路段设立明显的警示标志，做好民工安全教育管理，强化爆炸物品的监管力度，加强指挥部、施工单位公务车、施工机械车辆的安全管理；加强对水路运输的安全管理。水路运输是交通安全中隐患最大的一个部分，金沙江沿线的渡船基本上是单机渡运，为了防止安全事故的发生，对金沙江沿线的渡口进行了一次大检查。要求船主加大发动机的维修和日常安全检查力度，渡运繁忙时维持好秩序，严禁超载渡运。检查中发现虽然签订了船舶安全责任书，但日常管理力度比较薄弱，对此要求乡一级政府加大日常管理力度，发现安全隐患，及时排除，确保水路运输安全形式的稳定。

县交警大队进一步抓好“人、车、路”等方面的综合治理，将更多的警力投入一线，强化道路交通安全宣传，完善安全设施和警示标志，突出整治酒后驾车，重点车辆、重点交通违法行为，道路交通事故多发势头得到了有效遏制。

农机监管部门全面组织安全监理人员深入到农机生产各个环节，特别是乡村道路、沙场、石场、砖厂、村头、田间等重要作业场所开展农机安全生产大检查。重点整治拖拉机违法载人、酒后开车、无证驾驶、无牌行驶、超速超载等突出问题。共举办农机安全生产座谈会6次，参加人数960人。深入乡镇市集18次，发放督促检验通知书680份。督促办证通知书320份，督促挂牌通知书800份。查处违法行为25人，私自改装拖拉机限期停业整改通知书3份。对不符合规定而要求办理入户的，坚决不予以办理，有效消除事故隐患，把农机事故发生率控制在4‰下,农机事故重伤人数控制在3‰以下,农机事故死亡人数控制在2‰以下,做到了杜绝农机事故的发生。

质监部门认真开展了锅炉、压力容器、气瓶、危险化学品罐车、电梯、起重机械等特种设备的专项整治。建设部门把建筑施工现场安全作为重点，开展了房屋拆除施工安全整治和防高处坠落事故专项整治行动。消防大队开展了以整治安全出口、疏散通道、警示标志、防火分区隐患和“三合一”、“多合一”建筑安全隐患为重点的活动。深入开展对松赞林寺、独克宗古城、宾馆酒店等人员密集、易燃易爆等场所消防安全专项整治以及对中小学校校舍火灾隐患大排查等活动，对存在的火灾隐患及时责令整改，有效预防和遏制火灾事故的发生。期间，共发现并整改火灾隐患178处，下发责令限期31份，实施行政处罚9起，办理开业前检查96家，审核及设计、验收备案59家。

县水电局集中开展了对在建水利水电工程隧洞施工安全管理，切实做好病险水库除险加固项目的质量和安全管理工作、加强水库安全管理、加强农村水电安全监管，提出了明确要求。

县安委办在节假日特别是十一黄金周期间联合旅游部门对全县旅游景点景区进行旅游安全专项治理工作，对存在安全隐患的景点景区联合下达了整改通知书，责令企业对存在的隐患进行及时整改，为景点景区的正常运营奠定了一定的基础。

【安全执法】 开狠抓安全执法，强化安全生产责任追究。行使国家安全执法权，搞好事故调查处理。2009年，执法大队严格执法，按照“四不放过”的原则，对发生的所有生产安全事故进行调查处理，对涉案业主进行了处罚，对有关安全监管责任人进行了处理，强化了安全生产责任追究。一是开展安全执法检查，监督监管人员依法行政，科学把握行政处罚自由裁量权，保证执法到位，维护了安全生产法律法规的严肃性和统一性；坚持事故分析会制度，在事发地的乡镇政府召开全县事故分析会，总结经验，吸取教训，预防同类事故的重复发生；规范事故报告统计工作，所有已调查处理的事故一律已上报。一年来，共查处一般安全生产事故2件，结案率100%，全年处罚罚金达27万元，处罚罚金全额已上缴国库。

【安全监管工作建设】 坚持集中学习和自学以及深入基层实践相结合的方式，认真学习和践行科学发展观，不断提高全局人员的整体素质，通过学习不断加强安监队伍的自身业务学习，提高履职能力，做到严格执法、公正执法、文明执法，形成勤勉敬业、求真务实、廉洁奉献的好作风。实行工作目标责任制，建立健全工作激励约束机制，全面推动安全生产工作的不断创新和发展。

【安监队伍建设】 基础不牢，地动山摇。安全生产工作重心在基层，9月份根据县人民政府研究同意决定，在全县11个乡（镇）设立了乡（镇）安全生产监督管理站，站长由分管安全生产工作的副乡（镇）长担任，每个乡（镇）最少配备了一个兼职的安全生产监督人员。做到安全生产监管体制层层落实，拓宽安全监管覆盖面。

（松志龙）

国土资源管理

【综述】 香格里拉县国土资源局内设办公室、规划股、执法队、地产储备交易中心、土地开发整理中心、财务股、耕地保护建设用地股、地籍管理股、矿产资源管理股、地质环境管理股、测绘股十一个股室。2004年12月，根据省以下国土资源体制改革的重大决策，全县共设立了2个国土资源分局（城镇分局、格咱分局），4个国土资源所（金江所、尼西所、虎跳峡所、三坝所），完成全县各乡镇国土资源分局（所）的垂直管理，首批实现了10名国土管理员的垂直管理。2009年底，全局实有编制人数39名，其中中央行政编制4名，地方自定行政编制数33名，工勤编制1名。领导职数为：书记1名、局长1名、副局长3名。大专以上学历28人，占66%。中共党员23人，占64%，离退休干部共4人。

【自身建设】 2009年，先后共派出22人参加各类函授学习，30多人次参加省厅、州局、县委县政府组织的业务培训。积极推荐和输送优秀干部，局党组提拔两名土管员为副主任科员，推荐一名干部借调县委组织部。办公经费十分紧张的情况下，拿出50万元改善办公环境、硬件建设、局域网建设。为促进矿山巡查管理工作，购置1辆专用车。根据《迪庆州国土资源局关于规范基层国土资源所建设的通知》文件精神，进一步规范基层国土所建设。为充分发挥基层国土所的职能，向县政府申请上收国土所人员编制，加快国土所的基础设施建设，尼西所、建塘分局各配备了执法监察用车，为基层国土资源管理工作的开展奠定了良好基础。

坚持将党风廉政建设责任制的落实摆在突出位置来抓。强化组织领导，坚持“党组统一领导、党政齐抓共管、部门各负责”的原则和依靠干部职工支持与参与、谁主管谁负责的原则，签订《2009年党风廉政建设责任书》，明确责任，细化任务，形成层层落实的党风廉政建设责任网。并通过学习教育，制定工作意见，狠抓责任落实。扎实开展廉政课、观看警示片、廉政谈话、谈写体会，并建立健全制度，强化思想教育，切实抓好反腐倡廉宣传教育工作。深化从源头上预防和治理腐败工作，规范行政行为，公开处置土地，强化矿权管理和项目管理，加强财务监督，严格执行政府采购，切实加强党员干部队伍建设。

【政治学习】 进一步提高国土系统干部职工的政治理论及业务水平，结合工作实际，完善学习制度，把每周星期五定为学习日。通过开展“创建学习型机关”活动，认真学习贯彻落实十七届三中全会精神、科学发展观理论体系及党章，采取多种形式多次在党支部、全局职工大会上学习讨论，并结合工作积极主动学习，理论联系实际，使得全局职工从思想上对党的理论体系有了深刻认识、理解，从工作上明确了国土资源管理方向。认真贯彻学习《关于加强和改进党的作风建设的决定》和《公民道德建设实施纲要》等精神，严格执行《云南省公务员八条禁令》、《行政为民“十项措施”》、《工作人员“五条禁令”》等各项廉洁自律规定，强化局内廉政建设及积极倡导爱国敬业精神。积极征订“三报一刊”，以“三会一课”为组织堡垒，坚定政治立场。做好国土资源报刊征订工作，加强业务知识及相关法律、法规的学习，使全局职工熟练掌握业务知识。采取多种形式，坚持集中培训和个人自学相结合、工作实践和理论学习相结合，充分调动干部职工学习的积极性，使学习成为广大干部职工的自觉行动。认真贯彻《云南省行政问责办法等四项制度》、《阳关政府四项制度》，深入推进完善体制提高素质活动。

【国土宣传】 采取多渠道、多形式广泛开展世界地球日、全国土地日的宣传活动。以“4·22”地球日、“6·25”土地日为契机，紧紧围绕“规范土地市场，促进可持续发展”这一主题，贯彻“贴近实际、贴近群众、贴近生活”的“三贴近”宣传方针，通过报纸专刊、出动宣传车、印发国土信息小册子、电视专栏广播等形式进行国土资源管理法律法规的宣传，广泛宣传《土地管理法》、《矿产资源管理法》、《测绘法》、《地质灾害防治条例》等相关国土资源管理法律法规，为国土资源管理的有效贯彻落实创造良好的舆论环境。2009年，曾先后多次深入乡、村、社、矿山企业广泛宣传国土资源管理相关法律、法规，宣传方式不拘一格，共向群众发放宣传特刊、知识手册、法律法规等1000多份，并在《迪庆报》、《迪庆信息快讯》、《云南国土资源通讯》等报刊媒体上宣传了部门信息共30余篇。在平常服务管理工作中注重向服务对象宣传讲解国土资源法律法规。

【国土资源保护利用】 2009年，为顺利推进省政府、州政府确定的重大工程项目建设，积极抽派业务熟悉的工作人员参加征地协调工作，年内已完成迪庆武警总队高原训练场、迪庆091台项目的征地补偿工作，派专业人员参加小中甸水库实物指标调查和纳帕海实地保护、廉租房的征地协调工作。对小龟山公园、香格里拉大酒店、华骏广场的土地进行盘活，进行有效利用。充分保障了城镇建设用地需求，积极为地方经济建设服务。

【用地管理】 认真贯彻落实（国发〔2008〕3号）《国务院关于促进节约集约用地的通知》精神，以节约集约用地的实际行动全面落实科学发展观，切实加强了土地利用总体规划的实施管理，充分发挥规划的龙头控制作用，严格土地用途管理，重点抓好用地预审关、规划审查关和年度计划指标关，凡不符合产业政策的项目，都不予受理。按计划实施新一轮土地利用总体规划修编工作。土地开发整理规划和土地利用年度计划，按计划实施土地利用总体规划修编工作。根据《迪庆州耕地保护目标责任书》（2006～2010年），成立了香格里拉县耕地保护工作领导小组，并与各分局（所）签订了《香格里拉县耕地保护目标责任书》。建立了耕地保护目标责任制度。以认真实施土地利用总体规划和基本农田保护制度为重点，严格执行好保护耕地、集约用地的各项制度，进一步明确了耕地保护工作的具体目标和要求。根据省委、省政府关于中低产田地改造工程的要求和《迪庆州中低产田地改造规划纲要（2009～2010年）》，认真开展基础数据调查，摸清底数，组织中低产田（地）改造规划编制工作。已通过州、省中低产田（地）办的审查。认真组织土地开发整理项目，2009年，迪庆州香格里拉县格咱土地开发整理项目和迪庆州香格里拉县小中甸镇牧草地整理项目按照项目设计完成，建设规模分别为161.68公顷和101.02公顷，两个项目的实施能有效补充全县的耕地。东旺林里、三坝江边本习两个项目作为县级耕地补充项目试点，州局给予了立项批复并经省国土资源厅备案。东旺林里土地开发整理项目建设规模8.16公顷，总投资40.5万元，三坝江边本习土地开发整理项目建设规模5.69公顷，总投资29.79万元。以上两个土地开发整理项目已通过州局验收和肯定。根据省、州改造中低产田的要求，年内共实施4个国土整治项目，整治面积约为4000亩，总投资为540多万。年内共上报审批项目16宗；面积为

53.6107公顷；其中耕地：7.1707公顷。上报总体规划调整项目6宗；面积为591.4445公顷；上报县政府土地审批1宗，面积为0.11公顷；划拨土地1宗；面积为3公顷。实现收取土地新增建设费219.3万元；管理费用10.6万元；耕地复垦费3.7万元；兑现征地补偿费1288.9万元；界桩费4690元。

【地籍管理】 严格按照国土资源部《关于进一步规范土地登记工作的通知》和省、州国土资源部门的要求，做好土地登记工作，使土地登记信息化、标准化、制度化、科学化。坚决杜绝通过土地登记使违法用地合法化，切实保证土地登记权属合法、程序到位、主体正确，提高土地登记的公信力。全年共完成国有土地初始登记73宗，转让905宗，面积变更、换证、名称变更、补办、增加面积60宗。

认真开展第二次全国土地调查工作，农村土地利用现状实地外业调查于2009年4月5日通过省级外业验收。外业地方复核由县二次调查办和云南省测绘工程院于2009年7月15日共同完成。2008年11月19日至2009年2月30日完成内业调绘图清绘工作，年内3月1日至4月30日数据库建设完成并上交。

城镇地籍实地外业调查，2009年3月20日进场，调查面积27.6平方千米。并于年内9月29日完成全县第二次土地调查外业工作。内业数据处理与数据库建设工作从10月7日开始，年末已完成内业地籍图、扫描录入等工作，转入数据库建设。

【矿产资源管理】 根据省厅、州局的部署，如实开展了矿产资源整合工作。编制完成《香格里拉县东炉房矿区整合方案》和《香格里拉县麻花坪矿区整合方案》。东炉房矿区的整合工作如期得以开展，使资源得以有效利用，减少了安全隐患。麻花坪矿区的整合方案已列为全省29个重点的矿区之一。

2009年度审查通过探矿权年检47家，采矿权年检3家。严格执行矿业权审批制度。认真严格执行《采矿权、探矿权监督管理办法》、省政府颁布的102号文件，不越权审批矿业权。对非金属矿产资源采矿权的审批，严格按照会审制度和审批程序执行，年内共办理非金属采矿权延续登记2家。为了进一步明确矿业权人的权利与义务，同矿业权人签订行政合同75份；严格征收各项法定性收费。2009年度上级部门给下达的矿补费任务为60万元、矿产业固定资产投入任务是5亿元，年末已全额完成；组织实施香格里拉县第二轮矿产资源规划。按照上级国土部门和县委、县政府的工作部暑，编制了第二轮矿产资源规划实施方案，积极筹措经费，配合编制承担单位收集室内资料及野外工作。目前该项工作已经按上级部门要求如期完成；根据上级国土部门和县委、县政府的工作安排，参与开展了矿业权实地核查工作以及此项工作的编制实施方案、考察选定承担单位、工作经费的落实，并组织实施具体工作，目前此项工作已经顺利结束。编制完成了城区周边砂石场的规划编制工作，只待评审通过。根据（云国土资矿〔2009〕23号文件）的规定,结合实际,上报香格里拉县2010年探矿权、采矿权出让计划；认真对待信访件及人大、政协委员的提案议案2件，按照法律、法规以及相关政策实事求是地给予答复，并按照程序移交到信访办。全年共下乡36人次。说服遣散虎跳峡镇东坡及永胜村丫叉角两个村民小组私挖滥采钨矿的老百姓60余人。

【地灾管理】 认真组织编写《香格里拉县地质灾害防灾减灾预案》和《香格里拉县突发性地质灾害应急预案》，并颁布实施，为防灾减灾和组织、处理突发性地质灾害提供了依据。位于香松二级公路国道214线的俄迪滑坡，也做了相应的《俄迪滑坡应急预案》。为进一步完善群测群防体系建设，在汛期前对全县各乡镇开展汛前检查，针对多个地质灾害隐患点开展了地灾应急调查，并进行以村为单位发放相关材料和宣传挂图，计80余册。2009年累计建立地质灾害群测群防监测点13个。

建立完善和落实四项制度和三条措施，在各乡（镇）国土管理员的积极协助配合下，汛期地灾防治的各项工作得以顺利开展，形成了上下联系，点面结合的地灾防治工作新机制。

在汛期分别对各乡镇、20余个水电矿山项目开展拉网式排查，2009年汛期共上报灾情4起，参与东旺乡胜利村阳都大沟泥石流灾情调查，参与全县中小学校舍安全排查工作，完成全县315所校址987所校舍的地灾排查，并在史夸迪滑坡、俄迪滑坡治理工作中发挥积极的促进作用，充分发挥了国土部门在地质灾害防治中的职能作用。

贯彻落实国办发〔2005〕28号和云国土资发〔2006〕102号文件精神，2009年累计交存地质环境保证金728.3万元。

积极争取政府支持，保障工作经费。2009年县财政补助专项经费计6万元，州局下达工作经费2万元，为地灾防治工作的开展提供了经费保障，确保全年地灾防治工作的开展。

【执法监察】 依据国土资源部《关于坚决制止"以租代征"违法违规用地行为的紧急通知》（国土资〔2005〕199）文件精神，成立了坚决制止"以租代征"违法违规用地行为的清查领导组，组织展开"以租代征"行为专项检查日常工作，有效遏制了乱征、滥占农民集体土地的现象，使全县土地市场秩序的清理和治理整顿工作上了一个新台阶。国土执法监察队和县城建委监察队组建联合执法大队共同对管辖区域进行每周四的联合巡查，对城乡各区域违法违规占地建房的行为做到早发现，早制止，早查处。同时对各乡的土地利用情况进行了监督和检查，严格按照文件的要求，特别对辖区内基本农田违法使用情况，坚决依法查处，做到发现一宗、制止一宗、查处一宗。

本年度解决香港中国探险协会少批多占的情况；完成州交警支队及稽查处土地测量工作；完成康珠大道建设协调及征地工作；完成香格里拉县三中土地争议调查工作；公司探矿权范围内非法采矿行为；解决大龟山公园土地纠纷。

【国土盘活与招拍挂】 2009年，为认真实施香格里拉城市总体规划，落实盘活存量土地，以适应全县经济建设和城市发展的要求，解决道路狭窄，交通拥挤，市政设施不完善，城市供水、供电混乱等状况，根据县委、县政府的有关精神，通过盘活存量建设用地，优化土地利用结构，提高土地利用的集约化水平，强化土地资产管理，加大市场配置土地资源的力度，促进香格里拉城镇化战略的实施和经济社会的可持续发展。严格按照《土地管理法》、《国土资源部令》第39号、《矿产资源法》的有关规定开展土地储备交易中心工作，加强对土地一级市场的调控，促进土地资源和资产的高效集约利用，建立以供给引导需求的用地新机制。根据年初工作计划，全年土地招牌挂共18宗，面积64公顷，土地出让金5198.9万元，其中纯收益3146.1万元。

【表彰】 2009年度荣获全州国土资源系统"党风廉政建设先进集体"荣誉和目标责任考核二等奖；杨世聪副局长荣获国土资源部的先进个人荣誉称。

（杨晓燕）

工商行政管理

【概述】 香格里拉县工商行政管理局内设办公室、公平交易市场监督管理股、个私登记注册管理股、法制股、商标广告监督管理股共5个股室；下设城南分局、城北分局、虎跳峡分局、江边工商所、三坝工商所共5个派出机构；管理个私协会、消费者委员会两个群团组织。全局现有干部职工57人，其中公务员45人，工勤人员12人；大专以上学历的有44人，占在职人数的77%；中共党员有25人，占在职人数的43%。共有离退休干部18人。

2009年，香格里拉县工商行政管理局以科学发展观统领工商工作全局，严格按照省局党组提出的"牢固树立科学发展观，认真落实'四个统一'，积极推进'四化'建设，努力实现'四个转变'、'四高目标'和'三个到位'、'六个好'"的云南工商新目标，认真贯彻落实全省工商行政管理工作会议精神，紧紧围绕迪庆州工商行政管理局部署的七项重点工作目标，加强队伍建设，转变监管方式，强化监管手段，切实履行职责，为经济发展和社会和谐稳定做出了新的努力，取得了新的成绩。

【法制建设】 2009年，香格里拉县工商行政管理局大力加强法制队伍建设，成立了行政执法案件审查委员会，认真做好案件核审和复议，核审一般程序案件129件，简易程序案件59件；以"五五"普法为契机，举办食品经营企业、个体工商户《食品安全法》培训2次，发放宣传资料6000多份，张贴食品安全宣传挂图、标语283张（条）；组织单位干部职工参加了州局组织的执法办案能手，统一规范行政执法文书格式，发放法律、法规书籍100多册，有效促进了全局干部职工学法用法规范执法的积极性、主动性。

【纪检监察】 2009年，香格里拉县工商行政管理局局结合“四项制度”建设，以实施廉政风险点管理和全面推进基层述职述廉工作为重点，深入推进党风廉政建设和反腐倡廉工作。以贯彻落实《惩治和预防腐败体系2008～2012年工作规划实施意见》为纲，认真落实党风廉政建设责任制，全系统层层签订党风廉政建设责任书67份，廉政承诺书57份，党员目标责任书20份，把党风廉政建设责任落实到每个干部职工身上；加强廉政风险点管理，从领导干部岗位开始，查找在法定职责范围内可能存在的廉政风险和监管风险，结合实际对各业务口提出风险防范指导意见，研究制定了全面推行廉政风险和监管风险防范管理的长效机制，切实管住管好廉政风险和监管风险点；切实开展督查工作。采取走访企业个体工商户、明察暗访等方式，对落实阳光政府“四项制度”、责任政府“四项制度”进行了多次督查。认真落实行风监督员制度，召开行风监督员、企业个体工商户代表座谈会1次，广泛听取全县工商系统推进科学监管、促进科学发展方面的意见和建议；加强思想教育。坚持利用每周五集中学习日和支部党员大会等机会，组织开展对《党章》、十七届四中全会的学习，党员干部撰写心得体会20份。同时还积极组织全局干部职工观看《真水无情》、《缉毒警》、《铁人》等教育警示影片，提高干部职工的思想认识，筑牢思想道德防线。

【人事教育】2009年，香格里拉县工商行政管理局按照“建设高素质队伍”的要求，切实强化干部教育培训，提高干部综合素质，让基层干部尽快适应工商工作转型的需要。政治建设上，以开展深入学习实践科学发展观活动为契机，采取全员培训、个人自学的方式，全面组织了以科学发展观为主要内容的政治理论学习教育，组织学习十七届四中全会、省委八届七次全会精神，进一步把干部职工的思想统一到了新时期工商工作新要求上来。业务建设上，采取组织培训和外出考察学习的方式，开展了行政执法、食品检测、计算机知识等业务培训；组织单位干部职工参加了全州工商系统执法办案能手、注册登记能手、计算机能手竞赛；组织局长、分局(所)长及有关业务人员分别到到丽江学习了基层规范化建设经验，大理学习了财务规范化管理和户外广告、媒体广告监管经验，到保山学习了农业专业合作社经验。通过培训和外出考察学习，进一步提高了广大工商干部履行岗位职责的本领。作风建设上，围绕“服务效能提升年”主题，组织开展了“科学发展大家谈”活动、“三个一”主题实践活动，深入企业、个体工商户走访调研，开展上门办照服务。

【信息化建设】 加大对信息化硬件的投资力度。2009年，共投资1万余元为基层分局（所）配置了电脑3台，复印机3台；加强信息化软件的培训，组织11名干部职工进行微机操作培训。

【个体私营经济监管】 2009年，香格里拉县工商行政管理局立足工商职能，积极投身到服务地方经济又好又快发展，大力支持各类市场主体健康发展。强化市场准入服务指导,提高登记效率。个体工商户、企业注册登记全面实行“审核合一”和“一审一核”制；创新监管方式，强化服务指导。制定完善市场准入服务指导意见，对不设工商所的乡镇，由工商所集中上门年检、验照，零距离为个体工商户搞好服务。对各级党委、政府确定的重大投资项目、招商引资项目的注册登记，开辟绿色通道，及时解决登记中遇到的困难和问题。积极稳步开展股权出资登记，截止11月底，办理股权出资2.005亿元；加强窗口建设，规范服务行为。设立专门服务窗口，开设“绿色通道”，积极为应届大学毕业生、下岗职工、农民工、残疾人、复退转业军人等注册登记提供政策咨询及办照的绿色通道服务，实现“一个窗口”对外，“一条龙”、“一站式”服务。通过实施以上举措，有力促进了各类市场主体健康成长，个体私营企业呈良性增长态势。

【企业注册登记管理】 截止11月30日，全县登记注册的内资企业有134户，注册资本4.94亿元；私营企业416户，注册资本19.41亿元，从业人员13735人；个体工商户4664户，注册资本3.22亿元，从业人员6474人；农业专业合作社58户，注册资本4665万元，入社农户299户。截止11月底，新登记注册内资企业1户，注册资金3万元；私营企业40户，注册资本6532万元；个体工商户807户，注册资本4987万元；农业专业合作社34户，注册资本2819万元。

全面落实市场主体（监管）信息定期分析报告制度，对市场主体登记信息、农副产品和农资价格信息、流通领域食品安全检测情况、消费维权工作情况、商标注册情况和广告监测情况等进行定期分析，形成分析报告，为生产经营者投资、消费者消费和社会公众提提供信息需求服务。

【公平交易和市场监督管理】 2009年，香格里拉县工商行政管理局认真开展以流通环节食品安全专项整治为重点的专项整治工作。以全面贯彻落实《食品安全法》为契机，按照"六查六看"的要求，重点抓好粮食、食用油、肉类、水产品、蔬菜、奶制品以及儿童食品等百姓日常消费品的巡查力度，强化日常监管，大力开展流通环节食品安全专项整治，确保消费者放心消费。全年共出动执法人员1325人次，出动执法车辆265台次，检查经营户4019户次，检查批发市场、集贸市场51个，查缴过期食品1606.91千克，没收过期饮料678瓶；加大食品监测和快速检测的力度。结合各类食品专项整顿，充分发挥快速检测箱的作用，加强对食品添加剂的快速检测，逐步消除过去靠手摸、眼看、耳听、鼻闻的监管模式，检测食品样品68个；进一步建立和完善食品安全监管长效机制。加大对食品经营者的督促和指导，督促食品经营企业落实好食品检查验收制度、索票索证制度、购销台账制度、不合格食品退市制度。针对辖区内部分食品经营户进销货台账粘贴仍不规范、票据不完整等现象，进行了全面回访；认真开展“农村食品安全示范店”创建和“诚信市场”创建活动。全年，在辖区共创建“农村食品安全示范店”30户，授予建塘镇供销社集贸市场为“AA级诚信市场”，并将创建结果在《迪庆日报》上向社会公示。全年，共查处经济违法案件188件，罚没款18.67万元。发放办照通知、提示129份，责令改正通知书538份。对432人违法行为人进行警示与疏导，避免行为人同一行为的再次违法，达到处罚与教育相结合的目的。

【商标广告监督管理】 2009年，香格里拉县工商行政管理局认真贯彻落实省、州政府实施商标战略工作意见，制定了《开展“一所一标”创建工作实施方案》，并将任务分解量化到各基层分局（所）。通过对企业的走访服务，超额完成了“唐卡”、“啊嘎”、“云之宝”、“松赞林景区及图形”、“扎西卡达”、“卡瓦格博”、“藏刀王”、“仓玛拉及藏文”8件商标注册。积极走访辖区企业，开展商标争创工作，指导、协助“吉塘”、“雪域印象”、“宏达”3件注册商标创云南省著名商标，截至目前，全县共有注册商标66件。继续打击商标假冒侵权行为，加大商标专用权保护力度，出动执法人员30人次，执法车辆20台次。严厉打击“傍名牌”不正当竞争行为，维护经营者和消费者合法权益，专项检查共出动执法人员68人次，出动执法车辆16台次，检查经营户163户，查扣傍名牌服装130件。认真开展户外广告登监管工作，全年共审查登记户外广告112条，检查户外广告105条，责令限期整改20条，拆除违规广告70多条幅，印刷品广告60份，检查网站45个。

【财务管理】 2009年，香格里拉县工商行政管理局本着“以收定支、量入为出、量体裁衣”的工作原则，认真落实《财务工作责任书》，加强财务管理，理顺财务关系，做到了严格执行部门预算，确保机关正常运转；认真贯彻执行党政机关厉行节约若干问题有关规定，加强了支出管理和固定资产管理，做到了账与账、账与物、账与实相符。在实际工作中大力倡导勤俭办事作风，提高了资金使用效率，做到了科学合理使用有限的业务经费。加强了财务票据管理工作，所有票据都做到了票据相符，票款相符。截至目前，已完成各项非税收入：个体工商户注册登记费10759.00元，企业注册登记费103444.00元，罚没收入186721.00元，银行利息收入847.36元。

【基本建设】 2009年，香格里拉县工商行政管理局以基础设施规范、监管制度规范、执法行为规范、服务行为规范、队伍管理规范为内容的基层规范化建设全面展开。建立健全了基本的办事制度，制定了工商所（分局）人员职责制度、党风廉政建设制度、着装制度、标识规范、考勤管理办法、印章管理办法、档案管理办法、保密工作规定、群众信访接待制度、执法办案、报账会计工作规定、计算机设备及网络使用管理办法、流通环节食品经营分类监管规范、市场巡查责任追究制度等29个制度；明确了基层规范化建设标准。通过到丽江考察基层规范化建设工作，结合自身实际，制定了《基层工商所（分局）规范化建设标准》，将“五个规范”内容细化分解成95个建设标准。目前城南分局、城北分局规范化建设任务已基本完成，虎跳峡分局规范化基础设施建设正进入工程招投标工作阶段。

【消费者权益保护及消委会】 2009年，香格里拉县工商行政管理局以营造和谐消费环境为目的，消费维权网络体系建设取得新突破。切实加强“一会两站”建设。为切实维护广大消费者合法权益，促进城乡消费者维权网络建设，制定了《“一会两站”规范化建设工作实施方案》。在各级乡镇党委的大力支持下，目前，已顺利完成了全县11个乡（镇）100%建立消费者权益保护协会分会，55个村民委员会、6个居民委员会100%建立两站。为了切实提高“一会两站”工作人员的法律、法规知识和解决消费投诉的专业技能，还组织执法人员开展培训，共开展培训10场次，参加培训人员达300人次；进一步提升12315服务效能。为切实保护消费者合法权益，维护市场经济秩序，制定了12315申诉举报工作规范，确保“一会两站”建成一个、规范一个、作用发挥一个。截至11月底，共受理消费者投诉举报120起，其中举报8起，投诉112起，成功调解112起，调解率为100%，为消费者挽回经济损失128万元，接受来电、来访咨询152人次。该工作的开展，得到广大消费者的一致好评，收到表扬信5封，锦旗4面，手机短信表扬6条。

【个私协会】 2009年，香格里拉县个体劳动者协会按照构建和谐社会的要求，围绕中心，服务大局，充分发挥桥梁纽带作用，认真开展日常服务工作，为工商行政管理事业改革发展发挥了积极作用。在加强自身建设的同时，个协还积极开展向困难会员献爱心活动，全年慰问困难会员12户，发放慰问金3600元。

（王绍琴）

统　计

【概述】 2009年，香格里拉县统计局在县委、县政府的正确领导和上级业务部门的指导下，深入贯彻党的十七大、十七届三中全会、省委八届六次全会、州委六届六次全会和县委十届六次全会精神，认真落实云南省统计工作会议精神，根据“强质量、优服务”的工作标准，为党委、政府和社会各界提供了高效优质的统计服务，按照《政府工作报告》和《2009年全州经济社会发展主要责任目标及参考办法》中确定的目标任务，结合统计工作的职能，突出重点，狠抓落实。全面贯彻落实科学发展观，坚持以提高统计数据质量为核心，强化统计队伍建设，夯实统计基层基础建设，精心组织第二次全国经济普查工作，加快统计信息化进程，加强对经济运行和社会发展的统计监测，扎实开展学习实践科学发展观活动，进一步加强统计机关作风建设和领导干部作风建设，狠抓各项统计工作，不断提高统计数据质量和统计服务，较好地完成了各项工作任务，在机关自身建设、能源统计、服务业统计、经济普查工作等方面取得了新的成绩。

2009年，统计局内设机构有办公室、综合业务统计股、调查股、法制股四个股室。全局在职人数有19人，其中男6人，女13人；本科11人，专科5人，中专3人；汉族2人，藏族4人，苗族1人，白族3人，纳西族8人，回族1人。共产党员有9人，占47.4%。

【深入学习实践科学发展观活动】 认真组织全局党员干部开展“学习实践科学发展观活动”。根据县委、政府的统一部署安排及在县学办的指导下，成立了以局长为组长的“践行科学发展观”领导小组，领导小组下设办公室；精心制定了学习活动实施方案；在活动中认真按学习方案组织每一阶段的深入学习和深入开展调研活动。活动中每个参学人员都写出了学习体会，并组织参学人员深入到挂钩联系点开展了2天的实地调研。经过深入调研，查找出基层统计数据收集薄弱，各统计专业人员统计分析数量少质量低等影响和制约全县统计工作发展的突出问题，完成了调研报告2篇。根据学习活动二阶段的要求，对局领导班子分析检查报告进行群众评议，共发放群众评议表25份，收回21份。从评议结果看，认为局领导班子分析检查报告对科学发展观的认识较深、问题查找较准、原因分析得较透、发展思路清、工作措施可行的各项评议指标均达到90%以上。

通过互动的开展，使全局上下清醒地认识到当前统计发展面临的机遇和挑战，树立了科学发展离不开科学统计，科学统计促进科学发展的理念，进一步增强危机意识、忧患意识、创新意识和进取意识，切实转变工作作风，不断提高工作效率，形成了团结、求实、敬业、创新、向上的统计工作新局面。

【专业统计】 根据统计要求，认真开展好各项专业统计工作，完成各项统计业务，积极为党委、政府和经济管理部门提供经常性的统计服务。一年来，先后完成了综合统计、地区生产总值统计、按照经济成分划分的地区生产总值统计、县域经济统计、基本单位统计、农林牧渔业综合统计、县（市）社会经基本情况统计、工业综合统计、交通运输业统计、能源统计、固定资产投资统计、建筑业统计、批发和零售业、住宿和餐饮业统计、劳动统计、文化产业统计、服务业统计、成品油批发和零售统计等的月报、季报、年报相关工作。

【农村居民住户调查】 是一项综合型社会经济调查，以农村居民家庭为对象，以抽样调查为手段，已取得有关农村社会经济资料为目的而组织的调查。农村住户调查属于国家调查，按照国家统计局统一制定的调查方案认真组织实施，全县有10个调查点（尼西乡汤满村，洛吉乡洛吉村，建塘镇吉迪村，小中甸镇联合村，金江镇吾竹村，上江乡格兰村、福库村，虎跳峡镇东坡村、金星村，三坝乡哈巴村）100个农户，每个调查点配备有一名代登员负责本点10个调查户的记账工作，按季收集调查户的登记账册，审核后上报县统计局。调查时期是从上年12月1日起至本年11月30日止。调查的主要内容包括：农村居民居住的社区发展情况，农村居民家庭基本情况，农村住户人口与就业情况，农村生产结构和技术应用情况，农村居民家庭总收支、现金收支、实物收支情况以及农村居民主要农产品产量、出售和食品消费情况，粮食、金融资产、债务结存情况等。调查搜集资料采取农村住户记账与一次性访问调查相结合的方法进行，反映农村居民现金收入和实物收支的情况主要通过农村住户记账取得资料，其他有关农村居民家庭基本情况、人口基本情况等采用年底一次性访问调查的方式取得资料。调查数据主要由计算机处理，应用全国统一的统计分类标准编码。按时完成了2008年年报和2009年季报工作，并且对农民纯收入情况做出系统分析。

【贫困监测调查】 主要调查农村居民收入和生活质量的变化情况，从而对农村居民生活质量的提高和摆脱贫困的进程进行监测。贫困监测调查属于国家调查，按国家统一规定的调查方案组织实施。为避免调查登记工作的重复，贫困监测与农村住户调查的调查点相同，共有10个调查点100个农户作为调查户。调查的组织形式、资料的搜集、报告期别、数据的录入等程序都与农村住户调查相同，调查的内容增加了年报中的贫困县的基本情况、扶贫投资总额、扶贫成果等情况，年内按时完成了2008年年报和2009年季报工作任务。

【城镇居民住户调查】 主要调查城镇居民收入生活质量变化情况，属于迪庆州调查。在县城内被抽中的50户居民户每天登记《城市居民家庭生活情况》调查表，内容包括：一次性填报的个人、住房。主要耐用消费品拥有情况和定期填报的现金、非现金（实物及服务）收入和各项支出情况。报告期别是月报。调查资料根据统一代码实行计算汇总，汇总表主要反映了家庭基本情况、住房情况、人口就业情况、现金收支情况、非现金（实物与服务）收入情况等五大类。按时完成2008年年报和2009年定期报表工作任务，并且对城镇居民生活情况做出统计分析。

【人口变动、劳动力抽样调查】 为了准确、及时地掌握人口变动以及人口计划执行情况，准确地反映城乡劳动力资源、就业和失业人口的总量和结构情况，特进行2008年人口变动、劳动力情况调查。调查小区样本由国家统一抽取下发，被抽中两次，2009年5月15日零时，为上半年标准调查时间，被抽中的是虎跳峡镇金星村岔古洛二组，11月15日零时为下半年标准调查时间，抽中的小区是:虎跳峡镇红旗村万拉木二组、层冷二组；东坡村黄草坝、古家坪组、海巴落、阴山上组，工作人员在虎跳峡镇政府的协助下，在调查摸底的基础上，开展入户登记工作，采用《人口变动和劳动力调查表》和《死亡人口调查表》收集信息，随后，完成对调查资料进行复查、编码工作后，将调查表以调查小区为单位整理，按时上报到州统计局。

【群众安全感调查】 为了准确、客观地把握广大人民群众对当前社会治安状况的反映以及对公共安全社会治安秩序的真实感受，进而找出、找准影响当前群众安全感的主要原因和存在的突出问题，开展群众安全感调查工作。调查的主要内容有：群众的安全感受；影响安全感的主要因素；群众对当前社会治安状况的心理感受；群众对政法工作和队伍建设的满意程度。本次调查以2009年全国人口变动调查样本为载体，在每个被抽中的调查小区中，利用人口变动调查所编制的《户主姓名底册》随机等距抽取15户。调查时间是与人口变动抽样调查同时进行，调查人员入户发放《群众安全感调查问卷》，采用访问登记的方法，按时将整理好的调查资料上报到州统计局。

【第二次全国经济普查】 全力做好经济普查登记工作。把经济普查登记阶段工作列入乡镇、部门重要议事日程，落实责任心强、业务精的同志从事经普登记，确保充足的调查登记时间；在登记阶段，层层实行包干责任制，进一步明确责任，量化任务，落实到人，工作与奖惩挂钩；深入基层，做好登记工作的业务指导，全方位控制登记质量，保证现场登记工作按计划、高标准、高质量顺利进行。

强化审核、核实、评估和验收工作。按照审核规则和审核要点，严格审核。突出重点单位填报质量、服务业单位填报质量、能源报表的填报质量以及与计算GDP有关的主要财务指标、统计分类指标等四项重点的审核。做好数据质量抽查与评估工作，顺利通过全省经普质量检查组的质量抽查。同时，切实做好普查数据的质量评估工作，将普查数据与各专业年报数据、经济发展态势以及“一经普”数据进行比较，分析数据的合理性、结构和趋势等，做到对普查数据有一个宏观上的把握。

严格管理，扎实做好数据处理工作。严格执行《数据处理工作方案》。根据《数据处理工作方案》，进一步规范数据处理工作，创新数据处理的审核模式，提高数据处理的效率；认真组织并协调好普查业务人员和数据处理人员的工作关系。各专业按照专业负责原则，切实做好本专业普查表的填报、录入、审核、评估、汇总和上报工作。同时，数据处理组及时为专业提供技术支持，培训好数据处理人员，做好了县级数据的转换与合并工作。

【基层干部公信度调查】 2009年1月4日到建塘镇和三坝乡开展了乡村干部群众公信度调查试点工作。根据相关制度要求，全县11个乡（镇）分三年三批次调查完成，2009年11月底完成了第一批对小中甸镇、虎跳峡镇、三坝乡、洛吉乡四个乡（镇）23个村（居）委会乡村干部群众公信度调查工作。并完成后期的数据处理工作，按时将相关数据上报州统计局及县委组织部。

【统计简报】 2008年度共完成统计简报19期：《2008年劳动情况浅析》、《香格里拉县2008年国民经济运行情况》、《香格里拉县2009年第一季度国民经济运行简析》、《香格里拉县2008年农民人均纯收入保持较快增长》、《一季度香格里拉县城市居民可支配收入实现小幅增长》、《一季度香格里拉县畜牧业生产发展情况》、《2009年第一季度劳动情况及上半年预计数浅析》、《香格里拉县2009年1～5月份商业情况分析》、《香格里拉县2009年1至5月固定资产投资喜忧参半》、《2009年1～5月香格里拉县工业生产情况浅析》、《香格里拉县2009年1～5月工业企业能耗情况浅析》、《香格里拉县1～6月份农业生产发展情况》、《旅游新生文化繁荣》、《香格里拉县一季度农民现金收入情况浅析》、《香格里拉县2009年1～5月份经济运行情况》、《香格里拉县2009年三季度经济运行情况分析》、《香格里拉县1～10月份固定资产投资完成情况》、《用科学发展观提升统计权威》、《香格里拉县开展统计法制宣传活动》。

【统计年鉴】 收集2008年度的综合、农业、工业、固定资产投资、批发零售贸易业、劳动工资、财政、金融、教育体育、文化旅游、卫生、计划生育、邮政电信、气象、公路交通、人口、民政、林业、科技、招商引资、扶贫等部门的统计资料，整理编印《香格里拉县国民经济统计资料——2008年》一书。

【统计法规】 结合“五五”普法，开展灵活多样的宣传工作，重点加强对各级党政领导和统计人员的普法宣传和教育，尤其是有针对性地加强对企业统计法律、法规宣传教育工作。认真实施资格证和继续教育制度，督促基层单位按《新统计法》和新实施的《统计工作违法违纪处分》等法律法规的要求，配备具有统计资格证书的统计人员，实施持证上岗。认真组织开展2009年度统计专业技术及资格考试；加强对县属各部门和企业统计业务人员进行新《统计法》的学习、宣传和贯彻，进一步提高各级领导干部和社会各界的统计法律意识和统计法制观念，为依法统计创造良好的社会氛围，提高全社会依法统计的意识。

【阳光政府四项制度】 实施阳光政府四项制度是新形式、新任务下加强政府自身建设的一项重要举措，是全面提高政府执行力和公信度的具体部署。按照要求，把实施阳光政府四项制度作为一项经常性的工作列入重要议事日程，进一步提高认识，加强学习，组建了以局长为组长的局领导小组，明确职责，制定了《香格里拉县统计局贯彻落实阳光政府四项制度实施方案》，认真抓好推进工作，充分发挥统计信息对人民群众生产、生活和经济社会活动的服务作用，努力提升统计的执行力和公信度，把实施阳光政府四项制度作为统计机关建设的一项重点工作抓紧抓好。

按照县政府要求在县电子政务中心的指导下，按时上报了阳光政府四项制度工作计划表、阳光政府四项制度人员配备情况表、信息采集表、96128政务信息查询专线基础信息表、阳光政府四项制度实施方案等材料，关注公众询问的问题。至今没有涉及重大决策听证及重要事项公示内容，没有收到公众的询问。

【统计会议】 2009年12月1日~3日在城区与经贸委、农业局、扶贫办等单位联合召开了农村经济统计工作会议，县、乡、村各级的农村经济统计工作人员，共有120多人参会人员。会上，对一年来农村统计工作成绩突出的单位和个人进行了表彰；农业统计工作人员对2008年农业统计年报和2009年定期报表统计上报情况作了通报，安排部署了2009年年报和2010年定期报表的上报工作。

12月下旬，在城区召开业务统计工作会议，县级、省属、中央属各单位（企业）以及开发区的统计专（兼）职人员，共有300多人参会人员。会上，就如何搞好统计工作作了具体要求。各业务人员讲解各专业统计报表制度，解答一年来工作上存在的各种疑点，培训各专业统计知识，同时布置2009年年报和2010年定期报表。

【统计档案】 2009年，档案工作人员对2008年度的统计报表、材料、文件进行立卷、归档处理。其中专业档案10盒，文书档案4盒。

（曹鉴嫄）

审 计

【概况】 2009年,香格里拉县审计局人员编制12人,内设机构4个,即综合股、投资经贸审计股、行政事业审计股、经济责任审计股。现有干部职工11人,其中:女6人、男5人，党员8人、非党3人，本科6人、大专1人、高中1人、初中1人。

【审计成果】 2009年，共完成27个审计项目和审计调查，比年初计划超额完成15项。其中：预算执行审计2个，固定资产投资审计9个，行政事业审计5个，专项审计9个，经济责任审计1个，审计调查1项。共查出违规资金44万元，管理不规范资金3371万元，应上缴财政30万元，应调账处理金额427万元。出具审计报告及经济责任审计结果报告26篇，审计调查报告3篇，综合报告1篇，向县政府提交本级预算执行审计结果报告1篇，向县人大常委会提交本级预算执行审计工作报告1篇，向被审单位及有关部门提出合理化意见及建议86条。审计工作在规范财经秩序，推动深化改革和宏观调控，促进国民经济又好又快发展，保障社会公平正义，制约和监督权利运行，促进廉政建设等方面发挥了积极的作用。

【本级财政预算执行审计】 财政预算执行审计是《审计法》赋予审计机关的一项重要职责，是审计工作的“永恒主题”。2009年以继续深化预算执行审计，促进依法行政、依法办事为目标，于4月20日至5月21日对县本级预算执行情况进行了审计，并延伸了县国有资产经营投资公司、县国土资源局财务收支审计。审计结果报告：2008年度香格里拉县一般预算收入完成132483834.59元，税收收入完成113361926.15元，完成年初预算数的109.19%，与上年相比增加2607万元。本级一般预算支出完成609796839.62元。2008年度政府债务余额57697.77万元。审计中存在问题：本年收入未纳入一般预算收入问题有基本建设资金利息收入本年度余额未上缴国库1497.96元，预算外财政专户利息177738.98元未上缴国库，土地出让金结余19276109.16元未纳入财政预算管理，罚没收入结余2044409.03元未纳入财政预算管理；政府债务长期未结算；暂存款、暂付款长期未进行清理结算等。针对存在问题提出合理审计建议：进一步调整全县经济结构，培育财源，重视支出的监督管理，提高财政资金使用效益；按照《预算法》的规定应纳入预算收入的各项收入纳入预算盘子、严格执行收支两条线管理；及时清理、归并银行账户；清理结算暂存、暂付款项；及时拨付专项资金和发放各种补贴；完善人大报告制度和财政预、决算审查机制。对县地税局税收征管审计，主要审查了税款征收入库和工商税收减免及税款查补漏情况，提退税金情况。同时对2008年度一般性转移支付和缓解县乡财政奖补政策资金的分配、拨付、使用、管理和效益情况进行审计。通过审计，对存在的问题均已提出改进的意见和纠正措施。并向县政府提交本级预算执行审计结果报告1篇，为县委、县政府宏观调控经济决策、人大经济监督和维护财经秩序，促进经济发展等方面发挥了积极的作用。

【审计本级部门预算执行】 以促进依法规范管理和提高资金使用效益为目标，以财政收支真实性为基础，以资金、资产安全为主线，对县国有资产经营投资公司、县国土资源局2008年度预算执行和其他财政财务收支的真实、合法和效益情况进行审计，查出：县国有资产经营投资公司库存现金过大，不利于现金的安全，企业债权、债务过大应及时清理核算；县国土资源局暂付款、暂存款过大建议及时清理核算。通过审计促进了部门建立具有“严格的预算、合理的收支、规范的操作、严密的监督”为特征的财政管理体系，提升公共产品和服务的质量，促进了部门公共财政制度的建立和完善。

【经济责任审计】 按照“积极稳妥、勇于探索、重在规范、确保质量”的工作方针，贯彻落实“做优经济责任审计”的要求，不断深化审计内容，进一步规范审计评价，提高审计质量水平，加强对权力运行的制约和监督。对格咱乡原乡长和县公安局原任局长任期经济情况进行审计。通过审计，对存在的问题均已提出改进意见和纠正措施。从而加大了干部监督力度，拓宽干部监督渠道，增强领导干部任职期间的经济责任意识，做到科学决策，依法行政，自觉遵守财经纪律起到很好的促进作用。

【专项资金审计】 2009年中央财政将大量资金投入到关系民生事业的项目上来，审计局围绕社会关注的热点和难点，加大对农、林、牧、社会保障、教育、医疗、乡村道路建设等涉及公共服务领域的财政专项资金的审计监督力度，重点审计其是否按照上级和县委、政府的要求不折不扣地把这些民生资金确实用到了实处,用出了效益，促进各项惠民政策的落实。今年对全县支农资金、教育经费、安全饮水、农业综合开发等专项资金进行审计。确保了专项资金的安全使用和及时到位，促进专项资金管理部门加强资金管理，做到专款专用。

【固定资产投资审计】 随着地方经济的快速发展，国家财政对公共领域的固定资产投资规模日益扩大，政府投资建设项目的经济性、效率性和效益性成为全社会普遍关注的问题。政府投资建设项目的审计对规范建设资金使用，加强建设项目管理，促进整顿建筑市场秩序，提高投资效益起到了积极作用。2009年，在人员编制少，审计任务繁重与审计力量十分不足的情况下，通过委托审计和聘请中介机构开创政府投资审计新局面，共完成独客宗古城、金江吊桥、三坝大坪子易地扶贫搬迁、小中甸农贸市场恢复重建、县公安局综合办公楼、农村计生服务所建设等9个投资审计项目，审计核减金达490万元。有力地保障政府投资效益的最大化，最大限度地为国家和地方政府节约资金。

【深入学习实践科学发展观活动】 认真开展“落实科学发展观，推进依法廉洁文明审计”主题教育。按照县委统一安排部署，及时成立了以局长为组长，副局长为副组长、各股室负责人为成员的领导机构，结合审计工作实际，制订了实施方案，重点抓好动员部署、集中学习，积极开展“落实科学发展观，推进依法廉洁文明审计”主题教育活动，认真开展领导班子扶贫帮困调研，为东旺乡咱争社扶贫挂钩点解决4吨粮食；广泛征求意见，召开了党员领导干部专题民主生活会和党员专题组织生活会，形成了高质量领导班子贯彻落实科学发展观情况的分析检查报告，并组织开展分析评议，群众满意度为100%。结合审计工作，共撰写2篇论文，25期简报，努力做到学习与审计工作“两手抓，两不误，两促进”，使学习实践科学发展观活动真正落到实处，真正取得实效。

【党风廉政建设】 党风廉政建设和党组织目标管理得到进一步的落实，局内层层签订了党风廉政建设和党组织目标管理责任书，强化干部职工学习制度，每周星期五上午定为学习日，重点学习党的十七届四中全会《中共中央关于加强和改进新形势下党的建设若干重大问题的决定》、省委八届六次全会、纪委八届四次全会、州委六届六次全会、县委十届六次、七次全会精神和审计机关各类会议精神以及审计署“6号令”等，并严格执行“八不准”审计纪律和各项审计廉政规定，切实加强完善内部管理制度，加强勤政廉政典型教育和反面警示教育，通过学习和教育培训，提高了审计人员政治思想素质，努力做到勤政廉政，维护审计机关在人民群众中的形象，提高审计公信力。

【队伍建设】 年内积极组织干部职工参加省、州、县组织各类审计业务知识培训，在人少事多的前提下选派审计人员参加省审计厅组织为期40天工程造价员培训和地税征管联网审计培训，并在局内部多次召开会议，组织学习新修订审计法规和文件精神，全局干部职工10人参加上级审计机关组织A0认证培训，并顺利通过考试。年内局内部推荐选拔1名副局长和1名副主任科员，增强领导班子力量，解决审计人员后顾之忧，提高了工作积极性。

【审计信息化建设】 2009年1月份，办公地点搬迁后，“金审工程”局域网建设按照州审计局的统一安排部署，进行“金审工程”审计专网的综合布线安装，于10月份基本完成，局内部共设有14个信息点。在资金十分困难情况下，共投入3万元，人手配备了一台笔记本电脑和更新了每个办公室座式电脑。实现了与省、州、县审计机关的专网连接，经多次调试，审计专网能正常运行和使用，通过“金审工程”审计管理系统oA和现场审计实施系统AO系统的应用后，提高了审计管理和审计业务水平，实现了行政办公和审计业务较为紧密的结合，并实现与上级审计机关、同级审计机关之间的文件流转和信息互通，有利于审计系统内的网络互联和数据共享。

【创建精神文明建设】 把文明创建工作摆在关系审计事业发展的高度来抓，按照《云南省审计机关文明行业创建工作实施意见》，切实加强了组织领导，以创建“审计文明行业”为目标，开展一系列文明活动，“县巾帼文明岗”已于6月正式挂牌，在巩固创建“州、县文明单位”成果的同时，3月份组织申报“省级文明单位”，建立完善创建文明行业档案10盒，并顺利通过省文明办检查验收。

（李赖先）

质量技术监督管理

【综述】 2009年，香格里拉县质量技术监督局在县委、县政府和州局的正确领导下，认真学习贯彻省、州质监工作会议精神，以科学发展观为指导，紧紧围绕县委、县政府提出的“农业稳县、生态立县、旅游兴县、工业强县”的发展战略，贴近政府，贴近企业，贴近民生，扎实开展质量兴县工作和“质量安全年”活动，以全面提高产品质量水平为目标，较好地完成了全年的工作。2009年底，全局在职职工10人，其中，公务员9人，工勤1人。

【深入学习实践科学发展观活动】 根据《中共香格里拉县委关于在全县开展深入学习实践科学发展观活动的实施意见》（香发〔2009〕8号）和《关于印发香格里拉县机关事业单位深入学习实践科学发展观活动实施方案的通知》（香学办〔2009〕1号）精神和省、州局统一部署，积极开展深入学习科学发展观活动。成立了学习实践科学发展观活动领导小组，制订了《深入学习实践科学发展观活动实施方案》，并付诸实施，重点解决党员干部对科学发展观理解不够深入，贯彻落实科学发展观的自觉性不高；宗旨意识淡薄，执行力不强，服务与把关能力较低；责任心、事业心不强，履职与尽责不到位；学习意识不强，政治修养不够；思想作风不正，纪律观念差等问题，从思想观念、服务意识、工作作风和责任意识上消除与科学发展观的要求不相适应的问题。通过开展学习实践活动，增强了全局党员干部服务香格里拉经济又好又快发展的使命感、责任感、紧迫感，服务县域经济的能动性和执行力明显提高，干部思想作风明显好转，政治与工作纪律观念取得了好的效果。

【标准化、计量基础管理】 加强质量宏观管理，促进提高质量总体水平。加强质量建档工作。为实现动态管理，有效指导产品质量监管工作，按照省局的要求认真做好工业企业的质量建档及食品加工业取证企业的质量建档工作。同时加强宏观质量状况分析，及时向政府提交质量分析报告。

加强监督抽查工作，不断提高监督抽查有效性和社会性。贯彻落实《云南省产品质量监督抽查工作规范》，强化对企业生产过程监管，加大监督抽查和后处理力度，加强对产品质量监督抽查执行情况的监督考核。围绕食品、涉及公共安全、健康、环保和节能等技术指标开展抽查，全年完成3家肉制品、2家饮用水、4家白酒共16批次产品的质量监督抽查工作。

开展质量兴县工作。按照省局关于质量兴县相关文件精神，积极向政府汇报，主动与有关部门协调，以县政府的名义制订下发了《香格里拉县质量兴县实施方案》。

抓帮扶服务工作。加大对全县优势产业、龙头企业的质量管理帮扶力度，严禁向企业收取已明令取消和停止征收的费用，严格规范行政检查行为，帮助企业加强轻微违规问题整改，不折不扣地为企业提供各项免费服务。

认真做好农业标准化基础工作，加强与农业部门联系，认真实施全国第六批农业标准示范区项目建设——香格里拉无公害青稞种植农业标准示范区。

强化计量管理工作。积极推进企业完善计量检测体系和“C”标志工作，做好节能减排计量服务工作，认真开展重点计量器具建立计量台账工作。

【食品安全监管】 开展食品质量安全专项整治，全面加强食品质量安全监管。组织开展打击违法添加非食用物质和滥用食品添加剂专项整治工作，从2008年12月至2009年4月完成了专项整治工作自查自纠、清理整顿、规范巩固三个阶段工作。摸清了全县食品生产加工环节食品添加剂的使用情况，建立健全了食品生产加工环节食品添加剂使用监管机制。同时针对食品、儿童食品等量多面广的产品及米线加工点、白酒生产企业等容易出问题的地方进行检查，严厉查处滥用食品添加剂、利用非食品原料和质量低劣原料加工食品的行为。

促进食品安全主体责任制的落实，强化企业主体责任制，明确监管责任，落实监管措施。以《食品安全法》颁布为契机，进一步完善食品安全监督机制，组织监管人员学习新的《食品安全法》，切实增强履行职责的紧迫感和使命感。

开展好食品安全整治工作。认真开展食品安全大检查，做到“四查四建四落实”（即：查生产企业，督促建立健全全过程质量安全管理制度，落实企业主体责任；查重点产品，建立风险预警和快速反应机制，落实风险防范措施；查重点行业和地区，建立重点区域治理机制，推动地方政府落实领导责任；查自身监管工作，建立协调有序、分工负责的工作机制，落实相应的监管责任）。对食品安全大检查发现的问题有针对性的组织集中整治，严厉打击掺杂使假违法行为。全年共出动执法人员200人次，检查食品生产企业72户，立案相处各类违法食品案件6起。

【特种设备安全监察】 开展“执法行动”。全年共检查了特种设备使用单位75家，检查设备93台，锅炉46台，电梯20台，起重机械27台，气瓶6家，厂内车辆2家，检查石卡雪山索道一家，发现安全隐患16起，下达安全监察指令书14份，立案查处特种设备违法案件5起。与23家重点单位签订安全承诺书，落实使用单位安全主体责任。

积极开展“宣传教育行动”。召开了新修订的《特种设备安全监察条例》宣贯学习。通过广泛的宣传，提高了安全意识，增强了安全生产的紧迫感和责任感。

【行政辖区打假治劣】 全面贯彻执行《产品质量法》《食品安全法》《标准化法》等涉及质量技术监督的法律、法规和规章，做到“三个确保”：确保监管职责落实到位，确保监管重点落实到位，确保质量、标准、计量、食品、特种设备、稽查等形成整体合力并有效发挥到位。

深入打假治劣，切实发挥技术执法、专项执法、综合执法和形象执法的综合效用。集中力量，突出重点区域、重点行业和重点产品的打假力度，集中精力把执法打假放在农资、建材、食品、汽车配件、化妆品、特种设备、加油机计量、生活用品等重点监管的产品上。全年共查处违法案件77起，其中立案47起，货值金额达100多万元。

进一步发挥“12365”投诉举报指挥系统的功能，运用《产品质量申诉处理办法》调解消费者申诉案件，全年共计调解消费者申诉案件5起。同时积极开展组织机构代码工作。全年新增组织机构代码证146户，年审475户，换证17户，变更77户。

【党风廉政建设和学习情况】 及时学习贯彻全系统党风廉政建设工作会议精神；制定了《2009年党风廉政教育计划》；严格落实政风行风建设责任制，局领导与各股室负责人层层签订了责任书，将每项任务目标落实到具体股室；结合廉政教育活动，加强对党员干部的廉政教育，筑牢廉洁从政思想道德防线，增强全体干部职工遵纪守法的思想认识；按照学习计划，有针对性的组织学习，为建设廉洁质监打下了坚实基础。

（王丽芝）

供销合作社

【概述】 2009年，香格里拉县供销合作社系统独立核算企业3个，在册职工79人，退休职工141人，在编干部3人。供销社始终坚持以改革、发展、稳定为主题，以产权制度改革为核心，以转机建制，有效盘活社会资产，优化结构为主体，以服务“三农”为宗旨，切实抓好“两社一会”的组建发展工作。认真开展“万村千乡市场工程”试点工作，按照“一彻底、两终止”的总体要求，坚持一企一策的原则，积极、稳妥、有序推进供销企业改革、切实抓好系统内安全生产，积极落实挂钩村结对扶贫和助农增收工作。努力开拓市场，充分挖掘资产潜力，提高资金的合作效率，取得一定的经营成果。

【经营情况】 2009年按照省委、省政府“二次创业”实施意见。积极参与农村流通网络建设，大力培育农村市场体系。全年完成商品销售9640元，实现利润50万元，完成农家店建设19个，新建专业协会2个，参加各种培训班310人，完成招商引资任务1家，新建专业合作社3个，成立县级配送中心2个，完成乡村市场建设1个，完成扶贫挂钩点帮扶资金3万元和变压器1台。在实施“万村千乡市场工程”过程中，供销社以所属工业品公司配送中心为龙头，万德福超市为载体，在全县发展了3家直营店。以公司+行业协会（专业合社）+农民的发展模式，使供销合作社真正成为农民走向市场的桥梁和纽带。以现代流通方式改造传统的经营网络，使供销社真正成为服务“三农”的铺路石。在农村流通网络建设中取得了明显效果。

【农业生产资料供应】 供销社在抓改革的同时，坚持一手抓改革，一手抓购销，做到改革购销两不误，始终以服务“农村、农业、农民”为宗旨，确保农业生产资料供应，为农业增收、农民增效做了大量工作。2009年农资购进总额500万元，其中购进化肥6200吨，销售各种化肥4000吨。

【烟花爆竹安全经营】 在烟花爆竹生产安全监督管理职能调整过程中，农资公司由禁止燃放改为限制燃放，烟花爆竹专业经营中心和公安、安监等职能部门严格烟花爆竹销售单位网点的资质审核，严格限制并合理布设香格里拉县区域的零售网点，建立健全批发零售网点安全责任制度，实行烟花爆竹配送制度，进一步理顺了烟花爆竹的安全经营监督管理体系。2009年实现销售收入50万元，销售品种5000个，零售经营户批发配送烟花爆竹50万元，比上年同期增长30%。在烟花爆竹调动、储存、配送等环节上没有发生一起安全事故，批发的烟花爆竹没有一起质量事故。

【党建工作】 抓学习，提升班子领导能力和队伍素质；进一步完善与提高各项内部措施与规章制度，狠抓落实，使广大干部职工树立了立党为公，执政为民的思想，提高了服务能力与办事效率；加强和落实领导干部党风廉政责任制，及时调整责任分工，推进党风廉政建设；建立领导班子勤政廉政制度，与支部签订党风廉政建设责任书；积极充实供销社党委领导班子，加强党组织建设。

【档案管理】 为进一步加强对机关档案工作管理，社机关加大档案设施投入，在资金困难、办公用房十分紧张的情况下，专门挤出办公房设立了文书档案，人事档案，家庭档案。2009年以来，县联社按照县档案局的要求，在档案局领导的指导和支持下，全力做好档案的归档工作。2009年共归文书档案 8 余卷，财务档案6余卷，较好地完成了归档任务。

【大事记】 7月1日，中华供销合作总社主任李成玉到香格里拉县供销社和建塘镇供销基社视察二次创业工作。

8月5日、孙红升同志任县供销社副主任。

（段应灼）

国有资产经营投资管理

【概述】 2009年，香格里拉县国有资产经营投资公司在县委、政府的正确领导下，在各相关部门的支持和配合下，紧紧围绕县委、政府的中心工作，以邓小平理论和“三个代表”重要思想为指导，全面深入贯彻落实了党的十七大、十七届三中全会和州委六届四次、五次全会精神及县委深入学习实践科学发展观活动，通过公司全体员工齐心协力、密切配合、开拓创新、勇于实践。运用市场机制，对公司经营范围内的固定资产项目进行了科学有效的经营管理，全面完成了县人民政府下达的各项考核任务。

公司根据业务需要，于2009年2月成立了香格里拉松赞林景区保护开发有限责任子公司,至2009年底，公司共设4个职能股室、1个分公司、2个子公司，即办公室、财务室、资产管理部、项目投资部，出租车管理分公司，古城保护开发有限子公司,松赞林景区保护开发有限责任子公司。核定事业编制11名，年底在职员工17名。

【自身建设】 2009年，公司以“深入学习实践科学发展观”活动为契机，加强公司基层组织建设，公司支部结合实际，制定了《香格里拉县国有资产经营投资公司党支部岗位目标责任制》，以年初与县委组织部签订的《香格里拉县2009年党组织建设工作部标考核责任书》为标准，加强了公司党支部建设，充分发挥基层党组织的战斗堡垒作用。公司职工在实际工作中，坚持理论联系实际，加强业务知识学习，全年累计参加业务知识和培训6人次，学历班学习12人，从而进一步提高了公司职工的理论素质、政治敏锐性和鉴别力，更进一步拓宽了知识面，开阔了视野。一年来，全公司干部职工严格执行党风廉政建设的有关规定，时时处处严于律己，从政治上、思想上、源头上堵住了腐朽思想的滋生和侵袭，加强了公司的反腐工作力度，维护了社会安全。同时结合“深入学习实践科学发展观活动”学习贯彻党的十七大报告主要内容，定期开展了形式多样的民主生活会。认真开展批评与自我批评，坚定信念，打牢基础。并将治理商业贿赂专项工作、党风廉政建设和《云南省公务员八条禁令》与公司的《岗位目标考核责任制》结合起来，及时层层签订责任书，做到责任到人。充分发挥党员的先锋模范作用，促进了公司各项工作的顺利开展。

【加大公司实收资本】 针对公司注册资本低，负债率高，实收资本严重不足，导致在融资过程中，银行信誉等级一直上不去的情况，公司在向县人民政府提出方案，将桑那水库及县供排水有限责任公司资产作为公司实收资本划转至公司名下，以此加大公司实收资本，2009年11月，经政府同意后公司安排两个工作组，对其资产进行了清查，并做出实施方案上报政府。

【积极支持政府招商引资】 为进一步努力提升香格里拉旅游城市形象，香格里拉县人民政府引进香格里拉酒店集团，在县城建设香格里拉大酒店，项目前期涉及拆迁补偿问题，公司积极筹措资金用于项目前期拆迁补偿款,有力地支持了政府招商引资工作，为项目下一步的顺利实施铺平了道路。

【公司融资及项目贴息资金争取】 融资情况：2009年3月，松赞林寺景区建设已进入收尾阶段，公司在县委、政府及相关部门的大力支持下，向银行部门融资7000万元，用于松赞林寺景区建设的专项资金，使松赞林寺景区建设后期收尾工作圆满完成，在资金使用上无后顾之忧。

贴息资金的争取：2009年上报的贴息项目康珠大道建设工程贴息资金100万元,公司正积极配合相关部门并对所争取的贴息资金进行跟踪问效，现省发改委已意向性安排该项目贴息资金，有望在明年上半年将该贴息资金落实到位。

【出租汽车分公司经营情况】公司出租汽车分公司在2009年工作中，认真做好了60辆出租汽车的经营及管理工作，在管理方面出租汽车分公司全年未出现一起投诉事件，未出现一起重大安全事故。在经营方面，全年实现收入191万元，经营状况良好，有利地支持了公司在其他项目的建设资金投入。同时为香格里拉旅游城市窗口作出了积极贡献。

【虎跳峡钨矿厂经营情况】 为积极响应州、县两级人民政府关于“产业强州”的号召，合理开发利用好香格里拉县虎跳峡钨矿厂的资源，在2008年的基础上，公司参股企业虎跳峡鑫磊钨业有限责任公司，今年投入2000多万元资金用于矿山选厂的生产线技改，截止2009年年底累计投入资金将近1亿元，极大地提高了矿山生产能力。但由于受金融危机影响矿产品价格持续下跌，严重影响到其销售收入，2009年共计完成500多吨钨精矿及300多吨铍精矿产值，实现销售收入2000多万元。

【松赞林景区公司经营情况】 为加快香格里拉县旅游产业的发展，尽快让香格里拉县的旅游资源转化为经济优势，按照做强做大旅游产业的发展思路，公司在完成松赞林景区建设的前提下，今年2月份公司组建成立了松赞林景区保护开发有限责任公司，该公司隶属国投公司下属全资子公司，全权负责松赞林景区的经营管理工作，并于4月12日正式向游客开放，景区公司全体员工在时间紧、任务重、社区矛盾复杂的前提下尽职尽责，圆满完成了下达的工作任务，截止12月共计接待游客204000人，实现收入1560万元，并在6月起正式向国家旅游局申请为AAAA级景区，在通过初评后公司又投入147万元资金用于景区未达标项目的改造，现已顺利通过国家旅游局专家评审。

【独克宗古城管理公司经营状况】 根据香政发〔2007〕33号文件精神，为了进一步加快香格里拉县城镇化建设，促进旅游业的发展，不断挖掘丰富民族文化，提高香格里拉的知名度和文化内涵。经香格里拉县人民政府研究，决定由县国投公司组建成立“独克宗古城保护开发经营管理有限责任公司”，该公司属国投公司全资子公司，负责对古城进行保护、开发、经营和管理。截止2008年，该公司的注册及相关经营管理方案报政府批准，但是直到2009年古城管理公司的门票收取工作仍然未能开展。

（郑东平）

粮油购销

【概述】 2009年，香格里拉县粮食局设财务股、综合股、办公室3个股室，编制数7个，目前局机关共有工作人员7人，其中女性4人；少数民族 6 人；中共党员 6 人；大学本科 4 人，中专以下 3 人；35岁以下3 人，36岁至45岁2人，46岁以上2人。

【自身建设】 根据中共香格里拉县委《关于在全县开展深入学习实践科学发展观活动的实施意见》（香学办〔2009〕8号）文件精神，局党支部积极响应，认真对科学发展观活动进行安排布置。紧紧围绕“党员干部受教育，科学发展上水平，人民群众得实惠”的总要求，深入开展学习实践科学发展观活动。以解放思想，统一认识，找准问题为重点，明确目标，制定计划，有序推进，取得了阶段性成果。领导班子通过征求意见，召开专题民主生活会，检查分析了领导班子贯彻落实科学发展观的情况，深刻反思，查摆存在的突出问题，分析了产生问题的原因，制定了相应的整改措施，通过科学发展观学习实践活动，对科学发展观的深刻内涵、精神实质根本要求有了进一步的理解，增强了科学发展观的自觉性和坚定性，从而也增强了找出差距、改进工作，更好地贯彻科学发展观的责任感和紧迫感。

以科学发展观活动为契机，进一步加强对党风廉政建设工作。认真学习贯彻落实中纪委全会和国务院廉政建设工作会议精神、县委十届七次全会精神、县纪委书记张玉清同志在县纪委十届四次（扩大）会议上的报告。按照中央和省、州、县关于党风廉政建设的各项规定，结合粮食部门的实际工作情况，制订了的党风廉政建设和反腐败工作制度，认真抓好本系统责任落实和监督检查，进一步搞好党风党纪教育和制度建设，建立惩防体系，从源头上预防和治理腐败，加大行政监督力度，规范行政行为，维护群众的根本利益。并分别对县粮局党支部行政管理制度和各科室的工作职责相关职责进行完善。

【粮食购、销、调、存】 粮食安全是关系国民经济全局的重大战略问题，党中央、国务院一直高度重视粮食工作。在深化粮食流通体制改革中，县粮食局始终关注粮食安全问题，认真贯彻中共中央、国务院《关于促进农民增收若干政策的意见》和“一取消、三放开、一确保”及有关收购政策，积极引导粮食企业按照国家规定挂牌收购，搞好服务，做到不停收、不拒收、不限收、不压级压价，正确执行国家粮食质量标准，坚持依质论价，优质优价收购，坚持谁卖谁结算的现金结算政策，做到不打白条，不拖欠粮款。维护卖粮农民利益，充分发挥国有粮食企业的主渠道作用。2009年全县国有粮食收购企业共收购商品粮 518万千克，比上年同期增加193万千克；共销售商品粮888万千克，比上年同期减少327万千克；共调入商品粮 384万千克，比上年同期减少20万千克；年末商品粮库存 469万千克，比上年同期增加131万千克。全县2009年商品油脂购进10 吨，销售12吨，库存 4吨。全年发放救灾粮1005 吨。县级储备粮实际库存2500吨，其中：小麦1500吨，玉米500吨，中晚籼米500吨。

【粮食清仓查库】 根据《国务院办公厅关于开展全国粮食清仓查库工作的通知》（国办发〔2008〕118号）和《2009年全国粮食清仓查库工作实施方案》及省州粮食清仓查库工作文件精神，及时成立领导机构，制定全县清仓查库工作实施方案，合理安排，抓好落实。按照“有仓必到、有粮必查、有账必核、查必彻底”的原则，首先组织企业开展自查，重点检查全县的地方储备粮，国有粮食企业储存商品粮的数量、品种、质量等情况。进一步摸清粮食库存底数，确保了全县储备粮和商品粮周转库存的实物，数量、品种账账相符，账实相符，储备粮管理规范，轮换任务完成较好，库存粮食粮情安全，质量完好，库贷相符，收购贷款资金使用合理。

【粮食流通管理条例宣传】 依法监管粮食市场维护粮食流通秩序保护粮农利益。2009年不断加强对粮食流通政策法规的宣传，加大对《条例》等粮食政策法规的宣传力度，促使经营者合法经营，提高了农民维护自身利益的意识切实保护自身的合法权益。并严格执行粮食收购市场准入制度，认真做好粮食收购资格许可工作，及时受理粮食经营者入市收购申请，严格审查资质条件，对符合粮食收购条件的及时核发收购许可证。在粮食收购资格的审核过程中，做到公开、公平、公正。依法开展粮食流通监督检查，特别是加强对粮食收购市场的监督检查，严厉打击粮食收购中的无证经营，短斤少两，压级压价等坑农害农行为和扰乱粮食市场正常经营秩序的违法违纪行为。会同工商、质检、物价、卫生等部门联合执法，形成管理合力，维护粮食交易秩序，保护粮食生产者、经营者、消费者的合法权益。认真开展一年一次的粮食供求平衡调查及日常粮食流通统计、市场粮价监测，为县人民政府及上级粮食行政管理部门做好粮食流通宏观调控提供决策依。

【工贸公司改制】 为继续深化粮食流通体制改革，积极推进国有粮食购销企业改革，在2008年对粮油工贸公司改制工作陷入僵局的前提下，2009年继续开展了这项工作，通过不断召集职工代表会议协商，并进行个别做思想工作、通过沟通，讲政策、讲时局，使职工进一步加深对改制工作的认识。目前粮油工贸公司改制工作基本结束，职工得到了妥善安置，已办理了相关手续。

【农户粮情调查】 根据《云南省粮食局关于建立农户粮情固定调查点的通知》文件精神，深入到11个乡（镇）采取随机的方法，确定26户农户为粮情固定调查点，用于收集农户基本信息，建立农户收支台账。2009年又专门组织人员深入到11个乡（镇），通过走村串户，对每年每月的粮食收成转化及存粮情况进行了调查，掌握了实际情况，这对确保粮食安全也起到了积极作用。并深入农户调查，掌握农户粮情，为全县粮食供应平衡打下良好基础。

【扶贫挂钩】 扶贫工作是香格里拉县全面实现小康社会，经济全面共同发展的“民心工程”为扎实做好这项工作，粮食局从工作实际出发，本着为人民服务的思想，努力搞好扶贫挂钩点工作。在局领导亲自带队下，深入到扶贫挂钩点金江镇仕达村巴迪村民小组进行调研，通过实地了解群众的生产生活情况，倾听群众的意见和建议，为该村群众解决大米10吨，并资助该村民小组唯一在校就读的大学生1000.00元生活费。

【安全生产】 局机关及时成立安全生产检查工作领导小组，每季度对下属公司进行安全大检查，深入储粮库房、加工厂房、公司辖区内出租房屋、并责成公司衔接派出所加强管理好外来人口。在整个安全生产检查过程中，发现存在安全隐患因素，责令粮油收储公司限期进行整改。

（和爱菊）

农牧·林业

农　牧

农　业

【简述】 2009年，在县委、县政府的正确领导下，州农牧局的关心支持下，全县农业农村工作认真围绕“农业发展、农民增收、农村稳定”的这条主线，以“三个代表”重要思想为指导，认真贯彻落实党的“十七”大、十七届三中全会、“中央一号”文件和各级农业农村工作会议精神，深入贯彻落实科学发展观，保持农业农村经济平稳较快发展为首要任务，围绕稳粮、增收、强基础、重民生，进一步落实支农惠农政策，增强科技支撑，加大投入力度，优化产业结构，推进改革创新，千方百计保证粮食安全生产和主要农产品有效供给，千方百计促进农民收入持续增长，为经济社会又好又快发展继续提供有力保障。

【新农村建设】 2009年，社会主义新农村建设紧紧围绕“生产发展、生活宽裕、乡风文明、村容整洁、管理民主”的方针，结合全县农业和农村经济发展的实际情况，制订实施方案，在全县11个村民小组实施，共完成投资550万元，其中政府投资385万元；群众投工投劳165万元。

新农村建设按照“四通、五改、六进村”的要求分步实施。基础设施建设：完成村间道路硬化19890米，道路改扩建1750米，修建桥梁2座，农村电网改造79户架线7600米，修建蓄水池4.15立方米，安装自来水22户，安装太阳能206户；服务体系建设：完成活动场所1个，科技培训11期。村容村貌整治：完成房屋改造52户，墙体粉白28000平方米，改厕40户，畜圈改造40户，修建公厕7个，修建垃圾池14个。农村产业培育：山羊养殖25户，药材种植100亩，白芸豆种植54亩。

【农业结构调整】 全年共筹集资金2389.9万元投入到项目建设中，通过建设青稞商品粮基地、无公害蔬菜基地、青稞良种基地、马铃薯基地、高原油菜基地、蚕桑基地等优质农产品基地，使全县农业产业结构进一步趋于合理。

【农作物种植】 2009年全县农作物播种面积29万亩，粮食种植面积25万亩，粮食总产预计6.03万吨，比上年增600吨，增1%，其中小春粮食种植面积69990亩，粮食总产17511吨，比上年减4.06%；大春粮食作物种植面积18万亩，粮食总产预计42789吨，比上年增3.45%；油料种植面积1.716万亩，总产预计2110吨，比上年增46.8%。

【落实惠农政策】 2009年中央财政对香格里拉县农业支农资金补助有4项，补贴资金总额达到1355.65万元，人均补贴118.13元，通过“一卡通”直接发放到各农户在农村信用社的个人账户中。

对水稻等农作物良种补贴资金163.05万元，完成补贴1573766.70元，结余56733.30元。其中水稻补贴15元/亩，补贴15916.68亩，补贴资金238750.2元；玉米补贴10元/亩，补贴73923.83亩，补贴资金739238.30元；小麦10元/亩，补贴59577.82亩，补贴资金595778.20元。主要对种植水稻、玉米、小麦良种的农户进行直接补助，有效提高了广大农民使用农作物良种的意识和全县农作物良种推广工作。

对种粮农民的农业生产资料种粮综合直补1021.60万元，主要对全县种粮农户进行地膜、种子、化肥、农药等农用物资购置方面的补贴，有效减轻了由于农用物资价格上涨给广大农民带来的经济负担。

油菜良种补贴18万元，根据2008年统计局对各乡镇油菜种植面积的统计数据，补贴油菜种植面积为14955亩，每亩补贴12.00元。为发展香格里拉油菜产业，对种植油菜的农民进行油菜专项补贴，为油菜产业的规模化发展创造了良好条件。

农机具购置补贴110万元，共完成补贴农机具561台/套，带动农民投入366.76万元。农机具购置补贴项目的实施，大力推广了各种农机具，减轻了农民的劳动强度，降低了农业生产成本，增加农民收入。

【农业科技推广】 广大农业科技人员深入到农业生产第一线，积极开展对各项重大农业科技措施的培训，完成蔬菜栽培技术、大豆栽培技术等实用技术的培训，在田间地头落实好生产技术措施。建立科技示范户1125户，农业科技培训24570人次。

实施了农作物高产创建活动项目，在上江乡和尼西乡以种植玉米为主的2万亩粮食作物高产创建示范区，建成百亩片3个、千亩片3个，经测产百亩片单产达762.1千克，增12.1千克；千亩片单产达712.3千克，增12.3千克；万亩片单产达654.5千克，增4.5千克。在建塘镇尼史村大兴社实施科技示范项目，建设蔬菜试验示范场252亩和油菜示范场14亩，带动了135户农户、611亩蔬菜、6110亩油菜。蔬菜亩产量达2000千克，总产量504吨，实现收入80万元。油菜亩产量199.4千克，增产67千克。

2009年共推广水稻拉线条栽及抛摆秧12906亩，玉米地膜覆盖40300亩，玉米湿籽直播定向密植24801亩，小麦规格化种植48961亩，大小春规格化间套种4677亩，青稞规格化种植22720亩，马铃薯丰产栽培20320亩，无公害蔬菜栽培4000亩，豆类高产栽培6490亩，油菜高产栽培14100亩。

【文化科技卫生三下乡活动】 2009年11月16日，云南省2009—2010年度文化科技卫生“三下乡”集中示范活动在香格里拉县举行，农业厅22个单位86人参加了活动，共捐赠电脑、化肥、种子、农药等物资20多万元，发放农药、种子、化肥等宣传资料3万多份。

【农村劳动力转移培训】 2009年全县转移农村剩余劳动力18316人，比去年增112人，其中：国外转移12人，省外转移594人，县外转移3896人，实现转移劳务收入10640万元。全年共开展技能培训15期1647人，培训后转移1312人。

【良种推广】 全县实施1500亩良种繁育工程，繁育的品种为小麦、青稞、水稻、油菜、马铃薯等。推广农作物良种22万亩，其中水稻良种1.5万亩，杂交玉米6.8万亩，小麦良种4.8万亩，青稞良种3.5万亩，优质马铃薯良种3万亩，双低油菜1.7万亩，豆类良种推广0.6万亩，使全县农作物良种推广面积达到90%以上。

【病虫害防治】 2009年全县农作物发生各类病虫草鼠害54.82万亩，全年综合防治52.64万亩次，综合防治率达到96%，挽回粮食损失约809.49吨。

【农村经济经营管理】 继续深化农村税费改革，进一步加大综合监管力度，推动减轻农民负担各项政策的落实，逐步建立减轻农民负担长效机制；加强农村财务监管，全面实行委托代理制，实施系统建设，建立健全财务管理制度，确保村级财务公开、民主管理，完成668个村民小组的财务委托代理工作；做好农村经济运行情况的监督管理，正确掌握农村经济运行情况，根据农村经济发展情况，抽取60户农户作为调查户，直接反映了农民的收入和支出情况，该项目的实施，可以以点带面的反应农村经济发展情况；扎实抓好土地承包管理工作，做好农村土地流转工作，确保土地流转有序进行。

【农田水利建设】 2009年完成坡耕地治理1000亩，坡改梯350亩，地力培肥4500亩，新建蓄水池28个，700立方米，修建田间沟渠3900万米，受益面积1.1万亩。累计完成中低产田地改造1.65万亩，建成高稳产农田1.1万亩。完成农田生态建设7.9万亩，其中：种植绿肥4000亩，秸秆还田4万亩，增施农家肥3.5万亩。加强农机推广力度，充分利用农机具购置补贴项目，大力推广各种农机具，提高农业机械化水平，2009年新增农机具651台/套，其中耕整地机械256台/套，田间作业机械31台/套，收获机械9台，收获后处理机械128台，农产品加工机械3台，畜牧水产养殖机械5台，动力机械129台/套。

【农业机械化】 结合农机具购置补贴的政策，大力推广农机具，突出重点，抓好农机跨乡、村作业。2009年农业生产投入拖拉机5700台/次，完成机耕、机耙80000亩，机械收割18150亩，机械种植2000亩，机械脱粒11万吨，农机灌溉35000亩。特别是今年，上江乡出现口蹄疫以后，农机站积极安排人员、农机具到疫区进行服务，共耕耙500余亩，使农户能够按时播种。

【种子专项整治行动】 根据《种子法》赋予的行政许可项目，在全县范围内做好主要农作物种子经营许可、常规农作物种子经营许可证核发、采集天然种质资源审查、种子质量监测与监督、农作物种子管理和监督等工作。2009年，联合工商、技术质量监督局等相关部门，先后两次在全县范围内开展“农资打假红盾护农专项治理行动”，对全县境内种子市场进行全面清查整治，对真假种子辨别及选择种子等知识进行宣传，共发放宣传资料6800多份。

【农药管理】 根据《云南省农药管理条例》赋予的行政许可项目，在全县范围内开展农药管理工作。2009年对全县40个农药经营户进行检查，换发了农药经营许可证。对农药经营人进行现场指导，进行法律法规、农药知识全面的培训，通过考核合格后换发了上岗证，规范了农药经营市场，杜绝了销售高剧毒及假冒伪劣农药，确保农民用药安全，避免发生坑农害农事件。做好农产品农药残留检测，确保农产品质量安全，全年对建塘农贸市场的蔬菜、水果产品抽检38批次，抽样1216个，合格1192个，抽样合格率为98%，并把监测结果进行公示，定期公布检测信息，为城乡居民提供有利的信息保障。

【农机监理】 根据《中华人民共和国安全生产法》、《中华人民共和国道路安全法》等法律法规赋予的行政许可项目，在全县范围内开展农机驾驶员管理、农机登记注册、农机安全生产等农机监理工作。全年完成农机驾驶操作人员的换证、审验13人，培训并发放农机驾驶员操作证44人。做好农机登记注册工作，到年底拖拉机在册数为2410台，其中新增921台，拖拉机年度检验1544台，检验率80.67%。组织农机监理人员学习与安全监理业务相关的法律、法规，提高执法人员的法律素养和执法水平。采取粘贴标语、召开座谈会等形式进行广泛宣传，重点治理农机违法载人、酒后驾车、无牌行使、超速超载等突出问题，查处违法行为25人，发放私自改装拖拉机限期停业整改通知书3份。2009年全县农机事故率、重伤率、死亡率均控制在4‰以下，农机事故重伤人数控制在3‰以下，农机事故死亡人数控制在2‰以下。

【渔业执法】 根据《中华人民共和国渔业法》赋予的行政许可项目，在全县范围内开展渔业的管理保护工作。自2003年以来，开展长江禁渔工作，采取宣传、教育、没收、处罚等执法手段，长江禁渔活动起到了有效的作用，长江鱼种得到了有效保护。

【重点退耕还林地区基本口粮田建设项目实施情况】 2008年重点退耕还林地区基本口粮田建设项目分布于尼西乡江东村、新阳村、幸福村，项目于2009年9月启动实施，得到了县乡两级的高度重视，主要领导亲自抓，项目实施村委会的密切配合和大力支持，项目区群众积极投工投劳，项目实施进展顺利，截止2009年12月10日止，共完成坡改梯200亩，地力培肥2500亩，完成新建不同规格田间三面光沟渠8100米，新建蓄水池27口，总蓄水量678立方米，安装田间引水管道8500米。项目区群众投工投劳21050个工日（投劳折资42.1万元），总计完成投资180.1万元。

【巩固退耕还林成果基本口粮田建设项目】 2008年巩固退耕还林成果基本口粮田建设项目分布于三坝乡哈巴村、江边村，五境乡泽通村、仓觉村，项目自2009年11月启动实施，截止2009年12月10日止，共完成坡改梯150亩，地力培肥2000亩，完成新建不同规格田间三面光沟渠31400米，新建50 m3蓄水池1口，完成开挖管道沟3000米。项目区群众投工投劳25413个工日（投劳折资50.83万元），总计完成投资203.38万元，目前各项建设任务正在有序的推进。

【2007年农村国债沼气建设项目】 2007年项目计划投资700万元，其中中央投资200万元，地方配套26万元，农户自筹474万元。2007年农村沼气国债项目任务在全县已建成沼气池1532口，完成“一池三改”1220口，已完成的沼气池项目农户占年度国债项目计划2000户的76.6%，并且建

池质量达到了技术标准的要求，项目已通过县级初验。

【2008年新增农村沼气建设项目】 项目总投资1066万元，其中：中央投资200万元、地方配套26万元、农户自筹840万元。到目前，建塘镇、金江镇、东旺乡、五境乡、上江乡、三坝乡和小中甸镇七个乡镇的项目任务1333户，在项目区农民的强烈要求下，经县政府研究更改为太阳能，于5月30日前已经完成太阳能建设1333户，但在省督查组要求下，全县2008年新增建设项目需按要求进行整改，目前全县2008年新增农村沼气整改任务1333口已全面开工启动，目前已完成311口，项目正顺利推进中。

【2009年新增农村沼气建设项目】 项目总投资1060万元，其中：中央投资300万元、地方配套30万元、农户自筹730万元。2009年农村新增沼气建设项目2000户的项目建设任务主要安排在金江、上江、五境、尼西、建塘五个乡镇实施，项目于2009年7月5日全面开工，目前已完成310口，其余建设任务正稳步顺利的实施。

【基层农技推广体系改革与建设示范县项目】 基层农技推广体系改革与建设示范县项目于2009年9月正式启动，项目投资100万元，该项目的实施，将进一步完善机制、深化改革、提高基层农技人员的综合素质。根据实际，明确了玉米、马铃薯、蚕桑、青稞、牦牛5个主导产业，完成10个基地和100名技术人员的遴选工作，选定1000户具有一定文化程度的农户作为科技示范户。

【无公害农产品产地认定整体推进项目】 无公害农产品产地认定整体推进项目是推进无公害农产品生产发展，全面提高农产品质量安全水平和竞争力，促进农业增效、农民增收的民心项目。该项目将对大气、土壤、灌溉水（畜禽饮用水）进行检测，项目投资30万元。目前已经完成2430个土样和20个水样的采集，并已送检。

【其他项目】 国际小母牛项目：2009年主要在上江乡良美村、福库存、木高村3个村民小组启动“金沙江流域少数民族社区综合发展项目”，投放流动资金60万元，发展新项目农户150户，共举办生态环境保护、畜牧养殖技术、优质农产品加工、农村剩余劳动力技能、农村妇女能力建设、中央一系列支农惠农政策、农民专业合作社法等内容的培训，共培训12期，培训农民技术人员680人次。继续做好金江、三坝、建塘镇、小中甸、洛吉等12个项目点的技术培训、项目跟踪服务工作，共培训15期829人次。

爱德基金会援助项目：格咱乡木鲁卫生室、村民活动室于2008年10月24日启动实施，于2009年5月20日通过了州爱德办组织有关部门专家组的验收，并评定为合格工程，建筑面积152.4平方米，总投资25.6万元（主体工程投资21.8万元、附属工程投资3.8万元）。

【表彰】 2009年，香格里拉县农牧局被县委、县政府评为“2009年度党风廉政建设先进单位”；香格里拉县农牧局被县委评为“2009年度先进党支部”。

（和正勤）

畜牧兽医

【综述】 2009年，面对国家进一步加大畜牧业投资的有利时机和重大动物疫病不断发生的严峻形势，全县畜牧兽医科技人员在县委、政府的正确领导下，坚持以邓小平理论和“三个代表”重要思想为指导，深入开展实践科学发展观活动，紧紧围绕促进农牧民增收、畜牧业增效这个核心，以改造提升畜牧业、开拓创新现代畜牧业为导向，统筹规划、科学部局、突出重点、分类指导，不断优化产业结构，狠抓游牧民定居工程项目、重大动物疫病防控、科技服务推广、畜产品安全、良种繁育体系建设，努力克服了“口蹄疫”和“高致病性禽流感”等重大动物疫病带来的不利影响，扎实稳步推进传统畜牧业改造提升和现代化畜牧业的开拓创新，进一步明确畜牧业发展思路，提升发展目标，加大工作力度，强化工作措施，认真总结近年来畜牧业发展取得的成绩和经验，分析畜牧业发展所面临的形势，研究制定加快畜牧业发展的对策措施，努力增强畜牧业在农业农村经济中的支撑作用，实现了畜牧业结构进一步优化，全县畜牧业呈现出又好又快发展势头，为农业农村经济发展和农民增收做出了贡献。

2009年末，全县大小牲畜存栏435330头（只），同比增12%，其中：大牲畜存栏138637头，同比减3.5%，生猪存栏225525头，同比增22.9%，羊存栏71168只，同比增8.9%；大小牲畜出栏169842头（只），同比增6.6%，其中大牲畜出栏20158头，同比减7.2%，生猪出栏128410头，同比增14.2%，羊出栏21274只，同比减26%。肉类总产量12129吨，同比增10.4%，奶类总产量7879吨，同比增0.2%，畜牧业生产总值为14056万元，同比增2.4%，农民人均纯收入3026元,同比增12.2%。

【疫病防治】 常规免疫：做好重大动物疫病防治工作，是提高畜牧业竞争力，保持畜牧业快速平稳发展的重要保障。2009年，全县畜牧兽医科技人员坚持以“预防为主”的方针，认真贯彻落实“政府保免疫密度，畜牧部门保免疫质量”的责任制,严格按照上级业务部门“关于进一步加强动物防疫工作通知”的要求，积极落实动物防疫责任制和各项防治技术措施，有力有序开展以规范防疫、强制免疫、督促检查等措施为重点的重大动物疫病免疫工作，全年共组织订购猪瘟、猪肺疫Ⅱ联苗14万头份，猪瘟脾淋苗30万头份，鸡Ⅰ系苗32万羽份，猪口蹄疫疫苗72万毫升，牛羊口蹄疫疫苗85万毫升，禽流感疫苗52万毫升，猪蓝耳病疫苗52万毫升，仔猪副伤寒疫苗1.2万毫升，禽霍乱疫苗18万羽份，牛出败疫苗17万毫升，牛炭疽疫苗3万毫升，气肿疽1.31万毫升，羊四防苗1万毫升。全年共开展猪、牛、羊免疫91.08万头（只）次，禽类54.63只次，其中：猪口蹄疫免疫24.55万头，猪瘟、猪肺疫免疫24.52万头，高致病性猪蓝耳病免疫9.93万头，仔猪副伤寒免疫0.48万头；牛口蹄疫免疫17.8万头，牛炭疽免疫0.26万头，牛气肿疽免疫0.38万头，牛出败免疫0.25万头；羊口蹄疫免疫6.6万只，羊四防苗免疫0.52万只；禽流感免疫21.26万羽，禽霍乱免疫11.79万羽，鸡新城疫免疫21.6万羽。

口蹄疫防治：2009年8月以来，上江乡、建塘镇先后发生口蹄疫疫情。疫情发生后，县委、县人民政府高度重视，先后作了重要批示，及时启动了《香格里拉县重大动物疫病应急预案》，对疫情处置工作进行安排部署，下拨了疫情紧急处置经费，主要领导亲临第一线指导疫情处置工作，县重大动物疫病办成立疫情诊断组、排查组、处置组、督办组，主要做好疫情处置协调等工作，并多次召开紧急会议，制定并下发了“关于进一步加强口蹄疫等重大动物疫病防控工作的紧急通知”文件，建立由主要领导带班，业务人员专人负责的24小时值班疫情报告零报告和强制免疫工作日报告报送制度。在上江乡、建塘镇（镇）党委、政府、村两委及相关部门的积极配合下，县乡两级畜牧兽医科技人员严格按照国务院“加强领导、密切配合、依靠科学、依法防治、群防群控、果断处置”的方针和“早、快、严、小”原则，采取设卡防堵、强化监测、规范市场、严格检疫、狠抓防疫，依靠科学、依靠群众，积极向广大群众宣传预防口蹄疫知识，使广大人民群众认识到口蹄疫可防可控，增强自我防范意识，消除恐慌心理，形成群防群控的良好局面，坚决将疫情控制在疫点。同时在疫情处置和防控过程中，乡与乡之间、村与村之间、疫区与非疫区之间设置临时检疫消毒点，坚决防止染病动物及其产品流出。未发生疫情的乡镇积极组织疫情应急防控队伍，建立健全防控措施，加大口蹄疫免疫注射工作，做到乡不漏村、村不漏户、户不漏畜。在疫情处置工作中各相关部门相互配合协助，从封锁、扑杀、消毒等工作各个方面通力合作，积极努力，通过开展宣传和扑杀兑现工作落实，及时恢复畜牧业生产，将疫情造成的损失降到最低。

【畜牧科技推广】 产业结构调整：在开展畜牧改良工作中，充分利用引进种畜禽品种，加大本品种选育工作力度，积极组织科技人员对近年来引进种畜进行调查，紧紧围绕农民增收，进一步优化资源配置，把推广畜禽优良品种作为畜牧业结构调整的重点，采取可持续发展战略，强化畜禽良种，狠抓科技推广，积极选育本地品种和建立保种区域，在河谷地区大力发展生猪生产的基础上不断提高高寒山坝区草食牲畜在畜牧业产值中的比重，有效提高了畜产品生产和流通组织化程度，逐步形成了一批具有竞争力的畜牧业优势产区，有效提高了农牧民收入和畜牧业经济效益，实现畜牧业结构、质量相统一。

畜禽品种改良：紧紧围绕“增加总量，提高质量，突出特色，择优发展”的畜牧业发展方针，有针对性地开展牛、羊、猪杂交改良，加快畜牧业配套技术的推广，实现畜牧业结构的进一步优化，全县生猪、牛、羊个体质量得到不断提高。全年共完成黄牛改良5199窝（头），其中：人工授精570窝（次）；牦牛改良3550窝（头）；生猪改良9671窝（头）；其中人工授精465窝；完成山绵羊提纯复壮改良4788只，完成马改良1279匹，完成尼西鸡孵化推广78250羽。

规模化养殖：紧紧抓住国家扶持标准化规模化养殖的机遇，按照区位优势布局，通过积极引导和推动发展畜禽标准化养殖，极大地促进畜牧业生产的转变，促进了畜牧业经营化和专业化生产。2009年，全县生猪出栏50头以上规模养殖户有808户，牛出栏20头以上规模养殖户有50户，羊出栏30只以上规模养殖户有77户，禽出栏1000羽以上规模养殖户有171户，其中:出栏5000羽以上养殖户有8户，出栏10000羽以上养殖户有5户。

【饲料资源开发】 青绿饲料推广：紧紧结合草地项目实施，针对全县不同草地类型，以改善天然草场和恢复天然草地为核心，以增加农牧民收入为目标，以种草养畜为突破口，积极开展草地恢复、保护、管理和利用工作，突出重点、因地制宜、发挥优势原则，在高寒山坝区进行人工种草，在河谷地区进行青绿饲料种植推广，全年共完成人工种草5000亩，推广种植青绿饲料12500亩，推广青贮氨化饲料14000吨。

草地执法：一年来，通过积极采取各种形式向广大农民群众宣传《草原法》，建立健全各项草地保护制度，积极加强草地建设管理，强化监督检查工作，重点查处人为破坏草地行为。全年共处理破坏草地行为2起，为依法保护草场资源提高草地生态建设效能起到积极作用。

草地监测：根据省、州关于开展草地监测的通知，组织人员完成退牧还草项目工程内外的5个样地和高寒草场草甸的10个样地30个样方进行监测，其中：工程内平均高度9.6cm，盖度89%，植物种类15种，鲜草产量4316kg/公顷，风干重1350.6kg/公顷；工程外平均高度7cm，盖度85.2%，植物种类13种，鲜草产量3262kg/公顷，风干重939.2kg/公顷。高寒草场草甸植物平均高度5cm，盖度93.4%，植物种类14种，鲜草产量3477.2kg/公顷，风干重1009.9kg/公顷。同时完成小中甸镇联合村、格咱乡浪都村、虎跳峡镇红旗村的15户农户入户补饲调查。

【畜产品安全】 产地检疫与市场监管：严格按照《动物防疫法》规定，加强对运输、销售动物的产地检疫，严把检疫关，加大对出栏动物产地检疫，坚决杜绝未经检疫活畜上市交易，把疫病控制在源头，杜绝了疫情通过流通环节进行传播。同时结合畜产品安全整治活动，加大对生产、运输、加工、销售畜禽及其产品各个环节的监督检查，严厉查处逃避检疫运输、加工、贩卖病死动物及其动物产品的违法行为。

屠宰检疫：进一步规范检疫人员的屠宰检疫操作，切实做到全流程检疫和同步检疫，实施市场准入，做到有宰必检、不漏检、不错检，依法盖章出证，有效净化动物屠宰、产品、加工、销售市场，使动物防疫检疫监督工作走上法制化轨道，确保经检疫肉品放心。2009年，动检人员共完成生猪宰前检疫43716头，其中：检出死因不明4头，黄脂（染）24头，急宰25头，猪丹毒8头，猪囊虫3头，疫苗药物残留1288头，对以上检出不合格产品均作无害化处理。完成牛宰前检疫3748头。检活禽54276只，白条禽类产品47891只，冷冻产品20952千克。共审核发放《动物检疫合格证》535份，开具《出县境动物产品检疫合格证明》178份。

【民心工程】 为认真做好能繁母猪保险工作，提高财政补贴资金的使用效益，降低生猪养殖产生的风险，促进农村生猪保险事业的发展。根据国务院《关于促进生猪生产发展稳定市场供应的意见》提出“以建立和完善生猪保险与防灾防疫相结合的机制，整合资源，提高生猪保险和防灾、防疫管理水平，积极推动农村生猪保险事业，减少能繁母猪养殖户风险”指导思想，真正将能繁母猪保险工作落到实处，进一步促进生猪规模化、标准化、科学高效型养殖，结合实际，制定了《香格里拉县能繁母猪保险实施方案》。通过认真向广大能繁母猪养殖户宣传能繁母猪保险的重要意义，确保养殖户知情权，使养殖户全面深入了解实施能繁母猪统一保险的目的和意义，消除养殖户的后顾之忧，增强发展生猪生产的信心，积极协助保险公司做好承保前的鉴定、标示、登记、查勘定损和理赔工作，做到应保尽保、应赔尽赔、确保广大养殖户真正享受到国家扶持政策的优惠。截止2009年11月20日，共向1019户能繁母猪养殖户兑现母猪死亡保险理赔款101.9万元。能繁母猪保险工作的开展，有效降低生猪养殖的经营风险，促进生猪规模化、标准化、科学高效型的养殖，推动养猪业向规模化现代化发展，为构建新型生猪产业保障体系，建立推动生猪产业持续健康发展的长效机制，对促进农村增收减损和农村和谐稳定发展起到重要作用。

【畜牧业重点项目】 2008年(一期)游牧民定居工程：香格里拉县2008年游牧民定居工程建设项目总投资3846.287万元，其中：中央预算内投资800万元，省级配套80万元，农牧民自筹2966.287万元。一期游牧民定居工程经上级部门批准实施后，及时成立了工程领导小组，召开工程领导小组和工程实施乡镇参加的游牧民定居工程会议，对工程建设进行安排部署，签订了工程建设责任书，使工程得以及时开工和建设。在工程建设乡镇积极配合下，2009年8月已全面完成工程建设任务。其中：完成游牧民定居户400户，完成计划的100%；完成定居建筑面积45819平方米，完成计划的115%；建设圈舍面积38918平方米，完成计划的194.6%；建设贮草棚面积15986平方米，完成计划的133.25%。8月17～21日，由县发改委牵头组织相关单位对2008年一期游牧民定居工程进行县级初验。

2009年(二期)游牧民定居工程：2009年二期游牧民定居工程项目总投资18894.50万元，其中：中央预算内投资5337.5万元，省级配套854万元，农牧民自筹12703万元。该工程于2009年9月1日开工建设，至2009年12月15日，全县共完成定居户建设2045户，完成定居房建筑面积243985平方米，完成贮草棚面积近67485平方米，完成棚舍建设167690平方米，工程将于2010年6月全面完工。

【自身建设】 2按照县委统一部署，紧紧围绕“示范区”建设目标，突出“反对分裂、维护稳定、促进发展”这个主题，明确“四个走在前列”这项任务，突出实践特色、解决突出问题、切实推动工作，根据县委关于开展科学发展观活动的通知要求，切实加强畜牧兽医科技人员的思想作风建设，强化科技人员教育、管理、监督，积极做好“四项制度建设”，进一步规范学习、工作制度，推行行政问责、首问负责制、服务承诺制、限时办结制等制度，积极开展调查研究，做到发展有新思路、新突破。通过深入开展学习实践科学发展观活动，全县畜牧兽医科技人员思想认识得以进一步深化，贯彻落实科学发展观的自觉性和坚定性进一步增强，领导科学发展观能力进一步提高，影响和制约科学发展以及工作方面存在的突出问题得以解决。

【表彰】 2009年，香格里拉县畜牧兽医局被县委、县人民政府评为“2009年度党风廉政建设先进单位”。

（黄文才）

林业

【基本情况】 2009年县林业局下设11个国有林场，11个乡（镇）林业工作站，3个省级自然保护区，1个林业技术推广站，2个木材检查站，2个森林防火瞭望监测台；局机关下设11个职能股室（办）。职工在册数为1470人（其中国有林场管护工人412人，林业事业工作人员131人（包括：行政人员10人，省级自然保护区管理人员50人），离退休人员915人）。林业技术人员中高级工程师1人，林业工程师23名，林业助理工程师22人（财务会计2人），林业技术员29人。

【天然林保护工程】 配合完成以往年度天保工程公益林建设建设任务2.6万亩飞播造林和人工造林的补植补造，特色经济林2.25万亩（核桃2万亩，红豆杉0.25万亩）的补植补造，做好以往项目的跟踪管理。完成了对2008年度天保工程新增公益林项目人工造林0.5万亩、封山育林4万亩的评审任务，完成了天保工程公益林项目人工造林0.5万亩，封山育林6万亩作业设计的评审、签订合同，并指导完成1万亩人工造林任务。完成了2008年度天保工程县级自查，接受了省天保办组织的考核，接受了云南省天保办对香格里拉县天保工程的调研，完成了天保工程公益林建设2009年度第四批扩大内需项目的作业设计，并开工建设。

【种苗工作】 2009年共计发放核桃合格苗木70万株。2009年各类林木育苗面积149.9亩，其中本年新育4.0亩，育苗数量为418.63万株。实际检验合格出圃苗木367.38万株，实际用苗量196.45万株；检验合格种子2219.5千克，实际用种2219.5千克。按照有关政策、法规，林木种苗国家和地方标准，在原有基础上继续抓紧抓好种苗工作，加强种苗质量管理工作，不合格的种苗不准上山造林。完成了天保工程、退耕还林、产业建设、义务植树用苗的质量检验工作，检验云杉苗108.55万株，核桃苗54.5万株，漆树苗16.7万株，红豆杉苗16.7万株。

【产业建设】 根据省委省政府提出的“生态建设产业化，产业发展生态化”的思路，按照上级部署，2009年积极行动完成了特色经济林核桃产业项目2.0万亩，红豆杉2000亩。2009年已经配合完成作业设计，并完成核桃种植4.65万亩(其中,产业建设核桃20000亩，包括2008年退耕还林荒山造林核桃10000亩，2008年巩固退耕还林成果造林核桃种植完成14000亩，天保工程公益林2500亩),完成0.2万亩异地造林设计及施工。

【造林绿化】 2009年按照上级精神，对机关义务植树基地保存率进行了全面检查，对2009年义务植树及5年州县级机关义务植树进行了总体验收。造林作业设计和造林质量接受了国家林业局及省林业厅有关部门的检查。完成红豆杉造林的设计及异地造林的设计。在县城绿化建设方面，于三月份起对冻死及遭到破坏的苗木进行补植和更换。对康株大道、三号路延长线、香乡路、政协广场、州政府广场等街道和广场完成补植乔木831株，补植灌木347株，补植地被95300株，修复围栏350米。对康珠大道北段绿化工程，按照县政府的指示已完成工程项目的科研编制及批复、初设编制及批复、施工图编制、公开招投标、签订施工合同、监理合同及廉政合同、施工合同公正、办理工程施工许可证及工程质检委托、绿化用土的回填等工作。

【退耕还林】 年初督促各乡镇完成退耕还林不合格面积的补植补造工作，完成往年度退耕还林荒山造林任务的补植补造，接受了省退耕办 组织的年度考核。完成了《香格里拉县退耕还林工程2009年管理实绩和2008年度目标责任状执行情况自查报告》。完成《香格里拉县2008年度退耕还林荒山造林作业设计》的评审，并实施完成2008年度10000亩退耕还林荒山造林。完成“香格里拉县2009年补助到期退耕还林阶段性验收”工作，并部署补植补造工作，补植补造2500亩。完成《香格里拉县2001年退耕还林变更作业设计》，并部署2010年补助到期退耕还林阶段性验收，完成《香格里拉县2008年度巩固退耕还林成果作业设计》并实施完成14000亩特色经济林任务，2250亩补植补造任务。并上报2009年度巩固退耕还林成果的计划任务。

科学设计规划，积极开展培训学习，保障各项营造林工作的顺利实施。 接受了省级对香格里拉县省级公益林区划界定成果的核查,完成了《云南省级公益林森林生态效益补偿香格里拉县实施方案》及《2009年度中央财政森林生态效益补偿基金香格里拉县实施方案》的编制。同时，还举办了2009年补助到期退耕还林阶段性验收技术培训、巩固退耕还林成果林业项目作业设计技术培训、省级公益林生态效益补偿县级实施方案编制技术培训等工作。

以降低森林资源消耗、促进生态建设为目的，加大农村能源建设力度，不断推动农业农村整体推进工作健康发展。2009年共计完成沼气池建设1365口，（其中包括:省级50口，州级1300口，巩固2008年、2009年退耕还林成果45口），完成节柴改灶1000眼，太阳能热水器建设600台，共计投入资金504.15万元（其中能源建设补助88.65万元；农民自筹及投工投劳往来资金投入 415.50万元）受益农户达1765户。据测算，以上这些能源的开发每年可产生直接经济效益87.90万元，减少薪柴砍伐2179.5吨，等于每年免灾586亩薪炭林的砍伐。在沼气池的实施建设过程中始终做到严把质量关，进行统筹安排，科学施工，严格质量管理，确保沼气池建设开挖一口，建成一口，用成一口，保证沼气池安全正常运行；为了维护农户对沼气的正常持续使用，2009年成立了两个村级服务队，每个村级服务队补助2.2万元，服务队帮助农户解决在沼气使用过程中遇到的问题，村级服务队的设立，使得户用沼气的使用效率大大提高。

【资源林政管理】 依法办理征占用林地审核审批手续。2009年度通过审核上报，共办理各种工程建设项目林地征占用手续25件，获得省林业厅的行政许可25件，（其中：办理永久性工程建设项目林地征占用手续19件，办理临时性工程建设项目林地征占用手续6件）正在上报审批的有8件。涉及征占用林地面积36.3033公顷，（其中：通过省厅审批19件，批准征占用林地面积37.4489公顷，临时征占用林地1.1456公顷）。共收取森林植被恢复费1602.3215万元，（其中：上缴省厅森林植被恢复费1597.9447万元，上缴州、县级财政4.3768万元）；加强采伐限额管理工作，进一步规范民用材管理制度。按照相关管理规定，在认真贯彻落实好《迪庆州民用材管理办法》和《香格里拉县民用材管理办法》的同时，进一步加大了对民用材的管理力度，对 2009年度全县民用材指标进行了分解、下达工作；认真开展民用材加工许可证审验换证工作。根据上级业务主管部门的要求，为进一步规范全县各乡镇民用材加工点的管理，对全县11个乡镇民用材加工点进行了调查，在调查的基础上，完成了全县各乡镇153个民用材加工点的审验换证工作；充分发挥香格里拉县政府政务服务中心林业服务窗口的职能作用，开展了一系列林业政策和技术咨询服务及宣传工作，同时，进一步加强了对林木采伐许可证的管理工作，全年共核发民用材采伐许可证2955份，18085立方米，薪炭材1231吨，共受理各种咨询服务97件，树林了林业窗口良好形象；按照上级要求及时组织完成了全县林业站本底调查工作，并正在进行《香格里拉县十二.五森林采伐限额》编制工作。

【林业综合行政执法及法制宣传】 加大林业综合行政执法力度，与县森林公安局和森警部队通力协作，积极开展各种林政专项整治和清理整顿工作，促进林区稳定。全年受理查处各类林政案件133起，其中：无证运输85起，盗伐林木15起，违规占用林地12起，非法占用加工经营10起。共没收木材291.45立方米，收缴罚没款96.3629万元，有效打击了违法活动，震慑了违法犯罪分子，切实维护了林区稳定。

开展了清理规范全县民用材加工点工作。对全县60多个木材加工点解板点进行了全面清理整顿，，查处了一批违法行为，并对当事人进行了处罚。同时对重点林区进行了全面检查，并对进入重点林区的2条车道采取了强制阻断措施，以杜绝偷运木材车辆再次进入。在对全县各乡村进行民用材解板点民意调查基础上，为确实需要建立解板点的乡村办理了《民用材加工许可证》，尽可能地为百姓民用材加工提供方便。

对行政许可和非许可项目进行了清理和公布。根据《香格里拉县人民政府关于深化行政审批制度改革的通知》精神，对行政许可和非行政许可事项进行了认真清理。保留的行政许可17项，非行政许可审批项目16项，取消的行政许可项目1项。按照县政府的要求，对行政许可项目的具体实施程序、条件、期限、收费标准等进行详细梳理，并报请县政府审核。

编制了《林业政策法律法规汇编》。将国家、省、州、县的有关林业法律法规政策、部门规章、管理办法、文件等整理汇编成册供广大林业干部职工使用。

完成了整理、录入林业行政执法人员信息工作。收集、整理全县林业行政执法人员信息卡，并录入“全国林业行政执法人员管理系统”中，加强了林业行政执法管理。

【森林病虫害防治检疫】 2009年度境内共发生林业有害生物面积3.28万亩,防治面积3.28万亩，防治效果87.4%，防治率100%；对香格里拉县城郊、四村天生桥和帕叉丫口高山松林内发生的云南木蠹象1.4万亩分两阶段进行了防治，防治效果88%，防治率100%。对在小中甸碧古、吉沙林区内发生的云杉叶疫病发生面积0.85万亩进行了防治，防治效果86%，防治率100%；对发生在建塘镇城郊面山及小中甸214线国道两旁人工造林的云杉林内0.52万亩云杉叶蜂发生进行了防治，防治效果89%，防治率100%；对发生在金江镇兴隆村达芝坝集体林内发生的云南松毛虫进行了防治，防治效果85%，防治率100%；对发生虎跳峡镇的紫金泽兰发生面积0.06万亩，采取清除紫金泽兰后集中烧毁措施进行了防治，防治效果89%，防治率100%。

在林业有害生物监测调查预测预报工作中，根据《国家级中心测报点管理办法实施细则》对小中甸吾古、上江乡福库、金江镇新建村等三个国家级中心测报点进行了系统观测，主测云南松毛虫，兼测木蠹象、云杉叶疫病、云杉叶蜂、紫金泽兰等。林业有害生物短期预测预报2次，测报准确率达98.2%；根据2009年全县林业有害生物防治情况，结合有害生物发生规律及气象资料综合分析，预测2010年全县林业有害生物发生趋势为：在全县范围内高山小毛虫不会发生危害；因全球气候预测会出现暖冬现象，所以其他林业有害生物发生呈现上升趋势。

按时上报各种报表21份，其中发生月报表12份，发生防治季度报表3份，森林病虫防治表3份，人财物表1份，年报表1份，松材线虫病报表1份；编写上报调查报告7份。同时做好各种资料的整理归档工作。

做好森防宣工作，发放宣传单100份，在中国森防信息网、云南林业有害生物信息网、迪庆报、香格里拉县林业网等媒体共刊登18篇信息及报道。

【自然保护区管理及野生动物肇事补偿】 加强与科研院所合作，积极开展各项科研活动。与中国科学院昆明动物研究所、西南林学院合作，成立了碧塔海、纳帕海两个国际重要湿地了项目组，继续认真执行《碧塔海自然保护区中甸叶须鱼监测项目计划合同》，完成了《纳帕海湿地论文集》。与中国科学院高山湿地研究所合作开展了《湿地植被恢复研究项目》工作。根据与云南省林业调查规划院签订的《哈巴雪山省级自然保护区科学考察项目合同书》和《哈巴雪山自然保护区总体规划编制项目合同书》。与西南林学院签订的《纳帕海省级自然保护区总体规划编制项目合同书》，完成了《纳帕海省级自然保护区总体规划》《哈巴雪山自然保护区总体规》《哈巴雪山省级自然保护区科学考察报告》，并通过了州林业局组织的项目初评。与国际鹤类基金会、中国科学院昆明动物研究所、全国鸟类环志中心、中国（香港）探险协会等单位合作开展了对黑颈鹤的卫星跟踪项目，并向州林业局上报了《在中国纳帕海自然保护区开展黑颈鹤卫星跟踪研究项目建议书》。

进一步加强自然保护区日常工作。开展了对自然保护区周边社区的森林防火、保护珍稀野生动植物的宣传工作，设立防火和湿地宣传标志80余处。深入社区牧场、矿山宣传《森林法》、《森林防火条例》、《自然保护区管理条例》等法律法规，确保了各自然保护区不发生一起森林火灾和乱捕滥猎野生动物案件。认真贯彻执行《中华人民共和国野生动物保护法》、《中华人民共和国自然保护区管理条例》在全县范围内认真开展野生动物执法检查和调研工作。对保护区内的非法采矿、破坏野生动植物行为等进行了全面检查。

认真开展野生动物肇事案件的统计、审查和补偿工作。在全县境内和三个自然保护区开展了野生动物对人身、财产造成损失案件的统计工作，多方争取资金，对伤害案件进行认真审核、补偿。今年对2008年的案件进行了补偿，累计向全县及保护区群众发放补偿费10.1229万元，使303户受灾农民领到了野生动物肇事补偿金。2009年县境内及自然保护区内共发生野生动物肇事案件146起，其中造成人员伤亡1起，累计造成经济损失39.8986万元。

继续加强野生动物疫源疫病的防控及监测上报工作。认真执行《中华人民共和国突发事件应对法》、《香格里拉县人民政府关于启动香格里拉县防控甲型流感应急预案的通知》和《香格里拉县人民政府办公室关于进一步做好甲型流感疫情防控工作的紧急通知》精神和要求，下发了《香格里拉县林业局关于做好对甲型流感和野生动物疫源疫情防控监测工作的通知》要求各地加大监测力度，如实上报疫情。成立了香格里拉县林业局防控甲流和野生动物监测工作领导小组，并根据野生动物越冬情况将全县分为14个监测区，和5个重点监测区。在三个自然保护区及陆生野生动物及鸟类迁徙通道、候鸟栖息地等重要区域进行巡护、监测，并将每日监测情况及时上报州局保护科。及时了解掌握野生动物疫情，主动配合上级防控部门做好辖区内的防控工作。

认真组织完成碧塔海和纳帕海国际重要湿地建设项目。为了加大对两个自然保护区的建设力度，根据《云南纳帕海国际重要湿地保护工程初步设计》和《碧塔海国际重要湿地保护工程初步设计》方案，完成了碧塔海保护区的生态监测站、气象站、科研中心、标本陈列室、综合办公楼、5个保护站和野生动物救护站等建设任务。完成了湿地植被恢复建设20公顷。以上项目累计完成投资568万元。

【森林防火】 1～12月份，全县共发生森林火灾12起，其中一般森林火灾10起，较大森林火灾2起，总造成过火面积322.53公顷，其中成灾53.85公顷，烧毁林木39.5立方米，烧死幼树39.13万株，出动扑火工日19236人（次），车辆台班1720台（次）。

整个春防期间，全县共召开大小宣传会议785次，发放户主通知书32000份，制作木（铁）宣传牌292块，张贴临时宣传标语8673条（幅）。张贴防火布告690份，张贴省、州政府令3100份，张贴新的《森林防火条例》1500份，禁山令136份，发放宣传单29800份，录音、录像宣传10场（次），电影宣传10场（次），在中小学开展“五个一”工程142课（时），出森林防火专版48次，简报31期。出动宣传车进行广播宣传450台（次）。同时在防期初专门安排6.8万元经费用于启动和宣传工作。在三月份高火险时段又向各基层单位安排6.2万元专门用于宣传，其他还安排4万余元印制新的《森林防火条例》及传单等加强了宣传工作。在加强宣传教育工作的同时，又在火源管理上下苦功，进一步加强了巡山巡护和火灾隐患排查工作，防期共下发隐患整改通知书66份。

全防期共签订森林防火责任书1314份，其中县对乡（镇）11份，乡（镇）对村67份，村到社680份，林场（站）对管护点、管护员、护林员480份，对涉林厂矿、施工单位76份，在签订责任书的同时，大部分乡（镇）还对涉林厂矿、施工单位收取了一定防火风险抵押金。同时注重对责任制的监督、检查力度，做好责任追究工作。四是加强了半专业扑火队伍的建设工作。根据县人民政府县长肖徐专门就如何搞好全县半专业队伍的建设和培训工作作出的重要批示和安排的建队专项资金22万元，完成了11支半专业扑火队的组建、培训等工作

严格执行值班调度制度，坚持24小时值班、领导带班制度，认真、迅速核查反馈森林火情和卫星热点信息，确保火灾应急处置及时、顺利、准确。

【集体林权制度改革】 香格里拉县深化集体林权制度主体改革工作于7月份启动，按照林改政策和技术要求开展了林改工作。第一批开展集体林权制度主体改革工作的六个乡（镇），共涉及林改面积275.38 万亩，参加第一批林改工作的人员总数为 382人，林业技术人员40名，参加集体林权制度主体改革的六个乡（镇）共有村民小组408个，涉及林改户数14337户，涉及林改人数60631人。并成立了县、乡、村各级林改工作机构，配备工作人员开展了一系列工作。至2009年底，第一批实施林改的六个乡（镇）的外业工作已按计划顺利完成。

成立了县、乡、村各级集体林权制度改革领导小组和机构；上报了《香格里拉县集体林权制度主体改革实施方案》和《乡（镇）集体林权制度主体改革实施方案》，县、乡、村坚持“党政一把手负总责，分管领导具体抓”的领导机制，层层落实领导责任，签订责任状，落实了工作责任和目标任务。

利用各种媒体、采取各种形式，全方位、多层次地开展了宣传工作，营造了全社会关注林改、支持林改的良好氛围，共宣传报道林改新闻73篇（次），其中刊登在《迪庆日报》上林改新闻48篇，电视及广播报道林改新闻25次，编写林改简报351份，发放林改材料47427份。

为顺利开展好第一批集体林权制度主体改革工作，积极组织开展了六个乡（镇）的摸底调查工作。并将摸底调查情况反馈给县委、县政府及州林改办。共组织各类学习培训15次，600余人次。

认真做好确权勘界工作。确权勘界工作是整个集体林权制度主体改革的重点和难点，林改技术人员不辞辛苦、跋山涉水，严格按照《迪庆藏族自治州集体林权制度改革技术操作细则》认真

开展了确权勘界工作。在确权勘界过程中提高两山面积复核率，尽量做到均山到户率达到80%（确权到户率），林地权属宗地勘测精度达到95%以上。在确权勘界工作中，参加确权勘界的村民小组数408个，完成率为96.08%。

在开展林改工作中，林地林权关系是老百姓最敏感的问题，为使林改纠纷及时调处，成立了县、乡、村各级林改纠纷调处组，认真调处了各类林改矛盾纠纷。林改工作期间共发生林改矛盾纠纷70起，成功调处59起，仍在调处11起，成功调处率为84.29%。

档案管理过程中做到杜绝林改档案资料管理缺漏及杂、乱、差等情形，严格按要求进行建档和归档，做到文书档案、技术档案、电子声像档案收集齐全。

【林业重点工程项目建设】 2009年度根据与县政府签订的《香格里拉县固定资产投资目标责任书》，结合全县林业工作实际，加强领导，认真组织，实施了一系列林业工程建设项目。责任目标任务为：完成固定资产投资4589万元（含天保工程森林管护、碧塔海国际湿地保护、天保工程公益林建设等），比2008年增加了2245万元，实际完成4660万元，比任务数超额完成71万元，任务完成率为101.5%，超额完成了年初下达的计划任务数。

【财务及资金管理使用】 积极向上争取林业资金7984万元（预算资金4348万元、基建资金2315万元、直补农户和实施单位1318万元），合理安排使用林业资金7984万元，切实有效地保证林业资金的安全使用，度过了一个“平安财政年”。

规范票据管理手续，全面提高票据管理水平，加大征收力度，使非税收入稳步提高，全年共征非税收入 1805 万元（比上年776增收1029万元）；罚没收入171万元（比上年126增收45万元）。全部上缴财政部门，并由财政局返还120万元；育林基金及收费收入 24 万元（比上年20增收4万元），全部上缴上级主管部门；森林植被恢复1610 万元。（比上年632增收 978万元）上缴省厅1598 万元，上缴县财政12万元。

【党组织建设】 认真贯彻落实县委精神，精心组织开展了以“学习实践科学发展观”活动为主的各项学习活动，并按照县委要求全面完成了“学习实践科学发展观”活动的各项内容，提高了林业队伍的整体素质；有力地推动和保障了林业各项工作的顺利实施、促进了林业事业的健康发展。

全面加强了党风廉政建设和纪律检查工作，加强了林业党组织建设，进一步增强了林业各级党组织的凝聚力，提高了党在林业基层一线的战斗堡垒作用；转变了作风，完善了林业各级党组织的制度建设，层层签订党风廉政建设责任书，贯彻落实了县委关于党风廉政建设各项要求，增强林业队伍拒腐防变和抵御风险能力。同时，做好查处和预防渎职等职务犯罪联席工作。积极联系县人民检察院协商研究后成立了“香格里拉县人民检察院、香格里拉县林业局预防职务犯罪工作领导小组”，进一步提高了党建及党风廉政建设工作。

【工会】 认真履行工会职责，按照《工会法》赋予的权利，积极开展各项工作。继续扎实推进送温暖活动，努力做到困难职工慰问全覆盖，切实关心职工生活，努力为广大职工特别是困难群体办实事。慰问离退休职工372人，发放慰问金37200元。在对全局特困在职职工进行摸底调查的基础上，进行二次调查，向县总工会上报了35名特困职工为“送温暖”对象。在资助困难职工子女就学上,除县总工会给予的“金秋助学”补助金外,局工会在经费紧张的情况下,还给予3位特困职工子女3000～5000元不等的资助。

【社会保障】 2009年度接待了200多人次离退休职工、困难职工的来信、来访，解决了12位同志的困难申请,为13名特困职工进行了补助。

及时、准确的收缴各种社会保险金。建立健全个人住房公积金、养老保险、失业保险及医疗保险的台帐，给广大天保职工解除了后顾之忧。累计收缴职工养老金258万元、职工失业金28万元、职工医疗保险金107万元、职工住房公积金92万元、清退已收缴职工福利费16万元。上交县级社保部门在职职工养老金258万元、在职职工失业金28万元、在职职工医疗保险金129万元。解决遗属生活困难补助0.8万元，困难职工补助金5千元，离退休职工春节慰问金4万元。

充分发挥干休所的职能作用，认真贯彻执行社会养老政策、保障离退职工待遇，开展好对中甸林业局下关干休所500余名离退人员的管理和服务工作，为退休职工遗属40人办理了城市最低生活保障金；为无职业的离退职工家属、残疾人等共150余人办理了新型城市合作医疗保险；积极争取资金改善了干休所活动中心环境。同时，做好信访工作，积极为离退职工排忧解难，全年未发生一起离退人员上访事件，切实维护了稳定。

【大事记】 2月12日，由州人民政府、州森林防火指挥部、迪庆森警部队等单位和领导组成的工作组在余胜祥副州长的带领下到香格里拉县林业局就香格里拉县森林防火工作情况进行了调研。

同月，2·15、2·18小中甸森林火灾扑救工作中，省林业厅副厅长王德祥、州委书记齐扎拉等领导亲临视察火情，并对扑救工作作了重要指示。州委常委、县委书记彭耀文、县长肖徐，副县长李树龙到火场参与指挥扑救。

3月25日，香格里拉县林业局邀请省退耕办、省林业调查规划院专家、州林业部门负责人，对2001年退耕地还生态林补助到期面积，2000年退耕地还林补助到期、2008年国家验收未保存面积进行阶段性验收。

4月8日起，科研人员通过卫星系统实时跟踪研究的香格里拉越冬黑颈鹤，首次发现黑颈鹤在甘孜州新龙县和白玉县交界处活动，这是国内首次发现的黑颈鹤度夏或繁殖地。

4月14日，金沙江沿线九乡（镇）一局森林联防工作会议在金江镇召开。

5月15日，香格里拉县林业局委托县财政局主持，由林业、工商、监察、审计、质监等部门组成招标委员会，对碧塔海国际重要湿地保护建设专款采购项目进行招标。

6月至9月，香格里拉县开展林政资源专项整治行动。

7月31日，在香格里拉县委会议室召开了“香格里拉县全面推进集体林权制度主体改革工作部署暨培训会议。标志着全县第一批开展集体林权制度改革的东旺乡、尼西乡、五境乡、上江乡、金江镇、虎跳峡镇六个乡（镇）全面启动。

8月，2007年以来，由西南林学院保护生物学学院教授韩联宪担任科学顾问，香格里拉县林业局自然保护区管理办公室和云南省林业厅野生动植物保护管理办公室共同开展的《云南纳帕海自然保护区重点保护鸟类越冬监测项目》、《云南纳帕海自然保护区水鸟监测及〈编制纳帕海湿地研究论文集〉项目》两个科研课题，于2009年8月底提交了《纳帕海实地研究论文集》。

8月11日至12日，在州林科所核桃种植办的督导下，五境乡林工站在五境乡政府举办了为期两天的优质核桃栽培培训班。

8月12日，香格里拉县林改领导小组办公室召开各乡镇《全面推进集体林权制度主体改革实施方案》审查会议。

8月27日，迪庆州委常委、迪庆州集体林权制度改革领导小组副组长鲁永明及州集体林权制度改革领导小组成员到香格里拉县林改办调研香格里拉县林改进展情况。

9月1日，县人大调研组召集县林业局及县森林公安局领导在县林业局会议室听取了资源林政管理及林业行政执法工作情况汇报。

9月4日，云南新闻播出了迪庆60年专题，充分肯定了迪庆在造林绿化工作中去得的成效，同时，明确提出了“建设山川秀美的香格里拉”和建设高原生态建设战略目标。

9月15日，受国家林业局的委托，国家林业局昆明勘查设计院组织检查组到香格里拉县对退耕还林工程退耕地到期面积进行阶段性验收。

10月9日至13日，香格里拉县林业局举办资源和生态环境渎职犯罪及林业执法培训。

11月10日至20日，香格里拉县林业局开展保护野生动物专项整治行动。

11月12日，纳帕海国际重要湿地综合治理项目工程通过验收。

12月3日，香格里拉县副县长李树龙、县林业局局长松建华等一行到五境调研林政、森林防火及林改工作。

（孙永华）

森林公安

【队伍建设】 加强队伍建设是公安工作永恒的主题，是公安机关担负起三大政治和社会职能，贯彻落实科学发展观的重要体现。森林公安作为生态建设的重要参与者、生态安全的首要保护者和生态文明的积极创造者，新的时期、新的形势、新的任务对森林公安队伍提出了更加严格的要求，不断提高森林公安队伍的思想政治素质，加强森林公安队伍建设是完成自身使命的重要前提和保证。

积极开展宗旨教育活动，通过采取每周学习日、党组织生活、党课等形式，组织民警进行认真学习实事政治、党的方针政策、法律法规以及组织民警集中学习蒙自“2.13”案件、晋宁“2.08”案、收看警示教育题材片等，重温了《人民警察内务条令》、《人民警察法》、《人民警察武器警械使用条例》，进一步坚定地树立了大局意识、政治意识、忧患意识、群众意识和法治意识。同时，坚持边学边改，学以致用的原则，通过学习，强化宗旨，严格落实和执行各项制度和措施，不断增强为民服务水平；积极开展业务培训工作，为进一步推进执法规范化建设，加强执法能力，根据构建“大教育大培训”工作要求，按照《香格里拉县森林公安2009～2011年大轮训工作实施方案》，积极加强民警教育训练和岗位练兵，全方位提高民警综合素质。截止11月共有60人次参加培训(其中：36人大练兵活动；8人岗位业务知识培训；6人参加全省刑侦技术培训；4人警衔晋升培训；1人县级机关办公室业务培训；1人教官培训；1人“96128”政务信息查询专线业务培训；3人入党积极分子培训，5人参加县委组织清华大学远程教育培训)。通过多渠道、多层次地培训，进一步强化了广大民警的警务实战技能和执法办案水平。为建设政治坚定、业务精通、作风优良、执法公正的高素质森林公安队伍打下坚实的基础。

按照《中共香格里拉县委关于在全县开展深入学习实践科学发展观活动的实施意见》，香格里拉县森林公安局党组提高思想认识，切实增强开展学习实践活动的责任感。全面把握科学发展观的科学内涵、精神和根本要求，结合森林公安机关各项工作实际，着力转变不适应不符合科学发展观要求的思想观念，形成推动森林公安队伍科学发展的思想共识。在开展学习科学发展观活动中，共组织民警集中学习25余次，参加专题讲座学习8余次，召开组织生活会4次，撰写学习体会文章和剖析材料60余篇；通过开展深入科学发展观，深刻分析原因，总结经验教训，并进行了认真整改，把学习实践科学发展观落到实处至关重要的就是要转变作风，狠抓落实，在抓落实上下工夫，在抓落实上创实绩。抓落实的重要措施就是在全局各单位普遍推行定期工作讲评制度。根据民警绩效考核办法将各项工作任务以量化指标的方式实行项目化管理，对各单位工作进度和完成情况实行定期考评度，综合统计排名通报全局，使单位与单位之间，民警与民警之间的工作情况一目了然，从而增强单位之间和个人之间的竞争力。森林公安机关各单位特别是基层实战单位按照局党组抓班子促业务带队伍的总体要求，定期由科所队长或指导员召集本单位全体民警开会进行工作讲评，讲评的内容主要是业务工作、队伍作风建设、执法质量、群众意见等。讲评要做好会议记录，会后形成书面材料分别上报局长、政委、分管局领导和局办公室。讲评的目的是帮助总结经验教训，传达上级工作部署，理清工作思路，明确责任，推动工作落实。通过召开讲评会做到了六个主动：即主动更新观念，理清工作思路，争取工作主动权；主动创新工作，明确工作重点，克难奋进；主动查找漏洞和不足，及时弥补缺失。主动教育民警，提高民警责任心，严格管理队伍；主动听取民警意见和建议，集思广益，提高民警的工作积极性；主动反思工作抓机遇，总结规律，创新工作路子；注重讲评考查和实效。通过讲评掌握民警的闪光点和队伍中的亮点，做好宣传工作，及时发现、总结、队伍和业务工作中的好典型，该记功的记功，该表彰的表彰，不断完善讲评办法，落实跟踪考查措施，使讲评工作走上制度化、规范化。

在从严治警方面，认真组织开展好“严于律己，严格执法，严抓“五条禁令”警示教育活动。在学习动员的基础上，联系实际，广泛征求意见和建议，狠抓分析整改和整章建制，分阶段推进，进一步增强广大民警遵令守纪意识和自律自警意识，健全民警政治学习、教育培训和队伍思想状况定期分析制度，不断完善反腐倡廉和治警长效机制；严格内部管理，确保政令、警令畅通。狠抓内部管理，严格纪律作风，狠抓学习教育和民警作风养成，把执行“六条警规”、“五条禁令”、“四项制度”、“三项治理”作为队伍建设的一项长期的重要工作来抓，重新签订责任状，进一步制定长期目标，建立长效机制，使“五条禁令”长期执行下去，严格队伍管理，签订《队伍管理责任状》进一步建立健全各种规章制度，努力实现用制度、纪律管人机制，不断推进森林公安队伍正规化建设。

始终把党风廉政建设工作摆在全局的重要议事日程，与全局的重点项目建设和其他各项工作结合起来，认真贯彻落实《党风廉政建设责任制》，做到一起部署、一起落实、一起检查、一起考核。健全和完善了《党风廉政建设和反腐败工作的组织领导和责任分工》，加强了对党风廉政建设工作的力度。认真做好“领导廉洁自律、群众强化监督”两项重要工作，认真贯彻落实《党风廉政建设责任制》，按照《建立健全教育、制度、监督并重的惩治和预防腐败体系实施纲要》的要求，狠抓党风廉政建设工作，适时召开专题廉政建设学习并进行监督检查，严格执行民警勤政廉政登记卡制度，年初与县委、县政府签订了党风廉政建设责任制量化考核责任书，再由局党组与各科、所、队签订《党风廉政建设责任书》，组织全体民警、党员开展各项学习，以及观看各类党风廉政建设专题片、警示教育等，进一步强化廉洁自律和遵纪守法意识、增强自觉性，树立了正确的世界观、人生观、利益观。

把政治上关心民警作为“从优待警”的首要任务来抓，形成人人思上、个个思进的格局。严格按照《国家林业局、公安部关于加强森林公安队伍建设意见》以及《云南省森林公安局关于进一步加强森林公安执法工作和队伍建设的意见》的总体要求：抓好森林公安机关领导班子建设，2009年，在县委、政府及组织人事部门的关心支持下，从民警中提拔1名副局长，调入1名副局长，领导职数达到5人，4个基层派出所确定为副科级单位，为7名在基层工作15年以上干警解决了副主任科员非领导职务待遇，从政治上为民警的成长进步创造条件；努力做到生活上关心爱护体贴民警。强化以人为本意识，从关心爱护民警的角度出发，力求将从优待警工作落实到细微之处。认真做好民警立功创模报先工作，大力表彰先进；落实民警年休假和定期体检制度，制定了民警年休假制度，11月初，组织全体民警到医疗条件较好的大理州医院进行了全面的体检；建立家访慰问和特困民警帮扶制度，以情带警，力所能及地帮助民警解决后顾之忧。

【违法案件侦破查处】 2009年，共立各类森林资源及野生动物案件181起，依法查180处。其中：刑事案件22起(其中：盗伐林、滥伐林木案14起，非法收购运输盗伐滥伐林木案5起，失火案3起，1起未破)；林业行政案件159起(其中：盗伐林木案5起，滥伐林木案1起，擅自改变或者占用林地案20起，违法运输木材案43起，违法收购明知是盗伐滥伐的林木案34起，非法收购、储运、中转的木材案32起，非法猎捕、收购、运输野生动物案件11起，毁坏珍贵林木案1起，森林火灾火警案12起)；打击处理各类违法犯罪人员204人，其中：刑事处罚22人，补种树木1人，林业行政罚款155人，其他处罚26人；依法收缴非法木材247余立方米，榧木2件，红豆杉制品1件,收缴野生动物产品8件。为国家挽回直接经济损失1104722元。

【专项整治活动】 积极开展“春绿行动”。为依法严厉打击非法移植大树等破坏森林资源的违法犯罪活动，切实加大森林资源管理力度，促使全县活树经营市场和城市绿化产业的规范管理和健康发展，根据《迪庆州森林公安局集中打击非法移植野生树木等破坏森林资源违法犯罪专项行动方案》的通知要求，自2009年2月10日至5月30日，在全县范围内组织开展集中打击非法移植大树等破坏森林资源的违法犯罪活动专项行动。行动期间，对辖区内的香乡公路、香木公路等重点、热点林区加大了巡查和打击力度，对沿路的砂石场进行了清理整顿，对5家没有办理相关审批手续的砂石场下达了停工通知。累计出动人员245人（次），车辆60台（次），检查苗圃、绿化公司6处，有效地遏制了各类破坏森林资源违法犯罪活动的势头。

打击破坏野生鸟类资源违法犯罪专项行动。为保护野生鸟类资源，维护生态平衡和公共卫生健康、促进人与自然和谐相处，及时成立了行动领导小组，自2009年4月15日至5月15日，在全县范围内组织开展集中打击破坏野生鸟类资源违法犯罪活动的专项行动。此次行动全县森林公安机关共出动警力90余人次，车辆15台次，共检查巡护鸟类活动区域三处，清查宾馆、饭店84家，清查市场、窝点3个，查获非法猎捕国家二级野生保护动物案1起，抓获作案成员3人，收缴红脚鸡死体2只，收缴其他野生动物制品6件。

"绿盾三号行动"、"迪庆州森林资源林政管理专项行动"。根据迪庆州森林公安局和香格里拉县政府的统一部署要求，2009年6月5日至9月30日，在全县开展了为期3个月"绿盾三号行动"、"迪庆州森林资源林政管理专项行动"。在开展专项行动中，结合林区治安实际，针对突出问题就重点整治，在强化摸底排查基础上，集中查处了一批非法收购、出售、运输、加工木材及违征占用林地的案件，严厉整治一批非法采伐、加工和黑市交易市场。各参加部门通力协作，密切配合，形成合力，确保了行动取得实效。行动期间，共出动人员687人次，其中森林公安民警465人次，出动车辆120台次，打掉犯罪团伙三个，立刑事案件7起，破获7起（其中破特大案件1起）；查处林业行政案件50起；野生动物案件2起；清理木材经营加工场所、野生动力加工、驯养场60个，清查征占用林地场点21处；收缴木材47立方米，榧木2件，红豆杉制品1件。打击各类违法犯罪人员39人，其中逮捕3人，取保候审2人，行政处罚34人，上缴罚没收入238281.6元。

【森林火灾案件查处】 2009年入冬以来，县境内持续干旱，火险等级高居不下，针对严峻的森林防火形势，加大森林火灾案件查处力度，有效防范和遏制森林火灾的发生，确保森林资源安全。及时部署了森林火灾的预防和火案的查处工作，把查处森林火灾案件作为当前工作的重中之重，集中警力查处了15起森林火灾、火警案件，依法从严、从重、从快惩处肇事者，达到处理一个，教育一片的目的，以增强林区群众的森林防火意识和法制观念。

【案件审核审批】 在案件审核中，紧密结合《公安机关办理刑事案件程序规定》、《公安机关办理行政案件程序规定》等，严格按照程序进行法律审核、审批。始终落实一个"严"字，对呈报的案件严格审核，严格把关，抓好"立、抓、关、审、放、罚"六个环节，以事实为依据，以法律为准绳，客观公正、全面细致地对案件进行审核。另外，制定了《执法岗位责任制度》、《法制审核案件暂行规定》、《执法过错责任追究制度》、《案件内部审核审批程序规定》等相关制度，为有效促进严格、公正、文明执法提供了保障，确保及时、准确地打击违法犯罪分子，确保了全县林区的生产和社会治安稳定。全年审批刑事案件中刑事拘留 14 人，逮捕 7人。

【持续开展"三基"工程建设】 增强抓紧抓好"三基"工程建设的责任感和紧迫感。一年来始终把"三基"工程建设贯穿于森林公安工作和队伍建设的全过程，全面推动"三基"工程建设。巩固和加强林区警务化建设，进一步健全完善、创新强化"三情、四网、两管理"为主要内容的林区治安防控体系，把工作重心放到基层，把警力下沉到基层，不断提高森林公安维护林区社会稳定的能力。目前基层派出所警力为17人，占警力的44%；基层实战单位警力30人，占警力的76%。

加强基层单位硬件及软件设施建设，主动向县委、政府及上级主管部门汇报，赢得了上级部门的关心支持，不断加大对森林公安的经费投入。全年筹措资金25余万元购置了4台电脑及部分办公设备，局机关枪库和财务室安装了监控设备，更新了哈吧雪山自然保护区派出所办案用车，重新安装公安网络光纤线路，开通了小中甸、格咱森派出所和碧塔海自然保护区派出所公安网络，并专门配置了4台公安网络专用电脑。

进一步规范机构设置，努力提升森林公安正规化建设水平。根据云编办〔2008〕232号的要求，迪庆州森林公安局迪森公〔2009〕43号文件

《关于做好更名工作的通知》精神，结合实际，通过积极主动向有关部门请示汇报，沟通协调，争取关心和支持，认真做好森林公安机关更名为生态安全警察局和机构规范设置工作。

【积极参与集体林权制度改革】 集体林权制度改革关系到广大林区群众的切身利益和林业可持续发展，是林业生产关系的一次重大调整。森林公安在集体林权制度改革中，既是参与者、推动者，又是服务者、保护者。全县森林公安机关紧紧围绕集体林权制度改革，积极支持参与林改工作，认真分析林区治安形势，及时排查掌握因林权制度改革可能引发群体性事件的倾向性、苗头性问题，最大限度地把矛盾纠纷解决在萌芽状态，严厉打击借林改之机破坏森林资源的违法犯罪活动，并把宣传、调研、调处、指导、执法五位一体结合起来开展工作，确保了全县集体林权制度改革的顺利实施。

林改工作中，选派1名业务精通、熟悉群众工作的副局长参加林改工作队，深入林改一线开展林权勘验、林权申请登记、审核制证发证、调处林权纠纷等工作。

【围绕中心，服务大局】 积极参加千名干部送法进村（寺）促和谐活动。自年初，香格里拉县“千名干部送法进村入寺促和谐”活动开展以来，选派了7名精通法律知识的业务骨干，分别深入三坝乡、格咱乡、小中甸镇和金江镇，深入开展农村法制宣传教育，取得了良好的效果，其中1名同志被评为全州“千促”优秀工作队员。

积极推行“阳光政府四项制度”。自启动“阳光政府四项制度”工作以来，领导重视，工作措施到位，各项工作进展顺利，并取得了阶段性成效。指定法制科为主办部门，并确定了两名政务专线专职联络人员，开始筹办县局96128政务信息查询专线项目。至开通前，已完成了政务信息查询专线的全部项目，安装了96128政务信息查询专线电话，制定了常见问题及解答20余条，内容涉及森林公安的各个群众比较关心的问题，以便群众打进专线查询电话的时方便回答。

加强平安创建工作，维护社会治安稳定。认真做好“春节”、“五一”、“十一”期间的林区治安防范工作，坚持24小时值班备勤和领导带班制度，确保节假日期间林区治安稳定；根据重大民族节日和活动的需要，抽调大批警力及巡逻车辆全力以赴地投入到安全保卫工作中，为节日活动创建了安全、有序、稳定的社会治安环境；圆满完成了国庆安全保卫任务。

积极协助木材检查站搞好检查执勤工作。为了更好保护森林资源，遏制破坏山林和非法运输木材等违法违规行为的发生，维护木材经营的正常秩序，实现木材运输检查监督制度化、规范化，根据县人民政府安排，从2008年12月17日至2009年3月30日，抽调了5名干警，放弃春节假日，到松园桥检查站开展木材检查、巡逻执勤工作，在执行警务期间做到了依法执勤、秉公执法、确保安全。

【法制宣传和生态教育】 充分发挥舆论监督作用，通过新闻媒体向社会公开专项行动进展情况及战果，对其中损失巨大、影响恶劣的典型案例和查处阻力大、久拖不决的案件进行曝光，形成强大的舆论攻势，有效震慑犯罪、教育群众。采取群众喜闻乐见的方式，大力宣传森林资源及野生动物保护法律法规，积极营造浓厚的生态保护氛围，不断增强全社会保护生态的意识。工作中，利用下乡办案、千名干部送法进村（寺）促和谐活动、群众集会、到林区、矿区清理检查、送法进校园等活动之机，进行《森林法》、《野生动物保护法》、《环境保护法》宣传教育达三千余人次。编发简报报道18期；在迪庆州日报报道宣传9篇；州电视台新闻栏目报道4次；在云南法制报宣传报道6篇。

（冯学军）

水利·交通

水利水电

【综述】2009年，香格里拉县水电局在县委、县政府的正确领导和省、州水利部门的大力支持和帮助下，抓住“扩内需、保增长、保稳定”的大好机遇，紧紧围绕“建一流队伍，做一流业绩，创文明行业”的工作目标，努力践行“三个代表”重要思想，全面贯彻党的十七大和十七届三中、四中全会精神，认真落实县委十届七次全会，坚持三个文明一起抓，深入开展科学发展观活动，坚持标本兼治、综合治理；党风廉政建设和行业工作一起抓，不断加强对干部职工的廉洁自律教育，促进了政治文明、物质文明和精神文明建设互相促进、协调发展，促进了全县水利事业健康发展。出色地完成了各项工作任务。

【水电开发及固定资产投资】2009年，县境内共有8家水电开发公司进行水电开发，一年来积极协调配合开发商做好服务工作，全年共完成固定资产投资138362.6万元；其中：电站、电网投资117254万元；其他水利工程投资21108.6万元，为全县国民经济和社会发展奠定了良好基础。

【农田水利建设】 去冬今春，共投入劳动积累工39万个；完成土石方33万m³；新增灌溉面积0.45万亩；改善灌溉面积0.35万亩；新增节水灌溉面积0.02万亩；新增除涝面积0.06万亩；坡改梯0.13万亩；治理水土流失20平方千米；新建人畜饮水工程89件，兴修水池60口，解决1.2万人3.8万头牲畜饮用水困难；共筹集各类资金1443万元（其中：中央资金360万元；省级资金574万元；自筹资金507万元）。县级财政在十分困难的情况下，把建设农田水利投资纳入年初财政预算，从原来每年投资35万元增加到现在每年投资40万元用于冬春农田水利的基本建设。

【安全饮水工程】 2009年完成了新增安全饮水项目小中甸镇联合村塘安过社、碧古社、吾公社、都日古社、共着社、贡吓社、吴公社、目鲁谷社、萝升作社、都土社、如林社、奶司社，建塘镇克需社、吹吃地社、坡加地社，共15个项目点。

完成了2008年第一批安全饮水项目上江乡良美二社、仕旺村马场、火山、中村四个组，金江镇吾竹村格古一组、新建村上所邑二组，虎跳峡镇长胜村上冷都、下冷都社、金星村鲁堆组、宝山村余思阁社、宝山村邱家组，三坝乡白地村中火山社、安南村水磨房社，格咱乡翁水村次央社、木鲁村浪史社、纳格拉村归巴社、翁上村翁上上社，洛吉乡九龙村大火塘社、小中甸镇团结村石麦谷社，尼西乡幸福村开香社、幸福村巴拉社、江东村洛它社、东旺乡跃进村麦龙社、东旺乡上游村咱真社、五境乡泽通村吉仁水，建塘镇诺西村大兴社、诺西村意斯此郎社共25个项目点。

完成了2009年第三批扩大内需项目安全饮水工程上江乡仕旺村拉木枯组、福库村一、二、三、四组、木高村毛坡三组、良美村核桃坪组，金江镇吾竹村堆满六、七组、仕达村巴迪社、仕达村仕林二组、兴文存巴洛社、兴文存天吉一组、兴文村天吉二组、兴文村天吉三组、新农村洪文一、二、三组，新农村高峰组、新建村木斯扎二组、安乐村安乐一组、虎跳峡镇桥头村古巴社、东坡村老药山上组、红旗村一家村下、松鹤村大坪子社、宝山村松林坪社，三坝乡上火山社，格咱乡纳格拉归巴社、翁上村全兴社、洛吉乡洛吉村对窝洛社、洛吉村思家沟社、尼汝村普拉社、小中甸镇和平村宗巴达社、联合村吉合批社，尼西乡新阳村腊仁社、江东村江东农社、东旺乡重复村贡社，新联村依崩社，跃进村喀洛社、跃进村麦龙社，五境乡仓觉村可色各社、泽通村村泽贡社，建塘镇吉迪村次吃顶社共42个项目点。共85个点的人饮工程勘测设计、预算及施工等任务，共解决了18563人，51976头（只）的饮水安全问题，完成投资近657.61万元，农民投工投劳达17万个工日。

完成了松赞林寺、承恩寺、云登寺、归色寺等四个寺院的安全饮水工程的勘测、设计及预算等工作，计划解决529人的饮水困难问题，计划投资109.76万元。

【项目规划】 结合全县“十一五”规划，为保证水利水电项目连续性，完成了以下规划工作：（《香格里拉县2009～2013年安全饮水项目规划报告》；《香格里拉县小（二）型病险水库大坝安全鉴定报告书》；《香格里拉县中低产田改造项目规划报告》；《香格里拉县骨干水利金江大沟工程项目可研初步设计报告》，通过评审后上报后实施；《香格里拉县雨水集蓄利用规划报告》，《香格里拉县节水灌溉规划报告》；《香格里拉县小水电代燃料项目供电实施方案报告》；《香格里拉县十二·五小水电代燃料项目投资计划草案报告》；《香格里拉县十二·五新农村电气化规划草案报告》。

【乡镇供水工程建设】 配合“一乡一校”集中办学，以“腾讯乡村”行动为契机，在各部门的努力下，完成了尼西乡乡镇供水项目的勘测设计工作，并抽调专人完成了施工及监理等工作，工程于2009年8月22日开工，至10月27日竣工，投入资金51.25万元，并已通过验收。工程建成后，解决改善了乡政府所在地机关2500人的饮水困难。

完成了洛吉乡机关片区供水项目的勘测、设计工作，计划投资18.31万元；工程建成后可解决2000人的饮水困难问题。

完成了虎跳峡镇机关片区供水项目的勘测、设计工作，计划解决3000人的饮水困难问题。

【康思（金姆芦）水库前期工程】 康思（金姆芦）水库拟建于香格里拉县建塘镇境内北面的金姆芦河上，是一座以农业灌溉供水为主，兼顾城镇供水和农村人畜饮水的综合利用工程，灌区面积1.57万亩，2009年6月成立了康思（金姆芦）水库前期工作领导小组，组建了前期工作办公室，明确了各项工作人员。并于2009年6月26日，香格里拉县人民政府在昆明与省水利水电设计研究院签订了康思（金姆芦）水库建设工程勘测设计合同，（内容包括：项目建议书、可行性研究报告、初步设计、招标设计和施工图设计），并明确了每个阶段的成果正式提交时间。前期工作得到县人民政府的全力支持，县级财政拿出300万元作为项目前期费。

【德援项目】 中德财政合作——云南省贫困农村可持续发展迪庆香格里拉县人畜饮水项目自2004年6月至今，历时5年。209年完成了香格里拉县建塘镇、小中甸镇、虎跳峡镇、格咱乡、尼西乡、洛吉乡、东旺乡等7个乡镇的人畜饮水的勘测、设计及预算等工作，完成了第一批工程建塘镇及虎跳峡镇项目点的实施方案的编制，以及德援项目的所有前期工作。

【以电代燃料项目工程】 以电代燃料项目安排在县境三坝乡，属国家、省确定的退耕还林区、水土流失重点治理区和自然保护区，退耕还林区相对集中，项目区内农民用燃料主要为木柴，符合国家实施小水电代燃料试点项目要求；工程建设目标：解决项目2010户，9750人的生产生活用电，保护项目区退耕还林面积7945.4亩、天然林24120亩；安南电站（装机容量：2×1400KW），作为代燃料生态电站，代燃料装机为2000KW；项目区电网改造35kv线路18km，新增10kv配电台变20台，新建和改造10kv线路30km，0.4/0.22kv低压线路22km。项目工程总投资概算1431.24万元，其中代燃料装机856.54万元（占电站总投资1236.71的69%；项目区电网投资544.7万元，其他投资30万元。该项目已完成农网改造任务，实现了一户一表制。安南电站改造工作于2009年12月11日有了实质性进展。

同时完成了农网建设改造情况核查工作，完成了“十一五”社会农村电气化建设管理工作，完成了“十一五”小水电代燃料项目建设管理工作。

【骨干水利工程建设】 通过多方争取资金，完成了金江大沟防渗加固工程3.5千米渠道的勘测、设计、预算等工作，完成投资160万元；完成了三坝江边大沟防渗加固工程渠道的勘测、设计、预算等工作，完成投资100万元；完成了金江镇吾竹楚援大沟工程的勘测、设计工作；完成了洛吉乡丁章沟防渗出加固工程的勘测、设计、预算等工作；完成了上江乡福库抽水站的勘测、设计、预算等工作。

【农业综合开发】 作为农业综合开发项目的成员单位之一，依托专业优势，争取项目资金用于农田水利工程建设，完成了以下农业综合开发项目：完成了2008年农业开发项目《建塘镇红坡村优质青稞种植基地排涝工程》、《三坝乡白地村中低产田改造项目田间渠系工程》及《尼西乡汤满村蔬菜基地项目工程中低产田改造项目田间渠系工程》的竣工资料的整编工作；完成了2009年农业综合开发项目《金江镇吾竹村优质油菜种植基地项目》、《小中甸镇和平村优质青稞种植基地项目》、《虎跳峡镇桥头村、永胜村中低产田改造项目田间渠系工程项目》、《尼西乡汤满村中低产田改造项目田间渠系工程项目》的勘测、设计报告及技施设计图，计划修复、加固、改建、新建田间渠系共计9.23km，修建机耕路10841米，田间桥涵32座，放水闸22道。总投资590.87万元。同时派出3名技术员作为设代，现场指导监督施工。

【防汛抗旱】 认真贯彻执行国家的地方政府的有关防汛抗旱工作方针、政策、法律、法规、决定及执行上级防汛抗旱指挥部的调度命令；制定和组织实施所辖范围防御洪水、抵御干旱预案；掌握汛情、旱情，必要时发布洪水预报、预警和干旱预警公报；掌握主要水利工程的运行状况，编制完成了《2010年至2020年抗旱应争水源工程规划》、《香格里拉县抗旱规划》、《金江镇流程段（重灾区）防洪治理工程项目规划报告》、《2009年香格里拉县抗旱应急预案》；完成了香格里拉县中小学校舍安全工程排查鉴定。完成了《纳赤河建塘镇段河道治理工程初步设计报告》。在每年5月1日～10月31日防汛期间，防汛办工作人员实行24小时轮流值班制，做好值班记录，灾情统计、上报，现场灾情查看，组织群众自产自救。

根据省防办要求，防汛办督促各乡（镇）、各电站及厂矿企业成立防汛机构，确保汛期值班人员和值班领导。督促各电站及厂矿企业编制并上报今年的《防汛抢险应急预案》。编制完成了2009年《香格里拉县防汛应急预案》并上报县人民政府批复。积极筹备防汛物资，与供应商签订水泥、编织袋等防汛物资供货合同，确保在灾情发生时抢险物资能及时到位，保障抗洪抢险的物资供应。

在汛期到来之前，由县水电局分管的副局长带队，县发改委、防汛办公室、水政、水保、水电开发办五个部门，组成汛前安全检查工作组，一同到各乡镇、厂矿、电站等进行汛前安全大检查，并签订了安全度汛及水利水电安全生产目标责任书，发现有隐患的地方，及时要求在主汛期到来之前完成整改、加固措施，排除隐患，确保度汛安全、人民群众生命财产安全。

完成了红坡村下浪排涝工程的勘测设计及施工，排涝工程总长780米；完成了纳赤河治理工程建塘镇解放村康几社段的勘测、设计及施工。工程总投资30.6296万元，并通过验收。

【水政资源管理】 水政监察大队负有执法、征收水资源费、办理取水许可证等工作任务。认真抓好“世界水日”和第二十二届“中国水周”日宣传活动。今年“世界水日”的宣传主题为“跨界水——共享的水、共享的机遇”；“中国水周”宣传活动的主题是“落实科学发展观，节约保护水资源”。围绕宣传活动主题和当前水利中心工作，通过挂横幅、贴标语、分发宣传画、资料等多种工加强宣传教育，并在迪庆电视台播出《人水法》（第二部）电视系列片。使水法宣传深入社会各阶层、各角落，有效扩大了对水资源、水法的认知度。

2009年8月3日，省人民政府颁布了第154号省政府令《云南省取水许可和水资源费征收管理办法》，根据文件精神，县水利部门于10月初做好与地税部门的交接工作，并在人员少，征收工作难度大的情况下，超额完成了2009年水资源费征收任务。至12月10日，全年共征收水资源费221.1986万元。

【水土保持】 2009年，根据云水保〔2008〕263号文《云南省水利厅关于下达2007年度长江上中游水土保持重点防治工程治理任务计划的通知》和云发改投资〔2008〕2199号文《云南省发展和改革委员会、省水利厅关于下达江河治理项目2008年新增中央预算内投资计划的通知》文件精神，完成2007年度治理面积11.73km^2，其中：坡改梯1194.6亩，经果林1163.85亩，种草597.45亩，封禁治理14647.65亩，植物护埂60km，完成小型水利水保工程蓄水池13口，谷坊3座，灌排沟渠3.81km，溪沟整治1.96km，管道23.46km，作业便道路4.3km。完成辅助措施沼气池82口。完成投资239万元，其中中央投资226万元，省级13万元；完成扩大内需2008年度治理面积4.02km^2，其中：坡改梯600.07亩，水保林206.7亩，经果林300亩，种草99.8亩，封禁治理4832.6亩，植物护埂13km，作业便道3km，节柴灶60口中。小型水利水保工程：溪沟整治0.5km，沟渠（管道）8km，谷坊3座，蓄水池4口，资金到位93万元，其中：中央预算内专项资金80万元，省级13万元。在项目实施过程中，资金管理实行专人管理，建立水保专户，项目法人审批，做到专款专用，以防乱用、挪用、层层提留。

【桑那水库管理】 作桑那水库承担着州、县政府所在地机关、学校、居民等的用水，水库的安全运行，关系到下游人民群众生命财产安全，关系到全县经济的发展、社会的稳定。根据水库《运行管理调度要求》，坚持贯彻安全第一，常抓不懈，“预防为主，全力抢险”的方针，圆满地完成了2009年水库的防汛渡汛工作。工作中，进一步落实管理人员职责，加强对水库的安全巡查，及时修订《桑那水库防洪应急预案》和《桑那水库突发性事件应急预案》，做到有备无患；认真制定防汛值班制度，进一步健全各项日常规章制度，认真对各闸门的电机、线路、钢绳等进行检查保养，并将库水位下降至3312.50米，以保证水库有足够的库容度汛；认真做好对大坝、导流输遂洞、大坝左右岸边坡、大坝下游戏三角堰的观测，做好详细记录，并配合完成了对纳赤河的流量观测和纳帕海的水位观测；认真做好雨情进出库流量的观测收集和汇总；认真对南北输水干渠进行检查清理，做好交接班和安全巡查记录，发现问题及时处理，及时报告。

进入主汛期后，由于降雨频繁，有较大的洪水，水库年度最高蓄水位达到3319.85米，成功拦截洪水1400万立方米。特别在9月至10月中旬，境内出现了大范围的强降雨天气过程，对水库南干渠0+200米处的渠道造成损毁，并引起山体滑坡，造成一定的损失，严重影响了水库的安全正常运行。灾情的发生后，并通过积极争取资金，从2009年10月15日开始进行南干渠的修复工作，2009年11月15日全面完成南干渠的修复工作，有效地保护了下游的农田、县城和人民的生命财产安全。认真细致的处理好了安全与蓄水的关系。

（杨志忠）

交　通

【概述】 2009年，交通工作在州委、州人民政府及县委、县政府的正确领导下，在省、州交通部门的大力关心支持下，以党的十七大、十七届三中全会精神和科学发展观为指导，根据省、州、县交通工作会议精神、县十三届人民政府第二次会议和县委十届六、七次全会精神，按照“一干三环六通道”交通蓝图，以实现“大通道”为目标，加快推进全县农村公路建、养、管的力度，以提高路面等级、提升通达能力为发展原则，创新思路、开拓进取、顽强拼搏、扎实工作，使全县的交通工作保持了又好又快的发展。至2009年12月，已完成固定资产投资达20054万元（不含农村公路养护资金111.5371万元和水毁资金2898万元）。

【交通概况】 根据2009年12月的交通统计数据显示，全县上统计里程的公路有2476.366千米。全县公路按行政等级分：国道一条191千米；省道1条77.287千米；县道13条，653.816千米；乡道121条，村道172条，专用公路3条，乡道公路859.041；村道公路672.896千米，人马驿道1171.644千米。按技术等级分，二级公路167.408千米，四级公路1820.047千米；等外公路1679.526千米。按路面类型分，高级路面821.529千米，低级路面2846.252千米。新增油路里程264.977千米，新增村社公路及人马驿道300千米。基本形成以国道为骨架、省道为支撑、县乡公路及村社公路为辅助支线的公路交通网络。全县11个乡镇，64个行政村都已通了公路，已有10个乡镇，27个村委会的路面得到硬化。全县694个村民小组拥有通村民小组公路672.896千米，其中694个自然村中有445个自然村通了公路，通路率达64%。拥有大中小桥梁104座。全县拥有营运车辆6675辆，其中货运车辆5565辆；班线客车27辆、短途客运微型车291辆；旅游车480辆，其中普达措63辆、巴拉格宗11辆；出租车260辆；公共车52辆。全县辖区内共有托运部15户、停车场11户；从事车辆维修的业户有185户，其中二类业户16户；三类业户169户（含洗车场在内）。

【新改建工程】 香乡公路：香乡公路K60+000至K116+000段，根据州人民政府2008年第13期专题会议纪要，2008年实施格咱乡铺上（K57千米）至格咱开思（K113千米段），建设规模56千米，路面宽度为6米，该工程于2008年8月前按程序完成所有开工前准备，10月动工，计划投资4200万，2009年完成投资2320万元，并按期完成改建任务。

洛吉公路：根据迪交路〔2008〕29号和香格里拉县人民政府专题会议纪要第六期，洛吉公路属通乡油路改造工程，建设规模41千米，路基宽度为6米，工程于2008年8月前按程序完成所有开工前准备，10月动工，计划投资2250万元，2009年完成投资1819万元，并按期完成28千米拓宽改建任务。

香木公路：根据州人民政府（2008）第十二期（5月27日）会议纪要精神，新修任务建设规模18.57千米，计划投资6200万元。于2008年11月17日开工，目前香木公路巴叉烈至慈池卡段路基工程已接近尾声，累计完成投资6000万元，2009年已完成投资3500万元。

北环线：根据州人民政府关于香格里拉北环线公路建设〔2009〕第十一期专题会议纪要精神，香格里拉北环线公路，全长为57千米，均按三级标准规划申报工程可行性研究报告初步投资估算：66421万元,工程分为两期实施，先实施东旺胜利桥至得荣劳动桥段31.018千米，按设计图预算投资22157. 7039万元。在迪庆州委、州政府的关心下、在县委、县政府的直接领导下、在沿线广大人民群众的大力支持下，经过各方面的共同努力，香格里拉北环线公路工程于2009年11月24日开工，计划投资约13000万元，2009年完成300万元。

农村公路建设补助资金：全年乡村公路新建257千米总计投资6130万元，改建133千米总计投资5740万元。路、站、运一体化工程项目：格咱、洛吉客运站已完成建设任务交付使用，完成投资100万元；改建五个渡口，完成投资145万元。

2009年新改建工程完成投资累计达20054

万元。

【养护工程】 2009年在上级主管部门的关心、支持下严格按照交通主管部门的统一部署和要求，创新工作思路、狠抓工作落实，在充分吸取2008年度养护试点县工作经验的同时，努力推动全县养护工作顺利进行。并在全州养护工作考核中各项考核指标名列全州第一。养护工程完成投资111.5371万元。

日常养护工作：按照上级主管部门以“科学发展观”重要思想为指导农村养护工作的思想，地方段切实以当地人民群众的切身利益为主，在保证日常养护质量的前提下将大部养护工作下达到当地沿线群众手中，提高当地群众爱路护路的意识、增加当地群众的收入。

2009年地方段向各个乡镇及个人签订日常养护合同共计1802.17千米完成投入日常养护费111.5371万元，其中县道271.045千米，投入37.9463万元；乡道859.041千米，投入60.1329元；村道672.896千米，投入13.4579万元。

已完成的通达工程：完成格咱乡纳格拉12千米乡村公路改建工程，完成投资94.2134万元；通过多方筹集，完成金江镇安乐村公路油路面改造10千米，完成投资1300万元；通过多方筹集完成下格咱6千米的弹石路面硬化工程，完成投资210万元。

【交通灾害】 2009年初的雪灾和8至10月的雨季，造成全县公路水毁受灾严重。经统计，全县公路桥梁、渡口码头水毁损失资金为2898万元。通过各种途径，以及当地群众投工投劳完成水毁投资2818万元，水毁缺口资金80万元。

【海事管理】 至2009年底全县拥有32道渡口、8个码头、46艘民用船只、3艘旅游船只，改建五个渡口，完成投资145万元。主要工作为开展了船员安全培训、船舶“二防”工作（防撞、防漏）、渡口改造、督促四级责任制的签订、发放安全隐患整改通知书、认真做好燃油补贴发放工作、下到各个乡镇渡口、旅游景区开展宣传和安全检查、开展打击安全领域非法、违法行为专项行动、定期开展了“春运”“汛期”“黄金周”“安全月”水上交通安全大检查工作及隐患排查等工作。

【路政管理】 一年来，加大宣传力度，借路巡的机会，宣传《中华人民共和国公路法》《云南省公路路政管理条例》等法法规，增强了公路沿线群众爱路护路的意识，全年共放发传单300多份，写标语20多处，“损坏公产，照章赔偿逐步被广大人民群众所接受，为深入开展路政管理工作打下了良好的基础。有力地维护了路产路权，全年共查处路政案件36起，收回路产：侵占公路共计242平方米，损坏公路路面共计101.5平方米，上边坡采石1起，收到公路损坏赔偿费12700元。严格行政审批程序，对所涉及的路政许可事项进行认真清理，并上报县政府法制办。

【安全生产】 安全生产工作“责任重于泰山”，始终把安全生产工作摆在全局工作的重点来抓，从讲政治、保稳定、促发展的高度，不断提高对安全生产重要性的认识并落到实处。

成立了由局长亲自担任组长的香格里拉县交通局安全生产工作领导小组，定期或不定期地对局属各项工作进行安全隐患检查，发现隐患及时整改。对相关机构及人员进行安全教育，认真贯彻落实安全生产活动月的各项工作；在研究布置交通主体工作时，把安全生产同当年交通主体工作同步研究布置，树立起安全生产同主体工作密不可分，主体工作带动安全生产，安全生产促进主体工作的思路，确保公路建设和养护施工的生产安全；确保交通运输市场包括道路运输和水运的交通安全；确保交通系统内部包括安全驾驶、良好治安、防火防盗等的综合安全。

签订了横向到边，纵向到底的安全生产责任书，从而使安全生产工作逐级落实，人人有责。

制定了安全隐患及时报告制度。各股室、各工程建设指挥部在日常工作中要力求发展安全隐患，并及时上报局安全生产领导小组，以便早发现，早整改。一年来，局属各项工作中未发生重大安全事故。

【自身建设】 党支部以学习党的十七大精神、开展“学习贯彻科学发展观”、贯彻落实“四项制度”、开展“八荣八耻”教育为契机，狠抓党的建设，深入贯彻党的路线、方针、政策，与党中央保持高度一致，与时俱进，开拓创新，为交通各项工作提供了坚强有力的组织保障。

认真开展“八荣八耻”教育和“学习贯彻科学发展观活动”，坚持以邓小平理论和“三个代表”重要思想为指导，高举中国特色社会主义伟大旗帜，紧紧围绕交通建设中心，以学习实践“三个代表”重要思想、以增强党性意识、提高党员素质、服务人民群众、解决突出问题为重点，坚持“关键在领导，基础在支部，落实靠党员”的工作格局，进一步深入推进“党员先锋工程”，构建党员队伍建设长效机制，提高工作水平和执政能力，促进各项工作开展。

局支部广泛开展“争当优秀共产党员”、“共产党员示范岗”等活动，推动交通事业不断发展。培养预备党员2名。

深入开展党风廉政建设工作，及时成立党风廉政建设领导小组，从公路基础设施建设、水运基础设施建设、交通运输市场等各个领域进行重点治理。深入贯彻中共中央《加强和改进党的作风建设决定》，在系统内深入开展党风廉政教育，层层签订党风廉政建设责任书到股室、站所及各工程建设指挥部，严格坚持“收支两条线”，坚持党风廉政建设若干规定。交通建设工程全部实行招投标制，并请纪检、监察部门对工程实施全过程进行监督管理，由公证部门进行公证。择优中标，杜绝了暗箱操作。并与中标单位签订工程施工合同协议的同时签订党风廉政建设责任书，把廉政建设与工程质量、进度、工期摆在同一高度。通过加强党风廉政建设，从机制和措施上预防和治理腐败产生的条件。一年来，局属各股室及各工程建设指挥部未发生一起廉政案件。做到清正廉洁，依法行政。不断规范和完善“政务公开”工作，使政务公开的范围不断扩大，内容和形式进一步规范，法规制度更加健全，行政权力公开透明运行不断推进，监督和保障机制日趋完善。切实保障广大干部职工和群众的知情权，自觉接受干部职工和群众的监督。

根据“阳光政府四项制度”相关要求，完成好交通常见问题发布、重要事项通报、行政审批事项发布等工作；严格按照“四项制度”的要求，继续通过大力推行服务承诺制、首问责任制、限时办结制，进一步加强机关自身建设，优化政务环境，树立服务形象，促进依法行政，推进交通建设又好又快发展。

【大事记】 6月21日至22日，交通部常务副部长翁孟勇、云南省人民政府副省长刘平、交通厅厅长杨光成及铁道部、民航总局、成都军区副司令等相关领导到香格里拉县视察交通运输工作。

（史向英）

城建·环保

城乡建设

【综述】 2009年，城市规划、建设、管理工作，在县委、政府的正确领导下，在人大、政协和上级业务部门的指导帮助下，以党的十七届四中全会精神为指针，以省委八届六次全会、县委十届六次、七次全会精神为指导，全局上下团结协作，开拓创新，全面落实科学发展观；紧紧围绕县委、政府发展目标开展工作，坚定不移实施城镇化战略；贯彻执行城市总体规划，规划在城市建设管理工作中的先导性、法规性进一步确立；城市建设已进入了一个新的发展时期，加快城市基础设施建设步伐，城市功能日趋完善；强化城市管理，实施综合执法，城市环境质量明显提高；经营城市取得新突破；全县上下关心、支持城市建设，快速推进城镇化进程的氛围逐渐形成。

县城建成区面积11.3平方千米，城市规划区面积23.6平方千米，县域总人口15万人，城区人口5万人，城镇化水平达36%；建成区绿化覆盖率1.1%；完成固定资产投资5.96亿元；城市年供水总量351万吨，年产值549万元，征收污水处理费78万元，征收垃圾清运费110万元；有城市路灯2631盏，灯亮率达95%以上。

2009年，根据香格里拉县城的城市定位、发展指向、发展规模，以《香格里拉县城市总体规划》施行为导向，组织迪庆日报社藏东藏文编印出版中心、州藏医院迁建、昆明海关驻香格里拉办事处综合业务楼等15项建设工程项目报建审核；以“一书两证”审批管理为核心，规范规划行政许可审批工作，共审发《建设用地选址意见书》165份、《建设用地规划许可证》546份、《建设工程规划许可证》626份、《临时规划许可证》9份、《临时选址意见书》3份；认真贯彻落实建设部及省、迪庆州相关文件精神，加强城乡规划效能监察，规范规划编制、行政许可审批、政务公开行为；规划管理监察专业队伍，查处不批就建、私扩乱占、搭棚伸檐行为，受理举报建筑违法案件3起、解决建筑纠纷问题8起、督办规划报建手续5起、下令立即停工2起、责令整改32起、发放整改通知36起、责令拆除临时建筑4起、联合执法3起；规范行政执法行为，完成建设项目规划报建1020户。

【城市重点建设项目】 以投资开发公司为融资载体，多渠道筹措资金，加大城市基础设施建设力度，构建城市路网骨架，拓展城市规模，完善功能配套。2009年，各项重点工程建设管理、筹建准备取得新突破，城市基础设施建设稳步推进。经统计，年度完成固定资产投资59601.3万元，具体为：香巴拉旅游观光小镇项目总投资5600万元，年度完成投资7800万元；小龟山片区开发项目计划总投资2亿元，年度完成投资5500万元；正泰龙苑小区开发项目计划总投资3950万元，年度完成投资500万元；城市垃圾处理厂改扩建项目计划总投资3945.72万元，年度完成投资1400万元；康珠大道延长线项目计划总投资1500万元，年度完成投资500万元；集中供热项目计划设置20个供暖站，发电热锅炉为采暖热源，总投资92800万元，年度完成投资5500万元；廉租房建设项目计划完成208套10400平方米，总投资1400万元，年度完成投资1100万元；香格里拉县城供排水管网改扩建项目计划完成24千米排污管总投资4647万元，年度完成投资563万元；迪庆正丰大商汇开发建设项目，占地面积18334.8平方米，计划总投资9816万元，年度完成投资7800万元；香格里拉县城市环境综合治理项目年度完成投资500万元；香格里拉县华骏广场建设项目，总占地38亩，建筑面积10.1万平方米，计划总投资24153万元，年度完成投资500万元；坛城旺角房地产开发项目总投资3900万元，年度完成投资3290万元；希尔顿生态旅游城项目年度完成投资13000万元；香格里拉县城市立面包装项目年度完成投资1500万元，包装面积约为14500平方米；香格里拉县建筑垃圾处理建设项目年度完成投资34.3万元；农村民居地震安全工程项目为加固700户、拆除重建300户，总投资440万元，年度完成投资440万元；农村危房工程项目加固100户、拆除重建420户，总投资440万元，年度完成投资174万元。超与政府签订的责任目标37001.3万元。

【建设管理】 采取切实有效的措施规范行业管理行为，高度重视安全生产工作，促进了建筑业、房地产业和供水工作健康有序开展。进一步强化了建筑业管理，加强了建设工程的报建及《建筑工程施工许可证》核发工作，并在县城建设工程项目中强制执行建筑施工人员人身意外伤害保险业务，确保建筑施工从业人员在建筑施工现场人身受到意外伤害时的理赔有所保障。完成建筑设计1.28万平方米，中小学校舍鉴定960项13万平方米，完成新农村建设项目的初设等相关工作。

【工程招投标管理】 2009年实施建设工程项目招投标完成交易项目21项，市场总价约4160万元；建立有效的权力制约运行机制，努力建设开放、立体、竞争、规范、公正、统一的建筑市场格局。

【标准定额管理】 严格执行《云南省建设工程造价管理条例》，依法加强对建设工程的造价管理，实现了用经济手段对建筑市场的宏观管理职能，有效维护了全县建筑市场正常的竞争秩序。香格里拉农桑工程造价咨询有限责任公司，因技术实力薄弱，省建设厅定额处为公司办理了延期暂定乙级一年的资质。工作中力求准确无误，以诚信服务于民，合理控制工程造价，严格按时按质按量编制了县生活垃圾处理场工程、县教育局各乡镇学校学生宿舍楼工程、县卫生局各乡镇卫生院业务用房工程、县民贸大楼物流中心工程的工程量清单及拦标价和预结算编制工作，完成建设工程造价4000多万元。

【工程质量管理】 加大对县域建筑施工现场的检查抽查力度，督促施工企业整改排除存在的工程质量、安全隐患问题。进一步提升了建设工程质量和安全文明施工水平，杜绝了年度建筑施工质量和安全生产较大事故发生。加强对质检员、施工员、安全员资格的控制；开展建筑施工安全检查，发出行政处罚通知书2份；完成60项17.22万平方米的工程质量监督。

【房屋产权管理】 房地产管理规范有序。办理房屋产权证1254本，发放证件2659本，其中核发房屋所有权证1269本，共有权证172本，他项权证1218本，完成房产交易146户；配合县财政局完成香巴拉小镇298户购房补助房屋面积核实工作，兑现175户629万元的住房补贴；配合县教育局完成全县中小学校舍房屋质量安全鉴定排查工作，对1205户住户的房产档案查阅工作。

不断发挥完善评估中介服务功能，以公平、公正、公开的原则，配合县政府拆迁房屋面积4000平方米，完成国道214线德盐公路30户房屋拆迁工作。

加强同各商业银行间的合作，代理银行开办房地产抵押贷款业务。2009年，评估房屋数量达450户，评估金额为9585万元，为城市房屋拆迁管理工作提供科学可靠的依据，为广大客户提供更为合理、科学、准确的评估数据。

【市政监察管理】 “三分建、七分管”，为切实加强市容环境卫生管理工作，提高城市管理水平，县委政府主要领导及分管联系领导多次召开专题会议，帮助研究城市管理工作，理顺工作关系，明晰部门职责；城建监察大队依法行政、强化管理，乱丢、乱停、乱摆、乱堆、乱建现象得以有力整治，城市环境质量明显改善。

执法队运行机制进一步理顺。充分发挥城南、城北中队的职能作用，明确道路卫生在市容环境卫生管理工作中的主体地位。

在迎接“省甲卫生城市检查组”及州县党委、政府、人大、政协等相关部门组织的市容环境卫生综合考察期间，实行了统一领导、指挥、协调、督促市容环境卫生整治工作，建设局、交警及物业公司按“属地管理、条块结合；依法行政、分块执法；市民参与、综合整治”的原则，团结协作，齐抓共管，采取各种形式对市容环境卫生管理政策法规进行宣传，为整治工作营造了良好执法氛围；加强在建工程施工场地管理，规范施工行为；取缔县城内主要街道跨街横幅、彩虹门，规范户外广告管理；清理整治占道经营、流动摊点，组织人员全面清洗沿街游医广告；依法查处机动车辆乱停乱放、随意调头行为；依法加强拉运建筑石材和建筑垃圾车辆入城管理；依法规范市场秩序，取缔沿街乱摆摊设点的局面。全年共清理整治占道经营、店外经营800余处，清理店外摆摊设点1000多个，重点查处违章施工占道30多处，流动商贩90余人次，针对沿街商铺一店多牌、匾牌破旧、规格不一的现象，发放限期整改通知书600多份，查处施工污染环境26件，清洗游医广告等23000多张，清洗喷涂违法广告3000多条，查处沿街遗洒22起。

由创卫办组织落实“门前三包”责任制，城区机关单位、市民有效支持参与城市管理的氛围日渐形成；坚持日常管理与重点突击整治相结合，把城区沿街面、城郊结合部、道路平交口、市场周边等一些违章违规行为易发地段作为重点监管对象，招聘当地5名临时工对乱倒建筑垃圾的情况进行24小时监察，在监管时间上保持连贯性，有力改变城郊结合部环境卫生脏乱差状况；与创卫办一起联合下文，要求以社区为单位，广泛宣传动员社区居民增强公共卫生意识，改变不良卫生习惯，清理乱涂写乱刻画乱张贴非法小广告；不断加大环卫保洁力度，增大保洁密度，增加清运班次，提升保洁效果。结合“安全月”活动，进行安全宣传1次；协同安监局等部门查处存在安全隐患的建设项目。以申报省“甲级卫生县城”为目标，进一步加大城市综合管理和环境整治力度，投资60多万元完成县城街道坑塘的修补、两座大桥扶手的更换；投资9.5万元建成道路临时停车位395个，投入36万元对一直没有修复的昌都路、云丹路灯进行维修；加固维修了大小路牌226个，共计20万元左右。全年共办理门头广告设置许可证400余份、开挖许可手续30多家、施工临时占道50多件、经营占道120件。

【城市环境卫生管理服务】 2009年清运生活垃圾4.38万吨，清扫面积32120万平方米，清运废土500吨，完成有偿服务收入110万元；对城区60余处垃圾死角清理清运建筑、生活垃圾800多吨。积极搞好灭鼠工作，投放毒液、毒饵，荣获“灭鼠先进县”称号。继续深化内部改革，拓展卫生服务面，完善城市环境卫生保洁服务体系，保持香格里拉整洁优美舒适的城市环境。以大建设推动大发展，着力改善城市人居环境，提升城市品位。

【城市供排水服务】 2009年供水量351万吨，年初下达的供水生产经营总产值任务指标为536万元，实际完成545万元，比去年度增收了66万元，其中自来水费收入497万，安装维修收入19.5万元，材料销售收入28.5万元，受理用户维修610次，完成安装自来水主干管4200米，安装到户管105户，完成一户一表改造80户,并进一步加强了陈旧管道的检漏工作，在上年基础上修补查出暗漏的供水管25处，至本年度为止，全城用水户有8638户。全年清掏污水井1589个，雨水井1564个，疏通DN250污水主管95千米.

供水建设方面完成了香巴拉小镇二期的供水工程,配合州国投公司完成三号路延长线供水管建设,以及城区部分小区的管道安装工程。

2009年年底按照省建设厅文件精神，结合实际，上报了排污收费价格的请示，召开排污价格调整听证会，水价改革工作顺利推进；全年县城区生产生活用水安全正常供水，未发生任何不安全责任事故。

【党建与党风廉政建设】 2009年，以“三个代表”重要思想为指针，以中央十七届四中全会、省八次党代会精神为指导，以加强队伍党性锻炼、提高队伍政治素质为基础，在县委的领导下，全面推进党的建设。

修订完善了党建工作制度，通过党员个人自学、领导上党课、撰写心得体会、讨论交流、理论测试等形式，进一步增强了学习效果，提高队伍政治素质；组织广大党员学习党的十七届四中全会精神，以科学发展观和构建社会主义和谐社会理论统领城建事业的发展。

局党委组织制定了《建设局党委工作意

见》，对党的思想建设、组织建设、作风建设、加强领导等方面进行全面部署；进一步深化“五好党支部”和“无违纪党支部”创建活动，促进基层党支部和党员“两个作用”有效发挥；建立和完善党员访谈制度，开展党委班子成员之间及党委班子成员与支部成员、支部成员和党员、党员和党员之间的谈心活动，结成对子，搞好帮扶，沟通思想，加深感情，增强党组织的向心力、凝聚力。认真办理州县人大代表、政协委员提案议案8件，为扶贫点解决资金3800元；在“七・一”建党之际，组织新党员进行入党宣誓；做好党员的发展和教育工作，严把发展党员“入口关”，2009年发展积极分子9名。

局党委高度重视，召开专题会议，研究党建工作，明确党建工作的目标和任务，制定目标责任书，科学设定目标体系，层层分解，层层签订，严格考核，把党建成工作纳入重要议事日程，构建起上下齐心共抓党建工作的良好运行机制。

坚持开展“争先创优”、民主评议党员、民主测评党员干部、社会评议机关作风等活动，倡导广大党员干部开拓创新、勤奋工作、乐于奉献。形成了全系统“一个支部一面旗，一名党员一盏灯”的良好局面；举办丰富多彩的主题实践活动。在“七・一”、“十・一”来临之际，全系统分别组织了丰富多彩的活动，同时工会、妇女组织建设得到加强；并按时足量完成了党费的收缴工作，全年共收取党费7649.80元。

坚决反对和防止腐败，是党建工作的一项重大政治任务。建设局党委高度重视，班子成员统一认识，分工明确，齐抓共管，一把手负总责，分管领导具体抓，认真落实党风廉政建设责任制，形成了防止和惩治腐败的合力；强化监督，同步预防，从源头上预防和惩治腐败行为；加强教育，时时要求党员干部自律、自警，学习和传阅有关反腐败文章，观看警示教育片，引以为鉴，引以为戒，警钟长鸣；扎实深入开展了商业贿赂专项治理工作，认真进行了自查自纠，有效地防范了建设领域存在的各种腐败行为，保持了建设队伍的纯洁性；认真贯彻落实党中央、国务院和州县党委、政府关于政务公开工作的一系列决策和部署，按照“分类指导、分步实施、重点突破、注重实效”的总体思路，深化政务公开工作，面向社会公开行政审批、审核、备案及执法事项，有力地促进了建设系统各项工作的全面发展。

（李秋云）

城市规划

【综述】 2009年在县委、政府的正确领导下，在州、县建设局的大力关心支持下，坚持以邓小平理论和“三个代表”重要思想为指导，深入贯彻落实党的十七大、十七届三中、四中全会、省委八届六次全会、县委十届六次、七次全委会精神，忠实践行科学发展观，牢牢把握国家扩大内需促进经济增长所带来的机遇，围绕保增长、保民生、保稳定这一主题，积极主动应对发展中出现的新情况、新问题，群策群力、攻坚克难，认真完成好年内的各项工作任务，为城乡规划做了大量工作。

【重点项目建设情况】 城市环境综合治理项目：保护奶子河、整治改造纳赤河、整治改造龙潭河中下段是香格里拉县城市环境综合治理项目的重点工程之一。通过三条河的治理，纳赤河在优先满足城市防洪功能的基础上，将集中展示香格里拉县城市现代魅力的滨水空间；龙潭河将形成城市滨水生态公园；奶子河将在原有的基础上，通过保护、维护和修复藏族生态景观，打造一条香格里拉藏文化的田园风情展示带。与此同时，香格里拉县城综合治理项目还包括城市内水系景观及道路、排水等市政基础设施建设内容。年内已完成香巴拉大道沿长线（县城南边）、警民路沿长线及河滨路（香巴拉大道—康珠大道段）共计4.9千米的征地拆迁协调工作，共涉及100户拆迁户，补偿金额达1000多万元。

城市供暖建设项目：年内，香格里拉城市集中供热项目一期5个片区（5个片区分别为实验片区（建行小区、逸夫小学、消防支队）、坛城片区、教育片区（民中、民专、党校）、党委片区（五凤山）和建塘路片区）的锅炉站已开工建设，部分片区供热管网基础已开挖，坛城片区的锅炉站正在安装。其中，实验片区和坛城片区的供热工程已于年底前建设完成，这两个片区的居民及单位已率先用上暖气。

小龟山公园拆迁协调指挥部：年内基本完成拆迁户的协调工作。但因拆迁资金无着落，年内未能与拆迁户签订拆迁协议。

临街立面包装工作：对新建的立面包装效果进行严格审核，年内完成临街新建建筑立面包装面积约14500m²，总计投资435万元。

【总规修改】 香格里拉县城市总体规划修改工作已完成了总规修改的初步方案，总规修改和详规编制已取得了一定的成绩，但是由于当时丽香铁路站场与线路位置未定，致使规划项目在进行一定阶段后，暂行搁置了近2年。现在丽香铁路站场和线路已定，但随着经济社会的发展，2005年底调查的资料已过时，为此及时抽调工作人员与上海同济城市规划设计研究院衔接、协调，配合设计方完成现状基础资料的调查。年内修改的评估报告已完成，报县人民政府后逐级上报到省人民政府，待省人民政府批准修改后就可以全面启动修改程序。

【规划管理】 年内完成香格里拉民族商贸物流中心及香格里拉县民贸酒店改造工程，香格里拉茂源酒店，迪庆日报社藏东藏文编印出版中心，香格里拉县农村信用合作联社综合办公楼，海关驻香格里拉办事处综合业务楼、职工周转房，云南出入境检验检疫局香格里拉办事处综合业务楼、实验业务楼，迪庆州敬老公寓及儿童福利院，迪庆州藏医院迁建项目，迪庆州公安局防暴中队业务用房等建设工程项目报建审核共15项。积极抓好规划审批后修改、完善工作，确保建设项目严格按照审批方案和施工图实施，确保项目建成后形成新的城市景观。

年内共审批办理《建设用地选址意见书》165份、《建设用地规划许可证》546份、《建设工程规划许可证》626份、《临时规划许可证》9份、《临时选址意见书》3份、变更及补办规划“两证”（建设用地规划许可证、建设工程规划许可证）40件；代收人防费773308.00元；受理规划业务咨询200多起；草拟规划管理业务往来信函40件；配合执法队规划放线30件，实地勘察200件。

【执法监察】 加大执法监察力度，维护城市规划管理秩序。为规范城市建设行为，确保城市总体规划的顺利实施，执法大队加大巡查力度，对在建工程进行监督检查，积极受理建设纠纷案件。年内巡察次数达270余次，受理举报建筑违法案件3起，受理协调解决建筑纠纷问题8起，督促办理规划报建手续5起，下令立即停止施工2起，责令改正32起，下发整改通知36起，责令拆除临时建筑4起，联合执法3起。

【三江并流管理】 对三江区域内的业主开发商大力宣传生态文明建设的意义，指导思想和目标任务；对三江区域内的重点企业进行监管；配合省、州主管部门完成红山片区基础资料的收集、调查，为边界细化工作服务；配合省、州主管部门做好IUC组织的接待工作，当年接待IUC组织二次。

年内向州三江办转报了月亮坪水电站、木高水电站等5家水电投资企业的地理位置查询工作；转报了池巴龙五村铁矿、加大矿业等6家矿产投资企业的地理位置查询工作。组织东旺河流域水电开发初审，组织小中甸水利枢纽工程初审。

【新农村指导员】 根据州、县新农村建设领导小组的相关文件精神，派出1名共产党员驻格咱乡格咱村作为新农村建设指导员。指导员按照新农办的要求完成各项工作任务：一是深入调研，了解村情民意，提出工作目标。驻村后深入村组、深入群众，了解群众急需解决的困难和问题，为完成“六个一”工作目标奠定基础。二是摆正位置，扮好“六大员”角色。摆正位置，协调处理好与村“两委”的关系，积极指导、协助村“两委”完成各项工作任务，当好政策法规的宣传员、村情民意的调查员、富民强村的服务员、矛盾纠纷的调解员、制度建设的督导员、基层组织建设的指导员。三是协助完成重点工作。结合当前的生产生活，配合村“两委”全力以赴抓好大春生产、经济林果种植、药材种植、家畜养殖等工作。四是重视对外联系、沟通。为格咱村经济发展或基础设施建设争取资金、技术、物资等。

根据《中共香格里拉县委办公室关于进一步加强新农村建设指导员管理工作的通知》精神，为了进一步关心和了解指导员的思想、工作和生活状况，及时组成工作组到新农村指导员派驻村——格咱乡格咱村指导工作。了解了格咱村的村情后，规划局在办公经费十分紧张的情况下，为格咱村民委员会解决了一些办公经费，同时看望慰问了两户特困户，并发放了慰问金。

【扶贫挂钩】 为进一步了解和关心扶贫挂钩点——三坝乡江边村永壳社村民生产生活状况，及时组织人员到扶贫点进行调研。通过决定于2010年对江边村永壳坝以村容整治为基础、以旅游服务为重点地进行整体规划，所需技术、资金由规划局负责协调解决。同时为永壳社群众送去5吨大米，并看望慰问了三户特困户，发放了慰问金。同时，为解决部分群众的生产生活困难，规划局党支部、干部职工开展了捐款献爱心活动，共捐款1500元，为他们解了燃眉之急，用实际行动体现了党的先进性。

【党建工作】 规划局党支部积极组织干部职工学习十七大、十七届三中、四中全会、省委八届六次全会、县委十届六次、七次全委会精神，学习《党章》，并按县委深入学习实践科学发展观活动领导小组办公室的要求，认真组织学习科学发展观，并按要求完成领导小组规定的各项动作。

党风廉政建设是维护政治稳定、确保政令畅通、保护经济社会持续健康发展的有力保障，2009年结合城市规划工作的实际，制订贯彻廉政建设的具体办法，成立领导小组，制订了实施方案、廉政制度。局领导班子与各股室层层签订党风廉政建设责任书，实行责任追究，为政风行风建设提供了纪律保证。严格按照县委要求征订《支部生活》、《纪检监察报》等报纸杂志，严格按照《香格里拉县党风廉政建设责任书》的条款敦促干部职工，自觉接受第六纪工委的监督检查，并按月上报党风廉政建设简报12期，按要求开展宣传教育月活动，年底顺利完成纪工委的检查验收工作。2009年被评为香格里拉县党风廉政建设先进集体。

【信息公开】 2009年是实施阳光政府四项制度的开局之年，为把四项制度落到实处，及时成立领导小组，安排专人负责此项工作。认真对照阳光政府四项制度相关要求，对本部门应向社会公众进行听证、公示、通报和公开的重大决策、重要事项、重点工作、政务信息内容、程序、时限、方式等进行认真梳理，列出清单，分级分项报上级实施办公室审核、备案后，以文字形式在县人民政府网站和新闻媒体上进行公告，接受群众监督。年内公开信息36条，其中香格里拉县政府信息公开门户网站上公布28条，香格里拉县阳光政府网上公布8条。

【自身建设】 进一步加强规划人才队伍建设，把提高规划人员的技术水平和综合素质当做重要的基础性工作来抓。加强对全局职工的教育培训，参加州建设局组织的“昆迪合作帮扶城市规划、园林、城管、建设管理培训会议”、参加省建设厅组织的行政执法培训，不断学习、不断提高，实施人才兴局战略。加强职业道德教育，提高规划从业人员的综合素质，努力建设一支具有高尚的思想品质、开放的国际眼光、高超的业务水平的高素质规划干部队伍。

【大事记】 5月14日，昆迪合作帮扶城市规划、园林、城管、建设管理培训会议在迪庆州建设局召开。

11月10日，云南省建设系统行政执法换证培训会议在香格里拉县城龙凤祥酒店召开。

（张正翎）

环境保护

【概述】 2009年，环保系统共有工作人员20名，其中行政管理人员8名，事业人员5名，工勤人员1名；本科学历4人，专科学历4人，中专学历4人，高中以下学历2人；另聘请“禁白”工作人员6名。全局共有7名共产党员；下设办公室、政策法规、污染控制、监督管理、自然生态保护、环境监察、“禁白”办7个机构。

【环境质量现状】 2009年，香格里拉县城区环境空气质量一级，空气质量状况优，其中大气可吸颗粒污染物日均值为0.037mg/m³；二氧化碳平均值为0.04mg/m³,地表水环境质量保持稳定，全县90%

以上的河流达到国家1～2类水质标准，城区3条河流均受到不同程度的污染，水质处于3～5类水质之间，主要污染为城市生活废水和部分城市生活垃圾，饮用水源保护措施到位，饮用水水质均达到国家卫生标准，全县范围内环境噪声平均等效声级达到国家I类标准，部分城市主干道、交通沿级、工矿企业厂界环境噪声达到I－Ⅲ类标准，全县厂矿企业废水生产量 为128.4万吨，固体废弃物产生量为340万吨；城市生活污水产生量为273.8万吨，城市生污垃圾产生量为2.87万吨。2009年全县环境状况趋于稳定，部分区域环境质量有所改善。

【水环境管理】 针对近年来水环境污染日益加剧的形势，为贯彻落实胡锦涛总书记提出的“让人民群众喝上干净的水，呼吸到新鲜的空气”的要求，2009年继续加强对水环境的管理工作，严格贯彻执行《中华人民共和国水污染防治法》，切实开展2009年环保专项行动。

根据县情实际及上级部门安排，2009年共组织专项执法检查三次， 2009年7月组织专项执法队在全县范围内认真组织开展环境安全隐患排查、督查工作。重点对集中饮用水源地、重点河流、矿山、水电企业建设单位环境污染、生态破坏情况、城区三河污染情况进行专项检查； 2009年10月，在州、县政府的领导下，根据州环保局《关于转发云南省环保厅关于印发云南省2009年重点流域环境监察工作方案的通知》（迪环发〔2009〕5号）和国家环保局、发改委、监察部、司法部、工商总局、安全生产监督管理总局联合召开的“全国整治违法排污企业保障群众健康环保专项行动”电视电话会议精神。组织开展环保专项检查行动，按照《香格里拉县整治违法排污企业保障群众健康环保专项行动实施方案》，对违法排污企业进行了专项整治；2009年11月20日，根据云南省环保厅等九部门部署的《关于深入开展重金属污染企业专项检查的通知》（云环发〔2009〕166号）文件要求。对香格里拉县康生资源开发有限公司、麦地河水电开发有限公司、雪鸡坪矿山等十多家涉及重金属污染企业进行专项检查要求它们对各种重金属污染因子数据都进行了严格的监测，切实加强管理，对存在的问题及时整改，以确保环境安全。出动执法人员32人次，检查企业47家，立案2家，结案2件。督办限期治理项目1个，行政处罚2家。

2009年，共组织执法人员150人次，对全县范围内的饮用水源地、矿山、水电企业、宾馆、酒店等排污企业排放污水情况进行了执法检查，对欧能集团在尼汝河流域、滇能集团在岗曲河流域两家公司在水电开发建设过程中存在的破坏生态行为进行了处罚，下达了《环境保护行政处罚决定书》；对上江乡士旺电站破坏生态行为，协同水电、安监部门下达了停业整改通知；对华西公司违法排污行为加收排污费、责令整改的通知；对虎跳峡镇汉白玉石场破坏生态的行为，协同国土等部门，下达了责令停产通知；对群众投诉普朗铜矿影响尼汝河水环境情况进行了调查，并采取了水样，对存在的问题做了整改要求。加强对矿山企业违法排污的查处力度，通过实地勘察，对不符合环保要求的企业责令整改，确保各矿山企业，选矿产生的废水经三级沉淀净化后循环利用或排入尾矿库，做到达标排放，使水电企业在枯水期保留了应有的河流水环境生态流量。通过执法检查，使各宾馆酒店对生活废水进行了严格处理，统一排入城市排污管网，进入城市污水处理厂处理，杜绝了以往随意排放，污染城区三条河流情况。编制《城区三条河流生态治理项目》可研报告，并认真接待了德国专家组，积极向世行争取贷款资金，开展“三河”治理项目前期工作。切实加强居民饮用水安全工作。针对县城应用水源地桑那水库、龙潭水厂水量较小，均受到一定程度污染的情况，一方面切实加强对桑那水库、龙潭水厂的水源地保护工作，对把生活废水排到水库附近草地上的金牦牛特产店、尼玛宗藏家园两家的行为进行了3次环境监察，经实地考察后下达了整改通知书，责令整改，以保证水源周边不受任何污染；并积极配合高山研究所、建塘镇、若西村认真开展桑拿水库水源地保护工作，一方面积极配合水电部门，切实推进金姆芦水库修建工作，力争为香格里拉人民建造一个安全清洁的饮用水源水库。同时今年还将饮用安全工作逐步向各乡镇推进，在金江镇开展了金江镇龙潭水源地规划保护工作。

【大气、固体废弃物、噪声管理】 随着广大群众环保意识的提高，各类投诉事件的增多，加强了对城市各宾馆酒店燃煤炉大气、噪声污染的监管防治力度，特别加强了对城市居民影响较大的环太、实力、龙凤祥等酒店除尘降噪环保设施运行情况及使用清洁能源后的督查监管工作。切实加强了对城市改造和建设过程中产生的施工垃圾和废弃土石方的管理力度，加强了对施工产生的扬尘、噪声、粉尘的管理力度，积极查处随处乱扔乱倒施工垃圾、运输过程中出现泼撒等不良行为，切实加强对公路沿线、城区的环境整治力度。同时协同矿管、安全等部门积极加强了对矿山企业尾矿库环境安全及运行安全的执法检查力度，对矿山企业防汛期间，冰冻期间尾矿库存在的问题及时提出了整改意见，确保尾矿库安全。

【生态环境管理】 2009年，加强了对城市面山、景区、公路沿线、草场、森林等区域挖沙、采石、取土的违法行为治理整顿。生态保护的重点逐步向水电建设、矿山企业采矿、探矿等项目建设方面倾斜，加强对探矿企业的管理工作，加强了对水电、矿山产业生态恢复保护的检查力度，彻底杜绝探矿企业随处乱挖现象。积极加强对城市面山及214沿线生态植被恢复保护工作，上报了《香格里拉县城市环境综合整治相关情况汇报》、《关于对香格里拉县城周边生态环境保护工作开展情况的汇报》，提出了切实加强及推进县城周边生态环境治理工作的措施及建议，以便县委、政府进行决策。

根据县委政府“生态立县”的战略决策，为维护和打造“香格里拉”品牌、为促进可持续发展、为促进环境保护与管理、资源合理利用与保护提供一个科学的、长期的规划依据。积极向上级争取“生态县”示范项目，争取资金20多万元聘请云南省环境科学学会编制《香格里拉县生态环境保护规划》，配合省环境科学学会对县域内的环境状况、敏感目标等基础数据、资料进行了实地勘察、调研、收集，编制完成了《香格里拉县生态环境规划》文本。

【建设项目环境管理】 坚持环境保护与经济建设协调发展，严格执行环境影响评价制度，为杜绝新污染源的产生，严格执行建设项目前置审批制度及环保“三同时”制度，对新建、改扩建项目，认真执行环境影响评价制度及环保“三同时”制度，严格把住项目环保选址关，实行项目环保一票否决制。全年共进行了建设项目备案38起，审批登记表32个，报告表3家，试生产批复5家；参与预审省州项目21家；因选址不当或污染严重否决建设项目9个，有效控制了新污染源的产生，加强对建设项目的环境监管力度，严格执行“三同时”制度，加强建设项目竣工验收督办工作。同时转变思想观念，加强服务意识，加强推进丽香铁路、三河治理项目、香德公路、金姆龙水库等重大项目的建设，认真做好相关环评手续，咨询上报等工作，切实推进重大项目的建设步伐。做到既很好地促进了地方经济的发展，有效地保护了生态环境。

【排污费征收】 认真贯彻落实《排污费征收使用管理条例》，对全县所有排污单位进行了排污费征收工作，全年共征收排污费109万元。

【“禁白”工作】 继续贯彻执行迪庆州人民政府办公室《关于禁止销售、使用塑料袋的通知》（迪政发〔2002〕12号）和《香格里拉县人民政府第08号令》规定，加强“禁白”执法力度，坚持每天上街检查2次，全年共查处“禁白”案件168起，罚款14300元，切实维护了香格里拉甲级卫生旅游城市的面貌。

【来电来访】 2009年，继续严格按省环境监察总队“五个承诺”的要求设置环保热线电话0887-8224160，认真学习《信访条例》，成立了环境监察信访接待办公室，建立健全了办信工作制度，接访工作制度。仔细受理群众来电来信来访，全年共接待群众来电来信来访及电话投诉101次，热情接待、认真处理，确保件件有着落，事事有答复。全年共调处环境污染纠纷80件，其中水污染事件12件，噪声扰民30件，烟尘扰民投诉12件，生态破坏10件，其他投诉16件，办结率为100%。

【辐射污染专项整治】 根据《中华人民共和国放射性污染防治法》《放射性同位素与放射线装置安全和防护条例》的相关规定，《云南省环境保护厅关于国庆节期间切实加强放射源按安全管理工作暨开展放射源安全隐患排查的通知》的要求。2009年切实开展辐射污染专项整治工作，深入全县各个乡镇卫生院、州医院、肝胆医院、飞机场等11个单位，进行了放射源的检查。监督和要求，各单位认真开展辐射污染防治工作，并对应急预案、辐射防护措施落实到位的单位，发放了辐射安全许可证。

【环保宣传】 根据县情实际，结合“七彩云南保护行动”、“香格里拉县2009年整治违法排污企业保障群众健康环保专项行动”宣传主题，改变以往在街头悬挂标语、组织流动车宣传的模式，利用下乡，执法检查的机会，深入各乡镇、各厂矿企业、排污单位。一边检查执法一边大力宣传各项环保法律、法规，并在城区五中、红旗、红卫、迪师附小等中小学校中发放《香格里拉环境保护宣传手册》1168本，切实提高中小学生的环保意识，通过学校学生“小手拉大手”促进全民环保意识。加强“禁白”、“七彩云南保护行动”、“环保专项行动” 宣传工作力度，专门定制了30000份印有环保宣传资料的日历，送到全县各乡镇，户均一份。

【深入学习实践科学发展观活动】 2009年，以十七届四中全会和“三个代表”重要思想为指导，切实开展实践科学发展观大讨论学习活动，“围绕创新观念、创新体制、创新服务、优化服务环境”活动主题，抓紧精神文明与物质文明建设。狠抓党风廉政建设和责任制的落实，加强队伍思想建设和组织建设，努力提高环保队伍的政治素质，业务素质和工作能力。

按照县委、学教办、第二纪工委的安排布置，组织全局干部职工认真开展“深入学习实践科学发展观”学习活动，认真组织全局干部职工学习党的方针政策、十七届四中全会精神，学习马列主义、毛泽东思想、邓小平理论和“三个代表”重要思想，认真学习相关环保法律法规，撰写心得体会，认真查找自身存在的问题，召开各种类型的民主生活会，广泛征求意见。根据存在的问题进行认真整改提高，切实制订了《整改方案》、落实责任，由局班子领导、各股室认真整改落实，并切实加强扶贫点扶贫帮扶工作，为扶贫点解决了5吨扶贫粮，解决了贫困学生就学等困难。全局干部职工通过“深入学习实践科学发展观”讨论活动，查找出了自身存在的问题，使每个职工都树立了正确的世界观和人生观，通过整改提高，切实提高了自身素质及工作能力，切实促进了全县环境保护工作。

结合深入学习实践科学发展观活动，严格目标考核，狠抓制度建设，以制度约束人，使内部管理趋于规范化、科学化，同时加强业务培训，提高服务水平，分期分批组织干部参加环境保护业务培训，大力支持在职工再教育。积极开展好党风廉政综治等各项工作。

（杨卫军）

旅游·文化·卫生

旅 游

【重点景区建设】 结合香格里拉县各景区（点）开发建设实际，认真拟定调研提纲，对全县各景区开展了全面调研，在完善相关督办机制的基础上，继续协助抓好自然保护区管理、生物多样性森林、湿地等重要资源的保护工作，重点督促做好纳帕海重要湿地项目、松赞寺扎仓大殿建设、石卡雪山景区建设、巴拉格宗景区、普达措国家公园、虎跳峡景区建设、亚洲旅游论坛、五星级酒店（香格里拉大酒店、中信酒店）建设项目前期协调工作。坚持项目建设的跟踪服务，加强对县域内项目建设情况进行跟踪调查。2009年，全县旅游项目完成投资41574.7万元。其中：

石卡雪山旅游景区完成投资800万元，主要用于修建千米青稞架大道、修建马鹿养殖园、进行索道养护、完成社区补偿。

高山植物园完成投资608.5万元，主要用于新建400m²苗圃管理房1栋、建设园区大门、围墙、购置办公用车5辆、铺设园区道路和防护栏。

洋塘曲河漂流项目完成投资500万元，主要用于清理漂流河道、配置漂流设备、设置水上转经筒、修建码头、停车场和功能房。

巴拉格宗旅游景区完成投资5630万元，主要用于铺设柏油路面、漂流河延伸段河道清理、新修连接接待中心员和职工宿舍的水泥桥1座。

亚洲旅游论坛（香格里拉日光圣城）项目完成投资5453万元，主要用于新修7幢商品房，建筑面积约为8355m²、修建部分附属设施。

中信酒店投资839.2万元，主要为项目前期经费和部分项目租地租金。普达措国家森林公园完成投资954万元，主要用于修建环保车库、铺设景区供电设施、栈道及设施修复维护。

虎跳峡景区投资8000万元，主要购置办公设备、交通工具和修建防护网。

未列入全县重点建设项目的旅游项目投资情况：零星酒店年内共完成投资15824万元；纳帕海景区投资700万元；共投资70万元旅游应急救援体系、旅游警示牌及网站的建设完成。

通过做好服务工作，各重点景区（点）旅游项目建设进展顺利，进一步完善了旅游景区软硬件设施，提升了全县旅游接待质量，全县旅游景区建设步入了一个新的旅游精品化建设时期，为打造全县乃至全国一流景区打下了坚实基础。

【旅游宣传促销与市场拓展】 香格里拉县旅游始终注重宣传促销，旅游局紧紧抓住国家扩大内需的政策，围绕“一个集散中心，三大国家公园，两个重要景区，一条精品环线”的总体布局，多举措加大宣传促销力度。配合州委、州政府和县委、县政府到内地各大城市进行宣传活动，并取得实效，让香格里拉县旅游及时走出困境；利用“节、庆、会、展、演”的机会，联合主流媒体，多渠道展开宣传。举办 2009年春节“欢乐香巴拉”迎春活动，举行端午赛马节。参加台湾旅游、新闻界联合媒体踩线团考察香格里拉游活动。组织2009年“昆明—楚雄—攀枝花—西昌”旅游推介，完成香格里拉自驾车旅游网建设，利用网络信息服务站发布旅游促销信息。在2008年霞给民族生态旅游村列入省级特色村名单基础上，2009年霞给民族生态旅游村和建塘镇（独克宗古城）被推荐申报全国旅游特色景观旅游示范名镇（村）。2009在世界旅游精英博鳌峰会上香格里拉被评为“国际王牌旅游目的地”，香格里拉大峡谷、巴拉格宗景区被评为“国际王牌旅游景区”；积极参加国内外旅游交易会、推介会，采取多种形式宣传和推介香格里拉，提高香格里拉全国乃至世界的知名度，进一步开拓和稳定客源市场；通过以上成功宣传活动，全年实现接待游客394.59万人次，实现社会经济收入20633.59亿元，并且在诸多不利因素的影响下实现部分外资企业到香格里拉安家落户。

【项目申报】 按照国家旅游局对2009年国债储备项目要求，加大旅游基础设施和公益性设施建设投入，上报旅游休息站项目2个、游客服务中心项目3个、旅游厕所项目7个，共12个项目。并积极向县人民政府、县发改委申请旅游产业规划编制经费，进一步完善全县旅游规划。同时，根据旅游业发展的实际需要，充分调查和征求旅游项目建设单位意见，认真做好2009年项目投资计划，力争旅游项目建设有计划、稳步推进，并及时上报项目进展情况。旅游局还采取多种方式积极吸引县内外具有投资实力的企业和个体以多种形式参与旅游开发建设，将资源禀赋好，开发前景广阔的项目进行招商，重点对香格里拉大峡谷景区项目和香格里拉县民族旅游商品、小中甸天宝雪山旅游项目、金沙江流域生态农业旅游开发项目进行招商。与此同时，旅游局积极加快县域景区4A评申报工作，截至今年年底已挂牌的4A级景区有普达措国家公园、虎跳峡景区，通过国家旅游局终评的4A级景区有松赞林寺景区、蓝月山谷石卡雪山景区及巴拉格宗景区，进一步提升了香格里拉旅游品牌，为打造成“中国一流、世界知名的精品旅游区”奠定了坚实的基础。

【旅游行业管理】 深入开展隐患治理工作，坚持“安全第一、预防为主、综合治理”的方针，按“标本兼治、重在治本”的原则，认真抓好香格里拉县旅游行业安全生产各项工作。与各旅游景区签订《2009年安全生产责任书》，把安全生产工作层层落实，开展好景区安全生产自检查和“安全生产月”活动。创新管理体制，提高旅游管理水平，对旅游从业人员进行规范化、法制化管理，继续采取政府行业管理和协会行业自律“双轮驱动”方式，培育健康、有序的旅游行业体系。

规范旅游市场秩序，服务旅游企业，受理旅游咨询，协调解决各类旅游投诉，维护旅游者及经营者的合法权益着手，旅游综合执法队开展了打击“四黑”（黑导、黑团、黑社、黑车）专项整治工作。全年共接受各类旅游咨询166人次，受理各类旅游纠纷53起，处结率100%,检查规范导游人员150多人次，检查旅游景区景点226人次，购物店199人次，宾馆饭店1348人次，藏民家访200人次，上缴罚没收入44500元，全年未发生一起旅游行政复议事件，维护了良好的旅游市场秩序。

【旅游指标完成情况】 2009年，全县接待游客人数394.59万人次，同比增长20%，其中海外游客49.18万人次。旅游总收入完成40.98亿元，同比增长34%。完成固定资产投资41574.7万元，超额完成与县政府签订的固定资产投资目标任务（目标任务为23900万元）。实现旅游门票总收入20633.59万元。

香格里拉县域内目前经营各类宾馆、饭店有272家，接待床位20062床，旅游车413辆，导游1450名，旅行社23家，藏民家访25家。

【干部队伍建设】 以深入开展“学习实践科学发展观”活动为契机，并结合本局的工作实际和工作特点，紧扣活动主题，把学习实践活动作为首要的政治任务来抓，深入动员，明确责任，健全组织，加强领导。促进全体党员、干部、职工充分认识开展解放思想大讨论活动的重要意义。把“学习下真功，调研出成果，工作见实效”作为学习实践的指南，局机关全体党员干部以高度的政治责任心和严肃认真的态度，讲政治，顾大局，守纪律，切实做到把“推动科学发展，促进旅游业“二次创业””作为活动的载体贯穿始终；把学习贯彻毛泽东、邓小平、江泽民、胡锦涛等中央领导论科学发展观的重要论述以及党的十七大及十七届四中全会精神贯穿始终；把不断提高党员干部的思想认识，进一步调动党员干部的积极性贯穿始终；把突出实践特色，重在创新机制贯穿始终。紧紧围绕“一个目标、一个主题、四个走在前列”总任务，以旅游业发展总体思路及为主线，认真做到“四明确、一承诺”，坚持边学边改、边查边改，集中解决一批突出问题为重点，务求取得实效，通过认真做好政策制度的“废、改、立”工作，着重健全完善规章制度、改进干部作风、推动科学建立和完善体制机制，把“党员干部受教育、科学发展上水平、人民群众得实惠”作为根本出发点落脚点。

认真组织学习领会“六个为什么”，十七届四中全会《中共中央关于加强和改进新形势下党的建设若干重大问题的决定》精神，提高思想政治理论水平。通过不断加强对党的基本路线和基本知识以及法律、法规的学习、提高了全局科学决策的能力，驾驭复杂矛盾、处理突发性事件的能力和综合协调的能力。工作作风、工作效率和服务水平都有了进一步的提高和明显的转变。

【大事记】 1月，参与举办“欢乐香巴拉”迎春民俗文化活动。

3月，参加台湾旅游、新闻界联合媒体踩线团考察香格里拉游活动。

5月，组织2009年“昆明—楚雄—攀枝花—西昌”旅游推介，完成香格里拉自驾车旅游网建设，利用网络信息服务站发布旅游促销信息。

7月，霞给民族生态旅游村和建塘镇（独克宗古城）被推荐申报全国旅游特色景观旅游示范名镇（村）。

8月，旅游西环线金沙江沿线五乡（镇）旅游资源调研。

11月，在世界旅游精英博鳌峰会香格里拉被评为“国际王牌旅游目的地”，香格里拉大峡谷、巴拉格宗景区被评为“国际王牌旅游景区”。

12月，松赞林寺景区、蓝月山谷石卡雪山景区、巴拉格宗景区，通过国家旅游局4A级景区终评。

（杨文瑞）

文　化

文　体

【综述】 2009年，香格里拉县文体局以学习党的十七大、十七届四中全会精神为契机，深入学习实践科学发展观。紧紧围绕县委十届六次全会精神，大力弘扬优秀民族文化，积极推进文化体育事业全面发展，认真抓好社区文化，农村文化建设，全面提高人民群众的思想道德科学文化素质，突出重点，注重特色，保护和开发以藏文化为主的多民族传统文化资源。积极引导和推动文化事业和文化产业的发展，不断满人群众日益增长的精神文化需求，大力发展体育事业，使竞技体育、群众体育、民族体育协调发展。

内设机构没有变动，年末有干部职干25人。其中公务员7人、工勤人员3人、事业人员15人；大专以上学历 17人；党员8人。3月份，在北京2008年第十三届残奥会上获得男子F44级标枪金牌并打破世界纪录的高明杰，分配到少体校工作；4月份陶志宏调迪庆州体育局工作；9月份牛盈春同志从县纪委第三纪工委调到县文体局任副局长。

【文化工作】 2009年，按照县委、政府的重大决策和部署，做好文化宣传，开发利用工作，全方位做好文化唱戏为经济社会进步和旅游产业跨越式发展服务。抓住春节、端午节等有利时机，在香格里拉城区组织开展“欢乐香巴拉”和“香格里拉赛马节”等民俗文化活动，提升香格里拉文化品牌，扩大对外宣传，以文化树形象，以文化促品牌，促进香格里拉旅游支柱产业的建设与发展。

农村文化活动丰富多彩。农村基层文化事业在各乡（镇）领导的重视支持下，利用民族传统节日之际，因地制宜地开展丰富多彩的群众文化活动，“一乡一品”打造活动已初具雏形。春节期间，文化活动此起彼伏，活动涵盖11个乡（镇），60余个自然村，5个居委会。2009年2月和4月协助三坝乡政府、金江镇人民政府成功举办“首届东巴文化节”和“首届金江镇龙潭民族民间文化艺术节”。

城区文化活动蓬勃开展。协助建塘镇开展“欢乐香巴拉”迎春民俗文化活动。为弘扬和传承各民族优秀文化，丰富香格里拉文化内涵，打造和提升香巴拉品牌，向中外游客展示香格里拉独特的民族文化以及人与自然和谐相处的美好景象，同时推动香格里拉冬季旅游和营造新春佳节热烈的节日气氛，2009年“欢乐香巴拉”迎春民俗文化活动在古城日月广场举行。抽调专业人员于1月27日至29日与建塘镇政府一起成功举办了

“2009年欢乐香巴拉”迎春民俗文化活动。

组织香格里拉赛马节活动。5月28日至29日，由文体局承办的2009年香格里拉赛马节在五凤山迪庆香格里拉民族体育中心举行，有3个乡（镇）的马队65骑，射箭队73人，射弩队24人，设9个比赛项目，共录取62个名次，最高奖金8000元。开幕式上还组织了民族健身舞、民族广播操、大型展演的健身气功等12个文艺节目演出，邀请了藏族著名歌手索郎扎西、本地著名歌手鲁茸西洛、香格里拉组合、雪之子组合、天籁之音组合等登台演唱。

顺利完成2009～2010全省文化、科技、卫生“三下乡”集中示范活动启动仪式11月16日在香格里拉县举行的各项工作。

组织乡（镇）文化站评估定级工作。根据《迪庆州文化局关于图书馆乡镇文化站评估定级工作的通知》（迪文发〔2009〕38号）和《迪庆州文化局关于转发云南省乡镇综合文化站管理办法的通知》（迪文发〔2009〕41号），成立乡（镇）文化站评估定级工作领导小组，并抽调4名人员负责乡（镇）文化站评估定级工作。通过学习《文化站评估标准》、《文化站定级必备条件和等级标准》等，深入文化站了解情况，将全县文化站人员情况、藏书量、开展文化活动、农村业余文化演出队、文化信息资源共享情况、文化站设备、固定资产等情况以表格形式上报州文化局，并撰写上报乡（镇）文化站评估总结报告。

香格里拉县《文化志》和《体育志》的编撰工作。《文化志》和《体育志》编修工作从2008年5月份开始由三名同志负责编撰，2009年7月中旬初稿已编撰完成，通过收集、整理资料、修改、校对工作，9月初完成十个章节共28万字的《文化志》和七个章节的《体育志》的撰写工作。

为庆祝中华人民共和国成立60周年，歌颂党的丰功伟绩，弘扬党的光荣传统。根据《香格里拉县委、政府办公室关于举办庆祝建国60周年歌咏比赛的通知》香办发〔2009〕43号文件精神，由文体局负责组织文体、广电和教育组队，参加于9月下旬举办的县直机关庆祝建国60周年歌咏比赛。通过组织、排练，按时、按质、按量完成此次比赛各项工作，并获歌咏比赛一等奖。

非物质文化遗产保护工作。2009年将非物质文化遗产普查的重点放在开展对全县藏族服饰的调查和申报工作，按有关要求，积极对全县范围内的非物质文化遗产进行了调查研究。从去年六月份起，积极对全县范围内藏族服饰进行了调查研究，组织安排11个乡(镇)文化站对所辖范围内的民族服饰开展普查工作，今年5月初在州文化馆的指导下，组织文化馆专业人员深入全县7个藏区乡(镇)进行了详细的考察，搜集整理各类资料，形成调查报告。对传统民族服饰的制作流程、工艺等进行录像、拍照、录音剪辑，形成有助于说明服饰文化色彩的辅助性资料。经县民族民间传统文化保护专家委员会的鉴选、论证、评审、推荐后，将香格里拉藏族服饰、香格里拉纳西纺麻技艺、藏医传承人向·初称江楚和藏族民间工艺“哔垫”传承人张继王四个项目列为第二批县级民族民间传统文化保护项目，积极做好向上申报工作。6月份四个项目列入迪庆州第二批非物质文化遗产名录，8月份香格里拉藏族服饰、香格里拉纳西纺麻技艺二项列入云南省第二批非物质文化遗产保护名录。

文化传承工作。2009年，通过文体局的努力，在三坝乡成立了两个民间艺术团（阿卡巴拉艺术团、汝卡东巴传习馆），在城区成立了白玛艺术团。为民族民间文化展示搭建平台的同时发现了一批民族民间歌舞艺人。

【文物事业】 2009年根据国务院《关于开展第三次全国文物普查工作的通知》精神和省文物普查第二阶段工作会议精神，在州文管所的协助下，有计划、有步骤的开展普查工作。在半年多的时间里普查队员深入开展了野外调查、考古普查工作。州文管所派4名业务骨干与县局4名专业技术人员参加全县第三次全国文物普查工作。县政府把文物普查专项经费列入地方财政预算，下拨文物普查专项经费，省文物局拨出4.3万元文物普查专项经费。局领导给配备了文物普查专车和驾驶员，为顺利开展文物普查提供了保障。普查队员顶烈日，抗高温，翻山越岭，完成了建塘镇、虎跳峡镇、小中甸镇、三坝乡、洛吉乡、五境乡、尼西乡、上江乡、金江镇九个乡镇的普查工作，共调查登记不可移动文物151处，其中新发现102处，复查16处，古建筑21处，纪念建筑6处，岩画22处，古道3处，摩崖石刻22处，石棺墓10处，古遗址18处，乡土建筑11处，近现代建筑及代表性建筑13处，矿冶遗址1处，水利设施1处，其他7处。文管所还积极配合云南省考古研究所专家到虎跳峡镇至县城的丽香铁路铁路沿线、小中甸水库淹没区、虎跳峡镇至三坝江边村公路工程改扩建、214线至尼西上桥头二级公路改造工程沿线进行文物调查。

【电影2131工程】 年初，与州签订“2131”工程责任书，负责保质保量在全县11个乡（镇）完成一村一月一场免费电影放映，接收资助设备及免费经费管理和使用。与此同时，与11个乡（镇）签订了全年度农村电影放映“2131”工程责任书。签订了33个放映点和800个放映场次。

年内，向州文化局提出请示，为五境乡和东旺乡申请到两套放映设备，解决了两个乡（镇）看电影难的实际问题。

积极组织联系各有关部门进行流动放映，为迎接“七一”建党节的到来，《小巷总理》、《村支书郑九万》等一批表现优秀共产党员立党为公、勤政为民崇高精神和感人事迹的影片先后上映。到年底，全县各乡（镇）免费电影放映上报场次共达800场，完成了年初下达的任务。

【文化市场管理】 一年来，全县文化市场管理工作按照《文化市场管理条例》严格依法执政，依法办事，廉洁自律，文明执法，统一思想，提高认识，加强责任意识，完善管理机制，把全县文化市场的繁荣与发展作为工作重点，以进一步创造良好的社会文化环境促进藏区的社会稳定，并进一步全面落实好省、州、县安排部署的“扫黄打非”专项行动和各项文化市场监管工作。

根据省“扫黄打非”办的有关文件精神以及全国“扫黄打非”办最新通知精神和要求，认真执行《第一批低俗音像制品清缴月（217）种》通知和《第二批200多种清缴通知》和《第三批有关加强清理整治音像制品及打击低俗盗版等的通知》精神，加强日常和专项治理文化市场环境，全年累计出动人员809人次，检查音像制品467家次、书报刊亭317家次、歌舞及娱乐场所293家次，收缴非法音像制品2604盘件、非法书报刊39本，责令整改16家。同时，由于9月底以来出现甲型H1N1流感病毒，根据县人民政府的部署要求，制定了防控甲型H1N1流感工作实施方案和成立了防控领导小组，并组织人员对全县歌舞娱乐场所等人员密集场所进行宣传甲感预防措施，发放宣传资料70多份，建立防控联动机制，做到宣传到位，措施预防到位，避免病毒蔓延。

为进一步落实好文化市场绿色行动计划，按照省文化厅有关文件精神，广泛开展净化社会文化环境，整治校园周边环境的活动，联合县公安局、县工商局、县广电局、县教育局及州文化市场科于4月22日开展全国侵权盗版制品及各类非法出版物集中销毁活动，共销毁侵权盗版音像制品及各类非法出版物黄色书刊、淫秽色情光盘等，盗版图书642本，色情书刊74本。自4月份以来加强治理整顿校园周边的图书、音像等文化市场环境，严厉清缴低俗音像制品和低俗书报刊，杜绝了低俗色情等文化垃圾在文化市场上的蔓延和出现。做到发现一件收缴一件，露头就打，通过长期的整治环境工作，使社会文化市场环境和校园周边环境得到净化，文化市场秩序得到良好稳定，为促进两个文明建设提供了保障。

推进和开展绿色网吧（或绿色上网专区）的试点和影相正版化工作。文体局按照谁办证、谁管理、谁负责的原则，积极配合州文化市场科在全县境内的网吧经营户参加迪庆州的网吧协会。音像制品和图书报刊的行业协会按照州文化市场科的要求，推荐了图书和音像各一名经营户，参加省行业协会会员的工作，推进了文化市场的行业自律管理。

【图书管理】 成功举办首届“读书杯”作文竞赛活动。2009年经过历时4个月的筹划组织，积极争取社会力量的支持，成功举办了首届“迪庆州图书馆‘读书杯’中、小学生作文竞赛”活动。参赛范围州、县、乡中小学学生，作品经过学校初选，经专家评审委员会评审，共有96名小作者获奖。5月26日，颁奖典礼在图书馆大楼前隆重举行。

拓展基层服务网络。图书馆积极支持奔子栏镇水边寺建立图书室，对水边寺图书室的组织建设给予业务指导，在图书室初建之时，向其赠送图书360册，建立起迪庆境内宗教界首个专业图书室。同时，在国家古籍保护中心的支持下，选送水边寺僧侣，参加国家古籍保护中心举办的民族古籍研修班学习。

2009年，州内首个农户自办图书室——“和永胜图书室”在金江镇打芝坝村成立。图书馆对“和永胜图书室”进行跟踪服务，并向和永胜赠送适用于农村的图书350册，通过对“和永胜图书室”的调研和跟踪服务。

2009年，图书馆向农村基层图书流动室配送图书4760册，有效地支持了乡（镇）文化站达标定级工作，丰富了农村文化生活的内涵。

采编部工作。2009年，采编部完成6000种图书的分编加工的工作任务，使图书馆有据可查的库藏上架图书进一步放量增大。保证了图书服务活动需要，同时也为读者提供了较为宽松的图书挑选环境。同时采编组的同志积极促进图书馆功能的发挥，与迪庆日报社合作，举办了“小记者”培训班。

外借室工作。全年接待读者521人次，外借图书2226册次。在读者服务方面，注重对“我之书吧”等项目课题的专题服务和跟踪服务，逐步使读者服务方式丰富起来，使常规的读者服务工作在量的基础上有了质的体现。此外，进一步完善书库管理，完成了地方文献库、工具书库的标引标识。

报刊阅览室和少儿阅览室工作。接待读者4199人次，内阅17110册，外借2751册/次。积极开展读者活动，面向中小学学生和学龄前儿童开展有计划的馆内读书活动，先后组织举办8次以班为单位的小读者图书馆活动，为营造长久的社会读书兴趣做了积极有效的工作。

文化信息共享工程和电子阅览室工作。随着文化信息资源共享工程县级支中心的安装调试，图书馆电子阅览室正式对读者开放，接待读者4978人次。工作人员通过学习与实践相结合，不仅保证了电子阅览室的正常运行，而且，在积极举办少儿电子阅览室活动工作中，注重绿色网络的构建，下载多部有益于青少年的电子信息资料，形成专辑，向广大青少年提供健康有益的网络服务。同时，协助文化信息资源共享工程云南省中心，在香格里拉县安装了四个共享工程乡（镇）网点。此外，代表迪庆州参加了全省文化信息资源共享工程知识与技能竞赛”。

积极组织参与全国公共图书馆达标定级工作。7月，组织业务骨干组成评估定级筹备小组，着手进行评估资料的补充、汇总，建立了一整套详尽的评估定级档案。9月初，云南省公共图书馆评估定级领导小组对图书馆进行了考核评估，评估结果已上报文化部审核。

【群众体育和全民健身活动】 2009年元旦节，由香格里拉县城区职工体协组织了一年一度的元旦穿城赛跑活动，有机关干部职工、驻地部队、学生、城区居民、社区农民共18个方块队，近2000人参加了活动。

4月8日至26日，根据云体发〔2009〕17号文件《云南省体育局关于举办云南省四种健身气功交流比赛大会的通知》通知精神，由州体育局牵头，香格里拉县文体局、县委610办共同抽调人员组队集训，参加了在昆明举行的云南省首届四种健身气功交流比赛大会，集体和个人各获得一个体育道德风尚奖，“六字诀”获个人第七名，“八段锦”获个人第八名，选派裁判员获优秀裁判奖。

认真组织开展了第一个全民健身日活动，根据迪体通〔2009〕19号文件的通知精神，结合实际，经州、县总工会、妇联、团委、州体育局、县文体局研究，草拟下发了香文体联字〔2009〕1号文件《关于组织开展“全民健身日”活动的通知》发至全县11个乡（镇）、县级各单位、部门、驻地部队。活动期间，全县共张贴标语和发放宣传材料2000多份，“全民健身日”当天，小中甸镇、上江乡、五境乡、三坝乡、县建设局、县城市规划局、县广播电视局等乡（镇）和单位，组织开展了篮球、拔河、长跑、象棋、弹子棋、扑克、麻将、跳绳、游戏、登山、羽毛球等项目的竞赛活动。在香格里拉县城坛城文化广场，由州体育局、县文体局和迪龙运动俱乐部共同举行了主题为“我运动，我健康，我快乐”的第一个全民健身日活动启动仪式、民族健身舞展演、迎国庆首届香格里拉“国投杯”三人制篮球挑战赛开幕式、街舞表演等活动，近万人参加和观看了活动。三人制篮球挑战赛共有104个队的624人参赛。

8月初，协助组织了作为全民健身日活动内容之一的由华润雪花啤酒（中国）有限公司承办的攀登云南省哈巴雪山活动，有世界著名登山运动员马克，中国登山队队长王勇峰等共150多人参加，并捐赠给哈巴村3000元人民币，120多名运动员于8月8日成功登顶。

【竞技体育】 元月2日至8日，香格里拉县首次成功举办了2009年国际雪联中国巡回赛香格里拉站暨中国毕克香格里拉县滑雪节，共有9个国家61名运动员，19名外国官员，本地工作人员63人，共143人，中国选手瞒单单获女子短距离赛冠军。

8月份，在迪庆报上宣传报道了年轻的击剑运动员达娃拉姆，今年参加了全国少年击剑锦标赛预赛团体获得第七名、个人获得第十名，并入选国家击剑二队集训。

国庆期间，协助德钦县文体局组织德钦县第十九届“太子杯”篮球比赛。

11月初，少体校职工高明杰，代表迪庆州参加了在昆明举行的云南省第九届残运会暨第三届特殊奥林匹克运动会，获得F44级标枪金牌，铅球和铁饼银牌。

【民族体育】 5月28日至29日，由文体局承办的2009年香格里拉赛马节在五凤山迪庆香格里拉民族体育中心举行，有3个乡（镇）的马队65骑，射箭队73人，射弩队24人，设9个比赛项目，共录取62个名次，最高奖金8000元。

9月3日，县裁判组到属都湖牧场组织赛马活动，共有30骑参加了3个项目的比赛，另外还支持建塘镇举行中秋赛马会，共有参赛马匹56骑。

【老年人体育】 少体校承担迪庆州老干活动中心和香格里拉县老干活动中心健身气功站的辅导工作，活动内容有“四个一”健身工程、四种健身气功新功法，端午节期间组队在开幕式上进行健身气功展演，本次健身气功展演同时参加了“科学习练健身气功、共同构建和谐社会——2009年迪庆香格里拉全国百城和千村健身气功交流展示系列活动。支持资金组队参加了在维西县举办的滇西片老年人门球邀请赛，并审批登记注册了门球三级裁判22人，门球教练19人，推荐了2名老年体育工作先进个人。在全民健身日为香格里拉县体育教师和乡（镇）文体干事颁发了国家三级社会体育指导员资格证书，截止2009年，有国家一级社会体育指导员5人、二级10人、三级58人。

【城乡文体事业基础设施建设】 搞好城区文体设施建设。投入资金100多万元完成了香格里拉县体育馆的翻修及内部装修工作。在香格里拉县城区坛城广场和县体育场内各安装了一套全民健身路径。投入2万元，添置办公设备，装修了2间办公室，配置了一台电脑、一台打印机。

农村文体基础设施建设。2009年2月至12月份根据县委十届六次全会经济社会发展的总体要求，积极推进乡村两级文体设施建设，多渠道筹集资金，努力使全县11个乡（镇）都能建成农村基层文化站和农村书屋。投入资金285万元对8个乡（镇）文化站进行建设，年底已建成金江镇、三坝乡、虎跳峡镇、小中甸、格咱乡5个综合文化站，东旺乡、五境乡和上江乡综合文化站正在建设中。投入资金44万元，完成3个村级文化室翻修及设备配套工作，完成三坝乡东坝村、白地村两个文体广场建设。为十一个乡（镇）文化站及村级文化活动中心，共配备音响18套。在州文化局的协助下，共完成19个村的农家书屋建设。

文化信息资源共享工程。为了确保全国文化信息资源共享工程在农村的顺利实施，充分发挥共享工程在文化服务方面的作用，丰富基层群众文化活动，实现优秀文化信息资源在全国范围内共建共享。为金江镇、虎跳峡、小中甸和格咱乡综合文化站分别配备了信息共享工程设备7台。

加强农民体育健身工程的实施。完成了州、县发改委下达的2009年第四批扩大内需农民体育健身工程省级配套资金投资计划，修建了8块篮球场，配备了11副篮球架，州体育局支持篮球架共16副，省文化厅扶贫点三坝乡东坝村修建了1块灯光球场，购买了18副篮球架，10副乒乓球台，用于基层农村的体育设施建设。

【自身建设】 以搞好学习实践科学发展为契机，狠抓全体党员、干部、职工的思想政治教育，通过学习提高干部职工工作自觉性、积极性，充分发挥职工的能动性。坚持每周五组织全局干部职工开展“学习日”活动，同时提倡职工利用业余时间学习业务知识和技能，鼓励职工就读函授等方式提高队伍整体素质，通过学习拓展了工作思路，提高了业务素质，改进文体工作服务能力。进一步加强党风廉政建设、社会治安综合治理、消防安全、党组织建设、档案管理等。

【表彰】 朱荣芳被县档案局评为先进工作者。

（和丽娟）

广播电视

【概述】 2009年，香格里拉县广播电视新闻宣传和事业建设，紧紧围绕县委政府的中心工作，服从和服务于全县的改革发展稳定的大局，发挥舆论引导、提供信息、社会教育、精神文化服务的作用，对内舆论引导，对外注重宣传形象，为全县的经济发展、社会稳定创造了良好的舆论环境，“村村通”广播电视和“西新工程”建设、管理、维护跃上新台阶，提高了全县广播电视综合覆盖率，扎实工作，开拓创新，圆满完成年初既定的工作计划。

【20户以上通电自然村“村村通”广播电视工程建设】 香格里拉县20户以上通电自然村“村村通”广播电视工程建设在省、州统一部署下，经过两个多月的紧张工作，于5月20日按时、按质、按量完成全县768个通电自然村21120户工程建设任务。该项工程的顺利实施，从根本上解决了全县广大农牧民群众看电视、听广播难的问题，使全县的广播电视综合覆盖率提高到93.86%。

【“村村通”及“西新工程”建设】 截至目前，全县共有“西新工程”台站53座，50户以上通电自然村“村村通”广播电视工程台站67座，20户以上通电自然村“村村通”直播卫星单收站21120户分布于11个乡（镇）。工程部技术人员到各个乡（镇）的站点76次，共243人次，对乡（镇）的“村村通”“西新工程”设备进行维护36次，更换高频头2个、接收机4台、扩音机5部，喇叭6个、定时器15个、发射机28台次、更换1瓦发射机7台，维修10瓦发射机2台和50瓦发射机3台次。另外20户以上通电自然村“村村通”直播卫星单收站（21120户）运行至今，维修中心和十个维修点累计维修接收机310台和更换高频头166个。其中接收机更换主板123台，更换电源板155台，机对机升级31台，更换显示板1台。经过香格里拉县广播电视局工程技术人员的精心维护，“西新工程”、“村村通”工程的所有站点均满足“三满”播出要求，党和政府的声音从不间断地传遍香格里拉县的千家万户。

【广播电视进寺庙及宗教活动场所】 根据迪庆州维稳工作会议精神，在县委统战部的协助下，全县各个乡（镇）寺庙及宗教活动场所数量得到详细统计，根据统计，全县共有寺庙及宗教活动场所27个点。在县委、县政府的高度重视下，下拨专项资金6万元购买27台电视机和1套音响设备，香格里拉县广电局提供27套直播卫星地面站，于7月13日至8月5日，按质、按量完成香格里拉县广播电视进寺庙及宗教活动场所的工程。

【专项整治】 为加强香格里拉县电视广播卫星地面接收设施的管理，依法严厉打击非法销售、安装和使用卫星地面接收设施。8月12日，州、县广电局、工商部门联合执法，对城区非法销售、安装和使用卫星地面接收设施进行清理整治，州、县广电局、工商部门精心组织，周密部署，抽调大量执法人员对全城14家销售广播电视卫星地面接收器材的商家进行清理整治，依法没收非法销售器材，并对销售人员进行相关法律法规教育。此次整治过程中共清理没收非法销售的广播电视卫星地面接收设施80余套。

【迪庆电台、电视台节目实现下传】 继2008年完成上江乡迪庆电台、电视台节目下传试点工程后，2009年底，完成金江镇、五境乡、东旺乡迪庆电台、电视台节目下传工程。至目前，全县共有5个乡（镇）能收听、收看到迪庆电台、电视台节目。

【新闻舆论引导】 新闻宣传工作始终坚持“贴近实际、贴近群众、贴近生活”的三贴近原则，充分发挥喉舌作用，以团结、稳定、鼓劲和正面宣传为基调，把各级党委政府的决策送到基层，深入到全县各乡（镇）和偏远山村，报道基层农村社会的现实状况和农村群众的生产生活和精神面貌，反映群众的心声、思想动态和落实政策的情况，为党和政府的决策提供了详实可靠的第一手材料，反映各级各部门落实决策的工作情况，使全县的各项工作得到及时呈现和反馈。全年，新闻工作者深入基层达一百多人次开展主题教育“千名干部送法进村（寺）促和谐”活动的宣传报道，宣传科学发展观的实践活动，报道各级各部门的学习情况以及各部门在学习实践中总结出的好经验和解决存在问题的好方法，取得的实效，唱响时代的主旋律，送播迪庆州电视台新闻190余条，迪庆电台180余条，迪庆报社30余条。

【专题报道】 积极为塑造香格里拉形象服务，上半年完成专题片《为了和谐的家园》、《尼西土陶》、《魅力古城——独克宗》、《广播电视进万家——香格里拉县村村通广播电视工程纪实》等。

【电视台前期筹备】 2009年，县广电局加紧筹备香格里拉县电视台的前期准备工作。7月初，由县委常委宣传部部长杨美琼、县政府副县长郭维平、广电局局长张宏灿等一行组成考察组到省城周边县级电视台、开设播音主持专业的学校考察。考察内容主要以各个电视台数字制播一体化设备运行、演播室建设以及播音主持人的招聘情况等。就播音员招聘问题达成共识，于7月21日全面启动了面向全国公开招聘播音主持人的工作，在中国播音主持网上发布招聘信息，招聘汉语播音主持人4名（两男两女）。9月27、28两天，通过笔试、面试等综合测试，并报经县委、政府批准，招聘到3名能胜任播音主持工作的人员。县委、政府出资100多万元用于演播室设备采购和演播室装修，通过公开招标的方式，成都东方盛行公司中标。同时，发布了台标征集公告，通过初选、复选，最终确定香格里拉电视台的台标制作了可操作性强的建立电视台的整体方案。2009年11月23日召开的局务会上，组建了香格里拉县电视台班子成员。

【党建】 2009年，香格里拉县广电局对开展全年全局党支部工作作了明确分工和工作计划，建立健全和完善了基层党组织各项规章制度，规范了党员档案管理，进一步加强了党性教育，通过自学、集中学习、座谈讨论的形式，开展了学习党章、锻炼党性的学习活动。

高度重视党风廉政建设和反腐败工作，班子成员明确分工，部门各负其责，严格执行了一把手负责的党风廉政建设责任制，认真贯彻落实《廉政准则》、《党风廉政责任制》，从各方面加强了对党风廉政建设和反腐败工作的领导，签订了责任书。

（刘素珍）

东巴文化研究所

【《圣地清音》摄录】 2月底至3月初，由《民族音乐》杂志社殷海涛、艾华等七位人员组成《纳罕人音乐系列作品——圣地清音》摄制组，前往香格拉县三坝纳西族民族乡东巴圣地白地神川拍摄录制纳罕人音乐系列作品《圣地清音》第一辑。

节目包括：香格里拉迎宾曲、纳罕人敬酒歌、白地神川景色美、日子多美好、口弦曲、阿卡巴拉巴达咪、情歌对唱、采火草、天上星星亮、阿卡巴拉舞、亚哈哩舞、十五来相会、葫芦笙舞、笛舞、香格里拉送客曲等。

【《东巴圣地的旅游文化开发》】 论文《东巴圣地的旅游文化开发》是应州政府建立“虎跳峡国家公园”的决策，和丽江纳西文化研究会为举行“丽江文化旅游研讨会”征集论文而写成。全文38000余字，资料翔实，观点鲜明，论证得当，思路新颖，具有一定的参考价值和可操作性。从2009年元月起至年底，迪庆日报连载刊登此文，并经简缩后收入《丽江文化旅游论文集》。

【《白地神川东巴纸工艺》专著撰写】 作者杨正文，写于2009年2月，全书文字稿5万余字，图片100余幅（杨玲华摄），已呈送迪庆州文化局。全书分述“东巴圣地白地神川”、“白地神川东巴纸工艺传承”、“白地东巴纸工艺流程”、“白地东巴纸的特色及流传”、“白地东巴纸研究”、“白地东巴纸的应用”、“有关原料再生及环保问题”、“东巴纸工艺传承初见成效”八个方面内容，并配以图片。是一部介绍东巴圣地白地神川东巴纸历史、工艺、传承、研究方面较为全面系统的学术专著。

【制订《圣地东巴文化抢救方案》】 2月，杨正文为迪庆纳西学会撰写了《圣地东巴文化抢救方案》，全文约2万余字，包括“圣地东巴文化的基本情况”、“圣地东巴文化的抢救方案”、“实施办法”等三个部分。

【《蓬勃发展的圣地东巴文化事业》】 2009年2月，迪庆纳西学会学术部撰写了《蓬勃发展的圣地东巴文化事业》一文，作为学会成立10周年回顾和总结材料。它从不同侧面介绍了迪庆纳西学会从1998年初成立到2008年底10年中的方方面面，用翔实的资料、朴实无华的语言，客观地记述了学会所做的事情和所取得的成绩。

【《圣灵东巴文化乐园扩建项目建议书》】 3月20日，迪庆纳西学会为下属文化产业圣灵东巴文化乐园撰写了《圣地东巴文化乐园扩建项目建议书》，提交省、州、县各级政府和有关部门。全文分项目基本情况、项目编制的目的及依据、项目建设背景、项目建设的必要性和重要性、项目建设及规模、投资估算及资金筹措、项目实施进度及保障措施、效益分析、结论共九章。

【参加丽江纳西文化研究会理事会】 4月2日至4日，迪庆纳西学会会长杨正文以常务理事的身份参加丽江文化研究会、纳西文化研究会联合召开的“2008年理事会暨丽江文化研讨会”。杨正文在开幕式上作了专题发言，介绍了迪庆州研究东巴文化及传承情况，提交了论文《圣地东巴文化的特征、发展、现状与保护途径》。

【编撰《藏区东巴文化要览》】 5月，会长杨正文编撰完成《藏区东巴文化要览》一书。全书35万余字，分文化篇（85个小标题）、事业篇（17个小标题）、文选篇（8篇长文），概览篇（10个小标题），介绍了中国藏区尤其是迪庆藏族自治州境内纳西族及其文化的概况。

【入选“卡瓦格博文化名片”】 由迪庆州文学艺术界主办的文学杂志《卡瓦格博》2009的第1期（2009年6月出版），在封二“卡瓦格博文化名片”中推出杨正文先生，除刊登了他的近照外，还用文字介绍了他的学术研究及文艺创作成果。同期还刊登了两篇文章：一篇是中国文联书记处书记白庚胜为《杨正文文集》写的总序《天生地育纳西人》，另一篇是杨正文写的《关于创作“东巴小说”的尝试与思考》。同年12月召开的迪庆州第五届文学艺术代表大会上，把这期杂志作为会议材料分发给与会代表，为进一步宣传我州东巴文化事业起到了推波助澜的作用。

【《独特的圣地东巴绘画艺术》】 7月，杨正文撰写出论文《独特的圣地东巴绘画艺术》，全面介绍了东巴圣地白地神川的东巴绘画艺术，包括传承、收集、临摹和创作几个内容。全文14000余字，分“白地神川的东巴画概述”、“白地神川东巴画的特色”、“著名画师简介”、“重要东巴画简介”、“东巴画的复制与临摹”、“新东巴画创作”等六个部分，是迄今为止比较完整系统地介绍圣地东巴画和研究的一篇力作，具有较高的学术价值。

【迪庆纳西学会撰写总结文章】 8月，迪庆纳西学会撰写总结文章《关于迪庆纳西学会的活动情况及几点要求》，准备呈报给全国各地有关东巴文化的研究机构、社会团体和著名学者。文章介绍了迪庆纳西学会创办十余年的情况、传承机构、研究机构、研究活动、并提出了相关请求。

【撰写《关于圣地东巴文化研究中的几个问题》】 8月，杨正文撰写了《关于圣地东巴文化研究中的几个问题》。文章分“圣地东巴文化的历史地位”、“研究内容与成果”、“研究中出现的问题”、“解决上述的途径”等四个部分，客观、正确地分析了情况，点明了所出现的问题，也指出了正确途径。

【圣灵东巴文化乐园再次被命名为“云南省爱国主义教育基地”】 8月，经迪庆州委宣传部推荐，圣灵东巴文化乐园再次被云南省委省政府命名为“云南省爱国主义教育基地”。此次全省一共命名了99处，其中迪庆州有4处。乐园曾于2002年8月获此殊荣。

【云南日报载文介绍杨正文事迹】 8月21日，云南日报“文化周刊”刊登《民族音乐》杂志社艾华撰写的题为《为东巴文化造血护根》的文章，介绍杨正文在东巴圣地白地神川创办东巴文化传承基地的事迹，艾华曾于当年3月亲临东巴圣地考察，感触很深。不久《文化周刊》又登载由艾华撰写的文章《白水台之祭》，再次介绍了杨正文的事迹。

【《云南群众文化》杂志载文介绍杨正文事迹】 9月，由云南省文化馆、云南省群众文化学会联合主办的刊物《云南群众文化》，刊载了由艾华撰写的题为《人化哈巴雪山下》的文章，详细介绍了杨正文在东巴圣地白地神川创办东巴文化乐园的事迹。文章用“白地之夜”、“护根人”、“白水台之祭”、“生活，自然与美”等四个标题，从一个远道而来的参观者的视角，细微而感人地描述了杨正文率领圣地民间艺术团进行排练、演出活动的情景，还介绍了杨正文一家从事文化活动的情况。

【《月亮花》获中宣部“五个一工程”奖】 2009年，在中共中央宣传部表彰的“五个一工程”先进单位和个人中，其中有迪庆州音乐家杨正文先生参与创作，并由其门生演唱的音乐作品《月亮花》，这是云南省唯一获奖的作品。国庆前夕，中共云南省委宣传部长张田欣与《月亮花》的创作者之一和演唱者金甲劲松赴京参加了领奖会。

【撰写《藏区东巴文化的存在与价值》】 11月，杨正文撰写了《藏区东巴文化的存在与价值》，证明藏区不仅客观存在着东巴文化，而且有着极高价值。

【呈报《圣地东巴文化抢救项目可行性报告》】 11月，迪庆纳西学会撰写了《圣地东巴文化抢救项目可行性报告》，呈报给云南省、迪庆州、香格里拉县三级民委，要求给予立项支持。报告分“项目背景和意义”、“项目内容”、“项目实施”、“资金筹措”、“效益分析”及“结语”六个部分。

【撰写《迪庆纳西学会概况》】 12月初，迪庆纳西学会学术部撰写了《迪庆纳西学会概况》，上报各有关领导机构、部门及领导。

【《东巴小说选》获奖】 12月中旬，在迪庆州文联第五次代表大会上，杨正文的文学作品集《东巴小说选》获“优秀作品奖”。

（杨正文）

独克宗古城

【综述】 2009年,独克宗古城管委会在香格里拉县委、政府的正确领导下，以科学发展观为指导，认真贯彻落实党的“十七大”、“十七届四中全会”精神，结合科学发展观学习实践活动，较好地完成了县委、政府下达的各项工作任务，积极稳妥推进古城各项建设，促使古城各项工作更上一个新台阶。

【建设情况】 2009年由于建设资金缺乏，古城新建设工程少，工作重点是对原有的基础设施进行维护、加强古城绿化、美化、亮化和保护方面的工作。一年来，共维护道路2700平方米、绿化龟山公园533平方米。民居保护工作依照《古城保护条例》进行全面保护管理，使年内基本上杜绝了违规、违章及破坏性建设情况出现。

【旅游规划】 独克宗古城自古以来是整个县城所在的核心地带及历代政府机关所在地。在红军长征途经中甸时，也在古城内暂住、休整，设指挥部于古城内藏经堂，并在这里召开了重要会议，为北上胜利会师起到了至关重要的作用。古城现今已建设成为香格里拉旅游的一个重要景区，但作为香格里拉县的红色旅游开发还尚属空白。作为香格里拉红色旅游的中心，及时开发建设古城红色旅游项目，填补香格里拉县的这一空白，进一步挖掘古城旅游资源，推进古城发展，是一件惠民工程，也势在必行。在州、县党委、政府的重视和支持下，此项目的前期可研工作得到启动。管委会全力配合项目设计单位，搜集资料。并向各相关单位、群众代表等广泛征求意见，使项目设计有了较高起点，并且符合古城实际。经过近半年的努力，于9月3日召开《香格里拉县独克宗古城红色旅游区基础设施建设项目》可研初审评审会，经专家审议并初步通过了该项目。

【历史文化名城申报】 独克宗古城在2001年被评为了云南省历史文化名城。在古城管委会成立并对古城实施保护建设后，就已将古城申报为国家级历史文化名城作为一项长期工作计划和工作目标。2009年，古城作为香格里拉县城的核心主体，参与了国家级历史文化名城申报工作。管委会全力整理收集资料，配合申报主管部门做好此项工作。到年底，申报资料收集、整理工作已顺利完成，其他工作正在进行当中。

【保护条例贯彻实施】 2008年10月1日，《迪庆藏族自治州独克宗古城保护条例》正式颁布实施。2009年是全面贯彻实施条件的第一个年头，如何贯彻实施好《保护条例》，使古城得到更有效、完整的保护，并在保护中较好的促进古城开发建设，加快古城社会经济事业健康快速发展。管委会首先从内部抓起，借学习实践科学发展观活动契机，让全体职工全面细统的学习了《条例》内容，读懂、吃透《条例》，便于在保护管理过程中能熟练运用，促进了工作人员在管理过程中有法可依、有章可循；通过召开群众大会、发放宣传手册1500多册、登门讲解等方式广泛的对《条例》进行了全面的宣传，在古城内的居民、经营户、租住户的宣传面达100%；借助广播、报纸等宣传面更广泛的媒体对《条例》内容进行了全面的宣传。通过我们的努力，古城的保护工作较前几年取得了明显的成绩，违规、违章、破坏性建设得到有效遏制，也有效的理顺了古城保护管理方面的工作。

【深入学习实践科学发展观活动】 根据县委的部署，管委会于4月2日开始启动科学发展观的学习实践活动。于8月中旬全面结束。结合工作实际，制定了《香格里拉县独克宗古城管委会深入学习实践科学发展观活动方案》。同时，根据《香格里拉县独克宗古城管委会深入学习实践科学发展观活动工作方案》的安排和要求，制定学习实践活动、学习调研、分析检查、整改落实等三个阶段的工作意见。从而使全体党员、干部职工对如何搞好这次学习实践活动及各个阶段的工作有了清晰的认识，使他们更好地以高昂的政治热情、良好的精神状态、求真务实的工作作风，认真做好学习实践活动的各项工作。

在开展学习实践活动中，严格按照县委学习实践活动办公室的工作安排和要求，做到“高标准完成规定动作，努力创新自选动作，联系实际推进建设工作”。在学习实践活动中，全体党员、干部职工认真学习理论、制定整改方案、解决热点难点问题等，有力地推进了各阶段工作的顺利实施。结合个人工作实际，进行深入的自我检查、深挖根源、提出今后的努力方向，认真撰写个人的调研分析报告；开展谈心活动，开展批评与自我批评；查找问题，分析原因，撰写、修改分析报告，并结合个人党风、党纪、党性情况谈心得、写体会；深入基层、深入实际、访贫问苦，探索破解阻碍建设科学发展的路径、突出问题和体制障碍。学习充分体现在学习实践活动中认识有了新提高，调研有了新突破，分析有了新进展，工作有了新加强。

【维稳工作】 古城内外来人员多，特别有来自10多个在国家的外国人和来自甘孜等藏区外来人口相对较多的特殊情况，古城的治安工作任务重、责任大、涉及面广，维持好古城良好的社会治安状况难度大。在确保古城内日常良好的治安秩序外，在国庆期间更要确保大事不出小事也不出的目标顺利实现。管委会继续聘请4保安人员，维护古城日常社会治安。在国庆节前，管委会联系社区片警开展好古城内外来人员排查等工作，并向州公安局、安全局等请示在国庆期间加强古城安防工作。在各部门及管委会的努力下，维持了古城良好的社会治安秩序，并获得了安全文明单位称号。

【消防】 由于古城民居属全木结构房，而且形成连片、拥挤的格局，所以防火工作是管委会工作的重点。防患于未然，及时排除火灾隐患是保障古城防火工作取得成效的根本。年初，古城管委会联合消防大队、社区居委会对古城500多户经营户和租住户进行了全面排查，对有隐患的要求限时整改。并与经营户、租住户、居民签订了防火责任书。通过排查，及时排出了大量的火灾隐患，为全年的防火工作打下了坚实的基础。在4～6月份，针对境内干旱，天气干燥的特殊情况，管委会下发通知，并聘请人员，加强对古城周边易引发火灾的白鸡寺、五凤山的管理，以及对古城周边的防火防控工作。通过严格防控，一年来，没有发生一起火灾，古城的防火工作取得了很好的成绩。

【阳光政府四项制度】 为切实转变机关作风，提高服务水平，真正解决工作中存在的突出问题，全面贯彻落实好“阳光政府四项制度”，结合部门实际，突出重点，狠抓落实，制定和出台本单位、本部门贯彻“阳光政府四项制度”的具体办法，不断把贯彻落实“阳光政府四项制度”引向深入。结合政府信息公开工作，充分发挥政府信息对人民群众生产、生活和经济社会活动的服务作用。完善监督制约机制，保障公众合法权益，推进阳光政府建设，促进经济社会发展。制定香格里拉县独克宗古城管委会信息公开实施方案，接受服务对象的公开监督。同时，设立投诉电话和投诉邮箱向社会各界和广大群众公布，及时处理好来电、来信、来访，以便让社会各界和广大群众通晓古城工作职责职能，切实促进机关依法行政、转变作风、提高工作效能。

【党风廉政建设】 管委会在抓好古城保护管理建设工作的同时，不断加强内部建设，建立健全内部管理制度、考勤制度。同时领导班子重视干部职工政治思想教育，领导、职工认真践行“三个代表”重要思想，学习贯彻中央、省、州、县全会精神，结合今年开展的“解放思想”学习活动，在本单位开展法律、法规、党的基本路线及党风廉政建设各项规定的学习，重点学习了党的十七届四中全会、州委六届六次、七次全会精神及县委十届六次、七次全会精神等，结合今年开展的学习贯彻科学发展观活动，全面加强了全体干部职工的理论学习。并经常性地对职工进行职业道德、遵纪守法、艰苦奋斗、厉行节约等教育，组织职工观看优秀影片，选择典型案例进行警示教育。

【大事记】 9月3日，《香格里拉县独克宗古城红色旅游区基础设施建设项目》可研初审评审会召开。

8月30日，香格里拉县独克宗古城参加了申报第五批国家级历史文化名镇活动。

（中国美）

松赞林寺景区管理局

【概述】 2009年，香格里拉县松赞林寺管理局在县委、政府的正确领导及各级部门的关心支持下，大力推进以建设平安寺院、安居寺院、团结寺院为载体的和谐寺院建设，积极引导宗教与社会主义社会相适应、突出重点抓稳定、一心一意谋发展，在职工队伍建设、僧侣政治思想教育、寺院内部管理、景区建设等方面开展了卓有成效的工作，使管理局各项工作得到了持续、健康、稳步发展。

【自身建设】 俗话说“学无止境”，学习教育工作是一次长期性、永久性工作，不可能一蹴而就，为此，管理局在抓好日常工作的同时，始终坚持工作学习两不误、两手抓的工作方针。在推进各项工作稳步进行的同时，狠抓思想建设不放松，为全面提高干部职工政治思想建设及业务水平，严格执行每周学习日制度，深入学习党的十七大、十七届三中、四中全会精神、省八次党代会及县委十四届四中、五中全会精神；进一步提高了党员思想政治素质和党性修养，切实加强组织自身建设，在搞好职工日常学习的同时，根据县委安排认真组织开展“深入学习实践科学发展观”活动，按照县委安排及局内的实施方案，有计划、有步骤地开展了学习活动，在开展学习教育活动当中，做到有机构、有人员、有方案、有总结、参学率100%，圆满完成了各阶段学习任务，可以说让职工从思想上得到了深刻的教育，达到了学习教育的目标。

【党风廉政建设】 党风廉政建设是维护政治稳定、确保政令畅通、保持经济社会持续健康发展的有力保障，过去一年，管理局结合民族宗教工作的实际，制订贯彻廉政建设的具体办法，成立领导小组，制订了实施方案、廉政制度。局领导班子与各科室层层签定责任书，在工作中做到“八个坚持、八个反对”，牢固树立正确的人生观、价值观和世界观，严以律己、清正廉洁、团结干事，定期不定期地召开支部会和民主生活会，严格按照县委要求征订《支部生活》、《纪检监察报》、《党风廉政建设》等报纸杂志，时刻以典型反面材料教育全局职工，做到警钟长鸣、自警、自律、自省，始终把“八条禁令”落到实处，全年没有发生一起职工违法违纪事件；坚持清正廉洁、秉公办事，2009年在州县党委政府的帮助下，顺利进行了“扎仓”大殿的开工建设，在招投标方面，坚持公开、公平、公正原则，全权委托州建设局承办，所有项目都签订《迪庆州工程建设廉政合同》，任何招投标都邀请州、县纪委、监察局全程参与，在工程建设上狠抓工程安全、质量和进度，坚持做到不吃、不卡、不拿、不要。想尽办法为工程节约资金。

【“千名干部送法进寺促和谐”活动】 积极稳妥地开展“千名干部送法进寺促和谐”活动，工作组严格按《实施方案》分阶段、分步骤深入扎实地开展了学习贯彻十七大、县委十四届四中、五中全会精神，突出宣传各种法律法规，结合州情、县情等实际，组织力量编写学习手册，译成藏文，做到僧侣人手一册，同时工作组分成若干小组，分别进入各康仓开展各种形式的辅导讲座，历时7 个月，共召开大小会议30多次，印发手册861份，参学率达到97%以上。

【《迪庆州藏传佛教工作管理条例》宣传贯彻】 加大《迪庆州藏传佛教工作管理条例》的宣传力度，在“千名干部送法进寺促和谐”活动结束后，为了巩固《条例》的宣传效果，继续把这一工作不断引向深入，管理局再次组建了驻寺工作组，利用各康仓集中举行佛事活动的有利条件，开展形式多样的宣传，参加学习僧侣共927人，参学率100%；在做好宣传教育工作的同时工作组指导寺院进一步完善了各种管理制度，使寺院管理逐步朝科学化、制度化、规范化方向发展，做到一级为一级负责，建立了康仓对寺管会负责，寺管会对管理局负责，管理局对党委政府负责的工作机制，而且局机关相应制定了严格的工作规则，加大对干部职工的培训和管理，利用职工地域籍贯优势对各个康仓进行分片包干，定点联系，形成工作制度，并将这一任务列入年度考核。

【爱国爱教高僧培养】 积极培养爱国爱教高僧大德，依法加强对民族宗教事务工作的领导，以“千名干部送法进寺促和谐”活动、法制宣传教育等活动为契机，顺利完成了寺管会及堪布的连任工作。并突出重点康仓、突出重点对象，进一步加强寺院民主管理建设，把靠得住、有水平、有威望的爱国爱教僧人充实到民管会中，重视培养政治上可靠、宗教学识造诣高的大德高僧，推荐他们到外地学习深造，在工作上积极支持配合，在生活上给予关心照顾，每逢节假日，局领导班子都拜访、看望大德高僧，问寒问暖，并竭力为他们解决实际困难，与他们建立了良好的关系，通过扎实有效的工作，主持活佛在众僧中树立了很高威望，寺院领导权牢牢地掌握在爱国爱教人士手中，从而确保党对寺院工作的绝对领导。

【恢复“善法”学校】 松赞林寺“善法”学校始建于上世纪90年代，由于各种原因，一直未能正常开学授课，为了贯彻州委、县委深入地开展法制宣传教育精神及满足广大僧侣恢复“善法”学校要求，管理局多次召集寺管会成员，就恢复“善法”学校进行专题研究，制定了《实施方案》，经过多方筹集，投入30多万元对校舍及教学设备进行维护及更新，并协调教育等相关部门，将就读僧人纳入全州农牧民子女入学补贴范畴，所聘请教师纳入县级财政预算，目前“善法”学校已正常开学授课。“善法”学校的恢复是州委、县委关心关注寺院发展的民心工程、暖心工程，对于建全藏传佛教僧侣培训教育机制以及建立佛学正常晋升程序奠定了重要基础，对于立志从事宗教事业，继承和发扬藏传佛教文化的僧侣具有极其深远的意义。

【寺院建设】 加大对寺院建设力度，为了切实改善广大僧侣的饮水、出行、住房困难，管理局在景区建设资金极其紧张的情况下，顶住各方压力，对寺院投入了大量的人力、物力、财力。目前，已完成寺院围墙、转经路、寺院僧侣饮水、排水、寺院各康仓及僧舍间道路，“扎仓”“吉康”“主康”三大殿金顶装潢，前后共投入1400多万元，切实改变了以往晴天一身灰、雨天一身泥、喝水靠挑担的现实，给僧侣提供了一个环境优美、道路畅通、设施完善、条件优越的宗教活动场所，得到了广大僧侣及香客、游客的交口称赞。

在搞好寺院建设同时把全体僧侣纳入社区化管理，并帮助解决养老保险、医疗保险和最低生活保障，对年满50岁以上僧人做好登记记录，为明年开展健康体检做好第一手材料，把寺院僧侣纳入社会管理和公共管理服务范围。暖心工程的有序开展，寺院面貌得到改观，僧侣的人心得到凝聚，确保僧侣享受社会主义又好又快发展成果，从而更加坚定了听党的话跟党走的决心和信心。为了使广大僧侣享受社会主义又好又快发展成果，解决僧众切身困难，经管理局多次申请县人民政府批准，拟对八大康参及僧舍用水进行改造，管理局协同县水电局对寺院人饮工程进行详细的设计、测量、预算，完成了高质量的《松赞林寺人饮工程设计图》、《松赞林寺人饮工程设计预算书》，现已由县水电局转报州水电局，有望在2010年开工建设。

【“扎仓”大殿建设】 松赞林寺主建筑“扎仓”大殿是众僧学习经典、修研教义、信教群众顶礼膜拜的主要场所，重建“扎仓”大殿是广大僧众、各康仓及全州信教群众的共同愿望，是做好寺院稳定工作的需要，是弘扬和传承藏传佛教文化的需要，也是提升香格里拉旅游品牌的客观需要。为此，各级党委、政府做出了不懈的努力，克服重重困难，于今年7月份顺利开工建设。年底前“扎仓”大殿建设按工期目标顺利稳步推进，完成人工挖桩及钢筋混凝土灌注桩150万元，基础土石方开挖、外运、及回填50万元、混凝土工程150万元、浆砌块片石工程50万元、木结构制作工程320万元、钢筋制作安装600万元、钢结构制作工程350万元，合计完成固定资产投资1670万元。

【松赞林景区建设】 松赞林景区建设是根据州委、州政府、县委、县政府建设全国藏区一流寺院的任务目标，并严格按照《松赞林景区管理和建设总体方案》实施的重点工程，围绕景区、寺院、社区三位一体管理模式，景区规划总面积4.11平方千米，共分松赞林寺、拉姆雅措湖、门禁系统等七大片区，景区总投资概算1.86亿元，自2007年开工建设以来，在各级部门及广大僧侣、社区群众的大力支持下，克服了工程量大、地质条件复杂、协调难度大、资金到位率低等重重困难，九个标段同时施工，至目前为止圆满地完成了全部工程量，除个别项目外已完成结算，固定资产使用权已全部移交下属公司，由于建设项目规划设计合理、施工过程质量符合要求、景区内部设施符合及满足游客的使用需求，游客对各项设施的使用实现了零投诉，在国家4A级旅游景区的申报中顺利通过专家组的验收，即将进行挂牌仪式。实现了州县党委政府提出的建设国家4A级旅游景区的目标。

景区建设自开始以来，得到各级党委政府、有关部门的支持，特别是在项目资金的借贷上，县人民政府给予了大力的支持，一期工程投资概算1.86亿元，分为6幢商铺建筑安装工程、门禁系统综合楼建筑安装及精装修工程、寺院围墙及内外转经路、门禁系统停车场工程、门禁系统绿化工程、景区寺前广场及回车道工程、1号2号3号公厕建筑安装工程、景区给排水工程、观景台至小街子A、B、C段道路工程等9个工程项目，总投资1.3亿元，比概算投资节约5600万元。

根据州县党委政府的有关要求及景区建设的需要，新增了环湖游路及木栈道、浮桥工程，园林绿化工程、电力、电讯管线入地基础设施工程、道路太阳能路灯工程、门禁系统建筑物亮化工程、车库及员工宿舍建筑安装工程，应广大僧侣的要求及结合开展法制宣传教育，“千名干部入户促小康”活动，“千名干部送法进寺”活动的有利条件，加大寺院内部基础设施的建设，改善广大僧侣的生产生活条件，新增了各康参及僧舍之间整体砌石挡墙道路硬化工程、“吉康”“主康”两座大殿的修缮工程、金顶维修工程、佛像维修工程等。新增工程达10项，总投资达到4000万元。

概算投资加上新增投资合计为1.7亿元，虽然没有超过总投资概算1.86亿元，但是由于景区建设项目资金属银行借贷项目，在筹备之初拟借款1.5亿元，但是由于各种原因，只能借贷1.4亿元，扣除银行利息实际到位资金1.2亿元，如果不实施新增项目，投资概算与实际投资相符，还有结余，实施新增项目后增加新投资，导致缺口资金较大。

【大事记】 4月12日，松赞林景区保护开发有限责任公司正式挂牌成立并投入运营。

7月22日，举行投资1亿多的松赞林寺“扎仓”大殿保护性拆除重建工程开工典礼；同时，松赞林寺“善法”学经学校正式开学。

7月，云南省迪庆藏族自治州《藏传佛教寺院管理条例》在松赞林寺颁布实施。

11月19日，经国家旅游局批准，松赞林景区被评为“4A”级景区。

（马　涛）

卫　生

【综述】 2009年，全县设有14个医疗卫生机构，其中县级医疗卫生机构3个（县妇幼保健院、县疾病预防控制中心、县卫生监督所），乡（镇）卫生院11个（3个中心卫生院和8个一般卫生院）。设有营利性诊所33个（城区26个，乡、镇7个）。

全系统有职工351人，其中卫技人员289人，卫技人员中有高级职称17人，中级职称75人，医(药、护)师197人；351名干部职工中,大学本科学历以上64人，大专180人，中专91人，其他61人。全县设有52个村卫生室，乡(镇)卫生院人员充实村卫生室人员62人，有农家卫生员203人。全县设有病床110张，基本形成了初具规模的农村卫生保健网络。

【深入学习实践科学发展观活动】 4月3日，卫生局召开了县直医疗卫生单位深入学习实践科学发展观动员大会，传达了县委关于深入贯彻学习实践科学发展观动员大会精神，同时结合卫生工作实际，印发了《香格里拉卫生系统县直单位深入学习实践科学发展观活动实施方案》和《学习调研阶段日程安排》，明确了工作目标、步骤、方法、要求。在开展学习实践活动中，领导撰写调研报告6篇，党员干部写学习心得35篇，信息简报5期，宣传标语4条，最终形成了《贯彻落实科学发展观　促进香格里拉县卫生事业又好又快发展》分析检查报告，使之成为指导卫生系统科学发展的重要文件。2009年4月18日，卫生局党委书记康文胜同志、卫生局局长余文中同志组织下属4个党支部党员共26人到香格里拉县卫生局扶贫挂钩点尼西乡江东村西丁各社开展主题实践活动。为扶贫点筹资1万元修缮通村公路；投资6000.00元修建了5个卫生厕所，机关支部捐款1000.00元解决了五保户基本生活费；县保健院为村民开展义诊活动，免费发放价值300余元的药品；县疾病控制中心的党员开展了健康教育宣传活动；在活动中，还发放了150套“爱牙”洁具及30套衣服。从九月起，各乡（镇）卫生院开展了第三批深入实践科学发展观活动，县卫生局指导组多次深入乡（镇）卫生院开展指导工作。

在开展学习实践活动中，卫生部门始终把实现好、维护好、发展好广大人民群众的健康权益作为卫生工作的出发点和落脚点，与党风廉政建、医德医风建设和能力建设活动紧密结合，共同促进。各医疗卫生单位紧紧围绕转变服务理念、改善服务态度、提高服务质量、控制医药费用、减轻病人负担，认认真真查找问题，兢兢业业搞好工作，实实在在搞好服务，不断满足病人健康需求，确保学习实践落到实处。通过深入开展学习实践科学发展观活动，卫生部门对科学发展的认识更加深刻，思路更加清晰，目标更加明确，措施更加完善。

【农村卫生】 农村卫生工作始终坚持“以农村为重点”的卫生工作方针，努力开展各项工作，使全县农村卫生服务条件得到较大改善，卫生队伍得到加强，业务技术水平得到提高。

针对乡（镇）医疗机构急需培训专业实用人才等情况，积极组织开展各项培训工作，年内完成乡村医生中医药适宜技术培训56人，参加省级专家讲座65人，完成卫技人员进修10人，函授14人，短期培训24人，学科带头人培训2人，远程继续教育38人，全科医师培训16人，农家卫生员培训198人。年内完成卫生专业技术资格考试报名39人，组织92人参加了执业（助理）医师资格考试，推荐申报副高人员6人，正高职1人，通过加强培训，提高了卫技人员的业务技术水平。

按照省卫生厅实施招聘执业医师到乡（镇）卫生院工作的要求，新招聘了1名执业医师到东旺乡卫生院工作。根据卫生院实际，通过公开、公平、公正的原则，新招聘18名大中专毕业生到乡（镇）卫生院工作，进一步充实了基层医疗卫生队伍。

紧紧围绕“提高医护质量，确保医疗安全”这一医疗工作总目标，在开展医院管理年活动的基础上，开展了创建平安医院和质量万里行工作，认真落实医护质量督查制度、医疗质量管理规定、医疗质量与医疗安全核心制度，强化临床合理用药，严格卫技人员准入、医疗机构准入，严格毒、麻、剧药品管理工作，加大对医疗文书的检查力度，促进了医疗质量的提高。

制定了《中小学兼职校医实施意见》，并配

备了40名中小学兼职校医，对保障学生身体健康发挥了重要作用。

以实施新型农村合作医疗工作为契机，加强对乡（镇）卫生院的督导和管理，服务能力和服务水平比往年明显提高。2009年，全系统累计完成住院3895人次，比上年3674人次增长6.02%；门诊304816人次，比上年269268人次增长13.20%；业务总收入达1761.93万元，比上年1487.1万元增长18.48%；完成手术546人次，比上年583人次下降了6.35%，病人治愈率达86.22%。

【基础设施建设项目】 继续加强农村卫生基础设施建设，不断改善农村医疗卫生条件。紧紧抓住国家拉动内需的机遇，多渠道争取建设项目资金，努力改善就医环境。

重点建设项目：完成三坝乡卫生院业务综合楼建设项目（投资81.92万元，建设规模为700平方米）；完成小中甸镇卫生院业务综合楼建设项目（投资80.34万元，建设规模为700平方米）；虎跳峡卫生院门诊楼改扩建项目（总投资179万元，建设规模为2240平方米），现正在施工中；格咱乡中心卫生院污水处理及辅助设施建设项目（总投资100万元，建设规模为594平方米），现正在施工中；完成小中甸红十字医院建设项目（投资116万元，建设规模为897平方米）；完成尼西乡卫生院门诊综合楼建设项目（投资157万元，建设规模为908平方米）；完成格咱乡那格拉村、木鲁村卫生室建设项目（投资40万元，建设规模各为80平方米）；完成香格里拉县麻风院国债建设项目（投资106万元，建设规模为660平方米）；完成虎跳峡镇长胜村卫生室建设项目（投资15万元，建设规模为120平方米）。

设备配备项目：2008年安排的村级卫生室基本设备项目每个村5000元，共计25万元，由州级统一采购后，已分发到各乡（镇）卫生院；争取到中国扶贫基金会基金14万元，为三坝、洛吉乡卫生院购置了医疗救护车；省级安排了建塘镇、五境乡卫生院扩大内需设备项目各9万元，由省卫生厅统一采购后配备至卫生院；今年省级安排了社区卫生医疗机构设备配备项目41万元；省级安排了乡（镇）卫生院设备项目147万元，其中中心卫生院每家安排17万元，一般卫生院每家安排12万元，目前正在招投标中；年初，县政府安排了30万元的基层卫生建设资金。给五境卫生院解决了5万元的设备资金；在云南省“科技、文化、卫生”三下乡活动中，争取到虎跳峡镇、小中甸镇卫生院医疗设备资金共20万元。

【新型农村合作医疗】 2009年，县合管办不断加强内部管理和制度建设，不断调整和完善新农合实施方案，强化宣传和医疗机构监督管理，有力促进了新型农村合作医疗各项工作健康发展、规范运行。为切实做好新农合管理工作，7月县审计局组织人员对全县新农合资金使用情况进行了审计，10月县财政局组织财务人员对全县新农合资金管理、使用情况进行了督查。11月24～26日组织开展了由各乡（镇）、开发区和定点医疗机构共20人参加的新农合信息系统管理培训班。县、乡、村医疗机构严格按照州药品采购办要求，均实行“药品统一竞价采购，统一配送”；2009年参合农民为110028人，参合率达96.63%；截止2009年12月20日共筹资金1503.19万元，其中到位中央财政补助资金330.08万元；省级财政补助资金440.11万元；州级财政补助资金21.88万元；县级财政补助资金32.82万元；农民缴纳参合资金164.12万元；县政府代缴五保户、红治所等人员参合资金1.24万元；上年结转512.94万元。1～11月新农合资金共补偿19.07万人次，补偿医疗费用1049.54万元。其中住院补偿5609人次，补偿费用724.57万元，人均补偿1291.79元；门诊减免18.42万人次，减免费用289.61万元，人均减免15.72元；顺产补偿884人次，补偿费用35.36万元，人均补偿400元。资金使用占当年理论筹资的95.39%，占总筹资金额的69.82%。截至2009年12月20日，2010年筹资工作已基本结束，参合人数为112393人，参合率达97.93%。

通过实施新型农村合作医疗，在很大程度上缓解了广大农民群众“因病致贫、因病返贫”问题。

【农民健康工程】 2009年，继续实施农民健康工程，加强对农家卫生员管理力度，进一步提高了农村医疗卫生服务能力，一定程度上解决了农民“看病难”问题。及时调整充实领导小组及其办公室，每个乡（镇）卫生院安排一名专职副院长负责组织实施本乡（镇）农民健康工程；根据《农民健康工程实施方案（试行）》的要求，积极开展各项工作；根据各乡（镇）实际出发，采取多渠道、多形式、多途径的方式，结合农家卫生院的学历情况和接受能力进行针对性的培训，参加培训人数198人，参训人数达92.6%；按时发放农家卫生院人均每月200元的补助资金。

【甲型H1N1流感防控】 3月以来，美国、墨西哥等地相继发生甲型H1N1流感疫情，按照省、州、县委政府的工作部署，根据甲型H1N1流感防控技术工作的要求，认真落实防控措施，积极科学应对，把防控甲型H1N1流感工作作为一项重要工作来抓紧、抓好、抓实。

县委、县政府高度重视疫情防控工作，多次召开专题会议研究部署全县甲型H1N1流感防控工作，于2009年5月份成立了由县政府分管副县长任组长，县政府办主任、县卫生局局长任副组长，卫生、财政、教育等相关部门为成员的防控工作领导小组，领导小组下设办公室（设在县卫生局）、综合协调组、医疗救治组、疫情处置组、卫生监督组和后勤保障组等工作组，具体负责组织开展各项防控工作，制定下发了《香格里拉县甲型H1N1流感防控应急预案》，县直各部门成立了相应的领导机构，制定了甲型H1N1流感防控实施方案、应急预案，明确工作职责，加强防控工作的组织领导，层层建立了工作责任制。疫情发生后，县委、县政府一把手和分管领导主持召开多次专题会议，成立指挥部，研究部署全县甲型H1N1流感防控及处置工作，并多次深入隔离治疗点及学校进行指导。

自发现甲型H1N1流感以来，省、州、县相继召开了多次防控现场工作会议和电视电话会议，传达贯彻上级甲型H1N1流感防控工作会议精神，通报甲型H1N1流感疫情形势，了解甲型H1N1流感防控情况，安排部署防控措施；加大培训，细化措施，提高防护技能和医疗救治水平。采取集中培训、师资培训、县培训乡、乡培训村，分层培训、反复培训的方式，对全县各级各类医疗机构卫技人员进行了甲型H1N1流感防治知识培训，培训336人，培训率达100%，并对进一步贯彻落实甲型H1N1流感各项防控措施提出了具体要求；加强健康教育宣传，提高防护知识知晓率，增强疾病防控意识。采取发放宣传单、办宣传专栏、利用电视等多种形式开展甲型H1N1流感防控知识宣传，做到家喻户晓，人人皆知。全县共发放甲型H1N1流感防治手册和宣传折页500册、宣传画100份，温馨提示宣传单27000份。

按照“外堵输入，内防扩散”的防控策略，结合全县防控工作实际，制定了《香格里拉县甲型H1N1流感防控工作方案》及《香格里拉县学校甲型H1N1流感防控工作方案》，进一步明确各单位各部门职责，建立严密的防控体系，确定防控工作重点，强化防控工作措施，实行责任制和责任追究制，做到有效、科学防范。从2009年5月8日起实行24小时值班和疫情零报告制度，从10月12日起全县各级各部门实行零报告制度，各医疗卫生单位取消双休日及休假；县卫生局抽调业务素质高、责任心强的医务人员组成专家组，与县教育局联合成立了10个疫情处置领导小组，进驻有甲型H1N1流感确诊病例及有聚集性发热病例的学校开展就地隔离治疗和防控；对城区走读的中小学停课1周的居家隔离治疗、防治，对城区寄宿制中小学进行全封闭式管理；借用建塘镇诺西村完小校舍，设立了临时集中隔离治疗点；通过科学有序的接种和防护，使学校疫情在短时间内得到了有效控制，共接种疫苗19340人份；各学校、各乡（镇）、各部门积极采取服用中药预防甲型H1N1流感，全县累计服药人数为39371人次；重点加强对学校、公共场所的环境消杀工作，每天消杀三次，累计达65.3万平方米。

根据甲型H1N1流感疫情形势和防控工作要求，县政府高度重视，及时召开政府常务会议，专题听取防控工作情况汇报，落实了50万元的防控工作经费，用于购置专用办公急需设备用品、应急物资储备、医疗救治器械、防控技术培训、开展督导等工作。累计发放消毒灵片2196瓶（100片/瓶）、消毒粉剂19大包（16克×100袋/包）、N95口罩742个、十二层纱布口罩5570个、一次性乳胶手套749双、水银体温表219只、防护服322套、脚套521双、防护眼镜20副、一次性帽子340个、一次性洗衣裤1183套、一次性口罩470个、电动式喷雾器3台、手摇式喷雾器24台、红外线测温计2套、一次性手术衣100套、一次性压舌板20块、75%酒精3瓶（500毫升/瓶）、棉签80包，保障了全县甲型HINI流感防控工作的正常开展。

自开展甲型H1N1流感应急防控工作以来，为了切实做好甲型H1N1流感防控工作，抓住监管不放松，由县政府牵头多次深入到医疗机构、学校、农村、社区等重点防控部位进行甲型H1N1流感防控督查，针对存在的问题及时督导整改落实到位，防止防控工作走形式，杜绝侥幸、厌倦、松懈情绪，健全甲型H1N1流感防控监管机制，进一步加强规范化管理。

【妇幼保健】 进一步加强县、乡、村三级保健网络建设和妇幼保健人员培训，扎实开展“降消”项目和“母婴关爱”项目，严格实行住院分娩限价制度。切实加强孕产妇系统管理和儿童保健管理，进一步规范产科建设，提高出生人口素质，保障孕产妇生命安全。全县产妇总数1686人，活产数1687人，孕产妇保健覆盖率为87.33%，孕产妇系统管理率为83.58%，新发接生率为94.96%，住院分娩率为85.54%（高危孕产妇住院分娩率99.10%），孕产妇死亡率为118.55/10万,新生儿破伤风死亡率为0。儿童保健覆盖率为94.56%，儿童系统管理率为93.30%。婴儿死亡率18.97‰，5岁以下儿童死亡率20.57‰。完成602名幼儿园幼儿健康体检工作，完成城区妇女病普查800人。全年共有1187名农村孕产妇享受到降消项目补助政策，补助金额达36.79万元。

【疾病预防控制】 2009年1～11月共报告乙类传染病8种447例，死亡4例，发病率为278.07/十万，比上年同期上升了19.36%；共收报丙类传染病6种139例，发病率为86.47/十万，比上年同期下降78.94%。年内共报告突发公共卫生事件6起，分别为：州佛学院水痘暴发疫情、州藏文中学甲型H1N1流感暴发疫情、县一中甲型H1N1流感暴发疫情、州民专甲型H1N1流感暴发疫情、县五中甲型H1N1流感暴发疫情、开发区民中甲型H1N1流感暴发疫情，均为一般级别，已结案。其中4起为州级管理学校发病，由州疾控调查处理。

接诊肺结核病人及疑似病人95人，查出和列入项目免费治疗管理60人，其中初治涂阳34人，复治涂阳8人，初治重症涂阴15人，全面完成项目指标任务。结核病人追踪率100%，追踪到位率54.55%。督导每乡（镇）平均3次，督导率100%。二月末阴转率93.33%，三月末阴转率100%。医疗机构病人报告、转诊率100%，县CDC病人系统管理率100%；追踪到位率54.55%，病人家属筛查率100%。

完成生活饮用水、纯净水、游泳池水、农村饮用水共56份，餐具检测124份，并完成评价工作。完成从业人员体检6451人份，完成了实现和消除碘缺乏病目标的自查自评工作。

在城区各小学校、幼儿园的教师、校医培训手足口病防治知识三期，人数达282人。全县69个预防接种单位均有一、二类疫苗程序和相关知识公示，七苗接种率为：建卡率为100%，建证率为100%，卡介苗接种率100%，卡疤率99.46%，脊灰糖丸接种率100%，百白破接种率99.46%，麻苗接种98.92%，乙肝疫苗接种92.86%，乙脑疫苗接种率90.01%，流脑A群接种率88.71%。

【卫生监督】 建立健全县、乡卫生院监督网络，使卫生监督执法工作迈上了规范化、法制化、高效化的管理轨道。2009年开展餐饮培训24期2600人次，公共场所14期1800人次，母婴保健技术服务知识培训70人，医疗机构负责人52人次，受理卫生行政许可1360件。

加强对医疗服务市场监督执法，完成辖区内94家医疗机构换发证及监管工作。从业人员中检出五病禁忌人员9人，已调离工作岗位。元旦、春节、欢乐香巴拉、3.15、“两会”、高考、国庆节等重大节日、活动期间组织食品安全大检查8次，城区进行现场监督检查12次，遵照食品量化分级标准进行审核及发放卫生许可证；开展城区学校及周边餐饮、副食卫生专项检查3次，在虎跳峡学校开展传染病监督检查1次；对城区千余户餐饮、食品生产、副食、住宿、美容美发、歌舞厅等服务违法行为进行查处，查出违法33户，罚款人民币6700.00元，同时责令其限期整改。

【艾滋病防治】 艾滋病防治工作严格按照国家“四免一关怀”政策和省政府“一办法六工程”以及当前艾滋病防治工作任务，认真贯彻落实《云南省艾滋病防治条例》，坚持“政府领导、部门合作、社会参与”的原则，以宣传教育、监测检测，行为干预和关怀治疗等工作为重点，以阻断传播为目的，全面落实各项综合防治措施，基本实现了预期目标。通过积极争取，2009年香格里拉县被确定为第二轮全国艾滋病综合防治示范区。制定下发了《香格里拉县第二轮全国艾滋病综合防治示范区工作方案》，并与各乡（镇）人民政府和成员单位签订了责任书，明确了工作职责。

在县城、乡（镇）街道所在地、村委会设置防艾知识宣传栏，刷写永久性固定宣传标语。在街面固定宣传栏及单位等共12个地方张贴、更换艾滋病防治知识宣传资料1次24张；写艾滋病例会材料12期；以黑板报形式宣传艾滋病防治知识24期。在全县各乡（镇）、村委会刷写永久性固定宣传标语72条。对285名卫技人员进行艾滋病防治知识培训1期。利用“禁毒日”、“世界献血日”“世界艾滋病日”组织开展艾滋病防治系列宣传活动。

对城区21家娱乐场所高危人群每月每个场所干预一次，共干预高危人群1249人次，发放安全套12390只，宣传材料1239份；外来务工人员干预5942人次，发放宣传材料5662份，发放安全套23900只。对看守所拘押人员干预214人次，发放宣传材料214份，进行面对面防治艾滋病知识宣传。

2009年，艾滋病自愿咨询检测257人；婚姻登记人群免费艾滋病检测660人；孕产妇检测1792人；哨点监测400人；对看守所新入所拘押人员检测59人。在迪庆州中心血站的安排部署下，在香格里拉坛城广场和虎跳峡镇、金江镇、上江乡组织了两次义务献血活动，献血人数达100人，共献血26800ml。

【城市社区卫生服务】 城市社区卫生服务体系建设工作在县委、政府和上级卫生行政主管部门的关心重视下，已完成三个社区卫生服务站建设，经多次协商，县人民政府投资59.4万元，在建塘敬老院旁购置了一个社区卫生服务中心的地基1.8亩。城北城市社区卫生服务中心于11月16日在香巴拉小镇旁开工建设。

建塘镇卫生院严格按照“六位一体”的要求，开展了社区居民健康教育、计划免疫、妇幼保健、疾病预防等公共卫生服务和一般常见病、多发病、慢性病的初级服务。

【爱国卫生运动及“国家卫生县城”创建活动】 进一步加大全县环境卫生整治力度，加快创建国家卫生城市步伐，改善了人民生活环境，提高了健康水平。“创卫”工作领导小组多次召开爱国卫生工作会议，研究部署爱国卫生工作，各级各部门相关主要领导参加环境卫生整治和综合督查活动。大力开展全民爱国卫生运动，广泛开展农民健康教育，加大改水改厕和除四害力度，加大城市环境整治。划分了卫生区，并与责任单位签订《爱国卫生工作责任书》200份。出宣传橱窗、板报580期，发放宣传资料18万份，在实行“门前三包”工作的基础上，清理卫生死角1647处，清运各类垃圾63190吨，清理污水沟36580米，清除违章占道628处，清除小广告56136张。在三坝乡、金江镇、建塘镇、五境乡等乡（镇）完成2009年改厕任务625户，每户补助400元。完成改水任务82个站点，投入经费889.75万元，受益人口达1.23万人。在取得“灭鼠先进县”、“灭蟑先进县”的基础上，于2009年3月获得了“省甲级卫生县城”称号。

【阳光政府四项制度】 于2009年5月20日启动“阳光政府四项制度”工作以来，领导重视到位，工作措施到位，各项工作进展顺利，并取得了阶段性成效。及时成立了县卫生局重大决策听证重要事项公示重点工作通报政务信息查询四项制度领导小组，印发了《香格里拉县卫生局关于推行重大决策听证重要事项公示重点工作通报政务信息查询四项制度实施方案》；开通了96128政务信息查询专线电话。开通了政务信息网上查询系统，重要事项公示2条，重点工作通报15条。

【红十字会】 2009年，抓好澳门红十字会建小中甸卫生院门诊楼、香港红十字会虎跳峡镇长胜村等四个村卫生室建设的扫尾工作。在小中甸镇团结村开展中国红十字会“红十字会博爱送万家”活动，捐赠物资价值人民币55万元，州红十字会在县内开展了“红十字会博爱送万家”活动，捐赠物资15万元。在发生甲型H1N1流感期间，向州红十字会争取到30床棉被，发放给隔离观察到学生，争取到救灾食品价值10万元，发放到贫困户手中。

（彭正光）

食品药品监督管理

【综述】 2009年，辖区内共有管理相对人479家，其中药品生产企业2家、医院制剂室1家、药械经营批发企业3家、药品及医疗器械经营零售企业57家，医疗机构122家(其中：城区医疗机构33家，乡（镇）卫生院及个体诊所35家，村卫生室47家，校医务室7家)、健康卫生之家（农家卫生室）203家、农村药品供应网点19家、中药材及氧气经营企业70家、矿山医务室2家。

【药械市场日常监管】 加强日常监督检查，严格规范药品经营行为。根据《药械监督管理包干片区责任制》和所划分的三个责任区加强执法监督，有效保障辖区内公民、法人和其他组织的合法权益及用药、用械安全。同时，为切实整顿和规范药械市场秩序，进一步巩固和提高GSP认证成果，增强药品经营企业诚信守法意识，提高药品零售企业质量管理水平，切实加强药品经营企业实施GSP情况的坚持力度，确保全县药品零售企业质量管理水平，按照《药品经营质量管理规范认证管理办法》的有关规定，于2009年8月10日至8月28日组织执法人员分两个组对香县城区内药品零售经营企业进行了一次全面的GSP跟踪检查，为明年的GSP再认证打下基础，并针对各个药店存在的实际问题，形成监管记录，提出监管建议让各药店进行整改。

整顿和规范药械使用秩序。加快推进医疗机构药械规范化管理。加快推进医疗机构药械规范化管理。在2008年乡（镇）卫生院以上医疗机构开展“规范药房”活动的基础上，进一步加强领导，认真组织，本着“积极推进、注重实效、逐步完善”的原则，对香县辖区内个体诊所实施医疗机构药械规范化管理，营造“用药、用械安全”的良好氛围，督促医疗机构药械管理工作尽早步入有章可循、制度管人的轨道。同时组织执法人员对城区医疗机构进行药械综合检查，对监管中发现的问题及时反馈，使医疗机构责任人增强规范使用药械意识，严格审查、验收程序，起到了警示在先、预防为主的作用。进一步加强医疗机构的质量体系建设和管理，保障医疗机构药械管理工作尽早规范化，切实保障人民群众用药用械安全。此外，结合药品、医疗器械日常监管，在国庆及中秋节日前开展了针对学校医务室的专项整治行动。在检查中，执法人员针对全县学校医务室及药品广告中存在的问题，进行了认真检查，加强对学校医务室药品和医疗器械进、销、存的管理，并建立医务室的进货检查验收制度、处方管理制度、药品分类制度，做好真实完整的药品购进记录等，同时加强在库药品现场监管，定期做好过期、变质药品清理工作，确保学校医务室药品使用规范，以保障在校师生的用药安全。

加强对药品生产企业日常监管，全面掌握药品生产工作动态，及时纠正不合理行为，对企业存在的问题明确整改时限，以敦促企业有计划、按时限整改完毕，确保药品生产安全。

【药械市场专项检查】 “春节”、“五一”、“十一”期间对药械市场有计划的实行药械综合监管，严厉打击制售假劣药械违法犯罪行为，进一步规范药械市场秩序，确保节日期间药械安全，做到防患于未然。针对香格里拉县辖区内的中药材、氧气市场经营假劣中药材的情况时有发生，从根本上保护“香格里拉”这一品牌，结合香格里拉县市场的实际情况，对香格里拉县辖区内的中药材、氧气经营、使用单位进行以行政监督和技术监督相结核的专项检查，并对可疑中药材进行抽样检查，以技术检验支持监督执法，共查处3家无证经营氧气的企业。

为贯彻落实《药品广告审查办法》，加强药品广告监管，进一步规范广告药品市场秩序，配合州局对处方药在大众媒体上发布广告、未经审批擅自发布药品、医疗器械广告、擅自篡改广告内容、使用药品过期广告批准文号、夸大功效、保健食品宣传药品功效等方面对药品广告进行了严格检查。为认真贯彻《疫苗流通和预防接种管理条例》，切实加强对疫苗流通的监管，确保疫苗质量，履行好监管职责，对辖区内涉药单位进行检查，要求对疾病预防控制机构及接种单位的疫苗数量做到底数清、情况明。

组织开展了对辖区内口腔专科门诊的专项检查，主要针对医疗器械供货单位的资质证明、购进渠道是否合法、医疗器械有无合格证、产品存储条件是否符合产品要求等内容进行检查。检查期间立案查处一起，属使用过期医疗器械案。

【食品安全协调与监督】 牢固树立“宣传也是监管、宣传也是服务”理念，以宣传贯彻《食品安全法》为主线，各部门、乡（镇）采取形式多样、生动活泼、群众喜闻乐见的方式积极开展食品安全宣传教育活动，切实提高消费者的食品安全意识。结合《食品安全法》的实施，5月29日上午，在金桥举行了以“贯彻《食品安全法》，共创健康美好生活” 为主题的《食品安全法》宣传周活动启动仪式暨大型宣传咨询活动。宣传活动期间，各部门通过食品安全知识展板展示、现场咨询和发放《食品安全法》读本等形式给群众解答食品安全问题和普及食品安全知识，共发放相关资料3000余份，接待相关咨询300多人次。

组织开展香格里拉县中小学校食品安全专项整治活动。根据县政协十三届委员提案建议，县食品安全委员办公室牵头组织教育、工商、卫生、质监等部门于2009年9月8～15日在全县中小学校范围内及学校周边的食堂、经营食品的商店、摊点、生产食品的企业和小作坊开展食品安全专项整治工作。这次专项整治对全县23个中小学校进行了拉网式检查。共查获过期牛奶3箱，过期食品2箱，“三无”食品1980包，对检查中发现的问题，作出了严厉的处罚。使全县中小学校校园食品安全状况有明显改善，集体用餐的食品安全得到充分保证。

11月14日至19日，县食安办组织卫生、工商、畜牧、药监等部门开展了肉品集中整治，通过加强对重点环节监管，堵塞漏洞，规范肉品生产、流通秩序。本次检查共出动人员40人次，车辆8台次，检查城区及主要交通沿线的主营牛羊肉餐饮企业73户，烤制牛羊肉企业3户，共查获不能提供检验检疫证明的牛杂280千克，牛肉28.1千克，鹿肉6千克，均按照相关法律法规进行了无害化处理。同时对所有餐饮企业现存牛羊肉数量进行登记造册，杜绝非法牛羊肉再次进入市场。有效规范了肉品市场秩序，促进了屠宰管理长效机制构建。

【机关组织建设】 积极响应开展“学习贯彻科学发展观”活动，把组织好学习贯彻科学发展观活动作为重要的政治任务摆上了党组议事日程，组织召开了专题民主生活会，经过近半年的学习讨论，完成了各个阶段的工作任务。此外，修订完善了局机关管理制度，加强了对权力运行的制约和监督。同时，根据上级部门要求，召开了学习贯彻“四项制度”动员大会，进一步统一思想，提高对“四项制度”重要性和紧迫性的认识，并将“四项制度”纳入政治理论和党风廉政建设学习教育的重要内容。此外，结合工作实际，制定下发了县局“阳光政府”四项制度实施方案，并制定了县局重大决策听证制度、重要事项公示制度、重点工作通报制度、政务信息查询制度实施细则。设立了政务信息查询专线电话，强化政务公开、信息公开，自觉地接受人民群众的监督。全年，无一起信访举报案件。

【工作创新与亮点】 将药械从业人员继续教育培训纳入劳动局社会人员培训之内。经多次与劳动局沟通、协调，最终达成共识将药械从业人员继续教育培训纳入劳动局社会人员培训范围之内，劳动局将对开展药械从业人员继续教育培训时给予支持。

【执法检查情况】 2009年，共办结案件22件（一般程序），其中抽样不合格立案13起，无证经营药品5起,没收物品货值金额37758.4元，没收违法所得5760.14元，罚款86584.00元。总计罚没金额92344.14元。

（戴桂生）

财政·税务

财 政

【综述】 2009年，香格里拉县财政工作坚持以党的十七大和十七届三中、四中全会精神为指导，深入贯彻落实科学发展观，认真贯彻中央经济工作会议、省州财税工作会议和县委十三届三次、四次、五次全会精神，紧紧围绕全县经济社会发展总体要求和财税目标任务，立足于建设“精细财政、节俭财政、民生财政、和谐财政”，致力于实现“收入精细化、支出规范化”，积极组织收入，严格控制支出，切实加强财政监管，认真开展学习贯彻科学发展观活动，全面贯彻行政问责等四项制度，狠抓党风廉政建设，严肃财经纪律，求实应对，团结奋起，在财政减收增支因素较多的严峻形势下，完成了县十三届人大二次会议确定的财政工作目标任务，保障了全县机构正常运转和社会稳定，保证了事关民生和经济社会发展的各项重点支出，促进了全县经济科学发展，社会和谐进步。

【财政收入】 2009年，按照县十三届人大二次会议和州政府确定的财政收入增长目标，按照年初省、州财税工作会议和财政工作会议的安排部署，积极应对国际金融危机、世界经济增长减速和中国经济增长放缓对全县经济的负面影响，认真落实各项收入任务，明确考核奖惩措施，强化征收管理，积极组织收入。采取了一系列节支措施优化支出结构，压缩 般性支出，最大限度地支持了农业、扶贫、教育、社会保障、基础设施建设等社会事业的发展，确保了重点支出的需要。全县财政总收入完成29336万元，增长42.98%。地方一般预算收入完成16606万元，完成年初预算的106.22%，完成州政府下达任务数的102.74%，比上年增收3358万元，增长25.35%。税收收入完成14207万元，比上年增长25.34%；非税收入完成2399万元，比上年增长 25.41%。国税组织税收收入完成1460万元，比上年增长4.51%；地税组织收入13404万元，比上年增长28.02%。2009年全县可用财力达到41789万元，其中：一般预算收入16606万元、上级补助收入25183万元（不包括上级专项补助收入），比上年增加5853万元，增长14.01%。

全县财政总支出完成78031万元，比上年增加10558万元，增长15.65%。一般预算支出完成76150万元，比上年增加12331万元，增长19.32%。

【收入组织】 2009年，香格里拉县收入任务艰巨，是最为严峻的一年。由于受全球金融危机的影响，支柱产业矿产业受矿产品价格大幅下跌的影响，增值税、企业所得税大幅下降，尤其是国税面临前所未有的压力；由于地处全国五大藏区之一的迪庆，受西藏拉萨“3.14”的影响，促进全县旅游升温难度空前加大；各项建设投资经历了“五十周庆”的投入高峰之后跌入一个投资低谷，投资后劲乏力；在税源不足的前提下，收入任务要求保持两位数的增长幅度，而支出却因政策性增资而刚性强劲，无任何缓冲余地。全县财税干部在县委、县政府的正确领导下，按照“促进经济、强化征管、税费并举”的工作思路，不断强化增收意识，采取有力措施，狠抓收入组织，超额完成了州人民政府下达任务数的3.35%。收入的完成，采取了如下措施：持之以恒地加大旅游、矿电、生物等支柱产业的培育力度，做大做强财政“蛋糕”，为财税增收奠定了基础；认真细致地开展企业所得税税源调查和以矿、电、土地资源为主的非税收入调查等全县财源调研工作，掌握全县主要和重点财源状况，摸清税收、非税增收潜力，及时分析和制定有效措施，为财税增收创造了条件；积极主动地与国税、地税等执收部门加强沟通协调，共同分析组织收入中的热点、难点、焦点问题，加强收入分析与预测，为做好组织收入工作出谋划策，及时帮助解决税收征管中出现的各种问题，严肃税费征收纪律，加强稽查，提高税收征管效率，形成齐心协力抓收入的良好格局；做到非税收入与税收收入并驾齐驱，严格票据和“收支两条线”管理，加大政府统筹大局力度，盘活土地等存量资产，谋求旅游、土地和国有资产的最大收益，确保非税收入快速增长和全年收入任务的超额完成；狠抓小税种增长。面对主体税种受经济形势和政策影响增速大幅下滑的不利局面，县乡财税部门根据不同区域税源特点，不断加强小税种的征管，小税种保持了强劲增长态势。全年土地增值税、耕地占用税分别比上年增长17倍和14倍，车船税、契税比上年增长2倍，小税种成为新的税收增长点。

【资金争取】 为了增强财政实力，提高财政服务发展的能力，按照“主动汇报，积极争取，热情服务”的原则，抓住国家实施积极财政政策以及中央出台《国务院关于支持青海等省藏区经济社会发展的若干意见》（国发〔2008〕34号）等有利机遇，找准地处高原、气候寒冷、维稳压力大等特殊性，以争取落实中央和省对藏区的优惠政策、均衡性转移支付为重点，积极主动多次到省厅汇报衔接，向上争取政策和资金成效明显。全县上级补助收入完成57842万元，比上年增长16.16%，争取转移支付补助2803万元，比上年增长21.13%，其中形成可用财力的补助收入（不包括上级专项补助收入）为24083万元，比上年增长15.94%。

【支持经济发展】 2009年，全县经济建设支出完成21396万元，比上年增长24.19%。

做好重大（点）项目建设资金保障工作。为了确保重大项目的实施和重点项目的顺利推进，以中央实现扩大内需政策，促进经济增长为机遇，相关职能部门通力合作，协同配合，加大对上争取项目资金的力度，2009年，全县累计争取到位经济建设资金23352万元，其中：专项资金5885万元，国债资金8925万元，其他建设拨款3260万元。在管好用好扩大内需资金和省级、州级专项资金的同时，县级财政在财力极端困难的情况下，配套资金517万元，并采取向上级借款和向银行贷款的方式，千方百计筹措扩大内需项目县级配套资金4765万元，有力地推进了全县重点建设项目及扩大内需项目的顺利实施，夯实了发展基础，促进了经济增长。并在上年安排100万元的基础上安排项目前期费850万元，支持重点项目开展前期工作，发挥财政资金“四两拨千斤”的杠杆作用。

大力支持企业进行技术改造，加快发展中小企业，实施企业“走出去”发展战略。在吃透上级有关扶持企业发展方面的政策的基础上，积极组织企业向上申报各项扶持资金项目。共争取各类支持中小企业发展及科技创新等无偿资助、贴息资金1904万元，侧重扶持科技含量高、产品附加值高、环境影响小的矿厂、生物资源开发、农产品加工、种养殖等领域的非公企业，有力地促进了企业的科技创新能力，拓宽了就业渠道。

【着力服务三农】 2009年，全县农林水支出完成8214万元，支农支出占地方财政支出的比重达13.76%。重点支持农田水利设施建设、农村经济发展、畜牧业发展、退耕还林、村容村貌整治、农业综合开发、游牧民定居工程、新农村示范等强农惠农工程，着力解决了一批农业最关键、农村最薄弱、农民最急需的问题。财政涉农补贴大幅增加，全县对农业、农民和农村低收入人群的直接补贴资金达7622万元，比上年增加3504万元，增长85.09%。

认真落实惠农强农政策。通过涉农补贴“一折通”将涉农补贴兑现到农民手中，真正做到了让老百姓方便和实惠。全年兑付种粮农民综合直补资金1022万元，兑付粮食直补及对种粮农民补贴资金180万元，比上年增加62万元，增长52.54%，25202户农民直接受益；认真贯彻落实家电下乡、汽车摩托车下乡补贴政策，全年共拨付家电下乡补贴66万元，汽车摩托车下乡补贴139万元；及时拨付和兑现了退耕还林、退牧还草补贴2608万元，比上年增加772万元，增长42.05%；

良种补贴180 万元，比上年增加120万元，增长200%；粮食风险金201万元，比上年增加101万元，增长100.01%。直接兑现到老百姓手中的各种补贴资金人均达349.85元，比上年增加63.93元，增长22.36%。

安排财政扶贫资金2265.5万元，专项用于整村推进、易地搬迁、温饱示范等工程，实施了11个自然村的新农村建设试点工作，取得了显著成效。

农业综合开发成效显著。全年争取农业综合开发项目资金767万元，全面完成2008年度项目6个。其中：土地治理项目3个，分别为尼西乡汤满村蔬菜基地项目、三坝乡白地村中低产田改造项目、建塘镇红坡村优质青稞种植基地项目；省级科技项目5000亩加工型青稞新品种及无公害生产标准化示范项目1个，重点产业化项目12000千克松茸冻干产品加工扩建1个，一般产业化项目500吨干酪素加工新建1个，并顺利通过县级初验及省级项目验收，2009年的项目正在建设中。

实施村级公益事业一事一议财政奖补项目。全县共688个村民小组，自实施财政奖补试点以来，已申报、审批财政奖补项目30个。2009年项目总投资预计528万元,涉及11个乡（镇），15个村民委员会，16个村民小组，受益农户2143户，受益人口9013人，农民筹资5万元，筹劳80411个标准工日，筹劳折资160万元。

【构建民生财政】 财政支出除保工资、保运转外，坚持“以人为本”，更加向社会保障、教育、科学、文化、卫生等民生方面倾斜。

提高社会保障水平。不断加大社会保障投入，全力推进城乡居民医疗保险和养老保险改革，提高城乡居民最低生活保障标准，改善居民消费预期，增加消费需求。全县社会保障和就业支出完成12745万元，比上年同期增加6543万元，增长105%。其中：养老保险支出2458万元，比上年增加812万元，增长49%；医疗保险支出2362万元，比上年增加881万元，增长59%；城市低保支出947万元，比上年增加249万元，增长36%；农村低保支出3607万元，比上年增加2750万元，增长321%；城乡医疗救助支出1123万元，比上年增加942万元，增长520%。

加大教育投入。全县教育支出达11575万元，比上年增加2142万元，增长22.7%。全县农村小学和初中的公共经费补助标准提高到生均300元和500元。加强对教师工资、学生补助、学校建设资金的拨付和管理，通过开设专户、完善制度，严格管好、用好“两免一补”、中小学公用经费、高原农牧民子女学生生活补助、农村贫困学生平安保险政府统保金、农村中小学危房维修改造资金等教育专项资金，有力地推动了全县基础教育进程。

加大公共卫生投入。全县医疗卫生支出完成6893万元，比上年增加1990万元，增长40.59%。大力支持公共卫生体系、城乡居民医疗保障体系、基层卫生服务体系等建设。新农合支出1138万元，比上年增加739万元，增长54%，新型农村合作医疗试点进一步深化，全县参合人数达112838人，参合率98.32%，切实改善了人民群众“看病难，看病贵”的问题。

加大文化体育投入。全县文化体育与传媒支出687万元，比上年增加59万元，增长9.4%。普及和推广群众体育，促进全民健身运动，充分挖掘和弘扬香格里拉民族文化，促进了文化产业发展。

加大社会公益性事业投入。全年共安排电脑福利彩票公益金265万元，有力地支持了垃圾处理设施建设项目、乡（镇）老年活动场所建设项目和民政部门优抚、救助、济困、流浪乞讨等支出。

提高基层政权建设投入。安排260万元用于全县政权建设，加大农村基层组织建设投入力度，县乡村各级党政部门办公条件明显改善，推进了“三建三带三创”工作；

认真落实2009年民心工程任务分解，解决农村“两委”每年3000元办公费以及255个基层党支部书记每人每月100元的生活补助和农村村民小组长每年人均200元的补助。真正使公共财政的阳光普照了广大人民群众。

【平安和谐社会建设】 稳定是硬任务，是第一责任，离开稳定，一切都无从谈起，为维护稳定提供资金支持是财政部门义不容辞的职责，切实维护社会和谐稳定，支持推进平安和谐香格里拉建设，全县公共安全支出完成6498万元，增长

221.68%。安排资金支持开展禁毒和防治艾滋病人民战争。积极推进了政法经费保障体制改革，建立“明确责任、分类负担、收支脱钩、全额保障”的体制，及时下达政法转移支付资金，实现政法经费保障制度化、规范化和科学化。尽全力保证了“3.10”、“3.14”、“3.28”等敏感节点和国庆安保资金需要，确保了在非常之年，全县社会安定、民族团结、宗教有序、人民安居乐业的良好局面。

【财政改革】 坚持把解放思想大讨论成果转化为解决实际问题的强大动力，按照依法理财、科学理财和透明理财的要求，进一步深化各项财政预算管理制度改革，努力探索理财新方式，不断提升理财水平，推动财政管理科学化、规范化和法制化。

继续深化部门预算改革。2009年，全县财政拨款单位全部按规定编制了部门预算，编制面达到了100%。根据财政预算管理改革要求，编实编细预算，启用部门预算指标管理新软件，实现全县预算编制接轨，使部门预算编制工作走上规范化、科学化道路。

继续深化国库集中支付制度改革，范围覆盖全县一级预算单位60个，县级单位零余额账户60个，将财政性资金纳入国库单一账户体系支付管理，财政直接支付资金13292万元、授权支付资金4000万元，实现了统一运筹财力、统一调度资金、预算约束监管、安全高效规范。

严格执行“收支两条线”。制定非税收入管理办法，进一步加强非税收入管理和专户资金管理，加强票据管理，规范票据的使用，确保非税收入及时足额缴入国库，提高非税收入对财政收入的贡献。

深入推进政府采购制度。始终坚持“公开、公平、公正”原则，紧紧围绕促进党风廉政建设、节约财政资金两个中心，采取措施逐步规范政府采购行为，巩固改革成果，努力推进政府采购工作。全年共组织开展各类政府集中采购301起/次，其中询价采购295次，公开招投标6次，采购金额达1846万元，节约资金127万元，综合节约率为6.4%。

继续推进农村综合改革。在继续完善“乡财县管”、“村财乡管”改革的同时，根据农村综合配套改革要求，深化乡（镇）财政管理体制改革，启动了乡（镇）财政预算管理方式改革，以乡（镇）为独立核算主体，实行“预算县编、账户统设、集中收付、采购统办、票据统管”的预算管理方式，在资金所有权和使用权不变的前提下，由县财政局直接管理乡（镇）财政收支。按照“统一规划、突出重点、因地制宜、先易后难、逐步推进”的要求，推进“一事一议”财政奖补建设项目实施。

积极开展村级会计委托代理服务改革工作。根据省、州财政的要求，及时成立了村级会计委托代理服务工作实施领导小组，制定执行了《香格里拉县村级会计委托代理服务工作实施方案》，加大宣传力度，在充分尊重农民群众自愿的前提下，按照“四权不变”，“六个统一”的原则开展改革工作，已全面完成11个乡（镇）61个村委会及社区居委会670个村民小组村级会计委托代理服务工作，全县代管资金1596万元。

【财政监督】 认真落实上级反腐倡廉建设工作会议精神，以完善财政部门惩治和预防腐败体系为工作重点，认真履行监督职能，强化财政廉政纠风工作领导体制和工作机制，积极推进财政监督机制建设，坚持标本兼治、综合治理、惩防并举、注重预防的方针，加大工作力度，强化监督检查，狠抓任务落实，坚持用发展的思路和改革的办法深入推进财政部门监督检查工作。

加强财政管理制度建设，先后制定了《香格里拉县行政事业单位国有资产管理办法》、《香格里拉县企业国有资产管理办法》、《香格里拉县县级财政追加预算支出审批制度》和《香格里拉县财政局对乡（镇）财政所财政工作综合考核评价办法》等规范性制度，推进了财政制度化和规范化管理进程。

加大财政收支预测、预算执行分析、资金筹措调度管理，确保财政收入及时足额入库和优化经常性支出；加强政府性债务清理统计核查工作，积极防范和规避财政风险；认真清查预算单位“小金库”和银行账户开设，签订“小金库”承诺书，规范账户管理和财务行为，全县重点检查了12个单位，对各单位存在问题分别进行了处理。

加大专项资金审核力度。对会议经费和专项活动经费加强管理，通过严格审核，在保证正常需求的同时，严格控制一般性支出，做到各项经费支出有保有压。全年共计审核198份专项报告，审核预算资金规模达4509万元，建议政府安排2667万元。

加强各项社会保障、基金、教育“两免一补”、高原农牧民学生生活补助等专项资金的监督、管理、检查，规范财政资金支出，防止国有资产流失。对县级行政和企事业单位、11个乡（镇）财政所、教育系统、卫生院等65个单位的财务收支行为开展专项检查，对存在问题的单位进行了通报、限期整改和督查。

加强内部监督。为了保证财政资金安全，促进财政工作规范化，对局机关管理资金的业务股室和财政所的资金收支、印鉴管理、银行账户开设等情况进行全面检查。

规范会计基础、从业资格管理。组织全县会计人员职称和《会计从业资格证》的考务工作，大力宣传贯彻执行新企业会计准则体系，认真贯彻执行《会计法》、《云南省会计条例》。

认真对待人大建议和政协提案办理工作。结合财政部门实际，把注重实效作为衡量办理质量的标准，做到认识到位、办理认真、主动与建议人、提案人见面沟通，共同研究办理。取得人大代表、政协委员对财政工作的关心、理解和支持；

加强财政宣传。加大财政简报的编报力度，全年共编报54期，在《迪庆日报》上刊登20篇，反映了财政工作中存在的新情况、新问题，并相应提出改进措施。推进以“金财工程”为主体的财政信息化建设。

【党风廉政建设】 为了切实开展行之有效的党风廉政建设工作，局领导班子高度重视党风廉政建设，并把廉政建设列入重要的议事日程，做到党风廉政建设与财政工作一起部署、一起检查、一起落实，并从完善制度，加强教育，严格落实入手，坚持标本兼治，扎实有效地开展了党风廉政建设各项工作。

结合财政工作实际，成立了党风廉政建设领导小组，制定了部门党风廉政建设责任书，后又与下属各股、所签订了党风廉政建设责任书，并严格执行，督促有力，做到层层抓落实，促使该项工作在财政系统内得到了具体落实；

深入开展党纪、政纪、法纪教育。党支部把深入贯彻落实科学发展观活动作为财政工作的头等大事来抓，要求各股所把学习好、贯彻好、落实好科学发展观作为财政部门的首要政治任务，在整个财政系统掀起了学习贯彻科学发展观的热潮。

严格要求办公室工作人员在接待、购物过程中必须有两人在场，并要求在发票上必须签署经办人员的名字和购物用途及接待对象；在农开工程上，进一步实施了较为规范的招投标，提高了施工过程的透明度。党风廉政建设工作的实施，明显改善了全局职工的工作作风，提高了财政工作效率，为财政工作的健康发展奠定了良好的政治思想和组织基础。通过考评，财政局连续第五年荣获县级党风廉政建设先进单位称号。

【队伍建设】 在做好“收支”两篇文章的同时，以改进工作作风为重点，狠抓队伍和廉政建设。

用规范的制度管理人。建立和完善局机关各种管理制度，严格执行涵盖8小时内外包括学习、考勤、卫生的局机关《工作规则》以及《香格里拉县财政行政问责办法等四项制度实施细则》等。年初与各股所签订包括党风廉政建设、社会治安、精神文明建设等内容的公共目标责任书和需完成的各项业务指标、学习任务的量化目标责任书，完善机关财务管理制度、考勤制度、请销假制度、服务承诺制度、使干部职工的组织纪律，服务基层，服务群众，奉献财政的意识明显增强，在社会上树立了良好的财政干部新形象。

用严格的标准教育人。积极鼓励干部职工参加各种形式的业务培训和学历教育，做到时间、人员、经费“三落实”。同时，在系统内部建立能上能下的科学用人制度，大胆启用和积极推荐作风硬、业务精、事业心强的能人。同时，大力提拔年轻干部担任股所长职务，着手发展入党积极分子，加强党支部建设。

开展文明办公检查评比活动。以争创国家级文明单位为契机，通过定期不定期检查环境卫生、工作纪律、服务承诺、仪容仪表、工作作风、党风廉政建设，使财政系统干部职工的行为得到规范，精神面貌不断改变。2009年，香格里拉县财政局被中央精神文明建设指导委员会办公室评为“第四届全国精神文明建设工作先进单位”。

（黄　燕）

税　务

国家税务

【收入完成情况】 2009年，香格里拉县国税局组织入库各项税收收入共计1.597亿元。其中：中央收入1.2815亿元，省级收入530万元，州级收入1164万元，县级收入1461万元。完成州国税局下达年计划1.4421亿元的110.74%，超计划进度10.74%，超全年任务1549万元。州级一般预算收入完成1164万元，县级一般预算收入完成1461万元，完成香格里拉县人民政府下达县级一般预算收入年计划1676万元的87.17%，差计划进度12.83%，差全年任务215万元。与去年同期相比，增长12.02%，增收1714万元。

【收入特点】 税收月度收入波动较大。税收收入同比增长的月份为：1月27%；3月5%；8月30.2%；9月20.6%；10月42.9%；11月157.2%；12月146.3%。税收收入同比减少的月份为：2月4%；4月33%；5月29%；6月33.4%；7月12.7%。

烟草制品批发业增收拉动税收收入增长。2009年烟草制品批发业共计入库2399万元，同比增收1113万元，增长81.88%，该行业增收额占全部税收增收额的64.94%，成为拉动税收增长的主要因素。

主体税种呈“三增二减”态势。“两税”及车辆购置税增收，企业所得税和个人所得税减收。具体为：增值税完成9140万元，同比增收1633万元，增长21.76%；消费税完成665万元，同比增收654万元，增长5945.45%；车辆购置税完成3837万元，同比增收327万元，增长9.31%。企业所得税完成2275万元，同比减收809万元，减少26.23%。储蓄存款利息个人所得税完成53万元，同比减收91万元，下降63.19%。

【税源分析】 增值税主要行业增收因素分析：矿产业。2009年矿产品增值税共完成2989万元，同比增收593万元，增长24.75%。2009年下半年开始，随着国内经济逐步复苏，矿产品价格稳步回升，矿产企业已在一步步走出低谷。

电力行业。2009年电力行业增值税完成3877万元，同比增收567万元，增长17.13%。随着小型发电厂的不断增加及相继投产并网发电，发电量持续增长给发电行业带来了增长因素，且电价上调增加了收入，电力增值税呈现出稳定增长的态势。

商业批发零售业。2009年商业批发零售业共完成增值税2068万元，同比增收571万元，增长38.14%。其中：个体增值税完成447万元，同比增收29万元，增长6.94%，个体增值税增幅不大的主要原因是税率下调至3%的因素影响；商业企业完成1621万元，同比增收542万元，增长47.77%，主要是烟草制品批发业2009年完成1054万元，同比增收505万元，增长92.69%。

消费税主要行业增减因素分析：2009年消费税大幅增收。主要因素自2009年5月1日起国家出台的在烟草商业批发环节征收5%的消费税的税收政策调整对消费税收入增长起到了积极作用。

企业所得税主要行业增减因素分析：2009年企业所得税收入明显减少。主要原因有：受2008年全球金融风暴的影响，矿产企业经营状况低迷，产销量大量萎缩，特别是企业所得税重点企业安乐铅锌矿厂2009年一直无销售，2009年入库2008年年度汇算清缴税款12万元，同比减收1443万元，减少99.18%；烟草商业企业受烟草消费税政策调整因素影响，其消费税及对应的营业税金及附加增加而影响烟草企业所得税收入。

车辆购置税增减分析：车辆购置税增收主要原因是由于国家对小排量汽车的实行税收优惠政策拉动了小排量汽车销售量使车购税增收。

储蓄存款利息所得个人所得税增减分析：储蓄存款利息个人所得税继续减收。减收主要原因是从2008年10月9日起储蓄存款利息免税，从而形成收入减少。

【税收法制建设】 年初根据《迪庆州国家税务局2009年度目标管理责任制考核办法》，就各项目标责任的落实做了具体分工，做到以制度管理人。对于制度的落实，局领导都能够率先垂范，形成了制度面前人人平等、干部职工互相监督的可喜局面。严格按照《阳光政府四项制度》的要求，及时对此项工作进行安排和部署。成立领导小组，层层落实，形成主要领导亲自抓的氛围。在全县首家进行了政务信息网络发布和96128政务信息查询专线服务电话的安装。11月与香格里拉县交警大队共同举办机动车驾驶员交通法规集中培训活动，通过观看宣传片和现场讲解等方式，为全局税干上了一堂深刻的交通法规教育课。

【税收征管】 税收征收及管理：加强税源管理。加强户籍管理，做好了信息共享比对。截止2009年12月15日，在综合征管软件中登记户数为4264户(注销1585户，纳入正常管理2679户，其中企业386户、个体工商业户2293户)；加强税源分析，强化税源管理。在组织征收工作中，抓大不放小，最大限度地限制跑、冒、滴、漏现象的发生；进一步加强发票管理。严格执行发票管理办法，加强发票发售和发票代开工作，严格验旧供等制度。

加强依法治税。依法征收，确保征收工作无差错。全年共受理申报19015户次，受理一般纳税人抄报税463户次，认证增值税专用发票3789份，认证货物运输发票836份，无认证不符发票；要求管理人员准确掌握管区内纳税人的情况，对辖区内的临时税源和季节性税源，要求将税款及时征收入库，共征收临时税款和季节性税款25万元；对纳入医保的医药门市进行全面清理，全年征收税款24万元。采取税收管理员多次上门催缴、税务约谈等方式，将沙石行业的税款征收入库，共入库17.5余万元；认真落实执行增值税转型改革及消费税调整等政策。为把转型改革税收优惠全额落实到位，对全县一般纳税人进行及时宣传、辅导。按规定对2009年度购进机器设备固定资产进行认证抵扣，共抵扣税款33.7万元，做到了执行政策不缩水。

全面细致地做好企业所得税汇算清缴工作：本着方便纳税人、简化程序提高工作率的原则，从3月中旬到5月底，对199户企业所得税纳税户全部按规定开展了自行汇算，自查面达100%。（其中盈利企业24户、亏损企业48户、空申报127户）。24户盈利企业中汇算所得税1289万元。在企业自查的基础上，对72户企业实施了重点检查，全面完成2008年度企业所得税汇算清缴工作。

加强了税收优惠政策管理：按照流程对报批类减免税进行严格审核审批，对备案类减免税进行严格审核备案。建立了减免税动态管理监控机制，按季对减免税企业进行了巡查，加强减免税的日常监督。2009年企业所得税减免15户，减免金额30.13万元，4户出口企业共退税150万元，车辆购置税办理免税车辆6辆，退税13辆，退税额11.29万元, 1.6升以下减半征收620辆，税金167.12万元。

【税收执法】 税法宣传。把税法宣传当做一项经常性的工作来抓，年初便对税法宣传进行了部署。在宣传月期间选择县城比较繁华、人流量较大的坛城广场举行税法宣传启动仪式，悬挂标语、横幅30多条，发放宣传资料1000多份，接受纳税人咨询近30多人次。举办多期新《中华人民共和国增值税暂行条例》培训班，组织单位职工和企业财务人员共360人次参加了培训。结合税收宣传月期间两会召开这一实际，在会场外向企业和个体工商户代表发放税收宣传资料。深入到藏民家中，耐心地向藏民宣传税收法律、法规、国家的民族区域自治制度和相关的民族宗教政策。

税务稽查。发挥稽查职能，认真组织开展日常稽查、专项检查、专案稽查等工作，着力以查促收、以查促管，实现了稽查工作质量和效率的提升。认真、细致的开展选案分析，按照程序实施“税务稽查约谈”，就相关税收政策进行辅导，要求企业在规定的时间内进行自查自纠；对纳入日常稽查计划的重点企业推行“查前预告、企业自查、案头分析、重点检查”的新型稽查方式；协同建塘分局进行发票检查，对3户修理企业进行发票检查，查处违章发票15份。全年共下达稽查工作计划58户；其中：专项检查4户，日常选案纳税人自查46户，协查案件8起；查结58起。共查补税款、罚款、滞纳金433.45万元。其中：查补税款352.47万元，罚款21.59万元，加收滞纳金59.39万元。

【信息化建设】 2009年是税收政策变动最大的一年，新企业所得税法实施首年的汇算清缴，新增值税、新消费税暂行条例及实施细则的出台，出口退税政策的大幅调整，使得各种应用系统和软件也发生了较大的变化。为了保证各项工作的正常开展，按照时完成了所有66个客户端综合征管软件系统升级和出口退税系统的升级工作，完成对卷烟消费税政策变化的系统升级工作，实现了卷烟消费税网络申报。率先在全州国税系统内实现了使用银行卡刷卡缴税，顺利完成了广域网络改造及网络教育培训系统上线、新办公大楼网络接入等重大项目，全面提升了信息化建设水平。

【机构设置和人员情况】 2009香格里拉县局按照省局的统一部署和安排，进行了机构改革，机构由改革前的9个增加为13个。其中：县局机关内设机构共11个：办公室、人事教育股、监察室、纳税服务股、征收管理股、所得税股、政策法规股、货物和劳务税股、收入核算股、党委办公室、办税服务厅，直属机构1个：稽查局，派出机构1个：建塘税务分局，事业单位1个：信息中心。人员情况: 现有在职干部66人，离退休干部34人，共计100人。在66名在职干部中，党员30人，团员10人，党团员比例达61%，学历结构为：硕士1人，大学本科34人，大专24人，中专以下7人，大专以上学历占89.39%，共有汉、藏、纳西、傈僳、白、苗等6种民族，少数民族占总人数的83.1%，其中藏族占全局人数近51%，全局平均年龄为38岁。

【领导班子建设】 以深入学习实践科学发展观活动为契机，进一步加强领导班子的政治理论学习。通过召开民主生活会的形式，认真开展了批评和自我批评，按照活动要求每位班子成员都结合自己分管的工作认真撰写专题调研文章，进一步理清了科学发展的工作思路。对照国税工作实际，领导班子带头遵守机关工作纪律，带动全局干部职工工作积极性，提高了国税机关办事效率。在工作中始终发扬民主，杜绝出现“一言堂”和“一支笔”的现象，遇到重大事项，都通过党组会议集体研究决定，真正做到了“互相补台、好戏连台”。对于职工们反映强烈的问题，局党组认真听取职工意见和建议，进行收集整理后，及时向上级反映。2009年，通过上级的支持和单位领导的不懈努力，解决了退休干部津补贴兑现、职工非领导职务的晋升、房改资金的兑现、全局职工体检和办税大厅综合楼建设等热点问题。

【干部教育培训】 学历教育方面，全年共安排29人参加本科学历教育。业务学习方面，积极与省局和州局相关部门协调，尽量多争取培训名额，全年共选派职工参加省内外业务培训17人次、培训时间142天，参加州内学习培训76人次、培训时间201天。结合单位实际，安排到省局和州局参加培训的人员，在单位内部举办多期培训，使单位职工及时掌握最新的政策法规和税收业务。按照全州业务考试的时间安排，邀请会计师对新《中华人民共和国增值税暂行条例》及相关政策进行认真讲解。通过多渠道、形式多样的学习培训，干部队伍素质有了不小的提高，全员顺利通过了全州业务考试，及格率达100%。

【党风廉政建设】 按照要求，强化对“税收执法权”和“行政管理权”的监督制约，使党风廉政建设健康发展。认真落实党风廉政建设责任制。始终坚持党组统一领导，党政齐抓共管，分解目标，量化责任，一级抓一级，层层抓落实，把党风廉政建设落实到了实处。在11月香格里拉县委党风廉政建设考核中，取得了无扣分的好成绩；加强政治教育，做到警钟长鸣。坚持每周五政治学习制度，认真学习时事政治，主要领导讲话，利用正反两方面的典型事例教育干部职工；继续做好《廉政公约》的签订和回访工作。始终把社会监督、纳税人监督作为税务干部违法违纪的重要途径。在继续开展好新增户128户的《廉政公约》签订的同时，认真做好回访工作。共向纳税人发放问卷调查表118份，收回118份。经过梳理汇总，满意率达98.3%，不满意1.7%。

【精神文明建设】 局党组坚持把精神文明建设作为国税工作的重点来抓，始终坚持“以国为根、以税为业、以人为本、以学为乐、以绩为真、以廉为荣”的国税文化核心价值观。在创建措施上形成了一套“领导重视亲自抓，人教部门具体抓，党团工青妇齐抓共管”的格局。单位文艺队全年共计为各级领导和纳税人演出3场，9月以本单位文艺队为班底的迪庆州国税文艺队在全省国税文艺汇演中获得了“最佳演绎奖”。2009年投资88500元为扶贫点33户村民每户安装一套太阳能，同时，通过与有关单位协调，为松鹤村完小解决7000余元的摄像机一台。由于领导重视、机制健全、措施得力，2009年精神文明建设取得了满堂红，办税服务厅被全国妇联表彰为“三八红旗先进集体”，县局被云南省委、省政府授予“文明单位”，被迪庆州委、州政府授予“2008～2010年文明单位”，牛秀珍同志被迪庆州委、州政府联合授予“三八红旗手”。

【大事记】 1月5日，云南省国税局于智广副局长一行在州局墨局长的陪同下到县国税局慰问并指导工作。

2月13日，省局科研所钟明一行到香格里拉县国税局调研。

4月24日，召开了“税企对话恳谈会”，邀请了20家矿产、水电、商业企业的财务负责人到会。

5月13日，省局科研所王军昆受州局调研课题组邀请到县国税局作调研。

6月3日，由州国税局副局长叶茂、县国税局局长王文军等一行6人组成的税源调查小组深入金江镇、上江乡一线的企业进行税源调查。

7月23日，邀请中瑞税务师事务有限公司总经理赵洪老师进行新增值税条例及实施细则全员培训。

8月7日，香格里拉县国税局被迪庆州委、州政府授予“2008～2010年文明单位”荣誉称号。

8月11日，王文军局长带领太阳能安装公司技术人员深入到扶贫点虎跳峡镇松鹤村大坪子村民小组和阴朵里村民小组，对扶贫项目的前期准备工作进行调研。

9月7日，迪庆州国家税务局叶茂副局长，在县局王文军局长及李永红副局长等的陪同下对香格里拉县重点企业国家电力公司香格里拉分公司进行了调研。

9月14日，牛秀珍同志被迪庆州委、州政府联合授予“三八红旗手”荣誉称号。

9月15日，省局党组成员总会计师魏贵和、省局政策法规处处长王映祥、省局信息中心主任徐翔组成的省局第六督导组一行在迪庆州国家税务局局长墨玉章和叶茂副局长的陪同下，对香格里拉县国税局组织收入、机构改革、学习实践活动及构建和谐国税工作进行督导检查。

（张　波）

地方税务

【深入学习实践科学发展观活动】 香格里拉县地方税务局按照县委深入学习实践科学发展观活动的安排和部署，在县委学习实践活动第三指导检查组的精心指导和大力帮助下，紧紧围绕学习实践活动的指导思想、目标要求、主要原则和方法步骤，在时间紧、任务重、压力大的客观条件下，以“一个目标”、“一个主题”、“四个走在前列”为指导思想，统一思想，充分认识学习实践活动的重大意义，准确把握和落实深入学习实践科学发展观活动的总体要求，扎实开展好学习实践活动，用高度的政治思想观念来武装地税人员，推动地税事业科学发展。在反复领会，学深吃透县委实施意见、实施方案精神的基础上，香格里拉县地方税务局迅速组建成立学习实践活动领导小组,下设办公室,并制定了符合自身实际、切实可行的实施方案，制定了3个阶段的具体工作任务、工作方法、工作内容和工作要求，积极筹备深入学习实践科学发展观活动动员大会，从方法步骤、组织实施、任务落实、思想动员等方面，为有序推进学习实践活动进行了充分准备、提供了有力保障。为深入开展好学习实践活动，提供了具有指导性、实践性的操作指南。在着重抓好思想发动、集中学习、深入调研3个环节的工作下，于4月2日召开了全系统深入学习实践科学发展观活动工作动员大会，4月14日至25日组织开展干部职工集中学习活动。党组成员分别结合分管工作，认真梳理和查找影响税收工作的突出问题，深入实际开展调研，完成并上报调研报告4篇。由县局领导班子成员带队，深入学习实践活动联系点香格里拉县小中甸镇联合村奶司社，了解并酌情解决人民群众关注的难点问题，结合税法宣传月，组织干部职工，邀请各行业纳税人代表，特邀监察员围绕税收、发展、民生的主题，开展讨论交流活动。面向干部职工、广大纳税人、特邀监察员，用发放征求意见表、面对面座谈的形式，广泛征集意见和建议。共计发放征求意见表32份，征集意见和建议4条。于5月27日召开了局领导班子专题民主生活会，并形成领导班子分析检查报告后，认真组织群众评议，共发出征求意见表52份，收回52份，满意率为100%。从而较好地完成了该阶段征求意见、找准问题、分析原因、明确方向的主要任务。针对查找分析的突出问题，制定了局领导班子整改方案，明确了整改落实的主要方向、总体思路、目标要求、完成时限、分管领导和具体责任股室，并向全系统做出了坚决落实整改方案的公开承诺。

【税收完成情况】 2009年，地方税费收入在极其艰辛的情况下取得了突破性的成绩，香格里拉县地方税务局组织税费收入共计2.69亿元，（其中：税收21376万元，社会保险费4595万元，工会费384万元，旅游宣传促销费123万元，文化事业建设费34万元，地方教育附加289万元，水资源费126万元），同比增长24%，增收5200万元，完成上级下达计划的111%。其中香格里拉县级一般预算收入完成1.34亿元，同比增长28%，增收2933万元，超政府年初下达数的5%，超收631万元；开发区级收入完成2420万元，同比增长23%，增收450万元，圆满完成香格里拉县及开发区人民政府下达任务。

【税源户籍监管】 2009年底，地税局有税源户3665户，其中：国有企业22户，集体企业19户，股份制企业10户，私营企业49户，联营企业4户，有限公司471户，个体企业3007户，港澳台投资企业1户，外商投资企业8户，其他企业33户，其中共管户1717户，纯管户1948户。

【漏征漏管户清理检查】 进一步健全“横向协作、垂直监控”的税源管理体系，推进与县国税局、工商局、交通管理局等部门的数据共享，形成了更为广泛的税源监控网络。为确保交换数据的及时、准确、真实、全面，主动与相关部门沟通协作，对信息交换的对象、内容、期限，以及信息交换制度和机制作了明确规定，并认真做好报表对比、实地核查、逐户核对工作，加强了税务登记和纳税人户籍管理力度，有效地防止了漏征漏管，促进了收入增长。

【非正常户纳税认定】 杜绝对非正常户认定的不严肃性，对无正当理由连续三个月未进行纳税申报的纳税户，征收管理员进行实地核查，并按非正常户认定范围、认定工作程序发出公告，责令限期改正，逾期不改正的，制作非正常管户认定书，纳入非正常管户管理范围。

【定期定额户的税收管理】 本着公平、公开、科学、合理、准确的原则，进一步完善定期定额管理制度，严格按照营业收入或者成本加合理的费用和利润之和的方法，核定纳税人应纳税额，避免核定征收的盲目性和随意性，提高核定征收的质量。实行透明办税，定期对纳税户核定定额情况张榜公布，提高定额的透明度，接受广大纳税人的监督，有效遏制人情税，关系税的发生。对定期定额户分行业，分地段定期合理调整，以促进个体私营经济税收的大幅增长。

【发票管理】 进一步完善发票管理体系，从发票的领购、使用、缴销等环节建立健全发票管理基础台账，明确职责，落实责任。

强化发票检查管理，维护正常税收征管秩序。3月23日起，香格里拉县地方税务局局党组决定开展发票专项检查活动，成立了专项检查领导小组，密切配合迪庆州公安局经侦支队及香格里拉县建塘镇派出所，在全县范围进行了发票打假大行动，截至2009年4月25日共查获各类假定额发票3765份，票面金额达669560.00元，并对使用假发票的19户企业及个体工商户进行了处罚，查补税款49678.00元，罚款22500.00元，抓获犯罪嫌疑人1名，移送司法机关。此次活动有力地打击了发票领域违法犯罪活动，维护了税收秩序，并于9月份开展了用票单位自查活动。通过开展发票专项检查和发票信息比对工作，暴露了发票管理中存在的很多问题，针对发现的问题，进行了认真分析和制定有效措施，并通过开展宣传、联合打假和专项整治等有效方法，要求税收管理员进一步强化对发票的日常管理检查等工作，真正做到“有法必依、执法必严、违法必究”。

在饮食业等行业继续推行定额刮奖发票，充分调动消费者索要发票的积极性，有效地监控税源，减少税收收入的流失。2009年有奖发票奖励支出为11万元。

在发票的自印申请过程中，认真按照相关审批程序，督促纳税人自觉遵守发票管理办法，及时解决好普通发票使用管理上的各种问题，使发票的自印申请工作得以进一步规范。在代开普通发票方面，要求各分局严格执行发票管理规定进行领用，并认真填制《申请代开发票审批表》，同时保证工本费按时足额入库。

【纳税信用等级评定】 根据《云南省国家税务局、省地方税务局关于纳税信用等级评定管理试行办法的通知》要求，本着公平、公正、透明的原则，为促进纳税人依法诚信纳税，整顿和规范税收秩序，提高税收征管质量，对只要达到时限条件的纳税人的纳税信誉等级进行了评定。经过纳税人自报、地税机关初评、国地税共评、评定结果公示（A级企业才公示）等程序，对全县466户企业、2126户个体进行了评定，评定出信用等级为A级的企业0户，B级企业300户，个体1516户，C级企业53户，个体24户。

【欠税清缴】 把清缴欠税作为组织收入工作的重头戏抓紧抓好，按照局党组的总体要求，认真做好欠税清理和核算工作，严格控制新欠，努力压缩陈欠，严格按照法规加收滞纳金、罚金，确保税收的稳步增长。

【代扣代缴税款】 积极主动向相关部门协调工作，加强与国税、工商、保险等有关部门的密切联系，争取对地税工作的支持，形成一个堵塞管理漏洞的强有力的管理屏障。2009年度代扣代缴税款6171万元，进一步完善了协税、护税网络，为缓解地税部门人少事多的矛盾，强化各税种的管理，堵住征管漏洞，预防税款的“跑、冒、滴、漏”，实现了税收的源泉控管，开拓了协税护税新局面。

【纳税服务】 紧紧围绕省、州、县地税局及地方党委政府的工作部署，认真落实有关纳税服务的一系列文件精神，结合实际，以规范化管理为主线，以信息化建设为支撑，牢固树立纳税服务“始于纳税人需求，终于纳税人满意”的服务理念，健全服务体系，创新服务方式、服务手段，规范服务内容，着力打造“香格里拉地税”品牌，为纳税人搭建起一个高效便捷的服务平台。

一年来，在如何提升服务品位，拓展服务内涵，达到优化税收服务与实现税收职能的完美结合等方面做了大量工作，在省、州局的指导下，借助香格里拉县地方税务局特有的两个文明建设的深厚基础，以形式的更新为突破，以科学的制度为依托，以严格的考核为手段，联系税收业务工作实际，大力开展优化税收服务，使税收服务与实现税收职能紧密结合，互融共进，提升服务理念，强化服务意识。把优化纳税服务作为践行“三个代表”重要思想和落实科学发展观的切入点，带着感情做工作，及时、主动地为纳税人提供优质、高效的服务，把尊重、理解、关心纳税人的理念贯穿于税收征管的全过程，想纳税人所想、急纳税人所急、做纳税人所需，使管理和服务有机结合起来，以服务促进管理，寓管理于服务之中；健全服务体系，规范服务行为。虽然全县局人少事多，但坚决贯彻执行省、州局的要求，结合实际，制定和完善各项纳税服务制度和措施，建立了纳税服务岗责制度，明确分工，形成了上下各负其责，人人头上有目标，个个肩上有担子的纳税服务责任机制。制定了纳税服务操作规程，明确、统一了服务标准，简化了办税程序，规范了服务行为，理顺了内部机制；创新服务方式，优化服务手段。香格里拉县地方税务局始终把“始于纳税人需求，终于纳税人满足”作为纳税服务的落脚点，结合实际，开展多方式、多手段的纳税服务。除了坚决贯彻执行上级的要求，做好在办税厅推行“一窗式”服务、首问责任制、限时服务、实行公开办税、社保征缴一体化、开展创建文明活动、做实服务细节、建立考核评价体系等规范服务内容外，针对辖区占地面积广、征管占线长、税源零星分散、征纳情况复杂的实际情况，在规范化服务的基础上做好自己的文章。如全天候服务（据不完全统计，近年来非正常上班时间内办理的相关涉税事件已达千余件）、涉税事项连带服务、设置提醒服务、定时定点及双向预约服务、送法上门辅导服务（如2009年7月2日，由于香运物流有限责任公司对相关税法及政策认识不足，在涉税事项及自开票问题上产生了某些误差，在州、县局相关业务领导的协同下，二分局等一行10人直接到公司进行相关税法的讲解及辅导，结合公司实际情况，认真分析存在问题，最终得到妥善解决）。通过逐步完善纳税服务体系，开展全方位的纳税服务，优化了税收环境，保护了纳税人合法权益，有力地促进了税收工作不断迈上新台阶。

【新税法宣传】 2009年正式施行新营业税条例和实施细则。香格里拉县地方税务局认真及时完成系统内新税法、新政策的转发和通知工作。对纳税人认真细致地讲解新企业所得税政策，新企业所得税纳税申报表的填写，新营业税条例的政策变化，新企业所得税汇算软件的操作使用等等，使各项税收政策及时准确得到落实。

【2008年度企业所得税汇算】 2009年是实施新企业所得税法的第一个汇算清缴年，国家税务总局，省地税局陆续出台了新企业所得税法的一系列配套政策，通过口头讲解和发放资料等方式，对全体税务干部，和企业财务人员进行了宣传贯彻，并对各项税收扣除标准的政策把握尺度和税收优惠政策的条件和办理程序进行了宣讲，并在1～6月全部汇算期间认真做好企业所得税汇算数据的抽查审核工作，发现问题及时进行通报，并做好企业所得税汇算数据的录入辅导工作，保证所得税汇算数据的及时录入上报。2009年，全县参加汇算企业户数为143户，其中查账征收企业为52户，核定征收企业为91户。减免企业所得税4户，其中小型微利企业减免3户，减免税额1万元；财产损失税前扣除1户，减免税额94万元。

【政策性减（免）税审批管理】 2009年，针对各减（免）税税种涉及行业特点和具体特征，在各分局的协助下，使减（免）税管理工作得到了较好的规范。

下岗再就业方面。进一步规范下岗再就业的审批程序和日常跟踪管理。截止2009年12月31日共审批下岗再就业减免39户，不包括发票减免共减免税金82704.48元，其中减免营业税61620.00元，城建税为3731.40元，教育费附加为2174.04元，地方教育费附加为832.68元，个人所得税为14346.36元。

残疾人提供劳务减免。在残疾人提供劳务减免方面，根据《中华人民共和国个人所得税法》第五条第一款的规定，给予残疾人提供劳务者暂减征90%个人所得税。截止2009年12月31日共审批残疾人提供劳务减免23户，不包括发票减免共减免税金50399.52元，其中减免营业税36552.00元，城建税为1984.80元，教育费附加为1159.68元，地方教育费附加为406.56元，个人所得税为10296.48元。

车船税减免。2009年4月27日在县局会议室，针对车船税的代扣代缴征管工作，联合香格里拉县辖区内的各保险公司进行了联席会议，使车船税征管工作得到规范。从2009年起车船税统一由辖区内的五家保险公司来负责代扣代缴，其余机构包括地税基层征收单位不再参与征收管理，按税法的规定制定“车船税宣传匾”悬挂于代扣代缴点，使纳税人一目了然。2009年“香格里拉县吉顺汽车运输有限责任公司”申请车船税减免，经审批符合减免条件和规定，共涉及32辆城区公共车减免，共减免税额15360.00元。

【自开票纳税人资格认定和管理】 2009年度共认定了三户自开票纳税人。其中对设于香格里拉经济开发区、辖区内物流量最大的企业“香运物流公司”进行了严格的抽查。前后3次下户检查，召集该公司财务等相关人员进行查账核对共2次，对该公司开票不规范等问题进行实地指导和及时纠正，有效地促进了税企和谐、共进。

【税收执法责任制】 加强法制机构建设，成立了税收执法领导小组，根据征管法搞好税收执法监督实施方案，完善税收执法过错责任追究制度，强化法制培训，为规范执法行为提供了组织保证，为税收执法工作奠定了良好的基础。

【建立完善评议考核体系】 制定了《香格里拉县地方税务局税收执法责任制》和《香格里拉县地方税务局税收执法过错责任追究制》。在制定考核目标上，做到必要性与可行性相结合，选取了看得见、摸得着、抓得住、量得准的指标。在考核内容上，做到定性与定量相结合，定性指标力求体现全局性，宏观性和普遍性，定量指标力求体现合理性、严格性与绩效性。在考核方法上，做到日常考核与年终考核相结合，内部考核与纳税人评议相结合，主管部门与相关部门评议相结合，并对违法执法行为及责任人实施严格的责任追究，从机制上制约了税收执法权的滥用，促进了执法行为的规范。

【规范税收执法检查】 在进行全面执法质量检查与执法监察合并进行的基础上，加强税收行政处罚、税务行政许可的日常检查，改变以往大而全的全面执法检查模式，有选择性地将税务行政处罚、停歇业管理、以前检查中发现问题的整改及分重点环节、重点岗位和征管薄弱环节开展执法检查。改变以往重全面执法检查轻日常执法检查的做法，对一些执法薄弱环节开展日常执法检查，将日常执法检查与工作指导相结合。改变以往重检查问题轻整改督导的不足，将检查发现问题的整改作为检查取得实效的关键。改变以往重案卷局面检查的单一方式，有选择地到纳税人处进行延伸调查，更加深入全面地发现执法中存在的问题。2009年3月份和10月份两次对税收执法一线的三个征收分局进行了税收执法质量检查，发现了执法过程中存在的一些问题，及时结合发现的问题进行辅导和改正，未出现执法过错情况。

【规范性文件清理管理】 严格规范性文件管理，认真做好税收规范性文件的备查、备案、公告、清理工作，对地方政府出台的违规涉税文件，地税机关不得执行，并及时向上级局报告，同时向该文件的制定机关和备案机关提出局面修改建议。按照国家税务总局关于开展税收规范性文件清理工作通知的要求，认真开展清理工作，将地税成立以来的所有规范性文件，包括地方党政和相关部门制定的涉税规范性文件进行逐一清理，并借此契机，建立规范性文件定期清理和汇编制度，及时做好规范性文件修改、废止工作。

【税法宣传】 认真贯彻落实中央经济工作会议、全国宣传部长会议和全国税务工作会议精神，围绕中心工作，服务税收大局，切实加大税收法治建设、纳税服务、税务干部队伍建设的宣传力度，深入开展第18个全国税收宣传月活动。继续沿用"税收·发展·民生"的宣传主题，围绕这一主题，以"服务科学发展，共建和谐税收"为主线，紧扣中央"保增长、扩内需、调结构、促改革、惠民生"的2009年经济工作总体要求，在全县范围内结合深入学习实践科学发展观，以落实税收优惠政策、提升纳税服务、建立和谐税收环境为重点开展税法宣传活动。成立各级宣传活动领导小组，各分局由专人负责、分片分组进行税法宣传，举办了深入学习实践科学发展观指导组、纳税人代表、特邀监察员参加的税法宣传座谈会，参会人员围绕宣传主题，各抒己见，畅所欲言，从不同侧面结合亲身经历，分别谈了自己对税收的认识，提出了对加强税收工作、普及税法知识的意见与建议，把贯彻落实各项税收优惠政策，扶持企业发展、为企业服务作为宣传重点，宣传税法知识，宣讲税收政策。悬挂标语近50条，制造了宣传活动的良好声势。分发以车船税、发票、工会费等为内容的宣传资料3500多份，坚持宣传与服务同行、执法与服务相融，彰显税收宣传服务特点，宣传材料涵盖工会、社保、个人、企业、发票等方面税法基本知识，宣传材料发放覆盖面达80%。凸显预警的税收宣传功能，受到了纳税人的一致好评。结合所得税汇算清缴工作，宣传企业所得税法及国家制定的有关衔接政策，保证新旧税法顺利过渡。

【规费征管】 各规费收入情况。社会保险费累计征收45953465.24元,征收率100.78%,比上年同期增收4665308.07元,增幅11.30%；水资源费2009年1～10月县水电局核定水资源费15户，核定额153.47万元, 核销27.71万元,共计征收125.77万元,完成核定数的100%，无欠费。根据省地税局、省水电局有关文件规定，自2009年10月1日起，地税部门不再负责在滇电力企业水资源费代征工作。10月20日，按照要求制作了《水资源费移交清单》、《2004年7月至2009年6月在滇电力企业水资源费欠费情况统计表》、《代征水资源费工作情况》等资料，明确交接主体、交接内容、交接时间，将水资源费代征工作顺利移交回县水电局，从10月1日起不再代收水资源费。2004年7月至2009年10月，6年来县水电局水资源费核定额1102.75万元，核销152.87万元,实际征收949.88万元，征收率100%，代征水资源费做到应收尽收，不留欠费；旅游宣传促销费全年累计征收1231283.14元,比上年同期增收146483.14元,增幅13.50%；工会经费根据云南省地方税务局、云南省总工会有关规定，从2009年1月1日起地税部门全面代收工会经费和建会筹备金，与县总工会、农行等相关部门组织协调、加强沟通、密切配合、齐心协力，全面代收。止12月7日，登记户168户，其中：省级统筹6户，县级统筹162户，共计征收工会经费3844009.32万元，其中财政代拨全县机关事业单位工会经费252.44万元。

清欠工作情况。2009年2月25日止，累计清欠241.18万元，其中：本年欠费198.41万元，收回以前年度欠费42.77万元。清欠措施：县地税局与县社保部门两家联合催收；县社保部门利用劳动执法时进行催收；对欠费问题，积极联合县社保部门，多次联合行文上报请示县政府。结合今年社会保险基金专项治理，县政府配套安排了5万元，其中：医疗保险费3万元，失业保险费2万元。

扩面工作情况 。2009年登记户688户，新增扩面130户，其中：养老保险费登记户575户，扩面104户；医疗保险费登记户293户，扩面50户；工伤保险费登记户74户，扩面34户；生育保险费登记户40户，扩面23户；失业保险费登记户243户，扩面27户。采取措施：社保部门利用执法年鉴进行宣传，并加大执法力度；每季度提供新税务登记户给社保部门，以便从中参考、筛选扩面户；社保部门利用劳动监察年审，对企业进行把关，强制要求参加社会保险费，对不参保户进行处罚，年审不予通过。

【信息化平台建设】 强化信息化建设，深化信息系统的应用，重视信息系统的安全运行维护，加强制度建设，制定全面、可行的软件、硬件、网络安全运行监控方案和应急预案，确保信息系统安全平稳运行。

相继推广和运用了多个系统。目前香格里拉县地方税务局正在运用的系统有：云南地税综合管理信息系统MISv2.0、办公自动化系统ODPS、企业所得税数据采集与汇总系统、个人所得税管理系统、货运发票税控系统、触摸屏查询系统、货运发票后台控制系统等。所有软件都在正常顺利地使用中，为全县地税工作的开展发挥着巨大的作用。

2009年，在信息化方面的投入进一步加大，拥有的信息设备数量相当齐全、丰富，全年投入专项资金15.6万元。2009年底：拥有服务器3台，拥有PC机118台，打印机55台，拥有交换机8台，拥有路由器4台，为118台PC机安装了杀毒软件，拥有4个广域网联通节点。

加大了对网络安全的投入,配备了瑞星杀毒软件、趋势防毒墙、入侵检测系统、天融信防火墙等网络安全软、硬件。为新安装的计算机分配IP地址，规范其名称和工作组，为新安装的计算机安装工作所需的运用程序和防病毒软件，先后为两台服务器打安全补丁156个，系统补丁24个，数据库补丁6个，关闭多余端口57个，停止无用服务35个，关停多余账户3个，变更安全设置26项，修改注册表信息19项。为货运发票系统、个人所得税系统、企业所得税汇算清缴数据采集和汇总系统、杀毒软件进行维护和升级等。做好系统的日常维护和网络的日常管理，为全局排除各种常见故障，做好数据的备份。为中心机房的搬迁做了大量的前期准备和后续工作。

【部门建设】 继续抓好领导班子和领导干部的思想、作风和能力建设，进一步提高凝聚力、创新力和执行力。切实提高民生生活会质量，进一步完善领导干部的考核机制，增强领导干部的责任心、事业感和大局意识，抓好组织收入、完成收入任务的组织保障机制。

继续以“云岭先锋”工程为载体，加强党组织建设和党员干部队伍建设，切实做好发展新党员等各项党建工作。在发展新党员上，讲标准，求质量，成熟一个，发展一个，严格把好关口。经过支部认真的考察和研究，5月，一名同志列入入党积极分子；六名同志转为预备党员；一名同志转为正式党员。至此，全县地税共有正式职工64名，其中党员47人，占总人数的73%。并设立了支部党员活动室。

继续开展民主行风评议、聘请特邀监察员、设置举报箱、公布行风监督电话，自觉接受社会各界和广大纳税人的监督。

继续开展“平安地税”创建活动，认真落实值班制度和紧急重大情况报告制度，确保政令畅通、运转协调。抓好安全生产，落实“综治”责任制，确保系统人员、档案、保密、票证、车辆等安全和稳定，营造平安地税和谐地税。

【队伍教育培训】 2009年，全县地税系统开展各类业务培训7批次，参加培训人数达50余人次。经过多年的努力，香格里拉县地方税务局干部队伍目前取得大学本科文凭的有42人，取得专科学历的9人，中专高中以下学历11人。

【地税文化建设】 坚持以人为本理念，围绕物质、制度、精神三个层面展开，即从增强责任感出发，建设一流的物质文化，为地税事业的健康发展创造条件；从增强地税干部的责任感出发，为依法治税，从严治队提供执法保证；从增强地税干部使命感出发，建设先进的精神文化，增强地税系统的凝聚力。努力营造具有特色的地税文化建设，利用各种节假日，坚持不懈地开展形式多样的文体活动，丰富干部职工的业余文化生活，培养积极向上的生活情趣，增强全体人员的团队意识和集体荣誉感，成功地实现了地税干部职工的“三同”：思想上同心，目标上同向，行动上同步。

【文明创建活动】 以创建“文明行业”、“文明单位”和“青年文明号”为主要活动载体，开展了丰富多彩的教育活动：开展职业道德教育，组织学习税务人员职业道德规范，开展纪律作风整顿，不断强化规范执法、文明服务意识；建立完善各项制度；开展了“争创文明办税服务厅”等活动。以活动促服务，形成了操作规范、执法公正、办事快捷、优质服务的良好氛围，受到了纳税人的广泛好评。年内完成了新成立的三分局申报州级文明示范窗口工作，香格里拉县地方税务局申报国家级先进集体工作。

【机关建设】 立足大局，创新工作思路，强化综合协调，提升服务水平，保障机关工作快速、高效、协调运转，确保全局各项工作的顺利推进。进一步强化内部事务管理制度，压开支，保运转，改进工作方法，不断提升接待服务质量和水平。抓好政务公开、行政许可法和《国务院全面推进依法行政实施纲要》的实施工作。认真贯彻落实“阳光政府四项制度”，结合地税实际完善工作机制，做好政府信息公开工作，全年公开信息47条，修改信息16条。做好96128专线服务工作，强化行政机关及工作人员的服务意识，增强责任心，确保制度落实并取得实效。强化信访工作责任制，加大协调疏导力度和督促落实力度，努力化解各种矛盾，维护社会稳定，促进全局税收工作和谐稳定地发展。

【挂钩扶贫】 从2009年3月起，把扶贫工作放在重要议事日程，局党组领导几次亲临小中甸镇联合村奶司社进行实地考察及调研，结合奶司社实际情况及小中甸镇政府、村、社提出的建议，决定为奶司社建造一个文娱活动中心，在推进奶司社物质、道德、精神文明建设的同时，让奶司社村民在辛勤劳作之后有一个轻松娱乐的去处，在商议大小村事时有个遮风避雨之所。6月初，文娱活动中心工程在地税局党组的全力支持及全县地税职工的大力筹资下启动，局党组指派专人对工程全过程进行监督及指导，时至8月，文娱活动中心工程竣工，共计投资16.8万元。

【办公区搬迁】 在云南省地方税务局，地方党委、政府，州、县局领导的正确领导下，新办公区建设工程项目相继完工，于9月28日平稳、安全、顺利地搬迁入新办公区。

【甲型H1N1流感防控】 结合流感防控实际，全力做好各项防控工作，提高科学认识，消除恐慌心理。认真做好办税服务厅的定期消毒，开展职工定期身体检查。在此期间，职工严禁组织参与大型聚会活动，教育照看好自己的子女，做好办公区、生活区、卫生区及家庭个人卫生，全方位杜绝疫情的防控工作。由于防控工作做得扎实，全县局无一例甲型H1N1流感发生。

【档案管理】 努力提高档案管理人员档案管理知识和水平，做好档案日常管理、搬迁和整理工作。

【党风廉政建设】 大力推进惩治和预防腐败体系建设，把从严治队的方针全面贯穿于地税干部队伍的思想建设、组织建设、作风建设、制度建设和反腐倡廉建设之中，结合深入学习实践科学发展观活动，运用科学发展观的观点、方法来解决发展中的问题，使党风廉政建设工作更好地服务于地税事业科学发展。

始终把党风廉政建设和反腐败工作纳入重要议事日程，精心组织，以达到带好队、收好税的目的。县局领导班子和各分局局长切实担负起领导责任，在党风廉政建设和反腐倡廉工作中发挥了表率和带头作用；将党风廉政建设的主要任务细化和分解到各责任部门和责任人，力求做到职责明确、任务清晰、要求具体，对责任范围内的党风廉政建设承担全面责任。认真负责落实党组与各股室、分局及副主任科员以上签订《党风廉政建设责任书》，把党风廉政建设责任制的落实与税收工作紧密结合起来，确保干部队伍的纯洁与健康发展。

领导班子严格按照《党风廉政建设责任制》的要求，自觉遵守廉洁自律的各项规定，正确行使党和人民赋予的权力，严格规范个人的行为。各分局领导在征收管理各项工作中，能坚持原则，在管好自己的同时，也能管好自己身边的人员，杜绝发生违反党风廉政建设责任制的案件。

按照《“六好”创建活动考核办法》(云地税发〔2009〕177号)文认真落实“六好”创建活动。参加由省局组织的行业作风评议，及时纠正行风建设方面存在的问题，在纳税人中树立良好的地税形象；根据“六好”考核办法，对县局中层领导干部进行任前谈话和廉政谈话；组织召开特邀监察员座谈会，通过座谈让他们全方位了解地税部门的工作状况和精神面貌，精心组织和征求特邀监察员的意见，在与他们的座谈中，他们充分肯定了香格里拉县地方税务局工作成效，并表示将一如既往地支持地方税务工作；按照“标本兼治、综合治理、惩防并举、注重预防”的方针，组织召开预防职务犯罪联席会议，增强队伍执法责任意识，提高广大干部自我约束和防范意识。

（邓清丽）

教育·科技·气象

教 育

【概述】 2009年，全县办有各级各类中小学校（幼儿园）195所，其中：普通完全中学2所，普通初级中学5所，教师进修学校1所，普通小学182所（完全小学45所，一师一校75所），幼儿园5所。各级各类学校在校学生2.11万人，其中：普通高中在校生0.12万人，普通初中在校生0.6万人，普通小学在校生1.3万人，在园幼儿数0.09万人。全县各级各类学校教职工有0.19万人，其中专任教师0.16万人，高中教师学历达标率97.72%，初中教师学历达标率98.65%，小学教师学历达标率为96.76%。全县中小学校舍建筑面积24.9万平方米（生均校舍建筑面积11.8平方米）。

【“两基”巩固与提高】 2009年，全县普通初中毛入学率97.56%，巩固率94.72%；小学入学率98.79%，巩固率99.26%，初中毛入学率、巩固率较2008年分别上升0.012、0.011个百分点，小学毛入学率、巩固率较2008年分别上升0.014、0.012个百分点。

【基础设施建设】 2009年，共维修改造项目学校18个，维修改造面积15465.47平方米，完成总投资1406.00万元。年内，由县城建局、土管局、水电局、地震局、消防队、规划局等相关技术人员组成排查组对全县中小学校舍进行了逐栋排查，完成全县所有校点的校舍选址安全排查，完成全县974个建筑单体的校舍建筑安全排查。

【落实农村义务教育经费保障机制】 年内，教育局配合县人大、财政，组织了两次专项督查，促进了政策的落实。全县按规定拨付了义务教育保障经费，保证了学校正常运转。年内发放“高原农牧民子女学生生活补助”2595.24万元，共有15790名学生享受了生活补贴；贫困大学生救助工程共投入30.00万元，救助贫困大学生93名，资助一本39人，二本56人，资助专科学生金额3.93万元。今年共受理138名生源地助学贷款，贷款总金额72.27万元。

【师资队伍建设】 2009年，教育系统以学习和实践科学发展观活动为契机，努力加强思想政治工作，切实提高教师队伍的思想政治水平。把深入学习和实践科学发展观作为首要的政治任务,积极开展各种学习和研讨活动,引导广大干部教师全面把握科学发展观的科学内涵和精神实质,增强贯彻落实科学发展观的自觉性和坚定性,着力改变不适应、不符合科学发展观的思想观念,着力解决制约教育发展的突出问题,把教育系统全体干部教师的积极性引导到推进教育事业的科学发展上来,把科学发展观贯彻落实到教育教学的各个方面,把党的理论创新成果转化为促进发展的科学思路,转化为领导发展和参与发展的实际能力,转化为教育系统广大干部教师为建设教育强县而勤奋工作的自觉行动。

教师培训。教育中心结合全县实际，以教师发展为本，以促进教师专业化为先导，以构建终身学习体系为重点，以新课程实施为切入点，以提高教育教学为中心，以运用教育信息技术为手段，以校本研修为基础，引导教师专业发展，促使广大中小学教师明确自己应树立新的教育理念，不断转变工作方法、教学策略、更新教学技能。

教师履职晋级培训。2009年暑期开设2个培训科目（《中小学幼儿教师实用教育科研方法》、《当代青少年心理问题反思与回应对策》），组织779名中小学、幼儿园教师参加履职晋级培训。

【教育改革】 2009年，全县教育改革以学校布局调整工作为重点。在2008年的基础上，撤并了61所小学，并加大力度，积极推动“一乡一校”试点工作，年内，五境、尼西、建塘两乡一镇已基本实现“一乡一校”集中办学，为全县下一步全面铺开学校布局调整工作奠定了良好基础。

【学校目标管理】 建立健全学校管理目标责任制，签订《教育目标管理责任书》，加强中小学目标管理考核工作，组织对全县中小学进行全面、细致的常规管理工作检查和学校安全隐患排查。加强领导，结合实际，制订方案，认真开展“平安校园”创建活动，进一步加强对学校后勤管理人员培训。通过开展常规管理检查，加强校长管理工作，对全县普及义务教育、扫盲、“两基”工作和实施素质教育以及学校办学方向、办学水平、办学效益进行督导评估。

学校内部管理。认真组织开展中小学常规管理检查和中小学督导评估及达标晋级工作，各级各类学校办学行为进一步规范，学校常规管理进一步加强，教育教学质量有了新的提高。小考成绩逐年稳步提高，部分初级中学中考成绩取得历史性突破，全县中考600分以上人数大幅度提升。今年，全县共有高考考生952人，本科一批上线94人，本科二批上线155人，本科三批上线96人，专科批次上线353人，上线率为72.37%，比上年提高7.39个百分点。

【党风廉政建设】 坚持从严治党方针，强化“一岗双责”领导责任制，紧紧围绕教育改革发展稳定大局，全面落实教育系统党风廉政建设责任制，加强监督，标本兼治。加强宣传教育，提高对廉政建设的思想认识。组织广大党员认真反复学习《党章》、《党员处分条例》、《治理商业贿赂》、《教育系统民主评议政风行风》等相关文件精神，组织领导干部观看违法违纪党员典型事例以进行警示教育，使领导干部充分认识到应保持和发扬艰苦奋斗的优良传统，以身作则，廉洁从政。强化监督管理，努力提高领导干部廉洁从政的自觉性。年内局党委与各校校长、书记签订了党组织建设、党风廉政建设责任书，细化内容、量化标准，年底进行专项考评。突出重点，创新机制，加大从源头上预防和治理腐败的力度。教育收费、招生、人事调整、工程招标等是社会关注的热点、敏感性问题，也是教育系统加强党风廉政建设的重点环节。局党委通过“教育系统治理商业贿赂”、“民主评议政风行风”等活动对教育收费、招生进行了全面的清理整顿，制止了一些不良行为和现象，增大了透明度，收到了实效。

【大事记】 3月，组织县级人民政府教育工作督导评估自查自评工作，成立了香格里拉县人民政府教育工作督导评估自评领导小组和办公室；制定了《香格里拉县人民政府教育工作督导评估实施方案》、各乡(镇)人民政府、县级职能部门及中小学、幼儿园履行教育法律法规工作职责。县人民政府召开了县迎检动员大会；召开了教育系统迎检动员大会。

4月，推进学校布局调整工作，开展‘一乡一校’试点。

5月，县政府召开迎检领导小组工作会议，进行县自评，经香格里拉县十三届人民政府第十一次常务会议审定，同意《香格里拉县人民政府教育工作督导评估自查报告》，并上报县人大、县政协审议，均顺利通过。

6月，本着“以考生为本，为学校服务、为考试服务”的原则，加强考务工作指导和管理，顺利组织完成09年度普通高校招生考试工作。

7月，教育局组织了在边远、艰苦地区工作年限长，教育教学工作突出的27名教职工到省工人疗养院疗养一周。

7月，完成 2009年大中专毕业生报名、资格审查、笔试、面试及安置工作。根据《云南省事业单位公开招考工作人员暂行办法》、《迪庆州事业单位公开招考工作人员实行统一考试公开招聘暂行办法》，按照“公开、平等、竞争、择优”的原则，通过公开报名、统一考试、全面考核的办法择优录取53名中小学教师。其中：中学教师1人、小学教师52人。并按照《香格里拉县关于大中专毕业生就业公开招考方案》程序，新招名教师与教育局签订了聘用合同及鉴证手续。

9月，香格里拉县城区学校爆发甲型H1N1流感,教育局积极开展甲型H1N1流感的防控工作，制定教育系统预防甲型H1N1流感应急预案，启动教育系统甲型H1N1零报告制度，多次召开学校负责人紧急会议，确保学校H1N1流感病例的早发现、早治疗、早报告、早控制。为了控制疫情在学校的蔓延，在城郊设立隔离区，抽调医务、后勤人员集中观察治疗。由于高度重视、积极应对，扎实做好各项防控工作，有效防控了甲型H1N1流感在学校的集中爆发和蔓延，防控工作取得阶段性成果。

（曹丽兵）

科 技

【简述】 香格里拉县科学技术局、科学技术协会合署办公，实行一套工作机构两块牌子的体制，内设办公室、科技综合管理股。在编在职职工11人，其中本科2人，大专5人，中专3人，初中1人。

【部门建设】 注重抓好党风廉政建设，做到“八个坚持、八个反对”，及时贯彻执行党的路线、方针、政策，深入搞调研，为民办好事、办实事；认真召开好支部会议和民主生活会。认真开展政治学习和警示教育活动、“学习实践科学发展观”活动、“阳光政府”活动，做到时刻警示干部职工；进一步加强社会治安综合治理工作，推动“平安香格里拉”建设，促进社会和谐稳定；通过学习、宣传、教育，一年来，全局干部职工当中没有发生违法乱纪的行为。在科技管理工作中，注重加强自身素质建设的同时，强化服务意识树立服务大局的观念，并逐步把科技管理工作切实转移到为农业、农村、企业等行业的科技服务上来，提高科技管理服务质量和服务效率，充分发挥科技管理的职能作用。

【项目申报】 2009年，申报了州级《香格里拉县羊肚菌扩繁技术示范项目》、《优质桑树品种改良栽培管理配套技术试验示范项目》、《东旺藏鸡保种开发养殖开发示范项目》、《秸秆蛋白颗粒饲料技术引进应用推广项目》、《香格里拉尼西黑土陶有限责任公司改扩建项目》和省级《香格里拉县边疆解“五难”（学科技难）惠民工程项目》、《云南省云药之乡》，省级、国家级《科普惠农兴村工程项目》等，为全县产业结构调整和公众科技素养的提高提供了有力的科技支撑。

【项目实施】 2009年，分别在上江乡、格咱乡、尼西乡、东旺乡、建塘镇、虎跳峡镇等6个乡（镇）33个行政村实施了“云南边疆解‘五难’（学科技难）惠民工程”项目，通过项目实施“香格里县解‘五难’（学科技难）惠民工程”项目取得了阶段性成效。

开展科技示范，拉动产业发展。培育尼西鸡养殖、牦牛养殖、种桑养蚕、核桃种植等科技示范户500户；选派科技特派员，为农村提供科技服务。从州、县、乡（镇）从企事业单位选派具有一定技术水平、农村工作经验丰富的科技人员6名作科技特派员，到乡（镇）、村开展科技服务工作，到目前为止共开展科技培训指导25次；培养农村科技辅导员。选拔培养了有一定文化程度的村级科技辅导员33名，共引导农民学科技及开展科技指导工作50次；强化科技培训、提高农民科技水平。邀请州、县、乡（镇）专家、教师、特派员开展技术培训，全年共举办各类农村实用技术培训41期12000人次，播放实用技术录像30场次，观看人数达2500人，通过培训，不断提高广大农民科技文化素质；整合资源、做好解“学科技难”阵地建设。6个乡（镇）都配备电视、DVD、书桌、书柜、各类科普丛书及农村实用技术光盘等实物，到目前完善村级科技活动室15个，其中配备了电视15台、DVD15台、书桌100套，书柜15个，光盘150张，科技书籍、资料3000份，配套科技书籍2000册；发展农村专业协会、培育农村经济合作组织、促进当地特色产业发展。目前在6个乡（镇）成立了4个农村专业协会；培育农村经济合作组织4个。通过项目实施，兴起学科技，用科技热潮，提高了农民科学种、养技术水平，建立和培育了一批特色产业，带动了产业发展，增加了农民经济收入，促进了经济发展。

培育特色产业。在特色产业的培育和发展过程中，坚持以市场为导向，项目为支撑，培育和扶持了种桑养蚕、尼西鸡养殖、核桃高产种植、牦牛养殖、双低优质早熟油菜等产业技术示范，通过实施，产业成效明显。上江乡种植蚕桑面积达1000亩，改良100亩，养蚕1000张；纯种牦牛养殖1020头，出栏500头；建塘镇双低优质早熟油菜5000亩；东旺乡、虎跳峡镇核桃种植1400亩；尼西鸡养殖50000只，出栏30000只，实现产值近150万元。较好地完成了项目的各项计划任务。参与项目实施农户近13000户，26000人次，直接受益农户达6000户。

在实施“云南边疆解五难（学科技难）惠民工程”项目实施过程中，县科技局通过调研，为解决沿江一线种桑养蚕产业中存在的桑树品种退化严重，蚕农科技素质较低，栽桑养蚕水平粗放，经济效益较差而制约蚕桑产业的发展问题，县科技局采用聘用科技特派员为技术依托，农户参与、乡（镇）政府组织协调、县科技局保障实验示范经费，并全程督促、检查、指导的形式，于2008年10月启动，2009年全面开展“优质桑树品种改良与栽培管理配套技术试验示范”项目：在金江镇新建村建立50亩桑树品种园；引进11个桑树品种，进行嫁接实验筛选；桑树栽培的科技推广。通过试验对11个品种在当地的生产适应性、产量、抗病性能、食口性等生产性能指标进行了试验示范。现已筛选出5个优良桑树品种，这5个品种亩产量均达2200千克以上（一般品种亩产在1200千克左右），并改变了原有桑园1.8亩喂一张蚕的历史，养蚕张数从一年基本养殖3～4张提高到8～10张，同时节约养蚕工时每张4～5个工，增加农民经济收入3000～4500元，增效25%以上。为蚕桑产业健康持续发展打下了坚实的基础，县科技局正在向相关部门积极申请“优质桑树品种枝条繁殖基地”项目。

【全民科学素质行动计划纲要】 根据州人民政府下发的迪政发〔2008〕33号文《迪庆州人民政府关于印发国务院全民科学素质行动计划纲要的通知》精神的要求，下发了《关于成立香格里拉县全民科学素质工作领导小组的通知》（香政办发〔2008〕22号），成立了香格里拉县全民科学素质领导小组及办公室。2009年县科技局、科协继续加强对领导成员单位的协调、宣传、指导工作力度，切实把《香格里拉县全民科学素质行动计划纲要》落到实处，努力促进全民科学素质的全面提高。

【科普宣传】 围绕“携手建设创新型国家”为主题，认真开展2009年科技活动周活动。

根据州县党委政府、科技局科协《关于举办2009年科技活动周的通知》精神和要求，州、县于5月18日在州博物馆举行了以“携手建设创新型国家”为主题的科技活动周的启动仪式。活动期间，突出展示了农业测土施肥、珍稀动植物的栖息环境、药用植物保护知识、艾滋病预防、结核病防治、乙肝防治、生殖健康、甲刑H1N1流感预防知识、职业病防治等为主的重大疾病防治知识；知识产权概念、知识产权申报及其保护的有关知识；防震减灾法律、民用建筑抗震设防珠心算对小年儿童的记忆、思维的培养；统计概念知识；邪教的危害性以及藏医史、医疗器械、天然药用动物和矿植物标本、藏医药曼唐绘画的基本情况等多种内容，共展出134块展板，有9300多人参观，发放《云南科技报——科技活动周特刊》、《农业科技适用技术》、《防震减灾常识》、《知识产权基本概念》、《专利申请须知》等各种科普资料4000多份。

大力宣传、通力合作、积极做好日全食科普活动：2009年7月22日上午8时至11时发生的日全食，覆盖县境4个乡（镇）。为加大日全食的科普宣传工作，把握好200年一遇的机会，使广大群众充分认识日全食天象的基本知识，对发生日全食天象有正确的认识，破除迷信，弘扬科学，在省州县党委政府的领导下，各个部门密切配合、通力合作、全面宣传、把这次日全食的科普宣传工作覆盖到了农村、企业、学校、机关、社区，7月18日前在建塘、小中甸、尼西3个乡（镇）发放了《云南科技报——日全食专刊》、《云南省科协科普大讲堂——日全食专题》7500份，发放到了广大群众手中，在电视台、迪庆报广泛进行宣传报道。7月21日在省州科协、科技局的大力帮助下，在香格里拉县城举办了大型日全食科普宣传活动，发放《专刊》共10000份，观测的眼镜1500付，州县20000人参加了这次科普活动。22日香格里拉县尼西乡观测点在省天文台专家的现场指导下，观测到了日全食的整个过程。

弘扬科学、发展推动，积极做好全省2009年至2010年度文化科技卫生“三下乡”集中示范活动：云南省2009年至2010年文化科技卫生“三下乡”集中示范活动2009年11月16日在香格里拉县城举行，“三下乡”集中示范活动单位在香格里拉县城设置宣传点，开展了形式多样，内容丰富的科技咨询服务，利用科普挂图、展板、放映、发放实用技术资料，赠送科技实物。并开展了文艺演出。本次活动上，云南省科技厅组织云南农业大学、云南省农科院、云南省林科院、云南省草地动物科学研究院、昆明食用菌研究所、云南省科技厅宣教中心、云南省农村科技服务中心共7家单位领导和专家36名参加集中示范活动。省科技厅副巡视员张仕荣参加开幕式，向香格里拉县科技局捐赠10.66万元的物资。活动中共发放技术资料6000份，科技局书籍15000本，接受现场技术咨询3000人次，展出展板40块，受益群众20000人次。上午，省科技厅副巡视员张仕荣，省科技厅政策法规处处长陆开文在州、县科技局领导陪同下，一行15人来到香格里拉县建塘镇解放村委会，与村委会共建社会主义新农村科技活动室，向活动室赠送电视机、DVD、音响、功放以及各种科技书籍。在挂牌仪式后，张仕荣副巡视员亲自将各种书籍资料送到群众手中，鼓励群众学好科技本领，坚定依靠科技走致富路的信心。两天来，省科技厅有针对性地组织了三支科技巡回服务小分队，分别深入到尼西乡新阳村和金江镇吾竹村开展对县、乡科技特派员及农村科技辅导员科技服务能力提高的专题讲座。云南农业大学舒相华博士开展的《无公害养鸡技术》讲座、严达伟教授开展的《科学养猪技术》讲座和朱书生副教授开展的《利用生物多样性促进农业增收》讲座，深受科技特派员和广大农民群众的欢迎，受训人数350人。省科协副主席李仁、科普部副部长赵刚、省少数民族科普工作队13人一行带着科普大篷车，现场进行了科普展教，发放“崇尚科学、反对邪教”科普宣传挂历4000份，向香格里拉县科协捐赠了电脑、电视、VCD、音响、科普图书等价值5万元的物资和现金5万元。“三下乡”活动深受广大群众的欢迎，有效地推动了全县经济社会又好又快的发展。

【科普惠农兴村项目】 科普惠农兴村计划项目是进一步贯彻落实中央和省强农惠农政策，发挥好农村科普引领示范带头作用，提高农村科学素质，助力社会主义新农村建设的科技项目，通过“以点带面、榜样示范”、“七个一工程”实施的方式，不但促进了项目承办单位的科普服务综合能力，而且对促进农村科普体系的建设，带动更多的农民提高科学文化素养，掌握生产劳动技能，引导广大农民建立科学、文明健康的生产和生活方式等发挥着重要的作用。

积极组织“科普惠农新村”计划项目的申报工作：根据《全国科普惠农兴村计划项目实施方案》、《全国科普惠农兴村计划项目推荐申报工作通知》及州科协项目申报要求，积极组织项目申报。“香格里拉县五境生态养殖协会”、“虎跳峡岭地养殖协会”被推荐为全国科普惠农兴村计划项目实施点，项目资金为每点20万，已被审批通过。

认真实施落实完成2009年省级科普惠农兴村计划项目：2009年科普惠农兴村项目确定在上江良美村种桑养蚕协会承办，项目资金为5万元。通过上江良美种桑养蚕协会的组织形式、技术依托、科技推广，项目区科技培训3期390人次，建立了一个农村科普服务站，为服务站配备了电脑、电视、VCD、音响、科普图书500册、光碟60张，制作了一个科普宣传栏，举办了农函大培训2期，共招收学员136人，在科普宣传员的努力工作下，结合当地的实情和乡政府经济发展的引导、实施种桑养蚕项目。通过“科兴项目”的实施，项目区共种植蚕桑1900亩，育蚕720张，带动养蚕农户189户，2009年蚕茧收入达41万，蚕丝被加工收入30万，种桑养蚕共计收入达71万，户均收入达3757元。通过科兴项目的实施，促进了良美种桑养蚕协会科普科技服务的综合能力，从桑园的田间管理到育蚕的管理细节，在养蚕户中，该协会积极开展科技服务，推广协会自己设计和配制的“节力化蚕房”、预防蚕病的“蚕病一喷灵”、“蚕丝被的手工制作技术”实用效果很好，深受当地蚕农的欢迎，协会为扩展多种经营渠道，增加农民收入，已在2009年开展“桑树改良”“桑林土鸡养殖”“桑枝羊肚菌栽培”实用技术的实验示范推广工作。为当地的农业产业结构调整注入了活力，树立了榜样。

【农技协工作】 农技协是基层科普组织，也是各级科协开展服务工作的对象和载体，为进一步掌握全县农技协的发展，2009年2月17日至22日，州科协马主席一行对虎跳峡、金江、上江、五境的农技协进行了实地调研，加大了对农技协的政策、宣传和指导。

2009年6月，根据省农技协《关于开展农技协基本情况调查工作的通知》精神，在全县进行了调查摸底，并形成了《香格里拉县农技协发展情况调研报告》进行上报。2009年在政府及上级部门、科技局、科协扶持引导下，全县已有31家农村专业技术协会，会员10030人，比上年增加3个协会，会员增加330人。

2009年6月在全国“科普惠农兴村”计划项目惠农效果评估中，三坝种养殖协会杨金坤、尼西鸡养殖协会余中伟、被评定为良好，综合评分分别为71.4分和74.3分。农技协的发展带动了当地经济结构调整步伐，有力地促进了当地农民的增收、农业增效、农村经济发展，如：尼西鸡养殖协会、五境生态种养协会、金上江生猪养殖协会、三坝肉牛养殖协会、金上江种桑养蚕协会、洛吉河野猪养殖协会已成为促进当地农村经济发展、农村增收、科技致富的重要力量，是社会主义新农村建设的领头羊。

【科技培训】 为发挥好科技支撑作用，结合实情，以提高广大群众科技素质为目的，推进全县社会主义新农村建设，加快特色农业的发展步伐，培养造就一批有文化、懂技术、会经营、高素质的新型农民，以培训一项科技、服务一项产业、致富一方百姓为目标，突出“实际、实用、实效”的特点。全面推进“一村一品”的生产格局，围绕当地的主导产业，以提升农产品质量、提高经济效益为突破口，以乡（镇）的村委会为培训点，积极整合有关部门，围绕各乡（镇）的产业发展需求，开展了“种桑养蚕”“核桃栽培”“蔬菜栽培”“测土配方施肥”“畜禽疾病防治”“羊肚菌栽培”“尼西鸡养殖”等培训，全县共举办培训143期，参训人员达19284人，发放实用教材、科技书籍21000份，赠送农村实用技术光盘600张，播放实用技术录像309场次，观看人数达3000人次。着力抓好农函大培训工作，多渠道、多形式地开展科技培训，2009年，香格里拉县科协农函大在4个乡（镇）招收了“种桑养蚕”、“核桃的栽培技术”“尼西鸡的养殖”3个专业，4个教学班，学员365人。

【知识产权】 围绕“4·26”知识产权宣传活动周“保护知识产权，促进创新发展”主题，香格里拉县科技局邀请州知识产权局进入科技企业开展“知识产权进企业”活动，并与相关企业管理人员进行“知识产权”交流座谈会，印发材料1000份。截止2009年全县共申请专利6件，目前已授权专利33件。

【表彰】 2009年度获迪庆州科技局授予的“科技行政管理系统先进单位”称号。

（和世君）

气　象

【综述】 2009年香格里县气象局在编人员10人，其中本科2人、大专6人、中专2人。工程师以上职称5人、助理工程师3人、技术员2人。共设立5个科室：综合办公室、业务测报股、气象服务预报股、财务股、人工影响天气办公室（地方政府气象）。

2009年，紧紧围绕全省、全州气象工作会议精神和县委、政府工作安排以及省、州气象局下达的工作目标为中心，进一步解放思想、抓机遇、抓发展、抓落实、把发展作为第一要务，以基础业务提高，气象服务满意为中心，履行职责为重点，继续深入学习落实科学发展观和落实省政府《关于加快气象事业发展的若干意见的实施意见》（云政发〔2006〕128号）和迪庆州人民政府《关于加快气象事业发展的决定》（迪政发〔2007〕40号）以及香格里拉县人民政府《关于要求积极配合做好气象灾害自动监测站建设工作的通知》（香政发〔2008〕21号）文件为主要工作来抓，把实现事业发展，业务提高、服务满意、履行职责作为气象工作奋斗目标，按照这个总体要求，认真部署、仔细分解和下达工作目标任务，在落实上下工夫，较好全面地完成了工作任务。

【基础气象测报工作】 2009年，为了提高和稳定质量，气象局在基础业务工作上加大了培训、学习、管理力度，坚持每月二天集体学习和各种新技术、新规范学习讨论、坚持每月一天集体观测、仪器维修、清洁仪器。在不断总结经验的基础上提高业务质量。今年在全体职工的共同努力下，较好地完成了省、州下达的业务考核指标。今年派出2名测报人员参加“全省第三届地面气象测报技能竞赛”，有2名测报人员通过“百班无错”质量验收，全年测报值班总基数达到15702.5个，总班次为1095个班，全年出现发报错1条，错情率为0.06‰，比去年提高0.04‰，全年没有发生一、二类责任性事故，较好地完成上级下达的目标任务。

【气象服务与天气预报】 全年向地方政府和相关单位以及各乡（镇）报送长期天气气候趋势预报13期共325份，专题气象服务12期共48份，政府有关部门决策气象服务材料8期共96份，其中：春节专题气象服务天气预报1期；2月份强降雪天气实况和后期天气预测气象服务3期；2月份抗旱气象专题服务1期；“端午节”专题气象预报1期；5月份抗旱气象天气预报1期；1月份中国“毕克”香格里拉滑雪节专题气象服务材料1期；2月份春播天气短农事气候预报1期；6月份“雨季汛期”降水过程天气实况及近期天气分析和汛期天气预报气象服务材料1期；11份今冬明春气候天气趋势预报服务1期，还专门为地方政府领导制作了干旱天气分析，强降雨天气分析预测预报、森林火灾天气分析预报预测若干期；2月28日发布了一期气象灾害预警信号、制作2期“高考天气专题预报”和“中专天气预报’到各考场。制作181份森林火险天气等级预报，气象服务在香格里拉县的经济社会建设发挥了重要的作用。

【党风廉政建设】 严格党风廉政建设一把手负责制，分管领导具体抓，党风廉政建设与全局工作同安排、同部署、同监查、同落实，年初与州气象局和县纪委签订了“党风廉政建设责任书”，根据要求与下级单位和党员干部进行了责任书层层签订，特别是财务开支、基本建设、职称评定等重大事项，群众普通关心关注的问题公开力度进一步加大，半年通报一次财务收支情况，每月召开一次职工大会，在较大事项上做到集体讨论，向上级汇报、事前公示、广泛听取意见和建议。在2009年4月15日～5月16日楚天天赢会计事务所对气象局会计财务、经济责任履行情况及相关资料进行审计，并出具了审计报告（楚天综字〔2009〕1号），在党风廉政建设上注重基础性的工作，加强干部职工理论学习，自觉提高自己的政治素养和理论素质、增强党员干部职工团结的自觉性。党风廉政建设充分发扬民主和接受监督，不走过场、不搞形式，一年来没有出现党员干部职工违法乱纪现象。

【公共气象服务系统建设】 7月份在州气象局进行卫星数字音频广播（DAB）系统培训，并在本月完成了（DAB）数字音频接收装置安装建设，当月正式启用（DAB）卫星数字音频广播系统发布天气预报和气象灾害预警预报到乡（镇）和村一级；9月份建立了香格里拉气象局气象资料共享平台，极大地提高了业务能力和办公效率；１０月２２日聘请了玉溪气象局技术人员到局举办了“农村气象综合信息服务系统”的使用安装培训。开通了全县各乡（镇）和有关部门气象综合信息无线网络；年内完成了“普达措国家森林公园无人自动气象站”建设并投入使用，年底完成了各乡（镇）自动站建设，气温和降水监测率达１００%，公共气象服务系统建设工作得到长足发展。

【人工影响天气】 2009年是全县森林防火形势较为严峻的一年，2月8日虎跳峡、2月12日格咱普朗、2月13日小中甸吉沙、2月19日上江良美、4月19日金江镇吾竹、4月16日格咱乡翁上、5月3日上江乡木高等地先后发生了森林火灾。从2月初到5月底，香格里拉县气象局与迪庆州气象局人工影响天气办公室不停的辗转于各个火场，积极组织和实施人工增雨雪，协助扑救灭火工作。在10余次增雨作业中2月18日和22日以及4月17日上江和格咱以及小中甸吉沙增雨作业降雨量较明显，一举将森林大火扑灭，5月下旬，在全州一片抗旱声中，根据县委书记和县长、分管副县长的指示：气象部门要抓住有利的天气，时时做好人工增雨作业准备工作。气象局于5月29日夜2时40分抓住有利天气在小中甸实施了3个多小时的增雨作业，共用增雨火箭弹100多发，增雨成功，效果较好，第二天县城降水量达19.5毫米，达到中到大雨量级，其他各乡（镇）均有降水，最大降水量在小中甸，降水量达21.6毫米，并与期后的降水天气连接，从这次增雨作业开始，全州和香格里拉县旱情得到了缓解，部分地方旱情得到完全解除，其后也就进入了雨季。在2009年11月4日召开的迪庆州今冬明春森林防火部署动员大会上，迪庆州人民政府对2009年人工增雨扑救森林火灾和抗旱所做的工作给予了充分的肯定和表扬。

【气候概况与评价】 2009年光照充足，气温高，热量丰富；降水偏少，强度小，降水的有效性高，气象灾害少（轻）。从总体上看，是一个风调雨顺的气候年景。

平均气温：2009年年平均气温7.5℃，比历年平均值高1.7℃；年平均气温均大幅度偏高，创历史年平均气温最高纪录。年内除2月正常外，其他各月均偏高，偏高幅度达1.7～2.7℃。

最冷、最热月气温：2009年最冷月均出现在1月，月平均气温-0.4℃，最冷月气温比常年偏高0.9～2.7℃，呈现出冷月不冷的现象。最暖月均出现在7月，月平均气温15.1℃，2009年最暖月平均气温普遍偏高1.0～1.6℃，创下历年最暖。

极端气温：2009年极端最低气温-13.9℃，出现在12月26日。极端最高气温25.7℃，2009年极端最高气温属于最高年份之一。

日照时数：2009年年日照总时数2198.3小时，属正常，比2008年偏多157.2小时，偏多7.7%。2009年日照总时数普遍较常年偏多。年内7、8两月日照最少，分别为58.8小时和79.7小时，偏少56.7%和41.9%。日照时数除夏季偏少以外，春、秋、冬三季普遍偏多。

日照百分率：年日照百分率50%，属正常稍偏多。年内7、8月日照百分率分别为14%和20%，偏少44.0%和25.9%月。2009年夏季6～8月日照百分率比常年偏少10～20个百分点。

降水量：2009年年降水量606.6毫米，属正常稍偏少。年降水量与降水较多的2007年相比偏少100～316.0毫米,偏少20%～37.7%。年内各月降水量与常年接近,其中11月和12月无有效降水，其他均不同程度偏少。2009年降水的时空分布相对均匀，时空分布属相对均匀的年份之一。

降水日数：≥0.1mm年降水日数110天，偏少29天。≥10.0mm年降水日数20天，属正常。≥25.0mm（大雨）以上的降水日数有3天，均属正常。全年未出现日降水量≥50.0mm以上暴雨强降水灾害性天气。

一日最大降水量：2009年一日最大降水量（20～20时）45.3毫米，出现在4月18日，一日最大降水量较常年偏大。

最长连续降水日数：最长连续降水日数12天，出现在6月20日～7月1日，累计降水量81.1毫米，最长连续降水日数及其降水量属正常。

最长连续无降水日数：最长连续无降水日数63天，出现在2008年10月31日～2009年1月1日，最长连续无降水天气日数属较长的年份之一。

雪：2009年4月6日终雪，11月20日初雪，年内共有降雪日30天，有积雪日19天，最大积雪深31厘米，出现在3月1日，降雪天气与积雪日数较常年偏少15～20天。

霜：5月22日断霜，10月7日初霜，无霜期143天，无霜日数较常年多15～20天。

地温和冻土：地面和地下5cm、10cm、15cm、20cm、40cm、0.8m、1.6m、3.2m年平均温度分别为11.3℃和11.1℃、11.2℃、11.2℃、11.2℃、10.6℃、10.7℃、10.8℃、10.7℃。3月24日土壤融冻，11月23日冻结，土壤冻结期长153

天，年内最大冻土深度6厘米，出现在1月15日和12月28、29日共3天。

雨季：2009年雨季开始期在5月29日，较常年提早近10天。雨季结束期在9月26日，属正常。雨季长121天。雨季累计降水量510.8毫米，占全年总降水量的84.2%，2009年雨季降水量属正常。

热量：2009年农耕期（≥0.0℃）3月4日至12月20日共292天，活动积温2763.2℃。牧草及喜凉作物生长期（≥5.0℃）4月4日至11月3日共214天，活动积温2561.6℃。喜温作物生长期（≥10.0℃）5月12日至10月11日共153天，活动积温2076.9℃。水稻抽穗扬花所需的≥18.0℃的天气未出现。2009年各界限温度开始日期偏早，结束日期偏晚，持续期较常年多20～30天，活动积偏多300～1000℃，多项指标创下历史最高纪录。

【气象灾害】 2009年2月底至3月初，出现持续的大雪暴雪天气，中高度海拔地区积雪深31～36厘米，造成城市电力及通信的不稳定，行车安全事故增多。3～5月降水偏少，干旱较突出，致使夏收粮食小幅度减产，平均每亩减产1.2千克。进入雨季以后降水天气增多，局部出现洪涝灾害，全县受灾面积14.5万亩，其中成灾11.96万亩，绝收2.54万亩，死亡大小牲畜15头（只），农林牧渔业直接经济损失297.2万元；乡村公路中断7条，供电中断2次，工业交通运输业直接经济损失101.6万元；损坏水利设施堤防2处，长度一千多米，损坏灌溉设施2处，损失90.05万元。与以往相比较，2009年气象灾害是历史上发生种类少，受灾最轻的年份之一。

2009年天气气候特点：一是热量充足；二是降水时空分较均匀；三是光热水配置好；四是气象灾害种类少，且危害轻。是一个难得的上乘气候年景，尤其是下半年，夏粮生产获得了大丰收，粮食产量再创新高。全年农业总产值达4.43亿元，较上年增长3.4%,粮食总产量达6.33万吨，较上年增长6%。

【大事记】 2009年1月份，香格里拉县气象局财务独立核算。

3月15日启动“开展深入实践科学发展观学习活动”仪式。

4月份开通了“96128专线”电话。

4～5月聘请了楚雄楚天会计事务所对会计财务、经济责任履行情况进行审计。

5月，省气象局程建刚副局长到香格里拉县调研“普达措无人自动气象站”选址、前期建设工作。

7月，完成了香格里拉县乡（镇）和部分行政村（DAB）数字音频接收系统培训案装，并在当月进入了试运行工作。

9月，建设了香格里拉气象局“气象资料共享平台”。

10月，聘请了玉溪市气象局技术人员到香格里拉气象局举办了“农村气象综合信息服务系统”电子显示屏使用安装培训。

年底完成“普达措国家公园无人自动气象站”建设并投入使用；各乡（镇）区域自动站建设完成，并投入使用。

年底，云南省气象局丁风育局长到香格里拉县气象局调研。

（高中平）

金融·保险

人民银行

【金融运行】 2009年香格里拉县金融机构存、贷款保持较快增长，有效支持了地方经济的发展，年末金融机构人民币各项存款余额299897万元，比上年增加80215万元，增长36.51%。其中：企业存款余额 90621万元，增长68.612%；储蓄存款余额为 125554万元，增长20.28%。金融机构贷款余额为 390254万元，比上年增加83783万元，增长27.34 %，其中中长期贷款295302万元，比上年增长20.22 %；短期贷款94952万元，增长56.08%。全年现金收入 449358万元，现金支出512719万元。收支相抵后净投放现金63361万元,比去年同期多投29249万元,增长124.69%。全县金融机构存贷款比为151.56%（扣除财政存款、委托存款）。

【存款】 从存款结构上看，企业存款、储蓄存款增长较快。企业存款余额 90621万元，比上年增加36879万元，增长68.612%；储蓄存款余额为 125554万元，比上年增加21173万元，增长20.28%。

【贷款】 从贷款结构看，2009年中长期贷款余额为295302万元，比去年同期增加49668万元，增长20.22%。短期贷款增幅较大,2009年短期贷款余额为94952万元,比去年同期增加34116万元,增长56.08%。从分机构看,国有独资商业银行各项贷款余额272053万元,比去年同期增加55521万元,增长25.64%。

【外汇管理】 2009年，全州出口总额516.4万美元，比上年同期减少6.7万美元，下降1.2%；出口收汇金额440.5万美元。全州银行结售汇总额1073万美元，同比下降41%，其中结汇976万美元，同比下降29%；售汇97万美元，同比增长71%；人民币兑换外币93.34万美元，同比增长121%；外币兑换人民币140.10万美元，同比增长5%。进一步提高服务质量，帮助出口企业解决存在问题，使出口企业顺利向税务部门申报出口退税；拓展新业务，切实为企业提供便利；3.14以后，结合藏区实际，强化对个人日常外汇业务的监管，针对辖内收付汇存在的“一对多”，“多对一”的情况，及时向有关部门反映，得到了省委省政府的重要批示。加强部门间协调与沟通，促进投资便利化，顺利组织完成年检工作，针对外商投资企业存在的问题，提出了如何防止外商投资企业注册资金出资不到位的建议，得到了政府相关部门的高度重视；顺利完成了外商投资年检和境外投资模块测试和上线运行，对拓宽境外投资渠道，大力推进“走出去”战略，引导资源合理流动和有效配置起到重要作用。加强国际收支统计申报管理，保证数据申报质量，加强培训指导，抓好日常非现场检查工作，在申报笔数较多的情况下，堵绝了差错，保证了申报数据的准确无误。认真履行监管职责，完成了对外汇指定银行的个人外汇业务专项现场检查，通过检查，增强法规意识和规范业务操作的理念。

【货币信贷政策传导】加强“窗口”指导，充分发挥信贷政策促进结构调整的作用。中央经济工作会议提出要把保持经济平稳较快发展作为2009年经济工作的首要任务，首次提出实施适度宽松的货币政策，加大金融对经济的支持力度。迪庆中支积极引导金融机构准确把握适度宽松货币政策的内涵，并及时制定下发《迪庆州2009年信贷指导意见》，引导全州金融机构认真贯彻执行适度宽松的货币信贷政策。对迪庆的重点建设项目和技术改造项目，引导金融机构及时主动介入，配合积极财政政策，落实配套信贷资金。引导辖区金融机构加大对服务业关键领域、新兴产业和劳动密集型中小服务企业的融资支持；增强对“三农”的金融支持，提高农业基础设施贷款占涉农贷款的比重，增强农业可持续发展能力。

【金融稳定与金融改革】 切实履行金融稳定职能，防范辖区系统性金融风险。围绕迪庆实际情况，迪庆中支加大了对金融风险的监测和预警分析工作力度，形成按旬风险监测机制，在重点监测地方法人金融机构潜在风险隐患同时加强了对辖内金融机构流动性变化潜在风险的监测。积极探索保障辖区银行业稳定运行的监测机制，通过学习实践科学发展观活动推动，于5月制定印发《迪庆州中心支行银行业稳定指标监测体系》；该制度的运行，将对迪庆经济金融的健康稳定发展发挥重要作用；切实加强存款准备金管理，及时掌握金融机构流动性变化状况，反馈政策效果，对发生流动性困难的地方法人金融机构，督促其及时采取有效措施筹集资金，补充头寸，认真开展了金融机构存款准备金、财政性存款管理情况现场检查，针对存在的问题提出政策建议；认真做好农村信用社资金支持监测工作，加强了对农信社改革试点期间认购央行票据的监督检查，经过严格审查考核，3月，迪庆州辖内三个县级农村信用合作联社央票实现成功兑付，2908万元兑付资金全部到位，资金支持率达100%。对已兑付专项票据的农村信用社，严格按要求，进一步督促其完善法人治理结构，加强内部管理，转换经营机制，加强股本金管理，增强资本约束。

【金融服务】 加强国库基础工作，确保国库资金安全。不断夯实国库基础工作,准确、及时、安全地完成各级预算收支核算，在做好试点的基础上稳步推进国库集中支付改革，全辖纳入改革的预算单位由原来的108个增加到168个；严格按照相关条例及规定，切实把好预算收入退库关；定期召开全州财税库季度联席会，各部门之间及时沟通信息，提高财政资金运转效率，建立规范高效的税款收缴管理运行机制；认真做好财税库银横向联网上线前的各项准备工作；国家金库德钦支库在规定时间内成功处理了取消同城票据交换后的各项业务，为省、州辖区国库全面取消同城票据交换打下了坚实的基地，积累了宝贵的经验；防范国库资金风险，合理调整会计核算人员，积极整合监管资源，探索综合执法的检查模式；加强国债管理，提高国债的筹资能力，做好国债发行宣传、管理和服务工作，保证了国债发行任务的顺利完成；认真组织2008年国债实物券的销毁工作。

严格支付系统管理和支付结算纪律，确保各业务系统的安全稳定运行。组织做好电子商业汇票系统上线前的培训、模拟测试、推广等工作，确保全州电子商业汇票系统顺利上线；按时完成从5月1日起同城特约委托收款结算方式在全省范围内全面停止使用的宣传、引导督促等相关工作；按要求全面完成账户年检工作；建立辖区金融机构支付结算联席会议制度，全年共召开研究支付结算、百日集中宣传等会议4次，进一步加强了与各金融机构的沟通交流，提高金融服务质量和信息反馈渠道；加强同城票据交换工作管理，有效防范商业银行资金风险，组织制定《迪庆州取消县域同城票据交换试点工作实施方案》，从11月1日起取消德钦县支行县域同城票据交换；有选择、有重点地组织开展反洗钱现场检查工作，对2008年末组织反洗钱现场检查违法问题进行处理和通报，辖内金融机构的反洗钱意识明显增强，反洗钱基础性工作得到提高，有效促进反洗钱工作的开展。

积极做好货币发行与管理工作。加强发行基金调拨管理，确保市场合理现金供应，2009年全年中心支行申请年调入发行基金4次，累计金额116，845万元；认真拟定发行基金调拨计划，及时分析预测迪庆州金融机构现金投放回笼趋势，确保流通人民币结构的优化；严格坚持查库制度，加大对发行库日常管理工作的监督力度；加强残损人民币销毁管理工作，严格执行复点、抽查规定，并切实加强对复点、销毁工作的领导，确保复点、销毁工作的安全；完成全辖金融机构人民币收付业务的自查；加强对货币投放和回笼情况的监测分析与预测，预测平均准确率达80%；认真配合上级行完成人民币收付业务、发行库达标验收等各类检查，对存在问题及时认真整改；实施金融机构跨省办理现金取款业务模式，提升藏区金融服务水平。12月2日人行甘孜、迪庆中支，农行甘孜州分行三方签订了《金融机构跨省现金取款业务协议》，实现金融机构跨省支取现金，解决了地处省际边远藏区的商业银行在调拨现金中出现的路程较远及气候环境恶劣，现金调拨困难等问题，为藏区稳定、经济发展打下了坚实的基础。

加强统计研究、征信管理工作，进一步提高统计分析和征信服务水平。认真履行调统工作职责，确保金融统计新旧系统双轨运行工作顺利进行；充分利用年内统计数字的变化特征，对金融运行进行动态监测和分析预测，跟踪宏观政策实施效果，及时发现金融危机对经济环境和实体经济带来的影响；开展各项制度性调查和快速调查工作，完成了工业企业商品交易价格调查、银行家问卷等月度、季度调查和迪庆州金融支持春耕生产快速调查；参加了青海等十个藏区经济发展和金融支持研讨会议，建立了十个藏区经济金融统计信息共享和特色调研机制；做好统计工作动态反映。利用《迪庆金融简报》、《迪庆金融调研》等各类信息平台，加快金融统计信息成果的转化，促进全州金融统计的业务沟通与信息交流。

加强征信管理，及时为个人提供信用报告查询服务工作。全年，共提供个人信用报告查询服务1430 人次，提供企业查询62人次；组织开展中小企业信用体系建设工作，全年新增56户，累计建立中小企业建立信用档案232户，为金融部门信贷决策提供了资信参考平台；做好贷款卡的发放、管理和年审安排工作，全年共发放贷款卡69张，年审率为34%，年审合格率为100%；组织开展个人征信异议处理检查工作，加强对商业银行异议处理的管理，全年共受理个人异议处理1人次，提供司法异议查询7人次，进一步规避征信法律风险；强化沟通协调，开展非银行信息采集工作，初步与环保和社保部门协商，将迪庆州环境保护执法信息和拖欠工资信息正式采集到征信系统，逐步与相关部门建立绿色信贷信息共享机制。

认真开展金融知识宣传，不断提升民众的金融意识。以“用”促“征”，加强中小企业信用档案建设工作，利用电话语音，开展征信知识宣传，提高社会公众的信用意识；深入开展反假货币宣传工作，构建多层次、全方位的反假货币工作网络，结合反假货币宣传，采取散发宣传单、印有各种知识内容的折页进行宣传，共计发放各种知识的宣传资料3000多份；充分发挥宣传站的优势，采取委托宣传、分发传单等方式，形成一个覆盖全辖区的反假宣传网；结合年初公安机关开展打击假币犯罪“09行动”，重点加强了对冠字号HD90、HB90佰元假币的宣传工作；认真拟定实施方案，深入村镇，圆满完成支付系统百日集中宣传工作；5月1日，中国人民银行迪庆州中心支行上线迪庆州人民广播电台政风行风热线节目，宣传了人民银行的各项职能和人民银行根据迪庆实际在贯彻执行适度宽松货币政策过程中采取的具体措施，加强了与百姓的沟通联系，收到了良好的宣传效果。

【党风廉政建设及班子队伍建设】 全面落实党风廉政建设责任制。及时制定下发《人民银行迪庆州中心支行2009年党风廉政建设责任制分工表》；将党风廉政建设的各项任务通过细化分解后逐一落实到各个部门进行量化考核管理，积极探索并找准系统业务与党风廉政建设结合点，有效促进了党风廉政建设责任制的落实；按季召开党委会议，认真听取党风廉政建设工作情况，分析、研究、明确党风廉政建设工作中存在的问题和困难；建立监督部门联席会议制度，定期组织召开联席会议，通报工作开展情况，共同研究明决问题的办法和措施。加强惩防体系建设。传达贯彻总、分行纪检监察工作会议精神，明确了2009年的工作重心和总体思路，并针对人行迪庆中支党风廉政建设工作现状，中支党委就如何开创党风廉政建设和反腐倡廉工作新局面提出了具体要求；定期学习《工作规划》，总行《实施办法》和分行《工作意见》，结合迪庆中支实际，认真研究并制定下发了《建立健全惩治和预防腐败体系2009年工作方案》；加强教育，筑牢思想道德防线。组织全行干部职工学习胡锦涛同志在中央纪委第十七届三次会议上的讲话精神，教育领导干部坚持正确的事业观、工作观、政绩观；以学习实践科学发展观活动为契机推进反腐倡廉教育；针对今年严峻的财务形势，在全州人民银行系统继续深入开展“转变观念、增强财务约束”专题教育活动；结合案件专项治理活动，组织开展了“求真务实”专题教育活动和“岗位风险提示及案例警示教育”等专题活动，要求年轻干部要做到善于学习、善于思考、善于实践，早日成熟、早日立志，为央行事业作出应有的贡献；行领导亲自带头讲廉政党课，通过组织廉政党课，党员干部对党的基本知识和廉洁自律各项规定有了更全面的了解和掌握，进一步增强了党性修养，提高自觉遵守《党章》和各项规定的意识。认真贯彻执行领导干部廉洁自律各项规定，起好模范带头作用。领导班子严格遵守廉洁自律各项规定。自觉遵守“四大纪律八项要求”以及中央有关领导干部廉洁自律各项规定。

继续贯彻执行总行提出的“九个不准”和分行提出的“四个严禁”、“四个不准”。党员领导干部严格执行个人重大事项报告制度；领导干部从大局出发，严格执行房改政策，认真组织实施房改工作，领导干部带头讲原则、讲风格，层层宣传房改政策，严格按政策规定处理特殊和复杂问题，力求做到公开、公平、透明，不存在领导干部在住房上以权谋私等问题；领导干部带头执行基建、大宗物品采购管理规定和操作规程；认真贯彻执行人事纪律规定。严格按组织程序和竞争上岗规定的程序组织实施。

认真开展案件治理专项活动，切实抓好案件防范。根据人行成都分行案件治理专项活动电视电话会议的精神，人行迪庆中支认真组织开展了为期6个月的“案件治理专项活动”，进一步提高内控管理水平，有效防控风险，遏制案件发生，取得了一定的成效，达到了预期的效果。全行职工工作责任心得到加强，全行干部职工遵章守纪意识普遍提高，内控管理明显进步，案件防范长效机制有效建立，各类案件得到有效控制；规章制度进一步建立和完善，“制度落实年活动”得于巩固；落实检查整改，全面推动检查成效。“活动”共查出32个问题和隐患，并逐一落实到各部门整改。

认真履行纪检监察职责，深化同级监督及县支行监督。开展了对人民银行德钦县支行的集中监督检查和对行政后勤管理执法监察工作。通过检查和监察，进一步规范了县支行工作及行政后勤管理，完善了制度建设，增强了工作能力，提高了基层央行的行政水平。

加强职工思想政治工作和队伍建设。认真组织开展干部职工思想道德建设。组织职工认真收看王瑛同志的先进事迹，教育职工爱岗敬业，勇于奉献；结合近年来青年职工不断增多的实际，重视青年工作，为引导青年职工增强工作责任感、使命感，年初在青年干部中开展“我与央行共奋进”主题教育实践活动，同时在第99个“五四”青年节来临之际，组织40岁以下干部职工参加“终身学习献身央行事业，坚定理想无悔飞扬青春”主题的纪念“五四”青年节茶话会，进一步增强了全行青年职工投身央行事业的责任感和使命感，全行干部职工政治思想素质明显提高，精神面貌明显好转，团队精神明显增强，工作积极性充分发挥，取得了良好的效果。为实现干部队伍建设整体协调发展，中支党委结合实际，严格按《干部选拔任用条例》完成了对4位副科级干部的竞争上岗聘用工作和调整充实了县支行领导班子。结合巡察整改，拟订了《中心支行中层干部管理办法》，进一步提高对中层干部的工作标准和要求，力求在今后进一步形成能者上、平者让、庸者下的中层干部管理工作格局。同时，从建设五型人才队伍出发，制定出了《“五型”干部队伍建设工作意见》，《非领导职务正常晋升管理办法》、《专业技术职务正常晋升管理办法》，在下一步工作中，这几项意见、办法的实施将进一步优化人行选拔任用人才的机制。为促进干部职工综合素质提升，中支党委立足实际，把教育培养作为职工最大的福利来抓，积极为干部职工争取各类学习培训机会，全年共参加上级行和自身组织的各类培训班86期369人。通过学习培训，干部职工进一步拓宽了视野，更新了知识，工作积极性和主动性进一步提升。

全方位提高党建工作水平。党委以“抓党风、带政风、促行风”为目标，加强和改进党建工作，以“两个牢记”、“四个带头”，做好保持共产党员先进性的经常性工作；切实加强党支部的建设，建立健全工作制度，促进规范化管理。在去年成立党总支和分设四个党支部的基础上，为便于离退休老干部能正常开展组织生活，2009年，又专门设立了两个离退休干部党支部；全面总结历年文明单位创建工作经验，制定了“四届十二年”全辖系统争创总行级“文明单位”总体规划；在全行干部中提倡 “五讲、五美、五热爱”；在中心支行及两县支行开展中国特色社会主义理论体系宣传普及活动，按照学习计划、党委专题组织两次集中学习，全行干部职工也积极撰写心得、上报征文，潜心学习《中国人民银行干部理论学习读本》，武装头脑。通过开展有特色的主题学习活动、公益活动，创先争优活动，广大干部职工参与民主管理，构建和谐中支的积极性和创造性得以充分调动。

政务公开工作有序推进，依法行政水平不断提高。稳步推进政务信息公开工作，在“迪庆州电子政务门户网站”上及时更新相关政策法规、行政许可事项、办事指南等内容。充分利用多媒体电子显示屏发布行政许可事项办理流程。加强对本单位行政执法检查及集中采购等活动的法律指导和规范，法律事务部门年内共出具合同审查法律意见书21份，行政处罚审核意见书5份。根据分行法律事务处对依法行政检查的要求，对迪庆中支行政许可格式文书进行了规范。

【大事记】 2009年，被迪庆州人民政府评为全州民族团结进步模范集体荣誉称号。

2009年，中国人民银行迪庆州中心支行职工王丽培被中国人民银行总行评为后勤系统先进个人。

（胡珍琼）

工行香格里拉支行

【综述】 2009年，工行香格里拉支行以科学发展为统领，强化“四争两保”经营理念，坚持贯彻国家宏观调控政策与依法合规经营有机统一，充分调动全行员工的积极性、创造性和主动性，有效推动各项业务长促发展。一年来，全行员工紧紧团结在支行党委周围，以提升核心竞争力为主线，以提高资产质量效益为目标，加强安防案防工作，兼顾发展与改革并重，经营与管理并重，全行员工攻坚克难，积极发扬乐于奉献、敢于拼搏的精神，面对复杂多变的市场和激烈的同业竞争形势，全行上下认真贯彻分行年初召开的支行行长会议精神，想办法、谋思路，抢抓发展机遇，开拓优质市场，推进结构调整，深化内部改革，加强经营管理，全行业务取得了健康持续发展。

【经营效益】 全年实现拨备前利润3930万元，比同期增加931万元，增长31.89%；实现拨备后利润3835万元，比同期增加1065万元，增幅39.34%；实现净利润2952万元，比同期增加963万元，增幅48.42%，人均实现净利润35万元；收入费用率22.53%，资产利润率为2.11%，收息完成率99.96%，资本利润率358.69%。

【存款】 年末,各项存款余额为135574万元，比年初增加35691万元，增长35.73%。其中对公存款为95764万元，占总存款余额的70.64%,比年初增加29822万元，增长45.22%;对公存款中公司存款余额74609万元，比年初增加25859万元，机构业务存款余额21105万元，比年初增加3918万元。储蓄存款余额为39810万元，占总存款余额的29.36%,较年初增加5869万元，增长17.29%,其中活期存款118939余额,占各项存款总额的87.73%,定期存款余额16635万元,占各项存款总额的12.27%,活期存款占比比定期存款多75.46%，活期存款占比高能有力地增加支行的资金集中收入。

【贷款】 年末,各项贷款余额116678万元，比年初增加15073万元，增长14.83%，其中：公司贷款82598万元，比年初增加9066万元，公司贷款中流动资金贷款占28.02%，项目贷款占71.98%；个人贷款余额34080万元，比年初增加6008万元。

【中间业务】 年末，实现中间业务收入637万元，占营业净收入10.83%，占利差收入10.61%，比上年增收157万元，增长32.71%，完成分行下达任务696万元的91.52%，完成率在全省排名第六位；其中个人金融业务收入198.75万元，公司中间业务收入213万元,电子银行中间业务收入29.96万元，机构中间业务收入15万元，结算与现金73万元，占中间业务收入总额的比例分别为28.56%、30.60%、4.30%、10.49%；在香格里拉县城区商业银行中，工行收入占比为42.87%，位居第一位。

【不良贷款】 年末，不良贷款余额514万元,比年初减少111万元,下降17.76%,占总贷款余额的0.44%,占比比年初减少0.18个百分点,不良贷款余额占比已低于全省平均水平，在同业中位居第一位；法人客户不良贷款余额225万元,比上年减少188万元,不良率为0.27%，比上年下降0.29%；个人不良贷款余额289万元，较上年增加77万元，不良率为0.85%,比年初上升0.09%。

【经济资本占用】 年末,各项经济资本占用合计为8932万元，比年初增加953万元，增长11.94%，其中信用风险占用8632万元，操作风险占用250万元，其他风险占用50万元，全年的经济资本回报率为42.93%，比上年末增加9个百分点。

【营销】 公司部、个金部积极捕捉市场信息，行领导挂帅营销，年内实现三项业务“零”的突破：贸易融资业务实现“零”的突破，进一步分散了信贷风险，至少创造了150万元收入；实现新增小企业贷款“零”的突破，增加了贷款的营销渠道；实现了资产托管业务零的突破，年内办理资产托管业务一笔，实现中间业务收入10万元。

在省分行领导及地方党委政府的关心帮助下，取得了香德二级路面改造项目贷款10亿元的发放份额。

【员工福利】 多逐步建立起“绩效导向”的考核机制，使员工的绩效分配真正做到与工作业绩、工作能力、工作质量及效率挂钩，充分调动全行员工积极投入到工行事业发展的行列，深化职工薪酬分配改革，彻底打破“大锅饭”分配模式，形成了“谁营销、谁受益”的分配格局，逐步树立起岗位靠竞聘、业务靠竞争、薪酬靠绩效、收入靠贡献的观念，在取得绩效综合考核排名位居全省前列的位次下，全行员工享受到了工行改革发展的成果，薪金收入和福利待遇有了明显提高。

【服务】 全面贯彻“服务品质提升年活动”，在行内评选了“文明规范服务窗口”和“优质服务标兵”，并将相关先进材料报送分行，有效地推动了服务质量和水平；对服务工作进行明察暗访，加强社会服务监督，牢固树立以客户为中心，以服务为根本的经营理念，用优质服务赢得市场，取信客户，进一步配齐素质优良、业务精湛的客户经理，打造一支能适应金融新形势、业务新需求的服务队伍。

【内控管理】 坚持依法合规、稳健经营的指导思想，确信依法经营是“法宝”实践真理，正确处理发展与风险两者之间的关系，在经营中积极配合相关部门的依法合规检查，严肃查处违规违章行为，针对存在问题和风险隐患，及时写出整改报告，进行跟踪整改，杜绝重犯、屡犯现象发生；将安全防范措施落实在整个业务的发展过程中，制度健全，措施有力，实行保卫精细化管理，切实做好“三防一保”工作，全行形成员工遵章守纪，防范任务明确，操作自觉合规，2009年度支行内控过程评价已达到二级。

【后勤保障】 紧紧围绕全行工作思路, 充分发挥办公室在辅助决策、服务保障、综合协调、促进执行、提升形象、维护稳定等方面的作用，不断适应新形势、新任务的要求，牢固树立为领导服务、为部室服务、为网点服务的意识；“外协调、内服务”，担负了办公室是全行枢纽中心的工作压力，进一步转变工作作风， 开拓创新，强化管理, 提高效率和管理水平,为实现全行各项经营目标和任务提供了切实有效的服务和支持。

【工会】 工会工作紧紧围绕全行改革和发展，坚持以人为本，依靠广大职工，把表达和维护广大职工的利益作为工会一切工作的出发点和落脚点，维护职工的合法权益，为职工办实事、解难事、做好事。2009年工会为职工安排了全面体检一次，慰问遗属7人，发放补助3500元；解决特困员工困难18人次，发放困难补助2万元；当职工有困难时,工会都会代表支行党委,亲临职工家庭，把组织的温暖和关心送予职工，使职工真正感受到了工行的关怀与温暖，让广大职工积极投身各项改革和业务发展，不断提高自身素质，立足本职，爱岗敬业。

【党风廉政建设】 按照《党风廉政建设责任制》的相关要求，狠抓行内党风廉政建设，切实提高领导干部抗腐、防腐能力，做到“讲党性、重品行、做表率”。按分行、地方党委关于加强和改进党风廉政建设责任和廉洁从政若干规定，认真贯彻落实；结合支行实际按时召开专题民主生活会，深刻剖析存在的问题，认真开展批评和自我批评，积极采取应对措施，明确工作方向和思路；引导各级管理人员继承党的光荣传统，牢记“两个务必”，弘扬“八个方面”的良好风气，以身作则，加强警示教育，引导干部职工增强立党为公、执政为民的自觉性和坚定性。

【大事记】 1月19日，香格里拉支行组织副科以上领导干部认真学习省分行蒋玉林行长在云南省分行2009年度工作会议上的重要讲话。

2月15日，香格里拉支行召开2008年度干部考核考评会议，要求副科以上领导干部在会上作《述职报告》，并接受职工代表和其他干部的评价考核。

2月25日，香格里拉支行彭卫红副行长到网点慰问在藏历年坚守岗位的一线员工。

6月23日，香格里拉支行个金部与迪庆州财政局联合举办迪庆州州级预算单位公务卡的改革培训会。

8月25日，香格里拉支行举办“相伴工行 安享一生”客户联谊会。

10月16日，云南省分行合杰副行长率人力资源部总经理到香格里拉支行宣布人事任免，免去黄河静同志香格里拉支行行长职务，任彭卫红副行长为香格里拉支行党委副书记，主持全行工作。

12月1日，曹云生同志任香格里拉支行行长助理。

12月25日，香格里拉支行彭卫红副行长（主持工作）传达贯彻云南省分行改革发展研讨会精神，并对该行新三年规划提出工作措施。

【荣誉】 香格里拉支行被香格里拉县建塘镇派出所授予2008年度“安全文明小区”称号。

8月16日，吴仕红同志被云南省分行评选为“优秀青年”称号。

（吴仕红）

建行迪庆州分行

【综述】 2009年，中国建设银行迪庆分行以科学发展观为指导，坚持“发展、改革、创新、合规、效率、团队”指导思想，加快业务发展，扎实推进网点转型，深化内部改革，加强合规建设，提高工作效率。全行资产负债、不良贷款控制、中间业务、电子银行等业务及人均指标都创造了较好的水平。截止12月31日，各项存款余额为158705万元，较年初新增49476万元，增幅为45.3%，完成计划的364%，各项贷款余额114698万元，比年初新增50027万元，增幅为77.36%，按五级分类不良贷款余额为776万元，减幅为34.78%，不良率为0.68%，比年初下降了1.16%，超额完成省分行下达的计划，中间业务收入完成439万元，完成全年计划的156.78%，税前利润3200万元，人均创利45.71万元，创造了较好业绩。主要经营措施。

【部门建设】 发挥整体优势，稳健经营，确保了资产、负债业务的较快发展。按照总分行党委的工作部署，继续认真开展深入学习实践科学发展观活动，以科学发展观统领迪庆行各项业务工作；调整结构，稳健经营,积极适应市场变化，抢抓发展机遇，狠抓财政、社保及项目资金营销工作，存款的稳定性明显增强；抓住地方支柱产业快速发展的机遇，继续强化集团性企业客户的营销，加大市场拓展力度；抢抓机遇，积极推进个人银行业务的发展；狠抓服务质量，固化一代转型。

【中间业务和战略性业务】 打牢基础，促进中间业务和战略性业务取得较快的发展。认真开展劳动竞赛活动，充分调动了全行员工参与营销的积极性；依托资产、负债业务的发展平台合理组织了中间业务产品和电子银行业务的营销，利用个贷利率可适度下浮的时机，捆绑销售产品，积极营销和介绍建行中间业务产品和电子银行业务；全行按照“两个渠道办银行，两个渠道做业务，两个渠道做服务”的经营理念，加强渠道整合，提高了电子渠道的交易占比。

【网点建设】 打造精品网点，提升网点综合竞争能力。建行2个分理处认真细分客户资源，狠抓内部管理，强化风险意识，找准市场目标，认真抓好服务，完善考核办法，建立了较为完善的营销服务体系，促进了业务的发展。为了加大营销能力，扩大社会及对外影响，全面提升综合竞争力，经建行云南省分行、迪庆银监分局批复2个营业网点升格为网点型支行。

【不良资产的回收处置】 采取措施，加大不良资产的回收处置力度，资产质量明显好转。精心部署，深入研究，逐项分析，找准切入点，采取诉讼、上门催收等多种手段和措施，全年共处置不良贷款414万元，不良贷款余额为776万元，实现了年初州分行党委提出的不良贷款“双降”工作目标。

【安全防范管理】 抓好基础管理和案件防控，强化合规经营，风险管理水平进一步提高。建立经营部门牵头组织、风险部门监督配合的贷中、贷后责任和管理体系。深入开展合规文化建设、案件专项治理以及业务条线专项检查、反洗钱等工作，认真落实合规守法、案件防范责任制，重视社会治安综合治理、维护稳定和创建“平安单位”工作，抓好员工思想教育，做好协解人员思想稳定工作，维护藏区稳定。全行没有发生违法违纪案件和重大违规事故。

【财务管理与增收节支】 加强财务会计管理工作，努力增收节支，提高核算质量。加强财务管理，进一步规范核算；加大会计检查、会计稽核力度，促使各项规章制度的执行落到实处；加强会计基础工作等级管理；继续深化委派会计主管职责，强化风险控制责任；规范财务流程，提高财务管理水平。

【企业文化建设】 狠抓企业文化建设，积极推进企业文化及员工队伍建设，为改革发展营造良好氛围。围绕“抓服务、讲合规、促发展”和“关爱员工”两条主线加强企业文化建设，努力做到企业文化促业务发展，业务发展带动企业文化进步。

【自身建设】 加强党的建设，努力提高班子的学习、决策驾驭市场能力。以深入学习实践科学发展观为指导，紧紧围绕建设银行发展战略，积极开展学习活动，不断完善和创新学习方式，坚持把学习与贯彻中央、总分行党委的重大方针政策相结合，进一步加强党性锻炼，积极推进领导班子思想政治建设，更好地发挥党委学理论、议大事、转观念、出思路、抓班子、带队伍、促发展的重要作用，促进全行理论学习健康有序的发展。

（杨跃生）

农行迪庆分行

【综述】 2009年是农业银行股份有限公司挂牌成立的第一年，是落实全行“3510”战略目标、实施发展新战略，全面推进公司治理的一年。迪庆分行领导班子面对新形势、新任务、新要求,加强了党委自身的学习和建设，加大优良客户的拓展和营销力度，积极支持地方产业发展，以“改革、发展、控险”为主题，实施“发展、转型、创新、控险、强管、增效”的业务经营方针，加大服务“三农”的力度，为县域经济的发展做好信贷扶持，深入推进业务经营转型和精细化管理，切实加强内部管理和风险治理水平，积极开展企业文化建设、案件防控排查、干部作风建设。全行各项工作开展顺利，保持全行全面稳定发展，实现了十多年无案件。

【经营效益】 2009实现经营利润7299万元。中间业务收入762万元，比上年同期增收46万元，完成年计划的84.67%。向地方缴纳税金及附加支出939万元，比上年同期增加1万元。

各项存款余额309720万元，比上年增加95286万元，增长44.4%，其中：储蓄存款余额107813万元，比年初增加14354万元；单位存款201023万元，比年初增加80674万元；外币存款余额335万美元，比上年增加130万美元。

各项贷款余额300834万元，比年初增加63339万元，增长26.7%；全年累放各项贷款136253万元，比上年多放62896万元；办理商业汇票银行承兑5笔，金额1100万元。发放新增小企业贷款13户，金额4425万元；累收各项贷款72915万元，比上年多收回36861万元。总体是投量增加，突出支持迪庆的旅游、水电、矿产、生物四大支柱产业和铁路建设，重点支持了“三农”及中小企业发展。

五级分类不良贷款余额28621万元，比年初增653万元。不良贷款占比9.51%，下降2.26个百分点。累计清收不良贷款6995万元，超额完成了省分行下达的任务数。

全年共发行借记卡12257张、贷记卡1317张、惠农卡3839张，实现银行卡收入373万元。销售基金704万元，实现手续费收入5万元。新增企业网银25户、个人网银975户，实现电子银行收入72万元。与中保、永安、大地、平安、中国人寿等保险公司签订了代理保险协议。开展了与中石化、交警、国税、财政代收代付业务和南京证券第三方存管业务。实现保险手续费收入67.6万元。投资银行业务收入74万元。营销第三方存管293户，营销企业年金4户，开展托管2户，金额400多万元。

【存贷业务】 2009年迪庆分行各项存款和贷款分别突破30亿元大关，实现跨越式增长。

提高服务水平，开拓存款市场。2009年，面对经济结构调整，地方投资增大的形式，迪庆州分行认真研究资金市场，强力做好组织存款：紧紧抓住“元旦”“春节”等黄金时节，以“金钥匙春天行动”优质文明服务月为契机，加大营销力度，广造宣传声势，进行大客户座谈会，揽储增存工作取得良好效果；加大对经营行存款指标的考核力度，把存款任务层层分解，落实到各县支行、分理处；做好与客户的交流和沟通，不定期地走访、掌握了解客户的需求，寻求合作领域，加强银政合作、银企合作；增强员工服务意识，加强优质服务，提高服务质量和服务水平，树立起“赢在大堂”的服务理念。同时对分行营业网点进行转型改造，达到了网点“功能分区、服务分层、客户分流”的要求。加强了网点窗口营销力度，使储蓄存款业务实现稳步增长。2009年全行存款净增95286万元，创历史新高。

强化信贷管理，突出支持“三农”。贷款投入增加，贷款余额、增量份额居全州排名首位。2009年全州金融系统各项贷款余额702766万元，其中农业银行各项贷款余额300834万元，占42.81%。全州累计发放贷款362744万元，其中农业银行发放136253万元，占37.56%，比上年增加3.3个百分点。全州增量贷款178436万元，其中农业银行增加63339万元，占35.50%；贷款突出支持迪庆的旅游、水电、矿产、生物四大支柱产业，重点支持了“三农”及中小企业发展。2009年度迪庆分行把营销和维护公司、机构类优良客户工作放在首位，加强大客户联系和走访工作。成功营销华能集团、大塘、南方电网、迪庆矿业、迪庆有色、国电等一批优质客户。发放四大行业贷款111913万元，占累放数82.14%。其中：对水电、电网企业发放贷款45848万元，占累放数的33.65%；对旅游资源开发业发放贷款27730万元，占累放数的20.35%；对铁路交通运输建设业发放贷款30000万元，占累放数的22.02%；对农牧业类发放贷款8335万元，占累放数的6.12%。

服务“三农”有新的突破。2009年全行认真贯彻落实党和国家的支农、惠农政策，面向“三农”的市场定位，努力拓展“三农”和县域蓝海市场，加大服务“三农”的考核力度，积极加强“三农”资源配置、风险控制、信贷管理和产品服务，形成了有效的服务“三农”的商业化运作模式。按照州分行的统一部署，精心组织，切实做好惠农卡的推广发行工作.采取“公司+农户”、“合作社、行业协会+农户”、“党政机关、协管员+农户”、“信用村+农户”、“特色项目+农户”等五种有效推广模式，进一步扩大惠农卡的发行覆盖面，做实惠农卡功能，提高农户小额贷款授信率，并有效控制信用风险，针对农村中高端个人客户信贷需求，做好惠农信用卡推广工作，加快发展农村个人生产经营贷款业务。全年共发放惠农卡3839张，完成省分行下达任务数3000张的128.8%，激活率达98.78%，新增授信2431户，新增贷款6794 万元；抓住农民收入提高、借贷消费信心增强、投资理财需求显现等有利形势，充分发挥分行网络网点优势，不断提升为农民服务的质量和效率，推动农村储蓄存款稳定增长；加紧将保险、基金、理财、电子银行等金融产品与惠农卡捆绑营销，推广到农村，努力拓展“三农”和县域中间业务市场。

提升信贷管理，防范信贷风险。迪庆分行始终坚持客户准入与产品准入相结合的原则，积极做好客户营销与维护，准确把握信贷准入条件，通过培植优良客户，切实提高迪庆分行信贷资产质量。加强客户质量等级分类管理，切实做好年度法人客户评级授信工作，切实抓好信贷基础管理工作，提升信贷管理能力。做好信贷客户的年度评级、授信工作。全州农行法人客户共82户，按照转授权进行信用等级评定的有74户。经省分行审查审批AAA级客户5户，AA+级客户19户，AA级客户12户，A+级客户2户；完成法人客户内部综合授信的审查、审批共82户，同时受理、审查、审批、小企业简式贷款9户；认真审查审议信贷事项，坚持客户准入与产品准入相结合原则，积极做好客户营销与维护，准确把握信贷准入条件。加强客户质量等级分类管理，把信贷在线监测和风险预警作为信贷资产动态管理的手段，强化信贷基础信息管理，提高信贷人员的素质，防范信贷风险。

【资产管理】 迪庆分行切实采取有效的措施，以精细化管理为手段，坚持“自营、委托”两手抓，不断创新机制，提高核心竞争能力。2009年全行共清收委托资产业务1866万元，超额完成省分行下达任务1600万元的116%，收回利息127万元。自营不良贷款累计清收5129万元，完成省分行下达任务2100万元的431%。实现委托业务手续收入385万元。州分行领导深入基层狠抓清收了个人不良贷款，特别是重点清收员工不良贷款。行领导一直把不良贷款的清收工作当做首要任务来抓，使清收、盘活工作得以顺利进行；突出重点和难点，抓好委托业务同时抓好自营不良贷款；不良贷款的清收与州分行部室挂钩、与支行费用挂钩，奖罚分明，确保完成州分行的清收目标。在相关部室配合下清收100万元以上的贷款7户，清收本息2300万元，占总额的45%；充分运用减免息政策，法律诉讼等手段带动清收。

【中间业务】 迪庆分行为拓宽中间业务领域、增加服务产品、提升服务层次、增加有效收益，年初开始，就加大攻关力度采用紧追不舍、承上启下的办法，进行了有计划、有目的的营销维护和大力创新新业务产品，与人寿、泰康、永安、大地、平安等保险公司续签《代理保险协议》，全年完成保险代理手续费收入67.6万元，协调管理中石化代收业务手续费收入27万元。加大对保险代理业务组织领导和协调，实现保险代理手续费比2008年翻一翻，与中石化签订上门收款服务协议，成功开通迪庆州国家税务局、德钦、维西、经济开发区国税局、财政授权支付账户业务，迪庆州财政局零余额账户运行业务。成功与云南省国家开发银行签订代理中维公路项目贷款23.38亿元的资金代理协议。

拓宽和改善用卡环境，卡业务有序发展，卡收入稳步增长。全年贷记卡发卡量增加1317张，借记卡发卡量增加12257张，实现银行卡业务收入373万元，新增企业网银用户25户，个人网银用户975户，实现电子银行业务收入72万元。新增ATM机4台，新增特约商户40户，实现POS收单业务收入73万元。

【计划财务管理】 按照省分行2009年计划财务管理要求，结合迪庆分行实际，围绕全行财务政策安排的指导思想，认真贯彻“增收节支”原则，按照财务战略要求，强化会计基础工作管理，坚持依法合规经营，规范财务行为，加强经济核算，全年本外币 ，各项财务收入22048万元，与上年相比，增收1177万元，各项财务支出22447万元，比上年增加387万元。

加大集中采购管理工作力度。进一步规范全行的财务事项审议和集中购买行为，继续对大宗物品采购等进行招投标管理，保证采购和项目招投标质量，减少费用支出。

加强固定资产管理，固定资产的分配上，集中资金用于高收益网点建设和电子科技投入，把固定资产资源配置建设同提升农行市场竞争力和效益紧密结合起来。

【风险管理】 迪庆分行认真组织开展业务经营管理的自查自纠工作。按照省分行党委开展业务经营管理自查自纠工作部署实，迪庆分行为了确保活动的质量和进度，成立活动领导小组，对全辖内信贷、财务为主的业务经营管理情况和2007年以来内外部监管检查发现问题整改落实情况等进行全面的自查自纠。通过自查发现信贷方面4个方面问题，计划财务管理发现存在21个方面问题。针对存在问题进行认真整改。

认真开展好案件专项治理活动。按照省分行开展案件专项治理工作方案，迪庆分行党委高度重视，为保证开展案件专项治理工作的质量和进度，成立活动领导小组，制订活动方案，印发了《案件专项治理学习材料》，学习内容包括了省分行规定的学习内容，要求员工按各自的岗位认真对照学习，并做好学习笔记，写好学习心得。同时县支行行长、州分行机关部室及直管网点主要负责人签订了《合格操作责任书》、《安全保卫责任书》、《预防维稳责任书》、《防控案件承诺书》。并根据要求对重点牵头部室特别是重点治理行及重点治理网点，制定重点治理方案，明确重点治理内容及要求。通过案件专项治理自查，共查出存在问题90个，通过边检查边整改的方式整改存在问题52个，现场整改率57%。现场无法整改的38个问题和2007年以来检查发现的问题未整改到位的26个问题，按照整改要求，提出整改方案，全面进行整改。做到了齐抓共管、层层落实。

认真组织开展经营机构案件集中排查工作。在案件专项治理基础采取上以会代训的方式，集中人员认真学习《经营机构案件集中排查实施意见》，签订《经营机构案件集中排查责任书》，做到逐级落实，层层负责。通过检查发现问题61个，排查金额19607万元，分别为大额进出及内外对账12笔，金额75万元；信贷业务33笔，金额19532万元；代理业务4笔；金库业务10笔。针对发现的问题进行认真整改。

加大责任追究对相关责任人进行处理。通过开展业务经营管理的自查自纠、案件专项治理活动、经营机构案件集中排查等活动，对检查发现问题的相关责任人进行处理，处理人次达87人次，其中经济处罚及通报批评86人次，纪律处分1人次。通过一系列活动提高分行领导班子和领导干部“一岗双责”的责任意识，提高内控管理水平，提升对基层的管控能力，增强员工的合规操作意识，遵纪守法意识和案件防控意识，自我保护意识，有效控制各类案件的发生。

积极配合总行集中审计、丽江审计办审计工作。总行集中审计组于2009年10月开始至11月中旬进驻迪庆分行，进行历时一个多月的集中审计。全行克服工作任务重、时间紧等因素全力以赴积极配合、相互协调做好集中审计所需资料调阅、说明等工作。并对检查形成的61份审计底稿、196个问题向省分行上报集中审计情况的综合分析报告，审计情况统计及情况说明。对相关问题进行认真整改。

【深化改革】 做好内设机构改革工作，按照总行模板，结合迪庆分行实际，按照精简高效、统一规范、分类指导、动态指导的原则将内设机构调整为13个一级部，1个二级部。同时、对县支行进行机构内部调整，优化县支行业务流程和劳动组合，精简、压缩中后台，充实前台和“三农”业务一线人员。将机构改革和柜面置换出来的人员，通过转岗培训、考核合格后，补充到“三农”业务领域。将州分行本部内设机构调整为一个职责明确、结构合理、运转高效的内部组织体系。并招收一批较高学历层次的人员充实到网点一线。

深化干部人事制度改革，增进干部队伍活力，进一步拓宽选人、用人渠道，促进干部合理流动、多岗锻炼，努力建设高素质队伍。在内设机构调整的基础上公开选拔两县支行副行长及州分行部分部室副经理。通过报名资格审查，有30人具备竞聘资格。通过考试、演讲答辩、民主评议、民主推选、党委研究，考察公示等一系列的公开、公平、公正的选拔，最终8名同志走上了中层领导岗位。通过竞聘后中层干部的年龄结构、学历水平都得到了明显的改善。平均年龄大幅下降。公开竞聘前，中层干部平均年龄为44岁，之后平均年龄为38岁，较竞聘前平均年龄下降了6岁；学历水平整体提高，公开竞聘前，中层干部中具有本科以上学历14人，其中全日制本科2人。之后具有本科以上学历22人，其中全日制本科5人。逐步形成一支工作热情高、懂业务、善管理的中层干部队伍，对全行的经营管理水平起到了积极的促进作用。

【内部机制管理】 迪庆分行加大了机关及直属网点的绩效考核力度，在总结过去考核经验的基础上，经充分研究，重新修订了《中国农业迪庆州分行机关绩效薪酬分配及考核办法》及《中国农业迪庆州分行直属网点绩效工资考核分配办法》，坚持了对员工的年度考核工作；坚决贯彻执行了员工岗位轮换及强制休假制度，年度内对重要岗位进行了岗位轮换，对重要岗位人员签发了强制休假通知书，为培养员工一专多能及有效防范各类违法违纪行为起到了较好作用；加强科技和后勤保障工作，为业务经营全面发展提供科技支撑和后勤保障。

【党建工作】 2009年认真开展了科学发展观第三阶段学习；认真组织学习了党的十七大四中全会精神，认真开展“讲党性、重品性，作表率”、廉洁自律“七不准”的等一系列教育活动；认真落实“三会一课”制度，州分行党总支及各党支部认真组织学习新党章；党委书记亲自参加县支行班子年度考核活动，把党建工作与业务工作同部署、同检查、同考核，充分发挥了党组织的战斗堡垒和党员先锋模范作用；完善好党委中心组学习活动，将反腐倡廉理论作为重要内容定期安排组织学习；认真开展好加强领导班子建设和领导干部作风建设教育活动。州分行领导班子和班子成员认真从改革和发展、履行职能、党风廉政、组织建设和干部管理、落实整改措施等方面拟写剖析材料；县支行领导班子和班子成员，重点业务发展、履行职责、管理、廉洁自律等方面进行剖析，拟写剖析材料；采取召开民主生活会，下发征求意见表、设置意见箱等形式广泛听取党内外群众意见，对照提出的合理化意见班子成员认真进行自我剖析，查找自身不足，同时本着团结友爱、共同进步的原则认真开展批评与自我批评；认真贯彻中央及农总、分行关于做好新形势下发展新党员工作的意见要求，坚持“坚持标准、保证质量、改善结构、慎重发展”的原则发展了9名新党员，转正4名预备党员。真正做到党员的发展成熟一个、发展一个，统筹兼顾，进一步优化了党员队伍结构。

【员工队伍建设】 坚持实施“3510“人才战略，努力克服工学矛盾，认真开展各项新业务，新制度的培训学习活动，开展好“做合规员工，争当业务能手、岗位标兵”等竞赛活动，形成了一支懂业务、爱岗位、重品性的员工队伍。有效提高员工综合竞争能力；认真建立和完善职代会制度，切实保障维护员工合法权益，充分发挥党团工会的整体合力，保持员工队伍团结稳定。

【大事记】 5月5日，迪庆分行举行综合办公大楼乔迁庆典，由原香格里拉长征路122号迁到建塘路3号。

6月24日，中共迪庆州委书记齐扎拉同志到农行迪庆分行调研。

6月25日，省分行党委书记、行长字如均同志到农行迪庆分行调研。

6月29日，迪庆分行实行农行个人贷款“三包一挂”制度。

7月，迪庆分行实行机关内设机构改革，设置13个一级部、1个二级部，并对维西、德钦支行内部机构实行调整。

8月18日，迪庆分行实施网点规范化文明标准服务。

10月23日，省分行工作组到扶贫点维西县开展扶贫调研。

【表彰】 2月迪庆分行被总行表彰为“案件防控先进单位”。

4月迪庆分行被中共迪庆州委、迪庆州人民政府授予“迪庆州维护藏区稳定工作先进集体”。

（李春华）

农业发展银行
迪庆州分行营业部

【综述】 2009年，中国农业发展银行迪庆州分行营业部在州分行党委的正确领导下，在地方党委政府的关心和地方相关部门及开户企业的支持配合下，认真贯彻落实中央经济工作会议、中央农村工作会议、全省分支行行长会议和全州县支行行长（经理）会议精神；以科学发展观为指导，紧紧围绕“四个坚持、四个下工夫”的要求及“团结、务实、发展、和谐”的工作思路,以大力支农、夯实基础、好字优先、稳中求进为主线；狠抓有效发展、深化改革、加强管理、构建和谐的各项规章制度和改革措施的落实；积极支持和服务新农村建设，努力拓展信贷业务，加强信贷风险防范；加强“三防一保、“三个文明”建设和党建工作；不断加强了会计核算，2009年实现利润2733万元，实现了建行以来利润最高纪录。全面完成了各项工作任务，实现了各项业务经营管理又好又快发展，有力地支持了云南藏区的地方经济发展和社会稳定，为迪庆的农业和农村经济发展、农民增收方面做出了新的更大的贡献。

【经营管理】 迪庆州分行营业部按照全行工作总体要求，立足州情行情，按照“传统业务不放松，拓展业务为主攻，创新方式为先锋，有效发展为最终”的工作思路，加强业务经营管理工作，不断提高金融服务水平。

贷款收息率提高。当年各项贷款应计利息4410万元,实际收回利息4409万元,贷款收息率达99.98%。比2008年增加145万元，增幅为3.40%。

经营绩效大幅提升，业务经营取得较好的成效。2009年末，迪庆州分行营业部资产总额75679万元，同比增加16342万元；负债总额72946万元，同比增加16210万元；所有者权益2733万元，同比增加132万元，资产利润率达3.61%。当年实现各项财务收入4566万元,各项支出1833万元,收支轧差实现账面盈余2733万元,比2008年增盈132万元,增幅为5.07%。

存款明显增加。2009年末，各项存款余额达10824万元,比年初增加2816万元,增幅达35.16%,人均日均存款达939.92万元。

贷款持续稳步增长。2009年末，各项贷款余额达75385万元,比年初增加16284万元,增幅达27.55%。人均贷款达6030.8万元。

中间业务增幅加快。2009年末，中间业务收入达18.61万元,比上年增加6.11万元，增幅为48.88%。

信贷资产质量良好，风险防控见成效。年末各项贷款余额为75385万元，其中：正常贷款72407万元；关注贷款2978万元；次级、可疑、损失贷款均为0万元。不良贷款余额和不良贷款比例保持零增长。

内部改革创新有突破。完成了“深化县级支行岗位绩效考核和推行员工双向选择、竞争上岗”为内容的改革。

企业文化建设成果显著。迪庆州分行营业部被总行授予“总行级文明单位”、被州总工会授予“工人先锋号”荣誉称号、在全州财会业务技能竞赛中获得第一名，并代表州分行参加全省财会业务技能竞赛获团体二等奖。

内控制度落实卓有成效。实现了无“经济案件、刑事案件、重大责任事故、严重违规违纪行为”的“四无”目标。

【信贷管理】 2009年累计发放各项贷款26387万元，累计收回贷款10103万元，收支轧抵，信贷净投放16284万元。

适应粮食流通体制改革的新形势，继续巩固和做好传统粮油购销储备贷款业务。2009年，累计发放粮油贷款6780万元,其中:收购贷款843万元,支持粮油企业收购粮食407万千克；调销贷款5937万元,支持粮油企业调入粮食3187万千克,调入油脂28万千克。彻底解决了长期困扰各级政府和广大农民“卖粮难”和“打白条”的问题，确保了云南藏区的粮食安全。

审慎稳妥地推进商业性贷款业务的发展。商业性贷款业务的营销按照“审慎稳妥、好中选优、严控风险、稳中求进”的要求,把握好贷款营销重点。做好商业性贷款客户分类排队工作。做好摸底、基础准备工作,择优扶持。对黄金客户和优质客户优先支持;对劣质客户坚决、及时、稳妥地退出；把握贷款营销重点。根据行业和区域发展实际。重点支持信用度高,成长性强,具有一定规模，效益好的企业。2009年,累计发放农村基础设施建设短期贷款4000万元;累计发放农村基础设施建设中长期项目贷款14000万元;累计发放农业小企业短期贷款1080万元。合理地调整了贷款结构，有力地支持了地方基础设施建设和农业经济的发展。

完善评级授信管理，落实各项信贷规章制度。积极开展企业贷款资格认定、信用等级评定和核定最高综合授信额度工作。认真开展了16户开户单位的贷款资格认定、信用等级评定工作。其中：AA级1户，A+级11户，BBB级3户，BBB-1户。最高综合授信15户，总额度104160万元。

【财务管理】 加强财会基础工作,完善内部风险控制，提高财会管理水平，确保实现全行经营目标。为全面提升业务管理手段，改进管理流程，不断拓展融资渠道降低经营成本，随着大小额支付系统、支票影像系统、电子验印系统、公民身份联网核查系统、中央银行会计核算对账系统、五级分类综合报表管理系统、反洗钱监测数据报送系统、统计数据集中管理等新业务系统的推广应用、升级改造并与综合业务系统连接后，为推动结算业务发展打下坚实基础，为客户提供了方便快捷的结算服务。全年办理网上银行业务4笔，累计金额达11110万元；办理首笔国际结算业务，实现国际结算业务手续费收入0.56万元；资金汇划业务533笔，金额41143万元；参与同城票据交换业务730笔，金额18111万元；进一步强化了岗位监督和制约，狠抓会计出纳规章制度和操作规程的贯彻落实，坚持按章办事，不断规范会计出纳行为，真实、准确反映各项会计事项，落实印、押、机、证、IC卡管理制度，及时提供会计信息，按时、按质、按量上报各项会计报表资料。

【资金计划管理】 支持各类企业的合理资金需求，加大资金计划管理工作的力度，充分发挥其计划、调控的综合职能作用。做到勤借、勤还、严密核算，减少资金占用、降低成本支出，有效地提高了资金使用效率。2009年度，累计请调资金25笔，金额22550万元；累计归还资金21笔，金额19630万元，做到了灵活运用资金；切实加强了财政补贴资金的管理工作，加大监管力度，积极做好粮食风险基金的预测工作，准确预测粮食风险基金拨补基数。积极与财政部门沟通、联系，督促各项财政补贴及时拨补到位，做到应补尽补。全年各项财政补贴应补7111万元，实补7111万元，拨补率为100%；以推动现金、利率管理迈上规范化轨道为目标，加强检查监督，严格账户管理，按季对辖内开户企业的现金使用、利率、商品库存、销售情况进行全面检查，严格掌握现金支取范围，正确贯彻执行各项利率政策，较好地发挥了利率的杠杆作用；努力做好代理保险中间业务和存款组织工作。加强与各类保险公司的合作，推行“双单作业”,充分发挥保险对信贷资产的保障作用。同时，积极组织和加强对企事业单位存款的管理，做到存贷联动。加强政财性拨款的转存款工作力度，努力增加专项存款，积极吸收各级地方财政性支农资金存款。加强金融机构间的合作，吸收同业存款1笔，金额3000万元。

【文明创建】 迪庆州分行营业部紧紧围绕中心工作，积极开展争创“一流班子、一流管理、一流队伍、一流环境、一流效益”的系列文明创建活动，展示了营业部的良好精神风貌，树立了“中国农业发展银行建设新农村的银行”良好服务品牌形象，全面深入推进企业文化建设,增强凝聚力和战斗力，为迪庆金融事业的健康发展奠定了坚实的基础。把企业文化建设作为增强核心竞争力和实现可持续发展的重要工作之一；结合本部实际,积极探索具有农发行特色的企业文化建设理论,通过企业文化建设,培育员工的团体精神；积极组织开展各项有益活动,增强全体职工的凝聚力和向心力；抓行风、促和谐。以严格自律为重点，从语言仪表、礼节礼貌、环境秩序、道德纪律等方面提出具体要求和措施，要求全体职工从我做起，从点点滴滴做起，努力提高服务质量和水平；文明创建硕果累累。2009年营业部被云南省银行业协会评为“文明示范窗口”；被州总工会授予“工人先锋号”荣誉称号；在全州财会业务技能竞赛中获得第一名，并代表州分行参加全省财会业务技能竞赛获团体二等奖；申报了国家级青年文明号。营造了“团结、务实、发展、和谐”的企业文化氛围，不断提升了文明创建活动水平。

【党建】 迪庆州分行营业部党支部认真贯彻执行党的路线、方针、政策，严格遵守中央纪委和金融系统领导干部必须过好“五关”、“十个严禁”和“新六条”的要求，自觉执行《廉政准则》和关于制止奢侈浪费的八条规定，在廉洁自律、拒腐防变方面做到自身过硬，认真贯彻落实“廉政办贷十不准”，签订了贷款“三包”责任书；扎实抓好本单位党员领导干部的廉洁自律工作和案件防范工作。始终把党风廉政建设工作列入支部的重要日程，把建设“和谐农发行”放在全局工作的突出位置，层层签订《党风廉政建设责任书》、《银企廉政协议》、聘请了义务行风监督员，从而有效地推动了党风廉政建设工作的深入开展；注重解决员工思想问题和实际困难,及时消除不和谐因素，以党风带行风，营造和谐的党群干群关系。做到了业务工作和党建工作同安排、同落实、同检查、同考核、同奖惩，使党建工作和业务工作两促进；认真落实“三课一会”制度，充分发扬民主，坚持“集体领导、民主集中，个别酝酿，会议决定”的原则，发挥职工参与管理的积极性，在广泛民主的基础上进行集中决策，如：重大问题，重要事项，先进的评选等都通过集体讨论决定，决不以个人说了算；坚持“政务公开”的原则。按期对营业部的政务、业务和信贷等工作在明镜榜上进行公开，增强了工作的透明度；加强了基层党组织的建设。认真开展“四无”创建活动，不断加强对党员的教育和管理，促进了各项业务工作依法合规开展；党支部认真贯彻落实四个长效机制，发挥党员先锋模范作用，做好党员发展工作。

【安全防范】 进一步强化了安全保卫和保密工作的日常监督、检查，杜绝了失、泄密事件的发生。在反分裂、反“藏独”的维稳工作中，党支部把干部职工思想教育工作放在首位，思想上和政治上与党中央保持高度一致，广大干部职工立场坚定，不造谣、不信谣、不传谣，尽职尽责履行自己的工作职责，全面落实了安全保卫责任制；实行“一把手”负总责制，并把安全保卫工作纳入领导任期目标进行考核，做到与业务工作同计划、同部署、同检查、同总结、同奖惩；年初与员工签订了《安全保卫责任书》和《社会治安综合治理责书》，督促员工自觉遵守有关规定；强化了制度执行的检查落实，有效地防范和杜绝了各类案件和事故的发生。确保全年无大案要案，无金融刑事案件，无重大责任事故，实现了安全、平稳运营的目标。

【“遵章守纪、合规经营”专题教育活动】 按照总行和省、州分行党委的统一安排部署，深入开展了“遵章守纪、合规经营”专题教育活动。在专题教育活动中，严格按照日程安排和活动要求,做到步调一致。通过专题教育活动,全体员工进一步熟悉和掌握了相关法律法规、基本规章制度和专业管理办法,提高思想认识,增强遵章守纪、合规经营自觉性,不断提高了职工遵纪守法意识,树立了自觉地遵纪守法、有法可依、令行禁止、纪律严明的良好风气。形成了“风正、气顺、心齐、劲足、绩优”的良好局面。

【大事记】 1月4日，迪庆州分行营业部被云南省银行业协会授予“文明规范服务示范单位”光荣称号。

1月6日，营业部经理陶云唐主持召开职工大会，进行2008年度工作总结及职工年度考核。

3月19日，州分行高级业务经理李华到营业部调研，营业部经理陶云唐陪同。

4月17日，州粮食清仓查库工作组到州储备库、香格里拉县粮油收储公司进行清仓查库。营业部经理陶云唐陪同。

4月21日，州银监局对营业部会计业务进行检查。

4月30日，迪庆银监分局排查案件风险现场检查组对营业部账户管理、对账管理、印鉴核对工作等进行检查。

6月4日，营业部组织干部职工参加州分行业务技术比赛获得第一名，并代表州分行参加全省农发行系统财会业务技能竞赛获团体二等奖。

6月12日，省分行工团处到迪庆州分行营业部开展创建“国家级青年文明号”情况调研。

6月16日，州分行工作组到营业部检查安全保卫工作。

6月22日，省分行“风险与法律事务”检查组到营业部进行检查。

6月25日，农发行迪庆州分行营业部向迪庆州开发投资集团热力开发有限公司发放农村基础设施建设中长期贷款1亿元，用于支持香格里拉县城集中供热一期项目建设。

6月26日，迪庆州分行营业部开展“遵章守纪、合规经营”专题教育活动。

7月1日，迪庆州分行营业部经理陶云唐与到访的迪庆州外贸公司负责人洽谈贷款业务相关事宜。

7月14日，州银监局对营业部进行涉农贷款调研。

7月22日，迪庆州人民银行对营业部开展“2009年现金收付业务及反假币工作检查”。

7月22日，省分行工作组一行对营业部开展“信贷档案专项检查”。

7月27日，迪庆州分行营业部开办首笔单位定期存款业务。吸收云南恒益水电开发有限公司2000万元单位定期存款，实现了单位定期存款业务零的突破。

8月10日，州分行对营业部营业场所及业务现金库进行专项安全检查。下午，迪庆州分行营业部经理陶云唐与到访的迪庆中国人寿保险公司负责人洽谈业务合作相关事宜。

8月14日，省分行综合业务检查工作组一行到营业部检查综合业务开展情况。

8月26日，营业部对职工进行廉政警示教育。

8月27日，州人民银行对营业部进行“信贷征信系统检查”。

9月7日，州分行对营业部部进行“信贷资金专户管理检查”。

9月15日，迪庆州分行行长赵永春到香格里拉酒业股份有限公司、香格里拉映象资源开发有限责任公司进行工作调研，营业部经理陶云唐陪同。

9月25日，迪庆州分行营业部被州总工会授予“工人先锋号”荣誉称号。

11月10日，营业部党支部召开2009年度民主生活会。

11月11日，省分行安全保卫检查组到营业部检查安全保卫工作。

11月30日，营业部开展员工双向选择、中层干部竞争上岗工作。

12月16日，迪庆州分行营业部经理陶云唐到云南迪庆国家粮食储备库参加储备粮轮换验收工作。

12月31日，营业部开展年终决算工作。

（张　碧）

农村信用社

【综述】 2009年，香格里拉县联社在省联社、办事处的正确领导下，认真学习和实践科学发展观，贯彻落实党和国家应对金融危机的一系列方针、政策和信贷措施，积极稳妥地推进三项制度改革和经营工作，狠抓“规范管理，整县推进”活动整改方案的落实，积极实施服务创优工程，按照县委政府提出的社会经济发展计划，积极支持三农和中小企业信贷融资，推进农户小额信用贷款授信和“金碧惠农卡”发行试点工作，有力地促进了农业生产和地方经济发展。在极其不易的经营形势下，各项改革和发展取得了较好成绩。

【三项制度改革】 2009年，县联社利用各种会议、下乡等机会，与广大干部员工进行座谈，宣传和讲解联社三项制度改革(指建立新型的劳动用工、人事管理和薪酬分配三项制度)的主要内容、操作程序和实施的方法步骤，让所有员工知晓改革的必要性、阶段目标和最终目的，做到理解改革、支持改革，参与改革。通过有效宣传，各项改革政策深入人心。截至2月份，共有20名年龄在50岁以上符合内退条件的老同志自愿提交内退申请书，有1名同志递交自谋职业申请书。2月份，县联社分两批对年龄在50岁以下的76名员工进行上岗前考试。笔试结束后，联社对所有中层管理人员宣布就地免职，将机关部室及基层网点共24个中层管理岗位作为竞聘岗位，向全体员工发出招聘公告。有30名同志报名参加竞聘中层管理岗。经过联社党委会严格审查任职资格条件后，3月10日，对符合条件的同一岗位两个以上竞聘者组织了“竞职演讲会”，并聘请迪庆银监分局和人行迪庆中心支行领导进行现场监督和指导。竞聘者结合自身条件和对所竞聘岗位的熟悉状况，谈认识、谈发展思路和工作措施，规划未来。评委们根据竞聘者的平时表现和演讲情况进行打分，综合考试得分和民主测评分后，报党委会确定并宣布各管理岗位的正式人选。确定中层管理岗干部后，按照“双向选择”的要求，组织城区员工自愿填报竞聘岗位，机关部门和信用社、分社负责人根据员工的平时表现，对所有参加竞聘的员工进行挑选后聘用，并签订劳动合同。通过人事管理和劳动用工制度改革，县联社10名业务骨干提拔为中层干部，14名原任中层干部重新得到聘任，原中层干部2人自愿放弃原岗位。3月末，县联社办结了对20名内退老职工和1名自谋职业人员的离职手续。

4月1日起，按照营业收入的一定比例，匡算出全年薪酬总额，并正式实施新的薪酬分配制度。通过实施绩效考核，较好地解决了机关工作人员绩效工资吃“大锅饭”问题，有利于机关与基层上下联动，促进各项工作。

9月份，县联社按照高级管理人员轮岗交流制度的要求，对6个网点的负责人进行免职、岗位调整。对出现违规违纪问题的信用社主任进行了就地免职处理（免去原小中甸社、五境社和城南分社三人的主任职务）。对任职超过五年以上的社主任进行了岗位轮换（虎跳峡社主任交流到小中甸社任主任、原尼西社主任交流到上江社任主任、原上江社主任交流到五境社任主任，建塘社副主任调整到城南分社任主任，保卫部副经理聘任为尼西社副主任）。

【法人治理】 根据《县联社章程》的规定，在3月份着手准备首届二次社员代表大会的议程和会议材料，经过精心准备和认真筹备，大会于2009年4月16日在环太大酒店召开。应到代表74人，实到代表61人。大会审议并通过了理、监事会工作报告、县联社五年（2009～2013）发展规划、县联社2008年度利润分配和股金红利方案、县联社固定资产投资计划、2008年度基本信息披露报告等事关未来几年改革发展的重要文件。大会选举潘锐才为理事会理事，选举李致和为监事会监事，并于当天分别召开理事会和监事会。根据理事长的提议，理事会通过举手表决方式，7名理事一致同意聘任潘锐才为县联社主任，根据主任提名，会议通过举手表决方式，一致同意聘任和树军、阿秀为县联社副主任；监事会5人通过表决，选举李致和为县联社监事长。

9月份，为了加强风险业务审查的管理，切实防范和化解风险，县联社成立风险业务审查委员会，由联社主任担任委员会主任委员，理事长、副主任担任副主任委员，相关部门负责人担任委员，并制定下发《风险业务审查委员会工作规则》。基层网点分别成立风险业务审查小组。12月份，开展了贷款呆账认定和申报、核销等工作。

12月28日，县联社召开理事会第六次会议，听取和审议县联社经营班子工作报告，审议通过经营班子提交的信贷资产管理实施细则、贷款责任追究办法、财务费用管理实施办法、2009年会计决算方案、呆账核销议案等，审议通过县联社工作规则、新修订的财审委议事规则、员工失范行为监察制度等。进一步建立健全了县联社内部控制制度，为促进联社稳健经营和规范管理奠定了坚实基础。

【落实扶持政策】 县联社通过三年多的改革和发展，于2008年年底基本完成申请央行票据时承诺的改革进程，各项考核和监管指标得到大幅度改善，基本符合申请兑付的条件。2009年1月，联社及时调整和充实专项央行票据申请兑付工作领导小组，抽调机关部门主要负责人组成三个专门工作小组，第一组负责收集汇总前四年的会计基础信息，填报央行票据的相关考核统计表格；第二组负责组织各种申报材料的撰写、校对，并装订成册；第三组负责与各相关部门的联络、协调和沟通，负责组织、收集需要由相关单位出具的文件材料。联社上报的专项央行票据申请兑付材料得到昆明中心支行和云南银监局的认可，并上报银监委和央行进一步审核。2月份，央行将1000万元票据资金拨付到账。通过全社上下共同努力，认真履行关于2009～2012年处置票据置换不良资产的承诺。采取下发催收通知书、订立分年度还款计划、上门清收等措施，全年共处置央行票据置换不良资产344万元，占年初置换不良资产的55%，其中以现金方式收回置换不良贷款49万元，利息23万元。

2009年、5月初，县联社根据《财政部关于印发〈财政县域金融机构涉农贷款增量奖励资金管理暂行办法〉的通知》（财金〔2009〕30号）精神，积极向当地财政部门报送材料，对涉农贷款发放增长超过15%部分的增量申请奖励资金324.01万元。12月份，联社收到省财政厅下拨涉农贷款增量奖励资金324万元，并相应增加贷款损失拨备324万元。

【案件专项治理】 县联社在4月份召开的经营工作会议上，传达落实银监会召开的中小金融机构案件治理工作电视电话会议和全州农村信用社工作会议精神，联社当月开展重点业务风险自查工作，安排稽核部对500万元以上的贷款和汇划资金进行检查，对500万元以下的贷款和汇划资金往来由各网点自查。为加大惩处力度，教育广大员工，县联社对兰文新案件的相关责任人追究监督不力的责任，对罗XX、杨XX、杨X三人给予记大过行政处分，并处罚金各3000.00元；对马XX、单XX、李XX三人给予警告行政处分，并处罚金各1000.00元。按照高管人员和重要岗位实行离任审计制度的规定，县联社开展了信用社有史以来最大规模的离任审计工作。4月份，对格咱、东旺、洛吉、金江4家信用社原主任和16名办理内退手续的业务人员、对营业部信贷员进行离任审计；9月份，对县联社城南分社负责人和虎跳峡、小中甸、尼西、五境、上江6家信用社负责人开展离任审计。全年共完成28个重要岗位和人员的离任审计。通过离任审计，查出原主任所在岗位的工作中存在58个问题和管理漏洞，工作组根据实际情况，提出现场整改意见35条，提出限期整改意见19条，向县联社党委提出处理建议4条。稽核审计工作组采取现场解说和演示的方法，促进各社规范信贷业务操作和落实各项管理制度，建立健全各种登记簿和台账。

按照各级案件防控和综合治理的要求，县联社在接到银监分局转来的举报五境信用社主任涉嫌违规违纪信件后，及时成立专案组，进行内查外对，调查核实举报事项，并发现了重大违规违纪问题事实；对“规范管理，整县推进”活动中暴露出来的原小中甸信用社会计兼片区信贷员违规违纪问题，县联社领导班子及时采取有力措施，组织核查工作组，对涉嫌贷款进行全面外对。通过大量细致的艰苦工作，彻底查清2人的严重违规违纪事实。违规违纪人员对所犯错误供认不讳。联社根据认错态度、违规问题的社会负面影响程度、配合工作组核查和退赔款项等情况，对原五境信用社主任和XX给予免职、调离该社、留用察看一年的纪律处分；对原小中甸信用社会计兼片区信贷员吴XX给予解除劳动合同的处理。

【“规范管理、整县推进”】 省联社为了促进迪庆州三县联社规范管理，充分暴露经营管理中存在的问题和案件风险，进行全面整改，达到整县推进，提高经营管理水平的目的，从5月份下旬开始，下派稽查大队进驻联社组织开展为期四个月的“规范管理、整县推进”活动。县联社积极支持和配合省联社稽查大队的工作，动员了县联社能够动员的所有力量，动用大量的人力、物力和财力，抽调机关和基层业务骨干组成三个外对工作组，按照所有营业网点存贷款账务进行彻底外对的要求，历时3个月，对全辖区内的2.5万个贷款户进行了逐笔核对，外对率达到90%；外对组陪同稽查大队，又对各网点大额贷款进行复查，抽查率达到30%。

稽查大队针对每个网点和机关部门存在的问题和管理漏洞，提出了详细的整改方案。县联社高度重视整改方案的落实工作，成立落实整改方案工作领导小组，联社领导成员分片负责督导各部门和基层网点在规定的时间内落实整改要求，并及时研究具体的落实措施和办法。县联社下半年共制定和修订23份各种管理制度和办法下发各网点执行。通过督导和现场检查，各部门和营业网点按照“急事急办、先易后难”的原则，克服人少事多、整改任务重、时间要求紧等困难，利用公休假日，加班加点进行整改。截至12月31日，整改方案中的内容绝大部分已经得到了整改和完善，整改率达到98%。贷款方面存在的违规问题得到整改。但部分违规贷款由于时间较长，形成原因复杂，又涉及到对违规人员的处理问题。因此，各网点在整改违规贷款中遇到了一定困难，清收和处置违规贷款的时间有限，整改率只达到85%。

通过加强领导，采取有力措施落实整改方案，联社进一步建立和完善了各项内控制度，规范各项业务操作流程，综合管理方面有明显进步；通过落实整改方案，在业务经营和管理中存在的大量违规问题得到及时发现和纠正，案件风险得到充分暴露，对违规违纪行为采取断然措施，严肃处理违规人员，肃清了“内鬼”；同时，广大干部职工在“规范管理，整县推进”工作中得到了普遍教育，对各项规章制度的学习和理解得到深化，思想观念和经营理念有了明显转变。开展历时半年多的“规范管理，整县推进”活动，达到了充分暴露案件风险，查处违规违纪行为，建立健全案件防控长效机制，规范经营管理行为，教育广大干部职工的预期目的。

【经营管理】 强化目标责任，落实工作措施。为了配合县联社实施“三项制度”改革，联社主要领导在新年开始就开展下乡调研活动。到每个社组织员工进行座谈，全面总结上一年度工作，征求员工对县联社领导班子及成员工作的意见和建议，并认真分析各社在发展中存在的问题，指出潜力所在和努力方向，根据历年发展情况确定2009年经营指标。在深入调研的基础上，召开社主任工作会议，讨论并下发县联社2009年各季度、年度业务指标和工作任务，制定下发与之配套的绩效考核评分标准、绩效工资计提和分配办法等。在会上签订经营目标责任书、党风廉政建设责任书、“三防一保”安全责任书、社会治安和案件综合治理等责任书，进一步明确工作职责和细分任务，各项工作做到早计划、早安排、早落实。各基层社根据县联社的要求，把任务分解落实到岗、到人，做到人人有任务，月月有指标。

清收转化不良贷款，改善资产质量。全年累计收回机关事业单位拖欠贷款25万元，收回国家公职人员拖欠贷款105万元，收回内部职工拖欠贷款55万元。通过法律诉讼程序，共清收四个借款人不良贷款197万元，收回利息81万元。当年，全社16个网点开通个人征信查询系统，新增贷款全部通过征信系统进行查询，及时发现和淘汰不讲信用的客户；重新规范贷款操作文本和格式合同，完善贷款操作流程，按程序调查、审查和审批贷款，超过权限的贷款一律上报审批或咨询，从而确保新增贷款的风险控制在最低水平；适时调整四级分类贷款的占用形态，并划分清收责任，制定和落实清收不力的处罚措施。共清收转化四级不良贷款1,232万元；认定并核销呆账贷款XX笔，金额XXX万元。至年末，全社四级分类不良贷款占比从9月末的15.85%下降到11.47%，五级分类不良贷款从年度中间的23%下降至年底的10.94%，信贷资产质量得到改善。

积极开展农户小额信用贷款和金碧惠农卡推广试点工作，开展巾帼科技示范户贷款。县联社于9月份部署金碧惠农卡推广试点工作，被确定为试点单位的金江等五家信用社积极着手开展农户小额信用贷款试点工作。通过两个多月艰苦细致地工作，县联社在金江镇率先举行金碧惠农卡首发仪式，有力地推动了各试点乡（镇）对农户小额信用贷款和金碧惠农卡的推广工作，为更大范围内推广进行了有益探索。

积极开展各类新业务，促进服务产品多元化。联社把拓展服务项目和服务领域作为进一步发展壮大的有效途径和做强做优的重要手段。根据上级工作安排和部署，联社积极向县政府联系金融的领导汇报工作，与相关部门联系和协调，制订实施方案和贷款管理办法，积极配合有关部门及时进行贷前调查，对符合贷款条件的申请人及时发放“贷免扶补”创业小额贷款，全年累计发放小额创业贷款141户，金额705万元，超额完成了上级下达的指标，有力地支持了创业青年，促进了当地的就业工作。从2009年8月开始，联社与县教育局等部门协调和沟通，代理国家开发银行助学贷款在生源地办理的业务，全年累计代理生源地助学贷款138人，金额72.27万元。12月份，联社主动与县劳动部门联系和沟通，又与财政部门协调，洽谈代理“新农保”收费、代发业务，基金账户和收费账户在联社开立事项。

【服务创优工程】 根据省联社的统一部署，县联社结合自身实际，究制定服务创优工程实施方案，并在全县范围组织实施“服务创优工程”。联社从树立为客户服务意识、改善服务态度、完善劳动纪律和工作作风、增强服务功能、增加服务品种等方面着手，制定服务规范和标准，下发考核评比办法。广泛宣传动员，在干部职工中灌输服务思想和理念，使“机关服务基层，领导服务员工，全员服务客户”的思想深入人心，在全社上下达成共识。服务创优工程从小处着手，从细节做起，通过美化和亮化服务环境，订制各种告示牌匾，员工统一着装和亮牌上岗，公开服务内容和经营范围，实行服务承诺制，在城区两个业务量大的网点配备保安人员，维护办理业务秩序和安全，开展每月一次的服务之星评比活动，制定和使用规范服务用语，服务工作与绩效挂钩考核，使全社绝大部分营业网点在公众心目中的形象得到提升，增强公众对信用社的认知度和认同感，实施服务创优工程对经营管理工作的促进作用初现成效。

【电子化建设】 信贷管理系统是继综合业务系统成功运行之后推出的又一大应用系统，对有效防范信贷资产操作风险，促进信贷资产运营流程化管理具有重要意义。县联社高度重视，把信贷管理系统上线工作作为2009年上半年一项中心工作来抓。根据省联社信贷管理系统上线工作安排，积极主动地组织系统上线的各项准备工作。为确保系统上线期间工作有序开展，县联社及时成立了信贷管理系统上线工作领导小组和工程实施小组，实行一把手负总责，分管领导具体抓，各部门配合协调。做到上下联动，全员参与，形成合力，为提前顺利上线运行提供有力的组织保障。省联社信贷管理系统上线培训结束后，联社多次召开会议，研究部署系统上线工作，制定了信贷管理系统上线工作实施方案，明确工作任务，积极组织实施。充分做好上线前的准备工作，4月5日开始，联社通知各网点收集基础数据。4月30日,省中心信贷项目组派人员进行指导建账工作。5月10日，在省联社、迪庆办事处的大力支持和全社干部员工的紧密配合下，信贷管理系统在全社所有网点成功上线运行。全年共增加1台自助取款机，两台刷卡机具。全年采购终端机、打印机、验钞机、笔记本电脑等各类电子设备45台套，发电机8台，档案柜34组，改善了各网点的营业办公装备。全年发行金碧卡6715张，其中发行金碧惠农卡470张，累计发卡量达到1.67万张。

通过与人行迪庆中支等单位积极协调，县联社历时1个月，开通全社16个网点（含营业部）的银行个人征信查询系统。并从 9月开始，对所有贷款申请人及其家人、担保人的个人征信记录进行查询，对还本付息有不良记录的个人拒绝贷款。

【安全保卫】 认真执行安全保卫工作“三增三减”的要求，按照安全保卫工作“一把手负总责、安全第一”的原则，把安全责任落实到人、到岗，层层签订责任书，完善考核和奖惩办法，加大电话查岗和突击检查力度，对发现的违规操作行为和违规人员及时进行处罚，促进员工绷紧防范这根弦，提高警惕，增强遵章守纪的自觉性。

通过全面测算安全保卫和押运费用，与当地保安公司积极协商，达成工作移交意向后，报经办事处批准，于2009年11月1日，将全社的现金押运工作移交给保安公司，并在城区业务量大的两个网点聘用了两名保安人员。

继续实施“双基本工程”建设。格咱信用社在新址上建设的营业办公用房3月份，开工，8月份完工并搬进新楼营业办公；积极组织实施县联社综合办公大楼建设项目，一季度完成了县联社机关和营业部在建设期间办公营业用房的租用、改造和装修工程，于4月底搬迁至新址上班营业；5月份，完成了旧楼拆除和建设项目在地方政府部门的立项工作；6月份，完成了地质勘探和规划方案的评审工作。期间由于开展“整县推进”工作，一度没有按期完成工作进度。10月初，委托州设计院对联社综合办公大楼进行设计。10月底完成初步设计，11月上旬组织召开初设评审会并通过初设方案，11月下旬至12月底，完成设计和审查施工图纸、工程预算、招投标等工作。为了加快推进“双基本工程”建设进度，县联社还初步规划了虎跳峡信用社和金江信用社的营业用房拆除重建项目，并得到了省联社的立项审批。

为了做好维稳和团结进步工作，县联社在“3·14”和“国庆60周年”期间，认真开展了两次排除安全隐患为目的大规模检查活动，还积极开展“创安”活动，并授予“安全文明单位”称号。

【经营成果】 2009年末，各项存款余额7.18亿元， 比年初增加1.5亿元，增长26.5%，完成任务的188%。贷款余额4.25亿元，比年初增加1.17亿元，增长37.84%，完成任务的101.48%。其中：农业贷款余额 3.73亿元，比年初增加1.25亿元，增长50.55%，完成任务的178.94%；涉农贷款增量占比达到107.34%，超任务37.3个百分点；农户贷款面达到72.09%，比上年末增加8.96个百分点，完成任务的110.91% 。全年累计发放贷款2.58亿元，比上年增加6270万元，增长32.08%；累计收回贷款1.41亿元，比上年增加3146万元，增长28.6%。五级分类不良贷款余额XXXX万元，比年初下降932万元，降幅为16.69%，完成下降任务的517.78%；不良率为10.94%，比年初下降7.17个百分点，完成占比下降任务的117.31%；本年认定和核销呆账贷款XXX万元，完成任务的109%。存贷比例为59.2%，比年初增加4.87个百分点。全年发行金碧卡6715张，完成任务的163.78%。全年实现财务收入3795万元，比上年增加763万元，增长25.16%；其中：组织中间业务收入67万元，比上年增加24万元，增长55.81%，完成任务的191.43%。实现利润418万元，比上年增加45万元，增长12.06%，完成任务的174.17%。拨备覆盖率达到66.5%，比年初增加29.43个百分点，完成任务的147.15%。股本金余额789万元，比年初增加71万元，增长9.89%，完成任务的177.5%。刷卡消费额达到2991万元，完成任务的151.6%。

【大事记】 2月27日，县联社召开三项制度改革动员大会。

4月16日，县联社在香格里拉县环太大酒店召开首届社员代表大会第二次会议。

5月25日，省联社稽查大队进驻县联社，并召开“规范管理，整县推进”工作动员大会，此项工作历时四个月。

6月17日，省联社主任助理高波一行到香县，宣布省联社人事任免决定，免去金旭东县联社党委书记、理事长职务，调昆明市宜良县联社工作，任命潘锐才为县联社党委书记、代理理事长职务。

10月28日，省联社理事长梁希勇一行到迪庆州农村信用社进行调研，并到香格里拉县联社指导工作。

11月1日，县联社与吉群保安公司签订合同，信用社现金押运工作实行社会化管理。

11月5日，县联社在金江镇举行金碧惠农卡首发仪式。

12月28日，县联社召开首届理事会第六次会议。

（赵红生）

人保财险香格里拉支公司

【综述】 2009年，在地方各级党委、政府和相关部门的关心、支持下，在州分公司党委、总经理室的正确领导下，依靠公司全体员工的不懈努力，围绕中国人保改革发展的中心任务，认真落实和贯彻科学发展观，坚持“两个文明一起抓，两个成果一起要”，以创建文明活动为载体，努力树立PICC良好的企业形象。公司作为迪庆州保险市场的龙头，始终把“创文明行业，建满意窗口”作为公司重要工作，并与人保财险的文明服务工程有机结合起来，持之以恒，不断创新，取得显著成效，不仅促进了业务发展和公司各项建设，而且有效地提高了公司的社会知名度和客户美誉度。公司业务取得了突破性进展，率先在全州突破保费收入千万元大关，并提前两个月完成了省公司下达的全年营销任务，各项工作健康顺利发展。

【保险业务】 全年实现保费收入2955万元，净增463万元，同比增长19%，赔款支出1573万元，实现承保利润242万元，上缴税金154万元。

【创新经营】 创新工作思路。积极贯彻州分公司关于公司发展的一系列重要指示，与时俱进，勤奋工作，务实求效，勇争一流，带领各部员工紧紧围绕“立足改革、加快发展、真诚服务、提高效益”这一中心，进一步转变观念、改革创新，面对竞争日趋激烈的保险市场，强化核心竞争力，开展多元化经营，经过努力和拼搏，公司保持了较好的发展态势，为公司的持续发展，做出了应有的贡献。

抓教育,强化窗口意识和服务意识，全方面加强学习。努力提高自身业务素质水平和管理水平。注意用科学的方法指导员工的工作，规范自己的言行，树立强烈的责任感和事业心，始终加强政治理论、产品知识、营销理论知识、上级公司的经营政策、业务规定动作等方面的学习，领会科学发展观的实质。通过不断学习，员工理论水平较以往有了很大的提高。在重视岗位培训的基础上，坚持开展各项健康有益、丰富多彩的活动，特别是形式多样的劳动竞赛、技术练兵、优质服务等，促使服务工作不断深入。在劳动竞赛活动中，公司将外勤人员的保险业务进度以图表形式上墙逐月公布，及时讲评；对内勤人员组织服务水平竞赛，定期评比和表彰，极大地激发了全体员工的工作热情，在公司内形成了讲学习、讲政治、讲正气、讲纪律、讲服务、争先进、比贡献的浓厚氛围，不仅促进了业务发展，也促进了公司服务水平的提高，涌现出一批先进个人和先进集体，展示了员工较高的业务素质和良好的精神风貌。

抓业务发展。发展是解决公司一切问题的关键的理念，把发展业务作为第一首要工作来抓，始终把维护好大客户、维护好掌握大量客户资源的代理人是公司巩固好存续业务的关键工作来抓；以新的考核办法指导工作，适时调整经营策略、激励机制、加大考核力度，进行按月考核；对销售团队各方面的工作具体指导到每一个人。

加强思想作风建设，培育文明风气。把加强自身作风建设作为业务发展的重要手段。在工作中，坚决贯彻执行监管门部、上级公司的规章制度；各团队及职能部门领导积极参与，形成一把手亲自抓、分管人员具体抓的局面。

【自身建设】 重视队伍建设。员工是公司的主体，其素质和观念直接影响着创建工作的质量。因此，公司把立足点放在建设员工队伍上，通过增强员工团队意识和提高员工综合素质，使员工自觉参与到团队活动中来。不断提高公司业务人员队伍的整体素质水平。注重公司文化、团队意识、共同目标的全面发展。公司一直把培养展业人员的业务素质作为团队建设的一项重要内容来抓，员工由原来的40名增加到60名，经理室对员工实施有针对性的培训计划，加强领导班子和员工队伍建设，2009年安排了12人次参加省公司组织的新员工入司培训和管理及营销培训，聘请讲师对销售理念、礼仪、营销技巧、产品知识等内容为主的全员培训。

“没有规矩不成方圆”。要想使一个公司稳步发展，必须制定规范加强管理。在继续遵循省、州分公司制度和措施的基础上制定和完善了公司自己的规章制度，使全公司养成遵章守纪的好习惯。

针对竞争。密切注意同行业发展举措，加大公关力度，采取积极有效的方法，参与竞争，巩固原有险种的市场份额，积极拓展新业务、新保源。

【完善服务】 服务是保险业永恒的主题，是公司外塑形象，内强素质，提高竞争力，实现可持续发展的重要保证，为提升服务质量和工作效率，积极探索服务标准化建设新思路。

强化理赔服务工作，扎实推行《客户服务规范》，建立了承保、理赔客户回访制度，充分体现理赔无忧的承诺。主动接受监督，不断改进服务。公司始终把外界的监督作为自身持续改进的动力，公司除积极参与州分公司开通的95518投诉热线活动，并在办公场所设置95518投诉标志与保户投诉箱，主动接受社会舆论监督和职能部门的监督，公司定期邀请客户代表召开座谈会征求意见，寻求客户对公司及员工的服务进行监督和评价。对于外界提出的每一个意见或建议，公司都认真进行研究，做好落实和反馈工作。

公司坚持把服务质量的好坏与员工利益相挂钩，对损害人保形象的行为规定了较严厉的处罚措施。公司注重客户投诉工作机制建设，实现了渠道畅通，响应快速，处理得当，整改有力的要求。努力提高现场查勘率，采取人性化服务，区别对待，加快理赔速度，提高服务质量，改善外部展业环境。一年来公司因服务态度引起的投诉案件为零，在公众心目中塑造了人保财险的良好形象，促进了业务的发展。

深入开展创建活动。公司特别注重诚信服务，制定了“六上门”、“六个一样”规定，要求员工遵照执行。“六上门”是咨询服务上门，签单上门，收保费上门，查勘定损上门，送赔款上门，征求意见上门；“六个一样”是：保户大小、保额多少一样热情，承保、理赔、退保一样周到，熟人、生人一样亲切，工作时间和休息时间一样接待，对好话、坏话、批评、表扬一样诚恳接受，领导在与不在、在公司内外一样主动为客户服务。

【展示形象】 美化工作环境，全面塑造企业外部形象 。在办公经费非常紧张的情况下，2009年3月公司先后投入30万资金，重新装修营业办公场所，完善职场设置，增置保户咨询服务台、休息座、茶水位、咨询电话等，摆放植物和花卉，增添怡然情趣和温馨，营造现代化文明服务的环境。增加和更新公司硬件设备，促进员工挂工号牌服务制度的落实。开展“5S”管理（“5S”管理为整理、整顿、清洁、清扫、习惯），建立良好的窗口工作秩序。

工作区域实行定人定位定责管理保洁，保证了办公场所整洁、规范、有序、安全和统一。

真诚回馈社会，坚持服务创新。2009年7月公司开办了“人保之友”客户俱乐部，对所有家庭自用车客户都指定服务责任人，对重点客户由团队经理甚至公司领导负责，并制定有针对性的服务方案，提供保前、保中、保后一条龙服务。10月公司举办“盛世中国，人保同行”六十周年庆典，取得了良好的社会效应。

【党建】 抓党建,发挥堡垒作用和模范作用。在服务活动中，公司注重加强党建工作，充分发挥党支部的战斗堡垒作用和党员的先锋模范作用。

党支部坚持组织党员学习邓小平理论和“三个代表”重要思想，认真执行中央关于精神文明建设的方针政策，保证全体党员自觉地与党中央在思想上、政治上、行动上保持一致，带头拓展业务，带头文明从业，以实际行动为公司两个文明建设做贡献。

党支部积极开展“争创先进党支部，争当优秀党员”活动，建立情况分析制度，认真分析党员和员工思想、情绪变化情况，及时发现并正确解决各种问题。党支部召开党员大会时，都结合创建形势通报情况，明确任务，提出要求。半年和年终均结合创建考评工作对党员思想、工作进行讲评，使创建工作与党建工作有机结合，共同提高。

党支部注重入党积极分子的培训、教育和党员发展工作，带动公司员工整体素质的提高。支部分工明确，责任到人，按照积极、慎重的原则，2009年发展了2名新党员，壮大了党员队伍，增强了支部建设。公司大力倡导共产党员在工作、生活中身先士卒,带头垂范, 树立团队意识,树立团队精神，做到干一行，爱一行，钻一行。

【大事记】 2月，与中国人保寿险公司丽江分公司共同开拓了迪庆财寿险互动营销部。

3月，公司开拓了人保财寿险互动新业务，与迪庆州建设银行开展了银保合作业务，取得了突破性的进展；公司对香格里拉县教委所投保的校园方责任险赔款11.4万元。

7月，“人保之友”客户俱乐部挂牌,总会员数153名。

2009年全年对惠农险能繁母猪保险赔款达129万元；全年民房（民心工程）案件67件，赔款达33.5万元。

【表彰】 2009年，公司被省分公司评为“先进集体”；公司员工杨伟、王长青、赵雪梅、李杰堂同志被州分公司评为“年度先进个人”；罗炳松、王长青被省分公司评为2009年年度营销精英。

（牛月仙）

邮电·通信

邮 政

【简述】 2009年，迪庆州邮政局下辖3个县邮政局（香格里拉县邮政局、德钦县邮政局、维西县邮政局），有在职职工102人，劳务用工32人，委代办用工26人，内退职工37人，离退休职工48人，下设8个职能部门（综合办公室、人力资源部、财务部、速递物流公司、市场经营部、机要分局、储汇分局），设有30个服务网点，其中县城网点有4个，农村网点有26个。建成电子化支局网点7个，邮政储蓄网点7个，布放了4台ATM自动取款机。为全州各族人民提供服务的自办汽车邮路有2条、委办县乡邮路13条、城市投递段道13条、农村投递路线183条，邮路总长度为1723千米，投递段道（路线）总长度为4805千米。

2009年，迪庆州邮政局在省邮政公司、迪庆州委和州政府的领导下，以科学发展观统领全局，积极应对挑战，持续克难奋进，切实按照坚持科学发展、坚持深化改革、正确认清新形势、积极迎接新挑战、努力实现新发展的思路要求，紧紧围绕企业经营效益这一中心，创新发展方式，深化机制体制改革，强化精细化管理，全州邮政经济总体发展态势持续向好，呈现出邮政业务经营稳步增长，三大板块协调发展、邮政改革扎实推进、企业管理和能力建设成效显著的良好局面。

【召开全州邮政工作会议暨职代会】 为确保迪庆邮政2009年各项工作的顺利开展，经过精心的筹备和准备，于2月11日～12日在香格里拉召开了全州邮政工作会议暨迪庆邮政工会一届三次职代会。会议会面总结了2008年工作，研究部署2009年工作。提出迪庆邮政的工作目标：紧紧围绕企业经营效益这一中心，创新发展方式和普遍服务方式；在经营上贯彻三个方针：全力发展专营业务，保持邮务类业务高效快速发展。通过专业化改革，着眼未来，迅速扩张速递物流业务。以代理邮政金融业务为基础，积极拓展代理业务领域和产品；加快推进迪庆邮政实现从又快又好向又好又快的可持续健康发展目标转变。努力实现邮政业务总收入比上年增长16%,实现收入为1350万元。会上对2008年工作中涌现出来的一批先进集体和个人进行了表彰，激励广大职工积极投身于邮政的改革和发展中，为迪庆邮政持续健康发展作出积极贡献。

【经济运行情况】 各县局、部门认真贯彻年初确定的三个方针：全力发展专营业务，保持邮务类业务高效快速发展：通过专业化改革，着眼未来，迅速扩张速递物流业务，以代理邮政金融业务为基础，积极拓展代理业务领域和产品，全州完成邮政业务总收入1322.39万元，完成省公司计划进度的100.9%，比去年同期增长13.8%，其中：州局现业完成业务收入987.43万元，比上年同期增长14.67%，欠预算3.48%；维西局完成业务收入211.93万元，比上年同期增长3.94%，超预算0.92%；德钦局完成业务收入123.03万元，比上年同期增长26.71%，超预算5.16%。收支差额累计完成619.15万元，较好地控制在省公司下达的预算数内。

【函件业务】 函件业务受门票因素影响负增长27.62%，收入完成130.3万元，其中门票业务完成91.9万元。新增松赞林寺景区邮资门票门禁系统，有力支撑了函件业务的发展；抓住重大题材，开展建国6 0周年封片卡项目市场营销；组织实施新春商函、招生商函、数据库商函、幸运邮天下等项目，进一步培育商函市场，以总部营销为主，积极开发了农业银行账单业务。

【报刊、教材发行业务】 在党委、政府的支持下，认真做好党报党刊发行工作，提早安排、突出重点、分层推进、强化大客户项目营销，报刊大收订成效显著，完成流转额365.12万元，同比增长6.8%，实现了报刊业务稳步增长的目标。报刊结构不断优化，重点报刊、畅销报刊占比明显提高；圆满完成春秋两季53.5万册教材发行，码洋达298.89万元，服务24所学校。

【电子商务业务】 电子商务业务快速规模发展，实现收入59.69万元，比上年同期增长1.35倍，以邮储短信为重点，速递、汇兑、集邮短信快速发展，形成规模与规范并重、效益与发展双赢的格局；彩票销售稳步上升，航空客票全面启动。

【集邮业务】 11月21日，召开迪庆州集邮爱好者座谈会，邀请了全州集邮爱好者参加，为全面推进集邮事业的发展作出贡献。2009年集邮业务呈现量质并重的良好态势，业务结构日趋合理，实现业务收入52.37万元。新邮预订规模发展；成功启动县域市场，定向开发稳步推进；县域市场形象年册开发实现“零”突破，全州成功开发300册，定向邮品开发实现健康发展；“3+l”个人专题和常规个性化邮票实现功能性拓展：县局多元化建设有较大突破；盘活库存收效良好。

【包件业务】 通过做好窗口营销和上门服务，巩固维护大客户的关系等工作，突出重点目标市场，努力开发优质客户，重点发展旅游包裹和快递包裹业务；积极拓展节日、旅游、退伍兵等季节性包裹市场；包裹业务快速增长，实现收入84.88万元，增幅达51.26%。

【速递物流业务】 通过加大宣传力度、窗口营销和服务，“次日递”、“次晨达”、经济快递等业务有效增强了速递业务的市场竞争能力，速递业务实现收入172.57万元，同比增长31.74%；在较好地完成总部营销项目的配送和投递工作情况下，加大业务结构调整，结合市场特点，发挥邮政网络优势，做好移动公司、电信公司、万德福等企业州内物流配送，进一步提升了邮政在物流市场的竞争能力，物流业务实现收入29.71万元，同比增长58.67%。

【代理金融业务】 按照省公司确定的余额跨越式发展目标，坚持“量质并重、规模第一，加强、加强、再加强”的代理金融业务发展方针，立足邮政网点和网络优势，以客户为中心，充分整合内外部资源，加强激励考核，不断做大存款规模，新增储蓄余额4230万元，余额规模达到2.2亿元，比上年增长25.5%。存款和客户结构进一步优化，活期比重达到73%。比上年增长2．2%。实现代理金融业务收入577.9万元。代理金融支付结算业务不断增长。新业务推进措施得力，发展成效显著，发展商易通66户，沉淀资金204万元，户均余额3.03万元，发展POS机10 户，发展公司业务沉淀资金202万元，实现收入3.95万元。发放贷款42笔、金额396.9万元，实现收入12.58万元，促进了储蓄非利差收入的快速增长。

【结构调整】 三大板块专业内部结构调整收效较好，高质高效业务占比不断提高。商函业务收入逐步提高实现收入5万元，占函件收入比重的3.8%，短信业务收入占电子商务收入比重达41.6%。公司业务、贷款业务增长迅速。

【经济运行】 充分调动财务资源，加快全网能力建设。完成了独克宗古城邮政支局网点的建设。有效支撑生产经营和业务发展。以效益优先和市场导向为原则，进一步优化成本结构，加大了对重点业务、重点市场和重点环节的成本投入。成本费用和资金集中管理进一步加强，有效推进降本增效，较上年节约支差141.46万元。

【开展“科学发展观”活动】 根据省公司和州委的统一部署，为使全体邮政职工提高分析能力、统筹能力和把握发展机遇、应对风险挑战的能力。迪庆州邮政局参加了深入开展学习实践科学发展观活动，紧密结合迪庆邮政实际，认真落实活动《实施方案》的各项要求，精心组织、周密安排，紧密联系工作实际，通过上下多层次学习理论，深入调研、召开座谈会、书面征求意见、等多种活动形式，广泛征求各方面的意见和建议，先后召开了党委扩大会、中心组学习会、领导班子专题民主生活会，并对查摆的问题进行了梳理，认真查找制约科学发展的突出问题，深入分析问题的主客观原因，进一步理清发展思路，明确发展目标，提出改进措施。

【滇西片区（组）政研会在香格里拉召开】 6月4日至6日，“2009年度云南邮政滇西片区（组）思想政治工作研讨会”在迪庆州邮政局召开。省公司党群部主任、省邮政政研会副会长、秘书长杨军、滇西7个州市局领导及办公室等部门负责人共33人参加了会议。楚雄州邮政局的领导应邀出席了会议。会上，迪庆州州局党委书、局长施方均同志致欢迎词；各地州领导围绕实际情况汇报了开展思想政治工作的做法和取得的成效，交流了开展思想政治工作中出现的新问题、新矛盾，并对当前邮政改革步步深入的形势下如何进一步加强干部队伍思想政治工作提出了意见和建议；省政研会副会长杨军同志对滇西片政研组和各地州在开展思想政治工作上取得的成绩加以了肯定，并提出了要求：提高认识，加强做好思想政治工作的针对性和实效性，摸清实况，针对不同的人群和不同的时期做不同的思想工作，发现问题要及时处理；要加强把好的论文中的理论转换成实际工作中的指导性和可用性；抓住重点，紧紧围绕企业改革、发展、稳定的中心来开展工作，切实提高思想政治工作的针对性和实效性；根据当前正在开展的科学发展观活动，找准各局在思想政治工作中存在的难点和问题，进行分析调研，真正把思想政治工作落到实处，为云南邮政向又好又快可持续健康发展提供强大的精神动力和坚实的思想基础。

确定了今后三年云南邮政滇西片区组政研会分别在保山局、怒江局、丽江局召开。会议认为，滇西政研会片组通过各局的努力，成绩显著、效果突出。

【邮银沟通协调】 根据省公司邮银沟通协调管理机制暂行办法，明确邮银双方在运行机制、人力资源、业务管理、风险管理、关联交易等方面的职责。进一步明确了邮储银行业务发展指导和资金安全管理“一个机构、两个职能”的作用。根据省公司对代理网点的经营管理模式，签订委托代理银行业务协议，规范代理经营行为。

【速递物流专业化经营改革】 按照省公司速递物流改革推进的指导性文件和业务划分的实施方案，积极开展速递物流专业省市县一体化改革和专业改制前期调查和审计评估。开展关联交易和分账核算、预算分立。

【积极开展流程优化】 积极开展营业内部处理、投递流程优化及“双定”工作。完成了邮政编码名址调整及规范书写的宣传工作，开展了邮政用品用具标准化自查。

【实物网建设】 省公司搭建了省内干线邮运为主的干线快速网，以“夕发朝至”为主，实现了香格里拉与昆明互寄“次日递”。实施党报快速覆盖工程，实现《云南日报》在香格里拉、维西、德钦城区大部分时候当日见报。

【信息网建设】 完成松赞林寺景点明信片系统建设，支撑函件业务发展；邮储系统2.0版本上线、全国物理大集中成功上线，顺利完成代理保险系统大集中切换，提升了邮政金融市场竞争力及运行效益；11185、网运、商函及投递系统的上线，提高了生产经营及业务管理工作效率。完成州中心、7个储蓄网点、一个离行式ATM机、7个电子化支局网络改造，满足业务规模迅速扩大的需求。

【营投网服务建设】 加大重点网点建设力度，新增营业网点1个（独克宗古城），标准化改造虎跳峡邮政支局，营业网点的“单点”产能逐步提高；完成3个投递网点建设改造，实施投递外包，以投代收等创新服务，加强激励考核，有效提升投递服务质量。积极推进投递网建设创新，实行邮件集中分拣，增加投递频次，优化投递段道。加强投递网信息建设，在全州3个县中心投递站点建成邮政投递信息系统。完善自办与委办相结合的运营模式，完善普遍服务网点功能，满足社会用邮需要，全州20个收入偏低的邮政所实行邮政业务委代办。增强网点社会化服务能力。

【客户营销】 强化营销组织，创新发展业务，通过营销实现业务规模不断扩大、大客户收入不断增加。

【财务管理】 强化成本费用集中管理，合理安排成本费用预算，对人工成本及业务材料用品费用等成本项目实行全州统一管理，加大高效业务发展支撑力度，最大限度地提高了成本费用的使用效率，有效推进降本增效；加强资金集中管理。全面实施收支两条线和收入、支出账户零余额管理，加快资金周转，提高了资金使用效率；加强支出审批制度的执行力度，建立健全县局特殊成本费用书面申请，严格控制非生产性支出，收支差额控制在省公司下达的预算数内；加强资产管理，继续推动资产盘活。

【人力资源管理】 全面清理全州共214份人事档案，规范了人事档案的管理工作；开展了离退休人员社会化发放的清理工作，确保了退休人员社会化发放工作入库前的基本信息、待遇等信息的完整和准确；多次层开展教育培训。积极开展了全州投递人员、邮政营业人员的技能培训和技能鉴定，开展了营销人员的营销知识培训，逐步提高了全州从业人员的业务技能水平和综合素质；完善薪酬分配管理。全面实施新增效益工资工效挂钩考核分配，效益工资分配与业务收入、收支差额、资金交款率、综合管理、履职考核等指标挂钩。修订了员工岗位履职和绩效考核办法，以业绩考核为重点，进一步建立健全考评机制；加强劳动用工管理。积极开展了邮政支局所委代办邮政业务的规范工作，规避企业用工风险。

【加强监督检查促进安全发展】 认真落实“三个规定”，强化邮银合作，明确责任、落实整改，全州未发生金融资金案件。对邮运、资金、邮件交接验收等重点环节存在的安全隐患进行整改，切实做好国庆60周年安全工作。采取措施，自查和配合相关部门协查禁寄物品。

【邮政服务取得新进步】 启动速递省内承诺服务，着力解决影响时限质量的问题。进一步理顺客户投诉处理流程，切实提高客户投诉处理效率和质量。以邮件全程传递时限、营业窗口、投递服务质量和基础管理为重点，开展服务质量专项整治，使一些服务质量热点和难点问题得到较好解决。

【企业文化建设】 着力加强思想建设，认真开展学习实践科学发展观活动。深入开展反腐倡廉工作，扎实落实党风廉政建设责任制，为企业改革发展提供坚强政治保证。以人为本，积极构建和谐企业。建家工作成效明显，建成金江1个农村支局所先进小家，上江1个农村支局所基础小家。职工互助帮扶长效机制不断健全。职工素质提升年活动全面启动，积极参加营销员知识竞赛、读书演讲活动，营造了学业务、练技能的良好氛围。精神文明建设成效显著。迪庆州邮政局荣获全国通信行业用户满意企业和全国邮政系统用户满意企业、安全文明单位、州级文明单位称号，迪庆州邮政局门票项目荣获全国邮政系统“营销创百优”劳动竞赛优秀营销项目称号；尼玛拉木荣获第十九届中国十大杰出青年、第二届全国敬业奉献道德模范、6 0位新中国成立以来感动云南人物等荣誉称号；州局储蓄营业班组荣获“全省巾帼文明岗”称号；施方均荣获迪庆州“和谐家庭”、迪庆州“民族团结进步模范个人”称号；马丽华荣获云南省“和谐家庭”称号；储汇分局陆红艺荣获“全省巾帼建功标兵”称号；速递物流公司龙平、贺丽祥荣获速递物流“质量达标，管理创星”劳动竞赛先进个人称号；储汇分局高雪梅荣获“电话银行95580宣传口号”模范称号；储汇分局和丽春荣获“全省储汇会审三等奖”；储汇分局鲍国庆荣获全省“服务双星明星”称号。

【大事记】 2月7日，省公司下派的局长助理李波到迪庆局报到。

2月10日，撤销州局集邮报刊教材发行部，成立香格里拉县邮政局，成立机要通信科，物流公司更名为速递物流公司。

2月12日，召开2009年度全州邮政工作会议暨迪庆邮政工会一届三次职代会。

2月，全国妇联授予尼玛拉木中国十大女杰提名奖。

3月13日，陆红艺被省妇联授予“全省巾帼建功标兵”，州局储蓄营业班组被授予“全省巾帼文明岗”称号。

3月26日，启动深入学习科学发展观活动。

4月12日，松赞林寺门票管理系统及停车场收费管理系统投入使用。

5月，被迪庆州委、州政府评为2008～2010年文明单位。

5月27日，三县投递系统上线。

6月3～6日，滇西片区（组）政研会在香格里拉召开。

6月12日，邮储银行香格里拉支行正式开办信贷业务，并放贷4笔共35万元。

7月，集团公司企业协会授予迪庆州邮政局“全国邮政用户满意企业”称号。

8月10日，迪庆邮政科学发展观活动评测，参测人员21人，发放评测表21份，收回21份，经统计100%满意。

8月21日，独克宗古城邮政支局成立并正式对外营业。

9月20日，尼玛拉木荣获第二届全国道德模范称号。

9月，中国通信企业协会授予迪庆州邮政局“全国通信行业用户落单企业”称号；州总工会授予施方均家庭为“和谐家庭”称号。

11月21日，召开集邮爱好者座谈会。

12月，施方均荣获迪庆州民族团结进步模范个人称号；马丽华荣获云南省部工会授予的“云南省和谐家庭”称号。

（杨少琴）

电信香格里拉分公司

【简述】 2009年，是香格里拉电信公司发展史上具有里程碑意义的一年。公司实现了全业务运营，迈出了企业转型发展关键的一步。一年来，在州、县党委、政府的关心支持下，深入开展学习实践科学发展观，坚定不移地推进聚焦客户的信息化创新战略，积极探索全业务运营规律，全面实施“跨越计划”，通过全体员工的共同努力，经营工作取得一定成绩，网络能力不断增强，精确管理水平和服务能力逐步提升，实现了全业务开局之年的平稳健康发展，为实现跨越发展积累了宝贵的经验，奠定了坚实的基础。

【服务】 服务工作是客户发展和保存的基础。2009年，分公司紧紧围绕提升客户感知这一根本要求，完善客户服务管理体系，进一步提升服务能力和水平，把服务打造成为核心竞争力。完善客户服务的闭环管理，管控好影响客户感知的重要接触点和体验环节，改善服务短板；以全业务客户服务标准的落实为抓手，全面提升基础服务能力；进一步梳理和规范服务流程，提高业务响应速度和故障处置能力；建立并实施服务质量监督制度，强化投诉管理工作，提升投诉处理能力。2009年，集中解决了一批基础服务问题，客户投诉率和越级投诉率较去年有大幅下降，投诉处理及时率大幅提高，品牌客户满意度稳步提升。

【网络建设】 为满足全业务运营要求，优化完善运维体系，提升网络能力，强化精确化管理和提升差异化服务支撑水平。以客户感知为导向，基础维护工作纳入电子化管理，清网排障纳入日常管控。2009年，依托“党员远教”和“信息乡镇”的建设项目，香格里拉分公司完成村通5个点的建设任务。积极开展网络优化工作，提升移动网络质量，全年新建CDMA基站14个，改造9个站，截止12月，全县在网运行CDMA基站73个，其中DO站25个，实现城区及虎跳峡镇、金江镇、上江乡、开发区3G网络覆盖。网络规模逐渐扩大，为分公司市场拓展提供了有力的保障。

【员工培训】 2009年，分公司通过抓业务带动整个企业转型。对各客户群营销经理及营业员加大营销技巧、营销政策、业务素质提升和服务培训，强化执行意识，提高执行能力，改善窗口形象。年初，公司制定了合理的职工培训计划，分阶段、分步骤的开展员工教育培训，营业厅及各营销单元坚持执行每周学习制度，加强学习，加强培训，并定期组织考试。同时还要选送维护骨干和优秀营业员到内地进行培训。2009年共举办各类业务培训班15期，参加培训人数要达到200多人次，建立激励机制，强化员工创新意识，营造学习、创新的氛围。

【安全生产】 2009年，分公司坚持安全发展的科学理念，贯彻“安全第一、预防为主、综合治理的方针”持续深入开展“安全生产年”活动，进一步提升安全生产管理水平，坚持“预防为主、单位负责、突出重点、保障安全”的安全保卫方针，切实落实通信大楼以防火为重点的“四防”工作，着力开展C网机房、基站安全防范和隐患整治，大力推进通信线路、设施保护工作长效机制建设，加大安全生产监督检查和隐患治理力度，深入开展安全生产教育和培训，落实安全生产责任追究制度，通过层层签订责任书的方式分解和落实责任，着重抓好重点岗位、特殊工种的安全责任制落实，为企业全业务发展提供有力的安全保障。

【创建学习型企业】 在2009年拟定的《创建学习型企业规划》，倡导工作学习化、学习工作化，培养终身学习的习惯。分公司开展了两次“企业文化周”活动，激发员工学习热情。即第一届企业文化周主要是培养员工的兴趣和爱好，开展书画、摄影、棋类、球类等比赛活动，培养员工高尚情趣；第二届企业文化周主要以团队建设体验式拓展训练为主，辅以读书有奖征文活动，培养员工的思维能力、合作意识，活跃员工思想。分三批组织了员工体验式团队拓展训练。通过拓展训练，提升、熔炼了团队的协作精神，增强了员工对公司整体目标的认同，提升了员工强烈的使命感，提高了员工的自我控制能力，增进了员工对团队力量的认识，达到了强化责任意识，提升组织绩效的目的。

（苗月春）

移动香格里拉分公司

【概述】 2009年初，在香格里拉县委、县政府、迪庆移动分公司党委的正确领导下，中国移动云南公司香格里拉县分公司成立了党支部，全面贯彻落实党的十七大精神，高举中国特色社会主义的伟大旗帜，以邓小平理论和“三个代表”重要思想为指导，积极组织员工深入学习科学发展观，全面落实科学发展观。

紧紧围绕中央“党员干部受教育、科学发展上水平、人民群众得实惠”的总体要求；围绕省委“促进科学发展、维护边疆安宁、增进民族团结、构建和谐云南”和州委“把迪庆建设成全国藏区跨越发展和长治久安示范区”的目标；根据中国移动通信集团公司紧紧围绕自主创新和TD-SCDMA发展的要求，准确把握科学发展观的重大意义、科学内涵、精神实质和根本要求；解放思想、实事求是，着力转变不适应、不符合科学发展观的思想观念，努力把握行业发展规律和企业发展的自身规律，确立和完善符合分公司发展特点的科学理念，坚持以人为本，提升企业管理的精细化水平和自主创新能力。坚持和谐竞合不动摇、坚持提升服务不动摇、坚持低成本不动摇、坚持有效支撑不动摇、坚持争先创优不动摇，全面提升公司的核心竞争力，巩固发展基础，为下阶段推进TD-SCDMA发展做好了充分准备，有效应对国际金融危机的不利影响和全业务竞争，确保、实现了迪庆移动公司确定的战略目标，保持了分公司平稳较快发展。因此，近年来，在香格里拉县移动分公司员工中旋起了学习实践科学发展热潮，使香格里拉县移动分公司的各项事业取得了飞速的发展。

【网络工程建设】 自省公司下发关于开展共建共享工作的通知以来，迪庆移动分公司严格按照《关于推进电信基础设施共建共享的紧急通知》（工信部联通〔2008〕235号）和《中国电信集团公司、中国移动通信集团公司和中国联合网络通信有限公司电信基础设施共建共享合作框架协议》的相关要求，为深入贯彻落实科学发展观，建设资源节约、环境友好型社会，减少电信重复建设，提高电信基础设施利用率而积极开展了相关共建共享工作。

另外，按照省公司的工程建设计划，截止2009年12月，仅香格里拉县境内已顺利完成了30多个基站的新建，共计投资1500多万元；顺利开展2009年G网相关建设工作的基础上，目前分公司正在进行2010年G网工程的申报、勘点工作。实施了“网络大会站活动”、“网络建设136工程”等，提升了干道覆盖率，以及集中客户投诉处理。县道覆盖率为从88.34%提升到了97.88%，风景区道路覆盖率从97.91%提升到了98.64%；大大提升了香格里拉县辖区移动网络覆盖及网络信号的质量。

在通信建设力度不断加大、发展速度不断加快的同时，公司的网络规模进一步扩大，网络覆盖的深度和广度也在不断提高，已实现了全县所有乡（镇）的全面覆盖、国家和省州级重点风景名胜区域的立体覆盖及国道、州县干道、县乡公路等主要交通干道的无缝覆盖。网络覆盖、网络质量的持续领先，为公司赢得了良好的客户口碑，为香格里拉县的经济发展提供了有力通信保障。

【农村信息化建设】 在在不断谋求发展的同时，多年来公司全力投身于香格里拉县的信息化建设，以信息化建设推动和谐香格里拉的建设，大力支持地方经济建设。在中国移动“正德厚生臻于至善”核心价值观的指导下，中国移动云南公司香格里拉县分公司不断以正身之德、厚民之生，重视企业利益和社会利益的统一和谐，以实际行动回报社会，为构建和谐香格里拉做出更大的贡献。

自2009年6月开始，为了积极响应省委省政府“建设新农村”的号召，在香格里拉县委、县政府的大力支持下，配合县委、县政府新农村信息化建设，投入大量人力物力，在全县12个乡（镇）59个行政村积极开展了“136农村信息富民工程”，于2010年12月底，全面完成了“136农村信息富民工程”相关工作，并对7个乡（镇）、30个行政村、12个个人授予了“136工程”“移动信息化乡（镇）创建进步奖”、“移动信息富民村移动信息富民村创建进步奖”、“移动信息化乡（镇）创建先进工作者”、“移动信息富民村创建先进工作者”等奖牌，并发放了奖金约9万元。大大促进了香格里拉县新农村信息化建设工作，收到了政府及人民群众的一致好评，努力尽到国有企业的社会责任。

中国移动云南公司香格里拉县分公司各项工作成果的取得，充分证明了严格执行上级党委的决策，秉承中国移动优秀的企业文化精神，积极、勇于承担社会责任，高度重视并努力做好民族团结工作是公司发展的坚实基础。我们将一如既往，继续高举维稳大旗，为维护祖国统一、民族团结，促进香格里拉社会稳定、经济发展、人民生活富裕继续做出贡献！

（鲁志君）

联通迪庆公司

【概况】 2009年是电信重组后的第一年，中国联通红筹公司、中国网通红筹公司合并重组后的新公司名称为“中国联合网络通信有限公司”，简称仍为“中国联通”。迪庆分公司在省公司的统一领导和部署下，认真贯彻落实国家深化电信体制改革决定，确保电信重组工作的顺利进行，紧紧围绕目标管理的思路，团结一心，积极应对，一手抓生产经营，一手抓重组改革，积极按照省公司部署开展新公司组织机构、人事等整合工作，顺利完成与当地网通公司的整合工作，维护了企业的稳定发展。合并后的新联通在省公司的统一领导下，在当地政府的支持下，充分发挥全业务经营优势，加大产品创新和市场拓展步伐，整合客户及渠道资源，提升市场营销效率，提升服务意识和品质，从战略高度做好3G发展规划，加快分公司GSM网络建设，提升网络质量，在业务发展和市场竞争中利用强有力的网络保障，建立真正的3G业务竞争优势，充分发挥行业应用为企业、行业和政府机构量身定做，提供全方位一站式通信信息解决方案，扩大了新联通品牌形象与核心竞争力。2009年迪庆联通全面完成计划任务，业务收入较上年同期增长10%以上。

【通信能力和通信保障】 迪庆联通充分结合用户需求，合理规划、精心组织、确保工程进度，规范作业、严把工程质量关，在2009年继续加大投资力度，不断完善网络结构，提升通信能力。

GSM网工程建设：2009年公司快速推进GSM网的工程建设，特别快速推进在重点工程区域GSM网工程进度，进一步扩大公司GSM网的覆盖能力，截止2009年12月底全州在线运行GSM基站137

个，GSM网无线容量为9.5万门、填补了部分区域的网络盲区，城区网络覆盖达到100%，城郊网络覆盖达到96%，乡（镇）覆盖率达到96%；使整体信号覆盖和网络质量得到全面提升。

WCDMA网工程建设：2009年，迪庆分公司全面启动WCDMA3G网的工程建设。截至年底全州WCDMA网新建51个基站已全部开通投入运营，WCDMA无线容量为5000门，网络支撑能力基本满足试商用的条件，同时整个WCDMA网二期的投入运行，将实现德钦、维西两县W网的信号覆盖，为明年两县实现试商用奠定了良好的基础。

【内控建设，完善基础管理体系】 迪庆联通一直强调“管理出效益”的理念，坚持不懈地抓好企业的基础管理工作，为公司的可持续发展打下坚实的基础。迪庆联通根据联通总部的统一部署，全面开展内部控制建设工作，公司对涉及的生经营活动资金及资产管理、收入、成本费用、财务及信息披露、其他的全过程进行自查，认真梳理现有各项业务流程，寻找风险点，认真做好内控自我测评，提出符合公司实际的内部控制规范，采取边完善、边落实、边整改的方式，全面建立公司的风险控制能力，健全风险预警、风险识别、风险评估、风险分析和风险控制责任体，进一步提高公司的经营效率与效果和财务信息的可靠性，强化经营管理及风险控制，提升公司整体管理水平。

【客户服务】 公司一直把提高服务水平摆在一个重要地位，力求以客户需求为中心，客户满意服务为宗旨，有力推进客户服务满意工程。公司从改善营业厅内部环境、加强营业厅现场管理能力、强化营业人员业务受理能力及服务水平四方面入手，全面落实服务标准和规范，以服务的标准化带动了整体服务水平的提高。对前台人员加强了服务监督、考核工作，每月从客户满意度、自有营业厅达标规范合格率及服务质量、投诉热线三个方面进行服务质量的监督和考核，从而有效提升了前台人员的服务水平，使客户对公司服务满意度不断提高，提升了客户感知。

【企业文化提升企业凝聚力】 迪庆联通广泛宣扬“竞争、创新、激情、诚信”的联通企业文化核心价值观，引导员工建立与公司价值观相统一的自我取向；积极倡导员工开展体育锻炼活动，开展乒乓球赛、跳绳、羽毛球、篮球等工会活动，帮助员工缓解工作压力，加强员工间的交流和沟通，使员工的业余文化生活变得健康和丰富；深入开展党风廉政建设，提高党员干部防腐拒变能力。迪庆联通坚持抓好党风廉政建设不放松，高度重视和加强党员干部的思想理论学习，组织党员干部学法用法，切实提高党员干部防腐拒变的能力，公司从未发生经济案件、领导违规违纪案件；认真贯彻“警钟长鸣、预防为主”的综治工作要求，公司取得无刑事案件、无治安案件、无重大事故、无经济犯罪、无违法乱纪行为的“五无”成效。2009年被迪庆县公安局授予“平安单位”荣誉称号。

（易　彬）

社 会

民族事务

【概述】 香格里拉县民族宗教事务委员会设办公室、社会事务股、经济建设股三个科室，在职在编职工7人，其中本科3人，大专3人，高中1人。

香格里拉县位于云南省西北部、青藏高原东南缘横断山脉腹地，全县国土面积11613平方千米，总人口157969人。全县7乡4镇中有一个纳西族民族乡，63个村民（社区）委员会，688个村民小组，818个自然村，集藏、汉、纳西、彝、傈僳、白、苗、回、普米9个世居民族和其他共25个民族。全县少数民族人口110644人，占总人口的73.5%。世居民族中人口在一万人以上的有5个民族，分别是藏族、汉族、纳西族、傈僳族、彝族，其中藏族人口占总人口的39.11%，汉族人口占总人口的14.63%,纳西族人口占总人口的18.38%,彝族人口占总人口的8.02%,傈僳族人口占总人口的8.06%;人口在千人以上的有2个民族,分别是白族和苗族,其中白族人口占总人口的3.22%,苗族人口占总人口的0.94%;另外回族人口占总人口的0.67%,普米族人口占总人口的0.21%。这些人口不等、族称不同、族源各异的各少数民族同胞都具有自己悠久的历史和古朴的文化，是香格里拉灿烂文化宝库中熠熠发光的明珠。

【深入宣传民族宗教政策】 进一步加大民族宗教政策和法律法规的宣传力度，充分利用各种方式做好新时期民族宗教方针政策和法律法规的宣传工作：征订80份《今日民族》,让各级干部实时了解并掌握民族工作动态和方针政策及相关法律法规；充分利用各民族传统节日向各民族及广大信教群众宣传民族方针政策及法律法规, 发放党的民族政策宣传教育提纲，做好民族团结宣传教育活动；在县委党校开设了马克思主义民族理论、党的民族政策和民族法律法规专题讲座；在全县所有中小学开设民族政策和民族常识教育课，年内还协同县教育局重点抓好民族团结教育教册在小学循环使用的工作，努力营造各民族大团结的浓郁氛围，使“三个离不开”的思想和各民族大团结的优良传统深入人心并代代相传；认真落实好《国务院办公厅关于严格执行党和国家民族政策有关问题的通知》（国办发〔2008〕33号）文件精神,并把贯彻情况定期报上级民委,努力维护各民族平等、团结、互助、和谐的社会主义民族关系。

依托全县开展“千名干部送法进村（寺）促和谐”等活动的开展，进一步巩固“千名干部入户促小康”和寺庙法制宣传教育活动成果。作为全县送法入寺工作组的成员单位和主要负责单位，组织其他成员单位如期驻寺开展工作，历时8个月，严格按照“确保云南藏区大事不出，小事也不出”的要求，以高度的政治责任感全身心投入到县委安排的具体工作中，采取有效措施,结合六个方面的宣传扎实开展好“平安寺院、团结寺院、和谐寺院”建设工作：与宣传党的十七大精神相结合；与藏传佛教寺庙法制宣传教育相结合；与反分裂、反渗透，深入揭批达赖集团的反动本质相结合；与寺庙管理和僧侣的思想教育相结合；与寺庙正常的宗教活动相结合；与为广大僧侣排忧解难做实事相结合，重点做好了以下几项工作：

深入各康参进行形式多样的法制宣传教育和形势教育。教育僧侣要按照“出家守法戒、修行利国民”的教义要求，潜心修行，发扬爱国守法、利乐众生的优良传统，使宣传面达到96.5%，进一步加强了广大僧侣的爱国爱教意识、法制意识、公民意识、持戒守法意识。

抓好文明和谐寺院建设，规范寺院管理工作。在深入宣传法制教育的同时做好寺院僧侣的登记工作。完善僧侣档案，做到底子明、人数清。

切实解决全县广大藏传佛教僧尼的实际困难。深入各康参调查了解僧侣家庭住房困难情况，并审核上报了270人僧保家庭困难人数。

深入到各康参对松赞林寺扎仓大殿修建的设计方案征求意见，征求面达80%，为修建设计提供了很好的参考意见。

【民族宗教事务管理】 积极主动的向县委、县政府汇报民族宗教工作，完善工作机制，建立县、乡（镇）、村民族宗教工作管理网络，使民族宗教工作管理进一步规范化。建立健全全县民族宗教工作机构，全县十一个乡（镇）都明确由党委书记或副书记具体负责民族宗教工作，并配备了相应的民族宗教工作干部，对民族宗教工作实行责任制管理，在总结以往民族宗教管理工作实践经验的基础上，制定并完善了《2009年民族团结目标管理责任制》和《2009年宗教目标管理制作制》，并于年初与全县十一个乡（镇）及宗教工作任务较重的个乡（镇）及19个宗教活动场所层层签订责任书，做到年初有计划部署，平时加强督促指导，年中有总结检查，年底有考核考评和奖惩，形成了层层抓落实，一级抓一级，齐抓共管的工作格局。通过实行目标责任考核管理，进一步推动民族宗教工作的有序开展。

加强影响民族团结和社会稳定问题调研，促进各民族和睦相处，和谐发展。一年来重点对涉及全县民族团结、宗教和谐及社会稳定方面进行了大量深入全面的调研。并分别就宗教代表人士、全县的经济社会发展和社会稳定情况、如何扶持特困民族的发展试点规划、民族工作长期以来的“热点”、“难点”问题、少数民族传统文化的保护与发展等方面进行调研。通过以上调研工作的开展，把党的民族方针政策真正落实到基层，有效促进全县的经济发展和社会稳定。

认真贯彻落实关于恢复和更改少数民族成分的政策。按照法定程序为县域内的民族登记错误群众、在校学生办理了恢复和更改民族成分手续，为在校学生出具了民族成分证明。通过以上工作的开展，把党的民族方针政策真正落实到基层，有力地保障了少数民族群众的合法权益。

认真组织推荐参加迪庆州第四次民族团结进步表彰大会的模范集体和模范个人。结合民族工作实际及全县各部门和各乡（镇）在民族团结稳定工作中所做的努力，按照州委、州政府的要求，全县共推荐出为民族团结进步事业有突出贡献的5个模范集体和11个模范个人，并报县委、县纪委、县审计局层层把关审核后，上报州民委。同时县民委作为基层民族工作职能部门，2009年在云南省第五次民族团结进步表彰大会上被云南省人民政府授予了“全省民族团结进步模范集体”的表彰。

【民族经济工作】 认真贯彻《关于进一步加强少数民族工作 加快少数民族和民族地区经济社会发展的意见》，围绕全县经济发展规划，进一步确立了加快发展是解决民族问题、增进民族团结、实现民族平等的根本途径的指导思想，努力改善边远贫困地区各族群众的生产、生活条件，构建各族群众和睦相处、和衷共济、和谐发展的良好局面。2009年度香格里拉县民委向上争取并落实民族专项资金项目49个，资金总额328.5万元，这些项目的实施让高寒贫困民族地区4000户19981人的藏、傈僳、彝、纳西、白、普米等广大少数民族群众得到了实实在在的实惠。其中：中央和省级少数民族发展资金项目1个，资金30万元，用于全县的民族团结示范点建设。散居及边境民族工作专项经费项目45个，资金269万元，受益群众3956户，19412人。省级民族机动经项目3个，资金29.5万元。以上49个项目，落实民族专项资金328.5万元，项目涉及交通建设、种养殖业、文化活动场所建设、人畜饮水及农田水利建设、少数民族劳务输出培训、维护民族稳定、学校教学楼修缮等方面。切实为全县各民族贫穷落后、基础设施薄弱的现状带来了新的希望与生机，许多项目虽然资金数额不大，但在少数民族贫困山区确实发挥了“雪中送炭”的作用。

积极开展好“民族团结示范点”建设，加快少数民族地区的新农村建设步伐。今年结合全县的整村推进项目规划和步骤，将民族团结示范点定在三坝乡白地村恩水湾村民小组，项目投资30万元。示范点建设内容包括：总长2367米、宽3.4米的进村路道路硬化、架饮水管及新建饮水池2个、新建垃圾池2个。示范点的建设，改善了全村31户151人的进村路面卫生和群众生产生活环境，解决村内脏、乱、差等问题，解决了全村人畜饮水难问题，一定程度上提高了村民的生产生活质量，从而增强了村民的民族团结意识，提高人民群众对党委政府在民族地区的信任度，使党的民族政策在民族地区得到了全面落实。

【自身建设】 认真开展好“深入学习实践科学发展观活动”。按照县委统一部署，成立了“学习实践科学发展观”活动领导小组，学习实践活动自2009年3月28日正式展开，到2009年8月15日结束。通过开展学习实践活动，解放了思想、更新了观念，找准了问题、看到了差距，理清了思路、明确了目标，振奋了精神、激发了干劲，促进了委部门各项工作的开展，正达到了“科学发展上水平、党员干部受教育、人民群众得实惠”的目标。整个学习实践活动得到了上级党组织的充分肯定，在全县树立了典型进行交流，并结合委本职工作的开展到实地拍摄了专题片多次在州电视台进行了典型事迹播放。

认真贯彻落实县委政府推行“阳光政府”的决定。遵循公开、公平、公正、便民的原则，以提高公共服务水平、效率和公众满意度为目标，梳理本单位的行政许可项目和非行政许可项目，按照行政审批事项的有关规定在本单位及政府信息公开网址，通过媒体向社会和公众做出服务承诺，接受社会监督；制定了领导干部问责办法,首问首办责任制,限时办结制，进一步完善了本委内部综合管理制度,实加强了对干部的监督，干部工作作风和精神面貌明显转变，责任主体和责任意识明显增强，内部管理和自身建设明显改善，为民办事、为民服务的质量和效率明显提高，人民群众满意率和公信力明显提升，各项工作健康有序开展。

（夏建琼）

民　政

【综述】 在县委、县政府的正确领导和高度重视下，在上级业务主管部门的大力支持和具体指导下，2009年民政工作以“三个代表”重要思想为指导，坚持全面贯彻落实科学发展观，紧紧围绕县委、政府的中心工作，以保障人民群众基本生活权益为第一要务，以制度建设为保证，紧紧围绕年初确定的工作目标，积极进取，狠抓落实，全面完成了年初预定的各项任务。充分发挥民政工作调节社会矛盾、促进社会公平、维护社会稳定的职能作用，以“上为政府分忧，下为百姓解愁”的民政工作宗旨，以“情为民所系，权为民所用，利为民所谋”为原则，坚持以人为本、为民解困，扎实工作、多办实事，突出重点、整体推进，促使各项民政工作继续向前发展。先后获得“全国综合减灾示范社区”、“全省双拥模范县”、“云南省老龄工作模范县”等荣誉称号。

【救灾救济】 2009年，全县各乡 (镇)不同程度遭受了雪灾、霜冻灾、旱灾、泥石流、风雹灾等自然灾害的袭击。农作物受灾面积241653亩，成灾面积99691.5亩，绝收面积16302亩，民房受灾190户，直接经济损失2175万元。

救灾工作：组织全体干部职工深入基层调查民政各项工作开展情况，全年共下乡62人(次)，为做好抗灾救灾工作，局领导多次到上级部门位汇报灾情，积极向上争取资金、物资的支持，截止11月份，省、州、县共下拨救灾救济资金739.45万元，支出救灾救济资金739.45万元，订购救灾救济粮620吨，全年共发放救灾救济粮1284.85吨，慰问特殊人群、困难群众、低保对象香油226桶，棉被2560床，衣物3车，折合资金431万元，接收救灾捐赠衣被3车，储备救灾专用帐篷350顶，及时解决了36862人的生产生活困难问题，确保了灾区群众有饭吃、有衣穿，使灾区人民深切感受到党和政府对他们的关心和帮助。

民房恢复重建工作：截止2009年12月底保险公司共立案理赔受灾民房206户，支付赔偿金52万元。同时动员农户自力更生、生产自救，并督促各乡（镇）人民政府给予必要的支持，通过一种上级补助、生产自救、互助互救的方法，实施了1493户4580间的民房恢复重建，确保受灾群众搬进新居,下拨重建资金446万元。恢复重建工作全面完成且验收合格。采取一种先建后补的办法，以启动一户补助一户的方式进行，确保受灾户有房住，同时继续为参加民房保险的24703户支付民房保险资金50万元。对全县民用变压器进行了统保，支付保险金额10万元。

救济工作：认真安排好春荒、冬令困难群众的生活，全年共下拨春荒、冬令救灾救济粮食580吨、发放衣被3车，解决临时救济394户，发放临时救济金26.66万元，解决了3.69万困难群众的基本生活问题；认真开展城市生活流浪乞讨人员救助工作。城市生活流浪乞讨人员救助工作按照《城市生活流浪乞讨人员救助管理办法》，对流浪乞讨人员实施了救助，全年共救助431人，支出救助经费3.76万元,同时新建了香格里拉儿童救助中心,投资145万元；做好五保户供养工作。开展了农村五保户排查工作，核准了五保户供养人员及应纳入供养人员的基本情况，全县共有五保户1344人，已纳入五保供养1046人，全年发放五保户供养金13.05万元，为全县供养五保户发放棉被1046床，衣物1046套；其他救助工作。全年支出农村及社会临时救济金费19.72万元，其中：解决火灾、住房困难、临时特困救济金15.05万元。救济工作解决了全县困难群众的生活问题，确保了他们有房住、有衣穿、有饭吃，杜绝了非正常情况发生，维护了社会的稳定，并对全县救济工作进行了督促、检查。

【农村低保管理】 根据《香格里拉县农村特困居民最低生活保障实施细则》，为广大农村贫困群众拉起了一道最低保障“安全网”，通过三年的实施全县目前已将年人均收入低于683元的绝对贫困人口、低收入贫困人口基本纳入低保范围，2009年全县有农村低保35258人,其中扩面5000人,每人每月补助60元，全年发放农村低保资金2115.48万元,实行阳光操作、公正公开，不断强化动态管理。其中包含春节慰问补助金。全县优抚对象、60岁以上老人全部纳入农村低保范畴。并全部实现银行（信用社）代发，保证了资金的安全。

【城镇低保规范管理】 城市低保工作，严格按照《城市居民最低生活保障条例》、《云南省城市居民最低生活保障实施规程》的要求，对全县城市困难居民进行了认真调查、核实，凡符合条件的及时纳入低保管理，对隐瞒经济收入的经入户调查后进行取缔，严格规范低保审批程序，实行阳光操作、公正公开，不断强化动态管理，进一步完善监督管理机制，实现应保尽保，保证了低保金按时足额发放，有效地维护了社会稳定。目前全县的城镇居民最低生活保障标准属全省的中上等水平，保障范围从民政救济对象、无业居民扩大到企事业单位困难和失业人员，农村五保户、孤儿、麻风重病患者、僧侣等，覆盖了所有收入低于保障标准259元的城镇困难群体，并由银行、邮政代发，实现了保障对象凭证领取的规范化发放程序，制定了收入申报、审批程序、资金核发、定期走访、数据统计、资金管理、资料归档等一整套较为规范的工作制度。为了增加透明度，将全县低保对象花名册分期分批在迪庆报上进行公示，面向社会，欢迎举报，接受监督。2009年11月，将小中甸水利枢纽移民500人纳入城镇低保的范围，全年经调查审批新增城镇低保对象 1097户，1276人，现共有城镇低保对象3266户、5214人，其中优抚对象72人，社会救济人员1034人，离退休人员48人，在职人员42人，失业人员1105人，其他人员2913人，平均人均补差179.12元/月，全年共发放兑现保障金近947万元。同时做好动态管理工作，全年共取缔低保户46户58人。协同县建设局一起，已完成了一期廉租房57户低保对象的入住工作及二期廉租房的报名、审核工作。

【城乡贫困医疗救助】 自2005年10月实施农村医疗救助到2006年初实行城乡一体化的贫困医疗救助以来，实行专账核算，专账管理，专款专用，2009年度上级拨入及上年结余医疗救助资金：农村968万元，城市403万元，截止12月20日，共救助农村医疗救助对象1431人，救助资金286.7万元。其中五保户97人，救助资金5.1万元；优抚对象40人，救助资金13.23万元；救助城市医疗救助对象35人,救助资金13.51万元。为四类人员（农村低保、五保户、麻风病人、僧尼）共36812人,代交2010、2011年的新农合资金，每人20元，共计147.25万元,发放四类人员36788人一次性门诊救助补助金790.942万元,其中农村35258人,五保户1046人,麻风病人353人,僧尼131人。

【优抚安置】 抚恤优待：全县共有优抚对象2400多人，重点优抚对象624人，其中“三属”43人，在乡老复员军人39人，无军籍职工19人，伤残抚恤72人，带病返乡退伍军人128人，军休干部2人。根据有关政策规定，为全县重点优抚对象落实、发放定期定量生活补助，截止11月份共发放定期定量抚恤金44.67万元，伤残及补助资金40.6万元，在乡复员退伍生活补助73.23万元，今年对全县带病回乡军人进行了认真的统计。

拥军优属：做好义务兵优待和义务兵立功的奖金兑现工作，下拨优待金21.9万元,其中优抚支出27.5万元；做好优抚对象在住房、生活、医疗等方面的救助工作，使其具有优先权；做好退伍老兵欢送工作，共支出其他优抚及优抚事业费15.28万元；在去年的基础上，从社会稳定，民族团结的角度出发，继续做好尼西、东旺、格咱、五境、建塘镇等五个乡（镇）23个村委会的优抚对象慰问工作，共召开36次座谈会，慰问退伍军人、烈属等优抚对象719人，共发放慰问金14.38万元，走访慰问期间主要宣传党对农村的惠民政策； 7月，经局务会研究，决定为贫困退伍军人子女考入大学的给予了相应的资助，共资助15人，每人3000元，共4.5万元；完成了全县革命烈士、因公牺牲、病故军人的统计工作，通过详细的统计全县有革命烈士134人，因公牺牲军人4人，病故军人11人，烈士家属226人，因公牺牲军人家属13人，病故军人家属39人；完成了小中甸烈士陵园搬迁工作，共搬迁烈士墓56座。

退伍士兵就业安置：按照安置改革实施办法，组织城镇退役士兵参加考试竞争上岗就业，6月，按照云南省退役士兵考试考核实施办法，17名城镇退役士兵转业士官参加了全省统一考试，经过公平、公正、公开考试。7月，17名退役士兵走向工作岗位，安置率达100%。

双拥工作：“双拥”工作坚持与驻地部队一起以“双拥”为动力，争创“全国双拥模范县”为目标，以科学发展观为指导，以党的十七大精神为统领，认真贯彻上级双拥工作会议精神，进一步加大工作力度，不断创新活动的形式和内容。大胆解放思想，把拥军优属这一优良传统和以爱国主义为主要内容的形式教育相结合，拥军优属和做好民族地区稳定工作，反渗透、反颠覆教育相结合，拥军优属和发展县域经济相结合，把拥军优属向高层次推进，2009年获得“全省双拥模范县”荣誉称号。

走访慰问优抚对象。每年在“八一”、“元旦”、“春节”和老兵退伍期间，县委四套班子领导到驻地部队、退伍老兵和优抚对象家中走访慰问。

建立优抚对象抚恤经费自然增长机制，突破抚恤补助标准。县人民政府拟定下发了《关于建立优抚对象抚恤补助标准自然增长机制的通知》，加大了财政投入力度，兑现提高了优抚对象抚恤补助自然增长率13%。2009年人均年增长300元，使重点优抚对象生活水平与经济发展得到同步提高和改善。

认真落实义务兵家属优待金标准及立功受奖人员奖励制度。城镇、农村义务兵家属优待金每年于春节前及时发放到位。2009年城镇、农村义务兵家属优待金标准每人每年已达1885元，对立功受奖人员，视情况分别给予了100～500元不同标准的奖励

为优抚对象落实了城乡最低生活保障。各武警部队在驻香期间开展了扫大街、义诊、看望

孤寡老人、看望孤儿、清明扫墓等多种形式的活动，同时，为争创“全国双拥模范县”，做好前期收集图片、资料、争取资金等工作，接受双拥工作领导小组检查验收并获得高度评价。真正体现了军爱民、民拥军，军民团结一家亲的大好局面。

征兵工作：积极配合兵役机关开展征兵工作，增强政治责任感，突破城乡“征兵难”。把征兵工作作为重要的政治任务来落实，作为检验双拥工作达标的重要内容之一。通过大力宣传《兵役法》、《征兵工作条例》和优抚安置政策的全面落实，激发了适龄青年踊跃报名参军的热情。2009年完成56名（其中3名女兵）新兵征集任务。

【行政区划和地名管理】 全县有11个乡（镇），21条乡（镇）间行政区域界线，三交点11个，起止点9个，界线全长735.9千米。行政区划管理工作认真做到：抓好省、县、乡三级行政区域界线勘后的依法管理工作；认真做好毗邻县界线联合检查工作；积极配合相关部门做好林权改革工作。

【社会事务】 城市社区换届工作。根据《中华人民共和国城市居民委员会组织法》、《云南省人大常委会关于统一全省第三届城市社区居委会换届选举时间的决定》和州社区换届领导小组的安排部署，高度重视，精心部署、严密组织、依法实施，开创性的改变以县为单位改为以乡（镇）为主体的居委会换届选举工作，试点为明年村委会换届起到示范作用，整个换届工作于2008年12月1日开始，到2009年1月10日全部结束。全县5个社区居委会一次选举成功，共选举产生新一届居委会成员48人，其中居委会支部书记5人，主任5人，其中连任连选4人，副主任8人，其中连任连选7人，委员 30人，组成了新一届居委会班子，顺利选出第三届居委会领导班子。社区党组织和居民委员会的成功选举产生，为巩固城市基层政权打下了坚实的组织和政治基础。

做好第四届村委会换届准备前期工作。按照云南省委组织部、州民政局的安排和要求，局领导亲自带队到全县11个乡（镇）的33个村，对村“两委”换届选举前的有关情况和问题展开了专题调研，通过进村入户，走访座谈，较好地掌握了村两委换届前基本情况，形成了《村“两委”换届前工作的调研报告》和重点、难点村情况专题上报县委、政府、人大分管领导，为全县2010年村级换届提供决策依据和换届工作奠定基础。

编制并下发村干部填写村（居）委会干部考核登记表，同时各乡（镇）党委、政府对各乡（镇）村（居）委会干部进行了全面的考核。2008年参加考核的村（居）委会干部共161人，实际参加考核132人，未交考核表或未参加考核29人。按各乡（镇）村委会干部三分之一的比例确定优秀等次，考核为优秀等次的有38人，其中主任27人，副主任10人,聘用村支部书记1人,发放奖金11.4万元，使村委会干部奖励常规化。

民间组织管理工作：2009年全县共有社团67个，其中民办非企业单位1个，注销2个。2009年4月4日在迪庆日报刊登香格里拉县民政局社团年检公告，实行政务公开。全县新登记社会团体8个，其中老年协会2个，商会1个，农村专业经济5个。今年根据迪庆州新社会组织深入学习科学发展观活动动员大会的会议精神，组织全县新社会组织67个社团366人工作人员参加开展学习实践活动，切实把握学习实践活动的总体要求、基本原则和目标任务，认真做好学习实践活动各阶段工作。

殡葬管理工作：今年根据迪庆州民政局《转发省民政厅关于规范农村公益性公墓建设管理的实施意见的通知》（迪民发〔2008〕5号）文件和《香格里拉县殡葬管理暂行管理办法》的要求。为进一步规范农村公益性公墓建设和管理,有效治理乱埋乱葬行为，促进殡葬改革工作健康发展，结合殡葬改革起步晚的实际，制定实施意见,县人民政府审核并转发执行,顺利通过省民政厅清理公墓考核验收

制定并以政府令出台了《香格里拉县殡葬管理暂行办法》，为维护殡葬改革的良好秩序提供了政策保障。采取强力措施，开展了殡改宣传教育集中活动，利用召开工作会、广播电视、出

板报、办专栏、张贴标语、悬挂横幅、出动宣传车、报纸等形式，广泛宣传国务院《殡葬管理条例》、《云南省殡葬管理办法》和《香格里拉县殡葬管理暂行办法》等殡葬改革法规，宣传文明丧葬的科学知识和丧事大办、封建迷信活动的危害性；引导群众自觉摒弃封建迷信活动，实行殡葬改革。活动期间召开各类会议10余场次，张贴标语680余条，出动宣传车辆12次，共发放宣传手册12000册，组织州、县、各乡（镇）、机关企事业单位、人团体集中学习，殡葬改革成果显著，营造了殡葬改革的社会氛围。

香格里拉殡仪馆于2007年8月1日试运营，2009年共火化118具尸体。同时，对弱势困难群体、享受低保的特困人员进行免费火化，共免费火化26人，每人涉及补助金费800元，共计2.08万元，全年共上缴财政殡仪馆行政火化费13万元。

婚姻管理工作：2009年全县各乡（镇）共办理结婚登记1339对，离婚登记115对,办证合格率达98%以上。根据年初制定《婚育目标管理责任书》,认真接待和办理婚姻登记工作中的来电、来信、来访，共办理25件。并完成了对11个乡(镇)的检查验收工作。

收养工作：针对今年有外地以收养为名义拐卖儿童事件的发生，及时安排对全县的收养工作进行自查自纠，严格按照《收养法》的有关规定，严肃收养登记手续。今年依法办理收养登记3人，撤销1人。做到资料齐全，程序规范，档案完备。

2009年6月7日，香格里拉县五境乡仓觉村民在公路旁发现一名遗弃残疾男婴，最后以协议形式寄养在德钦县托顶乡大村村委会车里各组2号永姆家。

孤残儿童工作：对孤儿实施定期不定期救助，共发放救助金2.52万元；为了使无依无靠的孤残学生真正感受到政府的关注和社会的关爱，真正感受到家的温暖，在审批低保对象时优先考虑有未成年家庭，待遇也得到高核算；完成上报并实施“重生行动”的3名唇腭裂患者到昆明治疗并康复；对全县集中、散居、单亲、贫困的孤残儿童进行了统计上报。

【财务管理】 根据上年度的决算和今年按政策新增因素制定全年预算报告，落实县级财政专项预算拥军优属18万元，老龄2万元，行政区划2万元，其他民政管理事务22.8万元，抚恤25.2万元，安置8万元，城市低保50万元，自然灾害12万元，农村社区救济89120元。全年共争取到省、州、县资金4776.8万元。在财政资金极其困难的情况下，优抚及社会救济资金按月拨付到位。

在财务管理上，进一步完善财务制度，严格内部管理，做到科学设置会计科目，全部实行会计电算化；加强机关内部财务管理，严格执行一把手签字报销制度，坚持政府采购中心参与重大采购、工程招标以及工程建设管理活动，取得了良好的效果。

【老龄工作】 香格里拉县2009年老年人口28832人，其中城镇老年人口12100人，农村老年人口16732人。现有老年协会17个，会员3253人。

一年来认真组织了宣传活动，集中在“九. 九敬老节”期间，向社会宣传敬老、爱老宣传教育，使爱老、尊老、敬老意识得到了明显提高。开展了“百村建设”工作，帮扶2个老龄协会，补助百村建设经费2000元；维修建塘镇三村老年活动中心，下拨资金3万元。组织开展丰富多彩的活动,积极引导支持他们开展各种健康有益的文体活动，在节假日,17个老协均开展歌咏、演讲、曲艺、书写春节对联，举办团拜会、书画展等活动。做好《老年优待证》的发放工作，累计办理老年优待证908本，并按收费标准，自8月1日起免收工本费。认真做好全县的高龄老人进行了全面的统计，将根据省、州的统一安排及时发放高龄补助金，实现“老有所养”。经多方努力，境内向公众开放的陵园、风景名胜、博物馆、烈士建筑物、纪念馆等持《老年人优待证》免费或半价进入，公厕、公交车属于私人经营没有免费。

【大事记】 1月，被云南省人民政府表彰为“云南省老龄工作模范县荣誉称号”。

5月21日，建塘镇、小中甸镇、格咱乡发生霜冻灾害，受灾人口12506人，受灾面积3279公顷，成灾面积553公顷，绝收面积86公顷，直接经济损失140万元。

5至6月，香格里拉县11个乡（镇）受旱灾影响，受灾人口32500人，受灾面积7990公顷，成灾面积1997公顷，绝收面积240公顷，直接经济损失450万元。

7月11日，香格里拉县东旺乡发生特大泥石流，7户人家房屋严重受损，受灾人口1269人，受灾面积10.2公顷，成灾面积3.1公顷，冲坏耕地2.8公顷。

8月15日，香格里拉县三坝乡东坝村道谷、拉丁、七洛三个村民小组发生泥石流灾害，受灾人口1871人，受灾面积68.2公顷，成灾面积35.1公顷，冲坏耕地5公顷，直接经济损失32.6万元。

8月17日，香格里拉县建塘镇吉迪村格瓦、次浪、红堆三个村民小组发生冰雹灾害，受灾人口710人，受灾面积167公顷，成灾面积115公顷，绝收面积52公顷，直接经济损失182万元。

8月29日，东旺乡上游村村民委员会全部被烧。

8月至9月，香格里拉县因风灾造成受灾人口35980人，受灾面积606公顷，成灾面积238公顷，绝收面积121公顷，直接经济损失401万元。

9月30日，香格里拉儿童救助中心开工建设。

10月15日，香格里拉县在原有农村低保人数30258人的基础上增加农村低保人数5000人，人均每月在50元的基础上提高10元。

12月11日，虎跳峡镇东坡村海巴落村民小组一户民房火灾，造成二所楼房被烧，并烧死1人，造成经济损失40万元。

12月16日，洛吉乡洛吉村中村组发生火灾，造成同时3户民房被烧，经济损失300万元。

12月，为小中甸水库移民生活解决安置，同时将500人纳入城镇低保范畴。

12月，被云南省人民政府退伍军人安置办公室表彰为“2009年度全省退伍士兵安置工作先进单位”。

2009年，火灾受损民房22户，由于火灾造成直接经济损失780万元。

2009年，解决578户优抚对象住房难问题，投入资金240万元，将优抚对象2300人纳入低保。

2009年，共上报带病回乡军人479人，参战人员46人，三属人员6人，符合安置人数17人已全部安置上岗。

2009年，将小中甸烈士陵园的56座烈士墓搬迁到县烈士陵园，投入资金21万元。

（丁正宏）

人口与计划生育

【概述】 人口和计划生育委员会是政府的重要职能部门，担负着全县人口和计划生育工作，下设政策法规、宣传教育、计划统计、财务管理、科技管理、流动人口等股室，机构编制10人，在职10人，其中藏族4人、纳西2人、白族2人、傈僳族1人、汉族1人，本科7人、大专2人。

2009年香格里拉县人口计生委，在省、州计生委的大力支持和精心指导下，在县委、县政府的正确领导下，认真贯彻落实党的十七大精神、《中共中央国务院关于全面加强人口和计划生育工作统筹解决人口问题的决定》、《中华人民共和国人口与计划生育法》、《云南省人口与计划生育条例》及省、州计生工作会议精神，以深入学习实践科学发展观为契机，从全面确立新的服务理念入手，以人的全面发展为中心，以满足广大人民群众日益增长的生殖健康需要为目标，把稳定低生育水平、提高人口素质与促进群众生殖健康和家庭幸福统一起来，使全县的人口与计划生育工作持续健康发展。

2009年香格里拉县出生人口为1650人，出生率达 11.07‰；人口自然增长率达6.28‰；计划生育率达 90.79 %；常住人口违法多生育控制数为 14人；流动人口违法多生育控制数为14人；优选节育率达77.14 %；避孕及时率达 50 %；基层统计台账运转合格率达 95% 以上；行政执法主体和人员资格合格率达100 %；行政执法文书规范率达90 %以上；孕前检查率达到65 %以上；“新农村新家庭——大香格里拉地区人口健康促进”项目圆满完成各项任务指标，并通过国家大香项目外部评估考评组的终期考评。通过全县计生干部的不懈努力全面完成了各级下达的各项工作任务，全县人口计生工作取得了长足的发展。

【解放思想大讨论活动】 为从根本上破解计生工作的难题，让群众变被动为主动、变强迫执行为自觉遵守，香格里拉县计生委不断创新宣传教育的方式和方法，为群众营造出一个浓厚的生育文化氛围。扩展宣传教育对象，从只面向已婚育龄妇女逐步扩展到整个育龄群众，引导树立晚婚晚育、少生优生、男女平等、男性参与计生的婚育观；扩展宣传教育的内容。从只注重国情国策、人口形势、政策法规的宣传教育，扩展到避孕节育知情选择、优生优育和生殖健康、出生缺陷等科普知识的宣传教育；扩展宣传教育的形式和方法。充分利用人口学校开展宣教工作。采取宣教资料发放与服务相结合的形式。把宣传教育与优生优育咨询、发放药具、技术服务等捆在一起进村入户，将宣教工作融于计生工作的每个环节，在服务中宣传，在宣传中服务。把计生宣传教育与群众生产生活、生育需要的知识紧密结合，促进群众生育观念的转变。2009年全县共发放宣传资料60000余份。此外，在“端午节”、“火把节”等传统节日，积极组织开展咨询服务和宣传教育活动，为育龄群众义务诊疗，共为12000多名群众提供了咨询、免费检查服务。

【计划生育执法】 针对群众反映强烈的超生、抢生等违法生育现象，县计生委下大决心，动硬措施，通过与各乡（镇）积极配合、上下联动，重点对违法生育行为进行了查处，采取将对违法生育行为的查处工作与惠民政策挂钩，纳入村民自治范围等方法有效遏制了违法生育持续攀升的势头，计划生育工作渐入良性轨道。2009年全县常住人口违法多生育数为 14人，政府目标责任书控制数为25人；流动人口违法多生育数为14人，政府目标责任书控制数为15人.全年共征收社会抚养费、罚没收入506790元，其中：常住人口征收社会抚养费292910元、流动人口征收社会抚养费10700元，罚没收入203180元。

【基础建设】 2009年县政府加大了对计划生育事业费的投入，共投入计划生育事业费126.20 万，其中计划生育专项（不含人员、公用、“奖优免补”）经费68.49万元；宣传元报酬由上年的250元提高到330元、信息元报酬由100元提高到120元；农业人口独生子女保健费、出生缺陷干预配套经费、乡（镇）计生系统信息化建设、计划生育优质服务、药具管理、流动人口管理及协会工作经费全部落实到位。

根据《国家发展和改革委员会关于当前进一步扩大内需、促进经济增长的十项措施》的具体内容，在上级各部门的大力支持下，2008年年底至2009年香格里拉县农村计划生育服务体系建设项目分两批共安排了5个乡（镇）实施项目工程。为了确保项目的顺利实施，县计生委高度重视，认真筹备，做细做实各项工作；严格程序，落实四制，确保资金管理，投资效益的充分实现；完善了建设项目目标责任制、法人制、招投标制、监理制及合同制。2009年共计完成投资175.69万元，圆满并超额完成了上级下达的投资建设任务。随着项工程的不断完工并投入使用，极大地改善了全县的计划生育服务环境，增强了服务能力，更好地为全县育龄妇女提供优良的技术服务。

【落实计划生育宣传员待遇】 2008年通过积极争取，宣传员补助从过去200元提高到250元，在县委、政府的高度重视下，应由县级承担的每人每月40元已按时足额到位，在一定程度上逐步解决了农村计划生育宣传员的待遇问题。

【“新农村新家庭——大香格里拉地区人口健康促进项目”】 2009年是香格里拉县实施“新农村新家庭——大香格里拉地区人口健康促进项目”的第三年，也是项目第一周期的最后一年，为了全面完成好项目的各项任务指标，进一步巩固项目取得的成效，全县上下高度重视，项目办严格按照国家、省、州人口计生委和项目专家组的要求，结合项目文本和实施方案，采取有效措施，认真扎实地推进了各项工作。2009年7月7日国家计生委主任李斌在高峰副省长的陪同下，对项目工作的实施情况进行调研并对项目实施情况给予了高度的评价。同时就项目工作的进一步开展做了重要的指示。由于领导重视，措施得力，工作扎实，项目工作实施收到了十分明显的成效，并顺利通过国家大香项目外部评估考评组的终期考评，考评组一致认为县委、政府领导重视，职能部门措施得当，通过项目实施前后的对比，项目试点乡村发生了翻天覆地的变化，项目实现了预期的目标。项目实施乡村的广大农牧民群众的生殖健康理念明显增强，孕产妇住院分娩率明显提高，人口和计划生育服务网络建设步伐不断提高，基本公共服务及管理水平明显提高，进一步推动了全县的人口计生的全面发展，为增强民族团结，社会稳定起到了积极的促进作用。

【农村计划生育家庭奖励扶助政策】 2009年，“农村计划生育家庭奖励扶助政策”工作持之有效、稳步健康发展。全县农村独生子女家庭奖励扶助资格认定准确率达100%。“奖优免补”档案管理工作合格率达100%。2009年，209年全县农业人口自愿领取《独生子女父母光荣证》家庭76户，其中符合享受一次性奖励的家庭76户，兑现一次性奖励金107250元；享受教育奖学金的 769人次，其中小学542人次，初中227人次，兑现奖学金 145740元；享受养老生活补助的60岁以上的老人492人，共发放养老生活补助380040元；符合计划生育家庭特别扶助制度条件的家庭263户,其中独生子女伤残城镇人口家庭3户，农村人口家庭 15 户，独生子女死亡城镇人口家庭13户，农村人口家庭 232户。共发放311280元的特别扶助资金；2009年秋季学期初中升高中、中专；高中升大专、大学的农村人口独生子女享受奖学金全面完成，共有27 人享受一次性奖学金 32200元，其中就读高中、中专21人，兑现奖励金21000元，就读大学专科 6人，兑现奖励金 7200元，就读本科2人，兑现奖励金4000元。

【流动人口计划生育管理】 为了进一步加强对流动人口的计划生育管理，理顺管理关系，规范管理行为，探索管理模式，全面落实迪庆州委、州政府于2009年出台的《迪庆州关于进一步加强流动人口服务和管理工作的实施意见》的相关精神，按照国家人口计生委提出的实现流动人口工作“三年三步走”和全省“流动人口一盘棋”管理的工作要求，结合实际，开展切实有效的工作，构建香格里拉流动人口计划生育工作的综治局面和“一盘棋”格局。2009年，专门组织了两次针对流动人口已婚育龄妇女的免费健康检查，共为100多名流动人口已婚育龄妇女开展了常规妇科免费检查。年年内共下达流动人口婚育证明补办通知书1200 份。印制了以流动人口计划生育法律法规为主要宣传内容的宣传材料（致流动人口一封信）10000余份,散发到流动人口育龄群众手中。通过开展形式多样的宣传教育和服务工作，广泛宣传计生政策,使流动人口的婚育观念有了明显转变。

【计划生育优质服务】 根据省、州计生委《关于在全省开展计划生育优质服务实施意见》及香格里拉县《计划生育优质服务工作实施方案》的具体要求，2009年紧紧围绕生育、节育、不育、优生及其他生殖健康开展系列服务。2009年全县计划生育系统开展男扎5例，女扎150例、放置宫内节育器 956 例、取出宫内节育器497例、人工流产193例、上门服务5907人次、门诊咨询5619人次、查环查孕6107人次，妇女病检查3667人次、发放药具3860人次、随访4310 人，优生监测1528人/次，技术人员培训426人/次。随着优质服务工作的不断推进，逐步形成了以县计生服务站为龙头，乡（镇）计生服务所为纽带，村计生宣传服务室为依托的人口计生服务网络，计划生育服务能力得到进一步提高。县、乡优质服务的长效机制初步形成。

【计划生育协会】 2009年计生协会工作紧紧围绕全县人口计生工作目标，采用形式多样、内容丰富的活动，积极参与计划生育宣传服务，取得了较好效果。2009年计划生育协会协调相关部门为30多户计划生育困难家庭户解决生产生活资金30000多元。并为10名独生子女困难学生送去了学费5000元。同时全县运作的22.6万元协会资金，使100多户计划生育户受益。

【表彰】 2009年，香格里拉人口与计划生育委员会被县委、县政府评为2009年度党风廉政建设“先进单位”；在2009年度州人口与计划生育目标责任制考核中获得一等奖；在创建全省计划生育优质服务先进县活动被评为“云南省创建计划生育优质服务先进县”。

（和祖姚）

扶　贫

【综述】 2009年温家宝总理的《政府工作报告》指出今年将实行新的扶贫标准，对农村低收入人口全面实施扶贫政策。新标准提高到人均1196元（原标准970元），扶贫对象覆盖4千多万人，这标志着全国扶贫开发进入一个新阶段。2009年香格里拉县扶贫办紧紧围绕《政府工作报告》、县委十届六次全会和县十三届人大二次会议精神，按照“生产发展，生活富裕，乡风文明，村容整洁，管理民主”的新农村建设总体要求，结合深入学习科学发展观活动和阳光政府四项制度的开展，积极推进新农村建设，继续把解决“三农”问题作为扶贫办的重点工作来抓。2009年经过积极争取和省、州扶贫办的大力支持，共争取到各类扶贫资金3195万元(含上海对口帮扶资金530万元)。农民人均纯收入得到大幅度提高，年终人均收入达3000元，全年解决贫困人口3650人，全面超额完成了年初与政府签订的各项目标责任。今年全县未解决温饱的人口占全县农村总人口29%，比去年同比减少3%。

【整村推进】 2009年香格里拉县将财政扶贫资金、易地扶贫开发资金、产业扶贫发展资金与农业局、发改委等八个涉农部门的资金进行整合，按照“统一规划、统筹安排、各司其职、各负其责、渠道不乱、用途不变、各记其功”的原则，共同用到整村推进建设中。项目覆盖金江镇、小中甸镇、上江乡、五境乡、东旺乡、格咱乡、三坝乡、洛吉乡、建塘镇九个乡（镇）的九行政村及三个自然村。2009年全县共有84个村民小组，农户达3250户，14539人受益。项目总投资达3108.99万元。其中：扶贫资金1445万元；群众自筹813.99万元(投工投劳折资)；整合其他部门资金850万元。项目建设按照迪庆州扶贫开发领导小组下发的《实施意见》中的村民委员会“五建”、村民小组“五通”、农户“五有”来组织规划实施。项目涉及基础设施、生态建设、经济发展、社会公益、技能培训及其他建设六个大类，完成村级科技活动室40平方米，卫生室建设80平方米，篮球场2块；进村道路硬化建设2.4千米，宽6.5米；新建标志牌9座；垃圾池2个；新建道路25.6千米，路面改造16.25千米，铺砂40.37千米；建人马驿道吊桥1座，水泥桥（涵洞）15个，防洪挡墙450立方米，建卫生路（含进户卫生路）28.56千米；新建（维修）人畜饮水管道66.35千米，水池11个85立方米，新建沟渠4.48千米；建设防洪沟3.43千米，挡墙1000立方米；建田间三面光沟渠1.5千米；村内输电线路改造2千米，电杆20棵，安居建设314户，院坝硬化71户；圈舍改造71户2500平方米；建设太阳能1806户；农田改造110亩；种植核桃380亩；推广种植油菜2875亩；实用技术培训4期510人次。

【上海对口帮扶】 2009年上海对口帮扶香格里拉县尼西乡汤满村、虎跳峡镇长胜村整村推进，项目总投资761.21万元，其中上海对口帮扶530万元，群众自筹231.21万元。项目涉及基础设施、生态建设、经济发展三大类，完成维修办公室、卫生室375平方米；进村弹石路5500米；涵洞8个；排水管36根；修建村内卫生路15.795千米；建人畜饮水管道2620米，水池28立方米；维修长胜沟30千米；电网改造电杆130根；安居建设16户；建太阳能254台，户均专用房6平方米；产业扶持核桃种植基地、尼西鸡产业130万元。

【易地扶贫开发】 2009年州扶贫办安排香格里拉县200万元财政扶贫资金、125万元的债券资金。项目涉及格咱乡翁水村、洛吉乡九龙村、虎跳峡镇宝山村和东坡村、东旺乡新联村、三坝乡白地村共129户， 650人村组内小规模集中安置及插花安置，相应配套的基础设施建设：恢复及改造农田190亩；新建及改造修通村组公路26.5千米、桥涵20座、挡墙400立方米；新建及改造输电线路15.5千米；人畜饮水主管道建设16.2千米，分水管道5千米、2.5立方米水池2口、30立方米水池1口、10立方米水池1口、50立方米水池1口；新建田间沟渠6千米；新建太阳能62台；种植核桃427亩、推广无公害油菜种植300亩、白芸豆种植100亩、养殖黑山羊100只；农村实用技术培训10期共600人次。全面超额完成了县政府下达的指标任务。

【劳动力转移培训】 2009年州扶贫办安排转移培训资金20万元，县扶贫办与县劳动社会保障局、十一个乡（镇）政府、县农牧局及有关种养农民专业合作社等相关部门充分配合，通过各种培训，转移安置农村富余劳动力1000人，圆满完成了全年的任务。实现了农村富余劳动力培训转移，贫困家庭脱贫致富的愿望，拓宽了富余劳动力的就业渠道，拓展就业领域，使全县的农村富余劳动力的培训转移工作有了大的突破。

【到户贴息】 2009年，省扶贫办安排香格里拉县扶贫办1000万元扶贫到户贴息资金，县扶贫办根据各乡（镇）的实际情况共发放了1100万元的扶贫到户贴息资金，重点安排了金江镇、上江乡、五境乡的种养殖项目，项目共涉及3个乡（镇），15个行政村，168个村民小组，受益农户达1200户，9774人，回收率达100%。通过公司、协会，对农户进行直补，极大地促进了种养殖农户的积极性，使全县的种养殖业取得很大的发展，真正实现了农民增收，农业增效，农村经济社会共同发展的目的。

【挂钩扶贫】 在2007、2008年挂钩帮扶的基础上，县扶贫办根据挂钩帮扶单位的优势，将挂钩帮扶单位分配到三个乡（镇）和一个县级单位，同时县扶贫办积极做好双方单位联系、协调、服务工作。挂钩帮扶香格里拉县的六家省级机关企事业单位中有省文化厅、省设计院、省花卉产业联合会、中国东方航空公司云南分公司明确了下挂人员，形成帮扶计划，开展了帮扶工作。同时，继续协调组织州级23个部门、县级65个部门开展挂钩帮扶工作。

2009年，在县委的领导下，在上级业务主管部门的具体指导下，通过扶贫部门、全县各级广大干部群众的共同努力，认真落实中央、省、州各级扶贫政策措施，全面推行各项扶贫政策，促进了农民增收，农业增效，逐步提高了人民群众生产生活水平，使广大农村的生产生活条件得到进一步改善。在遭受全球金融危机，市场疲软情况下，农民人均纯收入得到增长，根据各乡（镇）上报和县扶贫办对各乡（镇）整村推进项目建设情况了解，所有的整村推进项目将在2010年4月底以前全部完工。

（贾　婷）

附 录

香格里拉县2009年国民经济和社会发展统计公报（2009年）

2009年，全县各族人民在县委、政府的正确领导下，以邓小平理论和“三个代表”重要思想为指导，深入贯彻党的十七大和十七届三中全会精神，始终坚持以科学发展观统领经济社会发展全局，把保持经济平稳较快发展作为经济工作的首要任务，牢固树立抢机遇，促投资、强产业、扩消费、增动力、重民生，抓生态、保稳定的思想，千方百计采取措施，积极应对国际金融危机影响，保持香格里拉经济社会平稳较快发展的良好局面。农业和农村经济形势良好；工业生产小幅下滑；固定资产投资保持快速增长；消费品市场活跃，市场销售增势明显；财政、金融运行平稳，城乡居民收入稳步提高，全县呈现经济发展、民族团结、宗教有序、社会和谐、城乡人民生活进一步改善的良好局面。

一、综 合

2009年，国民经济持续快速发展，综合经济实力明显增强。据核算，香格里拉县实现县域生产总值422175万元，按可比价计算，比上年增长21.2%。其中：第一产业实现增加值30984万元，增长5.0%，对GDP增量的贡献率为2.0%，对县域经济增长的拉动力为0.4个百分点；第二产业实现增加值180387万元，增长12.0%，对GDP增量的贡献率为26.4%，对县域经济增长的拉动力为5.6个百分点，其中：工业实现增加值103106万元，增长1.8%，对GDP增量的贡献率为2.6%，对县域经济增长的拉动力为0.5个百分点；建筑业实现增加值77281万元，增长30.4%，对GDP增量的贡献率为23.8%，对县域经济增长的拉动力为5.1个百分点；第三产业实现增加值210804万元，增长33.9%，对GDP增量的贡献率为71.6%，对县域经济增长的拉动力为15.2个百分点，第三产业对全县经济的快速增长起着支撑作用。

香格里拉县实现县级生产总值236266万元，按可比价计算，比上年增长22.5%。其中：第一产业实现增加值29984万元，增长5.0%，对GDP增量的贡献率为3.3%，对全县经济增长的拉动力为0.7个百分点；第二产业实现增加值84819万元，增长17.9%，对GDP增量的贡献率为29.8%，对全县经济增长的拉动力为6.7个百分点，其中：工业实现增加值32221万元，增长7.4%，对GDP增量的贡献率为5.3%，对全县经济增长的拉动力为1.2个百分点；建筑业实现增加值52598万元，增长26.0%，对GDP增量的贡献率为24.5%，对全县经济增长的拉动力为5.5个百分点；第三产业实现增加值121463万元，增长31.5%，对GDP增量的贡献率为66.9%，对全县经济增长的拉动力为15.1个百分点，同样，第三产业对全县经济的快速增长起着支撑作用。

产业结构调整取得新进展，布局更趋合理，县域的一、二、三产业增加值占全县生产总值的比重由上年的8.4:47.3:44.3调整为7.3:42.7:50.0；县级一、二、三产业增加值占全县生总产值的比重由上年的14.8:37.9:47.3调整为12.7:35.9:51.4。

按年末总人口计算的人均生产总值达到26168元，比上年增加3389元，增长14.9%。

二、农 业

2009年县委、县政府切实加强农业和农村工作的领导，深化农村改革，落实党在农村的各项政策措施，加强农业和农村经济发展，一年来，农、林、牧、渔业全面平稳发展。现价农林牧渔业总产值44305万元，比上年增长3.4%。其中：农业总产值18946万元，增长0.8%；林业产值4010万元，增长25.1%；牧业产值14056万元，增长2.4%；渔业产值68万元，增长13.3%；农林牧渔服务业产值7225万元，增长2.0%。

全年农作物总播种面积19450公顷，比上年增长3.4%。其中：粮食作物播种面积16971公顷，增长3.8%，油料播种面积1230公顷，下降2.5%，主要农产品获得丰收。主要农产品产量如下：

产品名称	单位	2009年实际数	比上年增减（±%）
粮 食	吨	63279	6.0
其中：稻谷	吨	6094	10.4
小麦	吨	13935	–1.2
玉米	吨	25906	15.7
青稞	吨	6448	–3.1
豆类	吨	3036	5.8
薯类	吨	5461	–9.8
油 料	百公斤	28514	24.1
烟 叶	百公斤	360	11.5
药 材	百公斤	9371	5.3
蔬菜类	百公斤	106436	7.9
蚕 茧	吨	116	–23.7

2009年，进一步加强天然林资源保护工程建设和退耕还林工程建设，加强城市绿化建设，林业生产取得好成绩。全年造林面积9333公顷，比上年增长11.2倍；零星植树30万株；苗木产量418.6万株；年末实有封山育林面积48539公顷，比上年增长15.9%，退耕还林667公顷。主要林产品产量如下：

名 称	单位	2009年实际数	比上年增减（±%）
水 果	百公斤	29083	5.7
核 桃	百公斤	19765	3.4
板 粟	百公斤	575	4.5
花 椒	百公斤	1919	15.8
棕 片	百公斤	840	3.7
村社木材	立方米	25691	7.5

畜牧业生产稳定发展,由于受口蹄疫等疫情影响，牛羊出栏数有所下降，主要畜产品产量及牲畜存栏数如下：

名 称	单位	2009年实际数	比上年增减（±%）
肉类总产量	吨	12129	6.9
其中：大牲畜	吨	3027	–12.9
牛肉	吨	2392	–18.8
猪肉	吨	8239	16.6
羊肉	吨	429	–8.5
奶类	吨	7893	2.8
大牲畜存栏	头	138637	0.5
其中:牛存栏	头	120296	–0.2
大牲畜出栏	头	20158	–13.6
其中:牛出栏	头	15936	–18.8
猪年末存栏	头	225525	22.6
猪年内出栏	头	128410	11.3
羊年末存栏	只	71168	6.6
羊年内出栏	只	21274	–9.0

由于受到金融危机的影响，乡（镇）企业出现下滑趋势，全年乡（镇）企业总收入61550万元，比上年下降44.6%；乡（镇）企业总产值67316万元，比上年下降44.9%。

三、工业 、能源

2009年,全县工业企业克服金融危机带来的不利影响，生产逐步恢复正常，各项指标逐月走强，但全年工业生产小幅下滑。全年县域工业总产值完成158625万元，比上年下降6.9%，其中：规模以上工业总产值完成126657万元，下降9.1%；在县域工业总产值中，轻工业产值完成71528万元，增长33.0%；重工业产值完成87097万元，下降25.3%。

全年县级工业总产值完成71601万元，下降1.7%，其中：规模以上工业总产值完成29107万元，下降8.0%。县级轻工业产值完成38131万元，增长14.7%；重工业产值完成33470万元，下降15.5%。

工业经济效益下降,由于各种工业产品，特别是矿产品市场萎缩，工业产销率下降，致使效益下滑。规模以上工业企业18家，有7家亏损，利税总额7942万元，下降68.6%。

工业主要产品产量如下：

名　称	单位	2009年实际数	比上年增减（±%）
白 酒（县域）	千升	10834	10.7
其中：县级	千升	1008	29.2
水 泥（县级）	吨	76100	-36.6
发电量	万度	119809	14.9
其中：县级	万度	20866	35.0
自来水（县域）	万吨	450	75.1
其中：县级	万吨	334	30.0
铁合金（县域）	吨	40789	6.2
铜精矿含铜量（县级）	吨	6212	9.5
铅精矿含铅量（县级）	吨	238	-70.1
锌精矿含锌量（县级）	吨	421	-88.2
钨精矿（县级）	吨	402	10.1

2009年，各级政府和企业都加大了技改资金对节能技改项目的支持力度，节能降耗工作开展顺利。全年工业企业产值能耗为0.4456吨标准/万元，比上年下降3.8%，综合能源消费量下降12.5%，全社会能源消费单位GDP下降4.45%。

四、固定资产投资

2009年，香格里拉县紧紧抓住中央扩大投资机遇，在保增长、扩内需、调结构的各项政策措施激励下，加大了固定资产投资力度，全县投资建设取得了显著成效。全年县域固定资产投资总额完成594648万元,比上年增加154921万元，增长35.2%，其中：城镇固定资产投资完成541139万元，增长58.7%；房地产投资完成21200万元，下降10.9%；农村固定资产投资完成3291万元，下降94.7%；农村私人投资完成29018万元，增长1.19倍。

全年县级固定资产投资完成404600万元，比上年增加75487万元，增长22.9%。

重点项目进展顺利：城市供热工程投资完成21000万元，纳帕海国际重要湿地综合治理项目投资完成6800万元，机场扩建投资完成10100万元，雪鸡坪一、二号矿山工程投资完成6500万元，游牧民定居一、二期工程投资完成10037万元，香木公路投资完成3500万元，香乡公路投资完成2320万元，梨园电站投资完成40000万元，浪都河电站投资完成12473万元，尼汝河电站投资完成24897万元，普朗铜矿一期工程投资完成19921万元。

五、交通业、邮政业

2009年底，全县公路里程有1865千米，其中：县道291千米，乡道859千米，专用公路42千米，村道673千米。按等级分：一级公路2.0千米，二级公路5.6千米，无三级公路，四级公路1256.7千米，等级外公路600.5千米。

2009年，邮政通讯业平稳发展。全年邮政业务总量完成880万元，比上年增长30.4%，其中函件业务量157万元，增21.1%，包裹业务量2万元，增长61.7%。报纸累计份数3775683份，增长6.3%；杂志累计份数89320份，增长3.7%。储蓄期末余额15712万元，增长24.7%。

六、国内贸易

在中央“家电下乡”等一系列刺激消费的扩大内需政策的引导下，消费品市场继续繁荣。全年县域社会消费品零售总额完成121017万元，比上年增长21.1%，按经济成分分，公有经济实现36906万元，增长27.4%；非公有经济实现84111万元，增长18.5%。按行业分，住宿业零售总额完成6864万元，增长38.3%；餐饮业零售总额5391万元，增长44.0%；批发业零售总额19811万元，增长8.4%；零售业零售总额49418万元，增长17.5%；其他行业零售总额完成39533万元，增长27.8%。

全年县级社会消费品零售总额完成68208万元，增长23.6%。

七、科技、教育、文化、卫生、体育

2009年，加强科技示范项目实施、管理，完善科技服务网络，加大实用技术培训力度，科技事业进一步发展。全县共有农技协会有31个，会员有10030人，比上年增加3个协会，会员增加330人。全县共举办培训143期，参训人员达19248人，发放使用教材、科技书籍21000份，赠送农村实用技术光盘600张，播放实用技术录像309场次，观看人数达3000人次。着力抓好农函大培训工作，多渠道、多形式地开展科技培训，2009年，香格里拉县科协农函大在4个乡（镇）招收了“种桑养蚕”、“核桃的栽培技术”、“尼西鸡的养殖”3个专业，4个教学班，学员365人。

教育事业坚持实施“科教兴香”的发展战略，加强成人教育，提高教育质量，教育事业有了新的进展。全县拥有幼儿园5所，其中：县镇教育部门办的有2所，县镇民办的有2所，农村教育部门办的有1所。在园幼儿数1440人，教职工数102人，其中园长7人，专任教师61人。小学90所，教学点数92个，在校学生数13028人，教职工数1129人，其中专任教师1066人，比上年增长1.2%。中学校数 7所，初高中在校学生数7063人，其中初中在校生5821人，高中在校生1242人；中学教职工611人，其中专任教师437人。小学学龄儿童入学率99.1%，比上年上升0.35个百分点；小学辍学率0.70%，下降0.34个百分点；小学毛入学率110.11%；小学巩固率99.50%，上升0.25个百分点；小学升学率90.25%。初中毛入学率101.09%，上升2.17个百分点；初中入学率77.86%；初中升学率54.56%，上升3.48个百分点；普通初中巩固率98.73%，普通初中辍学率1.53%，普通高中辍学率2.72%。

加强文化行业管理，积极开展群众文化活动，文化事业有了新的进展。群众艺术馆、文化馆从业人员8人，组织文艺活动3次，文化站有11个，从业人员11人，举办展览个数23个，组织文艺活动次数57次，举办训练班班次25次，培训人次2518人次，藏书50171册；文化产业增加值达26582万元，占生产总值的6.3%。

卫生事业进一步发展。以农村和社区为重点，推进覆盖城乡居民的基本卫生保健制度建设，公共卫生和医疗服务体系不断完善。2009年末，全县拥有15个卫生机构数，从业人员有350人，其中卫生技术人员数289人，执业医师120人，执业助师30人，检验师4人，药师6人，注册护士49人；门诊总诊疗311150人次；病床使用率为65.96%住院人数4316人次，实有床位125张；村卫生室个数51个，人员58人。

体育事业取得新的业绩，学校体育、竞技体育、群众健身活动继续发展。体育系统从业人员有3人，省级运动比赛中，获得田径金牌4枚、田径银牌6枚，击剑银牌1枚。

八、财政、金融

2009年，财政收入平稳增长，对支出有了保障。县域地方财政收入完成33288万元，比上年增长29.9%，地方财政支出173593万元，增长23.9%；县级地方财政收入完成16606万元，增长25.3%，地方财政支出76040万元，增长19.1%。

在中央适度宽松的货币政策的积极引导下，金融业存贷款业务实现了平稳较快发展，进一步加大了对经济的支持力度。年末，金融机构各项存款余额302182万元，比上年增长36.7%，其中：储蓄存款余额125617万元，增长20.3%；金融机构贷款余额390254万元，增长27.3%。全年现金投放稳步增加，累计现金收入449358万元，累计现金支出512719万元，收支相抵后，累计投放现金63361万元，增长1.05倍。

九、旅游业和招商引资

2009年，认真贯彻全省旅游工作会议精神，切实加快旅游景区建设步伐，加大旅游宣传促销力度，完善旅游行业管理，抓住国家扩大内需的政策机遇，掀起了旅游经济建设的又一轮高潮，全县旅游业实现了稳中有升的良好局面。来香格里拉旅游总人数达394.59万人次，比上年增长20.0%，其中：国内旅游总人数345.41万人次，增长20.2%。全年旅游总收入达409749万元，增长34.1%，其中：国内旅游总收入235159万元，增长68.4%。旅游门票收入2.06亿元。

2009年，招商引资工作进展顺利，全年招商引资实际到位资金271983万元，比上年增长22.0%。其中：引进州外资金263328万元，增长24.2%。

十、人口与人民生活

2009年末总人口162487人，其中户籍人口143380人，乡村人口115751人。人口死亡率4.77‰,人口出生率10.73‰,人口自然增长率5.96‰。

2009年，随着职工工资的调整以及城乡居民低保工作的逐步完善，城镇登记失业率逐步降低，农村劳动力转移输出规模不断扩大，城乡居民收入稳步增长，人民生活进一步提高。县域全部单位在岗职工有17276人，比上年增加13.9%，其中：县级全部单位在岗职工9471人，增长13.8%。县域全部单位在岗职工工资总额57338万元，比上年增长26.1%，其中县级全部单位在岗职工工资总额31268万元，增长18.6%。县域全部单位在岗职工年平均工资34668元，增长12.0%，其中县级全部单位在岗职工年平均工资34807元，增长9.2%。城镇居民人均可支配收入16040元，增长9.6%。农民人均纯收入3026元，增长12.2%。

2009年，扶贫工作取得一定成效。年内解决温饱人口0.356万人，解决饮水困难人数4090人。城市居民最低生活保障人数5921人，农村居民最低生活保障人数35870人。

注： 1. 本公报中增加值总量用现价，增速用可比价计算；

2. 本公报中县域指标数据包括州级、开发区、县级所有单位，其中县级统计数据仅包括县级单位。

香格里拉县2009年国民经济主要指标数据一览表

目　录

备注： 1. 生产总值及第一、二、三产业增加值总量、增量用现价计算，相对数用可比价计算。

2. 从今年起，金融部分不包括工行和建行的数据。

3. 总指标为县域数据（包括州级单位和开发区），其中项为县级。

指 标 名 称	计量单位	2008年实际数	2009年实际数	比上年同期增减数(+、-)	
				绝对数	相对数(%)
一、综合					
全县面积	平方千米	11613	11613		
年末总人口	人	160179	162487	2308	1.4
乡村人口	人	114763	115751	988	0.9
户籍人口	人	141072	143380	2308	1.6
死亡率	‰	5.14	4.77	-0.37	-7.2
出生率	‰	11.66	10.73	-0.93	-8.0
自然增长率	‰	6.52	5.96	-0.56	-8.6
年人均生产总值	元	22779	26168	3389	14.9
农民人均纯收入	元	2696	3026	330	12.2
城镇居民人均可支配收入	元	14631	16040	1409	9.6
乡镇企业总收入	万元	111062	61550	-49512	-44.6
乡镇企业总产值	万元	122213	67316	-54897	-44.9
地区生产总值	万元	362356	422175	59819	21.2
其中：县级	万元	199428	236266	36838	22.5
第一产业增加值	万元	30590	30984	394	5.0

指标名称	计量单位	2008年实际数	2009年实际数	比上年同期增减数(+、-)	
				绝对数	相对数(%)
其中：县级	万元	29590	29984	394	5.0
第二产业增加值	万元	171400	180387	8987	12.0
其中：县级	万元	75570	84819	9249	17.9
工业增加值	万元	110700	103106	-7594	1.8
其中：县级	万元	32785	32221	-564	7.4
建筑业增加值	万元	60700	77281	16581	30.4
其中：县级	万元	42785	52598	9813	26.0
第三产业增加值	万元	160366	210804	50438	33.9
其中：县级	万元	94268	121463	27195	31.5
二、农业					
农业总产值（现价）	万元	42864	44305	1441	3.4
农业	万元	18788	18946	158	0.8
林业	万元	3206	4010	804	25.1
畜牧业	万元	13727	14056	329	2.4
渔业	万元	60	68	8	13.3
农林牧渔服务业	万元	7083	7225	142	2.0

指 标 名 称	计量 单位	2008年 实际数	2009年 实际数	比上年同期增减数(+、-)	
				绝对数	相对数(%)
农业中间投入	万元	13274	14321	1047	7.9
农业增加值	万元	29590	29984	394	1.3
粮食总产量	吨	59713	63279	3566	6.0
（一）谷物	吨	50790	54782	3992	7.9
其中：稻谷	吨	5522	6094	572	10.4
小麦	吨	14098	13935	–163	–1.2
玉米	吨	22395	25906	3511	15.7
高粱	吨	39	39	0	0
其他谷物	吨	8736	8808	72	0.8
青稞	吨	6657	6448	–209	–3.1
（二）豆类	吨	2870	3036	166	5.8
（三）薯类	吨	6053	5461	–592	–9.8
油料产量	吨	2298	2851	553	24.1
生猪出栏数	头	115372	128410	13038	11.3
生猪存栏数	头	183924	225525	41601	22.6
大牲畜出栏数	头	23319	20158	–3161	–13.6

指 标 名 称	计量 单位	2008年 实际数	2009年 实际数	比上年同期增减数(+、-)	
				绝对数	相对数(%)
其中：牛	头	19625	15936	-3689	-18.8
大牲畜存栏数	头	137996	138637	641	0.5
其中：牛	头	120488	120296	-192	-0.2
羊出栏数	只	23383	21274	-2109	-9.0
羊存栏数	只	66744	71168	4424	6.6
农作物播种面积	公顷	18816	19450	634	3.4
其中：粮食	公顷	16346	16971	625	3.8
油料	公顷	1262	1230	-32	-2.5
牛奶产量	吨	7675	7893	218	2.8
肉类总产量	吨	11347	12129	782	6.9
蚕茧产量	吨	152	116	-36	-23.7
三、工业					
现价工业总产量	万元	170304	158625	-11679	-6.9
其中：县级	万元	72855	71601	-1254	-1.7
轻工业	万元	53765	71528	17763	33.0
其中：县级	万元	33255	38131	4876	14.7

指 标 名 称	计量 单位	2008年 实际数	2009年 实际数	比上年同期增减数(+、-)	
				绝对数	相对数(%)
重工业	万元	116539	87097	-29442	-25.3
其中：县级	万元	39600	33470	-6130	-15.5
国有经济	万元	28544	29828	1284	4.5
其中：县级	万元	1139	861	-278	-24.4
集体经济	万元	16870	8118	-8752	-51.9
其中：县级	万元	16870	8118	-8752	-51.9
股份制经济	万元	…	1477	…	…
其中：县级	万元	…	1477	…	…
外商及港澳台经济	万元	36324	42750	6426	17.7
其中：县级	万元	…	…	…	…
其他类型	万元	81916	76452	-5464	-6.7
其中：县级	万元	54846	61145	6299	11.5
规模以上工业总产值	万元	139281	126657	-12624	-9.1
其中：县级	万元	31649	29107	-2542	-8.0
白酒	千升	9786	10834	1048	10.7
其中：县级	千升	780	1008	228	29.2

指 标 名 称	计量 单位	2008年 实际数	2009年 实际数	比上年同期增减数(+、-)	
				绝对数	相对数(%)
水泥	吨	120000	76100	-43900	-36.6
其中：县级	吨	120000	76100	-43900	-36.6
配合饲料	吨	88	…	…	…
其中：县级	吨	88	…	…	…
发电量	万度	104311	119809	15498	14.9
其中：县级	万度	15462	20866	5404	35.0
自来水	万吨	257	450	193	75.1
其中：县级	万吨	257	334	77	30.0
小麦粉	万吨	1305	….	…	….
其中：县级	万吨	1305	…	…	…
铜精矿含铜量	吨	5671	6212	541	9.5
其中：县级	吨	5671	6212	541	9.5
铅精矿含铅量	吨	795	238	-557	-70.1
其中：县级	吨	795	238	-557	-70.1
锌精矿含锌量	吨	3557	421	-3136	-88.2
其中：县级	吨	3557	421	-3136	-88.2

指 标 名 称	计量 单位	2008年 实际数	2009年 实际数	比上年同期增减数(+、-)	
				绝对数	相对数(%)
铁合金	吨	38412	40789	2377	6.2
其中：县级	吨	----	…	….	….
钨精矿（65%）	吨	365	402	37	10.1
其中：县级	吨	365	402	37	10.1
四、固定资产					
全社会固定资产投资总额	万元	439727	594648	154921	35.2
城镇固定资产投资	万元	340882	541139	200257	58.7
农村固定资产投资	万元	61794	3291	-58503	-94.7
农村私人投资	万元	13253	29018	15765	119.0
房地产投资	万元	23800	21200	-2600	-10.9
在总计中：开发区	万元	20025	25461	5436	27.1
在总计中：县级	万元	329113	404600	75487	22.9
五、批零贸易业					
社会消费品零售总额	万元	99956	121017	21061	21.1
其中：县级	万元	55200	68208	13008	23.6
公有经济	万元	28960	36906	7946	27.4

指 标 名 称	计量 单位	2008年 实际数	2009年 实际数	比上年同期增减数(+、-)	
				绝对数	相对数(%)
其中：县级	万元	8725	10720	1995	22.9
非公有经济	万元	70996	84111	13115	18.5
其中：县级	万元	46475	57488	11013	23.7
六、劳动工资					
全部单位在岗职工	人	15168	17276	2108	13.9
其中：县级	人	8319	9471	1152	13.8
全部单位在岗职工工资总额	万元	45472	57338	11866	26.1
其中：县级	万元	26359	31268	4909	18.6
全部单位在岗职工年平均工资	元	30963	34668	3705	12.0
其中：县级	元	31865	34807	2942	9.2
七、财政					
财政总收入	万元	40200	53246	13046	32.5
其中：县级	万元	20517	28501	7984	38.9
财政总支出	万元	143721	…	…	…
其中：县级	万元	67443	…	…	…
地方财政收入	万元	25626	33288	7662	29.9

指 标 名 称	计量 单位	2008年 实际数	2009年 实际数	比上年同期增减数(+、-)	
				绝对数	相对数(%)
其中：县级	万元	13248	16606	3358	25.3
地方财政支出	万元	140097	173593	33496	23.9
其中：县级	万元	63819	76040	12221	19.1
八、教育卫生					
卫生机构数	个	15	15	0	0
病床数（县级）	张	116	125	9	7.8
卫生技术人员（县级）	人	275	289	14	5.1
普通中学	所	7	7	0	0
在校学生数	人	7246	7063	-183	-2.5
教职工数	人	599	611	12	2.0
其中：专职教师	人	437	437	0	0
小学校数	所	113	90	-23	-20.4
在校学生数	人	13231	13028	-203	-1.5
教职工数	人	1097	1129	32	2.9
其中：专职教师	人	1053	1066	13	1.2

指 标 名 称	计量 单位	2008年 实际数	2009年 实际数	比上年同期增减数(+、-)	
				绝对数	相对数(%)
九、金融					
金融机构各项存款余额	万元	221078	302182	81104	36.7
储蓄存款余额	万元	104455	125617	21162	20.3
金融机构各项贷款余额	万元	306471	390254	83783	27.3
现金支出合计	万元	442460	512719	70259	15.9
现金收入合计	万元	411594	449358	37764	9.2
十、旅游					
旅游总收入	万元	305466	409749	104283	34.1
国内旅游总收入	万元	139640	235159	95519	68.4
总计中：门票收入	万元	18125	20634	2509	13.8
旅游总人数	万人次	328.75	394.59	65.84	20.0
国内旅游总人数	万人次	287.25	345.41	58.16	20.2
十一、能源					
能源消费量	吨标准煤	299165	346468	47303	15.8
能源单位增加值下降（上升）率	%	-4.11	-4.45	…	….

香格里拉县县委、人大、政府、政协领导班子名录

（2009年12月31日止）

县 委

彭耀文 州委常委、县委书记
肖 徐 县委副书记、县长
孙红军 县委副书记
张玉清 县委常委、纪委书记
格桑纳杰 县委常委、常务副县长、统战部长
张宏耀 县委常委、副县长、政法委书记
杨继文 县委常委、副县长
胡志祥 县委常委、组织部长
杨美琼 县委常委、宣传部长
康建华 县委常委、建塘镇党委书记
王成东 县委常委、武装部政委

人 大

杨学明 县人大主任
和 泉 县人大副主任
尼玛顿珠 县人大副主任
拉茸卓玛 县人大副主任
宋明飞 县人大副主任

政 府

肖 徐 县长
格桑纳杰 常务副县长
张宏耀 副县长
杨继文 副县长
赵红春 副县长
李继华 副县长、县公安局长
李树龙 副县长

政 协

汪国忠 县政协主席
李贵阳 县政协副主席
李跃芳 县政协副主席
陈有礼 县政协副主席
克斯·洛桑确吉江参 县政协副主席

香格里拉县国家机关各部、委、办、局人民团体领导名录

（2009年12月31日止）

县委办

李庆高 主任
阿卫兵 副主任
高志华 副主任
李云凤 县关工委专职副主任
和绍琼 县委保密局局长
王利华 县委机要局局长（正科）
李玉莲 县委督查室专职副主任

纪 委

张玉清 纪委书记
和建光 副书记、监察局局长
赵艳芝 副书记
和雪艳 副书记
海丽红 监察局副局长

和馥庆　监察局副局长
孙甸鸣　办公室主任
唐茂勤　综合室主任
齐中生　宣教室主任
李云凯　案审室主任
李金华　案检室主任
张德红　干部室主任
知　诗　信访室主任
杨鸿仙　第一纪工委书记
扎史培楚　第二纪工委书记
李秀东　第三纪工委书记
丁文武　第四纪工委书记
任健华　第五纪工委书记
赵雪峰　第六纪工委书记
和海妹　第一纪工委副书记兼第一监察分局局长
李云腾　第二纪工委副书记兼第二监察分局局长
和　东　第三纪工委副书记兼第三监察分局局长
彭松海　第四纪工委副书记兼第四监察分局局长
蔡秀英　第五纪工委副书记兼第五监察分局局长
赵　春　第六纪工委副书记兼第六监察分局局长
松菊花　第一纪工委委员
和建红　第一纪工委委员
丁文春　第二纪工委委员
枣　勇　第二纪工委委员
鲁永康　第三纪工委委员
夏志强　第三纪工委委员
寸丽先　第四纪工委委员
和润菊　第四纪工委委员
杨学慧　第五纪工委委员
王海清　第五纪工委委员
王建新　第六纪工委委员
和国芳　第六纪工委委员

党校

杨永明　常务副校长
阿玉华　副校长
松永珍　副校长

组织部

胡志祥　部长
倪晓东　常务副部长
李继荣　副部长、直属机关工委书记
和云龙　直属机关工委副书记

老干局

和建华　局长
冯七生　副局长

统战部

格桑纳杰　部长
松小明　常务副部长
李汝芳　副部长、工商联党组书记
孙庆林　副部长

宣传部

杨美琼　部长
和国宏　常务副部长
潘玉凤　副部长（正科级）
张宏灿　副部长（广电局局长）
田月仙　县文明办专职副主任
黄向荣　外宣室主任

政法委

张宏耀　书记
李文武　专职副书记
张惠英　副书记、610办主任
赵国军　综治办主任

史志办

和丽忠　主任
仲志刚　副主任
李俊成　副主任

政研室

和崇森　主任
李　军　副主任（正科）
寸绍伟　副主任

总工会

尼玛顿珠　主席
宋红梅　常务副主席
虞建新　女工委主任

团　委

格桑扎西　书记
高盼星　副书记

妇　联

张秀新　主席
夏志云　副主席
杨晓玉　副主席

工商联

陈有礼　会长
李汝芳　党组书记
李永康　常务副会长
牛钰霖　秘书长兼民间商会秘书长

残　联

齐　锋　理事长
吕晓泉　副理事长

县人大各委室

杨永昌　办公室主任
和贵兴　选联委主任
杨　坚　民工委主任
唐德祥　财经委主任
梁　洁　法工委主任
杨国柱　教科文卫委主任
杨绍清　人大工会主席
胡建全　办公室副主任

县政协各委室

白晓云　办公室主任
齐向东　教科文卫委主任
周　合　经济提案委主任
王立学　民宗委主任
王成礼　文史委主任
王贵仙　办公室副主任

政府办

叶永生　主任
朱晓军　副主任
孙建国　政府办副主任、信访局局长
齐春涛　副主任
赵　龙　副主任
王　政　信息中心主任
胡红英　信访局副局长
赵丛仙　县人防办专职副主任
杨晓红　接待办主任
和建英　接待办副主任
谢玉华　法制办主任
王琼仙　法制办副主任
廖春花　县政务服务中心主任
张权能　县政务服务中心副主任
朱文华　县政务服务中心副主任
和绍东　县客运出租车管理服务中心主任（正科）

人事局

熊元锋　局长
朱晓艳　副局长
杨　涛　副局长
杨尚英　编委办专职副主任

劳动和社会保障局

张红军　局长
李永珍　副局长
康仲生　副局长

发改委

郭冬生　主任
包成全　副主任、项目办主任
唐仕鹏　副主任

财政局

和寿芝　局长
梁银辉　副局长
周达松　副局长兼非税局局长
丁国兵　农开办专职副主任

国家税务局

王文军　局长
何晓生　副局长
李永红　副局长
邓新华　纪检组长

地方税务局

彭跃星　局长
肖富强　副局长
赵文辉　副局长
和志荣　纪检组长

审计局

王志诚　局长
和翠芬　副局长

杨仕洪　副局长

驻昆办

黄建生　主任

统计局

阿　旺　局长

钱继红　副局长（正科）

经济委

木崇伟　主任

和建升　副主任

安全监督管理局

和　平　局长

敖绍新　副局长

李应清　副局长

佛　协

昂翁克珠　常务副会长

民宗委

江震宇　主任

闵　丽　副主任

宗教局

孙庆林　局长

齐春勇　副局长

张　立　云登寺管理科科长（副科）

马正红　归斯寺管理科科长（副科）

民政局

松友林　局长

培　布　副局长（正科）

丁正宏　副局长

农牧局

杨立中　局长

和　义　副局长

生物创新办

和玉国　主任

畜牧兽医局

杨玉春　局长

刘学琴　副局长

和再昌　副局长

水电局

楚玉龙　局长

韦　健　副局长

培　楚　副局长

和义昌　副局长

粮食局

刘洪清　局长

和顺莲　副局长

移民局

和向东　局长

王太祥　副局长

陈贵生　副局长

计生委

和红美　主任

陈志伟　副主任

史定香　计生协会专职副会长

质量技术监督局

和世明　局长

杨迎华　副局长

刘　琼　纪检组长

文体局

杨丽山　局长

和国耀　副局长

牛盈春　副局长

教育局

姚立新　书记

达尔文　局长

殷学典　政府教育督导员

周庆芳　副局长

和群星　副局长

赵红坤　副局长

卫生局

康文胜　书记

余文中　局长

陈春兴　副局长

药监局

玉　宝　局长

李庆明　副局长

杨秀梅　纪检组长

建设局

李智中　书记
刘志光　局长
张长泰　副局长
李秋云　副局长

规划局

杨宏生　局长
李志尧　副局长兼三江办主任
李正山　副局长
阳　雪　局长助理
胡志杰　副局长（挂职）

林业局

孙永华　书记兼森林公安局第一政委
松建华　局长
伍文忠　副局长
和玉龙　副局长
李靖琼　副局长

森林公安局

翁积松　政委
孙永红　局长
江振华　副局长
殷绍生　副局长
赵文聪　副局长

国土资源局

杨黎光　党组书记
马卫东　局长
李正海　副局长（正科）
孙习武　副局长
杨世聪　副局长

科技局

郜益飞　局长
赵迪生　科协主席

扶贫办

吴学光　主任
泽仁农布　副主任
和增源　副主任
张春山　副主任

松赞林寺景区管委会

李向勇　管理局常务副局长（副处）
杨建军　副局长（正科）
达　娃　副局长
马　涛　办公室主任

工商局

和卫平　局长
李启亮　副局长
和瑞云　副局长
李红梅　纪检组长

档案局

马迎春　局长

广电局

张宏灿　局长
朱耀武　副局长

外事招商局

和志坚　局长
松　萍　副局长

旅游局

农布旺堆　副局长（正科）
王江琼　副局长

环保局

王建荣　局长
江永林　副局长
杨卫军　副局长

交通局

金永祥　局长
鲁建文　副局长（正科）
木春林　副局长

国投公司

杨玉林　总经理、财政局副局长
杨　晓　副总经理

供销社

郑曙光　主任
唐建忠　副主任
孙红升　副主任

司法局

张卫华　局长
冯　毅　副局长
龙新明　副局长

李云周　政工科长

法 院

余德春　院长

李东阳　副院长

树润坤　纪检组长

和志诚　政工科长

张红才　执行局副局长

检察院

和润天　党组书记、副检察长（主持工作）

吾金泽仁　副检察长

饶 兴　副检察长

李翠芳　副检察长

罗永生　纪检组长

周 荣　反贪局局长

张国华　政工科长

公安局

和振东　党委书记、局长

杨 勇　政委

易新荣　纪委书记

余高原　副政委

张国忠　副局长

王陆文　副局长

独克宗管理会

孙红军　主任

杨成英　管委会副主任（正科）

潘金生　副主任（正科）

杨迎秋　办公室主任

余建军　综合管理科科长（副科）

田石先　社会事业科科长（副科）

建塘镇

康建华　书记

史光明　人大主席

松云龙　镇长

孙 诺　副书记（正科）

杨 杰　纪委书记

梁元秀　副镇长

陈建明　副镇长

杨继祖　副镇长

魏国震　镇长助理

和 堂　武装部长

小中甸镇

孙红梅　书记

林朝红　人大主席

周世全　镇长

汪 扎　副书记

史小松　纪委书记

汪国强　副镇长

农振华　副镇长

马 鑫　武装部长

东旺乡

肖江楚　书记

苏志新　人大主席

康向东　乡长

江小军　副书记

孙建军　纪委书记

鲁茸达瓦　副乡长

张玉龙　副乡长

鲁雪东　武装部长

格咱乡

龙 甲　书记

孙世光　人大主席

杨 林　乡长

郭丰尚　副书记

杨勇崎　纪委书记

郭建华　副乡长

刘春梅　副乡长

八 斤　武装部长

尼西乡

松永丽　书记

孙诺七林　人大主席

旦从文　乡长

陆少华　副书记

胡正东　纪委书记

汪 新　副乡长

汪冬梅　副乡长

李宇华　武装部长

五境乡

张正光　书记
培　楚　人大主席
和正先　乡长
楚玉华　副书记
松建华　纪委书记
张德华　副乡长
扎　史　副乡长
肖　巴　武装部长

上江乡

董　铭　书记
浦　涛　人大主席
赵春华　乡长
杨新华　副书记
杨万辉　纪委书记
杨锡红　副乡长
屈紫何　副乡长

金江镇

鲁志军　书记
和凤春　人大主席
和　雨　镇长
蔡永鑫　副书记
和学勇　纪委书记
王绍祥　副镇长
史利平　副镇长
黄正昌　武装部长

虎跳峡镇

马国忠　书记
敖绍东　镇长
和　铭　副书记
杨金兰　纪委书记
和耀忠　副镇长
李贵生　武装部长

三坝乡

屈天荣　书记
和红宝　人大主席
墨立新　乡长
和文强　副书记
黄品华　纪委书记
陆继祥　人大副主席
杨　军　副乡长
和小龙　副乡长
和红光　武装部长

洛吉乡

赵　军　书记
沈奇军　人大主席
郭正武　乡长
徐建宏　副书记
王振兴　纪委书记
向红松　副乡长
曹华强　副乡长

索 引

说明:

本索引采用主题分析法编制，对全书主要内容（不包括新闻图片及风采）均以主题词、中心词和简称进行标引。

本索引以标引词首字的汉语拼音字母顺序排列，同音字按声调或第二字音序排列。

标引词后的阿拉伯数字表示索引内容的页码。类目及栏目用黑体字标识，条目用楷书体字标识。

A

B

G

H

J

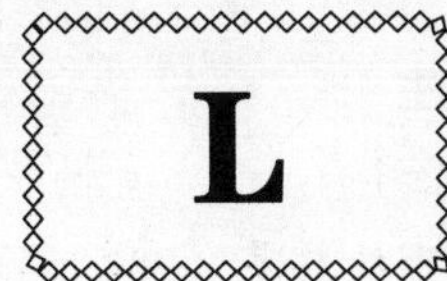

P

Q

R

T

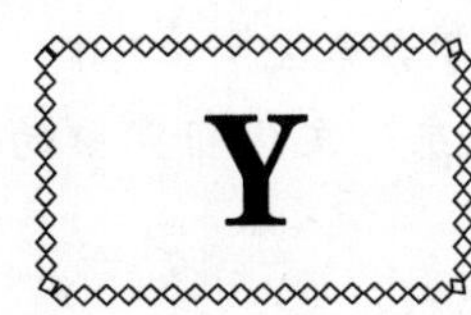